比較思想から見た日本仏教

末木 文美士 編

山喜房佛書林

はじめに

　本書は、平成 25、26 年度（2013、2014 年度）の 2 年間にわたって行われた国際日本文化研究センターの共同研究「日本仏教の比較思想的研究」（代表・末木文美士、幹事・稲賀繁美）の研究成果であり、同時に、それと関連して行われた国際研究集会「比較思想から見た日本仏教」（平成 27年 2 月 20〜21 日）の報告書をも兼ねている。それらの詳細については、本書序論をご覧いただきたい。ただし、関係者全員の原稿を無理に集めることはせず、各自の意向に任せ、原稿も一律に統一せずに、できるだけ自由に書きたいことを書くという方針を取った。

　代表者の末木が、平成２７年３月をもって同センターを定年退職したため、その後、全員が顔を合わせる機会はなく、主として E メールで連絡を取りながら、原稿の募集・提出・校正などの作業を進めた。完全原稿で印刷所に提出するということで、割付・編集の作業は、末木が前川健一、西村玲の両氏の協力を得て行なった。校正も MS Word ファイル上で執筆者とやり取りし、最終的に PDF ファイルに変換して確認した。

　このような素人作業のために、さまざまな形式的な不備は残っていると思われるが、出版社の意向に左右されずに、できるだけ自由な手作り感のある本にしたいという希望から、あえてこの方式を取ることにした。幸いその趣旨に賛同して寄せられた論文は、いずれも従来の枠組みにとらわれない新鮮な意欲作であり、充実した学際的な論集として、日本仏教や日本思想に関心を持つ研究者や読書人にとって、必ずや刺激に満ちた一冊となるであろう。

　共同研究・国際研究集会の実施から本書の出版に至るまでお世話になった国際日本文化研究センターの関係者の皆様、出版・印刷をお引き受けいただいた山喜房佛書林、長野印刷商工に心から感謝の意を表したい。

末木　文美士

2015 年 9 月

目　　次

はじめに	末木文美士	i
目次		ii
序章　比較思想から見た日本仏教	末木文美士	1
I　前近代仏教への新視点		11
中世日本における御産と女性の健康―『産生類聚抄』の仏教的・医学的知識を中心として―	アンナ・アンドレーワ	13
中世真言密教における五蔵曼荼羅の意義　　―『五蔵曼陀羅和会釈』を中心に―	亀山　隆彦	37
『喫茶養生記』再読　　―栄西による主張の独創性とその継承―	米田真理子	55
問答法の比較思想史のために　　―論義とスコラ哲学を手がかりとして―	前川　健一	72
正中の宗論とその背景	井上　克人	81
ルイス・フロイスの宗教観　　―スペイン王立歴史学士院の史料を中心に―	滝澤　修身	108
「近世的世俗化」の陥穽　　―比較思想から見た日本仏教・近世―	西村　玲	124
善書をめぐる近世仏教の交流	肖　　琨	142
黄檗宗萬福寺第四祖獨湛と善書	田中実マルコス	158
白隠の「すたすた坊主」―「作為」論、もう一つの系譜学に向けて―	嘉指　信雄	167

Ⅱ　仏教と近代思想／哲学　　　　　　　　　　　177

村上専精の比較事業　　　　　　　　　　オリオン・　　179
　―近代日本仏教の思想形成をめぐる一断面―　クラウタウ

西田の時間論と白隠の「客」　　　　　　エンリコ・　　200
　　　　　　　　　　　　　　　　　　　フォンガロ

西田幾多郎、高神覚昇、松下幸之助の三者の思想　坂本　慎一　222
　の類似性―三つの領域で展開される「働く人の哲
　学」―

「無」をめぐるキリスト教神学および仏教の比較　阿部仲麻呂　246
　考察―西田哲学とキリスト教的ケノーシス（神の自
　己空無化）に焦点を当てて―

「東洋哲学」とは何か　　　　　　　　　　永井　晋　　299
　―西田幾多郎と井筒俊彦の「東洋」概念―

創発主義的生命論と場所論的生命論　　　　冲永　宜司　323

和辻哲郎の「空の倫理学」と比較思想的仏教論　セビリア・　350
　　　　　　　　　　　　　　　　　　　アントン

日本の宗教的思考における神秘　　　　　　中島　隆博　364
　―鈴木大拙と井筒俊彦をめぐって―

井筒俊彦の「分節」と「無分節」　　　　　西平　直　　378
　―華厳思想の「事」と「理」―

Maruyama's Challenge to Buddhist Communities,　Woo Sung　401
　Lay and Clerical, in Japan and Korea: Focusing on　HUH
　the Notion of Invention[作為]

III　仏教の未来へ向けて　　　　　　　　　　　415

仏教がケアと関わることの意義　　　　　坂井　祐円　　417
　―曽我量深の慈悲の思想―

空海と山水―「いのち」を治む―　　　　岡本貴久子　　442

日本仏教と平和主義―その実践と課題―　ランジャナ・　479
　　　　　　　　　　　　　　　　　　　ムコパディヤーヤ

バチカンから見たアジア、仏教　　　　　上野　景文　　497

仏教とキリスト教の邂逅の道―キリシタン時代か　髙橋　勝幸　　503
　ら続く対話の霊性を求めて―

地球社会と日本仏教―展望と期待―　　　ルーベン・　524
　　　　　　　　　　　　　　　　　　　アビト

終章　対話・等価性・虚無の天空　　　　稲賀　繁美　　539

比較思想から見た日本仏教

序章
比較思想から見た日本仏教

末木　文美士

1　共同研究「日本仏教の比較思想的研究」

　本書は、平成 25、26 年度（2013、2014 年度）の 2 年間にわたって行われた国際日本文化研究センター（日文研）の共同研究「日本仏教の比較思想的研究」（代表・末木文美士、幹事・稲賀繁美）の研究成果であり、同時に、それと関連して行われた国際研究集会「比較思想から見た日本仏教」（平成 27 年 2 月 20〜21 日）の報告書をも兼ねている。そこで、この二つのプロジェクトについて、その概要を記したい。

　共同研究は、以下のような趣旨で行なわれた。

　　人類が大きな危機的状況を迎えている今日、従来の哲学はそのままではほとんど通用し難くなっている。それは、近代が終焉し、ポスト近代に移ったから、何か目新しいものを持ち出せばよいというだけの単純なことではない。従来の哲学のあり方を根源から問いなおし、新しい哲学を確立することが不可欠である。そのためには、従来の西洋中心的な発想を改め、他の諸文化圏の思想に目を向け、それをどのように生かすことができるかを考えなければならない。

　　日本に立脚する立場からすれば、何よりもまず、日本の伝統思想を問いなおし、それを現代の状況にどのように生かせるかを検討することが必要である。すでに、いわゆる「京都学派」の哲学者をはじめとして、近代日本の哲学者たちも、日本の伝統思想や、あるいはそのもととなるアジアの思想を現代哲学に組み込む試みを行ない、大きな成果

を収めている。しかし今日、彼らの成果にそのまま安住することはできない。一方で、伝統思想の研究が進んで、かつての哲学者の理解では不十分になりつつあり、他方で、時代状況が変わり、彼らの哲学自体が問い直されなければならなくなっている。本共同研究では、伝統思想全体を満遍なく扱うことは困難であるので、仏教思想に焦点を当て、他思想を含めて考えることにしたい。

まず、中世日本仏教に関する研究が最近急速に進み、従来の常識が完全に覆されるようになってきたことが注目される。とりわけ密教を中心として、狭義の思想だけでなく、文学・歴史・美術・儀礼などさまざまな面を総合した学際的な研究が盛んになっている。そこで、本共同研究ではこの方面の専門家をメンバーに加え、その最新の成果を生かすことを目指す。

他方、今日の哲学も従来の西洋中心主義に対する反省を進めている。とりわけ、比較思想（比較哲学）の分野は、従来の西洋哲学を基準としてそれと他思想を比べるという方法から、西洋的な偏見を排除して、異なる伝統を如何にして適切に理解できるかという問題に取り組むようになってきている。そこで、伝統思想に関心を持つ現代哲学・比較哲学の専門家をメンバーに加え、哲学的な検討を進める。

以上のように、本共同研究は、中世日本仏教と現代哲学・比較哲学という異なる分野の専門家が一堂に集まり、相互の討論の中から、新しい現代日本思想の可能性を探りたい。

　ここに述べたように、この共同研究では、一方で新しい中世研究に軸足を置きながら、他方でその議論を現代哲学の問題と結びつけることを最大の課題とした。もちろん実際の研究会では、必ずしもこのようにうまく議論が噛みあうわけではないし、また全体として無理に統一的な結論を出すことは意図していなかった。しかし、異分野の研究者が一堂に会することで、毎回の研究会は白熱の議論が重ねられ、その成果の一端は、本書中に収められたそれぞれの論文にも生かされている。

2 国際研究集会「比較思想から見た日本仏教」

　日文研の共同研究は、その総仕上げとして海外のゲストを招いて国際研究集会を開催することになっているが、本共同研究としては、平成 27 年 2 月 20〜21 日に「比較思想から見た日本仏教」という総タイトルで国際研究集会を開催した。その際の開催趣旨として、以下のように記した。

　　この度の国際研究集会「比較思想から見た仏教」は、2013〜2014 年度にわたって行われた国際日本文化研究センター共同研究「日本仏教の比較思想的研究」の総まとめとして開催されるものである。この共同研究の趣旨として、以下のように記した。

　　（引用略）

　　共同研究では、中世仏教と近現代哲学を大きな柱に据えて研究会を行ったが、今回の国際研究集会では、さらに、第 1 部会・中世仏教、第 2 部会・近世仏教、第 3 部会・近代仏教、第 4 部会・日本哲学、第 5 部会・宗教間対話と、5 つの部会に分けて、それぞれゲスト発表者を招いて発表していただくとともに、それをめぐって討論することにした。

　　このように部会を細かく分けた理由は、今日の日本仏教の思想研究は多様化するとともに、それぞれの分野の専門家がその領域に閉じこもることで、全体的な見通しを得にくくなっている現状を踏まえ、その専門的な研究の最先端の研究者に発表していただくとともに、そのような分野分けの体制を打破し、相互の風通しをよくして、広い視野から議論をしたいと考えるからである。

　　かつて、日本の仏教思想に対する見方は比較的単純であった。いわゆる鎌倉新仏教こそが日本仏教の最高のものであり、中でも道元と親鸞がその頂点とされた。その後の仏教は、彼らによって達成された高い水準が維持できず、次第に堕落し、思想として見るべきものはないと考えられた。それが、近代になって、主として京都学派系の哲学者によって、改めて仏教哲学に光が当てられ、その真価が発揮された、というのである。そうであれば、研究すべき領域は極めて限られる。鎌

倉新仏教を論じ、それから近代の一部の哲学者の仏教観を論ずれば、それで事足りるはずである。こうして、日本仏教は、西洋哲学に匹敵するような高度な哲学的達成を果たしていると、自画自賛された。

ところが、近年の仏教研究は、このような単純な図式が通用しないことを明らかにしてきた。日本仏教は、鎌倉新仏教や京都学派だけではない多様な展開を示している。そもそも西洋哲学を範型として、それと類似したものを探して評価するという態度自体がもはや成り立たない。

従来のいわゆる鎌倉新仏教中心の見方の誤りが指摘され、多様な仏教の可能性が認められるようになって、中世仏教研究は大きく変貌した。中でも、従来否定的にしか見られなかった密教の重要性が認識されるようになり、中世的な世界観・人間観とはどのようなものであったのかが、改めて問われることになった。密教的な世界観・人間観が、中世のみならず、日本のその後の世界観・人間観に大きな影響を与えていることが分かり、そこから日本の思想史・精神史を再構築する必要が出てきた。それには、狭義の仏教学だけでなく、文学・歴史・美術などの多分野の協力と、儀礼論などを含めた広い視野の文化比較研究が必要とされている。

このような中世仏教観の変化に伴い、これまでほとんど無視されてきていた近世や近代の仏教にも新たに焦点が当てられるようになった。とりわけ近年の近代仏教研究の進展は著しい。それは、鎌倉新仏教—京都学派という単純な図式が、どうして近代において形成されたかを検証する作業をも含むものである。そこには、基本的には近代化＝合理化を理想とする思考がベースにあると考えられる。近代における仏教認識を問い直すことは、合理的な近代のみに収まらない多様な近代に目を向けることでもある。また、「仏教の近代」という問題は、日本に限定されないグローバルな現象であることが明らかになり、その比較が大きな課題となっている。

中世や近代に較べて、近世仏教の研究はやや立ち遅れている。それは、長く近世仏教堕落論が支配して、近世は儒教と国学の時代と考えられ

ていたことによる。しかし、近世仏教堕落論は、鎌倉新仏教中心論と表裏をなした近代のフィクションであることが明らかになり、改めて、儒・仏・神の交錯する近世の思想・宗教のあり方が注目されることになった。とりわけ、黄檗宗の伝来は、新しい中国文化の伝来として、仏教だけに留まらない近世文化全体を大きく変えるできごとであった。それはまた、仏教を含めた近世東アジア文化の交流と比較という問題に広がらなければならない。

こうした仏教研究の新たな進展は、近代哲学の比較思想的な研究にも及ぶことになる。禅―京都学派―ハイデガーというステレオタイプとなった比較研究は、今日では通用しなくなっている。脱構築、ポスト植民地主義などの動向は、思想や宗教の捉え方をも大きく変えた。西洋を範型とする哲学思想理解が成り立たなくなった中で、しかし、異文化の思想を理解することはかえって緊要の課題となっている。新しい視点に立って、どのような哲学思想の比較が可能か、それを問い直すことが求められている。

哲学思想の問題だけではない。宗教間の抗争が続く中で、異宗教間の相互理解は一層切実な問題となっている。西洋優位、キリスト教優位の状況が揺らぎ、第2バチカン会議以後の宗教間対話の積極的推進は、宗教という限定された領域の問題ではなく、国際政治や経済のあり方にも影響を及ぼす、きわめて重要な課題である。グローバル化した世界の中で、日本の仏教はどのような役割を果たせるのか、大きな視野に立って検討することが必要である。

このように、今日の日本仏教研究はそれぞれの分野において大きく変貌し、次第に成果を積み重ねつつある。それらは、従来の価値観がそのままで通用しなくなった状況の中で、本来相互に緊密に関係しているはずであるにも関わらず、今のところ、それらの各領域の成果は必ずしも相互に適切に参照されていない。今回の国際研究集会の目指すところは、これらの領域の研究者が一堂に会することで、相互理解を深め、今後さらに広い視野に立った日本仏教研究を推進する基盤を作ることである。そのために、発表時間に比して、討論時間を長くとり、

議論を深めるという方法を取った。

また、上述のように、これまで共同研究において積み重ねてきた成果をもとにしているため、共同研究に参加していない方にもその成果を理解していただけるように、共同研究員の発表の一部を参考論文として予稿集に掲載した。

以上のような趣旨をご理解いただき、有意義な発表・討論がなされることを願っている。

以上の概要は、今日の研究状況と、私自身の現在の問題意識をかなり正確に反映したものとなっており、本書編集の基軸となるものである。

国際研究集会の詳細のプログラムは略すが、各部会のゲスト・チェア・コメンテータの名前は、以下の通りである。

第1部会・中世仏教の比較思想的研究　ゲスト:アンナ・アンドレーワ、チェア:米田真理子、コメント:伊藤聡、阿部泰郎、モリー・ヴァラー

第2部会・近世仏教の比較思想的研究　ゲスト：肖琨、チェア：西村玲、コメント：田中実マルコス、中島隆博、前川健一

第3部会・近代仏教の比較思想的研究　ゲスト：オリオン・クラウタウ、チェア:吉永進一、コメント:大谷栄一、坂本慎一、坂井祐円

第4部会・日本哲学の比較思想的研究　ゲスト：エンリコ・フォンガロ、チェア：嘉指信雄、コメント：許祐盛、冲永宜司、永井晋

第5部会・宗教間対話　ゲスト：ルーベン・アビト（Skype参加）、チェア：阿部仲麻呂、コメント：上野景文、西平直、滝澤修身

第6部会・総合討論　チェア：稲賀繁美、コメント：島薗進、佐藤弘夫、ランジャナ・ムコパディヤーヤ

今回の論文集は、この時の予稿集に基づくところが大きく、ゲスト発表者の論文はすべて収録した。ただし、発表論文に対するコメントは今回収録せず、一部のコメントは論文の形に直して提出していただいた。

3　新しい日本仏教研究へ向けて

以上の通り共同研究と国際研究集会を開催し、それをもとにして関係者

に論文を提出していただき、本書を編集した。それ故、本書の意図すると
ころは、この二つのプロジェクトの趣旨とまったく変わらない。ただ、集
まった論文の内容に従って、全体を三部に分けた。Ⅰは主として前近代を
対象とするもの、Ⅱは近代仏教ならびに近代哲学を主とするもの、Ⅲは今
日あるいは今後の仏教のあり方を考える上で、提言やヒントを含むもので
ある。各論文はそれぞれ個別的に異なった問題意識に基づいているが、こ
うして全体を並べてみると、相互に連関しつつ、今日の新しい研究の大き
な方向性をうかがうことができるであろう。それはまた、私自身の問題意
識と重なるものでもある。そこで、私自身の研究の経緯と問題意識につい
て、ここで簡単に述べて、本書の意図の補足としたい。

　もともと私は東京大学文学部の印度哲学研究室（現在はインド哲学仏教
学と改名）で日本仏教を専攻した。研究室名からも知られるように、仏教
学の研究はインド学と深い関係を持ち、インド仏教研究が主流であった。
確かに日本のインド仏教研究は、原語に基づく文献研究で世界に冠たる成
果を挙げてきたが、現実の日本の問題からは離れて、いわば文献上の仏教
と現実の日本の仏教とはまったく別のものとなって、二つの仏教が無関係
にあるような状況に陥っていた。あるいはまた、インド仏教の研究者から
は、日本の仏教は仏教とは言えず、日本の民俗に妥協した不純なもので、
研究に値しないというような言説さえまかり通っていた。

　そのような見方に疑問を持つところから、私の日本仏教研究は出発して
いる。ちょうど、私の学部学生時代に日本仏教の講座が創設され、田村芳
朗教授が初代教授として赴任して、新しい研究を進めるには好都合であっ
た。しかし他方で、いまだ伝統として確立してない新分野をどう作り上げ
ていくかということで、長い間苦しむことになった。そのあたりの経緯は、
拙著『日本仏教入門』（角川選書、2014）に書いたので、今は略したい。

　このようなわけで、私自身の研究のベースとなるのは文献学的な仏教学
であり、今でも中心としては日本の中世仏教を専門として研究を続けてい
る。しかし他方、その枠の中だけで研究が完結せず、学際的な研究の進展
が必要であることは、当初から痛感していた。とりわけ 2000 年頃からは、
近代の問題に関わるようになり、研究そのものが大きく変容することにな

った。それは、古典期の文献を扱うにしても、じつはその方法論や問題意識が近代の中で形成されてきたものであり、近代という問題を素通りできないことが明白になってきたことによる。古代・中世の問題であっても、近代における研究史を無視して進めることはできず、近代の研究は近代の偏見に大きく染まっているので、それをどのように乗り越えるかということが大きな課題となる。

中世仏教を近代的な偏見から解放し、中世自体の中に位置づけるということは、中世という狭い枠の中に閉じ込めることではなく、逆にそこから近代的な見方を批判する拠点を得ることにもなる。上述の国際研究集会趣旨に述べたように、従来のように密教的な「旧仏教」を否定し、近代的な「新仏教」を肯定するという図式はもはや通用せず、むしろもっとも中世的と考えられた密教の中に、近代を超える新しい視点を見るべきではないかと考えられる。

このような新しい方向は、本書には論文を出していないが、共同研究の中心メンバーの一人であった阿部泰郎氏（名古屋大学教授、日文研客員教授）などによって、精力的に推し進められてきた。今回、アンナ・アンドレーワ氏による出産に関する中世の理論をはじめとして、この方面の最新の成果が寄せられている。

私自身、阿部氏らと協力して、現在『中世禅籍叢刊』全11巻（臨川書店）の編集刊行を進めているが、真福寺写本などを精査していくと、中世の禅は決して近代になって考えられてきたような「純粋禅」ではなく、密教と密接に関係することで、豊かな内容を持っていたことが明らかになってきている。

以上は中世を中心とした問題点であるが、従来仏教史の研究が中世に集中していたために、それがどのように近世に関わり、また、近代に関わるのか、まったく無視されていた。しかし、今やそれが大きな問題として問われなければならなくなっている。これも国際研究集会で議論されたテーマであり、関連する論文は本書にも収められている。その際、一つ注意すべきことは、「近世の中の仏教」「近代の中の仏教」と言うように、近世・近代の社会・制度などを前提として、その枠の中で仏教を捉えるだけでな

く、むしろ仏教が近世・近代という時代のあり方を作っていく上で、大き
な役割を果たしているのではないか、という視点の重要性である。即ち、
仏教は近世・近代という時代の中のごく一部分を占めるだけの特殊な問題
ではなく、むしろ逆に日本的な近世・近代という時代が形成される際の中
核となる重要な思想ではなかったかということである。これは、今のとこ
ろ私の仮説的な問題提起であり、十分に実証されているわけではないが、
少なくとも検討には値するように思われる。

　以上のような、仏教という観点に重点を置いた思想史的な研究とともに、
私自身が現在深く関心を持っているのは、そのような前近代の伝統を受け
た近代の日本哲学を見直しつつ、それを新しい現代の哲学としてどのよう
に再構築していけるかという問題である。本書の第Ⅱ部をなすもので、刺
激的で、清新な論文が多く集まり、充実した内容となった。現代哲学が行
き詰り、冷戦後の現実に対応できなくなっている中で、西欧と異なる伝統
に立脚する日本哲学を見直す動きは非常に重要である。日本哲学は、近代
哲学として西洋哲学の系譜を受けたものとして見ることができるとともに、
仏教を含めた日本の伝統思想の流れの中で見直していくこともできる。

　近代日本の哲学の中では、何と言っても西田幾多郎は中核となる特別の
存在であり、本書でもそこに問題が集中したのは当然の結果ではある。た
だ、私自身は西田とともに田辺元に関してももっと議論が深められてよい
のではないかと考えている。田辺は「種の論理」による西田理論の修正と
いう文脈で多く取り上げられるが、むしろ晩年の『懺悔道としての哲学』
による哲学の解体の作業、ならびにそれを受けて形成された「死の哲学」
における死者との実存協同という、まったく新しい哲学の形成にその本領
があるのではないかと思われる。

　共同研究や国際研究集会で「比較思想」という言葉を使い、本書のタイ
トルにもそれを用いたが、それについてももう少し補足説明が必要であろ
う。日本において、「比較思想」を明確な方法論を伴った分野として確立し
たのは、中村元であろう。中村は、多くの著作において比較思想を具体的
に展開するとともに、1974 年に「比較思想学会」を創設して、会長として
学会の指導に当たった。比較思想という方法は、1980 年代頃まではかなり

広く用いられ、影響力を持ったが、その後、やや低調となっている。私は、2011年に同学会の会長に選任され、学会の立て直しを図るとともに、今日、どのような形で比較思想が甦ることができるのか、その方法論的な問題に関心を持つようになっている。

　最初の頃の比較思想は、いまだ西洋思想の優位に立って、それと異なる東洋の思想の存在を提示するということで、ある意味では西洋中心主義が前提とされていた。しかし今日、もはやそのような前提は崩れ、西洋を前提とした比較思想ではなく、多様な文化・思想をきめ細かく捉える方法として、比較思想が見直されるようになっている。

　それ故、「比較思想から見た日本仏教」ということは、必ずしも日本仏教を何か別の特定の思想と比較するということではない。日本仏教をそれだけで孤立した領域と見るのではなく、多元的に光を当ててその重層性を明らかにし、より広い領域へと開いていく作業を包括的に意味している。このことは、本書のうちの第Ⅱ部に限られたことではなく、古典的な仏教を見直そうとする第Ⅰ部においても、また、多宗教の共存という未来へ向けて仏教を新たに呼び出そうとする第Ⅲ部においても、本書全体に共通する問題意識ということができる。

　本書は、全体としてはかなり大胆な試論的な方向を目指しながらも、それぞれの論文は各執筆者による地道で着実な研究を踏まえた成果である。本書が大きなステップとなって、今後日本仏教に関する議論が深められることを願っている。

（国際日本文化研究センター名誉教授）

I

前近代仏教への新視点

中世日本における御産と女性の健康

―『産生類聚抄』の仏教的・医学的知識を中心として―

アンナ・アンドレーワ

はじめに[1]

　近年、中世日本の仏教を専門とする日本と欧米の研究者は、仏教の経典や儀軌類に見られる受胎・胎内説に関心を持ち、身体論という視点から、それらが中世日本の宗教と文化に特定の意味と影響を与えた事実に注目するようになった。その受胎・胎内説は、阿部泰郎、伊藤聡、米田真理子、小川豊夫、ルチア・ドルチェ等の研究によって明らかにされたように、中世には、まず密教寺院や別所において密教儀礼の秘説や口伝として伝授された[2]。14 世紀になると、受精・受胎といった人間の身体に関する多様な知識は、医学書にも散見されるようになる。かかる医学書は、以上の秘説とはやや違い、仏教的な治療法及び医学説を主軸とし、中には女性の身体と健康に関する説の類従を含むものも存在した。そして、それらの編纂・流通には、仏教僧が多く関与した可能性が考えられるのである。

　本稿では、文保 2 年（1318）頃に成立、もしくは書写された『産生類聚抄』を取り上げ、中世日本の仏教寺院において伝授されてきた、インドと中国の仏教的な治療法と女性の健康に関する知識について議論しようと思う。特に受胎説と妊娠説に着目し、中世日本の仏教界において、女性の身体がどのように受け止められていたかというテーマを提示したい。さらに、『産生類聚抄』の本文と奥書記事を分析して、仏教的な治療法とその知識が、当時の社会にどのような影響を与えたかを考えたい。

　『産生類聚抄』は、現在は、神奈川県立金沢文庫に保管されている。本書は上下二巻からなり、内容は、中世日本の仏教教説に基づく受胎、不妊、出産等の女性の健康に密接に関わる知識を含むものである。これらの知識

は、妊娠・出産を予定する女性と、既に出産を経験した女性、また、その女性たちを直接ケアする儀礼的・治療的スペシャリスト（儀礼を行う仏教僧、薬を作る医薬師、出産に立ち会う助産婦等）に向けたものであり、本書は、それらの人々に、理論的かつ実践的なアドバイスを与える百科事典や参考書のごとき役割を担ったものであったと推測される。鎌倉中期に設立された称名寺に所蔵されたことからは、当時の鎌倉幕府の権門でもあった北条家の女性達の健康を守るために保管されていたことも想像できる。

　上巻は、受胎・妊娠・出産に関する儀礼的・仏教的知識を収録し、下巻には、医師所伝の諸説を収載する。妊娠中の女性と胎児をどのように保護するべきかといった問題を軸に、様々な書籍に見られる説を二つに分類して掲載する点に特色が見出せる。分類の一つは、仏教の知識に基づく儀礼的な視点から見た女性の健康であり、いま一つは、天皇家や公家に従事する医師たちが展開した治療的・医薬的視点から見た女性の健康である。このことは、中世の日本に、女性の出産に関する知識を分類して編纂するという認識が存在していたことを示している。また、本書は、中央の天皇・公家や権門寺院から離れた関東において、そうした事態に対処する際に、参考書として使用された中世の珍しい事例ではないかと考えるのである。内容面で注目すべき点は、上巻では、様々な経典から引用がなされていることである。引用の中には、3世紀にインドの瑜伽行唯識学派によって編纂された *Yogācāra-bhūmi*（7世紀の漢訳『道地経』）や、*Abhidharmakośa-bhāṣya*（中国仏教の『倶舎論』）といった、インドから伝えられ、中国と日本の仏教寺院でもよく知られた基本教説が見える。著名な仏教論の漢訳と、天台三大部の一つ『摩訶止観』を用いて、五臓の形成過程を説明する箇所もある。下巻では、隋・唐代の中国王朝から輸入された医学説を紹介・類従し、また、10世紀に成立した丹波康頼（912-995）の『医心方』に見られる治療法と薬のカテゴリーを参考にした実践的な知識も掲載されている。

　『産生類聚抄』の存在は、日本医学史の分野を中心に夙に知られていたが、内容の詳細な分析は、特に欧米の研究界では、未だ行われていないのが現状である。著者は本書の研究に着手したところであり、以下に、本稿での考察の手順を示しておく。まず、『産生類聚抄』の内容を紹介する。次に、本書に基づき中世日本における妊娠・出産・女性の健康に関する説

を分析し、インドと中国からもたらされた知識と中世日本に特有の知識とが習合する過程を明らかにする。さらに、そうした説や知識の流通が指し示すいくつかの特色を考察する。

1　中世の寺院と僧侶のネットワーク

　本章では、『産生類聚抄』の成立と書写の過程を確認し、その歴史的背景と、寺院と僧侶のネットワークについて考えたい。

　先述の通り、『産生類聚抄』は、現在は、神奈川県立金沢文庫に保管されている。中世の金沢文庫は、武蔵国久良岐郡六浦荘金沢に所在し、称名寺に隣接する文庫谷にあったと考えられている。鎌倉中期の武将であり、軍の司令官と地方の政治リーダーを務めた北条実時（1224-1276）によって設立された。実時は、書籍・文書・記録類を蒐集して文庫の基礎を築き、さらに、顕時・貞顕・貞将の四代にわたり経営されたことは広く知られている。

　実時は、第8代執権時宗の側近として、幕府の中核に位置した人物であった。北条氏一族は幕府の中枢を担い、京都を拠点とする天皇家・公家と共に国の統治に尽力し、やがて実権を掌握した。13世紀末には、鎌倉に、政治・宗教・経済が集中するようになり、対照的に、京都では、後深草天皇（1243-1304、在位1246-1260）と亀山天皇（1249-1305、在位1260-1274）を中心とする皇室が、持明院統と大覚寺統の両統に分裂して、皇位継承をめぐって確執を深めていった。このように鎌倉時代に特有な政治的状況を呈した時期であった。かかる中、幕府は南宋と貿易を行い、最先端の「知識」を輸入した。したがって、鎌倉では、北条氏や有力御家人たちは、同時代の宋で展開される新しい文化や知的資源へのアクセスを実践し得たものと考えられる。一方、京都では、長い時代を経て、知的・象徴的・文化的資源を蓄積してきたが、天皇家の経済基盤は徐々に縮小され、貴族による政治権力も断片化していった。このような時代背景を鑑みると、仏教や医学の専門的な知識を身につけた人の中には、新たなパトロンを求めて鎌倉へ下向し、その地に活動基盤を求めた者もいたであろうことが推測される。また、鎌倉の武士の中には、京都での伝統的な知識・能力・儀礼を求

め、自らの活動基盤や特定の地域にそれらを移入する目的から、集書を試みた者がいたことも考えられる。

　金沢北条氏の菩提寺である称名寺でも、鎌倉に政治権力が集中する過程において、京都の権門寺院に伝えられてきた経典・儀軌・指図や、その他新渡の典籍を可能な限り収集する動きがあった。北条実時は、称名寺を通じて、それまでは京都周辺の権門寺院や富裕層だけが利用できた資料を入手させ、彼らと同じ知識のパラダイムへのアクセスを実現しようとしたのではないだろうか。

　称名寺の二世長老剱阿（1261-1338）は、延慶元年（1308）頃に称名寺の住持を継承し、中央の僧侶たちとの密接な結びつきを維持した。そのような交流は密教僧を中心に、南都の真言律やその他の寺院の僧侶を含み、ネットワークを広げていく中で、各宗派の情報を交換し、仏教書や医学書をはじめとする書籍の蒐集も、次第に範囲を拡大していったものと思われる。金沢文庫には、現在も数多くの秘伝書が所蔵されている。例えば、密教の悟りの最高位を達成するための儀礼書や、中世の神祇崇拝の秘密灌頂（Sk. abhiṣeka）、その他の秘法・儀礼・伝授等の記録が現存する。それらは、諸分野の研究に資する重要な史料である。

　さて、金沢文庫蔵『産生類聚抄』は、剱阿の書写と推測されている。正確な写書年代は不明であるが、金沢文庫に所蔵される文保2年（1318）正月9日付の「順忍借書状」を参考にすると、剱阿が鎌倉極楽寺の順忍から本書を貸借したことがわかる。すなわち、『産生類聚抄』には、金沢文庫蔵本より前のバージョンが存在し（仮説・14世紀初）、それは、極楽寺に伝来した伝本であった可能性が高い。

　極楽寺は関東における宗教的・社会的ネットワークの中枢（ハブ）であった。極楽寺の僧侶は街道や橋を整備し、寺の境内には「悲田院」や「施薬院」等の施設があり、医療福祉施設の役割を担っていた。極楽寺は、北条重時（1198-1261）が、正元元年（1259）頃に創建した、南都西大寺と密接な関係を有する寺院であった。開山の忍性（1217-1303）は、西大寺の叡尊（1201-1290）の弟子で、関東真言律ネットワークの中心的な僧侶である。極楽寺は、南都の寺院（西大寺、唐招提寺、興福寺等）と教学的・社会的な関係を持っており、さらには、京都の密教寺院とも密接な繋がりを有し、

僧侶間における個人的な遣り取りの可能性も考えられる。先行研究によって明らかにされてきたように、西大寺流を含む南都系寺院のネットワークは、南都周辺だけでなく、三輪・室生・伊勢・関東に及ぶ広範囲に展開したものであった[3]。そうした寺院ネットワークに、僧侶や学僧とその周辺で活動した上人等の人的ネットワークを加えると、ダイナミックな交流の様相が立ち現れてきて、中世日本の生き生きとした精神史・宗教史が見えてくるのである。

2　史料としての『産生類聚抄』とその問題

　中世日本の寺院での日常生活は、インドから中国・日本へ伝えられた戒律により、比丘・比丘尼は様々な規則に従う必要があった。その規則には、結婚の禁止や斎戒等も含まれていた。そのような寺院において、出産の百科事典たる『産生類聚抄』は、どのような意図をもって書写されたのであろう。また、称名寺の剱阿は、どのような目的から本書を必要としたのであろう。以下では、それらの問題を、本書の生成と享受の側面から考えてみようと思う。

　金沢文庫の創立者である北条実時は、最新の典籍を取り寄せ、金沢文庫や称名寺に保管させる意向があった。貴重な史料を所蔵する金沢文庫は、北条氏一族の私設図書館であると同時に、鎌倉武士にとっての文化的・社会的・知的資源でもあった。そこには、儀軌や秘説、儀礼に関する書物までもが含まれており、極めて豊かな学問環境を作り上げていた。こうした知識の収集の過程で架蔵された出産の百科事典もまた、重要な意味を持ったに違いない。北条氏の女性たちにとって、家系の維持保全を強いられる環境において、出産に関する実践的な知識は必要不可欠であり、古代インド・中国・日本に伝えられた女性の健康に関する情報に大きな関心を寄せたことも想像に難くない。このように考えると、『産生類聚抄』が金沢文庫に所蔵された理由は、それまで皇室や公家の女性が恩恵を受けてきた医学説を、可能な限り完全な形で集成し、鎌倉の武家社会、特に北条家へ導入することだったのではないかと推測する。京都では、丹波氏と和気氏という医師の家系があったが、その知識と能力は皇室と公家に独占されてい

た。鎌倉時代になり、鎌倉のエリート武家たちが、それらの知識を、どのように入手し、実践したかについては、具体的に検討する必要があるであろう。

　ところで、『産生類聚抄』を、知識の再生・流通・複製・保管といった観点から眺めると、比喩的に「知識の旅程」というイメージが浮かんでくる。そうした視点からは、中世日本の仏教史に基づく精神史・文化史は極めて複雑に見え、一国だけの文化を超える歴史を十分に示しているといえよう。

　ここで『産生類聚抄』の内容を確認すると、本書には、古代インドと中国の諸時代に記録された仏教の源となる哲学的・宗教的書物からの引用が見られ、さらには仏教論書からも身体論や医療法を選択しており、そのことによって、いくつかの理論が含まれることになったと考えられる。さらに、中国と日本に古くより存在した女性の健康に関する知識も掲載されている。すなわち、本書には、様々な地域の、様々な時代の特色を帯びた、複数の思想要素が含有されているといえるのである。このような習合的テクストは、どのように分析するのがよいか、研究の方法論が問題となってくる。

　本書のような、歴史的な集成と複製を内包する複雑な構造を持つテクストを分析する場合に、身体の物理的機能と治療法に関する「仏教」と「医学」という習合的な要素が、二つのカテゴリーに完全に分別できないのであれば、それは、そのテクストの一つのあり方を示していると考えるべきであろう。すなわち、『産生類聚抄』というテクストは、前近代の episteme（エピステーメー）の結果であり、現代の生物医学のパラダイムと一致しないのは当然である。そのようなテクストの分析と研究は、方法論としては単純ではないが、現代の研究者が使用する概念としての「仏教」や、「宗教」「医学」というカテゴリー自体を、柔軟なニュアンスを持つ概念へと再構築する必要があるのではないかと考える。そうすることで、中世日本の精神世界もそのような柔軟さを表し、「身体」（この場合は女性の身体）だけでなく、「出産」「病」「治療」に関しても、包括的な理解（エピステーメー）を想定することが可能となろう。中世日本、あるいは前近代社会における多数のカテゴリーが、現代的な「宗教」「医学」といった個別

フレームワークに形よく入らなかったとしても、研究者が使用する概念自体を柔軟に変化させることで、新しい視野が開かれ、そして、そのことによって、これまでよりさらに豊かな研究成果が期待されるものと思われる。

　例えば、僧侶が実践する呪的パフォーマンスでもある加持祈祷、仏と菩薩のパワーを表す悉曇文字、陰陽五行に関連する方向占い・方違えという、前近代思想のエピステーメーに根付いた必然的行動と判断技術は、一見すると、医療とは無関係だが、その実は、治療・健康診断・出産の複雑な状況に直結する現象である。

　包括的理解とエピステーメーを考慮すると、中世日本における「身体」とその「働き」は、学僧たちが展開した仏教エピステーメーの中で、特別な存在であったことがわかる。近年、日本と欧米の研究者と共同研究チーム（阿部泰郎、伊藤聡、米田真理子、小川豊生、ルチア・ドルチェ等）により、中世日本における身体論、特に儀礼文化に見られる「儀礼身体」という研究分野が発展した。最近の研究では、12世紀の日本には、人間の身体に関する思想が、数多くの密教論・儀礼思想に基づくモデルに関わったことが指摘されている[4]。それらでよく取り上げられるのが、五輪塔に比喩される人体である。そのような身体、あるいはその主要な要素となる五臓を、儀礼的な文脈においてイメージする儀礼的観想は、浄土と真言密教の学僧である覚鑁（1095-1143）によって提示された[5]。12世紀以降には、そのような説は密教寺院のネットワークや、密教僧・学僧・上人の学術的・伝授儀礼的、または個人的交流により、口伝・秘説として日本各地に伝えられていったのではないかと考える。密教と神祇崇拝を中心とする密教寺院と別所において、どのような伝授がどのように行われたかは、まだ不明な点が多いが、かかる伝授を行った人物が、権門寺院から別所へ、別所から他の寺院へと、絶え間なく旅行・遊行したことは容易に想像することができる。彼らは密教の実践者である半僧・半凡の聖である場合もあったが、当然ながらそのほとんどは男性であった。

3 御産の「儀礼・知識・ジェンダーのエコノミー」

　中世日本に新しく現れた「身体」の概念は密教儀礼的世界の中で発達しただけではなく、中国の宋代に集成された医学や薬種に関する書籍が輸入されたことで、それらに見られる新しい「医学」的知識と共存することになった。また、宋から輸入された新たな医学知識は、それまでに伝えられていた隋・唐代の知識と組み合わされもした。妊娠・出産は、中世の女性の日常生活において深刻な意味を持ち、とりわけ皇室・公家・武家の場合は、社会的・政治的にも重要な意義を有していた。また、女性個人の生活にも各自の事情からそれぞれに意味が付加されもしたであろう。また、現代人の視点から見れば、前近代の社会では治療技術はまだ発達しておらず、ほとんど予測不可能な、あるいは是非予測すべきであるイベントとして捉えられていたのである。様々なリスクがあったため、平安・鎌倉期の皇室や公家は、妊娠や出産に臨んで、多様な判断技術を求めた。例えば、陰陽師に危険のない御産に一番相応しい場所・方向・時期等の占いをさせ、僧侶に安産と母と新生児の長生きを促す仏教儀礼（特に密教）を行わせ、御霊・餓鬼等のような悪意ある心霊の邪魔を退けるために巫女と験者を頼りにした。これらの複雑な場面を考慮すると、貴族社会にとっての「御産」は、特別な「儀礼エコノミー」を意味したと考えられる[6]。また、出産中に難しい事態が起こると、仏教儀礼の聖職者（僧侶・験者・巫女等）だけでなく、特定の知識と判断技術を持つ医師・女院博士・助産婦等が必要とされた。上述のように、医師（特に皇室・貴族の必要に対応するもの）は中国の隋・唐代、あるいは宋代に集成された医学書や、薬種・草薬・摩擦・鍼灸に関する書籍を活用する能力を有した、特定の「知識のエコノミー」であった。ただし、男性である医師は、貴族の女性を直接診断することができない場合が多く、出産中に出現する問題は、仲介者を通して間接的に伝えられた。男性の医師は、出産が行われている御産御座とは別の居室で原因を究明し、適切な処置法を判断し、飲み薬や塗り薬を調合して施薬した。出産中の女性を直接援助するのは、大抵の場合は女性身体の働きに関する特定の知識を持つ助産婦と年上の女性の親族や「経験」のある女房だけであり、そういった場面とそれぞれの行動を「ジェンダー・エコノミー」

という角度から分析することも必要である。さらに、同時代史料（『御産部類記』『御産御祈目録』『后宮御産当日次第』等）には、女性の親族（母、叔母、姉妹等）が、妊娠中・出産中の女性に対して、特定の密教儀礼を施した様子が見受けられる。彼らもまた重要な儀礼的存在であったといえよう。性の歴史からの考察を加えることで、公家社会での「御産」の複雑な構成と、「仏教」と「医学」を習合した「知識・儀礼・ジェンダーのエコノミー」の実態はより明確になると思われる。このことについては、今後の研究課題としたい。

4 称名寺における御産に関する他史料

　称名寺において複製・保管された出産に関する書物には、『産生類聚抄』の他に、『産秘抄』という出産儀礼に関する秘密抄がある。成立時期と書写年代は明記されていないが、14 世紀の成立と見なされている。金沢文庫には、少なくとも同内容の巻子が 2 本現存している。『産生類聚抄』が「医師家所伝」を分類して掲載したこととは対照的に、『産秘抄』は、妊娠・出産に不可欠な儀式と産後の儀礼を簡単に説明するものである。その儀礼には、新生児の初湯のための祈祷と、風呂の水を浄化する「小児湯加持」、妊娠中に使用する帯の保護を目指す「妊者帯加持作法」、「安産符」という護符の書き方とそれに関する指示などが含まれる。奥書によると、慈尊院より伝授された本からの転写本であることがわかる。『産秘抄』は、比較的小部ではあるが、出産する女性と誕生した子への密教儀礼を正確に行う必要から入手されたのではないだろうか。したがって、本書の内容は、女性の身体を守るための知識であると同時に、儀礼を行う僧侶（the Buddhist clergy）と聖職者（religious specialists）が求める知識でもあるといえるのである。なお、慈尊院については不明点が多いが、一説として、高野山の麓にある、空海の母が滞在し、後世に女人高野と呼ばれた寺院ではないかと考える。その寺は、安産や良縁を祈念する多くの女性が参詣したとされる。

　さて、『産秘抄』に見られる儀礼は、漢訳仏典や儀軌類に関連する、儀礼的な治療法として重要な用例である。例えば「牛黄加持」は、牛の胆嚢

にできる結石を擦り、浄化した水と混ぜて、出産中の女性の腹や生まれた子供の唇に塗るために、その牛黄を儀礼的に浄化する加持を指す。よって、牛黄という実体は、ある意味で儀礼的・医学的な「資源・モノ」として考察することが出来る。また、その「牛黄加持」は、8世紀の中央アジア・インド・中国で活躍した不空金剛（Sk.Amoghavajra,705-774）が翻訳した儀軌（あるいは不空に託される漢訳）に原拠を求めることが出来る。つまり、14世紀の『産秘抄』に見られる儀礼知識は、部分的には、8世紀の唐代の中国で活動した不空とその他の翻訳僧が編纂した仏教経典・儀軌・論義書などに帰属することになり、そうした時代に遡る可能性もあるといえるのである。このことについては、今後の課題としたい。

　『産秘抄』に記されたその他の儀礼実践には、平安時代の日記や『餓鬼草子』の絵巻等に知られる「鳴弦の儀」や[7]、ラン・バンという浄化する水と火を表す悉曇文字、汚染を回避するために境界を構築して不動明王を呼び出す「不動結界」等がある。『産秘抄』の識語によると、これらの儀礼は「公卿私人」の為に実践されたものであり、すなわち、京都の貴族のために行われたことが推測される。ここで注意したいのは、『産秘抄』は、仏教儀礼における妊娠・出産儀礼のごく一部しか記していないということである。上記したように、同時代史料である『御産部類記』と『御産御祈目録』から判断すると、宮中や貴族の屋敷では、さらに多くの仏教・陰陽道の儀礼が行われていたことがわかる。例えば公家の場合は、妊娠・安産のための密教儀礼は、平安中期頃（983年頃）から始められ、鎌倉時代（1120年代）にかけては、複数の権門寺院の僧侶や、陰陽師、医師を屋敷に招いて、複雑な密教儀礼を依頼し、また、密教儀礼の実践をめぐっては、天台・真言の宗派間に競争が起こり、政治的な意味合いが加味される場合もあった。そのような状況を考慮すると、皇室や公家へのアクセスを可能とする儀礼と医学知識を含む『産生類聚抄』と『産秘抄』は、鎌倉の武家が所望した事実に、ある特定の意志を知らせるものであるといえる。しかし、称名寺僧は、京都の寺院が歴史的に把握していた儀礼と知識を完全に複製できたわけではなく、アクセス可能な限りの儀礼と情報を取得したというのが実情だったのである。

5　出産百科事典としての『産生類聚抄』に対する研究方法

　本章では、『産生類聚抄』の内容からその特色を探り、社会的・思想的背景を検討して、仮説を提示したい。

　本書の内容を簡単に紹介すると、受胎・不妊・妊娠・胎児の性別・出産予定日の予測、および女性の様々な健康問題、「女性身体の働き」に関する記録の集成であり、当時の一般的な医学的・宗教的アドバイスが含まれている。こうした内容から判断すると、本書は、ある目的の下に選択・収集した諸説を分類して収録する、いわば「百科事典」の類として理解して良いであろう。その利用者は、出産の儀礼を実践する人や、援助をする人々、具体的には、僧侶・医師・助産婦等が考えられる。彼らに『産生類聚抄』の知識を紹介したのは、称名寺の学侶・僧侶であり、そういった儀礼・治療・援助を受けるのは、北条氏を中心とするエリート武将の妻やその娘たちであったであろう。鎌倉の武将にとって、彼女たちが健康で快適な日常生活を送ることは、たしかに大切な案件だったと考えられる。

　出産の際に、御産の座の「内」で援助した人物は、出産の諸事を熟知する助産婦と、武家屋敷に住む親族（母親、叔母、姉妹、乳母等）や「経験と判断力のある女性」であったと想像される。男性の医師と医療儀式を行った密教僧は、原則として御産の座の「外」の存在であった。僧は、神秘の権威である明王を示す悉曇文字を紙に書いて護符を作り、御産の座に出入り出来る助産婦や女性の親族へ渡したのであろう。護符を燃やした灰を水と混ぜたものを飲んだり腹に塗ったりする方法が採られたが、それに尽力したのは僧や医師であった可能性も考えられる。称名寺と極楽寺に所属した僧には、「僧医」と呼ばれる専門の僧侶もおり、彼らの助力・実践関与も想定すべきであろうが、上記のように仏教儀礼・治療を行う僧や医師は、基本的には、高貴な女性の出産の場には出入りが許されず、出産に直接立ち会えない状況であった。

　前述のように、『産生類聚抄』は、上下二巻から構成されている。上巻では、受胎と妊娠の過程を詳細に説明し、経典からの引用を掲載している。それらによると、人間の受胎は、父母となる男女の性交と懐妊の瞬間を指し、その後37週間、もしくは38週間の妊娠・胎内発展のプロセスを経る

が、本書は、そのような妊娠に関する完全なる記述を備えている。上記の最近研究では、中世日本における胎内説の成立と影響についての新たな見解が報告されているが、本書においての分析はまだ進んでいない。

　胎内発展に沿った 38 週間の妊娠過程は、3 世紀の古代インドの仏教論に基づく説である。それらの知識は、文脈は異なるが、瑜伽行唯識学派が集成した仏教哲学論義書にも引用されている。3 世紀から 7 世紀にかけての中国で漢訳された著名な仏教論によって、日本でも知られた知識であった。『産生類聚抄』の引用の中では、『修行道地経』（T.606）と、5 世紀のインド倶舎宗の基本教典である世親（Sk.Vasubandhu）著『倶舎論』（Sk. *Abhidharmakośa-bhāṣya*, T.1558）の唐代漢訳仏典が、その過程を細かく描写し、小乗仏教もしくは初期仏教哲学の視点から、様々な現象を説明している[8]。なお、玄奘（602-664）の漢訳仏典が、中世の日本でどのように知られ、南都・密教寺院でどのように研究されたかについては、ここでは省略する。

　上巻の受胎・妊娠過程に関する節は、分量は多くないが、識語によると、引用する情報の一部は、『五王経』という東晋（317-420）に翻訳された経典に基づくとしており、さらに、東寺での伝授によることが記載されている。東寺は京都周辺の寺院、具体的には教王護国寺である可能性が考えられる。前述した『産秘抄』の識語に見られた慈尊院、および高野山との関係から考えると、さらに参考となる寺院ネットワークとその歴史背景が浮かんでこよう。

　「婦人雑事」という節には、女性特有の困難を緩和することを目的とした陀羅尼経呪文の類聚を含む。その中で、月経不順や長引く出血に、多数の植物の根を用いて調合した薬草の使用を勧めている。また、月経痛や過度の授乳による症状等に対する治療法や、不測の事態（胎児の死亡と死産など）が起こった場合の儀礼・治療・援助に関する指示や呪文も掲載する。全体を通じて、宗派を問わず、どのような場合にも役立つ知識が記録されているが、ある部分は中世密教寺院、特に真言系権門寺院との関係が想像できる。他にも多数の仏教論書・経典・儀軌からの引用があり、本書は、女性の健康に関する諸問題を、仏教論を基盤とする視点から説明する書として位置づけることが出来よう。日本思想史・宗教史・文化史にわたる問

24

題であり、全体的な研究はまだ初期段階にあるといえるであろう。

　『産生類聚抄』の下巻には、「医家所用」と題する、医師が使用するための処方箋や女性の健康管理のための方法が記載されている。それらには、以前から知られていた治療法・占術法の引用が多く、仮説として、10世紀の宮中で活躍した医師・丹波康頼の『医心方』との類似を指摘することができるであろう。また、鎌倉・室町時代の医学的類従抄・集成等、例えば宋から輸入された医学書や、鎌倉周辺で活動した僧医・梶原性全（1265-1337）の『頓医抄』（1304年成立）・『万安方』（1327年成立）との比較も必要であり、今後さらなる研究が期待される[9]。

6　『産生類聚抄』の分析と今後の課題

　本章では、複雑な構造を持つ『産生類聚抄』の内容は、どのように分析すべきかを考えてみたい。

　『産生類聚抄』の特色の一つは、仏教教理に基づく人間の命根発生の生理的プロセスとそれに関する基礎知識が、比較的わかりやすい形式（哲学的仏教学論のようではない）で説明されている点である。漢文体で書かれた本文は、サンスクリット語の悉曇文字をも含むことから、作者には仏教学に精通した人物が想定される。当時の社会的背景を考慮すれば、それは男性の学侶であり、密教・瑜伽行・唯識学派・法相学論等を認識・理解した人物（またはそのグループ）であった可能性が高い。だたし、本書は上下巻ともに、「女性のため」の知識を収録したものであることも確かである。収載された知識の全てが女性に知らされたかは不明だが、断片的には、僧侶・医師から伝えられたり、上記の「出産経験・判断力のある」女性との会話によって知らされたりした可能性も考えられないことではないであろう。なぜなら、『産生類聚抄』が示すアドバイスの大部分は、女性の受容を目指すものであるからである。そこには、仏教の枠組みに根付いた妊娠と出産のプロセスを簡単に説明する意志が見られ、中世日本の仏教寺院に知られた、インドの阿毘達磨論や倶舎論と中国の医学説を用いて説明する実態を知ることもできるのである。

　周知のように、近年、身体論に関する研究は盛んになり、中世日本の密

教寺院における命根発生論のシステムとその展開は明らかにされつつある。例えば、胎内五位説は、秘密伝授として、儀礼的な文脈において展開したことが、伊藤氏とドルチェ氏により指摘されている。それは密教における「正覚」「悟り」あるいは「即身成仏」をどう達成すべきかといった、儀礼的段階や宗教的枠組に属する関心事であり、男性である僧侶や上人の中でもごく一部の限られた人々にのみ伝えられた秘説であった。しかし、『産生類聚抄』に掲載された諸説は、日々の生活の文脈の中で、日常的に生じる緊急事態に備え、実用的な利用に供されたはずのものである。中世の密教僧と上人によって記録された聞書や論書に見られる受胎・五臓生成説・胎内説に関する描写は、中国の法相の教えや『倶舎論』によって既に知られていた。日本には、中国の真諦（499-569）と玄奘（602-664）が訳した仏教哲学論（世親の学書等）が、早ければ8世紀にもたらされており、そのような小乗学論は、南都の有力寺院である東大寺と興福寺において、制度的に教えられていた。中世密教僧の注釈者は、その話題に関連する説は、中国の天台と華厳の仏教学論に存在していたことを指摘している。

　ここで、現段階での疑問を三点提示しておきたい。一点目は、漢訳された小乗仏教の教説が、平安・鎌倉時代の密教寺院（密教寺院と思想的歴史を共有する南都系寺院を含む）で受容されたことは既に指摘したが、そのような教学活動が、日本の密教にどのような影響を与えたかということである。二点目は、日本の密教の視点から生じた小乗仏教の命根発生論への理解と、出産・妊娠・女性の健康を概念化した『産生類聚抄』とそれに掲載された知識が、具体的にはどのように形成されたかということである。三点目は、そういった集合的知識がどのようにして女性へ伝えられ、理解されたかという問題である。13〜14世紀の日本の女性（特には武将の女性、更に武家と庶民の女性）は、寺院や医師の援助を求め、彼らが有した知識を頼りにしたことは十分に考えられる。

　今後は、『産生類聚抄』の内容の分析と成立過程の検証を通して、本書に見られる知識が女性と関わっていく具体像を、歴史的な側面から再考する必要があろう。その場合、『産生類聚抄』と同様の書物を併せて検討することが重要であると思われる。これからの研究の課題としたい。

7 女性の身体と受胎・妊娠、および五臓の発生

　『産生類聚抄』の上巻では、妊娠の過程についての説明がある。受胎の最初の段階は、サンスクリット語の kalala（歌羅蘭）という言葉を用いて、男女が交合した後で、まだ人間の形になっていない中間的な「モノ」である「中有」あるいは「中陰」が下降することを説明する。その状態は、男女の精液、あるいは命根の一部となる「赤」と「白」の和合によって発生するという。また、胎児の成長過程は、いくつかの段階を経るとする。近年、注目される「胎内五位」説はその一例であり、日本の中世に密教的な儀礼化を果たし、密教僧と上人の周囲に特定の影響を及ぼしたものと受け止められている。最近、日本と欧米の研究者が指摘したように、そのような密教の儀礼化においては、『瑜祇経』が特に注目されている[10]。ドルチェ氏が指摘した「胎内五位」の視覚化も、密教の解釈ストラテジーの一つであり、少なくとも 12 世紀後半から発達し、中世日本の密教に特色ある現象となったと考えられている[11]。こうした研究成果を踏まえると、『産生類聚抄』は、小乗仏教学論に現れた知識を、密教の教説と比べてより一般的な形で表し、また、密教教典を使用しながらも、必ずしも秘密真言の伝授の形で伝えていないことから、より日常的な文脈において、より一般的な形で、参考に供したのではないかと考える。密教儀礼を主にする同時代の密教僧とは対照的に、『産生類聚抄』の作者は、『瑜祇経』等の密教教典を元にした「悟り」「即身成仏」「胎内五位」等の秘説を引用せず、秘伝の伝授世界よりも、南都系と権門密教寺院において教育を受けた仏教学者に知られていた世親の『倶舎論』、あるいはそれに関連する教典や説を頼りにしたといえる。さらにいえば、『産生類聚抄』は、密教の教典を引用するが、同時に顕教の資料もよく参照している。『産生類聚抄』の内容とその密教教典の使用については、これから詳しい分析を促す課題であると考える。

　『産生類聚抄』上巻に記された妊娠の過程をより詳しく見ると、胎児の成長段階と胎内の週毎の変化を簡単に説明し、38 週の妊娠モデルに基づくプロセスとして解説していることがわかる。それに似た妊娠モデルは、古代中国の『淮南子』（紀元前 139 年頃）や医学論書等によく見られる 10

ヶ月の妊娠モデルとは異なり[12]、インド仏教の一部の基礎を成す『修行道地経』（T.606、以下『道地経』）により近い傾向が見出せる。『道地経』は、2 世紀インドの瑜伽行唯識学派に関わった Saṃgharakṣa が著した *Yogācāra-bhūmi* を、286 年頃に東晋の竺法護（Sk.Dharmarakṣa）が翻訳した経典である。その他の瑜伽行唯識学派の漢訳仏典には、安世高（ca.147-172 CE,T.607）の漢訳に内容の近い、玄奘（ca.602–664）が 646–648 年頃に訳した『瑜伽師地論』（*Yogācārabhūmi-śāstra*,T.1579）等が挙げられる。なお、これらについては、既に新村拓氏が、『出産と生殖観の歴史』と『日本医療史』において指摘している。

　以上の論書や漢訳経典は、受胎の過程を「中陰」「中有」の胎内への下降・習合から解きはじめ、人間の身体の発生論を論議し、38 週間の妊娠モデルとして叙述するものである。14 世紀の称名寺に保管されていた『産生類聚抄』は、以上の瑜伽行唯識学派の論書に近い 38 週間のモデルを記載するが、様々な省略や相違があり、実際には、東晋（317-420）頃に翻訳された『五王経』や『宝積経』を引用の典拠としてあげている。それは、インドから伝わった古教典より、日本に既に仏教知識の集成として知られていた『宝積経』のほうが、当時のエピステーメーに根付いた「知識・事実」としてより適切だと考えられたからであろう。

　『五王経』は、中世日本での位置づけと、どのように解釈されていたかは明確ではないが、『産生類聚抄』の作成者は、直接 *Yogācāra-bhūmi* の論に依拠したのではなく、日本の寺院で修学・解釈・論議されてきた、インド仏教の漢訳仏典、あるいは聞書や記録に基づいて、作者自らの社会的目的と都合に適ったものを制作したことが、一説として考えられる。上記の教典は、中国での理解と伝授、および日本への伝来と受容については、まだ明らかではない点があるが、中世の日本において、新しい意味が付加され、「権威」ある資料として引用されたのである。その過程を明らかにすることで、中世日本の学僧の思想活動はより明確になり、さらに、中世の仏教・医学・女性の健康に関する考察にも、大いに資すると思われる。

　『産生類聚抄』が基礎とした数多くの教典の中で、引用の背景と目的を明らかにすべきもう一つの教典は、漢訳の『勝鬘経』（Sk. *Śrīmālādevī-siṃha-nāda-sūtra*,T.353）である。大乗仏教時代の最も早い時期

の教典の一つであり、「如来蔵」（Sk.tathāgatagarbha）という概念と思想と、女性の悟りを議論する古典的な経典である。この経典は、日本でもよく知られており、聖徳太子がその注釈書である『勝鬘経義疏』を著したことで仰がれもした。何より、他の古代仏教論とは異なり、女性の身体に関して積極的な思想を表している点は注目される。『勝鬘経』は、密教寺院においても多少論議されたものであるが、『産生類聚抄』に引用された意図と背景を明確にするためには、この経典が、中世日本の仏教と社会にどのような影響を与えたのかを明らかにする必要があるであろう。

　『産生類聚抄』上巻のもう一つのテーマは、胎児の五臓（心臓・肺臓・肝臓・腎臓・胃臓）の形成であり、その発生・形成過程・色の説明をする。『産生類聚抄』の記述は、中国天台の『摩訶止観』（T.1911）に基づくものである。『摩訶止観』は、最澄（767-822）によって日本に紹介され、『法華経』と並んで延暦寺をはじめとする天台寺院において修学・解釈され、日本仏教思想史に大きな影響を与えた。五臓に関する思想は、中国医学書に数多く見出され、秦・漢時代に成立したとされる最古の医学書『黄帝内経』にも掲載されている。その説は、前近代の日本仏教・医学論の大部分を占めた。『産生類聚抄』では、そのような思想と知識を、中世日本の密教に知られた「五臓観」という「悟り」を促す儀礼的観想とは関係なく、密教僧や仏教聖職者ではない人々、例えば公家・武家・医師等にも理解可能な知識として提示したのである。

　『産生類聚抄』は、かかる知識をより単純化し、女性の健康という新たな目的の下、女性も接触できる人物を媒介者にし、女性向けの命根発生論の基本的事実として掲載したのではないかと思われる。仮説としては、妊娠中、もしくは妊娠を予定する女性に対して、『産生類聚抄』を参考にした僧・医師が、妊娠中の女性の日常生活の援助を目的に、女性と個人的に接触できる親族や女房・御産婦を媒介者として、そのような知識を提供した可能性が考えられる。その意味で、『産生類聚抄』は、中国や、平安時代の日本の医学の伝統に近い医療診断と治療法を、より身近な側面から照らすものといえる。例えば、著名な中国医学者である巣元方（6-7世紀）が著した『諸病原候論』という多疾患の原因を記述する医学書からの引用を載せるが、日本の中世寺院において、そのような主たる医学書がある程

度流通していたことがわかるのである。言い換えれば、日本の中世寺院は主に「多面的知識のエコノミー」の中枢（ハブ）であった。

　また、『産生類聚抄』には、所謂「胎教」や「胎児の生育」が含まれており、食べ物や行動・方角のタブー、道徳的思想等を伝え、女性と胎児の相互関係や依存性を明らかにし、胎内で成長する胎児が、やがて健康に生まれ、正直で道徳心のある社会の一員として、将来の生活を送れるようになるための注意点を記述している[13]。このような儒教思想に近い内容は、10世紀後半に成立した丹波康頼著『医心方』にも記載されており、14世紀の『産生類聚抄』に掲載されたことは、驚きではない。むしろ、これらの忠告や指導の存在は「常識」としてとらえられ、平安・鎌倉時代の女性が、妊娠中の生活において、そうした戒めを念頭に、自らの判断力を行使しなければならなかった事情を知らせるものであると思うのである。

8　医師・女性・助産婦へのアドバイス

　『産生類聚抄』の下巻は、医師が使用する、妊娠・出産・女性の健康に関する知識を収載した「医家所用」の節から始まる。主には、14世紀以前の中国と日本に存在した女性の健康に関する諸説と治療法であり、医師や妊婦が知っておくべき情報を集めたものといえる。その記述は、隋・唐代以来の中国医学と密接に関係する10世紀の『医心方』に近似するかに見えるが、詳しい検証が今後必要となろう。

　以下に、下巻の項目を簡略に示す。

・不妊の治療法
・胎児の性別が分かる方法
・胎児の性別を占う
・「転女為男」の法。胎児の性別を女から男に変化させる古代インドと中国に知られる儀礼（Sk.Puṃsavana-karma）。『医心方』にも見える[14]。
・妊婦が用心すべき食品と、食べてはいけない物等
・子宮の中で死亡した子を「治療（回復）」する方法
・難産を癒す治療法

・逆産（逆子）を直す方法

・横生を直す方法

・産後に胞衣物の送達が遅くなった場合の治療法

・産後の腹部の痛みを治す方法

・産後の出血や「逆心」を治す方法

・妊婦の正しい座り方

・妊婦と助産婦・女房の月経のタブーに関する儀礼

・（数項目不明）

・助産婦の人数に関すること

・妊婦のための儀式、あるいは注目すべき儀礼

・新生児用の儀式

・止血の方法

・新生児用の甘草より作られた温かい飲み物の作り方

・新生児の初湯（最初の風呂）の準備と注意点

・新生児の初湯に都合の良い日を見分ける方法

・新生児の命名方法と注意点

　各項目の詳細な分析と研究は今後の課題とするが、上巻と下巻とでは、一見して、女性の身体に対して使用される語彙に違いがあることがわかる。上巻では、仏教学論・密教教典の概念を基礎とするが、下巻は、主に治療方法と医学論とから集成されている。そのため、使用される語彙にも変化が見られ、上巻の仏教教義と中世の密教教典に見られる概念、例えば、受胎・妊娠が起こる仏教コスモロジーに近い「胎」や「胎蔵」は、下巻では、道教・医学論の伝統的な漢語に変更されている。また、女性の生殖器官を示す用語は、下巻では「陰」と「玉門」を用いている。『医心方』も、同様の中国道教・医学論の跡を継ぐ概念を使用する。こうした傾向は、妊娠中の鍼療法やマッサージの是非、老子に起因する論からの引用、上記の巣元方『諸病原候論』の引用と、その著書に見える出産中の姿勢等の事項を載せる下巻の記述に顕著である。

　また、『産生類聚抄』の記述から特に想起されるのは、中国・日本の前近代社会に日常生活を送った女性たちが、妊娠中に悲しい事態を経験し得

る可能性があったということである。例えば、胎内で死亡した胎児をどのように「治癒」するべきかという記述はその一例である。下巻では、そうした緊急事態が生じた場合の処置として、儀礼的保護力を持つ「符」を作り、力のある道教の文字を記して焼き、その灰を妊娠中の女性に飲ませ、胎児を「滑るように」出産させるという治療法を挙げている。力のある「符」、儀礼的な「モノ」(ritual objects)は、出産する女性の屋敷に招待された密教僧・陰陽師によって作成されたが、「モノ」の適用と取り扱いは、出産の場に出入り可能な助産婦や女房が行ったのではないかと思われる。なお、その他の中国・日本の医学書（例：『集験方』『医心方』等）からは、「牛膝、ゴジツ」という植物から出来た薬を飲ませ、緊急出産をさせる方法も存在したことがわかる。下巻には、他にも、陰陽師による、屋敷内での出産に最も相応しい縁起の良い場の占い方や、妊娠中の方忌みや方違えについても記されている。京の貴族と鎌倉武将の日常生活を反映した記述であると思われる。

おわりに

14世紀前半（1304-1318年頃）に、称名寺の劔阿が書写した、妊娠・出産・女性の健康に関する百科事典『産生類聚抄』は、習合的内容に豊かであり、「仏教」と「医学」を効果的に混合した、中世レファレンス本の珍しい例である。そこに見られる儀礼的・治療的知識は、前近代の多種多様な仏教学論・医学書から類従したものである。本書が、武将政権の拠点である鎌倉に程近い称名寺において保管されたのは、本書が武家社会特に北条家にとって極めて重要な存在だったからである。その内容は、東洋医学史の研究者であれば驚かないのかもしれないが、仏教学・宗教史・文化史・ジェンダー論を専門とする研究者にとっては、未知なる課題が山積されているといえよう。

『産生類聚抄』は、古代インド並びに小乗仏教と、中国で漢訳された仏教学論、さらには隋・唐代に成立した医学書からの情報と、女性の身体の「働き」と健康に関する知識を集成したものである。編著者には、仏教論を認識、または理解できる人物、すなわち僧侶が想定され、女性たちの妊

娠・出産や緊急事態に応じて、援助・儀礼実行・治療を実践する際に用いられた。特に、助言の多くは、妊婦・助産婦・女房に向けたものであり、その内容を通じて、女性たちは、妊娠中にどのような生活を送り、妊娠の過程でどのような変化が生じ、また、緊急事態が起こるケースについてなどを理解することが出来た。その中には、インドの仏教論説を基礎とする命根・人間発生についての知識や、中国の医学論・天台仏教論に知られる五臓形成に関する知識も含まれていた。上巻は仏教論に基づく理論的な知識を含み、下巻は「医家所用」の知識を集成して、薬類・儀式・食べ物のタブーを記載する。これらの説の起源は、今後詳しく検討する必要がある。

『産生類聚抄』の特徴の一つは、38週間の妊娠過程を叙述する発生学論である。それは、インドの瑜伽行唯識学派論を基礎とする『道地経』と『倶舎論』の漢訳を参考に、命根の発生について述べたものであり、また、五臓発生論は、主に『摩訶止観』という中国天台論を基としている。さらに、東晋時代（317-420）に翻訳された『五王経』、または『宝積経』等の経典を典拠としてあげている。このような引用を通して、14世紀前半の日本の仏教思想史における「知識の遊行性」と、その「諸道」と「変形」を問題として提起する。上記の仏教論と教典では、発生学とコスモロジーの知識が、仏教教相の複雑な文脈において議論されているが、しかし、それとは対照的に、『産生類聚抄』では、そのような知識は、やや異なった新しい文脈において、女性の健康と家族の遺伝性の問題として説明されている。まだ検討中ではあるが、『産生類聚抄』に掲載された諸説の一部が、女性に対して説明された可能性は捨てきれないと思われる。特に、出産中の女性を援助する親族・助産婦・女房等の「経験と判断力のある」女性たちの活動と思想世界は、今後詳しく検証すべき課題であると思うのである。また、そのような知識が、特に鎌倉幕府の「貴族」である北条家の女性達の生活にどのような効果を与えたのかという点も、今後さらに分析すべきであろう。

　『産生類聚抄』に見られる理論・諸説・忠告は、仏教の学僧によって編纂されたものであるが、その編集過程に、何らかの形で称名寺と極楽寺が関与した可能性を考えたい。理由としては、鎌倉のエリート武家である北条氏が、一族の妻と娘たちの健康を重視していたことが挙げられる。仮に

極楽寺が関与したのであれば、民衆への接近も想定される。すなわち、本書の知識が、民衆の女性にも利用された可能性が考えられることになるのである。それは、鎌倉周辺の仏教寺院で、女性の健康がどのように理解されていたかという、より大きな歴史的課題へと結びついていく視点である。

　以上の考察を通して、『産生類聚抄』のいくつかの特徴を紹介し、今後の研究指針と問題点を提示した。例えば、『産生類聚抄』の宗教性と医学的内容の歴史背景との関係は、さらに詳しく分析していかねばなるまい。

　その効果的な研究方向として、一つめに、東アジアの宗教学・医学・思想史学を背景に考察する方法は、特に効果的であると考える。『産生類聚抄』には、古代インド仏教と、中国の様々な時代の仏教・道教・医学に関する諸説が著しい役割を果たすとともに、中世日本の文化的・思想的背景の反映もあった。本書は前近代日本の文化史・思想史の新しい史料として、そのような視点を取り入れて、さらに考察すべきものである。

　二つめは、近年、日本と欧米の仏教史研究において注目される命根・人間の発生学の研究成果を踏まえると、『産生類聚抄』の宗教的研究は、いくつかの問題を明らかに出来る。例えば、中世日本の顕密寺院において、古代インドと中国に遡る仏教教典と、そこで解説される受胎・妊娠・出産に関する知識とが、どのように理解されていたかということが、その一つである。『産生類聚抄』に、出産に関する知識を分類して掲載する意図があったことは、上巻に仏教学論・密教教典・儀礼に基づく説を載せ、下巻には医師や助産婦のためのより実践的な知識が収められている点に明らかであり、内容の知的ヒエラルキーの一面を示している。このような関係性と歴史的背景は、中世日本の新しい側面を照らし出すことになり、より詳しい理解を求めたい。

　ただし、『産生類聚抄』下巻の内容は、日本医学史の観点から考察しなければ明確にならない。そのことから、三つめは、日本医学史における本書の位置づけを考えたい。日本の医学史においては、10世紀の『医心方』が最も知られる史料であるが、14世紀の『産生類聚抄』下巻に現れる知識が、『医心方』とどのような関係性を有するかは、重要な課題である。なお、『医心方』の女性の健康に関する21〜25巻は、欧米ではまだ詳しい研究はなく、今後の課題となろう。また、同じく14世紀の医学書、例えば、

中世日本における　御産と女性の健康

梶原性全（1265-1337）の『頓医抄』（1304 年頃）と『万安方』（1327 年頃）との比較も必要である。さらに、隋・唐・宋代の中国医学論との関係は、より詳細に考察しなければならないであろう。

　以上、『産生類聚抄』の研究は緒に就いたばかりである。全体的な研究は、上記の三つの研究方向をはじめ、中世日本の女性史・文化史・思想史・宗教史・医学史に、新しい成果をもたらす可能性があると期待する。

（Anna Andreeva ハイデルベルク大学）

[1] 本稿の内容は、2014 年 8 月に、スロベニアのリュブリャーナ市で開催された第 14 回全ヨーロッパ日本学大集会で発表し、さらに、2014 年 11 月に、ドイツ・ベルリン市のマックス・プランク科学歴史研究所において開催されたワークショップ「珍しい生命—知識史の問題として「生命」の歴史を求める」で再発表したものである。本稿は、以上の英文原稿を基に、さらに新方向の論議を加え、日本語に翻訳したものである。著者は、原稿内容と日本語訳の相談に関しては米田真理子氏に、原稿の編集は末木文美士先生に深く感謝する。

[2] 初期の研究といえば、水原堯栄『邪教立川流の研究』（新聞堂、1923 年）と真鍋俊照『邪教・立川流』（筑摩書房、1999 年）がある。近年の研究では、伊藤聡「三宝院流の偽書—特に『石室』を巡って」（錦仁・小川豊生・伊藤聡編『「偽書」の生成—中世的思考と表現』森話社、2003 年、197-231 頁）、山下琢巳「修験道＜五躰本有本来仏身＞説—その教理としての＜胎内五位＞とその展開」（『東京成徳短期大学紀要』38 号、2005 年 3 月）、ルチア・ドルチェ「二元的原理の儀礼化—不動・愛染と力の秘像」（ルチア・ドルチェ・松本郁代編『儀礼の力—中世宗教の実践世界』法蔵館、2010 年、159-208 頁）、阿部泰郎・伊藤聡・米田真理子・ルチア・ドルチェ『宗教的身体テクスト資料集』（第 13 回全ヨーロッパ日本学大集会、エストニア、タリン市、2011 年 8 月 25 日パネル資料）、小川豊生『中世日本の神話・文字・身体』（森話社、2014 年）等がある。

[3] 寺院ネットワークに関しては日本での多数の研究がある。西大寺と三輪・室生・伊勢に関しては、著者の近刊書『神道の形成—中世日本における神祇崇拝に関する仏教的儀礼と思想』に詳しい論議を予定している。

[4] ルチア・ドルチェ「二元的原理の儀礼化—不動・愛染と力の秘像」、阿部・伊藤・米田・ドルチェ『宗教的身体テクスト資料集』、小川豊生『中世日本の神話・文字・身体』を特に参考にした。

[5] 櫛田良洪『覚鑁の研究』（吉川弘文館、1975 年）

[6] 「御産の儀礼エコノミー」に関しては、以前出版した英論文で論議した。アンナ・アンドレーワ「平安時代における貴族所帯の御産」（Anna Andreeva, "Childbirth in aristocratic households in Heian Japan," special issue, *Childbirth and Women's Healthcare Across Cultures*, edited by Anna Andreeva, Erica Coutu, and Susanne Töpfer, *Dynamis* 34/2: 357-376）.
http://www.raco.cat/index.php/Dynamis/article/view/280700/368382

[7] 最近、絵巻に現れる御産の場面が、日本美術史の視点から分析された。Yui Suzuki, "Twanging Bows and Throwing Rice: Warding Off Evil in Medieval Japanese Birth

Scenes," *Artibus Asiae* 2014: 17–41.

[8] 新村拓『出産と生殖観の歴史』（法政大学出版局、1996 年）と、同『日本医療史』（吉川弘文館、2006 年）を参照した。

[9] 以上の史料に関しては、服部敏郎『奈良時代医学史の研究』（吉川弘文館、1994 年［1945 年初刊］）、同『鎌倉時代医学史の研究』（吉川弘文館、1994 年［1964 年初刊］）、Goble, Andrew Edmund, "War and Injury: the emergence of wound medicine in medieval Japan," *Monumenta Nipponica* 60/3 (2005): 297–338, and *The Confluences of Medicine in Medieval Japan: Buddhist healing, Chinese knowledge, Islamic formulas, and Wounds of War* (Honolulu: University of Hawai'i Press, 2011)を参考にした。

[10] 特に櫛田良洪『覚鑁の研究』の第八章「覚鑁の諸流遍学について」を参考にした。また、ルチア・ドルチェ「二元的原理の儀礼化—不動・愛染と力の秘像」、阿部・伊藤・米田・ドルチェ『宗教的身体テクスト資料集』、小川豊生『中世日本の神話・文字・身体』の第三章「性と虚円の中世神学—『瑜儀経』解釈学と「識」の霊性」等も参考にした。

[11] ルチア・ドルチェ「二元的原理の儀礼化—不動・愛染と力の秘像」

[12] ルチア・ドルチェ「二元的原理の儀礼化—不動・愛染と力の秘像」

[13] 以上の点に関しては、槇佐知子全訳精解『医心方』（筑摩書房、1993-2012 年）と Lee, Jen-der, "Childbirth in Early Imperial China," *Nan Nü* 7/2 (2005): 216–286 等の研究を参考にした。

[14] その儀礼は古代インドに知られ、前近代中国の医学に影響を与えたと考えられる。Chen Ming（陳明）, "Zhuan Nü Wei Nan Turning Female to Male: An Indian Influence on Chinese Gynaecology?" *Asian Medicine* 1/2 (2005): 315–34.

中世真言密教における
五蔵曼荼羅の意義
―『五蔵曼陀羅和会釈』を中心に―

亀山　隆彦

はじめに

　覚鑁（一〇九五～一一四三）『五輪九字明秘密釈』（以下『五輪九字秘釈』）がいうように、真言行者にすみやかに五仏の五智を獲得せしめる「五蔵観」、あるいは「五蔵三摩地観」と呼ばれる密教瞑想法の観想対象であることだけが、中世真言密教における「五蔵曼荼羅」の意義ないし役割ではなかったと、以前、別の論考で指摘したことがある。[1] もう少し具体的に述べるなら、五蔵曼荼羅、すなわち「ほとけに象徴される大宇宙と五臓六腑から構成される身体小宇宙の相似を意図」していると頼富本宏氏が指摘する、[2] 五臓、五輪、五仏を中心とする様々な「五部ノ法門」間の相応の意義、および役割に関して、[3] 十四世紀初頭の成立と考えられる我宝（生年未詳～一三一七）『駄都秘決鈔』（以下『秘決鈔』）の中で、以下のように説き示されていることを明らかにした。

　鎌倉時代末期の真言僧である我宝が「小野之法則」に任せた自らの一座行法解釈を述べたものが、すなわち『秘決鈔』である。[4] 本書『秘決鈔』によると、五蔵曼荼羅は第一に塗香、護身法、振鈴といった修法の一部所作の「秘ミ中最秘ノ意」「最極ノ伝」「最秘之極説」であり、同時に真言密教の「大意」である「諸法即事而真之義」と直結していて、塗香や護身法の

秘密釈として五蔵曼荼羅を伝授する行為は、そのまま「諸法即事而真之義」を教授する行為と理解される。この五蔵曼荼羅の伝授＝「諸法即事而真之義」の教授を通じて、真言行者は「自身本仏之道理」への直観的な信をその心の中に育み、最終的には真言密教の最良の機根といわれる「直入直修直悟直證之機」となることが出来る、という。[5]

　我宝『秘決鈔』に明らかにされる五蔵曼荼羅の意義、および役割は、以上の通りである。改めて指摘するまでもなく、覚鑁『五輪九字秘釈』に説き示される同曼荼羅の意義、役割とは、大きく異なっている。換言すれば『秘決鈔』の五蔵曼荼羅は、修法の一部所作の秘密釈であって、密教瞑想法の観想対象ではなく、また真言行者の信心の醸成に深く関わっているが、仏智獲得には直接関与しない。五蔵曼荼羅に関するこれら理解は、平安時代末期以降の真言密教において、はたしていかなる過程を経て形成されたのだろう。その系譜を、引き続き本論文で考察してみたい。具体的には、長寛二年（一一六四）に製作されたと推定される『五蔵曼陀羅和会釈』の中に、『秘決鈔』の五蔵曼荼羅理解の先駆とみなされる教説が存在することを闡明する。

問題の所在

　表題からも想像されるように、『五蔵曼陀羅和会釈』（以下『和会釈』）には五蔵曼荼羅と、すなわち五臓、五輪、五仏、五行を中心とする各種「五部ノ法門」間の相応と、同曼荼羅の多彩な註釈が全編にわたって展開される。また詳しくは次章で述べるが、中途に記載された識語の内容から、同書は平安時代の終末期にあたる長寛二年の七月に、寛慶（生没年未詳）という僧によって撰述されたと推測される。

　本書『和会釈』に説示される五蔵曼荼羅、およびその註釈に関しては、これまでに櫛田良洪氏、真鍋俊照氏、栗山秀純氏、福田亮成氏が検討を加えている。[6] それら先行研究の見解は、総じて次のようなものだ。『和会釈』に説かれる五蔵曼荼羅とその註釈は、『五輪九字秘釈』をはじめとする先行諸文献の五蔵曼荼羅説を集大成し、さらにそれを発展させたものである。

中世真言密教における五蔵曼荼羅の意義

　具体的には、先行諸文献のそれに五音、五十音、五穀、十干といった新規要素を加えたより広範な「五部ノ法門」の相応が、『和会釈』では説き示されている。[7]　『五輪九字秘釈』と『和会釈』それぞれの五蔵曼荼羅説の相違は、もっぱら相応内に含まれる「五部ノ法門」の数と種類の点から解説される。

　一方、五蔵曼荼羅に付与される意義ないし役割についてはどうか。『五輪九字秘釈』の場合、五蔵曼荼羅は、五輪曼荼羅観の「秘義」「大事」と主張される五蔵三摩地観の観想対象である。[8]　すなわち「色心」がそのまま「六大法身」「五智ノ如来」「五大菩薩」「五大明王」であること、「日月」「五星」「十二宮」「二十八宿」が「人ノ形体」を形成することを表示する同曼荼羅を観ずることで、[9]　修行者は即座に「三摩地」（*samādhi*）の境地を実現し、現在肉身にすみやかに五仏の五智を成就することが出来ると解説される。[10]　『和会釈』の五蔵曼荼羅についても、「五蔵観」と呼ばれる、真言行者に五仏の五智を獲得せしめる密教瞑想法の観想対象であること以外の意義、および役割は、これまで指摘されたことはない。[11]　だが、それは不十分な理解といわざるを得ない。『和会釈』の記述を子細に検討するなら、本書の五蔵曼荼羅には五蔵観の観想対象であること以外に、次のような意義、役割も備わっていると知られるからである。

　そもそも『和会釈』によれば、三世の諸仏から器界・草木にいたるまで、法身大日如来の「一理」を身中に含まないものは、この法界内に存在しない。だが「愚鈍ノ末学」、つまり未熟な真言の修行者の中には、自らの内に法身の「一理」が備わっているとはとても信じられず、誤った理解を生ずるものもいる。そのような修行者に向けて、「器界ノ群生」がそのまま「法界ノ三密」であること、「世間所依之法」がそのまま「五智能依之理」であることを具体的に表示し、彼らの誤った理解をただすものが、すなわち五蔵曼荼羅である。このような五蔵曼荼羅理解が、『和会釈』の中、述べられていることを、本論文で解明する。

　豊富な先行研究が蓄積される『五輪九字秘釈』の五蔵曼荼羅とは異なり、『和会釈』に説かれる同曼荼羅に関しては、いまだ十全に論じられたことのない未解明の問題が、数多く残されている。本五蔵曼荼羅がいかなるは

たらき、機能を付与されているかという疑問もその一つで、それに答えることが本論文の目的といえる。最後に論文の構成について概説しておくと、本論は三章より構成される。第一章で『和会釈』の成立時期と著者について考察した後、第二章で『和会釈』の五蔵曼荼羅が担う意義、役割を明らかにする。第三章では、論文の主旨からは少し外れてしまうかも知れないが、覚運（九五三～一〇〇七）疑問、良源（九一二～九八五）決答と伝えられる『草木発心修行成仏記』と『和会釈』の一部記述の類似を手がかりに、『和会釈』に説かれる五蔵曼荼羅が草木成仏説から影響を受けている可能性について考える。

1　『和会釈』の成立時期と著者

1－1『和会釈』の成立時期と著者

　そもそも『和会釈』はいつ、いかなる人物の手で執筆されたのだろう。五蔵曼荼羅とその註釈の検討に先がけて、先ずは『和会釈』の成立時期と著者を本章で明らかにしようと思う。具体的には、現存する『和会釈』写本の一つである、真福寺宝生院大須文庫所蔵『五蔵曼荼羅』一巻（以下大須文庫本『五蔵曼荼羅』）の記述を検討し、[12] 以下の事実を指摘する。阿部泰郎氏も示唆しているように大須文庫本『五蔵曼荼羅』一巻にしたがえば、『和会釈』は平安時代の終末期にあたる長寛二年（一一六四）の七月に、寛慶という僧の手で執筆されたと理解される。[13]

　さて、『和会釈』の成立時期と著者を解明するにあたって第一に参照すべき資料、および記述が何かというと、それは大須文庫本『五蔵曼荼羅』の中途に付された以下の文であると考える。

　　　掛レケ今ニ見レ図ヲ依レリ此ニ説ニ記スキ之ヲ。

　　　　　　　　　長寛二年七月六日寛慶撰云々。[14]

　同じく阿部氏も指摘するように、大須文庫本『五蔵曼荼羅』には上記のごとき、金沢文庫所蔵本も含む他の『和会釈』写本からは失われてしまったと考えられる著者識語とおぼしき文言が、保存されている。[15] 大須文庫本『五蔵曼荼羅』ないし『和会釈』の内容を踏まえれば、「掛レケ今ニ見レ図

ヲ依レリ此ニ説キ記ス之ヲ」の語は、以下のように読解されるだろう。

　大須文庫本『五蔵曼荼羅』(すなわち『和会釈』)には、五仏、五輪、五行、五臓を中心とする多種多彩な「五部ノ法門」間の相応とその解釈が、豊富な絵図を伴い説き示されている。加えてそれら絵図に対して「委シクハ見レル図ヲ也」等と述べて言及することから、[16] 上述の語は第一に、これら「五部ノ法門」の相応に関係した一連の言説を総括する言葉と理解される。すなわち「説」き「記」される「之」は、「五部ノ法門」の相応とその解釈である。「図」は添付の絵図を指す。したがって語の全体も、「今ここにいたるまで、数多の絵図を参照しながら、多様な「五部ノ法門」の相応とその解釈を説きあらわしてきた」と読解される。

　さらに以上のように述べられた後に、「長寛二年七月六日」の日付と、「寛慶」が以上の記述を「撰」したという宣言文が記載される。大須文庫本『五蔵曼荼羅』、つまりは『和会釈』の製作年月日と著者である。これら記述から、本書『和会釈』は長寛二年の七月六日に、寛慶という人物の手で撰述されたと理解される。しかしながら著者と目される寛慶の出自や経歴は一切不明で、かろうじて真言密教の教学、特に覚鑁の著作と思想に深く通じた密教僧であったということだけが、以下の事実から類推される。先述の栗山氏、および福田氏も指摘するように、『和会釈』には「師伝ノ五蔵曼荼羅ニ云ク」として、『五輪九字秘釈』に記載される《vaṃ》《hūṃ》《trāḥ》《hrīḥ》《aḥ》の金剛界の五輪の種子を用いる五蔵三摩地観の解説文が引用される。[17] また『和会釈』の一部の記述は、覚鑁『《vaṃ》字密観』の教説を踏まえたものとみなされる。[18]

1－2　『和会釈』執筆の動機

　大須文庫本『五蔵曼荼羅』、すなわち『和会釈』の成立時期と著者は上記の通りである。引き続き寛慶が何故『和会釈』を著したのか、執筆の動機ないし理由についても、可能な範囲で明らかにしておきたい。寛慶が『和会釈』を執筆した動機といえば、第一に大須文庫本『五蔵曼荼羅』に、以下のような記述が確認される。

　　以前ニ従々類聚ヲ注進スルコト如レ此ノ。仰モ玉ヲ磨クニホマレ無クシテ、杖ヲ

守ルニアサケリ多カラム事、雖レモ応ニキト恥ト思ニフ興隆之志内心ニ切ナルニ仍テ、後見之外難ク凌ク所ニ見及ニフ如ク形ノ記レス之ヲ。願ハクハ加ニフル一見ニヲ者共ニ遊ニハム月輪ノ字ニ矣云々。

五蔵曼茶羅

夫レ若シ念誦スル時若シ金剛界ナラハ者自身入ニテ金剛波羅密定ニ為ニル彼ノ尊ニト此レ即チ他身之体也。若シ胎蔵界ナラハ者即チ文殊是ヒ也。意ノ謂ク本尊ヲ為ニシ応身ニ自身ヲ為ニル他身ニト也。自与他ノ曼茶羅冥会シ而雖ニモ自他無礙ニナリト而差別シ不レ破ニサ是身ヲ也。

秘々中之秘也。輒チ不レ可レカラ聞レク名ヲ然而以前ニ被ニル阿闍梨ノ許ニシヲ耳カ故也。

　　　　　　　　　□□トハ者興隆仏法乃至自他無色悉地ノ成就ナリ。

　　　　　　　　　　　　　　　　生年卅二

　　　　　　　　　　　　　　　《va》＝実明[19]

　大須文庫本『五蔵曼茶羅』の所有者と推定される実明（生没年未詳）が、同写本に付した奥書である。[20] その奥書の前半部分、「五蔵曼茶羅」の語以前の箇所は、以下の内容を記した文となっている。すなわち本文をしたためた人物は、胸の内に非常に強い仏法「興隆」の志を秘めており、その志がいよいよ切実なものとなったために、自らがこれまで見およんできた教えを形のままに記した。そのようにして完成された文献が、眼前の大須文庫本『五蔵曼茶羅』である。[21]

　以上の記述は、奥書の記者である実明自身の言葉なのだろうか。おそらくそうではない。次に引用するようにまったく同じ内容の文が、大須文庫本『五蔵曼茶羅』とは底本も書写者も異なるはずの、金沢文庫所蔵『和会釈』三巻の奥書中にも見出される。したがって、それらは『和会釈』を書写した人物の言葉でなければ、書写の動機を記した言葉でもない。『和会釈』を著した人物の、執筆の動機を述べた言葉であると推測される。金沢文庫所蔵『和会釈』の奥書は、以下のとおりである。

　　以前ニ腎ノ類聚ヲ注進スルコト如レ此ノ。抑モ磨玉ホマレ無クシテ扶孚アサケリ多カラム事雖レモ応ニキト恥ト思ニフミニフコト興隆[22]之志ヲ内心ニ切ナルニヨ

42

中世真言密教における五蔵曼荼羅の意義

リテ後見〃嘲哢之外難ヲ凌キ所ニ見及ニ如レ形ノ記レス之ヲ。願ハクハ加ニ一フル
一見ニヲ之者共ニ遊ニハム月輪之宮ニニ矣。

永仁五年六月十四日[23]

　上記の奥書が、金沢文庫所蔵『和会釈』巻下に付されている。金沢文庫
所蔵『和会釈』三巻の書写年月日と考えられる「永仁五年（一二九七）六
月十四日」の日付以前は、細かな字の異同はあるけれども、基本的には先
述の大須文庫本『五蔵曼荼羅』の奥書前半部分の記述となっている。つま
り胸中に非常に強い仏法興隆の志を秘めていたのは寛慶自身で、その志が、
同僧に『和会釈』を執筆させたと推測される。しかしながら同じく前節で
指摘したように、寛慶の出自や詳しい経歴は一切不明なので、同僧のいう
仏法興隆の志が具体的にいかなる志なのか、いかなる経緯でそれが切実に
なったのかといった疑問には、現時点では答えることが出来ない。その点
については、今後の課題としたいと思う。[24]

2　『和会釈』における五蔵曼荼羅の意義

2－1　五蔵曼荼羅と法身の「理」

　先に述べたように我宝『秘決鈔』の場合、五蔵曼荼羅は先ず修法の一部
所作の秘密釈であり、また真言密教の本旨である「諸法即事而真之義」と
深く結びついていて、上述の所作の秘密釈として五蔵曼荼羅を伝授する行
為は、そのまま「諸法即事而真之義」の教授と理解される。この五蔵曼荼
羅の伝授＝「諸法即事而真之義」の教授を通じ、真言行者は心中に「自身
本仏之道理」への直観的な信をはぐくみ、それが達成されれば、同密教最
良の機根である「直入直修直悟直證之機」となることが出来る。

　以上のように、覚鑁『五輪九字秘釈』に説かれる同曼荼羅のそれとは随
分異なる意義、役割を与えられた『秘決鈔』の五蔵曼荼羅だが、本五蔵曼
荼羅は、はたしていかなる思想的影響のもと成立したものなのだろう。そ
の背後には、どのような思想の系譜が控えているのだろう。これらの疑問
に答えることが、本章の目的である。具体的にはそれが担う意義や役割を
比較した場合、『和会釈』に説き示される五蔵曼荼羅が、『秘決鈔』の同曼

茶羅の直接的な先駆と理解されうる。そのことを、本章で明らかにしたい。

さて、『和会釈』の中、五蔵曼荼羅がいかなる意義ないし役割を付与されているかというと、先ずは巻上の冒頭に、次のように述べられている。

原夫レ五蔵曼陀羅トハ者法身如来ノ惣体ニシテ瑜伽三密ノ肝心也（中略）加之以二法界ノ三密ノ加ニ遍ク和ス器界ノ群生ノ持ヲ。所以ニ法身ノ業五大ハ《a》《va》《ra》《ha》《kha》ナリ。於二一切衆生ニ相尅スレハ者断ニシ無明ヲ相生スレハ者顕ニス五仏ヲ。口業五行ハ《aṃ》《vaṃ》《raṃ》《haṃ》《khaṃ》ナリ。於二一切衆生ニ相尅スレハ者断ニシ見思ヲ生スレハ者顕ニス菩薩ヲ。意業五姓ハ《aḥ》《vaḥ》《raḥ》《haḥ》《khaḥ》ナリ。於二一切衆生ニ相尅スレハ者断ニシ塵沙ヲ相生スレハ者顕ニス五明王ヲ。然ラハ則チ三世ノ諸仏十方ノ聖衆六道ノ衆生四生ノ有情器界草木等併ニ含ミ法身之一理ヲ無レ有ルコト坎闕ニ。[25]

引用文によると、五蔵曼荼羅は法身大日如来の「惣体」、およびその瑜伽三密の「肝心」として、「法界ノ三密」と「器界ノ群生」の和を体現する存在であるという。[26] すなわち本五蔵曼荼羅を通じて、法界そのものとも主張される法身大日如来の身口意三密と、地水火風空の五大、木火土金水の五行、および五姓間の連動が明確化され、[27] 同時に五大、五行、五姓のそれぞれが有する相生と相尅の理も、順に無明を断じ五仏を顕す、見思惑を断じ五菩薩を顕す、塵沙惑を断じ五大明王を顕すはたらきに転化される。[28] したがって三世の諸仏、十方の聖衆、六道の衆生、四生の有情、および器界・草木といった法界のあらゆる存在の内に「法身之一理」が等しく含まれることも、同じく五蔵曼荼羅と各種「五部ノ法門」の縦横無尽な相応を通じて明らかにされる。また五蔵曼荼羅と法身大日如来の「理」の結びつきについては、同じく『和会釈』の巻上に、次のようにも解説されている。

又[29]貫之ノ曰ク

サクラチルコノシタカセハサムカラテソラニシラレヌユキソフリケル　詠レム之ヲ

釈ニ曰ク桜木也。木ハ東方阿閦也。雪ハ水ナリ。北方不空成就是レ也。是レ水生木ト相生ス。皆是レ迷ノ前ニハ狂言ニ似タリ。悟レ其ノ体[30]法身ノ一理ノ深奥也。[31]

紀貫之（八六八頃～九四五頃）の和歌を例に、人間が作る詩歌の意義を論じた文であるが、本文では五方、五仏、五行の相応と、それら「五部ノ法門」が備える相生と相尅の理をまとめて、「法身ノ一理ノ深奥」と呼称している。換言すれば五蔵曼荼羅それ自体を、法身大日如来の「一理」と解釈していることになる。この主張はおそらく、覚鑁『五輪九字秘釈』の以下の理解を踏まえて発されたものと推測される。

　　　五蔵ハ如ニシ蓮華ノ向レクカ下ニ也。内ノ五蔵外ノ五行ニ出テ成ニス形体一ヲ。此レ則チ名色ナリ。色ハ即チ是レ五大五根ナリ。名ハ即チ想等ノ四陰ノ心也。色心ハ即チ是レ六大法身五智ノ如来五大菩薩五大明王ナリ。[32]

　要約すると、色心不二の存在である五臓＝五行それ自体が、五智如来、五大菩薩と五大明王、さらに「六大法身」大日如来と同一視されている。この五蔵曼荼羅を深く観想することにより、修行者はみずからの内なる法身の「一理」と如来の五智を直に證得し、即身成仏することが出来る。それが五蔵三摩地観、あるいは五蔵観と呼称される密教瞑想法である。

　ただ、そのような密教瞑想法の観想対象であることだけが『和会釈』が考える五蔵曼荼羅の意義ないし役割でないことは、先に「問題の所在」の中で述べた通りである。次節において、そのことを明らかにしていきたいと思う。

２－２　五蔵曼荼羅と「愚鈍ノ末学ノ邪執」

　ところで、法界に住まうあらゆる「群生」が等しく法身大日如来の「一理」を備えている、あるいは、それら「群生」と法身如来の三密の活動が相互に縦横に和会しているといった認識は、真言の修行者にとって自明の法身ないし法界理解のようにも思われるのだが、『和会釈』や『纂元面授』といった文献の記述を参照する限り、これら法身＝法界の在り方に疑惑を抱き、誤った研鑽を積む真言の修行者も、少なからず存在したようだ。たとえば『和会釈』巻上には、次のような記述が見受けられる。

　　爰[33]以テ紀友[34]則

　　　　キミナクテタレニカミセムムメノハナイロヲモカヲモシル人ソシルト云リ

実[35]ニ末[36]代ノ学士此ノ理ニ迷ヒテ従レ惑生レ惑ヲ徒ニ邪正ヲ思分ス。従レ業
起業シテ空シク狂言卜猷[37]キル。悟ノ前ニハ恥ナリ。[38]

　紀友則（生没年未詳）の和歌が引用された後に、修行も教理研究も足り
ていない「末代ノ学士」、すなわち「末代」に生きる未熟な真言行者たちの
中には、先に紹介した法身大日如来の「理」の特質を正しく理解すること
が出来ず、疑惑を生じ、時にその邪正を分別してしまうものも少なからず
存在すると明記されている。同じく『和会釈』によれば、このような「末
代ノ学士」が抱いた疑惑や誤解をただすこともまた、五蔵曼荼羅の重大な
役割であった。『和会釈』巻上に、次のように主張されている。

　東方卜ハ者木也。真如発心ノ方仍テ万物生長之春ヲカタトル。四苦ノ中ニハ
　生卜定ム。南方卜ハ者火也。断惑證利アルヘシ。理ニ仍テ修行スル心ノ故ニ夏カタトル。四
　苦ノ中ニ老ヲ表ス。西方卜ハ者金也。三世ノ諸仏ハ本誓衆生各々ノ求願ハ但タ
　菩提ヲ成セムカ為也。仍テ成菩提之方ノ故ニ秋カタトル。草木実ヲ結ヒ与_紅[39]葉_
　待_テ風ヲ廷[40]上ニ落ツルカ故ニ曰[41]ク四苦之中ニ病相ヲ示ス。北方卜ハ者水也。
　仏月之涅槃之山頂ニ没スルカ故ニ寂静心アリ。仍テ冬カタトテ死心ヲ顕[42]ス也。誠ニ
　農夫ハ春ニ蒔キ夏ニ植ヘ秋ニ苅リ稲葦ヲ以テ屋ニ納積シ今何カイトナミモ無シ。
　草木生長シテ夏ニ悉[43]ク栄ユレトモ秋ハ紅[44]葉シ嵐ニ散スレハ冬ノ木末[45]風音モ静也。
　依リ之人間ノ苦ニ聊カ注スレトモ眼前ニ見ルカ故ニ今ハ略レ之。凡ソ世間所
　依之法ニ付シテ五智能依之理ヲ示ス事周遍法界ノ体ナラハ難[46]レ弁シ。然ルニ国
　ツハサノ風ニ仍テ毛端許リ是ヲ顕シ愚鈍[47]ノ末学ノ邪執ヲ息メル。[48]

　数ある「五部ノ法門」の中の、五方、五行、五転、五季、および四苦間
の相応をあきらかにした文である。はじめに、これら五つの「五部ノ法門」
が具体的にどう相応しているかというと、以下に図示する通り相応してい
る。[49]

中世真言密教における五蔵曼荼羅の意義

五方	五行	五転	五季	四苦
東	木	真如発心	春	生
南	火	修行心	夏	老
西	金	成菩提	秋	病
北	水	寂静心（涅槃）	冬	死
中央	土	（方便）	土用	

　引き続き引用文では有情の四苦と対比しながら、春夏秋冬の四季のなかで植物が生育し、また枯死していくことの意義が語られ、さらに一連の記述の締めくくりに、五蔵曼荼羅の役割ないしはたらきに関して次のように述べられる。

　たとえば愚鈍な「末学」のものに向けて、五方、五行、五季、四苦といった「世間所依之法」と「五智能依之理」の符合を示す、[50] いいかえれば、五臓、五輪、五仏を中心とする「五部ノ法門」間の相応を示す、すなわち五蔵曼荼羅を説き示すことを行ったなら、たとえそれが「毛端」ばかりであったとしても、彼ら「末学」の「邪執」はすみやかに終息する。改めて解説するまでもないかもしれないが、引用文中の「愚鈍ノ末学」は、上述の「末代ノ学士」をいいかえたものである。「邪執」は、法身の「一理」に対する彼ら「末学」の誤解、疑惑、誤った分別等を指す。

　ここで前節と本節の検討の結果をまとめておくと、『和会釈』の場合、五蔵曼荼羅は第一に法身大日如来の三密と法界の「群生」の相応を表し、同じく法身如来の「一理」の遍在を直接体現する存在と理解される。その上で、五蔵観（または五蔵三摩地観）と呼ばれる密教瞑想法の観想対象であるだけでなく、上述の法身の「一理」に向けられた「邪執」を終息させる秘説とも定義される。

　加えて『和会釈』の一部箇所において、本五蔵曼荼羅は紀貫之や紀友則の和歌の秘密釈ともみなされる。こういった意義、役割を付与されていることから、『和会釈』の五蔵曼荼羅は、『秘決鈔』の同曼荼羅の先駆とも推定されるのである。

3 　五蔵曼荼羅と草木自成仏説

3－1 　『和会釈』における植物と穀物

　　最後に、論文の主旨からは少し外れてしまうのだけれども、ここまで検討してきた『和会釈』の五蔵曼荼羅に、安然（八四一～没年未詳）以降、日本天台で盛んに議論されるようになる草木自成仏説からの思想的影響がうかがえることを論じておきたい。[51] 具体的には、覚鑁『五輪九字秘釈』にはほとんど見出されえない植物や穀物への言及が、『和会釈』内に散見され、さらにそれら言及の一部に『草木発心修行成仏記』の草木自成仏説との明確な連続が確認されることを、本章で明らかにする。

　　さて『五輪九字秘釈』には見出されない『和会釈』独自の植物、穀物への言及というと、それぞれ「俗書所伝」と「常ノ修法ノ五穀」と呼称される二種の五穀への論及が、先ず挙げられる。[52] すなわち『和会釈』巻上では、①粟、大豆、麦、胡麻、稲、および②大麦、大豆、小豆、小麦、稲の二種の五穀が紹介され、さらにそれらと五行、五方の相応が論じられる。[53] 相応の詳細は、下図に示す通りである。

五行	五方	五穀①	五穀②
木	東	粟	大麦
火	南	大豆	大豆
金	西	麦	小豆
水	北	胡麻	小麦
土	中央	稲	稲

　　また、同じく穀物への言及ということでは、前章で言及した「世間所依之法」と「五智能依之理」の符合等も、『和会釈』巻上の別の箇所では「米穀」や「桑穀」の生育と結びつけられて、次のように解説される。

　　　　以テ世間所依之具足ヲ表ス五智能依之理ヲ事従リ法身能生ノ大地
　　　　生長スル米穀之類ノ事顕然也（中略）木ヨリ火生シ土ヨリ金出テ田畠ヨリ桑穀
　　　　能生シテ眼前益施ノ方ヲ世間所依之法ト名ツク也。[54]

　　すなわち「世間所依之具足」と「五智能依之理」の符合は、法身大日如

来＝「能生ノ大地」が、米を含む様々な穀物を生長させることに譬えられる。さらに「世間所依之法」自体に関しても、木が火を生じ、また土が金を出すように、田畑が「桑穀」を生じることと解説されている。

加えて、これも前章で検討したことなのだけれども、『和会釈』巻上で、「愚鈍ノ末学」の「邪執」をやすめる秘説としての五蔵曼荼羅が説き示される際、五方、五行、五転、および四苦等と対比しながら、四季のなかで草木が生育し、枯死していくことの意義も合わせて語られる。[55] それは、具体的には次のようなことだ。

草木は春の間に大いに生長し、夏に繁栄を迎え、秋になると紅葉し散ってしまう。したがって冬の木には花も葉も無い。世の農夫たちは、これら草木の生育と枯死のサイクルに随順し、春に穀物の種をまき、夏に苗を植え、秋にはその実りを刈り取り、冬の間はいかなる営みも行わない。四季と密接に結びついた草木のこれら四つの状態は、同時に生老病死の四苦、発心、修行、菩提、涅槃の四転とも理解される。実はこれとほぼ同様の主張が、『草木発心修行成仏記』中にも確認される。そのことを、次節で明らかにする。

3－2 『和会釈』と『草木発心修行成仏記』

具体的な検討の前に、『草木発心修行成仏記』の著者と成立時期について概説しておく。同書の記述を字義通り受け取るのであれば、『草木発心修行成仏記』は、覚運の疑問とそれに対する良源の「決答」の記録ということになる。だが内容を細かく検討すれば、とてもそれら天台僧達が交わした問答の記録とは考えられない。末木文美士氏によれば、覚運と良源を著者とするのはあくまで仮託で、実際は両僧の没後、おそらく平安の末期か鎌倉の初頭期に、檀那流系統の天台僧の手で執筆された文献と考えられるという。[56] 『和会釈』とほぼ同時期の成立ということになる。

さて先行する安然の草木自成仏説が、主に真如のはたらきをめぐって抽象・理論的な議論に終始するのに対して、『草木発心修行成仏記』の同説は、その議論を補足する形で、草木の発心、修行、成仏の具体的な様相を説明していると末木氏は評する。[57] すなわち『草木発心修行成仏記』の冒頭に、

次のような問答が掲載されている。

　　問ァ。草木既ニ無ー̣シ慮知之心ー̣。如何カ云フ発心修行成仏ー̣スト耶。答ァ。
　　草木成仏トハ者本門寿量之実義也（中略）但草木不ー̣発心修行ー̣セ無ー̣キハ
　　菩提涅槃之義ー̣者是レ爾前迹門之説ニシテ非ー̣サル本門寿量之意ー̣ニ也。今本
　　門ノ正意論ー̣ス菩薩之成仏ー̣ヲ。草木既ニ具ー̣ス生住異滅ノ四相ー̣ヲ。是レ則チ
　　草木ノ発心修行菩提涅槃ノ姿也。是レ豈ニ非ー̣ス有情ノ類ー̣ニ耶。故ニ知ヌ草
　　木発心修行ノ時有情同シク修行ス。有情発心修行之時草木亦発心修行スル
　　也。[58]

そもそも草木には思慮分別の心が備わっていないと思われるが、であれ
ばどのようにして人間のように発心し、修行し、さらに成仏出来るという
のか。このような問いが立てられ、さらに以下のような「決答」がなされ
る。

　思慮分別の心の有る無しに関わらず、有情同様、草木も発心、修行、成
仏するのは間違いない。草木の場合、「生」「住」「異」「滅」の「四相」が
五転の一々の階梯に、すなわち発心、修行、菩提、涅槃のそれぞれに該当
する。具体的には、春に芽吹くこと（＝「生」）が草木にとっての発心で、
夏に盛りを迎えること（＝「住」）が修行である。秋を迎え変異すること（＝
「異」）は菩提で、冬に枯死すること（＝「滅」）は涅槃にあたる。同じく
引用文によると、以上の教理でもって「草木も成仏する」と認識すること
こそ「本門寿量之実義」、つまりもっとも崇高な『法華経』「寿量品」の教
えの真実義であるという。

　前節で記したとおり、『和会釈』のそれとほぼ同様の草木に関する記述
が、『草木発心修行成仏記』内にも見出される。ただ、これら記述の間には
相違点も存在する。『草木発心修行成仏記』の記述には、有情の四苦への言
及が欠けているのである。このことからファビオ・ランベッリ氏も示唆し
ているように、[59]　『草木発心修行成仏記』の記述を踏まえ、さらにそれを
発展させたものが『和会釈』の教説ではないかと推測される。しかしなが
ら現時点では、『草木発心修行成仏記』の成立時期が不確定であるため、そ
のように断定することは出来ない。成立時期の問題も解決した上で、さら
に踏み込んだ影響関係の考察にすすむことを今後の課題としたい。

結論

　以下に、各章の検討の結果をまとめておく。

①大須文庫本『五蔵曼荼羅』の識語によると、『和会釈』の成立時期は長寛二年（一一六四）七月六日で、著者は寛慶という僧である。
②同じく大須文庫本『五蔵曼荼羅』、および金沢文庫所蔵『和会釈』の奥書によると、寛慶は心中に強い仏法興隆の志を秘めており、その志が高じた結果『和会釈』を著した。
③その『和会釈』において、五蔵曼荼羅は先ず、法身大日如来の「一理」の遍在を直に体現する存在と認識される。
④その上で、五蔵観（または五蔵三摩地観）と呼ばれる密教瞑想法の観想対象、および法身大日如来の「一理」に向けられた「邪執」を終息させるための秘説と意義づけられる。
⑤同じく『和会釈』では、四季と密接に結びついた植物の生育・枯死のサイクルと有情の四苦、および五転間の相応が説き示される。
⑥『草木発心修行成仏記』でも、草木の「生」「住」「異」「滅」の「四相」と、五転中の「発心」「修行」「菩提」「涅槃」の相応が説かれる。

　第一に、③④のような意義ないし役割を付与されていることから、繰り返し主張してきたように『和会釈』に説き示される五蔵曼荼羅は、『秘決鈔』の同曼荼羅理解の先駆と推定される。
　続いて、⑤⑥のような共通点が見出されることから、『和会釈』と『草木発心修行成仏記』、ひいては五蔵曼荼羅と天台の草木自成仏説の間には、思想的な影響関係が存在したと理解される。
　また、③から⑥までの検討結果を総合すれば、『五輪九字秘釈』以降、五蔵曼荼羅の意義ないし役割が拡張されるのは、草木自成仏説、あるいはその背景となる本覚思想から何らかの思想的な影響を被ったから、とも考えられる。
　このような新たな問題点に留意しつつ、引き続き中世真言密教における

五蔵曼荼羅の意義に関して、さらに考察を深めていきたいと考えている。

（龍谷大学世界仏教文化研究センター）

---

[1] 亀山隆彦「『駄都秘決鈔』の五蔵曼荼羅理解」（『仏教学研究』71、2015年、龍谷大学仏教学会）参照。

[2] 頼富本宏「密教の受容した五臓説―胎内納入品と覚鑁の『五輪九字明秘密釈』を中心として―」（『東方宗教』90、1997年、日本道教学会）83頁上段参照。

[3] 『秘決鈔』巻三「道場観事」に目を向けると、「即是ﾚ五蔵各具ﾆ一ｽ五色五味五声等五部ﾉ法門ﾆﾗ故」という記述が見出される。『真言宗全書』（以下『真全』）23、214頁上段参照。本論文では『秘決鈔』の同記述に基づき、「五部ﾉ法門」の語を五色、五味、五声、さらに五臓、五仏、五輪、五行等の総称とした。詳しくは亀山前掲論文212〜213頁、註3参照。

[4] 亀山前掲論文197頁、および『真全』23、289頁下段参照。

[5] 詳しくは亀山前掲論文209〜211頁参照。

[6] 具体的には以下の論考を参照。櫛田良洪「金沢文庫新出の興教大師の資料について」（『密教論叢』22/23、1942年、真言学研究室）、真鍋俊照「五蔵曼陀羅和会釈」（『金沢文庫資料全書　第六巻　真言篇（1）神奈川県立金沢文庫、1982年。以下『金資全』）、栗山秀純「『五蔵曼茶羅和会釈』と五蔵観思想」（『印度学仏教学研究』15-1、1966年、日本印度学仏教学会）、同「『五輪九字明秘密釈』における五蔵三摩地観」（『豊山学報』13、1967年、豊山宗学研修所）、同「興教大師の『五輪九字明秘密釈』と中世日本文化における五蔵観思想―『梁塵秘抄口伝集』と『喫茶養生記』を中心にして―」（『櫛田博士頌寿記念　高僧伝の研究』山喜房仏書林、1973年）、および福田亮成「『五蔵漫茶羅和会釈』攷」（『石上善應教授古稀記念論文集　仏教文化の基調と展開　第二巻』山喜房仏書林、2001年）。

[7] 『和会釈』中に説示される「五部ﾉ法門」の相応の詳細に関しては、栗山「『五輪九字明秘密釈』における五蔵三摩地観」64〜65頁、および福田前掲論文556〜560頁参照。

[8] 『五輪九字秘釈』に説示される五蔵曼茶羅の詳細については、那須政隆『五輪九字秘釈の研究』（鹿野苑、1936年）、吉岡義豊「五輪九字秘釈と道教五蔵観」（『密教文化』69/70、1964年、高野山大学密教研究会）、田中文雄「『五輪九字秘釈』の背景思想に関する一管見―道教・医学の両側面について―」（『豊山教学大会紀要』12、1985年、豊山教学振興会）、同「『五輪九字秘釈』と養生思想」（『中国古代養生思想の総合的研究』平河出版社、1988年）等参照。

[9] 『興教大師全集』（以下『興全』）下、1143頁参照。

[10] 同じく『五輪九字秘釈』には、空海が清涼殿で五蔵曼茶羅の観想を実践し、居並ぶ他宗派の高僧を前に「五智ﾉ宝冠」を頭上に現じ、「肉身ﾉ五体」より「五智ﾉ光明」を放ってみせたという説話も掲載される。詳しくは『興全』下、1149〜1150頁参照。

[11] 『和会釈』に説かれる五蔵曼茶羅に関して、福田亮成氏は「覚鑁（一〇九五〜一一四三）の主著『五輪九字明秘密釈』において、あらためて提示された五蔵観を基とし、さらにそれを展開して考察されたもの」と評している。福田前掲論文574頁参照。

[12] 大須文庫本『五蔵曼茶羅』は、首題と尾題こそ「五蔵曼茶羅」だが、実際の内容

52

は、金沢文庫所蔵『和会釈』三巻中の中下二巻のそれである。阿部泰郎「真福寺大須文庫蔵『五蔵曼荼羅』解題」（『中世宗教テクスト体系の復原的研究―真福寺聖教典籍の再構築―』、2010 年、平成 19 年度～平成 21 年度科学研究費補助金（基盤研究（B））研究成果報告書、研究代表者阿部泰郎。以下『阿部科研報告書』）195 頁下段参照。

[13] 『阿部科研報告書』195 頁上～下段参照。

[14] 『阿部科研報告書』201 頁下段。

[15] 阿部氏によれば大須文庫本『五蔵曼荼羅』は、「前半は五行説による森羅万象の配当図とその解説」から成り、「後半は「六腑」「五蔵観図」「師伝云五蔵曼荼羅云」に始まる一条、そして「五蔵異名」の計四条」で構成されているという。この前半部と後半部のちょうど中間に、「長寛二年七月六日寛慶撰云々」の識語が記される。『阿部科研報告書』195 頁上～下段参照。

[16] 『阿部科研報告書』196 頁下段～197 頁上段。また金沢文庫所蔵『和会釈』の同文に関しては、『金資全』238 頁下段～239 頁下段参照。

[17] 『金資全』240 頁下段～242 頁上段参照。なお悉曇については、《 》内にローマ字化したものを記載し、その形式でもって表記することを基本とする。

[18] 亀山隆彦「『五輪九字明秘密釈』における五臓理解―覚鑁の成仏論の特質として―」（『龍谷大学大学院文学研究科紀要』33、2011 年、龍谷大学大学院文学研究科紀要編集委員会）42 頁上～下段参照。

[19] 『阿部科研報告書』204 頁上段。

[20] 実明は、大須文庫本『五蔵曼荼羅』に加え、同じく真福寺大須文庫に所蔵される『和会釈』一巻の所有者とも推測される人物である。ちなみに大須文庫所蔵『和会釈』の内容は、金沢文庫所蔵『和会釈』巻上のそれに一致する。『阿部科研報告書』195 頁上～下段参照。

[21] 余談だが、本奥書の「五蔵曼荼羅」の語の直後、五蔵曼荼羅の観想を通じて獲得される瑜伽の境地を解説した一文は、覚鑁『五輪九字秘釈』からの引用と推定される。詳しくは『興全』下、1149 頁参照。

[22] 『金資全』では「隆興」。金沢文庫所蔵の写本を参照し「興隆」に改めた。

[23] 『金資全』242 頁下段。

[24] 本論文の第二章で詳述するように、『和会釈』には法身大日如来の「一理」の遍在に疑惑を抱き、誤った邪正の分別を行う未熟な真言行者への批判が散見される。加えてそのような未熟な修行者の疑惑をただすこともまた、本書の主題である五蔵曼荼羅の役割と明言される。このことから寛慶が『和会釈』を著した動機の根底には、同時代の真言僧に対する問題意識があったとも推測される。

[25] 『金資全』219 頁上段。

[26] 上述の「加之以＿テ法界ノ三密ヲ加＿ヲ遍ク和＿ス器界ノ群生ヲ持＿ヲ」の文について、福田氏は「加持、即ち法界の三密と器界の群生のそれを「和会」するということであったろう」と解釈する。詳しくは福田前掲論文 554 頁参照。

[27] 『五輪九字秘釈』の中で「法界身トハ者六大法身」と解説されていることを考慮すれば、「法界ノ三密」は、法身＝法界身大日如来の身口意三密と理解される。『興全』下、1161 頁参照。

[28] 前述の「師伝ノ五蔵曼荼羅」、すなわち金剛界の五輪の種子を用いる五蔵三摩地観の場合、五行＝五姓＝五臓間の相生・相剋の活動と、《vaṃ》《hūṃ》《trāḥ》《hrīḥ》《aḥ》の五つの種子の運動が、具体的な観想の対象となる。

[29] 『金資全』では「文」。しかしそれでは意味が通らないため、金沢文庫所蔵の写

本を参照し「又」に改めた。

[30] 『金資全』では「射」。金沢文庫所蔵の写本を参照し「体」（「躰」）に改めた。

[31] 『金資全』223頁上段。

[32] 『興全』下、1143頁。

[33] 『金資全』では「変」。金沢文庫所蔵の写本を参照し「爰」に改めた。

[34] 『金資全』では「支」。金沢文庫所蔵の写本を参照し「友」に改めた。

[35] 『金資全』では「寶」。金沢文庫所蔵の写本を参照し「実」（「實」）に改めた。

[36] 『金資全』では「未」。金沢文庫所蔵の写本を参照し「末」に改めた。

[37] 『金資全』では「毗」。金沢文庫所蔵の写本を参照し「獣」に改めた。

[38] 『金資全』223頁上段。

[39] 『金資全』では「江」。金沢文庫所蔵の写本を参照し「紅」に改めた。

[40] 『金資全』では「遅」。金沢文庫所蔵の写本を参照し「廷」に改めた。

[41] 『金資全』では「日」。金沢文庫所蔵の写本を参照し「曰」に改めた。

[42] 『金資全』では「頭」。金沢文庫所蔵の写本を参照し「顕」に改めた。

[43] 『金資全』では「怨」。金沢文庫所蔵の写本を参照し「悉」に改めた。

[44] 『金資全』では「江」。金沢文庫所蔵の写本を参照し「紅」に改めた。

[45] 『金資全』では「来」。金沢文庫所蔵の写本を参照し「末」に改めた。

[46] 『金資全』では「雖」。金沢文庫所蔵の写本を参照し「難」に改めた。

[47] 『金資全』では「遇銀」。しかしそれでは意味が通らないため、福田氏の論文を参照し「愚鈍」に改めた。福田前掲論文564頁参照。

[48] 『金資全』222頁上〜下段。

[49] 『和会釈』では、上記の引用文に先行して「中央ト〻者土也。五色中ノ黄色五季中ノ四季ノ土用ナリ」と述べられ、土行、中央、および土用の相応が示される。『金資全』221頁上段参照。

[50] 「世間所依之法」の意味に関しては、『和会釈』の中、「木ヨリ火生シ土ヨリ金出テ田畠ヨリ桑穀能生シテ眼前益施ノ方ヲ世間所依之法ト名ツク也」と解説される。『金資全』228頁上段参照。本記述に関しては、次章で詳しく検討する。

[51] 安然を中心とした日本天台における草木自成仏説の展開については、末木文美士『草木成仏の思想：安然と日本人の自然観』（サンガ、2015年）参照。

[52] 『金資全』224頁下段〜225頁上段参照。

[53] ちなみに①が「俗書所伝」で、②が「常ノ修法」の五穀である。

[54] 『金資全』228頁上段。

[55] 『金資全』222頁上〜下段参照。

[56] 『草木発心修行成仏記』の成立時期については、末木文美士『平安初期仏教思想の研究—安然の思想形成を中心として』（春秋社、1995年）416〜417頁参照。

[57] 末木『草木成仏の思想』122〜125頁参照。

[58] 『大日本仏教全書』24、345頁上段。

[59] See Fabio Rambelli, *Buddhist Materiality: A Cultural History of Objects in Japanese Buddhism* (Stanford: Stanford University Press, 2007), pp. 24-25.

『喫茶養生記』再読

—栄西による主張の独創性とその継承—

米田　真理子

はじめに

　近年、栄西（1141〜1215）の思想に対する再評価が進んでいる。従来、栄西は、鎌倉新仏教の一つである禅宗を日本に伝えた人物として評価されてきた。そのため、その思想や事跡は、禅宗もしくは禅の観点から位置づけられることが多く、しかし、栄西が本来は天台僧として密教を修学していたことから、禅に関しては不徹底さが指摘されることが少なくなかった。著作も、『興禅護国論』は主著とされてよく取りあげられたが、そのほかの密教に関する著作が注目されることはほとんどなかった。近年、栄西の著作の発見が相次ぎ[1]、それらに関心が集まるとともに、思想全体の見直しが図られるようになった。そうした見直しは、栄西一人に限る問題ではなく、鎌倉以降の禅の受容を問い直すものであり、仏教史全体の再構築に繋がる研究であるといえる。

　そのようななか、『喫茶養生記』は重要な位置を占める。『喫茶養生記』は、承元五年（1211）と建保二年（1214）の二度執筆された、最晩年の著作である。夙に森鹿三氏によって詳しい注解が施され、本書の内容が密教に基づくことが指摘されている（『茶道古典全集』第二巻、淡交社、1958年[2]）。よって、栄西が晩年まで密教の修学を実践していたことは確実であるといえる。しかし、従来の評価では、栄西は、二度目の入宋後は、あたかも禅僧に転向したかのようにとらえられてきたため、『喫茶養生記』が密教の内容を有することや、また栄西が晩年まで密教を続けたこととの関

係などは、明確な位置づけがなされないままであった。その原因の一つに、本書が喫茶史の観点から分析されてきたことがあげられる。『喫茶養生記』は日本の最初の茶書であり、茶の湯へと展開する中世の喫茶の歴史においては、たしかに栄西と『喫茶養生記』はその始発に位置づけ得る存在である。このように日本の喫茶文化のなかで『喫茶養生記』が果たした役割は小さくないが、その著者である栄西に対する評価が見直されつつある今、『喫茶養生記』もまた新しい視点から読み直す必要があると考える。

そこで本稿では、栄西の台密僧としての立場をふまえつつ『喫茶養生記』を再読し、本書の喫茶史への位置づけをあらためて考えてみようと思う。

1 問題の所在

栄西は、日本の禅宗の始祖や、日本に茶を将来した茶祖と見なされることがある。それらは、ある時代に栄西に与えられた評価であり、栄西の事跡を正しく伝えるものではない。しかし、こうした評価から生じた栄西像は長く信じられてきたため、『喫茶養生記』の読み方にも少なからぬ影響を及ぼしてきた。

前述のように『喫茶養生記』が密教に基づくことは、早くに指摘されている。また、本書には禅に関する記述はない。これらのことは一読すれば明白であるが、これまで『喫茶養生記』は、禅との関係から評価がなされることが多かった。その代表的な例として、昭和五十七年（1982）の古田紹欽氏の解説を取りあげる[3]。

> 栄西が上述の『禅苑清規』を見ていたことは、その主著である『興禅護国論』に引用していることからも疑いがなく、それでいて、この清規の随処に見える茶礼についていっていないのは、一体どうしたことによるのであろうか。

> 茶と禅との結びつきを、栄西は入宋して確かに知ったであろうが、肝心の禅そのものの教えが、まだ容易に受け容れられない事情にあったことから、栄西は禅院における茶礼というにはまだその時期ではないと見、喫茶による養生をまず説くことによって、茶のもつ意味をま

ず明らかにし、時期の熟するのを待ったものと考えられる。

古田氏は、栄西が「密教的教説を多分に取りいれている」ことにも触れているが、解説での基本的な姿勢は、茶を禅宗との関係からとらえることで一貫している。そのため、大陸で禅を受けた栄西の『喫茶養生記』に禅に関する記述がないことを疑問視し、『禅苑清規』の茶礼に言及がないことも、禅との関係から理解しようとするのである。

　同様の疑問は今なお根強く残る。平成二十六年（2014）刊行の『喫茶養生記』に関する論集[4]において、熊倉功夫氏は「栄西は何よりも戒律を重視したはずであるが、何故か茶と禅を結びつけようとしなかった。茶と禅の結びつきの原典として『喫茶養生記』が扱われる中で、これは大きな疑問である」と述べている[5]。また同書で、中村修也氏は、栄西が入宋中に『禅苑清規』で規定されている禅院内での喫茶を経験し、帰国後もそうした喫茶を取り入れたであろうと推定したうえで、『喫茶養生記』が栄西の最晩年の執筆であることに着目して、本書を次のように位置づけた[6]。

　　しかし、建仁寺を京都に建立し、鎌倉では寿福寺で将軍家の供養を営むほどとなり、鎌倉武家の棟梁たる将軍家の信頼を得るまでに至った栄西としては、いささかの精神的余裕が生まれ、さらに自分の死後の禅宗の完成をも意識した時、清規に則った喫茶の茶礼への布石を打っておく時期がやってきたことを意識したのではなかろうか。

　　その際も、いきなり清規における茶礼を強調するのではなく、三宗兼学で示したような、人々の喫茶の自然な受け入れを企図し、医薬としての茶の効能から説いたのが『喫茶養生記』と考えられるのではなかろうか。

　　もし、そのように考えられるならば、『喫茶養生記』をこれまでのように宋代の喫茶文化を広めるための書として理解するのではなく、あくまで禅宗の清規の完成への準備の書と理解するのが正しいということになる。

中村氏は、栄西の二度目の入宋以後の足跡を跡づけて、そこに『喫茶養生記』を位置づけたが、あくまで禅宗の側面から説くことに終始し、結果、その結論は古田氏の見解と変わるところがなかった。

なぜこれほどまでに禅宗にこだわるのであろうか。一つには、栄西が入宋して禅僧になったとする仏教史観の影響が考えられる。もう一つには、後代の茶の湯の存在が念頭にあるのではないか。特に『禅苑清規』が持ち出されるのは、茶の湯での作法の起源を探る意図が働いているからだと推察する。

たしかに、栄西は二度目の入宋で禅を受けた。帰国後に『興禅護国論』を著し、そこには『禅苑清規』からの引用も見られる。元亨二年（1322）成立の『元亨釈書』では、日本の禅宗の始祖ともされたが、それは『元亨釈書』の時代の認識に基づく評価であり、その評価をもって栄西の事跡を判断してはならない。栄西にとっての禅は、栄西がそれまで実践していた天台教学（台密）との関係から位置づけるべきである。『興禅護国論』巻中「第四古徳誠証門」では、「二祖已下、至レ今二十五代、天下行レ之[7]」と、禅宗二祖慧可より二十五代に当たる自身まで禅の修行が実践されていることを示したうえで、行表以来の伝教・慈覚・智証・安然と続く天台教学での禅の受容を列挙している。つまり、栄西における禅とは、天台教学において四宗兼学の一つとされた禅であり、天台教学内部における受容を目的としたものであった。

栄西が茶を将来したことが否定されても、『喫茶養生記』が密教に基づくことが指摘されても、なお禅が取り沙汰されるのは、栄西その人の評価が正しくなされていないためであろう。従来の栄西像に基づいて『喫茶養生記』を読むため、禅の視点から抜け出せないのである。『喫茶養生記』が禅と結びつかなくとも、茶の湯の価値は下がるものではない。むしろ禅と関わらせて読むことで、当時の喫茶の状況や茶の湯の起源を誤らせることになる。茶の湯の作法の起源を求める必要があったとして、それが栄西でなければならない理由はないのである。

2 栄西による主張の独創性

栄西は『喫茶養生記』で喫茶による養生を推奨する。序文では「人、一期を保つに、命を守るを以て貴しと為すなり。其の一期を保つ根源は養生

に在り[8]」と、人が一生を健康に過ごすには、その根源に養生があるとした
うえで、「心臓を建立する方、茶を喫する是れ妙術なり」と、心臓を壮健
に保つためには、茶を飲むことが妙術であると述べる。また、その喫茶法
を推奨するにあたっては、「大国の風を訪ねて、近代の治方を示さむには
如かず」と、中国での様子を調べて、現在の治療法を示すとも述べている。

　以下では、妙術とした喫茶法の内実と、提唱の方法に焦点を当てて、栄
西の主張の特色を探っていこうと思う。

2－1　栄西にとっての茶の味

　栄西は、茶の摂取を推奨するための根拠として、上巻の冒頭に『尊勝陀
羅尼破地獄儀軌秘鈔』からの引用を載せる。

　　　尊勝陀羅尼破地獄儀軌秘鈔云、一、肝蔵好_酸味_、二、肺蔵好_辛味_、

　　　三、心蔵好_苦味_、四、脾蔵好_甘味_、五、腎蔵好_醎味_。

ここに、心臓が苦味を好むことが示されている。しかし、つづけて「此の
五蔵、味を受くること同じからず。一蔵に好む味多く入らば、則ち其の蔵
強くして、傍の蔵を剋し、互に病を生ず」と記すように、一つの臓器にそ
の好む味が多く入ると強くなりすぎて、ほかの臓器をしのぎ、互いに病を
生じるという。このことの根拠も仏典に求めることができる。『摩訶止観』
巻第八上に「次食_五味_増_損五蔵_者、酸味増┐肝而損┐脾、苦味増┐心而
損┐肺、辛味増┐肺而損┐肝、醎味増┐腎而損┐心、甜味増┐脾而損┐腎[9]」と
あり、例えば苦味では、心臓を増進させ、肺を損なうとあるように、味が
増と損の両方に働くことが示されている。よって、苦味である茶の摂取を
勧めるには、補足が必要となる。すなわち、「其れ辛酸甘醎の四味は、恒
に之れ有りて、之れを食す。苦味は恒に無きが故に之れを食さず。是れ故
に四蔵は恒に強く、心蔵は恒に弱し、故に恒に病を生ず」と、苦味はほか
の四味に比べて摂取量が少ないため、心臓は常に弱いという説明を加えて
いる。五臓全体のバランスを保つことが前提とされており、先に見た味の
増・損の理屈に適う見解である。よって、心臓を壮健に保つために苦味で
ある茶の摂取を推奨することは、理論上は確立されたことになる。

しかし、栄西はさらに説明を加える。

　　心蔵是五蔵君子也。茶是味之上首也。苦味是諸味上首也。因𣇃茲心蔵愛
　　𠃌此味𠃌。以𠃌此味𠃌建𠃌立此蔵𠃌安𠃌諸蔵𠃌也。

心臓は五臓の君子である。茶は味の最高位である。苦味は諸味の最高位で
ある。よって、心臓はその味を好むのであると述べている[10]。

　まず、心臓を五臓の君子とすることは、一つの臓器を突出させることで
あり、栄西が依拠した五臓論の理屈からは外れる。ただし、心臓を身体の
中心とする見方は、仏典の「矣栗駄」などの語をめぐる解釈に見られる。
栄西より後代の文献になるが、『大日経疏演奥鈔』に「然身分中以𠃌心蔵𠃌
為𠃌帝王𠃌[11]」と見える。栄西の著作には心臓に関する具体的な記述は見出
せなかったが、師の基好から受けたとされる『胎密契愚鈔　付属』の「最
後秘密一印一明口決」に「胎内ノ五位用ウ此合蓮ヲ為レ本ト[12]」とあり、これは
心臓を身体の根本に見なす発想によるものである。このように、心臓が五
臓を司るとすることには、教学的な裏付けを確認することができる。

　問題は、つづく「茶は是れ味の上首なり」と、茶を味の最上位に位置づ
けることである。さらにつづけて、苦味は諸味の最上位であり、そのため
心臓はこの味を嗜好すると述べているが、これは仏典の説に対する栄西の
解釈である。つまり、栄西は、苦味の摂取を推奨するために根拠とした仏
典の説に対して、その説の理由――心臓が苦味を好む理由――を示そうと
しているのである。先述のように、栄西は、苦味はほかの四味に比べて摂
取されることが少ないと述べており、そのことをふまえると、苦味を諸味
の最上位と見なすことには矛盾があるように思われる。しかし、そこには
茶の味が最上位であるとすることが理由となって、一応の説明はつく。そ
して、その茶の味をすべての味の最上位としたことは、そこには根拠など
は示されておらず、よって、この文脈においては大前提として提示された
ことになる。茶の味を味の最上位に位置づけることには、当然ながら教学
的な裏付けなどない。栄西の『喫茶養生記』での主張は、従来指摘されて
きたように、密教の教説に則ってなされているが、栄西にとっては、茶が
美味であることが無条件の前提としてあり、その説明のために採られたの
が、密教の教説だったと言い換えることができると考える。

60

2－2　栄西の立論の方法

　先行研究では、栄西が入宋中に、禅院で茶礼に則った茶を経験したであ
ろうことが推測されてきた。しかし、『喫茶養生記』に記された入宋中の
体験は、栄西が旅の途中で暑さによって体調を崩したときに、宿の亭主が
煎じた五香煎を服用して、回復したことであった。

　　栄西昔在レ唐時、従二天台一到二明州一時、六月十日也。天極熱、人皆気
　　絶乎。于レ時店主取二銚子一盛二丁子八分一即添二水満二銚子一。良久煎レ
　　之。不レ知二何要一乎。煎了、茶蓋之大滴入、持来与二栄西一、令レ服。
　　你、法師、天熱之時、遠渉二路来一、汗多流、恐有二不快一、仍与令レ服也
　　云々。仮令炊料丁子一升、水一升半歟、煎只二合許也。其後身涼、心
　　地清潔也。以知二大熱之時能涼、大寒之時能温一也。此五種随一有二此
　　徳一、不レ可レ不レ知矣。冬月到亦同レ前云々。五香煎徳与レ茶同。仍可レ
　　服レ之。

栄西は、「以て大熱の時にも能く涼しく、大寒の時にも能く温かなるを知
んぬ」と、暑いときに飲めば涼しくなり、寒いときに飲めば体を温めるこ
とを知ったと記しており、実感に基づく記述であることがわかる。五香煎
については、「此の五種は随一に此の徳有り」と、五種の香にそれぞれの
効力があり、さらに「五香煎の徳は茶と同じ」と、その効力は茶と同じで
あると述べている。

　五香煎の服用方法も掲載されており、そこには各香の性が記されている。

　　　　一、服二五香煎一法
　　一者、青木香　〈一両〉、其性苦辛。
　　二者、沈香　　〈一分〉、其性苦辛。
　　三者、丁子　　〈二分〉、其性苦辛。
　　四者、薫陸香　〈一分〉、其性苦辛。
　　五者、麝香　　〈少々、大熱故不二多加一レ之〉、其性苦辛。

五つの香の性はいずれも「苦辛」である。また「五香を和合する志は、青
木香を服せしむる為なり」と記しており、五香を混ぜるのは青木香を飲み
やすくするためだという。さらに「或は只青木香を服する意は、心蔵を治

すなり」と、青本香だけを飲むのは、心臓を治すためであるとも記している。

　上巻で五味に相当する食品をあげるなかでも、苦味には茶とともに青本香が掲載されていた。このように青本香は心臓に効果があり、しかも栄西自身の大陸での経験に基づく保証もあるのだから、養生法として推奨することも可能であったと思われる。しかし、栄西にとっての眼目は、あくまでも茶の受容に在った。青本香と比べると、茶の推奨は机上での立論に依拠するところが大きいことがわかる。岩間眞知子氏が指摘するように、中国の医薬書では「苦」はむしろ排泄されるべきものとされ、茶が心臓に効果があるとする医薬書も確認できないという[13]。

　　次に『喫茶養生記』には、心臓は五臓の君子であり、心臓は苦味を愛し、苦味の摂取で良くなるので、苦味を取るには茶が良いと書かれている。しかし中国歴代の主要医薬書では、「苦」は排泄するものであった（『素問・至眞要大論』に「以苦寫之」）。（中略）「茶が心臓に効果がある」ということは、これまた中国歴代の医薬書では確認出来ないことであった。むしろ茶は頭痛・下痢・眼病・できものなどの治療に用いられていた。

また、栄西は「抑、我国の医道の人、茶を採る法を知らず、故に之れを用ゐず」と、日本の医道の人が茶を用いないことを批判しており、さらに「還つて譏りて曰はく、薬にあらずと云々」と、茶は薬ではないと非難する者がいることも記している。したがって、当時の日本でも、茶は医療に用いられていなかったことになる。

　栄西は序文で「大国の風を訪ねて、近代の治方を示さむには如かず」と、中国での様子を調べて、現在の治療法を示すと述べていた。しかし、栄西が推奨するような茶の医薬的な効果を示す中国の文献はあげられていない。また、当時の日本でも茶は薬とは見なされていなかった。「近代の治法」たる栄西の喫茶法は実証的な裏付けに乏しく、『太平御覧』からの引用とされる[14]中国の典籍からの茶の効能に関する記事の列挙も、その補強を意図して提示したものであったと考える。

　以上のことから、栄西が『喫茶養生記』で主張した喫茶による養生法は、

62

栄西の独自の発想によるもので、明確な典拠はなかったことがわかる。栄西は苦い茶の味を美味と感じていた。また、大陸での五香煎の効果を実感する経験を有していた。さらに、苦味が心臓に効果があるという仏典の説を知り得た。これらが揃って栄西の養生法は完成したのである。茶が心臓に効くという独自の発想は、密教の教説を示すことによって説得力を持たせることができたであろう。栄西は、苦味である茶が心臓に効き、心臓を強くすればそのほかの臓器を保って体全体をよくし、また薬の効果も高めると述べている。栄西が説いたこの心臓と苦味の関係は、理論的には単純であり、養生法としても理解しやすいものであったと思われる。

２－３　栄西の執筆態度

　栄西が二度目の入宋から帰国した建久二年（1191）より、『喫茶養生記』の執筆までには、約20年の年月が経っていた。『喫茶養生記』に、日本の医道の人から非難を受けたとする記述が見られることから、喫茶の提唱は、『喫茶養生記』を執筆する前から行っていたことが推測される。あるいは、非難を受けたことで、主張の根拠を固めて執筆に臨んだのかもしれない。

　先行研究では、当時はまだ禅宗が受け入れられる社会状況ではなかったため、『喫茶養生記』には『禅苑清規』の茶礼を示さなかったとする説が有力である。しかし、栄西は、当時の医道の人が受け入れていなかった養生法を提唱していた。仮に禅院での茶礼を推奨する必要があったなら、何らかの方策を模索したのではないかと思われる。やはり、栄西にはその必要がなかったと見るべきであろう。

３　喫茶史への位置づけ

　栄西以前の茶の受容と栄西が提唱した喫茶法を比べると、前稿[15]で指摘したように、添加物の有無に異なりが認められる。平安時代以来の季御読経での引茶では、甘葛・厚朴・生薑などを加えた茶が飲まれていたが、栄西が『喫茶養生記』で示した喫茶法は、添加物を入れず、茶の味をそのま

ま味わう飲み方であった。そして、栄西以降の鎌倉時代の茶の受容を見る
と、史料で確認できるのは、明恵（1173～1232）と叡尊（1201～1290）の
二人である。両者の受容の具体的な様子を確認して、栄西の喫茶法の継承
について考える。

3－1　明恵の茶の受容

　明恵が茶を受容したことは、従来、消息や高山寺に伝来する茶器に基づ
いて考えられてきたが、明恵の著作などにはそれらに関する記述は見出せ
ない。ただし、明恵の弟子である順性房高信が、建長五年（1253）に撰し
た『高山寺縁起』（以下『縁起』）には、茶に関係する記述が認められる[16]。
　　又当禅院東北角有二間屋

　　　　右屋者、世事所也。山厨煎茶、於此処成之。此屋本在西面檜垣
　　　　之外、病悩之後、給仕之輩、依有其煩移此ノ傍矣。
「二間屋」は「世事の所」であり、「山厨の煎茶は此の処に於いて之れを
成す」とある。「二間屋」は、もとは西面の檜垣の外に在ったが、明恵の
病後に給仕の煩いを避けるために「禅院」（禅堂院[17]）の傍に移築された。
禅堂院は明恵の住坊で、臨終の道場でもある。『明恵上人行状[18]』（以下
『行状』）によると、寛喜二年（1230）「二月十五日ノ朝ヨリ不食ノ所労
ニ煩フ」と、明恵はこの頃体調を崩し、同三年十月一日には「年来ノ痔所
労更発シ、又不食ノ気ニ煩フ。同十日ノ夜、殊大事ナリ」という状態に陥
った。それに先立つ同年八月末には「持病更発シテ頻リニ其身ヲオカス」
ようになり、禅堂院が臨終の道場として整備され、土室の結構がなされた。
死去の約半年前のことである。土室とは、奥田勲氏によると「「ヒタイツ
キ」という暖をとる設備と密接な関係にあるもの」で、炉やかまどのよう
な設備が想定されるという[19]。『行状』には、さらに「離舎ノ近キ事マデ
モ、併ラ此ノ意趣ヨリヲコリテ」と、土室の設置とともに「離舎」を移築
したとして、土室と同様の「意趣」によることが記されている。この「離
舎」が『縁起』の「二間屋」に相当する。したがって、「二間屋」で行わ
れた「山厨煎茶」も、明恵の病と結びつくことが推測できる。すなわち、

「給仕之輩」にとって「煩」であるとの理由から、病床近くで「成」せられることになった「山厨煎茶」とは、薬餌、もしくは養生を目的としたものであったと考えられるのである。なお、その「山厨煎茶」は、『縁起』では「二間屋」の移築に関連して言及されているが、明恵の病は既に数年来のことであり、移築以前より明恵は茶を飲んでいたものと推測する。

　このように、明恵は茶を受容していた。薬餌や養生を目的としたことから、栄西が提唱した喫茶法と軌を一にするものであったとみなせる。前述のように、栄西は『喫茶養生記』で日本の医道の人が茶を用いないことを批判し、茶は薬ではないと非難する者がいたとも記していたが、この記述に基づけば、栄西の時代の日本では、茶は医療に用いられていなかったことになる。明恵と栄西は同時代の人物で、明恵は栄西より約30歳年少である。また、『喫茶養生記』の初治本が執筆された承元五年（1211）は、前述の明恵の茶の受容の時期より20年ほど遡ることから、栄西の喫茶の提唱は明恵の茶の受容に先行することになる。よって、明恵が実践した茶は、栄西が提唱した養生法の最も早い享受に位置づけられる。ただし、明恵がどのようにして、かかる喫茶法を知り得たかは不明である。

　明恵と栄西の面識については、鎌倉後期成立の『明恵上人伝記』に逸話が見え、後述する茶に関する説話も収録されている。しかし、いずれの話も、明恵没後すぐに編まれた『行状』には見られないことから、そのまま史実と認めることは難しい。実在の両者が最も接近するのは東大寺に関係する事跡においてである。栄西は建永元年（1206）に再建のための勧進職に就き、一方、明恵はその翌年の承元元年に尊勝院学頭に命じられているが、両者の直接の交渉は確認できていない。ただ、明恵が栄西の存在を知っていたことは、建暦三年（1213）の『夢記』に「又眠入。有人云、有人告言、葉上僧正云、欲レ礼二生身仏一者、可レ奉レ拝二御房一云々」と、「葉上僧正」（栄西）の名が見えることから推測できる[20]。

　茶を介して明恵と栄西を結びつける説話は、鎌倉後期頃の成立とされる『明恵上人伝記[21]』に掲載されている。

　　サテ建仁寺ノ長老ノ茶ヲ進被タリケルヲ医師ニ問給シカバ、茶葉ハ大ニ遣
　　リ困ニ消食二気シテ心ヨカラ令ル徳有。然共本朝ニ普ネカラザル由申ケレ

65

バ、ト角尋奔走シテ両三本被植ケリ。誠ニ睡ヲ覚ス験有ケレバ甚衆僧ニ服
セ令テ賞翫有ケリ。或人語伝テ云、建仁寺ノ僧正御房唐ヨリ持シテ渡給ケ
ル茶ノ実ヲ被進ケルヲ植ソダテ被ケルト云々。

明恵が栄西から受け取った茶の効能を医師に尋ねたとすることは、実在の
明恵の茶の受容の在り方とかけ離れたものではなかったことがわかる。こ
の逸話が史実か否かは明確にはし得ないが、茶を栄西から入手したとする
点は示唆的であり、何らかの事実を反映したものであったと推測する。

　明恵と栄西は活躍時期が重なり、おそらく互いの存在は認識していたで
あろうが、茶に関する交渉については不明と言わざるを得ない。両者に茶
に関するやり取りがなかった場合は、栄西の提唱は既にある程度広まって
いたと考えることができる。いずれにせよ、栄西が提唱した喫茶法は、そ
の趣旨に基づいて受容されていたことが確認できるのである。そして、現
存史料で確認できるその最初の人物は明恵であった。

3－2　叡尊の茶の受容

　次に、叡尊の茶の受容について見ていきたい。叡尊は 62 歳を迎えた弘長
二年（1262）に関東へ下向することになり、道中の宿で「儲茶」を施した。
現存する『関東往還記』には「儲茶」は九例を数え、例えば二月七日条に
「於_同国蒲生野宿_中食、於_同国愛智河宿_儲_茶、着_同国小野宿_[22]」
とあるように、「中食」の後に施されることが多かった。「儲茶」につい
ては諸説あるが、近年、石田雅彦氏が、有力であった「施茶」説を否定し
て、戒律との関わりから「薬品としての茶」とする説を提示した[23]。石田
氏は、叡尊一行が「儲茶」を行った時間帯が戒律における「非時食戒」に
抵触することを指摘して、『僧祇律』や『五分律』により「病にかかった
比丘は「五種の薬」を非時においても食することが許される」ことをふま
え、高齢の叡尊が体力を維持するために実践したとの見解を示した。また、
栄西が『喫茶養生記』において、中国での旅の途中に飲んだ「五香煎」に
対して茶と同等の徳があると説いたことも根拠にあげている。そして、「困
難な関東下向の旅を高齢な叡尊に完遂してもらうために、非時食戒を破ら

ぬ薬品としての茶に注目し、これを宿々で準備した」と結論づけた。叡尊
の宗教的立場を鑑みても首肯できる説であると思われる。

　このように、叡尊も茶を薬として用いていた。石田氏は、叡尊に随行す
る僧たちが喫茶の医学面と戒律面だけでなく、『喫茶養生記』をも研究し
ていたであろうことを示唆するが、『喫茶養生記』の古写本は極めて少な
く、叡尊一行がその本文に接したか否かは判断しがたい。しかし、栄西が
提唱した養生法と同趣旨の喫茶を、叡尊が行っていたことは確実である。
よって、叡尊が行った茶は、栄西の喫茶法の二番目の享受として位置づけ
ることができる。

3－3　『沙石集』の茶の記事

　無住（1227～1312）は、『沙石集』に茶に関する説話を収録している[24]。
ある牛飼が、僧が茶を飲んでいるのを見て、「アレハ、イカナル御薬ニテ
候ヤラン」と尋ねたところ、僧は「是ハ三ノ徳有薬ナリ」と述べて、具体
的な薬効を説いていく。牛飼の発話において既に茶は「イカナル御薬」と
されており、僧侶も「薬ナリ」と答えていることから、茶が薬として認識
されていたことがわかる。この話は喩え話であり、また笑い話の要素も含
むものであり、茶の薬効性が周知されていて初めてその意図が伝わるもの
であったといえる。そのことから、この頃には薬としての茶の存在は一般
にも知られていたことがうかがえる。

　以上、茶の受容例を見てきた。明恵の場合はやや緊迫した状況での服用
であった。叡尊は滋養を目的として用いていた。『沙石集』からは茶の持
つ薬効性が一般にも知られるようになっていた様子がうかがえた。このよ
うな茶の受容は、栄西の時代から『沙石集』までの間に徐々に浸透してい
ったものと思われる。ただし、これらの事例からは茶と心臓の具体的な関
係は見えてこなかった。『喫茶養生記』で論じられたことがどのような形
で継承されていたかは、今後の課題である。

3－4　闘茶の出現

　金沢文庫に所蔵されるある女性の書状には、「ことにほしう候つるちや、たまはりてさぶらひぬ。とがのをのとうけたまはり候へば、ことにひざうし候べく候[25]」とあり、栂尾の茶を所望する様子が見受けられる。称名寺の毎年恒例の法花読誦では栂尾の茶が布施に贈られたが、金沢貞顕（1278～1333）の祗候人・倉栖兼雄が「今年、梅尾山茗不足之際、余分不ﾚ出二山中一候[26]」と記したように、不足して山外には出回らない年もあった。貞顕が子息である仁和寺の顕助に栂尾の茶を所望する書状も見られる[27]。これらの文書からは、その頃には、茶が各地で栽培されるようになっており、その茶の味が区別して飲まれていたことがうかがえる。

　闘茶は、複数の産地の茶を飲み当てる遊技で、日本で始められた時期は不明だが、筒井紘一氏によると、「文献的にその最も古いものをたずねれば、やはり建武年間（一三三四－三八）の『二条河原落書』ということになろう」とされる[28]。『二条河原落書』に見られる「十種茶」は、『師守記』暦応三年（1340）正月二十五日条の「十種本非帳行[29]」や、『祇園社家記録』康永二年（1343）十二月四日条の紙背に書かれた「本非十種茶」がその早い例である[30]。これらは茶の味を飲み分けるのがルールであり、茶の味が区別できてはじめて成立する遊戯であった。すなわち、栄西以前の甘葛や生薑などの添加物を入れた飲み方では実現するものではなかった。栄西が提唱した喫茶法は、茶の味をそのまま味わう飲み方であったが、その延長線上にこの遊戯は出現し得たといえるのである。栄西が意図した養生法からは外れるが、栄西が茶の味を「美」としたことの展開として位置づけることができるであろう。

3－5　栄西説の継承と発展

　以上、鎌倉時代の茶の受容を見てきた。栄西が『喫茶養生記』で提唱した喫茶法が受け継がれていた様子が確認できた。ただし、文献としての『喫茶養生記』が継承されたのではなく、茶を飲む習慣が形を変えながら広ま

っていったととらえるのがよいと思われる。また、闘茶によって象徴される、茶そのものの味を楽しむ飲み方は、茶の飲み方が、栄西以前の添加物を加える方法から変化したことを示しており、栄西が提唱した喫茶法はその画期に位置づけることができる。よって、栄西は、日本の喫茶史全体においてはその途上に位置づけられることになる[31]。また、栄西が提唱した茶の飲み方はその後も長く続けられることから、中世以降の茶の展開においては、栄西はその始発に位置することになる。栄西を茶祖と見なす発想は、この二つの位置づけが混ざり合って生じたものである。さらに、禅宗の始祖とする評価も加わり、栄西像は重層化して、『喫茶養生記』の読み方にも複雑な影響を与えてきた。

　ここまで見てきたように、『喫茶養生記』の内容とその後の展開には、禅と関わらせて考えるべき事柄は見当たらなかった。ただし、鎌倉時代には、多くの人が大陸へ渡り、中国からの来日僧が日本で活躍することもあった。そうしたなかで、大陸での茶の習慣が新たに伝えられたことはあったであろう。喫茶史の展開は、そのようなことも視野に入れて考えなければならない。

おわりに

　栄西は密教の教学に基づきつつ、自由な発想で喫茶を推奨するための理論を組み立てた。『喫茶養生記』の存在は、栄西が生涯を通じて密教を実践したことを示唆するが、本書は喫茶を題材とすることから、それまでの密教の著作とは同等に扱うことはできない。おそらく、先に茶の効能があり、それを主張するための理論をあとから構築したのであろう。そこに選ばれたのが密教であった。晩年にさしかかった栄西にとっては、それこそが自家薬籠中のものであったと見なされる。そして、栄西が推奨したその喫茶法は、早い時期に明恵によって実践された。その後は、添加物から解放された茶の飲み方が浸透して、今日まで続けられている。このように栄西の提唱は、日本の喫茶史において大きな功績をなすものと評価できるのである。

栄西には様々な伝承が付随して、その実像を見えにくくしている。ただし、伝承は栄西の何らかの事跡に関係して生じたものであり、さらには、様々な時代の意図をまとって生成したものでもある。栄西その人の思想や事跡を再検討することで、栄西にまつわる事象についても新たな可能性を示すことができる。『喫茶養生記』から禅や茶の湯を切り離すことで、喫茶の歴史も新しい解釈が可能となる。栄西の研究は総合的な視野のもとに取り組むことで、中世の文化史の見直しにも繋がるものと考える。

（神戸学院大学）

---

[1] 名古屋市の真福寺大須観音で、2002 年頃より、栄西の書状や『改偏教主決』『重修教主決』『無名集』などが発見された。

[2] 「喫茶養生記——原文・現代語訳・補注・解題・年表」（『茶道古典全集』第二巻、淡交社、1958 年）

[3] 講談社学術文庫『栄西　喫茶養生記』（講談社、2000 年新版、もとは 1982 年刊行）の「解題」。

[4] 熊倉功夫・姚国坤編『栄西『喫茶養生記』の研究』（宮帯出版社、2014 年）。本書は 2012 年 10 月に開催されたシンポジウム「栄西と『喫茶養生記』」での発表がまとめられたものである。

[5] 「栄西禅師と『喫茶養生記』への疑問」（『栄西『喫茶養生記』の研究』宮帯出版社、2014 年）

[6] 「『喫茶養生記』執筆の目的」（『栄西『喫茶養生記』の研究』宮帯出版社、2014 年）

[7] 引用は西村惠信『傍訳　栄西　興禅護国論』（四季社、1992 年）による。

[8] 本稿での『喫茶養生記』の引用は、『茶道古典全集』第二巻（淡交社、1958 年）所収の初治本による。本文中に引用する場合は、訓読した形で示した。

[9] 大正新脩大蔵経 46 巻 107 頁上段 12 行目〜15 行目。私意により返り点を付した。

[10] 引用は、水上文義『台密思想形成の研究』（春秋社、2008 年）による。この書は弘安八年（1285）に、円爾から道照に授けられたものである。

[11] 大正新脩大蔵経 59 巻 516 頁上段 21 行目〜22 行目。私意により返り点を付した。杲宝（1306〜1362）の撰。ただし、杲宝以後も江戸時代の慧光まで補筆校訂が加えられ、1708 年に完成した（『大蔵経全解説大辞典』参照）。

[12] 引用は、水上文義『台密思想形成の研究』（春秋社、2008 年）による。

[13] 「養生論の系譜から見た『喫茶養生記』」（『茶の医薬史—中国と日本』思文閣出版、2009 年）

[14] 森鹿三氏の指摘による（『茶道古典全集』）。

[15] 拙稿「茶祖栄西像の再検討—『喫茶養生記』をめぐって」（『藝能史研究』177 号、2007 年 4 月）

[16] 『高山寺縁起』の引用は『明恵上人資料　第一』（東京大学出版会、1971 年）による。引用に際して、私意により返り点を付した。

17 「禅院」を禅堂院とすることは、奥田勲「Ｖ栂尾の高山寺―「日出先照高山之寺」―２石水院小史」（『明恵―遍歴と夢』東京大学出版会、1978 年）を参考にした。

18 『明恵上人行状』は『高山寺明恵上人行状（仮名行状）』を指す。引用は『明恵上人資料　第一』（東京大学出版会、1971 年）による。

19 奥田勲『明恵―遍歴と夢』（東京大学出版会、1978 年）

20 前川健一氏にご教示いただいた。『夢記』の引用は、奥田勲・平野多恵・前川健一編『明恵上人夢記訳注』（勉誠出版、2015 年）による。引用に際して、本書掲載の「訓読」を参考に、返り点を付した。

21 興福寺蔵『栂尾明恵上人伝　上』（『明恵上人資料　第一』東京大学出版会、1971 年）から引用する。

22 引用は、細川涼一訳注『関東往還記』（東洋文庫 803、平凡社、2011 年）による。私意により返り点を付した。

23 「第六章　日本に於ける喫茶の萌芽とその普及―茶の湯への序章―第二節　鎌倉時代中期茶の普及」（『「茶の湯」前史の研究―宋代片茶文化完成から日本の茶の湯へ―』雄山閣、2003 年）

24 『沙石集』の略本系統の諸本にのみ掲載される説話の一節である。引用は、日本古典文学大系『沙石集』の補記「拾遺七二」による。

25 金沢文庫古文書二九一一（『金沢文庫古文書　第四輯　闕名書状篇（一）』）。私意により濁点を付した。

26 金沢文庫古文書五六〇（『金沢文庫古文書　第一輯　武将書状篇』）。私意により返り点を付した。

27 金沢文庫古文書一二五（『金沢文庫古文書　第一輯　武将書状篇』）。「栂尾茶事、連々進入、難治候、さりながら顕助僧都令所持候、こひとりて可進候」。

28 「闘茶の方法」（『茶道聚錦二　茶の湯の成立』小学館、1984 年）

29 引用は『師守記　第一』（史料纂集、続群書類従完成会）による。

30 注 28 の筒井氏の論文による。『茶道聚錦二　茶の湯の成立』図版 131「本非十種の茶勝負」に、『祇園社家記録』康永二年（1343）十二月四日条の紙背の写真が掲載されている。

31 注 15 の拙稿において既に指摘したが、布目潮渢氏が、喫茶の変遷について「唐の陸羽が『茶経』を著作して主張している一つの重点は、当時、茶は他の葱や薑の類と混ぜて飲まれていた状況の中から、茶だけの単独の飲料とするほうがよいという主張にあったのではあるまいか」（『緑芽十片―歴史にみる中国の喫茶文化』岩波書店、1989 年）と説明している。日本の喫茶の変遷もこれに符号すると考える。

＊本研究は JSPS 科研費 15K02094 の助成を受けたものである。

問答法の比較思想史のために

―論義とスコラ哲学を手がかりとして―

前川　健一

はじめに

　本稿では、中世日本に発達した論義の一形態と、中世西洋のスコラ哲学における「問題（quaestio）」と称される方式との比較を行ない、それらの相似をもたらした歴史的背景を検討したいと思う。以下に示すように、これら二つは形式的に極めてよく似ている。しかし、単に似ているというだけでは、比較する意味は乏しい。ここで興味深いのは、管見の限り、このような問答の形式は、それぞれに討論や問答が発達した他の文明圏（インド・中国・イスラーム・ユダヤおよび東方正教）では見られないことである。すなわち、中世日本と中世西欧でのみ特異的に発達した問答形式ということであり、その検討を通じて両文明の特異性にも迫れるのではないかというのが、本稿のもくろみである。

1　論義と「問題」：その形式的比較

　論義は、平安中期以後、法会で行なわれた問答である[1]。そのような法会としては、南都三会・北京三会が有名であり、こうした場での論義への出仕が僧階の上昇と結び付いていた。こうした公的な法会の他、各宗の内部でも研鑽のために論義は行なわれ、顕教だけでなく、密教諸宗でも行なわれた。

　一方、「問題」方式とは、十二世紀後半以後の「大学における教授と思考にとって根本的なもの」[2]であり、然りか否かで答えられる問題を立て、

それぞれを支持する引用文と異論を集め、自分の解答を示し、異論に答えるというものである。その成立には、さまざまな権威の引用文を主題別に分類・配列し対立のある場合には調停を行なったペトルス・ロンバルドゥスの『命題集』（1255〜57）が大きな影響を与えたとされる[3]。

　論義では、各宗の基本典籍について、問題となる箇所を挙げ、数度の問答が重ねられる。ここで取り上げるのは、以下のような形式のものである[4]。

（初重）問云……、答云……（この形式の場合、答が省略される場合も多い）

（二重）両方……、答云……

（この後に「重難云……答云……」として第三重・第四重以降が続く場合もある）

　「両方」とは、「両方不明」「両方有疑」の意味で、初重の答（通常は問いに対する肯定的な答え）に対して、肯定・否定の両方が導き出せることを示すものである。しかも、単に論理的に導かれるというよりも、重要な典籍の中に肯定・否定それぞれを支持する一節があるという指摘をともなう場合が多い。これに対する答も、反論を否定するというよりも、反対論拠に然るべき解釈を与えて、最初の答と矛盾を来さないようにするという傾向が強い（いわゆる会通。第三重以下での対応も、基本的に同じ）。

　一方、「問題」形式では、以下のように議論が進む[5]。

1　問題の提示
2　反対の立場の提示およびそれを支持する異論
3　採択された立場を支持する論
4　その問題に対する著者自身の解答および採択された立場の理由説明
5　反対の立場を支持する異論の論駁

　このうち、2および3においては、それぞれを支持する「権威」（聖書や教父などの言葉）が引かれる。5においては、それらの「権威」そのものは否定されず、再解釈が行なわれて、採択された立場と矛盾が生じないようにする。

このように、論義でも「問題」でも、共通しているのは、自らの立場に対して、肯定的な論拠と否定的な論拠の両方を提出し、否定的な論拠を自らの立場と矛盾しないように解釈するという問答の仕方である。

2　実例

聖憲『大疏第三重』巻十一（本書は新義真言宗の論義書）「心法色形」[6]
（初重）
［問］自宗の意、心法に於いて色形を許す可きや。
答ふ。許す可きなり。
（二重）
［問］両方なり。
［否定的論拠］①若し許すと云はば、色形の有無を以て色心の差異と為す。若し心法、色形を存せば、六大雑乱して、色・心、分かち難きか。
②是を以て、宗家の一処の釈、「自ら観ぜよ、我が心、無色無形なりと雖も」〈文〉。釈文の顕はす所、色形無しと云ふに非ずや。※空海『秘蔵記』の文。
［肯定的論拠］③若し又、之に依りて、爾云はば、『菩提心論』の中に、「我、自心を見るに、形、月輪の如し」〈文〉。法説に「形」字を置く。心法に色形を存するに非ずや。
爾れば、両方なり。
答ふ。凡そ心法・色形、事相の肝心・教相の骨目なり。自宗に於いては尤も此の義を存す可きなり。誠に、彼の顕乗は、心を以て本と為し、色を以て或いは所変の相分と為し、或いは縁起の技末と為すが故に、色・心相別れて、心法、色形を存せざるか。自宗の意、色・心、元より本有常住、而二不二なり。故に、心法に於いて、色形を存するなり。
是を以て、五相成身、観菩提心の時、全く自心を以て月輪の形相と為す。若し心法に色形無くは、何ぞ広斂巻舒の観有るや。
④是を以て、経に「月は即ち是れ心、心は即ち是れ月」と説く。※『大乗本生心地観経』

論に、「内心の中に於いて日月輪を観ず」と釈す。※『菩提心論』

且く一辺の難勢（③）に、其の理顕はる。

但し一片（①）に至りては、慮・非慮を以て色・心の體と為すが故に、色形有りと雖も何ぞ混乱せんや。色法は非慮の色形、心法は縁慮の色形なるが故に、其の体、更に乱る可からず。

次に、宗家の釈（②）は且く破執の説〈と見えたり〉。 故に、彼の釈に、「我・物必見の執有り。其の執を除かんが為めに即ち空観を作す」〈文〉。実義の釈に非ず。故に難を成ず可からず〈矣〉。

［三重］

重ねて難じて云はく、（中略）抑も自宗の意は色心不二を以て宗極となす。不二一体の上に色・心の二を別つこと、何の義辺に依るや。全く此の色形の辺を色と云ひ、縁慮の辺を心と云ふ。縁慮を具する色は、則ち是の二分の中の色法なり。何ぞ彼の色の外に、縁慮の分に於いて又色形を存するや。所立の如くは、色・心、体全く別にして、不二一心の義を忘る可きか。（中略）

次に「月は即ち是れ心」等の経文（④）に至りては、深秘の義に依りて、空上の月輪と行者の自心と不二相即の旨を述ぶ。故に、是れ則ち別義なり。今論ずる所は、色心而二門に於いて「心法に色形有るか」と云ふ尋ねなり。色心不二の前には論義に及ばざるか。

答ふ。元より答へ申す所、心法に色形を存す可きなり。今の宗の意は色・心を以て金・胎の両部と為す。若し心法に色形を許さずは、金剛界の五仏等、色形を廃す可きや。（中略）但し、「色心不二なる上に色形の義辺を色と為し、縁慮の辺を心と為すが故に、心法に色形無し」と云ふに至りては、色心不二の義、専ら心法に色形を存する道理なり。其の故は、既に一法の上の色心二辺なり。彼の一法は、形相有る可きか。亦た、形相有る可からざるか。若し形相無しと云はば、何ぞ色法の体を成ぜんや。故に知んぬ、色形の体の上の縁慮なるが故に、縁慮の体、色形有る可しと云ふことを。（中略）色を体と為す心なるが故に、色形有る可き条、勿論なり。若し色・心、終に色形の有無を以て差別と為ば、色・心、終に各別にして不二の体と云ふ可からず。顕密、倶に色心不二の義を談ず。顕の不二は、摂

相帰性なるが故に、而二の上の不二なり。自宗の不二は、一心の上の色心なるが故に、不二の上の而二なり。深く之を思ふ可し。（後略）

トマス・アクィナス『神学大全』第八問[7]

　さて無限なるものには、到るところに存在しまたあらゆるものにおいて存在することが適合すると思われるから、このことが神についていえるか否かを次に考察しなければならない。

　この問題に関しては四つのことが問われる。

一、神はすべての事物のうちに存在するか。（中略）

第一については次のようにすすめられる。神はすべての事物のうちに存在しないと思われる。そのわけは、

一、すべてのものを超えているものは、すべての事物のうちに存在しない。しかるに『詩篇』〔一一二篇四節〕に「主はすべての族を超えて高きに在す」とあるのによれば、神はすべてのものを超えている。ゆえに神はすべての事物のうちに存在しない。

二、更に、何かのうちに在るものは、そのものに包含されている。しかるに神は諸事物に包含されず、却ってむしろ諸事物を包含している。ゆえに神は諸事物のうちに存在せず、却ってむしろ諸事物が神のうちに存在する。ゆえにアウグスティヌスは『八十三問第』において、「神がどこかに存在するというよりはむしろ、神において万物が存在するのである」といっている。（三・四は略）

　しかし反対に、はたらく者はどこにおいてはたらこうとも、必ずそのはたらく場所に在る。しかるに『イザヤ書』第二六章〔一二節〕に、「主よ、あなたはわれわれのうちで、われわれのすべての業をなし給うた」とあるのによれば、神はすべてのものにおいてはたらいている。ゆえに神はすべてのもののうちに存在する。

　答えていわなければならない。神はあらゆる事物のうちに存在する。ただし事物の本質の部分ないし附帯性として事物のうちに存在するのではなく、作用者が作用する相手のもののもとに臨在するという仕方で事物のうちに存在するのである。そもそもいかなる作用者も、直接にはたらきかけ

る相手のものに接し、自らの力によって相手に触れているのでなければならない。（中略）ところで神は、その本質によって存在そのものであるから、被造的存在は神の固有の結果でなければならない。

　ところで神は、諸事物のうちにこの結果を、諸事物が存在しはじめるその発端において生ぜしめるだけではなく、諸事物が存在に保たれている間じゅう生ぜしめている。（中略）それゆえ事物が存在を有している間じゅう、その事物が存在を有する仕方に応じて、神は事物に臨在しているのでなければならない。しかるに存在は、いかなるものにおいても、そのものの最も内奥に在り、あらゆるもののうちにその最も深いところで内在している。なぜなら存在は、既に述べられたところからあきらかなように〔四問一項異論答三〕、事物のうちに含まれているすべてのものに対して、形相的なるものとしてあるからである。それゆえ神は、すべてのもののうちに在り、しかもその最も内奥に在るのでなければならない。

　それゆえ　一　についていわなければならない。神はその卓絶した本性のゆえに万物を超越している。にもかかわらず万物に内在するのは、上に述べられたように〔主文〕、万物の存在の原因者としてである。

　　二　についてはいわなければならない。物体的なるものは、それを包含する物としての何らかの物のうちにあるといわれるが、霊的なるものはこれに反し、そのうちに霊的なるものが内在しているところのものを、却って包含している。たとえば魂は身体を包含しているのである。それゆえ神もまた諸事物のうちに、諸事物を包含する者として内在している。ただし物体的なるものとの何らかの類似性によって、万物が神によって包含されるかぎりにおいて、万物は神において在るともいわれるのである。（三・四は略）

3　相似の背景

　両者とも、大学での教授や法会という、或る種のパフォーマンスを前提とした問答である。また、どちらにおいても、声による伝達が基本である。

異論が網羅的に最初に述べられることは、議論の全体像を把握する上で助けになったと思われる。

また、両者とも、討論は単なる学問的興味から行なわれただけではなく、地位の上昇に結び付いていた（大学では学位、法会では僧階）。このような点から、議論と回答者の力量が全体的に示されるような仕方が選ばれたのではないかと思われる。

また、このような方式が発達したのは、それぞれの体系が、内的に矛盾をはらむものを一つの「正統」としていることに淵源があると言えるであろう。キリスト教の場合であれば、いわゆる旧約聖書（ユダヤ教の聖書）・新約聖書・教父文献の間にはそれぞれに（さらにはそれぞれの内部にも）大きな差異があるが、それらは原理的に矛盾しないものとされている。日本仏教の場合も、インドの仏典・中国仏教者の著作・日本人（特に祖師）の著作の間に同じことが言える。それらの間の矛盾・対立が自覚された上で、なおかつ「正統」を維持しようとしたところに、論義なり「問題」なりの形式が発達したと思われる。

なお、以上の点からも明らかなように、論義にせよ「問題」にせよ、問答という形式は取っているものの、本質的に対内的で閉じたものである（この点トマスのもう一つの大著『対異教徒大全』が「問題」方式で書かれていないことは示唆的である）。

4　他文化圏との比較

初めの方でも述べたように、論義や「問題」に類した形式は、他の文化圏では見ることができない。これには、討論や問答というものが当該社会の中でどう位置づけられているかという問題と、思想の問題から考える必要があると思われる。

インドでは、問答は盛んであるが、それは一般には他学派を相手にしたもので、各学派内部では問答による研鑽は行なわれていなかったように見える。

チベット仏教圏では、問答が修学の上で重要な位置を占めるが、それは通常の問答の形式であり、論義のように「両方」が作法として決まっているわけではないようである[8]。これはチベット仏教の顕教の学問が、チャンドラキールティ系統の中観帰謬論証派の影響を受けていることと関係するのかも知れないが、あくまで推測にとどまる。

中国では、仏教にせよ儒教にせよ、問答に論義のような制度的裏付けは与えられていないように思われる。

イスラームやユダヤ教については、注3でも触れたように、今後の研究課題とすべき点が多い。

むすび

従来の比較思想においては、思想の内容の比較に焦点が据えられていて、思想の形式やプレゼンテーションの仕方といったものには十分注意が払われていなかったように思われる。しかし、思想内容は当然ながら個人差が大きく、その理解にも慎重を期する点が多い。それに対して、本発表が注目したような形式面での比較は、その文化圏で一般的に流通しているものであり、個々の思想家の比較を超えた、より大きなレベルでの比較を可能にするのではないかと思われる。本稿は、一つの事例の提示に過ぎないが、今後このような面への注目が高まれば幸いである。

（公益財団法人東洋哲学研究所）

---

[1] 論義について、近年の研究として智山勧学会編『論義の研究』（青史出版、2000年）、『日本仏教の教理形成：法会における唱導と論義の研究』（大蔵出版、2009年）、マルティン・レップ／井上善幸編『問答と論争の仏教：宗教コミュニケーションの射程』（法藏館、2012年）がある。ただ、本発表で問題にしているような論義の形式面の問題については、従来あまり注意が払われていないようである。レップ・井上前掲書には薗田坦「中世キリスト教世界における異宗教間対話をめぐって」も収められているが、本発表で取り上げるような問題には触れていない。

[2] John Marenbon, *Later Medieval Philosophy (1150-1350): An Introduction*. London and New York: Routledge and Kegan Paul, 1987. （加藤清人訳『後期中世の哲学：1150

－1350』、勁草書房、1989年）邦訳9頁。以下の記述も本書に負うところが大きい。
「問題」方式については、加藤和哉「中世における理性と信仰」（神崎繁・熊野純彦・鈴木泉編『西洋哲学史Ⅱ：「知」の変貌・「信」の階梯』講談社、2011年）にも解説がある。

3　なお、対立する諸命題の調停という操作の起源として、今道友信はグラープマンの研究を参照して、12世紀初頭の法学者たちの活動を挙げる。今道『中世の哲学』岩波書店、2010年、145下〜146上。また、ロンバルドゥスに先立って、アベラルドゥス（アベラール、1079〜1147）の『然りと否』も対立する引用文を集めており、「問題」形式の先駆になったとされる。今道前掲書146上〜148上、Alain de Libera, *La philosophie médiévale*. Paris: PUF, 1993.（阿部一智他訳『中世哲学史』新評論、1999年）邦訳422〜423頁。一方、イスラーム世界に起源を求める説もあるようである。山本芳久「真理の開示の形式としての「スコラ的方法」：トマス・アクィナスの感情論を手がかりに」（竹下政孝・山内志朗編『イスラーム哲学とキリスト教中世Ⅰ理論哲学』岩波書店、2011年、206〜207頁注21）。

4　第二重で、ただちに「難云」と問う場合や、「付之」として最初の問答に関連した別の問いを提示する場合もある。

5　Marenbon前掲書、邦訳31頁の図を参照。

6　大正79-756a01〜757a06。大正大学綜合仏教研究所新義真言教学研究会『大疏第三重・釈論第三重の研究』大正大学綜合仏教研究所、2001年、49〜68頁参照。

7　山田晶訳、山田責任編集『トマス・アクィナス（世界の名著続5）』中央公論社、1975年、244〜247頁。

8　小野田俊蔵「チベットの学問寺」（長尾雅人他編『チベット仏教（岩波講座　東洋思想　第11巻）』岩波書店、1989年）、ツルティム・ケサン「チベットの学問仏教」（レップ・井上前掲書）参照。

正中の宗論とその背景

井上　克人

1　正中の宗論

　いわゆる「正中の宗論」は、正中二年（1325）の閏正月二十一日より七日間にわたって、宮中清涼殿で行われた。『本朝高僧伝』の通翁（鏡円）伝によれば[1]、当時八宗が競い起こって禅宗を排斥すべく、しばしばこれを朝廷に嗷訴していたので、朝廷は延暦寺・園城寺（三井寺）、東寺および奈良の諸講師を清涼殿に召し、旧仏教を代表する叡山の玄恵法印（1269～1350）等の九人に対して、禅宗側からは南禅寺（旧称禅林寺）の通翁鏡円と侍者宗峰妙超（1282～1337）の二人が選ばれ、対論させたのである。

　宗論は、まず両者それぞれに一問一答の対決が約束された。玄恵云く、「教外別伝の禅とは如何」。宗峰が答えた、「八角の磨盤、空裏を走る」。やがて、次の僧が一つの箱を捧げて出た。宗峰云く、「これ何ものぞ」。僧云く、「乾坤の箱」。宗峰は竹篦（禅宗で、師家が指導に使う竹棒）をもって箱を打った、「乾坤打破のとき如何」。僧は黙して退いた。玄恵は宗峰の答を解することができず、敗北を認めざるを得なかった。旧仏教側の学僧たちは、すべて仏教教理を学ぶことを本旨としているので、禅のいわゆる「教外別伝・不立文字」という事が最も問題になっていたと思われる。旧仏教側は、更に倶舎、成実、三論、華厳などの諸教義について議論を進めた。これに対しても通翁、宗峰の二人は無碍の弁を以って論破し、玄恵は遂に宗峰の弟子になったという。

　この間通翁は病勢大いに進み、二十七日ようやく問答が終わって帰る途中で、にわかに入滅した。七日七夜、連日連夜の討論は彼の死を早めたのに相違ない。辻善之助によれば[2]、『花園天皇宸記』[3]正中二年閏正月二十八日の条に通翁入滅の記事があり、その急死のために殺害されたといううわさがあったことが見えるから、この宗論も実は正中二年のこととすべきで

あると主張し、以後、研究者はみなこの説に従っている。

2　当時の学問状況―その1　漢唐訓詁の学からの論難

　平安時代以来、貴族社会の学問は、漢唐訓詁の学が中心であった。訓詁は昔の言葉を現在の言葉に改めるということであり、一般には字句の解釈の意に用いる。秦の始皇帝による焚書坑儒の暴政により多くの経典が失われたが、漢代になって密かに隠されていた諸書が発見されたものの、文章に欠落部分があったり、記載している文字が昔の字形であって漢代に使用されていた文字と異なっていたため、学者はこれを正しく復原することに苦心し、ここに訓詁の学が生まれたのである。従って漢以降、隋・唐に至るまでの儒学は、その内容の考察吟味よりも、それを現行の文字に置き代えることに専ら力が注がれた。わが国の奈良・平安時代に渡来した大陸の学問は、まさにその学風を受容したものに他ならなかった。これに対し、中国では宋代になると仏教教義の影響を受けて、経典の意義を考察し、それを鮮明にしようとする新しい学風が起り、これを集大成したのが朱熹であり、この新しい学風を宋学とか朱子学と称した。朱子学は道義国家の建設を図る思想が深かったために、わが国では平安以来の古学（訓詁）を修めていた廷臣には、危険思想と考えられた。当時のわが国の学問には、「明経道」（儒教の経典を学ぶ。清原氏・中原氏が世襲）、「明法道」（律令・格式を研究。中原氏・坂上氏が明法家として有名）、「紀伝道（文章道）」（中国の文学・歴史を学ぶ。教官は文章博士といい、大江氏・菅原氏が主流。小野氏からも出た。）、そして「算道」（算術を学ぶ。算博士は小槻氏・三善氏から出た）とがあった。荒木見悟によれば、中国であれ、日本であれ、とかく東洋の学問は、儒教、仏教ともに、経書を中心として発展して来た。従って学問の手順としては、まず経書をきわめたのち、史学・諸子学・随筆・紀行・小説のたぐいに及ぶのが常道である。ところが、この常道が大きく狂い始める契機となったのは、唐代禅界における「語録」の出現であった。それはやがて宋代儒学に大きく影響し、明代になると経書の注釈に禅語録の文体が混入するという事態にまで立ち至り、経書理解は危険にさらされることとなったのである。伝統的な経学尊重意識を強く持つものからみれば、たとえ禅語録が、どれほどすぐれた祖師の言葉を集めたもので

あるにせよ、所詮は一家の私言に過ぎず、万古不易の真理を提唱したものとは認められないわけである[4]。清朝の大儒銭大昕は、次のように語っている。

　　仏書が初めて中国に入って来た時には、経・律・論があっただけで、
　　語録というものはなかった。達磨が西来し、教外別伝直指心印をとな
　　えてから、数伝してその門流が日ごとに栄えて、語録があらわれた。
　　こうしてまとまりのない鄙俗な言葉を宝物のように有難がり、釈迦の
　　説いた経典はすべて、高閣に委ねられた。ひどい者は、仏を訶し祖師
　　を罵り、いささかも遠慮しない。しかも世の仏教を信じる者は、か
　　えってこれを尊重し、教律僧など及びもつかぬと思っている。非常識
　　なものを好むにもほどがある。[5]（荒木見悟訳）

　北宋より南宋にいたる時期に大陸の禅院で発展し彫琢されてきた禅語録の表現の一語一句の裏には、長い歴史を経て伝承されてきた様々な故事と、それをめぐる種々の解釈と鑑賞の足跡が圧縮されたかたちで残っており、その表現は正統な古典と平俗な口語とが入り混じり、やがてそれは禅表現の形態として、いわゆる「著語」や「下語」へと発展してゆく。そうした短言寸句の根底に秘められた真如・実相に対して、それを即座に直観できるまでに培われた豊かな感受性と、豊富な言葉の知識を持ち合わせていない者にとっては、宋朝風の本格的な禅語録の表現は、まったく意味不明な暗号に過ぎず、逆にそれらの言葉に含まれる微妙なニュアンスを察知でき、その言葉の出典、転義に通暁している者にとっては、それはそれで単なる知識の遊戯に終わる危険性は十分あったと思われる。実際のところ、中国文化一辺倒であった当時のわが国の上層知識人にとっては、後者の危険の方がより強かった。

　さて、禅語録が経書読解への適切な導きの役割を果たすならともかく、経書を離れて独り歩きしはじめる時、経学者の危惧は頂点に達し、語録への憎悪が一層強まっていく。語録は、見性した者の境涯を、臨機応変に淀みなく自由闊達に、しかも日常言語によって表現するところに特徴がある。経学のような堅苦しい規矩に縛られることもなく、教界の伝統におもねる必要もない。語録発展の歴史は、経書の権威からの解放運動と、表裏一体をなす。しかし語録には、それを規制する約束ごとがないだけに、話者の境涯からする軽妙洒脱な表現に委ねられる面が大きく、これを理解するに

は、相当な困難が伴う。語学的な隘路もさることながら、その説示の意図を察知するためには、片言隻句に即しつつ、話者と同じ境位にまで到達することが必須要件となる。しかも「語録」というジャンルが、学界において明確に認識され始めたのが、比較的近年であるために、これを訳読するための基本的手続きが、十分に固まっていないきらいもある。正中の宗論で玄恵法印が宗峰の「八角の磨盤、空裏を走る」という言葉を理解できなかったのは至極当然であった。

　そしてもう一つ、銘記しておかなければならないのは、経書等の中国古典文は、特定の地域の特定の階層の人々によって担われた書き言葉として始まり、逆に言えば、その書き言葉によって構成される世界に参入することが、すなわちその階層に属することになるわけであり、それがひとつの社会的ステータスとなっていたことである。前漢から魏晋にかけて、その書き言葉の世界は古典世界としてのシステムを整えていき、高度なリテラシー（読み書き能力）によって社会に地位を占める階層が、その世界を支えていたのである。それが士人もしくは士大夫と呼ばれた人々であった。わが国でも、漢文で読み書きするという世界には、日常の言語とは異なる文脈があったことは重要であり、それは思考や感覚の型―エートス―を保証するシステムでもあった。要するに、漢文で読み書きすることは、道理と天下を背負ってしまうことでもあった。このように漢文脈の世界に自らを馴染ませて、為政者たる知的階層のステータスを誇示していくこと自体、中国でも日本でも違いはない。玄恵法印の生きた時代の貴族社会も事情は同じではなかったか。そこへ「不立文字・教外別伝」を唱える禅は、そうした組織に対する異議申し立てに他ならず、そこに反骨精神が見て取られたのではないか。貴族や旧仏教からすればそれは大きな脅威に感じたに相違ない。

3　当時の学問状況　その2　博士家の儒学 vs 禅林儒学

　さて、次に見ておきたいのは、公家社会に儒学が及ぼした影響である。古代以来、公家社会においてそれを家職として担ってきた博士家の儒学は、馬融・鄭玄・河晏・皇侃・孔安国等の注疏、いわゆる古註によるものであった。しかも上述した清原・菅原・大江等の博士家の儒学においては、そ

の家毎に「家説」が出来て秘伝化され、そのために自由な独創的研究が阻まれて形式化し固定化し、清新さを喪失していた。そうした状況のなかに禅僧らによって大陸の新しい儒学、いわゆる宋学が輸入され、興隆し普及したのであった。従来、伝統的な家説や訓詁注釈の狭隘な殻に閉じこもり、教学の権威を独占していた博士家の儒学に対して、禅林がもたらした宋学が大きな衝撃を与え反作用を起こさせたことは、きわめて当然の成り行きであった。

　このようにして禅僧により舶載され挙揚された宋学は、はじめのうちは当然のことながら博士家を中心とする学界の保守派の反撃を受けたが、その深遠な哲理と清新な魅力により保守派の反撃を退けて、時代の降下とともに公家社会への影響力を強化していった。例えば、花園天皇[6]が宋学に深い関心を寄せていたことは、『花園天皇宸記』元応元年閏七月二二日の条に、「今夜資朝・公時ら御堂 殿 上 局 において論語を談ず、僧ら済々これに交じる、朕ひそかに立ちてこれを聞く、玄慧僧都の義、まことに達道か、自余もまたみな義勢に諧ひ、ことごとく理致に叶ふ」とあり、宋学をもって「悉叶理致」と評していることからもわかる。また、当時の貴族社会で広く宋学が浸透していたことは、同じく『宸記』に、宋学について「其意渉仏教、其詞似禅家・・・是宋朝之義也」とあり、その「近日禁裏之学風」を評しており、「およそ近日朝臣儒教をもつて身を立つ、もつともしかるべし、政道の中興またここに因るか、しかるに上下合体して立てらるるところの道、これ近代中絶のゆゑに、すべて実儀を知るものなく、ただ周易論孟大学中庸によりて義を立て、口伝なきの間、面々に自己の風を立つ、これによりてあるひは難謗（非難）あるか、しかれども大体においては、あに疑胎（疑い危ぶむこと）あらんや」（元亨三年七月十九日の条）などとあることで察せられる。そして事実、天皇の討幕計画の中心となった日野資朝（1290〜1332）は、玄恵法印を中心とする宋学談義のサークルの最も重要なメンバーであった。また北畠親房（1293〜1354）の思想と学問が宋学に負うところ多いことは、夙に知られている。宋学は実に建武新政を培った思想原理であり、いわゆる革新官僚のイデオロギーであったと見なしてよい。

4 当時の学問状況 その3 顕密仏教からの論難

　では、仏教の世界はどうであったか。遡るが、中世の初期、いわゆる鎌倉仏教と称せられる禅、浄土、法華等の新興諸宗がようやく教団を確立させ、教化の拡張を示して勢力的に展開してきたとき、既成教団すなわち旧仏教としてのいわゆる顕密諸宗は、新しく台頭してきた諸宗に対してあらゆる点で対抗的な立場におかれた。周知のごとく、これまでのいわゆる平安仏教は、貴族仏教であり祈祷仏教であり形式仏教であった。その主流枢軸として中心的な活動をしたのは言うまでもなく顕密諸宗である。それはまったく貴族社会の成立に始まって貴族社会の没落に終わっている。かつて平安初頭における最澄、空海と彼らの後継者たちによって堅固に基礎づけられた顕密の二法門は、恰も貴族社会の興隆期たる平安前期にあっては専ら貴族社会の現世の繁栄幸福を祈祷行法によって保証することを最大の任務とした。要するに平安仏教における顕密諸宗は、その教義、宗旨の荘厳が既に貴族的な待望に順応しうるものであった。

　ところが、禅や浄土系仏教の台頭は既成教団にとって内憂そのものであった。形式的かつ伝統的に継承されてきた顕密諸宗の修学の対象は煩瑣な講説と難解な理論——「一念三千」の理（天台）、「事事無礙」の教（華厳）、或いは「即身成仏」の義（真言宗）——であったが、そうした甚深微妙の法理が、新興諸宗が台頭してきた状況の中で、不動の信念を以って黙々と思弁され続けられるであろうか。しかもすでに末法到来という世紀末的な宗教意識が広く伝播しているのである。その中で、尚超然たる態度で現実即今の諸問題から遊離して独り書院の机上論理に倦怠し、神秘な観念の遊戯を繰り広げては楽しむ如き高踏的・講壇的な宗教がはたして上記のような不安動揺の社会情勢に対応し得るであろうか。こうした末法濁世の社会の待望する宗教は、もっと実際的なもの、生気あるもの、光明と力を与え得るものでなければならない。

　既成の顕密諸宗教団の中にも、直接その身は教団の一員として顕密教的なものに携わりながらも真実求法を心がけ新たな信仰に生きようと心掛けていた進歩的な僧徒は存在していたのであって、顕密諸宗の母胎内に付随

し胚胎してきた禅や浄土系仏教の現実的な派出はその過程を示している。このような過程の中で、一応その統一化、組織化への運動のためにその役割を担って出現してきたもの、それは浄土教に於ける法然（1133～1212）であり、禅における栄西（1141～1215）その人であった。はたして彼らは既成顕密教団からの手厳しい抗議弾圧を真っ向から蒙ったのである。

　顕密仏教体制がしっかりと組み込まれていた仏教界において、日本の禅宗がその成立当初から山門の圧迫をこうむり、天台・禅兼修の形を取らざるを得なかったことは顕著な事実であり、栄西が弁明の意図を込めて『興禅護国論』を上梓した内実もそこにあった。しかし朝廷に禅宗の興隆を訴えたが受け入れられず、鎌倉幕府の招請によって鎌倉に赴き、寿福寺の住持となり、京都にも建仁寺を開いたが、『吾妻鏡』を通してみる栄西の活動は密教僧・加持祈祷僧としてのものである[7]。禅宗宣揚の第一歩を踏み出したところで、叡山の排撃を受けた栄西は、以後、密教僧或いは加持祈祷僧として鎌倉に受け入れられたわけであり、造寺・造塔の才能をもって京都で活動するものの、禅宗のみを専一に宣揚することはなかった。栄西にとっては、朝廷下に直属する権門となることが、王法仏法相依による禅宗宣揚の途であると考えたのであろう[8]。しかしながら、次第に天台と禅との軋轢はますます険悪となり、ことに嘉元二年（1304）後宇多上皇が東山に嘉元禅刹を開創して大応国師南浦紹明（1235～1308）を開山に迎えようとしたが、叡山衆徒の嗷訴によって中止のやむなきに至り[9]、康永四年（1345）、足利尊氏の起こした天竜寺造営の功がこの年に至って成り、天竜寺供養に光厳上皇臨幸の儀式もまた叡山僧の嗷訴にあって見合わせなければならなかった[10]。正中二年（1325）閏正月宮中で開かれた宗論はあたかもこれらの中間にあり、天台・禅の歴史的抗争の一端に他ならなかったのである。

　しかしながら、その後、新興宗教の内実の徹底化、純粋化、一層の飛躍的確立へ向けて、親鸞（1173～1128）や道元（1200～1253）、そして一遍（1239～1289）等の努力によって、禅浄諸宗の教化は関東や北陸へ、貴族や武士のみならず、百姓や白拍子にまで広く浸透していった。かくして中世の既成宗教としての顕密諸宗は文字通りまさに内憂外患が極まった状況

に置かれたのであった。新興宗教は顕密諸宗にとって自らの陣営の上の単
なる障害であるに留まらず、その堅塁の動揺、縷々継承されてきた伝統へ
の浸食を来す大きな脅威となって立ちはだかってきたのである。当然なが
ら、禅浄諸宗に対して抗争への感情が募ってくるのは必定である。爾後、
中世顕密諸宗側から禅浄諸宗へ向けられた言動論難反撃というものが幾度
か発動された。「正中の宗論」もそうした推移のなかで行われたことは論を
俟たない。

5　『野守鏡』に見る顕密仏教的立場からの禅批判

　『野守鏡』は、元来は上下二巻からなる歌論書・歌学書であって、永仁
三年（1295）に源有房が書いた著作である。とくに下巻では、詳細に渉っ
て顕密仏教的立場から、禅浄両宗に向けられた厳しい論難攻撃があって、
大いに注目すべきものがある。それは次のような批判から始まっている。[11]

　　いま愚學の禪定は、わづかに碩文のことばをきゝて、はやく得法の思
　　をなし、僻案の専修は、たゞ一稱の文をもて、たやすく往生の業をな
　　す。これ釋迦彌陀おなじく國をすて、家をいでゝ難行苦行したまひし
　　かども、禪念兩宗の人、さとりやすく行じやすきをたてゝ學をわづら
　　はしくせざるによりて人みなこれに歸して、顕密の法學する人も稀に
　　なれり。…いにしへの明徳は禪定といへども雪をつみ、霜をかさねて
　　座禪のゆかをしりぞかず。専修すとはいへども世をそむき、身をすてゝ
　　唱念のまことをいたし侍けれども、いまの愚學のともがら、速疾の文
　　をひき、權化の證をいひつゝ、凡身を權化にひとしくし、愚鈍を智徳
　　になずらへて、行學をやすくして人を懈怠ならしめ、みづからも懈怠
　　ならしむ。

　そして、とくに禅に対して十條に焦点を向けて論難している。第一は上
に見るように、その宗を専修念仏と同様に難行苦行を捨てて学理を忌避し
た易行愚学のものとしていることである。そして論鋒は主として、禅宗に
於ける「教外別伝、不立文字」等の問題、又禅宗と神祇の問題等を中心に
痛烈さを加えて行く。即ちその第二は、「あま（つ）さへ禪宗は教外別伝と

號して、諸教をないがしろにおもへるによりて。この宗さかりに流布して
より後。宋朝には八宗皆うせて侍るとかや。たとひ諸教にすぐれたりとい
ふとも。たかきはひきゝをもとひとし。實教は權教よりさとる義をおもふ
べきにて侍るを。末學のあやまりによりて。諸教のあだとなれり。別傳の
義をいはゞ密宗にすぐべからず。…また禪宗より諸宗にいふ所。その義お
なじからずといへども。さとる所はたゞ是心是佛是心作佛の義をはなれず。
これみな理の成佛を期するが故に即身成佛といふ。…しかあれば現身にあ
らはれて成佛すべき別傳は眞言にすぐべからず」と強調し、教外別傳の面
目は即身成仏を標榜する真言密教に於いてこそでなければならぬと真言密
教を顕揚する。第三には、「文字にかゝはらずとて。釋尊の教文をば信ぜず
して祖師の語録をば信ず。いかにゆゝしき祖師といふとも。佛の御ことば
にをよばぬ法をば。いかでか頌文にあらはすべきや。言語不可得の義はこ
とに眞言に談ずる所也。大日如来不可得の因果を攝して遮那の果德をあら
はし。不可得の言語をのべて毘盧の極理をしめす。しかあれば言語をはな
れずして言語をはなるといへども。いまの愚學の禪宗は、言語にかゝはら
ずといふことばにかゝはりて。やがて言語を絶するがゆへに。かへりて言
語をはなれず。これそのあやまりの三也」として禅宗の標識となっている
「不立文字」への是非論に及んでいる。次に第四には、「他宗を破するとき
は教文をもちゐず。自宗をたつる時は心外無別法ともいひ。唯有一乗法と
もいひて經文をひく所。すでに事と心とたがへり。これそのあやまりの四
也」と矛盾点を鋭く指摘している。第五は、「心すなはち佛なりといへども。
心みづからしらず。心みづからみず。もし心想おこれば無智となる。しら
ん事をおもひていたづらに座禪のゆかにねぶりて。妄想妄念をのみおこせ
り」と断じて、仏心宗の仏心しらず呼ばわりから座禅修行の効果論へ打っ
て出ている。第六には、再び重ねて、「自宗の心をもさとらず。他宗の義を
もきはめずして。たゞ別傳といふ名目ばかりをきゝて。諸經にすぐれたり
とおもへり」と難じ、第七に、「禪宗のともがらはみな我身佛なりとのみお
もへるゆへに。未得已證のとがをまねく」とその増上慢を叱責している。
第八は、「得法の人意樂の門にをもむきて酒肉五辛等を食せし事を例にひき
て。いまだいたらざるともがら是をはゞからず」と戒律問題に言及し、第

九には、「宋朝はしらず。我朝の禪宗の辭世の頌をきくに。大略平生の時これをつくりをきて。寂後につくりたるといへり。且は妄語なり。且は名聞也。出離のさまたげとなるべきにや」といって揶揄している。つまり臨終の際に辞世の頌を示して生死自在の心境を誇るものがいるが、たいていは平生に作っておいたものなのである。[12]最後の第十は、「さかひに入て風をとふは古賢のをしふるところ也。しかるを禪宗のともがら神國に入ながら死生をいまざるがゆへに。垂跡のちかひをうしなひて神威おとろへて其罸あらたならず。是につきていよいよはゞからざるがゆへに。鬼病つねにおこり風雨おさまらずして人民のわづらひをなす」と語り、禅宗が神国の風に馴染まず、本地垂迹の理にうとい非を糾弾している。そしてこれらの論難の中では、禅宗独自の特徴として標榜されているものは、むしろ顕密の宗旨にこそ、その真実なもの、本来的なものが存することを強調し、特に真言密教教義の優位性からそれが評価されている。このようにしてその論難の方法、構えは、浄土諸宗への場合も同様であるが、禅宗と顕密諸宗との対比的優劣論をもってしている。

これは顕密諸宗がその日本的展開の上に最も得意な又最大の提言としてきたいわゆる王法仏法相依の立場からの見直しである。そこには顕密諸宗がこれまで「鎮護国家・玉体安寧」を掲げて、国家、神祇、王道というものに如何によく順応し得てきたかの矜持が一層に荘厳されて、宇佐の御託宣と箱崎の宮の説を戒定慧の三学へ結びつけ、「我まさに戒定恵のちからを霊鏡として朝野の人をてらし。神劔としては隣國のかたきをはらはんといへり。此戒定恵の箱は顕密律義の箱なるべし。戒は律。定は顕。慧は密也」[13]とし、顕密諸宗の立場がまさしく神明の旨に順じ叶うものであると説かれる。しかるに禅宗にはこのような矜持があるかどうか、そこを突いて次のように言っている。「禪宗の諸國に流布する事は関東に建長寺をたてられしゆへ也。是まことに神慮にかなはざりけるやらん。建長。正嘉。正元うちつゞき人のやみうせ飢饉せし事おびたゞしかりし事ぞかし。是をもまたおもひとがむる人なかりしかば。文永に慧星いで。また箱崎宮やけしにも御詫宣のむねをさとる人なかりしほどに。異國の難きたり侍りき。それよりしていまにいたるまで。國のさはぎとなれり」。[14]このように天災飢

90

饉、そして外寇も、ここではそのまま禅宗出現のための神罰、罪禍である
とされている。禅宗教団の進出が如何に王法の衰亡を意味することか、そ
れは、「また後鳥羽院の御時建仁寺いできてのち王法をとろへ。かの寺禪院
の洛陽に立しはじめ也。聖徳太子の御記文に。建の字の年號の時。世中あ
らたまるべき由見えて侍り。かの御時建の字の年號のみおほかりしにあは
せて。まづ王法をとろへにき。すでに都鄙建の字の年號の時禪院みなたち
はじめて後より佛法するになれり。おそるべきはこの建の字。つゝしむべ
きはまた禪の法也」[15]と、悲憤慷慨の辞を以て難ぜられている。

6　貴族社会に見る頽廃的風潮

　宋朝の禅宗は、鎌倉末期より南北朝にかけて、ようやく京都を中心とし
て日本の国土に定着してゆくのだが、かつて宮廷の仏教の伝統を守って、
栄西や大日能忍率いる日本達摩宗の興行をはげしく弾圧した顕密諸宗は、
やはりその強行な反撃を緩めはしなかった。鎌倉新仏教のうちでも特に旧
仏教の地盤である皇室や上層知識人を新しい布教の対象とする臨済系の禅
の動向に、旧仏教としては、すこぶる黙し難いものがあったと思われる。[16]
政治的な問題を別とするならば、対立は禅が標榜する「教外別伝」や「不
立文字」の立場に対する誤解に起因している。誤解といっても、その責任
は、当時、禅を主張する人々の側にあったことも否定できない事実であっ
た。それは当時の禅宗が空見に堕する傾向にあったからである。上記の『野
守鏡』や、その翌年の永仁四年の成立と言われる『天狗草紙』によると、
すでに巷間に禅を売り物にする野狐禅の目に余るものがあったらしい。

　　　放下の禪師と號して、髪をそらずして、烏帽子をき、坐禪の床を忘て、
　　　南北のちまたに、佐々良すり、工夫の窓をいてゝ、東西の路に狂言す、
　　　…又髪を被、祖身にして禮度によらす、又蓬頭散帯たり、如此の輩、
　　　世にあらは、これすなはち魔果をたとみ、よて宋朝の亡國になりぬる
　　　事、ひとへに教法すたれて、禪門さかりなるゆへなり。[17]

　「放下」とは、元来は物欲を捨て、伝統的な固定観念を捨てた無所得で
自由な境地を指す禅語である。ところが、ややもすると無為徒食のふしだ
らな生き方を自在の境涯と混同されることがあったらしい。『天狗草紙』の

記事は、当時の禅者が得々としてそうした自由の生活を誇示したことを推せしめる。新来の禅宗がそうした形で社会に蔓延していたことは大いに注意してよい。蓬頭散帯の異様な外形が必ずしも本来の「放下」の生き方を表現しているとは限らない。要するに内実が伴わないのである。宋朝滅亡の主たる原因が、禅宗興隆によるものというのは、旧仏教にとってはいかにも恰好の論点である。新しい禅宗の流行が、人々に不吉な思いを誘ったであろうことは想像するに難くない。こうした頽廃的風潮は、貴族社会にあっても同様であった。それはつまるところ、宋朝文化の移植に起因するものであった。

　栄西の没後、彼の後継者たちは鎌倉と京都を中心に新仏教を拡大していったが、彼等はすべて葉上流の台密に属する人々であった。新しく宋朝禅を受容しながらも、いずれも生涯にわたって台密を捨てず、禅と密教を兼修した点で、まさしく栄西の禅を発展せしめた人々である。ところが、やがて鎌倉中期より末期に至ると、彼らとは異なる新しい二つの傾向が現われる。一つは道元を開祖とする曹洞宗の形成であり[18]、他は蘭渓道隆（1213〜1278）に始まる中国禅僧たちの連続的な渡来である。鎌倉幕府が蘭渓道隆のために建立した建長寺や、無学祖元（1226〜1286）のために創建した円覚寺は、まさしく宋朝禅の栄華を日本において再現したものであった。栄西門流の人々が宋朝禅の受容を密教によって推し量ったのに対して、帰化僧たちの禅は、大陸仏教そのものの本格的な発展であった。かくして、建長寺や円覚寺を中心とする宋朝禅の本格的な移植が始まったのだが、この傾向は、北条氏の滅亡とともに、鎌倉より京都に移り、南北朝の動乱を期として、ついに中世日本仏教の主流となってゆく。

　ところが、注目すべきは、こうした日本における宋朝禅の発展が、単に仏教内部の問題に留まらず、それが大陸文化の移植を伴ったことから、日本の貴族社会を中心として、宋朝風の趣味生活が広く行き渡り、独自な中世日本文化の形成に発展していったことである。一例を挙げると、かつて栄西が移入した修行僧の養生のための喫茶の風習が、次第に一般社会の関心を呼んで、新しい社交様式としての茶寄合の流行を生み、権力者の間に「バサラ」と呼ばれる贅沢な中国趣味を生んでいることである。後述する玄恵法印は花園天皇にはじめて宋学を講じた人として知られるが、彼はま

た足利尊氏や直義の帰依を受け、『太平記』の成立にも関係する当代一流の
文化人である。その玄恵は『喫茶往来』[19]を編纂し、当時の豪奢な茶会の
様子を描いている。この茶会の中心をなすのは、舶載された中国文化に寄
せる一途な憧憬である。当時彼らの間では、諸方の茶を飲み比べて、その
出所を当てる遊戯が流行していた。かつて栄西が伝えた喫茶の法と、それ
はきわめて異質であることは言うまでもない。更にまた、夢窓疎石（1275
～1351）の『夢中問答』第五十七段にも、次のような一節がある。

　　今時世間にけしからず茶をもてなさるるやからを見れば、養生の分に
　　もなるべからず、いはんや其の中に学のため道のためと思へる人ある
　　べからず。[20]

　当時の貴族社会における権力者たちの中国文化一辺倒の様子が十分に窺
えよう。また、こうした傾向は禅宗だけではない。当時やはり一世を風靡
していた宋学の立場も事情は同じであった。先に引用したように、『花園天
皇辰記』の元亨三年（1323）七月十九日の条によれば次のように記されて
いる。

　　およそ近日朝臣儒教をもつて身を立つ、もつともしかるべし、政道の
　　中興またここに因るか、しかるに上下合体して立てらるるところの道、
　　これ近代中絶のゆゑに、すべて実儀を知るものなく、ただ周易論孟大
　　学中庸によりて義を立て、口伝なきの間、面々に自己の風を立つ、こ
　　れによりてあるひは難謗（非難）あるか、しかれども大体においては、
　　あに疑胎（疑い危ぶむこと）あらんや、ただ近日の風体、学を理むる
　　ことをもつて先となし、礼儀に拘はらざるの間、すこぶる隠士放遊（俗
　　世を離れ、隠者のように遊興にふけること）の風あり、朝臣において
　　はしかるべからざるか、これはこれすなわち近日の弊なり、君子これ
　　を慎むべし、何ぞいはんや道の玄微（奥深く微妙なるところ）に至り
　　ては、いまだ尽くさざるものあるのみ、君子深くこれを知るべし。（括
　　弧内、引用者）

　「ただ周易論孟大学中庸によりて義を立つ」というのは、まさに新注学
の方法を意味する。幸いに大体においては「疑胎」がないとしても、禅林
の方便による提唱のほかには博士家にも正統の口伝がない時に易や四書の

自己流の解釈を推し進め、宋学の真髄をなす窮理尽性の道学も、魏晋時代に流行した老荘学風の無の哲学、即ち玄学による格義仏教と混同されがちであり、空理空談を弄んだ「清談」の輩を真似て「理学」を志す目的のためには、あえて礼儀には関与しない「隠士放遊の風」を衒う朝臣も少なくなく、宋学の極意たる「道の玄微」が見失われる傾向は十分にあったのである。このように花園天皇は、「宋朝の義」につき「面々に自己の風を立」て、せっかくの窮理尽性の道を隠逸脱俗の術と曲解し、竹林の七賢気取りの放縦を続けている「近日の弊」を指摘している。

　このように、禅に劣らず宋学もやはり貴族社会の権力者たちの間で強い関心を呼び起こしたのだが、ただ、ここでわからないのは、その宋学を舶載したのは禅僧であって、では禅林で学ばれた宋学とはいったい何だったのか、つまり禅林儒学とは何だったのか、ということである。朱熹自身、禅の非社会性・非倫理性を鋭く突いて排撃したはずであろう。だとすれば、宋学と思想を共有する禅とはそもそもどういうものなのだろうか。実際のところ、記録に残っているのを見ると、禅仏教の理解を『大学』が標榜する八条目や、『中庸』と重ね合わせて考えているものが散見される。例えば、『大学』が説く「明徳」を禅のいわゆる「父母未生以前本来の面目」、人々本具個々円成の仏性を示すものだと解釈したり、「本然の性」や「未発之中」を仏性と重ね合わせて理解したり、孟子の「浩然の気」を禅の見性の端的と同義に把握したりしている。21しかし「正中の宗論」で顕密諸宗と対決する宗峰妙超の禅と、それはどこが異なるのか？　宋学が説く「理」の強調が極めて思弁的であり、形而上学的であるとするなら、そうした形而上学的思弁的な色彩をもった禅学が一方で考えられなくてはならず、それが禅林儒学に於ける学問禅ということになろう。宗論に加わった玄恵はそういう意味では、禅と無関係ではない朱子学者であったはずである。それは教禅一致の禅であり、他方、天台僧であった玄恵の立場から見れば天台密教とつながった禅であり、天台本覚思想とひとつらなりの禅であった。要するに、天台僧であると同時に宋学の知識人である玄恵法印の学問的・知的背景にはこうした形而上学があったと推定される。そうした学問的立場からして、「教外別伝・不立文字」を標榜する、自分が理解していた形而上学的禅とは異なる禅が、黙止できない形で台頭してきて、論戦に挑んだの

であろう。玄恵の立場はまさに学問であり、それは言いかえれば言語表現と論理を中心とするものであった。叡山の立場もそうである。

7　玄恵法印について

では、宗論において中心となって対論した玄恵法印とは、どういう人物だったのか。『尺素往来』（乾巻）[22]に玄恵に関する記載がある。

> 先全経者、周易・尚書・毛詩・周礼・儀礼・礼記・春秋以下中庸・論語・孟子・大学・孝経・爾雅也、此外老子・荘子・列子・荀子・楊子・文中子・管子・淮南子、清中両家之儒伝師説候侍読歟、伝注及疏並正義者、前後漢晋唐博士所釈古来雖用之、近代独清軒玄恵法印、宋朝濂洛之義為正、開講席於朝庭以来、程朱二公之新釈可為肝心候也、次紀伝者、史記幷両漢書・三国史・晋書・唐書及十七代史等、南式菅江之数家被伝其説乎、是又当世付玄恵之議、資治通鑑・宋朝通鑑等人々伝受之、特北畠入道准后被得蘊奥云々〔横書きのため、返り点は省略〕

この一節はおよそ中世宋学を論ずる人々の必ず取り上げる史料であり、この有名な史料に基づき、玄恵を以て宋学の最も有力な首唱者とみるのが旧来の通説であった。また玄恵の宋学理解についてはこの『尺素往来』の記載以外に確実な史料はない。『太平記』には玄恵が「其比才学無双ノ聞ヘ有ケル」「大智広学ノ物知」であったことを特筆し（『参考太平記』巻一、無礼講附玄慧文談事。同巻十八、比叡山開闢事。）、また往来物の数々が玄恵の作に擬せられた関係上、玄恵の博学多才を信じ、その文壇や宗教界における多方面の活動を所伝のままに承認する向きも少なくない。当時の天台教学を代表するかの如くであった玄恵が、正中の宗論で大燈国師つまり宗峰妙超と対論して敗れ、直ちに宗峰の門に参じたことは周知のところである。

もう一つ、玄恵伝に関する信頼すべき史料のうち、その年次の最も古いものとして挙げられるのは、先に挙げた『花園天皇宸記』元応元年閏七月二二日条の「今夜資朝・公時ら御堂殿上局において論語を談ず、僧ら済々これに交じる、朕ひそかに立ちてこれを聞く、玄慧僧都の義、まことに達道か、自余もまたみな義勢に諧ひ、ことごとく理致に叶ふ」という記

載である。花園天皇は宋学に対しては禅ほどには関心を寄せず、また上に
引用した『宸記』の元亨二年七月二七日条に見える通り、「宋朝之義」に甘
心せられなかったのだが、ここでは天皇は『論語』の理解の秀逸さを以て
玄恵僧都を絶賛していることは特筆に値する。因みに、和島芳男によれば、
玄恵は天台僧として知られていて、比叡山に関係を有する僧であったに違
いないが、必ずしも山門の住侶ではなかったようで、つまり山門に特別の
地歩を占めた住侶ではなく、釈家官班記にいう「俗姓尋常之人、稽古修学
之輩」の一人であり、「依一途之寄被拝除者」であったろう、と指摘してい
る。[23]

　また、『太平記』に見えた玄恵関係の記事のうち、最も有名であるのは
上記の参考本巻一の「無礼講附玄慧文談事」と題する一章である。これは
日野資朝が土岐頼貞・多治見国長の勤王の志のほどを知らんがために無礼
講ということを始め、「男ハ烏帽子ヲ脱テ髻（たぶさ、もとどり）ヲ放チ、
法師ハ衣ヲ著ズシテ白衣ニナリ」、飲酒放遊の間に統幕の計を進めたが、「其
事トナク常ニ会交セバ、人ノ思ヒ咎ムル事モヤ有ントテ、事ヲ文談ニ寄ン
ガ為ニ、其比才学無双ノ聞ヘ有ケル玄慧法印ト云文者ヲ請ジテ、昌黎文集
ノ談義ヲ行ハセケル、彼法印謀叛ノ企テトハ夢ニモ知ズ、会合ノ日毎ニ其
席ニ臨テ、玄ヲ談ジ理ヲ披ク、（以下略）」という。[24]

　玄恵と禅宗との関係については、和島が詳細に渉って諸史料を吟味し、
大略次のように論じている。応永三十三年（1426）僧禅興が宗峰の行業を
記した『大燈国師行状』によれば宗峰は延慶元年（1307）恩師南浦（紹明）
の入寂後、京都に住まい、やがて紫野に法堂を建てた。これが後の大徳寺
である。そのころ洗心子玄恵法印は諸学者を語らって禅宗を破せんことを
奏請し、「禅宗に手段あるはいかに」と問難したが、宗峰が『孟子』万章章
句を引き、舜のごとき聖人も異母弟 象 の殺意を知りながらも喜色を示し、
かえってその異図を封殺するごとき手段を用いたことを示したので諸学者
はみな弟子の礼をとり、ことに玄恵は宗峰のもとに参禅し、私宅を寄進し
て大徳寺方丈としたという。『本朝高僧伝』の宗峰（妙超）伝は紫野小院の
建立を嘉暦三年（1328）、玄恵の参禅を例の宗論の後とする。辻善之助は
これによって『行状』所載の問答もまた正中宗論の一節であったろうと推
察しているが、和島によれば、正中の宗論は禅と八宗との対抗であり、『行

状』所載の問答は禅と儒教との対抗であるし、論議の内容もたがいに異なり、玄恵の資格にも天台僧と儒僧との相違があるので、両者を一連の論戦とみることは困難であると指摘している。しかも留意すべきは、正中の宗論ではあくまでも通翁が主僧であって、宗峰はその侍者に過ぎなかったが、『行状』は全編を通じてなぜか通翁には言及せず、問答の条でももっぱら宗峰を主役とし、玄恵の参禅・寄進をも宗峰の教化の功に帰している。これは『行状』の作者禅興が宗峰の弟子徹翁（義亨）の法流を受けた者であり、応永の末、大徳寺の衰運に際し、開山宗峰の盛業を追想しつつこの記を作ったからであろう（『行状』末段の禅興の識語参照）と推察している。[25]これらの史料のうち最も信頼すべきは『花園天皇宸記』の通翁入滅の記事のみである。それに『本朝高僧伝』『大燈国師行状』『大燈国師行業記』などの記載はまったく禅宗側のみの所伝であり、八宗もしくは儒家の側の傍証は今日なお未見に属する。[26]

8　玄恵法印の知的教養―天台本覚思想と宋学に通底するもの

　すでに述べたように、玄恵は一方では天台僧であると同時に、他方宋学の教養をも併せ持つ当時一流の文化人であった。このことから推察できることは、いわゆる天台本覚思想と宋学に通底する深淵な哲理、すなわち「体用の論理」に彼は通暁していたであろうということである。

　ところで、宋学に見られる理一元論的な発想、つまり超越的一たる理は、万事万物それぞれに分有され、それぞれの理となる時には、それぞれ特殊なあり方として己を顕してくるという「理一分殊」論の発想は、また中国の宋の時代に「看話禅」とともに一世を風靡した華厳教学の「理事無礙・事事無礙」の考え方に通底するものであり、それは言葉を換えて言えば「体・用」の論理、すなわち〈内在的超越〉の論理に他ならない。「体・用」というのは、例えば朱熹が『中庸章句』第一章に「大本ナル者ハ道ノ体ナリ、達道ナル者ハ道ノ用ナリ」と述べ、また『朱子語類』巻一の第一條に「陰陽ニ在ツテ言ヘバ、用、陽ニアリ、体、陰ニアリ、然カモ動静無端、陰陽無始、先後ヲ分カツ可カラズ」と述べ、その他、忠は体、恕は用、あるいは性は体、情は用などと言われるところのものである。[27]しかしこの体・用の概念は『大乗起信論』をはじめ、元来仏教でよく使われたもので

ある。この観念そのものは遡れば僧肇（374〜414）の『肇論』が説く「寂」
と「用」に行き着くが、因みに湯用彤は「魏晋より南北朝を通じて、中国
の学界には異説繁興、争論雑出し、表面上複雑をきわめたが、要するにそ
の争うところは体用観念を離れなかった」[28]という。馬鳴造、真諦訳とさ
れる『大乗起信論』は 5、6 世紀に成立し、サンスクリット原本がないこ
とから中国撰述説もある大乗仏教の哲学論書だが、いわゆる如来蔵思想を
「真如随縁」というかたちで捉え、その体・用の関係を水と波の比喩で説
明する。すなわち体用とは因果に対していう言葉であり、水波の比喩で説
明すれば、因果の関係が風と波との関係であるのに対し、体用の関係は水
と波との関係をいう。体とは根本的なもの、自体的なもの、用とは派生的
なもの、その働きを意味し、本体とその作用、実体とその現象の関係をい
う。因果の関係はいわゆる因果別体、つまり因と果は風と波のように互い
に別個のものであるのに対し、体用の関係は殆ど「体用一致」とか「体即
用、用即体」と論じられるのが特徴である。水と波とが別物ではないよう
に、体と用とは不可分の関係にある。しかしながら水が大波小波いかよう
の波の姿をとろうとも、水そのもの、即ち水の本体（湿）は常にすべての
波の形状を超えて、水そのものの自己同一性を保持している。更に敷衍し
て言えば、水（体）はあらゆるものを濡らす働き（用）がある。濡らすと
いう働きを離れて水はありえない。しかし水の自性に即して見れば、水は
あらゆるものを濡らしながら、水そのものは濡らさないという仕方で水の
水としての自己同一性が維持されているのであり、まさに自らを濡らさな
い水であればこそ、すべてのものを濡らす水でありえているのである。こ
のように体はあらゆる用を一貫する「統一的原理」として自己同一性を堅
持しており、体は用と「非一非異」の関係にあって、本体としてはどこま
でも超越を保っているのである。したがって超越といっても水が波を離れ
ないように、外在的超越ではなく、どこまでも内在的な超越なのである。
それ自身超越的なものがその本体的な自己同一性を保ちながら、さまざま
な用（働き）として自己内発的に展開していき、あらゆる現象のなかに内
在するのである。体用の論理が「内在的超越」であると言ったのはこのこ
とである。こうした本体的一元論こそ天台本覚思想の根幹にある考えであ
り、「草木国土悉皆成仏」「一切衆生悉有仏性」はその表現に他ならない。
因みに、道元は叡山修学六年の間に大蔵経を閲読すること二回、ただひた

すら天台教学の研鑽に励んだのだが、彼は参学中に大きな疑団にぶつかった。彼は言う、「住山六季ノ間ニ。一切経ヲ看シ給事。二遍也、宗家ノ大事。法門ノ大綱。本来本法性。天然目性身。此理ヲ顕密ノ。両宗ニテモ。不落居。大イニ疑滞。アリ…」（『建撕記』）と。「宗家ノ大事。法門ノ大綱。本来本法性。天然自性身」とは言うまでもなく天台本覚思想を指している。敷衍して言えば、「本覚」という語が「始覚」「不覚」「究竟覚」という語とともに初出するのは、他ならぬ『大乗起信論』であり、この論著はおよそ大乗仏教思想の根幹をコンパクトに表明したものとして、その広範囲に渉る影響力は測り知れない。

　ところでこうした本体的一元論がもつ体用の観念が仏教に由来するものか、それとも儒教に元来あった考え方なのかは明確に限定できないようで、島田虔次によると、絶対他者たる超越的人格神が無から世界を創造した、というキリスト教のいわば因果説（神が因で世界が果）に対して、そのような外在的超越神もしくは創造者としての神の考えを持たない中国的思弁の発想は、仏教であれ、朱子学であれ、潜在的には体用論理以外ではありえなかった。[29]体用の論理が超越的本体の内在的具有性を強調するものである以上、当然のことながら、「本来性」への志向性が濃厚となる。同じく「本来性」への回帰を主張するにせよ、空に立脚する禅より見れば、理に固執し、「本然の性」への復帰を提唱するする朱子学の「本来主義」は、いわば心の自由を失ったもの、分別界裏に堕したものということになるであろうし、逆に朱子学より見れば、「衆生本来仏なり」と説く禅の「本来主義」は、いわば空疎な悟りの境地に酔いしれるだけものということになるであろう。しかし、「体は自心の清浄な本源である。用は自心の変化する妙用である」（『大慧法語』）とあるように、禅では本源と妙用とが、自心において緊密に掌握されるのであって、理の形而上学から脱却して具体的な行動原理に転用される時、なまの日常性の中に悟りの拠点を求める禅が誕生してきたのである。

　さらに言えば、禅が仏教教学の体用論理をかなぐり捨て、具体的な生活実践の場における体用体験を次から次へと繰り出す時、中国の思想界はみるみるうちにそちらの方向へとなびき寄せられていった。文人・詩人・芸

術家から、はては実務に携わる官僚知識人に至るまで、己が究極的在所を禅に求めずにはいられなかったのである。

　かくして体用論は、荒木見悟によると、もはや禅仏教の占有物ではなくて、人間一般のものであり、体用体験は、中国人固有のものとして定着したのである。禅を排撃した朱熹でさえ、「体と用とを区別するのは、本来道理に備わっていることで、仏教だけの術語ではない」（『朱子文集』巻五十四）と言い切っている。この頃すでに体用論理が、人間存在の一般的原則として通用していたのであり、このことは確かに禅の影響力の大きなことを思わせるのであるが、しかしそこから逆に、禅とは異種類の体用体験が唱えられる可能性も生まれて来たわけであって、その最も有力なものが儒教的体用体験、具体的に言えば朱子学に他ならなかった。[30]

　ただ、朱熹が、その形而上学を形成するにあたり、最も慎重に配慮したことの一つは、「明明徳」すなわち心体の確立の不可欠なことは認めつつも、それが禅仏教の方向に巻き込まれないようにすることであった。なぜなら、彼は、禅がもつ吸引力を知り尽くすとともに、そこに待ち構えている陥穽を警戒したからである。その陥穽とは何か。禅は確かに人間を洒脱・超俗・自由へと導くが、しかし禅者がひとたび歴史的現実に足を踏み入れた途端、彼らの機鋒的行動は、現実の諸問題を適切に処理して社会的公共性に奉仕する能力を、殆どまったく持ち合わせていないのである。実社会の常識に乏しく、社会の実践倫理的規範にも昏く、それどころか場合に依れば粗暴で滑稽でさえある振舞いを見せる始末である。

　禅者が洒脱にして軽妙自在、活撥撥地に躍動することはもとより結構なことだが、しかし、用の場において、社会的現実の実態に即応した適切な判断や行動が生まれないとなると、彼らが矜持とする「覚」そのものの在り方にどこか誤りがあるのではないか。見性さえしていれば快刀乱麻を断つような超能力が獲得できるといった倨傲をもっているのではないか。朱熹は禅の説く体用論、すなわちその本来主義が完全に間違っていることに気付く。

　人は、家族・村落・民族・国家の成員として、そこに存する風俗・習性・制度・価値観などを顧慮しつつ生き行くものである。顕密体制もしかり、呪術、加持祈祷などによって鎮護国家、玉体安寧を祈願することもしかり。そこには当然、それら日常茶飯の現実界を支配する条理や規範を探求する

手立てが講ぜられるべきである。これこそ個人的な「私意」を抑えて万人に普遍的な「公共」に配慮するということであり、そこに真に社会的現実に密着した用が生まれて来る。

その恰好な用を保証するものは何であるか。朱熹によれば、それは主体と客体とを貫通する条理であり規範である。しかもこの理は、超越的なものでありつつ、各々の主体に絶対命法的にその実行を要請する万古不易の規範として、「天理」と呼ばれる。人は天理を畏敬し、天理に随順しなければならない。天理を無視し、天理に刃向う時、人は悪へと転落し、畜生と変わらぬものとなる。こうして禅の悟りに代わって、天理が人間存在を規定する主役として登場したのである。禅の「覚体」は空であり、絶対無であって、或いはせいぜい真空妙有なるものであった。しかし今や朱子学では、社会的現実に適切な仕方で発揮される用を保証する心体は、先験的に天理を具用するとされ、この体あってこそ、用も正しく運営されるとするのである。それは理を心棒とする体用一致論というべきであろう。つまり、理に貫かれてこそ、真の体用論となる。[31]

かくして、体用論は宋代以降のあらゆる思想の共通根として存在したということ、これを無視してこの時代の思想を語ることは不可能である。

9　宗峰妙超の禅―再び正中の宗論へ―

さて、天台本覚論に通暁しながら、宋学の教養をも併せもっていた当代随一の文化人、玄恵法印は、形而上学的体用論理と日常具体的な体用体験の〈はざま〉に在って、日夜悶々としながら、その脱出口を模索していたのではなかったであろうか。そうした玄恵がようやく時を得て「正中の宗論」に挑んだのであろう。

先述したように、宗論は、正中二年閏正月二十一日より七日間にわたって、宮中清涼殿で行われ、まず両者それぞれに一問一答の対決が約束された。

玄恵云く、「教外別伝の禅とは如何」。

宗峰が答えた、「八角の磨盤、空裏を走る」。[32]

宗峰のこの言葉は、玄恵の「教外別伝の禅」についての〈問い〉に対する〈返答〉ではない。誰が見ても分かるように、それは〈答え〉にはなって

いない。「八角の磨盤、空裏を走る」という言葉を発することによって、そうした〈問い〉そのものを跳ね返したのである。電光石火、そこに立ちこめた凛とした空気の中で大燈の裂帛の如き一声がもつその気迫に、玄恵は圧倒されてしまったに相違ない。やがて、次の僧が一つの箱を捧げて出た。

　宗峰云く、「これ何ものぞ」。

　僧云く、「乾坤の箱」。

宗峰は竹箆（禅宗で、師家が指導に使う竹棒）をもって箱を打った。

「乾坤打破のとき如何」。

僧は黙して退いた。玄恵は敗北を認めた。敗北を認めたのは、宗峰の返答と行動が突拍子もないものであり、まったくその意を理解できず、とても太刀打ちできるものではないと諦めたことによるのだろうか。否、そうではなかろう。この問答における宗峰の鬼気迫る気迫と気合のうちに、宗峰自身の〈人〉が発出し、深淵なる仏法のリアリティがたちどころに顕現していることを玄恵ははっきりと看守したに相違ない。彼はこれこそ禅だと、そう納得したのである。

　ところで、次に僧は、何を思って一つの箱を捧げたのか？　その箱で、その僧は何をしようとしたのか。不立文字でもって、宗峰が「箱」をどのように説明するのかを確かめようとしたのか？　その意図はどこにあったのか。注意したいことは、僧の質問が出ぬうちに、すばやく宗峰からその僧に質問を投げかけ、その僧の力量を試したことである。その僧は宗峰の質問に足を掬われてしまい、まんまと大燈のしかけた罠に引っかかってしまい、僧の方から説明してしまったのである、「乾坤の箱」と。万事休すである。僧がそう答えるが早いか、宗峰はすかさず「乾坤打破のとき如何」と問い返す。僧は引き下がらざるを得なかった。

　ここで少なくとも言えることは、この僧も禅の世界における商量を幾分かは心得ていたであろう、ということである。この問答で想起されるのは、潙山の「趯倒浄瓶」（『無門関』第四十）の話である。恐らくこの僧もこの話を知っていたに相違ない。

　　潙山和尚、始め百丈の会中に在って典座に充たる。百丈将に大潙の主人を選ばんとす。乃ち請じて首座と同じく衆に対して下語せしめ、出格の者往く可しと。百丈遂に浄瓶を拈じて、地上に置いて問を設けて云く、「喚んで浄瓶と作すことを得ず、汝喚んで甚麼とか作さん」。

102

首座乃ち云く、「喚んで木とつ（木へんに突）と作すべからず」。百丈却って山に問う。山乃ち浄瓶を蹍倒して去る。百丈笑って云く、「第一座、山子に輸却せらる」と。因って之に命じて開山と為す。[33]

百丈が浄瓶を地上に置いて問うた、「これを浄瓶と呼んではいけないとしたら、さあお前たちはこれを何と呼ぶか」と。すると首座が「棒切れと呼ぶこともできますまい」と答えた。百丈がつぎに潙山に問うと、潙山は何も言わず、浄瓶を蹴飛ばして出て行った。百丈は笑って、「第一の首座は潙山に負かされた」と言った。百丈は彼を大潙山の開山としたのである。要するに、言詮以前の消息は言詮以前で答えるしかないのである。思うに、この僧は、箱を捧げたときに、すかさず「喚んで箱と作すことを得ず、汝喚んで甚麼とか作さん」と、自分から宗峰に向かって問い質すべきであった。敏感にそれを察知した宗峰は、問われる前にすばやくその問いを僧から奪い取ったのである。まさに、この宗論における宗峰の応答の中に、「教外別伝・不立文字」が見事なまでに発揮されている。

当時、こうした禅問答の気合いは、京洛の知識人たちをはなはだ喜ばせたらしい。学問好きの花園天皇もそのうちの一人で、この正中の宗論における大燈の堂々たる所業が天皇をますます気に入らせた。花園天皇は、顕密仏教体制の真只中にありながら、禅にいたく関心を寄せ、とくに『碧巌録』を愛読し、宋朝の「看話禅」に見るいわば密教臭のまったくない純粋禅への憧憬を常に持っていた。そうした禅を体現していた宗峰妙超に天皇は心酔したのである。宗論が行われた同年二月二十九日、天皇は大納言俊光を遣わして院宣を賜い大徳寺を勅願道場とし、次いで寺領を寄進している。[34]

では、大燈国師、宗峰妙超の禅はどういうものであったか。建武二年（一三三五）に門下に垂誡した『大燈国師遺誡』には、次のような句がある。「只須く十二時中無理会の処に向かって、窮め来り究め去るべし」、「専一に己事を究明する者は、老僧と日日相見、報恩底の人なり」。十二時中窮め来り究め去るべき「無理会の処」とは、目立たない仕方で端的に現前している「親密なる直接性」であり、判断以前、反省以前の最もリアルで直接的な現前である。しかるに、つねにソレは覆蔵されているがゆえに「無理会の処」なのである。宗峰はソコに向かって「窮め来り究め去るべし」と強調するのだが、「向かう」とはそれを目標として対象的に外に立てて向か

っていくことではない。「向」とは、方向性を意味するとともに、「〜に於いて、〜の処に」という助字でもあるのだ。つまりそれは自己がそこに「於いて在る場所」を意味する。従って「無理会の処に向かって」とは、つねに「無理会の処に於いて在る」ということでもある。従って、ソコに向かって「窮め来り究め去る」とは、「無理会の処」をどこまでも「無理会の処」として、つまり対して対さざる仕方で保任してゆくということである。実社会にあって日常生活を営みながら、決して本分の悟りの境涯を失わず、逆に悟りの絶対境に独り恍惚として浸ってしまうのではなく、そこをも忘じつくして世俗の世界を自在に生きることが肝要なのであって、かといって、世俗に埋没してしまうこともない。これこそ宗峰が強調した具体的な体用体験に他ならない。

　宗論以後の玄恵法印は大燈国師と「日々相見、報恩底の人」となったであろうことは想像するに難くはない。

★本稿の８節および９節は、拙稿「八角の磨盤、空裏を走る―大燈国師と玄慧法印」（『関西大学　文學論集』第 64 巻第 2 号所収、関西大学文学部編　2014 年）と重複していることをお断りしておきたい。

（関西大学）

1　『本朝高僧傳』巻二十四「京兆南禪寺查沙門鏡圓傳」。

2　辻善之助『日本仏教史之研究』第一巻（岩波書店、1983 年）248 頁。

3　『花園天皇宸記』は花園天皇の 1310 年〜1332 年（延喜 3〜元弘 2）までの自筆日記。『増補史料大成』所収。なお、本稿における『宸記』の内容については、和島芳男『中世の儒学』（吉川弘文館、1965 年）および同『日本宋学史の研究　増補版』（吉川弘文館、1988 年）から多くの示唆を得た。

4　荒木見悟編『日本の禅語録三　大応』（講談社、1978 年）407 頁参照。

5　原文は次の通り。「佛書初入中國曰經曰律曰論無所謂語録也達磨西來自稱教外別傳直指心印數傳以後其徒曰衆而語録與焉支離鄙俚之言奉爲鴻寶併佛所説之經典亦束之高閣矣甚者訶佛罵祖略無忌憚而世之言佛者反尊尚之以爲勝於教律僧甚矣人之好怪也」（錢大昕『十駕齋養新録』巻十八「語録」の条〔関西大学・泊園文庫所蔵、全六冊ノ五〕）。

6　花園天皇 在位 1308.8.26〜1318.2.26。持明院統の伏見天皇の第四皇子伏見天皇の

皇子。在位 10 年で大覚寺統の後醍醐天皇に譲位。著書『誡太子書』『学道の御記』のほか、勅撰和歌集『風雅集』の撰者。建武二年（1335 年）に出家。自らの離宮萩原殿を寺とすることを発願し、参禅の師宗峰妙超の高弟関山慧玄を開山に迎えて妙心寺を草創した。

7　永原慶二監修・貴志正造訳注『新版全譯　吾妻鏡』（新人物往来社、2011 年）第二巻及び第三巻。

　また、稲葉伸道氏（名古屋大学文学研究科教授）による平成の新発見として注目されるのは、真福寺大須文庫中に栄西の自筆書状の一群と、これまで知られていなかった著作聖教が伝来されていたことである。密教の法身説に立脚し、無相・無名を問答形式で説いた密教入門書と見なされる『無名集』や『隠語集』、そして栄西新出の著作として『改偏教主決・教時義勘文、重修教主決』（いずれも大須観音宝生院蔵）がある。これは九州で執筆された真言教主論に関する論争の書であり、在地の僧が唱える自受用身説法説に対して、栄西は一貫して自性身説法説を主張している。栄西の密教思想の形成や、当地での動向を探る手がかりとなる重要文献である。名古屋市博物館・真福寺大須文庫調査研究会編『大須観音展——いま開かれる、奇跡の文庫』（大須観音宝生院、2012 年）172～181 頁参照。

8　竹貫元勝『日本禅宗史』（大蔵出版、1989 年）14 頁、17 頁。

9　辻善之助『日本佛教史之研究』（前掲書）244 頁。

10　同書、253 頁。

11　『野守鏡』からの引用は、塙保己一編『群書類従』第二十七輯（續群書類従完成會、1960 年）503～506 頁に依拠する。

12　柳田聖山の指摘によれば、臨終の問題は『徒然草』の第百四十三段に「人の終焉の有様のいみじかりし事など、人の語るを聞くに、ただ閑にして乱れずといはば心にくかるべきを、愚かなる人はあやしく異なる相を語りつけ、いひし言葉もふるまひも、己が好む方にほめなすこそ、その人の日来の本意にもあらずやと覚ゆれ」とあり、この一段は、『吾妻鏡』第五十一、弘長三年十一月二十二日の条に、三十七歳の最明寺入道北条時頼が、「業鏡高懸　三十七年。一槌打砕　大道坦然」の一頌を遺して、動揺の気もなく終焉したという記事を想起せしめると言う。この偈は、北条時頼より十五年前に亡くなった中国の笑翁妙堪の遺偈のイミテーションであるようである。ただ、ここで留意すべきは、禅者の死を、何か普通人のそれとは一線を画した特別のものとする考え方の発生であろう。無住の『沙石集』は、その巻十に、「臨終目出キ人々ノ事」の一段を設けて、栄西、法心、蘭渓、聖一、院豪等のすぐれた辞世、あるいは入寂の不思議を伝えている。し

かし、禅宗が一般社会に広まるにつれて、宋朝の禅僧と同格の辞世を求めること
は無理が生まれる。鎌倉末より南北朝に至る頃は、まさしくそうした時代であっ
た。（柳田聖山『臨済の家風』（筑摩書房、1970 年）106～107 頁参照）。

　また、こうした傾向はじつは禅者だけに限らず、宋学者も同じような臨終を迎
えている。例えば、『公卿補任』を見ると、日野資朝について「六月二日於佐渡
国配所斬首」と記載があるが、資朝は宋学者らしく、辞世としての次のような終
偈を子どもに遺した。「四大本無主　五蘊本来空　將頭傾白刃　但如鑽夏風」。こ
れは『増鏡』の記述によるものだが、この終偈、じつは次の詩とあまりにもよく
似ているのである。「四大元無主　五蘊悉皆空　兩國生靈苦　今日斬秋風」この
詩は後宇多天皇の建治元年に蒙古の使者を竜口で斬ったとき、そのうちのひとり
何文着が遺した詩である。使者たち五人は従容として死につき、その姿は鎌倉武
士たちに感銘を与えたらしい（村松剛『帝王後醍醐―「中世」の光と影―』（中
公文庫、1981 年）210～213 頁参照）。

13　『野守鏡』（前掲書）508 頁。
14　同書、509 頁。
15　同書、同頁。
16　たとえば柳田聖山は、無象静照（むしょうじょうしょう）の『行状記』や、東巖恵安（とうがんえあん）の『行実』、お
　　よび『太平記』第二十四の「天龍寺建立ノ事」以下の数段、巻第四十の「南禅
　　寺ト三井寺ト確執ノ事」などに、その一端をうかがうことができる、と指摘し
　　ている（柳田聖山『臨済の家風』（前掲書）102 頁参照）。
17　辻善之助『日本仏教史』第三巻（岩波書店、1960 年）387～388 頁。
18　因みに、特に注目しておきたいのは、栄西と異なる正法仏法を標榜した道元の
　　教団が、次第に顕密体制の状況下に密教と結びついてゆく方向をたどったこと
　　である。日本曹洞宗総持寺開山となった瑩山紹瑾（1268～1325）は、純粋禅を
　　標榜していた道元とは異なり、結局は曹洞禅と密教との融合を進めて加持祈祷
　　的要素を強めて行った。在地の神祇や陰陽道の神々を護法神・伽藍神として寺
　　域内に勧請することによって、本地垂迹思想に妥協するようになっていった
　　である。その経緯の詳細については、鈴木泰山『禅宗の地方発展』（吉川弘文
　　館、1983 年（初刊、畝傍書房、1942 年））を参照されたい。
19　石川松太郎監修『往来物大系』十二「古往来」（大空社、1992 年）〔左金吾筆
　　（明暦 2 年）1656 年 3 月書〕。なお、『喫茶往来』は室町時代初期の操作で作
　　者不明。喫茶の会宴の室飾りと遊ების次第と茶の批判の基準を主要内容とする。
　　6 月状と 5 月状の 2 双 4 通からなり、消息文体をとってはいるが、読本用でも手

本用でもない。教材内容の伝達を主眼に編纂されたものである。

[20] 川瀬一馬校注・現代語訳『夢中間答集』（講談社文庫、2000 年）165 頁。

[21] 詳細は、芳賀幸四郎『中世禅林の学問および文学に関する研究』第二章「宋学の伝来及び興隆と禅僧社会」（芳賀幸四郎歴史論集Ⅲ）（思文閣出版、1981 年）43 頁〜158 頁を参照されたい。

[22] 石川松太郎監修『往来物大系』六「古往来」（大空社、1996 年）〔武藤氏筆・石田治兵衛（京都）梓、寛文 8 年（1668）7 月刊〕。なお、『尺素往来』は、室町時代中期の永享 12 年（1440）から寛正 5 年(1464)に至る 25 年間に創作されたと推測される往来。撰者は一条兼良と伝えられるが確証はない。内容は、『新札往来』を大幅に増補したもので、全編 1 通の新年状の形式をとって、その間に 68 条目に及ぶ単語・短句を配列してある。

[23] 和島芳男『日本宋学史の研究　増補版』（前掲書）157〜158 頁参照。

[24] 同書、158 頁。

[25] 同書、136 頁。

[26] 同書、137 頁。

[27] 島田虔次「体用の歴史に寄せて」、同著『中国思想史の研究』（京都大学学術出版会、2002 年）302 頁参照。

[28] 湯用彤撰『漢魏兩晉南北朝佛教史』上冊（中華書局出版、1955 年）333 頁。

[29] 島田虔次『朱子学と陽明学』（岩波新書、1985 年）5 頁。

[30] 荒木見悟編『日本の禅語録三　大応』（前掲書）28 頁参照。

[31] 同書、29〜30 頁参照。

[32] 『碧巌録』第四十七則「雲門六不収」の本則にある。宋代の圜悟克勤（1063〜1135）の言葉。或いは宋初の楊億（964〜1020）の句〔平野宗浄編『日本の禅語録六　大燈』（講談社、1978 年）78 頁参照〕。なお、『新版　禅学大辞典』（大修館書店、1985 年）によると、「とりつきどころのない自在のはたらきのたとえ。磨盤は石臼。八角の石臼が空中に走るとは、思慮分別を超えた境地、言詮を超えた消息のたとえ。「一氣潛回、八角磨盤空裏走」（『虚堂録』三）」。

[33] 平田高士『禅の語録 18　無門関』（筑摩書房、1969 年）142〜143 頁。

[34] 辻善之助『日本佛教史之研究』第一巻（前掲書）247〜251 頁参照。

ルイス・フロイスの宗教観

―スペイン王立歴史学学士院の史料を中心に―

滝澤　修身

序論

　周知の如くポルトガル系イエズス会宣教師ルイス・フロイスは、日本布教において最も卓越した司祭の一人であった。主に、京都、長崎を始めとする西九州で布教活動に従事した。彼は 1561 年にゴアにて司祭に叙階されるが、この頃からイエズス会の名簿に「あらゆる文筆の仕事に長ず」とあるように、彼の非凡な文才は高く評価されていた。30 年にも及ぶ日本滞在での経験と豊富な知識、卓越した観察力、非凡な文筆の才能をもとに、『日本年報』を始めとするおびただしい分量の報告書をヨーロッパに書き送った。[1]スペイン王立歴史学学士院には、『日欧文化比較』("Tratados sobre la Diferencias entre Japón y Europa (1585)" (R.A.H. 9-7236, ff. 247-287)) をはじめとする歴史学的に興味深いルイス・フロイスの数々の手稿が保存されている。

　本稿では、同学士院に保管される彼の手稿をもとに、ルイス・フロイスの宗教観を分析してみたい。フロイスの長編の報告書『日本史』には総論と呼ばれる章が存在し、その中で日本の宗教を詳しく取り扱っていたようであるが、残念ながらこの総論の部分は消失し、我々が現在目にすることはできない。このためか、現在までフロイスの宗教観を本格的に分析した研究は少ないのが現状である。フロイスの宗教観とは言っても壮大なものなので本稿で取り上げることは到底不可能であると思われる。そこで今回は、主にスペイン王立歴史学学士院の史料に対象を絞り込みたい。

　同学士院のイエズス会部門に、Mss. 9−2663 というスペイン語の手稿

ルイス・フロイスの宗教観

が保管されている。この手稿には、フロイスの日本の宗教に関する報告が
なされている。この手稿のポルトガル語からの邦語訳は、松田毅一編『16・
17世紀イエズス会日本報告集』III-4でなされているが、スペイン語から
の邦語訳は未だなされていない。ポルトガル語の原典とスペイン語の原典
では、内容が若干異なっている。また、スペイン語の史料には、ポルトガ
ル語にはない記述もみられる。そこで、スペイン語による邦語訳も大切な
作業となるであろう。筆者は、この手稿をもとに、フロイスの観察した仏
教の諸事（教義、寺院、仏教僧の布教、仏教書、仏教僧、宗派、仏教徒の
偶像崇拝、密教など）を整理し、若干のコメントを施すことにする。

1 仏教（仏陀とその教え）

まず、最初に分析しなければならないのはルイス・フロイスが未知の地
日本にやって来て初めて触れた日本人の宗教をどうのように認識していた
のかという問題である。彼の1565年2月20日付けの「シナおよびインド
のイエズス会の司祭および修道士への書簡」には次のように記されている。
「日本人は、世界の創造主と救世主の記憶、霊魂の不滅性、神（デウス）
の栄光、永遠の幸福を完全に忘れ去ってしまっている。….彼らにとっての
重要人物は阿弥陀と釈迦である」。[2]
ルイス・フロイスは、彼の前任者のイエズス会士を通して当然知ってい
たであろうが、彼は、阿弥陀と釈迦の崇拝を中心とする仏教を信奉してい
ることを認識していた。一方、Mss.9-2663の1583年2月13日付けの書
簡には、次のような言及がみられる。

> イザナミとイザナギは我々で言うところのアダムとエヴァのような存
> 在であり、最初の男性と女性であった。この二人が天にいた時、この
> 下界は地と水の区別はなく未だ混沌としていた。イザナミとイザナギ
> は三又の槍を使って、天から海と陸を分けた。[3]…

この文章は、日本の建国神話の一部である。フロイスは、仏教の阿弥陀
と釈迦の他に、日本人の神道におけるイザナミと彼の妻イザナギの存在も
認識していたことになる。ルイス・フロイスが日本の神仏習合を正確に理

解していたのかには疑問が残るが、彼は、日本の宗教は仏教と神道の混合宗教であったことを認識していた可能性がある。

　続いてのルイス・フロイスの疑問は、仏陀の教えが実際にどのように民衆に受け入れられていたのかという点であった。彼はこの点を、一婦人の葬式を通して観察している。Mss.9-2663 のフロイスの 1571 年 5 月 15 日付「ゴアの学院長への書簡」には、

　　　我々の修道院(nuestra casa)の近くのここで、2 か月前、一人の異教徒の婦人が亡くなった。15 日間、夜、昼となく、彼女の家の部屋には僧侶たちが留まり、一日中、釈迦のお経を唱え、ご馳走を食べた。これは、貧しい人々が出費したものであり、僧侶たちの収入と生活費になるのであった。貧しい人々は、僧侶にご馳走するために、家にある物を売ったり、質に入れたりしたのであった。更に、彼らの位に従って、僧侶一人ひとりにお布施をした。僧侶たちは、この 15 日間、死人の家に入りびたりで、法華宗の経典を写経した。これらは、釈迦の重要な経典で、畏敬の念をもって崇め奉られていた。それは、我々の聖書のようなものであった。これらの写経は、死人が埋葬される時、そのお墓の中に納められるものであった。[4]

キリスト教の教えで最も大切なことは、十戒の第一にある「すべてを超えて神を愛せよ」である。キリスト教徒は、唯一の神を崇拝することから始めなければならない。ルイス・フロイスは、自著『日本史』の中で、イエズス会宣教師たちが日本の最も初期の時代から用いてきた布教方法を要約しているが、そのなかでも日本人に宣教を行うに当たって最初になしたことは、創造主ディオスの存在を説くことであった。

　　1　創造主であるディオスの存在。霊魂は不滅である。人間は救われる。仏教諸宗派の解説とその誤りの論破。

　　2　時間の順序に従って、信仰の奥義を説明する。

　　3　十戒、キリスト教徒の掟など、洗礼を施す前の説教。[5]

　ルイス・フロイスもこの構図に従って、まず創造主ディオスの存在を日本人に諭すことから始めたのであった。マドリッド王宮図書館に保管されるフロイスの 1587 年 10 月 17 日付けの「アレハンドロ・ヴァイニャーノ

あての書簡」には次のように記されている。

　　説教とカテキズムの説明を続け、17名の貴人の婦人たちに洗礼を施し
　　た。彼女たちのなかに「神」と「仏」を大変崇拝する一人の女性がい
　　た。洗礼を受ける時になって、キリスト教徒になるのは嫌だと言って、
　　夫（キリスト教徒）の家を出て行ってしまった。しかし、翌日、洗礼
　　を受けた婦人たちがミサを聴きに行くとき、その婦人はマントを被っ
　　て他の婦人たちのなかに混じった。一人の神父が神から受けた恩恵に
　　ついて一時間ほど説教すると、彼女はふっと我に返り、神父たちがミ
　　サを捧げるのを見て大変感動した。そして、すぐに洗礼を受けたいと
　　強く言い出した。神父たちは、彼女と再びやって来た婦人たちにもう
　　一度説教をした。信仰についてのことを教えた後、7人か8人の婦人
　　たちが洗礼を受けることになった。[6]

　さて、1571年5月15日、ルイス・フロイスは、ある興味深いエピソー
ドを記録している。彼が街頭に出て宣教していると、ある青年がフロイス
らの教えを猛烈に批判してきたことである。

　　先日、公方様の家臣である青年がこの寺院の門を通りかかった時、キ
　　リスト教宣教師の説法を聴いてみようと少し立ち止まった。この青年
　　は余談を行った。その内容は、人間の不幸と、人が真なる救いの探究
　　を怠っていることを憐れむものであった。そして次のように言った。
　　「66の分国から成る将軍の国に、唯一の神を説く憐れな異国の宣教師
　　が滞在している。この事実から、誤った人間がその理性の曇りと共に
　　いかにはびこっているかが分かるであろう。あなた方は、その宣教師
　　がどこから来たのか、その男に雲が降ったのか、地獄から来たのかを
　　知らない。彼らの本を見たならば、反対側から始まっている。彼らの
　　教義を観察したならば、十字架に掛けられた一人の男を崇拝するよう
　　に勧めている。あなた方は、すべての人間の父であり、すべての慈悲
　　の根源である最も高貴なる釈迦を拝むべきなのだ。釈迦は、我々を救
　　うために8千回も生まれ変わり、彼の神聖さを明らかにするためには
　　8千ないし1万巻もの経典があるではないか。しかし、異国人があそ
　　こで説教している一人の神（イエス・キリスト）の愚かさと蒙昧さを

聴きに行こうとする的外れな者たちがたくさんいるではないか。あなた方の同国人である私がここにいるのに。私は、自分の名誉や世俗の利益を忘れ、ただあなた方を救いたい一心なのに。私の話を聞いてもらうためにあなた方に集まってもらうことさえ大変な困難である」。この日本人青年は寺院に門に向かって大笑いし、大声で言った。「皆さん自分自身を顧みなさい。この宣教師に騙されてはなりません。…[7]

当時、キリスト教宣教師は、多くの仏僧や日本から激しく非難され、時には教義論争に及ぶことさえあった。ザビエルが日本で宣教を開始して以来、イエズス会士と日本の仏僧の間で何度も宗論が行われていたことも知られている。トレス神父、フェルナンデス神父と仏僧の間で行われた「山口の宗論」はその良き例である。ルイス・フロイスも 1569 年織田信長の面前で、仏僧日乗上人と宗論を行っている。[8]初期的な段階では、イエズス会士は、全能の神は、日本の大日如来に相応するものであると説明していたが、ルイス・フロイスの頃にはキリスト教宣教師たちは、仏教はキリスト教とは完全に異なる教えであると説教するようになっていた。それだけに、ルイス・フロイスの記録を分析してみると、仏教とキリスト教の違いや仏教の誤りを批判する文章が多くみられる。特に彼の『日欧文化比較』では、キリスト教と仏教との違いがはっきり述べられ、かなりの仏教批判がみられる。

例えば、フロイスは、『日欧文化比較』のなかで、次のように指摘している。

われらは来世の栄光と罰および霊魂の不滅を信じている。禅宗の僧侶たちは、それらのことをすべて否定し、生まれ死ぬこと以外には何もないとみなしている。[9]

フロイスは、『日欧文化比較』でこうも指摘している。

われらは何ものにもまして悪魔を嫌い憎む。仏僧らは悪魔を敬い礼拝し、悪魔のために寺院を建て、またこれにたいそうな犠牲を捧げる。[10]

フロイスと同じく同時代のイエズス会の日本での仏教批判は相当なものであった。16 世紀の日本では、キリスト教徒による寺院破壊、仏像破壊も時には行われたようである。[11]具体的には、大村藩の記録『大村郷村記』

には、大村純忠の手により、領内の寺社仏閣に対するすさまじい破壊行為があったことが記録されている。大友宗麟も受洗後、自領における数多くの寺社を破壊している。こうした態度に対し、日本人そのものもキリスト教を「邪教視」し始め、仏教とキリスト教との間には埋めつくせない溝ができ上っていった。世界三大宗教の二つであるキリスト教、仏教—それぞれの相互理解の難しさは、フロイスの時代からすでに始まっていたのである。この事態は、未だ現代まで継続しているように思われる。

2 寺院

当時の宣教師の書簡を読むと、ヨーロッパからやってきたイエズス会宣教師にとっても壮大で華麗な日本の仏教寺院やその庭園は賞賛に値するものであったことが理解できる。特に、宣教師たちは、古い都があった奈良、京都の寺院に心引かれている。ルイス・フロイスの、1565 年 2 月 20 日付の「シナおよびインドのイエズス会の司祭および修道士へ」と題する書簡には、日本寺院の記録が見られる。

　　（日本の）僧侶たちの寺院は贅を尽くしたもので、大変な収入がある。
　　僧侶は妻帯は許されず、もし妻を持ったら死刑にされる。寺院の中央
　　の祭壇には、阿弥陀像がある。顔かたちはシャム(Sayo)のもののよう
　　で、ほぼインドの偶像に似ている。腰から上は裸で、女性のように座
　　り、耳には穴が開いている。後光に包まれ、大変美しい木造のバラの
　　上に坐っている。寺院には、大きな図書館と、僧侶が共同で食事する
　　食堂がある。時を告げる鐘と合唱のための鈴がある。夜は、上級の僧
　　侶が、瞑想のための課題を与え、その後、夜半には、早朝と同じよう
　　に祭壇の前に二列に並んで祈りを捧げる。そして、釈迦の経典を読む。
　　夜明けには、瞑想の時間がある。[12]

フロイスが見た日本の寺院の起源はインドにあった。寺院を建築するための原則は、インド、中国を通じて、日本に伝えられたものであった。通常、寺院の建築物は、礼拝の対象を祀る「堂塔」と、僧が居住する「僧房」とに区別される。インドでは初期的な段階では出家者は一定の場所に定住

はしていなかったが、次第に定住して修行をするようになった。こうして
彼らの定住場所に僧院が形成されるようになったのである。[13]フロイスを
始めとするイエズス会士は、常に寺院を訪れていたはずであり、彼らの記
録には、日本の寺院やその庭園が登場する。しかし、彼らも寺院の庭園の
美しさには感嘆の息を漏らしたという記録が多くみられる。

3　説教と経典

　ルイス・フロイスは、1565 年 2 月 20 日付、「シナおよびインドのイエ
ズス会の司祭および修道士へ」の書簡のなかで、大寺院での仏僧の説教と
仏の教えについてこう記録している。

　　（日本の）僧侶たちは、我々ほど頻繁ではないが、説教を行う。彼ら
　は、非常に大きな寺院を有し、その外観は大変豪華なものであり、す
　べて石畳である。説教者の席は、周りにいるものよりも高いところに
　作られ、絹の天蓋が付けられている。椅子は大変美しく、その前には
　机があり、その上に経典と鈴が置かれている。説教僧は高価で、豪華
　な絹の着物を着て、手には金の扇を持っている。大変な傲慢ぶりで、
　威厳をもって尊大に腰かけている。多くの信者たちは、彼らの信ずる
　宗派に従って説教を聴きに来ている。終に、静粛にするために鈴が鳴
　らされ、経典が少しずつ読まれる。その後、お経の説明がなされる。[14]
　フロイスは、僧侶の説教を上記のように記述しているが、この風景は日
本人にとってはごく当たり前のものである。説教とは、狭義には、経典の
解釈を講説することであり、広義には説法と同義に用いられ、経典や説法
を解き明かす演説を意味するものである。日本では聖徳太子が推古 6 年
(598)に勝鬘経を講説した。安居院が説法詞の類聚、編纂を手掛け、以後こ
れが宗派を超えて、南都、真言、三井寺、浄土宗、日蓮宗などにおいて書
写され、それぞれにおける説法詞とともに所持され転用されていった。説
法は、法会で行なわれただけでなく、様々な階層を教化する演説としても
行われていた。[15]フロイスを始めイエズス会士は、仏僧の流暢な説教を聞
く機会もあったはずであるが、説教の非論理性を批判することも多くあっ

たようである。

4 仏僧

フロイスは、様々な書物で、仏僧について詳述しているが、これらの記述を通じフロイスが日本の仏僧をどのように理解していたのかが理解できる。ここで彼の仏僧に関する記述を紹介してみたい。

通常、都の仏僧は、ヨーロッパでの修道士と同じように、雄弁で大変教養のある人々である。そして、民衆から非常に尊敬されている。しかし、これらの仏僧は、名誉に貪欲で、罪を犯し、悪習に満ち、非常に好色であるといううわさである。さて、キリスト教徒は、「デウスの掟以外に救済はない」と言い、それを信じている。しかし、仏僧は、民衆からの名声や世俗的な人気を失わないために、キリストの救済を無視して、彼らの異端論を述べている。[16]

この記述から分かる通り、フロイスは仏僧の学識の高さは認めていたが、同時に僧侶が強欲で、罪深いと述べている。

また他の書簡では、

仏僧は常に街路を歩き、信者の家では手に数珠を持って、釈迦と阿弥陀に、富、名声、健康、救いを求めている。日本の仏僧は、すべてのファリサイ人のように偽善者のように思われる。民衆の前では、彼らの外観は穏やかで優しい。人々は、仏僧が神聖であると思っている。しかし、仏僧の内面は、悪魔そのものであり、すべての悪に満ちている。[17]

と述べている。フロイスは、仏僧は偽善に満ちているパリサイ人のようであると指摘している。

更に、ルイス・フロイスは、『日欧文化比較』のなかで、

われらにおいては、デウスに対して清貧の誓いを立て、俗世の富貴から遠ざかる。仏僧らは、旦那から暴利を貪り、富貴となるためあらゆる手段を求める。[18]

われらにおいては、聖職者は、人間的なことどもを顧慮することなく

民衆の罪悪を咎める。仏僧は、檀那に媚びへつらい、その収入を剥奪
　　されぬように彼らの罪悪さえ賞賛する。[19]

と言及している。フロイスにとって、仏僧と檀家との関係は、前者が後者
から富を巻き上げようとしている関係に映ったようである。この点を、フ
ランシスコ・ザビエルの時代から、イエズス会士たちは、日本の仏僧はル
ター派の聖職者に類似していると指摘している。仏僧は彼ら自身の利益の
ために働き、宣教は二の次であると考えられていたのである。以上のよう
に、ルイス・フロイスは仏僧の悪徳を指摘しているが、余りにも誇張され
すぎているようにも思われる。

5　宗派

　続いて、ルイス・フロイスがいだいていた日本の仏教の宗派についての
イメージを紹介したい。1565 年 2 月 20 日付の書簡のなかでは、日本の仏
教には 13 の宗派が見られ、人びとはいずれかの宗派に属していることが
記録されている。[20]また、『日欧文化比較』のなかでは、

　　われらは唯一のデウス、唯一の信仰、唯一の洗礼、唯一のカトリック
　　教会を唱道する。日本には一三の宗派があり、そのほとんどすべてが
　　礼拝と尊崇とにおいて一致しない。[21]

と指摘している。このようにルイス・フロイスは日本には一三の宗派が存
在し、それら宗派の教えに一貫性がないことを理解していた。

　この時代の仏教の宗派を分析してみると、仏教は二つのグループに大別
できる。伝統的な宗派と禅宗である。一方、ヨーロッパのイエズス会宣教
師が日本で活動していたこの時期は、法華宗が特に力を持ち、京都では戦
国大名と争って騒乱を引き起こすまでになっていた。フロイスもこの法華
宗の存在には気が付いていた。Mss.9－2663 には、フロイスの法華宗に関
する興味深い記述がみられる。

　　ホアンが同僚と宿泊している法華宗の寺院では、毎日、説教僧と、そ
　　の弟子たちが論議を行っていた。当然ながら、法華宗の僧侶は、他の
　　日本人、他の宗派の僧侶よりも高慢で諸悪に満ちている。つまり、法

華宗の僧侶は、日本の道理を熟知しているつもりなのだ。彼らは、（キリスト教徒は）まったく忍耐力を持たず、とりわけ、日本のキリスト教徒たちが引き合いにだすカトリック教会の基礎知識は足りないと、ホアンを嘲笑した。昨日、僧侶たちは、我々と討論したいということでホアンに許しを願い出た。ホアンはたやすくそれを許可し、同意した。[22]…

　法華宗は、法華経を所依とした宗派であった。日蓮の開いた日蓮宗は初期には法華宗とよばれて、室町時代にはその呼称をめぐって比叡山から攻撃されたこともあった。[23]上記のフロイスの記述からも明らかなように、イエズス会はこの法華経に殊に興味を示したようである。

6　偶像崇拝

　フランシスコ・ザビエル以来、イエズス会宣教師は、偶像崇拝が仏教徒にとって切っても切れないものであることに気付いていた。彼らは、仏教寺院には、仏像が満ちていることを多く記述している。例えば、或る神父は

もし神が偶像崇拝者としての仏教の寺に対する愛着とカトリック信仰における信仰心とを入れ替えて考えるならば、何よりもまず偶像崇拝、そして神々への信仰があるので、続いてキリスト教の迫害に及ぶことになる。ここを正さなければ、神父はゆくゆく横暴な後継者を作り出すことになる。[24]

と記している。

　さてフロイスは、彼の書簡に日本人の偶像崇拝の代表的存在である仏像についてこう記している。

この地には、すべて金属の偶像がある。高さは40コヴァド（1コヴァドは66センチ）、小指の周りは1コヴァド、手のひらの幅は4パッソ（1パッソは82センチ）である。外部はすべて金箔が貼られ、日本人はこれを大いに崇拝し、尊んでいる。[25]

　仏像は、仏陀の身体性を強調するものである。大乗仏教の広がりととも

に、仏像も聖なる場所の中核に置かれるようになった。東アジアでは、実際に仏陀の活動した聖地がないだけに、現世的な身体性を表す舎利や仏像を安置した寺院空間が聖なる場所として大きな位置を占めるようになっていった。[26]仏像は、仏陀の図像のみならず、菩薩などの図像も指す場合があり[27]、フロイスたちは、様々な仏像を目にしていたことであろう。しかし、キリスト教宣教者にとっては、仏像を拝むことは偶像崇拝の他、何ものでもなかった。日本にやってきたイエズス会士は、仏教の本質は「偶像崇拝」であると定義し、批判する者が多かった。

7 密教

9 世紀から、比叡山延暦寺の天台宗と高野山金剛峰寺の真言宗によって日本に密教が広められた。この密教の伝統は、フロイスの時代も息づいており、フロイスがこの仏教の風習に気付くことも自然な成り行きだった。彼の、1565 年 2 月 20 日付けの書簡にはこう記されている。

> 他に高野と呼ばれる場所がある。そこにはたくさんの僧侶の寺院がある。その創立者は弘法大師と呼ばれる。彼の行動は人間というよりは悪魔である。今すべての日本人が使用している文字を作り出した。すべての者に神聖視され、話すことに長けている。彼が仕える仏に見合うように彼の教えを書き記したのだった。老人になると、4 パッソ四方の穴を掘らせ、そこに入り、ふたをさせた。そしてこう語った。私は死ぬのではないから、決してふたを開けてはならない。これから何億年後に弥勒と呼ばれる大いなる賢者が日本に現れる時、私は復活する。私は、大変な修行をしてきたので、休むことにしよう。 [28]

この記録は、まさに弘法大師によって建てられた高野山金剛峰寺であり、この穴に入って死を迎える話は、有名な「生き仏」の話である。

1583 年 2 月 13 日付けの書簡では、フロイスは密教の僧侶が護摩を焚いていることを記録している。

> 釈迦に倣う道において二度悪魔へ供え物をする。これを護摩を焚くという。たくさんの種を掴んでは、それらを燃え滾る火の中に投じ、種

を燃やしながら、何冊かの経典を用い祈ることである。[29]

　ゾロアスター教と同じく、火の存在は、日本の密教にとっても重要なものであった。周知の如く、密教の僧侶は、燃え上がる火の前に坐り、護摩を焚き、真言を唱え続けるのが習慣である。更に、フロイスの記録には、山伏の存在が登場する。山伏は、中世期に山岳信仰の一環として現れた者たちで、密教や神道の影響を強く受け、天台宗や真言宗に属していた。

　　日本には、山伏と呼ばれる他の宗派がある。山伏はたくさんおり、悪魔に仕えている。髪の毛を束ねている。人々が、盗まれたり、失ったりしたものがどこにあるのか知りたい時、山伏はある呪文を唱える。山伏の前に少年を置くと、この少年に悪魔が入り込む。そして、山伏は、少年に何をしたいのか質問する。人々が不幸になったり、幸福になったりするようにお金をもらって祈祷を行う。日本人は、山伏を信じている。[30]

　　山伏とは山の兵士である。…この山伏という集団とその宗教は、悪魔への奉仕に従事し、すべて悪魔に身を捧げることである。そして、自分たちの信者のために祈る。彼らによると、山伏の日常の仕事は、人の体に潜む悪魔を引き出したり、未来のことを予言したり、予想したりすること、病人の体の上に祈祷文を貼り付けて祈ることだ、という。…その他数多くの呪いと魔術を使って、人々の延命治療を行うのである。[31]

　密教の原初形態は、5－6世紀のインドに出現したが、当初から整備された体系を有していたわけではなかった。これに対して7世紀に入ると大日経、金剛頂経が相次いで成立し、思想と実践体系が整備された。[32]日本には、最澄と空海によって密教が伝授されたが、「顕教」に対して、この「密教」という言葉が用いられた。フロイスを始めイエズス会宣教師の記録には、密教の流れを引く山伏に関する記述も多くみられる。

結論

　フロイスの宗教観であるが、スペイン王立歴史学士院に保管されてい

る Mss.9－2663 や『日欧文化比較』などを通じ、彼が日本の仏教、教義、寺院、仏教僧の布教、仏教書、仏教僧、宗派、仏教徒の偶像崇拝、密教などについてどう認識していたのかが理解できてきた。

　ルイス・フロイスは、その生涯を通じて、日本人の生活や習慣に関する多くの書物を書き残した。これらの書物は、この時代の日本の歴史状況を知るうえで大切なものであり、欧米の日本学研究者からも注目されている。しかし、日本巡察師であるアレハンドロ・バリニャーノは、「フロイスの書き物は冗漫に過ぎ、問題を生じる」[33]と指摘している。確かに、カトリックの思想を追及するあまり、彼の日本宗教論はかなり批判的なものである。しかし、16・17世紀の「宗教の時代」に見知らぬ国にやってきた一人の宣教師の見解が、カトリック色に貫かれていることも不思議ではない。今後、さらに他のフロイスの残した史料を分析し、彼の日本の宗教観に関する理解を深めていきたい。

（長崎純心大学）

---

[1] 教会大辞典、480 ページ。

[2] Cartas que os Padres e Irmãos da Companhia de Iesus I, Evora, 1598, p.173r.　"A cerca dos Iapões esta totalissimamente extinguida, e apagada a memoria, & noticia do Criador, & Redentor do mundo, da immotalidade dalma, da gloria de Deos, & de sua eterna benaventurança.....as principaes sam de Amida, & Xàca.....".

[3] R. A. H. 9-2663. Carta de Luis Frois escrita en Japón (13-febrero-1583). f.345r. "Izanami y Izanaqui que fueron como Adam y Eva los primeros hombre y muger que uno hubo en los cielos, estando aun en este mundo inferior como en un caos y confesión sin estar aun divididas las aguas de la tierra estos Izanami y Izananqui con este tridente dividieron desde allá de los cielos el mar de la tierra.....".

[4] R. A. H. 9-2663. Carta de Luis Frois para el Rector del Clero de Goa (15-Mayo-1571). f.72r. "Aquí falleció había dos meses, una mujer gentil cerca de nuestra casa. Quince días continuos de noche y de día estuvo la sala llena de Bonzos y rezando de noche y de día los libros de Xaca, y comiendo esplendidamente, porque esta es su renta y vida a costa de los pobres, los cuales aunque vendan y empeñen cuanto tienen en casa los han de banquetear, y sobre esto dar a cada uno su distribución, conforme a las dignidades que entre ellos tienen. En estos quince días que están allí recogidos en casa del difunto trasladan los libros del foquexu, que son los principales que Xaca hizo, los cuales veneran y estiman con tanta reverencia, como entre nosotros la scriptura sagrada, y metenlos en la sepultura del difunto cuando le entierran".

[5] ロペス・ガイ著（井出勝美訳）『初期キリシタン時代の準備福音宣教』（キリシタン文化研究シリーズ、キリシタン文化研究会、1980 年）36-37 ページ。

[6] Palacio Real. X-5056. Avisos de China y Japón (1587). Carta de Luis Frois al Alejandro Valignano (17－Octubre—1586). Página 15v. "Y continuando los sermones y el catecismo

baptizamos diez y siete mugeres de las mas principales y entre ellas vuo una que siendo
muy delota de los camis y fotoques quando fue el tiempo del baptismo se salio de casa del
marido (que era christiano) diziendo que no avia de ser cristiana. Pero el día siguiente,
yendo las que estavan baptizadas a oyr misa, metiose entre ellas cubierta con un manto y
predicoles vn padre por espacio de una hora del beneficio que avian recebido de Dios en lo
qual entro ella tanto en si, y quedo tan admirada de ver a los padres decir missa, que luego
hizo mucha instancia que la quisiesen baptizar: volvieron a predicar a ella y a otras que de
nuevo vinieron, y después de instruydas en las cosas de la fee, se baptizaron seys o siete".

[7] R. A. H. 9-2663. Carta de Luis Frois para el Rector del Colegio de Goa (15-Mayo-1571).
72v. "Los días pasados acertando a pasar por la puerta del templo, un mancebo japonés
criado del Cubucama detuvose de propósito un poco, para oyr este predicador, hizo una
digresión en que vehementissimamente, condoliéndose de la miseria humana, y del
descuido que los hombres tenían de buscar su verdadera salvación. Les dixo de esta
manera: sabéis cuanto andan los hombres errados y la lumbre de su entendimiento ofuscada,
que estando ahora en esta corte cabeza de los sesenta y seis Reynos de Japón un miserable
estrangero embajador de quien llamáis Dios; el cual no sabéis de donde vino, ni si le
llovieron las nubes, ni si lo produjo el infierno, que si miráis sus libros están escriptos al
revés, si miráis su doctrina querraos persuadir que adoréis a un hombre crucificado, y llega
a tanto la locura, y temeridad de los hombres, que obligados del padre de todas las gentes,
el altísimo Xaca principio de todas las misericordias, que nació ocho mil veces por
salvarnos, y ocho o diez mil libros impresos que dan testimonio de su santidad, hombres tan
desatinados que van a oyr las locuras e ignorancias de un Dios que está allí predicando
siendo estrangero, y estoy yo aquí vuestro natural, olvidado de mi honrra y provechos
temporales solo movido con zelo de salvaros, y que aun dificultosamente os puedo hacer os
juntéis aquí a oírme etc. En esto el mancebo japonés que estaba a la puerta dio una gran
risada, y dixoles con voz alta: señores mirad por vosotros, no os engañe ese embajador......"
（松田毅一『16・17世紀イエズス会日本報告集』III-4、73 ページ参照）。

[8] 松田毅一・川崎桃太訳『完訳日本史2』（中公文庫、2000 年）162-177 ページ。

[9] R.A.H. 9-7236. Luis Frios, "Tratados sobre la Diferencias entre Japón y Europa (1585)".
F.256r. 23. 松田毅一・E.ヨリッセン『フロイスの日本覚書：日本とヨーロッパの風
習の違い』（中公新書、1983 年）92 ページ。

[10] R.A.H. 9-7236. Luis Frios, "Tratados sobre la Diferencias entre Japón y Europa (1585)".
F.256r. 松田毅一・E.ヨリッセン、前掲書、92 ページ。

[11] 高瀬弘一郎『キリシタンの世紀―ザビエル渡日から「鎖国」まで』（岩波書店、
2013 年）159-165 ページ。

[12] Cartas I, pp. 173-173v. "Os seus mosteiros tam muito suntuosos,& tem grandes rendas.
Naõ podem ter molheres sopena de os matarem. Amida esta nos seus templos em hum altar
no meo do mesmo templo. O vulto he de Sayo, quasi como os pagodes da India, despido da
cinta pera riba, assentado como moler com orelhas suradas, & hũa claridade de raios, que o
cerca, assentado sobre hũa rosa de pao, que o çerqua muito sermosa. Tem grandes liurarias,
reseitorio, em que comen em comunidade, sino com que tangem a suas horas, &
campainhas de coro. A noite lhes dà o superior hum ponto pera meditarem, & de pois à mea
noite a modo de matinas rezão diante do altar a dous coros, o livro de Xacà der radeiro, &
de madrugada ten sua hora de meditaçaõ".

[13] 中村元他『岩波仏教辞典』（岩波書店、1989 年）407－408 ページ。

[14] Cartas I, p.178v. As pregações que se fazem não são tão frecuentadas como as nossas,
mas dizemnas com grande aparato exterior em templos mui grandes todos la drilhados, & a
li armaõ hum docel de seda, sobre hũa maneira de cadasalço pera que fique o pregador mais
alto que os circũstantes, hũa maneira de cadeira mui rica, sua mesa diante, e sobre ella hum

livro da lei, & sua campa inha. O pregador com vestidos de seda ricos, & lustrosos, e hũ abano douno na mão, & elle mui inchado de soberba, & arrogancia assentado cõ grande autoridade. Vem grande nemero de gente a ouvir cada hum conforme a seita que segue, & seito final com a campainha pere se ter silencio lé hum pouco polo livro, & depois prega a expossiçaõ da letra. Saõ comí mête os pregadores homẽs eloquentes.....'' (松田毅一『16・17世紀イエズス会日本報告集』III-2、307ページ参照)。

15 中村元他、前掲書、603-604ページ。

16 Luis Frois, *Historia de Japón*. Volumen II, Primera parte, C.58º-1565, página 32. . "São comumente os pregadores no Miaco, como entre nós em Europa, os homens mais eloquentes e insignes letrados, e são em grande maneira venerados do povo.....Estes pregadores afamdos estão tão cazados com suas honras, atados a seos peccados, e tão sumersos nos vicios e delicias sensuaes que, segundo então os christãos dizião, ainda que claramente lhes constasse não haver outra salvação senão em a ley de Deos, que por não perderme este aplauzo da honda e opinião mundada que delles o povo tem concebida, antes se perderião em suas seitas, que salvar-se en nossa ley"

17 Cartas I, pp. 176v-176r. "Continuamente andan po las ruas, & em casa com as cõtas mas mãos pedindo a Xáca, & Amída, que lhes de riquezas, honra, saude, & salvaço. Nos Bonzos parece que se ajuntou a hipocresía de todos os fariseus, por que ver seu exterior diante do povo: sua serenidade, & brandura, julgalos haõ por homẽs, que vẽdem santidade. De dentro sam os mesmos demonios, cheos de todas as abominações....."

18 R.A.H. 9-7236. Luis Frios, "Tratados sobre la Diferencias entre Japón y Europa (1585)". f.255v. 3. 松田毅一・E.ヨリッセン、前掲書、89ページ。

19 R.A.H. 9-7236. Luis Frios, "Tratados sobre la Diferencias entre Japón y Europa (1585)". f.255v. 松田毅一・E.ヨリッセン、前掲書、90ページ。

20 Cartas I, p.173r. "Tem treze seitas diversas, entre elles maõ he estranho seguir cada hũ qual quiser....."

21 R. A. H. 9-7236. Tratados sobre la Diferencias entre Japón y Europa (1585).f.256r. 松田毅一・E.ヨリッセン、前掲書、92ページ。

22 R.A.H.9-2663.Carta de Luis Frois para Francisco Cabral (17-Junio-1573),122r. "En un monasterio de fotquexu donde Joan con su gente esta aposentado, todos los días tiene disputa con los Bonzos predicadores, así el como sus criados, y por ser los Bonzos foquexos naturalmente mas soberbios y viciosos que todos, los de las otras sectas, siendo en breves palabras convencidos de las razones de Japón, ninguna paciencia tienen especialmente burlando Joan del poco fundamento que tienen las autoridades que ellos alegan, ayer le pidieron licencia que querían venir aca a disputar con nosotros, y por la facilidad con que Joan les concedió que viniesen......"

23 中村元他、前掲書、929ページ。

24 Biblioteca Nacional de Madrid, R-19199. Relación del Suceso del Japón,.2-3.

25 Cartas I, p. 174 r. "Nesta terra esta hum pagode todo de metal, de corenta couodos em cumprido, o dedo meminho, he de grosura de hum couodo em roda, na palma sa mão tem largura de quatro passadas em largo, todo dourado de sora, ao qual adoraõ, & ten em grande veneraçaõ"

26 末木文美士他『仏教の事典』（朝倉書店、2014年）399ページ。

27 前掲書、502ページ。

28 Cartas I, 174 r. "Ha outra parte chamada Coyà, em que ha muitos mosteiros de bonzos, de que soi fundador hum chamado Combendaxi, mais demonio nas obras quesez, que homen humano, enuetou letras de que se agora serve toda a gente eom mum. Foi todo por

santo, & predente no falar. Escreveo cousas na sua lei conforme ao senhor a quem servia. Este sendo velho fez hũa coua alta, de largura de quatro passadas quadrada, & meteose dentro, & fez de tapar, dizendo, que nenhun fosse ousado a destapar a tal coua nem abrila que elle não moria, mas que da li a tantos contos de contos de annos viria hum letrado grandíssimo ao reino de Iapaõ chamado Miroçú, & que então resucitaría, que por então queria descançar no corpo dos trabalhos que tinha leuado"（松田毅一『16・17世紀イエズス会日本報告集』III-2、309ページ参照）。

29 R.A.H. 9-2663. Carta de Luis Frois escrita en en Japón (13-febrero-1583), f. 432v. "Dos veces en este camino a imitación de Xaca hazen una oblación al demonio, que se llama Gomanutaqu, hazenla tomando muchas semillas, y hechan las en el fuego encendido luego sus cande las y rezando por algunos libros"

30 Cartas I, p. 173 r. "Hai outra seita em Iapão chamada Iamanbuxí[30]: são muitos, & estes seruem ao demonio: trazem o cabelo emgrenhado, & quando querem saber alguna cousa, que se surtou, ou perdeo, rezão certas palabras & poem hum menino diante de si, no qual entra o demonio & lhe perguntão o que querem, fazen oração por dinheiro, pera que venha mal ou, bem a alguem, e da õlhe credito".

31 R. A. H. 9-2663. Carta de Luis Frois escrita en Japón (13-febrero-1583). 339 v. "Yamabuxis que quiere decir soldados de la sierra.....El instituto y religión de estos es dedicarle y entregase de todo punto al servicio del demonio y profesarse por criados suyos.....Su oficio ordinario dicen ellos que es lanzar los demonios de los cuerpos humanos, pronosticar y adivinarlas cosas futuras, rezar sus ciertas oraciones sobre los cuerpos de los enfermos.....finalmente usar de otras muchas hechicerías y artes magicas con las quales ganan su vida"

32 中村元他、前掲書、964ページ。

33 ヴァリニャーノ（松田毅一訳）『日本巡察記』（平凡社・東洋文庫、1973年）275ページ。

「近世的世俗化」の陥穽
―比較思想から見た日本仏教・近世―

西村　玲

1　江戸人の宗教心

　内村鑑三（1861～1930）は、日本近代にキリスト教の思想的意義を知らしめた人であるが、幼い頃から信心深かった。主著の一つ『余は如何にして基督教徒となりしか』（1895 年出版）は、もともとアメリカ人に向けて、英語で書かれたものである。その客観的で情熱的な文章は、文化を異にする人々に微妙で繊細な心の変容過程を伝えるために委細を尽くしており、現在の私たちにも十二分な説得力を持つ。第一章「異教」は、キリスト教を知る以前の自分を精密に描いて、幕末の日本人の信心を如実に伝えている。

　　余は信じた、しかも真面目に信じた、無数の神社にはそれぞれ神がいまし、その支配権に心を配り、その不興をこうむったいかなる破戒者にもすぐ罰をもって臨む用意をしていると。

　　　　　　　（『余は如何にして基督教徒となりしか』「異教」、17 頁）

無数の神々を信じるとは、現実にはどのような生活を送ることなのか。歯痛に苦しんだ少年時代の内村は、歯痛を癒す神が嫌う梨を「喜んで」断ったと言い、断ち物について次のように言う。

　　……甲の神は卵の、乙の神は豆の、使用禁止をいつも我らに命ずるのであって、ついに誓いの全てを果たした後には、余の少年時代の好物の多くは断ち物の目録に記入された。神々が多種多様なことはしばしば甲の神の要求と乙の神の要求との矛盾をもたらした。そして悲愴なのは甲の神をも乙の神をも満足させなければならないときの良心的

「近世的世俗化」の陥穽

な者の苦境であった。かように多数の満足させ宥（なだ）むべき神々
があって、余はしぜんに気むずかしい物怖じする子供であった。……
拝すべき神の数は日に日に増加して、ついには余の小さな霊魂はそれ
ら全ての神々の意を満たすことの全然不可能なことが分かった。

(同上、18－19頁)

　日に日に増え続ける神々の意を満たそうとして、どんどん好物を断って
ゆく少年の切実さは、近世的信仰の典型としてよくあげられる真宗篤信者
（妙好人）に通じるものがある。近世後期の三河（現在の愛知県豊田市）
の七三郎（1712〜1794）という妙好人は、台風が来た秋に「今日の風は、
御本山（筆者注・京都の西本願寺）の御堂へ定めてつよく当たるべし。せ
めての御手伝に」（『妙好人伝』「第二編」208頁）と言い、女房と筵を持っ
て近所の小高い丘に行き「御本山の風除」（かぜよけ）にしたという[1]。『妙
好人伝』の編者である僧純は「これ愚なる業なれども、其の性質（うまれ
つき）だけの志しの切なる」（同上）と讃えるが、この讃歎は内村少年にも
あてはまるものだろう。

　彼らは、神や仏と地続きの生活を送る素朴で純粋なアルカディアに住ん
でいるように見える。梨を断ち筵をかざす姿は、すでに失ったものへの哀
切さと憧憬を私たちにもたらす。彼らの心情はどこかで普遍性に通じてい
るように思われ、我々の憧憬を単なるロマンチシズムとして切って捨てる
ことは難しい。しかしこうした心情が、内村を「気むずかしい物怖じする
子供」にしたのであり、僧純の讃歎はそのまま「御本山」への奉仕を強力
に勧める文章に続いている。近代の科学的合理主義が、これを封建的な呪
縛として否定し、往々にして軽蔑までしたことは、現実の生活を合理的に
するために強力に必要であり有効だった。

2　近世仏教をめぐる思想史的状況

　どの時代と場所を考えるにせよ、現在の立場からの憧憬と否定が入り交
じって投げかけられる事情は同じだろう。とはいえ、近代にもっともちか
い時代である日本近世は、近代以後の日本を思想的にも社会的にも直接に
支えている面を持つ。そのために、近代的な学問における近世評価も近親

憎悪と自画自賛のあいだを大きく振れ動き、近世の否定も肯定もその時々の必要に応じてことさらに厳しかったように思われる。たとえば歴史家の安丸良夫は、近世以来の勤勉や孝行などのいわゆる通俗道徳の徳目が、近代的な価値観から「通俗的で前近代的」「非合理な、遅れた、封建的なもの」[2]と否定されてきたが、歴史的には「厳しい自己形成・自己鍛錬の努力」による「精神の覚醒」であったことを論証した。この論証自体が、現代から直近の時代である近世・近代を捉えることがいかに難しいかを、逆説的に示していよう。

　さらに仏教の場合は、寺檀制度がとにもかくにも目に見える形として国民的規模で続いており、近世がそのまま現代に続いているかのように見える。目の前の日本仏教のありようを近世のせいにするのは、現状への批判から目をそらす意味も含んで、明治維新以後はもとより敗戦後はなおさら、誰にとっても都合の良いことだった。その結果として近世仏教研究は進まず、1970年代以後の顕密体制論による中世仏教研究の隆盛の中で、日本仏教史における近世仏教の思想研究はブラックボックス化した感は否めない。今に至るも近世仏教の一般的なイメージは、「寺檀制度が全国に広がっていわゆる葬式仏教の原型がつくられた時代である」というものだろう。歴史学を中心とする従来の研究における近世仏教堕落論と近世仏教民衆論は、この時代に仏教が広がって根付いたことをどのように捉えるか、という視点の違いから生まれており、その意味ではコインの表裏をなしている[3]。

　近世仏教の思想史的位置づけを知るために、まずは近代仏教の研究から見てみよう。20世紀末頃から近代の見直しが世界的に進む中で、2000年代以降には宗教学的な研究を中心として日本の近代仏教研究は大きく進んだ。そうして日本仏教が近代以後も大きく変わってきたこと、私たちが持つ日本仏教像は西洋近代の価値観を投影した面を持つことなどが、だんだんと明らかになってきた。David Mcmahan は、19世紀以後の近代仏教を総合的に論じている。欧米知識人にとっての仏教は、近代の啓蒙主義・ロマン主義・超越主義などの複合であり、思想史的には「近代西洋の救助（the rescue of the modern West）」[4]の役割を果たしたという。日本の場合は、そこで語られた哲学的な仏教像を西洋の学問として輸入し、それを近代仏教の理想とすることによって、現実生活での葬式仏教と学問理念としての哲学仏教

が分裂して、二元化していくことになった。

こうした研究の進展によって、たとえば近世に確立した寺壇制度が近代以後も強固に続いた理由は、仏教による葬祭が近代の家制度を支える精神的支柱になったからであることが改めて分かってきた[5]。しかし今のところ、近代仏教の研究は概して歴史学における近代、つまり明治時代以後にとどまっており、それ以前の近世は視野に入っていないか、近代の前段階の意義——せいぜい近代の前哨戦という意味——しか与えられていないように思われる。言うまでもなく、現代を直接につくった近代をことわけて論じる必要は常にあるにせよ、その土台でありその一部でもある近世独自の意義を視野に入れることは、近代を理解するために必要なことではないだろうか。

ではさかのぼって中世、なかんずく南北朝から室町時代以後という中世後期から、近世を見るとどうだろうか。近年の歴史学における戦国期、いわゆる中近世移行期の研究は活況を呈しており、仏教などの思想史研究とのリンクが可能になりつつあるように思われる。日本仏教史の現在の通説では、古代から中世前期の鎌倉時代を日本仏教の思想的なピークとして、15世紀からの室町時代である中世後期には、いわゆる新仏教と旧仏教の勢力が社会的に交替したとされている。具体的には、鎌倉時代に始まった宋代禅と専修念仏が力を得て、室町時代に禅は幕府と密接に結びつきながら全国に拡がり、室町後期の念仏では蓮如（1415〜1499、浄土真宗）を開始点とする一向一揆が始まった。

今の私たちが知る「家」システム——父系の嫡男相続によって家名と家産を伝えていく構造——は、15世紀以後には庶民にまで広がって、戦国時代に確立したとされる。神田千里は、この時期が家システムの確立期であることに着目して、蓮如は親鸞の教義を永く伝えるために、本願寺を親鸞の「家」化したという[6]。神田の言うように[7]、戦に明け暮れたこの時期に、家族は信心と救済を三世（過去世・現在世・未来世）にわたって共有しうる集団であるという考えが家システムを支える形で社会一般に広がったとすれば、寺檀制度が人々の求めるものとして17世紀の江戸時代に驚くほどの早さで全国に普及したことに納得がいく。その射程は、近代まで続くものだった。

中世後期から近世初頭には、中世前期までの神仏の枠組みとは異なる天
道思想やキリシタンといった宗教思想が社会に広がった。沢庵（1573～1645）
や鈴木正三（1579～1655）らの仏教者も含めて、この時期の思想は神仏に
対する信仰を説きながら、世俗生活における通俗道徳の実行、儒教の五常
（仁・義・礼・智・信）に代表される日常倫理の重要性を説く[8]。中世後期
から始まる近世的な思想が、中世前期までに比べればはるかに世俗化して
いたことは、日本学全般の前提となっている。この「世俗化」という言葉
は、あまりに多義的になってしまって使いにくいが、ひとまず宗教学の一
般的な定義である「その社会の中で宗教がもつ影響力が次第に減少してい
く」[9]こととしておく。その意味での世俗化は、16 世紀から現代の日本ま
で続いており[10]、premodern を含むいわゆる modern としての近代化の過程
であると見ることができる。

　そういうわけで、近代から見ても中世から見ても、仏教を含む近世思想
の特徴は世俗化であるという認識を、今のところ私たちのスタート地点に
したい。大急ぎで気をつけなければならないのは、まずこの「近世的世俗
化」という概念には、「近世的な合理的・批判的精神」を高く評価する、近
代の合理主義が色濃く入っていることだ。次に現実の経験から言えば、つ
い最近まで私たちは幕末や明治時代の話を実際に生きた人から聞くことが
できたし、さらに寺檀制度のように近世由来の事柄を生活の中で体験もし
ている。しかし民俗学の古老の聞き書きと同じく、経験的知識は直接的に
はせいぜい近世後期からの姿を示すものであって、それより前には遡りが
たい。つまり私たちが持っている「近世・江戸時代」イメージは、近世後
期から明治時代を無意識の手がかりとして作られており——たとえば内村
鑑三や妙好人、時代劇など——、それが近世全体への私たちの想像力を阻
んでいる面があることを自覚しておきたい。

　具体的に仏教について言えば、全般に研究が進んでいるとは言い難いこ
ともあって、近世全体をひとしなみに扱う傾向がないとはいえない。たと
えば近世初頭の鈴木正三（1579～1655）も中期の白隠（1685～1768）も後
期の妙好人も、すべて近世仏教の世俗化の表れであるとしたり、戦国末期
の不干斎ハビアン（1565～1621）も近世中期の富永仲基（1715～1746）も
同じく近世的合理性と批判性を持つとするのは、それらの近代的価値観に

疑義が呈される今となっては、もはや無理がある。近世に新たな思想と価値観を発見していくためにも、世俗性や合理性の意義をより深く知るためにも、16世紀から20世紀までの思想の変容を意識しつつ、その内実に踏み込むさまざまなアプローチが必要だろう。そのささやかな試みの一つとして、これまで同じ「近世的合理性・批判性」カテゴリーにあったハビアンと仲基の時代性をまず考えてみたい。

3 ハビアンと仲基

　戦国末期に、恐らく大徳寺で禅を学んだ不干斎ハビアン（1565〜1621）は、19歳で吉利支丹となり、イエズス会イルマンとしてキリシタン宣教や出版に活躍した後に、43歳で修道女と共にイエズス会を脱会し棄教した。晩年にはキリシタン迫害に協力し、56歳で排耶書『破提宇子』を書いて翌年に亡くなった[11]。海老沢有道は、ハビアンの軌跡を伝統宗教の否定を伴う近世的な合理的・批判的精神と評している[12]。また山本七平らの戦後知識人を中心として、ハビアンは権威を否定する自由人であるという近代的なイメージも一般に根強くある[13]。しかし彼は戦国期の知識人であるから、ここでは現在の研究状況をふまえつつ、時代状況からハビアンについて考えよう。

　戦国期の武士はもとより村の百姓も、自分と村や一族の生き残りをかけて仕える主人を厳しく選びつづけており、自分の働きが報われないと分かれば、即座に主人を捨てる自力のルールで生きていた。そうでなければ、個人としても集団としても生き残れなかっただろう。仕える主人を選ぶ自由は、神仏を選ぶ自由でもあった。戦国期の日本社会は、近代とは異質の「信仰の自由」を上から下まで広く共有している[14]。それは諸宗派・集団の共存を理想の前提として、信仰の強要は許されないという社会倫理であり、近代ヨーロッパ的な人間の権利を原理とするものではない。寺檀制による葬祭が日本仏教のスタンダードとなって久しい私たちの想像をはるかに越えて、戦国期の宗教状況は激しく流動的なものだった。天下泰平の寺檀制度と本末制度が、いわば国教となる前の時代には、仏教や神道の各宗派・集団はキリシタンも参戦する中で生き残りをかけて活動している。こ

の時期の日本人が新来のキリスト教をすぐに受け入れたこと、さらにはわ
ずか半世紀ほどでキリスト教が全国に広まった（37万人[15]、当時の総人口
ほぼ一千万人[16]の4パーセントほど）大きな理由の一つは、自力で生きざ
るをえない厳しい社会であったからと思われる。

　イルマンとして盛んに活動していたハビアンが、突然にキリスト教を捨
てた理由ははっきりしないけれども、イエズス会が日本人にはある程度以
上の昇進を許さなかったことが、その理由の一つとされる。それが本当な
らば、キリスト教布教がすでにかげりに入りつつあったことや恋人の存在
もあわせて、働きに報いてくれない落ち目の主人であるイエズス会とデウ
スをハビアンが見限ったのは、自力で生きる戦国期の知識人として当然あ
り得ることではなかったか。ハビアンの言葉と生き方は、その前代の一休
（1384〜1481）の風狂が形姿を変えて時代を下ったようにも見えて、禅の
鋭く執拗な否定性と孤絶する強い主体のありかたの一つを示すもののよう
に思える。亡くなる前年の排耶書でハビアンが自ら称した「江湖の野子（俗
界の野人）」（破提宇子、424頁）という言葉には、主人持ちではない戦国
人の自意識、頼りうるのは自分のみであるという現実があらわれていよう。

　近世中期の大坂町人学者であった富永仲基は、近世の本居宣長（1730〜
1801）が発見し平田篤胤（1776〜1843）が称揚した。近代には内藤湖南（1866
〜1934）をはじめとする東洋学者が高く評価し、戦後には中村元（1912〜
1999）が「近代の先駆け」とはっきり定義して、日本思想史において人文
主義的な批判性と合理性を持った知識人であると位置づけた[17]。たしかに
近世中期の仲基には「近代の先駆け」といえる性格があって、諸先学はそ
こに近世の正の側面を見出したわけであるが、当時の知識人として見ると
どうであるのか。

　仲基の思想が高く評価された主な理由は、厖大な仏教経典群は歴史的に
附加されていったものであること（加上説）を発見して、「すべての経は釈
迦一人の説法である」とする仏教の説（教相判釈）を否定したことにある[18]。
仲基は、この真実を明らかにするのは「出定如来に非ざればあたわざるな
り」（出定後語、16頁）と誇り、自分は釈迦以来の誤謬から目覚めた人と
して「出定如来」[19]であると自称した。ハビアンの「江湖の野子」が持つ
現実の厳しさにくらべれば、自ら如来と名告る「出定如来」には、長くつ

づく天下泰平がもたらした楽天性——既成の社会と倫理と自分に対する無自覚の確たる信頼——があらわれる。

　彼が遺著『翁の文』で主張した「誠の道」は、その方法論（加上説）が帰着する相対主義の性質をよく示している[20]。そこで経験的知識の権威としての「翁」が言う「今の世の日本に行われるべき誠の道」とは、「唯物ごとそのあたりまえをつとめ、今日の業を本とし」て、「今のならわしに従い、今の掟を守り、今の人に交わって、悪事をなさず、善事を行う」ことである。これは自ら原理を立てずとも、「物事のあたりまえ」が確立されて自明の理となった時代、今のならわしと掟と人によって「今日の業」が他律的に決まり、また決まらざるを得なかった江戸中期のリアリティであり、世間との一体化こそ正しいとするものである。これが当時の儒学界で隆盛だった徂徠学派らの復古主義を批判したものであり、原理を立てること自体——たとえば儒者であれば中国古代を理想とすること——への原理主義批判であるならば、世間との一体化を掲げるその相対主義はなおさらのことである。

　これはハビアンと仲基の時代性を考える試みの一つにすぎないが、それでも各時代の研究が進んだ今となっては、両者を同じ「近世的合理性・批判性」という言葉と概念で思想的に一括りにできないことが分かる。

4　近世的世俗化の地平

　見てきたように研究史における「合理性・批判性」のカテゴリーは、すぐれた知識人それぞれの考えが明確な言葉で思想化されており、庶民にくらべれば時代性や特質をまだしも捉えやすい。しかし「近世的世俗化」となると、日本に限っても中世後期からの五倫五常から近代明治までの通俗道徳を含んで、知識人から庶民までを対象とすることが通例だ。その巨大な世俗化カテゴリーの内実を明らかにすることは、もとより近世思想研究の大きな課題の一つである。

　仏教に関していえば、末木文美士は鈴木正三を論じて[21]「俗人の生活そのままが仏法たりうる」（世法即仏法）という特徴を明らかにした。これは仏教における「近世的世俗化」の思想的特徴の一つと言えるだろう[22]。こ

こでは、恐らくは近世に広く普及して社会的に確立したのではないかと推
測される、「俗人の生活が仏道修行である」という考え方について[23]、諸先
学の研究を手がかりとしながら近世前期の禅僧の言葉を紹介したい。

　鈴木正三のいわゆる職分仏行説は、「修行は一切世間のそれぞれの家職の
上」（石平道人四相、210頁）[24]にあって、士農工商がそれぞれ職分を尽く
すことが仏行であるというものである。たとえば、武士に対しては「武勇
を助けるものは仏法である（武勇ヲ助ル物、妙法ナリ）」（石平道人四相、
211頁）と言い、農民に対しては「農人と生を受くる事は、天より授け給
わる世界養育の役人なり。……一鍬一鍬に南無阿弥陀仏、なみあみだ仏と
唱え、一鎌一鎌に念仏信心有って、年々怠らず、勇猛堅固の心に住して、
他念なく農業を」（万民徳用、48〜49頁）行うことを勧める。また同時期
の沢庵宗彭（1573〜1645）は、徳川家光（1604〜1651）の兵法師範であっ
た柳生宗矩（1571〜1646）に対して、「貴殿の兵法にて申し候はば」、心を
「唯一所に止ぬ工夫是皆修行なり」（沢庵和尚柳生但州江兵法問答、91、115
頁）と、剣の工夫が禅修行であることを説いた。これらのことから船岡誠
は、沢庵の特徴を「日常性の禅」[25]とする。

　両者より少し後れる盤珪永琢（1622〜93）は、明末禅僧の道者超元（？
〜1660）に悟りを認められ、皆が「人人生れ備りたる不生の仏心」（仏智弘
済禅師法語、98頁）であることに気づく、不生禅を説いた。それは「只百
姓の所作を余念無く勤るを、不生の心行と云う」（同上）ものであり、説法
では「侍や商人の方が僧侶よりも修行しやすく、侍が不生の仏心を知れば、
主君への忠義にも万民が喜ぶ結果になる」（盤珪仏智弘済禅師御示聞書、80
〜81頁）[26]と言う。

　近年、白隠慧鶴（1685〜1768）の研究が進んでいる。禅学の芳澤勝弘は、
その思想の核心が法華経にもとづく大乗菩薩の志（四弘誓願、上求菩提下
化衆生）であり、現実の人々を救おうとすることだったことを明らかにし
た[27]。歴史学の高橋敏は、白隠が藩主や一揆とも関わって庶民の側に立っ
て活動したことを示した[28]。白隠は、肥前蓮池藩主への著作で「正念工夫
の不断坐禅」（遠羅天釜、264頁）を説く。「万民を吾が赤子の如く」（同上）
思って、「袴・肩絹は直にこれ七条九条の大法衣、両口（注：大小二刀）の
打ち物は禅板机案（注：坐禅時の机など）、馬鞍は一枚の座蒲団、山河大地

は一箇の大禅牀（注：坐禅の席）」（遠羅天釜、266 頁）と思って、日常を不断の坐禅にせよ、という。

　近世前半の禅僧である彼らは、生活の目的そのものとして修行や坐禅を言うのだが、時代が進めばこれは儒教などと合体し、特定の宗派色が遠方に退いて通俗道徳につながっていったものであるだろう。こうした趣旨の言葉は近世を通じて広く見られるが、その時代的な変遷過程については、近世前半の禅僧に限っても分明ではない。しかしたとえば、直接的にはそれぞれ勤勉と施しを説くのだが、正三の「世界養育の役人」（万民徳用、48 頁）という言葉と、白隠の「此世は前生の種次第、未来は此世のたね次第」（施行歌、211 頁）という言葉だけでも、個別の状況の違いだけには還元できない異質性がある。仮に「庶民に対して説いたものだから世俗的である」とひとまずカテゴライズするにせよ、その思想的内容と変遷過程を明らかにしていく必要があるだろう。

5　中国と日本

　その方法の一つとして、仏教をはじめとする近世思想史における明末思想との関わりを考えたい。なぜなら中国との関わりから近世仏教思想を見ることによって、これまで知識人と庶民、あるいは地域や各宗派それぞれのイメージで分断されてきた近世仏教像を通時的かつ全体的にとらえうる可能性があるからだ。

　近世仏教における明末思想の重要性については、すでに 1980 年代に大桑斉が、中国や朝鮮を視野に入れた東アジア仏教を考える意義を先駆的に述べている[29]。具体的には、荒木見悟の中国明末思想研究を手がかりとして、日本近世初頭から中期にかけての仏教復興に関わる禅僧と律僧の系譜を明らかにした[30]。また個別研究では鈴木正三の研究をはじめとして[31]、明末思想との関わりが指摘されている。中国学から日中両方の仏教に関わる研究としては、中国仏教とキリスト教の関係や[32]、中国善書（宋代から流行する中国民間の勧善書。江戸初期から輸入されて社会に流通した）の研究[33]などがある。しかしこと日本仏教の視点から、中国明末思想との関わりを見る研究はいまだ数少ない。

近世には、明代中期の沈滞から復興した明末仏教が輸入され、黄檗禅として大きな影響を与えた。中野三敏は、江戸文化における黄檗をはじめとする中国文化の意義について縷々論じている[34]。学僧のあいだでは、近世を通じて明末の中国仏教を手がかりとして自分の思想を形成している形跡が見られる。

　たとえば、長崎で排耶説法を行った雪窓宗崔（一五八九～一六四九）は、ほぼ同時期の中国禅僧によるキリスト教批判書を、自身の排耶書の理論的基礎として引用している[35]。開国を迎えた幕末には、同じく明末のキリスト教批判書が多く出版されて、当時の排耶論の基礎として利用された。鈴木正三は、儒教や道教と和合しながら仏教の優位を説く根拠として、三教一致を説く伝統的な書である唐末の『宗鏡録』や北宋の『輔教篇』を言い、次に明末の雲棲袾宏（1535～1644）や永覚元賢（1578～1675）の名前をあげる[36]。三浦雅彦は、鈴木正三とその弟子が雲棲袾宏の著作（竹窓随筆）を大きく使ったことを明らかにした[37]。時代が下った白隠は、逆に雲棲袾宏を「参玄力ら足らず、見道眼暗くして、進むに寂滅の楽みなく、退くに生死の怖れ」があったから、禅を全うせずして念仏に走ったのであり、永覚元賢はそれを助けた、と批判する（遠羅天釜・続集、496頁）。正三と白隠の間には、来日した隠元隆琦（1592～1673）による黄檗禅の開宗（1661年萬福寺開堂）があり、政治的・社会的影響と共に、なんらかの思想的な展開があっただろうことは推測がつく。

　近世中期の鳳潭（1659～1738）や徳門普寂（1707～1781、72歳で道光普寂と改名）は、近代につながっていく近世仏教のインド主義[38]における最初期の学僧であり、南都の華厳宗とは異なる華厳理解を唱えた。鳳潭は黄檗禅僧の鉄眼（1630～1682）の弟子であり[39]、鉄眼が出版した大蔵経の不備を補うために南都の古経を調査している。普寂は、若年時に明末高僧の一人である藕益智旭（1599～1655）の『霊峰藕益智旭大師宗論』を読んで奮起した（普寂自伝の摘空華、284頁）。近世後期の曹洞禅僧の良寛（1758～1831）は、当時の流行であった国学を学んで50音を考案したと伝え（良寛禅師奇話、601頁）万葉集を手本に長歌をうたう歌人であり、法華経の賛歌（法華讃）を書き倶舎論を講義する学僧であった。良寛は「随身の具、笠などには、『おれがの、ほんにおれがの』と書して」（同上、598頁）い

たが、明末高僧の憨山德清（1546〜1623）の著作や伝記をまとめた『夢遊集』を大切にしており、「ほんにおれがの」（同上、598 頁）と書いてあったという。

　また中国善書は、近世初頭から近代までさまざまな形で出版され続けて、広く庶民に普及した。善書の輸入と普及は、近世後期からの通俗道徳を形成する一つとなって、世俗化過程に大きな役割を果たしたと考えられる。肖琨（2015 年国際集会・近世部会発表）の論文「善書から見る近世仏教の交流」（本書所収）は、中国道教を由来とする善書の発端から日本への輸入、流布の過程までを明らかにした。さらに、論文「陰隲と感応—近世善書の世界—」[40]では、応報信仰を説く善書を朝鮮を含めた東アジア規模の思想的資源とみなして、中国・日本・朝鮮における幅広い受容形態とその意義を論じている。

　田中実マルコス（2015 年国際集会・近世部会発表）は、近世の黄檗禅と浄土教についての基礎的研究を進めている[41]。田中論文「黄檗宗萬福寺第四祖獨湛と善書」（本書所収）は、黄檗禅僧を通じて善書がもたらされたことを示し、善行と悪行のポイント制が念仏に応用されて庶民に拡がったことを論じる。

　日本近世のカウンターパートとなる明末思想界の意義については、中島隆博（2015 年国際集会・近世部会コメント）が現代の生命倫理を視野に入れて、動物を殺すことをめぐる明末仏教とキリスト教の論争を論じている[42]。この論争を担ったのは、雲棲袾宏とマテオ・リッチ（1552〜1610）である。リッチは、「神の似姿である人間は、自然を最大限に利用することを神から許されているから動物を殺してよい」と主張する。これは、まず神を価値の源泉としながら、だんだんと人間を価値の中心としていったヨーロッパ近代の思想にまっすぐにつながる主張だろう。リッチに対して袾宏は、輪廻と孝による中国仏教の三世六道の生命観によって、不殺生の正当性を論じた[43]。これは梵網経にもとづくものであり、江戸時代の日本に輸入されていった[44]。この仏教的生命観は、善書に見られるような近世思想と倫理の源泉の一つとなって、近現代までの思想的な射程を持ったと推測している。

　袾宏や白隠が生きていた世界、肖が言う東アジアの思想的遺産を、今の

私たちに理解できる明確な論理と価値観で新しく認識していくことが必要
だ。そうしていく中で、今はノスタルジーと見まがうほどにか細い輪郭に
なっている内村少年も妙好人もはっきりした形と言葉を新たに得て、私た
ちをより深く支えてくれるように思われる。

（中村元東方研究所）

【参考文献】

1　原典

内村鑑三『余は如何にして基督教徒となりしか』、岩波文庫、岩波書店、1938 年

解良栄重『良寛禅師奇話』、『定本良寛全集』3、中央公論新社、2007 年

僧純『妙好人伝』「第二編」、『日本思想大系新装版　続・日本仏教の思想 5　近
　　　　世仏教の思想』、岩波書店、1973 年

鈴木正三『万民徳用』、『鈴木正三全集』上巻、鈴木正三研究会、2006 年

鈴木正三聞書、信覚恵中『石平道人四相』、『鈴木正三全集』上巻、鈴木正三研究
　　　　会、2006 年

沢庵宗彭『柳生但州江兵法問答』は『不動智神妙録』写本の一種。佐藤錬太郎「沢
　　　　庵宗彭『不動智神妙録』古写本三種・『太阿記』古写本一種」、『北
　　　　海道大学文学研究科紀要』103 号、2001 年によって、原本画像と翻刻
　　　　が公開されている。本文は佐藤翻刻によった。

徳門普寂『摘空華』、『浄土宗全書』18、浄土宗典刊行会、1913 年

富永仲基『出定後語』、『日本思想大系 43　富永仲基　山片蟠桃』、岩波書店、1973
　　　　年

富永仲基『翁の文』、『日本古典文学大系 97　近世思想家文集』、岩波書店、1966
　　　　年

白隠慧鶴『遠羅天釜』、『白隠禅師法語全集第 9 冊　遠羅天釜』、禅文化研究所、
　　　　2011 年第 2 版

白隠慧鶴『遠羅天釜・続集』、『白隠禅師法語全集第 9 冊　遠羅天釜』、禅文化研
　　　　究所、2011 年第 2 版

白隠慧鶴『施行歌』、『白隠禅師法語全集第 13 冊　粉引歌　坐禅和讃・ちょぼくれ
　　　　他』、禅文化研究所、2002 年

盤珪永琢『仏智弘済禅師法語』、『盤珪禅師語録』岩波文庫、岩波書店、1941 年

盤珪永琢『盤珪仏智弘済禅師御示聞書』、『盤珪禅師語録』岩波文庫、岩波書店、
　　　　1941 年
不干斎ハビアン『破提宇子』、『日本思想大系 25　キリシタン書・排耶書』岩波書
　　　　店、1970 年

2　先行研究
海老沢有道［1970］「仏法之次第略抜書・妙貞問答」解題、『日本思想大系 25　キ
　　リシタン書・排耶書』、岩波書店
大桑斉［1989］『日本近世の思想と仏教』、法蔵館
横超慧日［1979］「明末仏教と基督教との相互批判」、『中国仏教の研究　第三』
　　法蔵館
王芳［2012］「鳳潭の生没年及び出身地に対する一考察」、『インド哲学仏教学研
　　究』19
神田千里［2002］『日本の中世 11　戦国乱世を生きる力』、中央公論新社
　　［2008］『信長と石山合戦』、吉川弘文館
　　［2010］『宗教で読む戦国時代』、講談社選書メチエ、講談社
　　［2012］『日本史リブレット　蓮如』、山川出版社
　　［2014］a『織田信長』、ちくま新書、筑摩書房
　　［2014］b「「天道」思想と「神国」観」、『シリーズ日本人と宗教 2　神・儒・仏
　　　　　　の時代』、春秋社
鬼頭宏［2000］『人口から読む日本の歴史』、講談社学術文庫、講談社
五野井隆史［2002］『日本キリシタン史の研究』、吉川弘文館
酒井忠夫［2000］「江戸時代の日本文化に及ぼせる中国善書の影響並びに流通」、
　　『酒井忠夫著作集 2 増補　中国善書の研究　下』第 9 章、国書刊行会
島薗進［2014］『現代社会学ライブラリー8　現代宗教とスピリチュアリティ』、弘
　　文堂
釈徹宗［2009］『新潮選書　不干斎ハビアン』、新潮社
肖琨［2015］「陰隲と感応」、『日本思想史研究会会報』31 号
末木文美士［1993］「鈴木正三」、『日本仏教思想史論考』、大蔵出版
　　［2010］「近代日本の国家と仏教」、『近代日本の思想・再考Ⅲ　他者・死者た
　　　　　　ちの近代』、トランスビュー

高橋敏［2014］『白隠　江戸の社会変革者』、岩波現代全書、岩波書店

竹田聴洲［1975］「近世社会と仏教」、『岩波講座　日本歴史9近世1』、岩波書店

田中実マルコス［2014］『黄檗禅と浄土教』、佛教大学研究叢書20、佛教大学

中島隆博［2011］『共生のプラクシス』、東京大学出版会

中野三敏［2007］『写楽』、中公新書、中央公論新社、

　　［2012］『江戸文化再考』、笠間書院

中村元［1998］『中村元選集［決定版］別巻7　近世日本の批判的精神　日本の思想Ⅲ』。初版は三省堂より1949年に『近世日本の批判的精神の一考察』として刊行された。

西村玲［2008］『近世仏教思想の独創』、トランスビュー

　　［2010］「虚空と天主」、『宗教研究』366号

　　［2011］「近世仏教におけるキリシタン批判」、『日本思想史学』43号

　　［2012］a「東アジア仏教のキリスト教批判」、『江戸の漢文脈文化』、竹林舎

　　［2012］b「慧命の回路」、『宗教研究』374号

　　［2013］「中村元の日本思想史研究」、『比較思想研究』40号

　　［2014］a「近世律僧の思想と活動」、『佛教文化研究』58号、浄土宗教学院

　　［2014］b「近世思想史上の『妙貞問答』」、末木文美士編『妙貞問答を読む』、法蔵館

　　［2014］c「仏教排耶論の思想史的展開」、末木文美士編『ブッダの変貌』、法蔵館

　　［2014］d「明末の不殺放生思想の日本受容」、『奥田聖應先生頌寿記インド学仏教学論集』、奥田聖應先生頌寿記念論集刊行会

ネルケ無方［2014］『日本人に「宗教」は要らない』、ベスト新書、ＫＫベストセラーズ

船岡誠［1988］『沢庵』、中公新書、中央公論社

三浦雅彦［2006］「鈴木正三の仁王禅と信覚恵中の立禅」、『日本佛教綜合研究』4号

安丸良夫［1999］『平凡社ライブラリー　日本の近代化と民衆思想』、平凡社。初版は青木書店より1974年に刊行された。

芳澤勝弘［2005］『白隠』、中公新書、中央公論社

David L.Mcmahan［2008］*The Making of Buddhist Modernism,* Oxford University Press, New York

---

1 風除けでふんばる七三郎の足跡がのこったという岩が、今ものこされている。足助観光協会（愛知県豊田市足助町）ホームページに岩の写真がある。2015 年 4 月 14 日アクセス http://asuke.info/view/rekishi/entry-35.html

2 安丸良夫［1999］、20 頁。

3 研究史の詳細は、西村玲［2014］a、17～18 頁。

4 Mcmahan［2008］、5 頁。

5 歴史学の竹田聴洲は、寺檀関係の真の基盤は、祖先信仰を葬祭と供養によって仏教化することにより、先祖を持ち永続する「家」を欲する民衆の希求に応えたことにあるとする。近代以後にも寺檀関係が続いている最大の理由は、それが「家」を葬祭と先祖供養によって陰から支える機能を果たしたからであるという［竹田1975］。2000 年代以後の近代仏教研究においては、末木文美士が日本思想史の立場から、近代の「家」を支える寺檀制度の性格を明らかにしている。末木文美士［2010］。

6 神田千里［2012］、68 頁。同上［2002］、178～183 頁。

7 神田千里［2008］、230～231 頁。

8 神田千里［2014］、34 頁。

9 島薗進［2012］、10 頁。

10 島薗進は日本の世俗化過程の研究を、1 幕藩体制の開始、2 明治維新後、3 敗戦後、という三段階に整理しており、大変分かりやすい。島薗進［2012］、12～16 頁。

11 ハビアンをはじめとする、この時期の東アジアのキリスト教をめぐる研究状況については西村玲［2014］b。

12 海老沢有道［1970］、613～15、637～38 頁。

13 詳しくは、釈徹宗［2009］、14～42 頁。

14 この詳細については、神田千里［2010］、209～210 頁。

15 幕府によるキリシタン禁教令の翌年、大坂冬の陣が起こった 1614（慶長 19）年のキリシタンの概数、五野井隆史［2002］、99 頁。

16 鬼頭宏［2000］、82 頁。現代日本のキリスト教徒は人口の 1 パーセント弱である。

17 中村元［1998］、217～317 頁。この初出が戦後間もない 1949 年であることが、日本思想の現代史として大きな意義を持つと思う。富永仲基や鈴木正三を高く評価する中村元の世界思想史は、19 世紀からヨーロッパで始まったインド学の東方人文主義にもとづく。詳しくは西村玲［2013］。

18 仲基の世俗性については、西村玲［2008］、89～113 頁。

19 訓読は「嗚呼、孰れかこれを蔽する者ぞ、出定如来に非ざればあたわざるなり」、『出定後語』上「教起前後」、16 頁。仲基の自称である「出定如来」と「出定」については、西村玲［2008］、104～107 頁。

20 以下の引用原文は「誠の道の、今の世の日本に行はるべき道はいかにとならば、唯物ごとそのあたりまえをつとめ、今日の業を本とし、……今のならはしに従ひ、今の掟を守、今の人に交はり、もろ／＼のあしきことをなさず、もろ／＼のよき事を行ふを、誠の道ともいひ、又今の世の日本に行はるべき道ともいふなり」、『翁の文』、551～553 頁。

21 末木文美士［1993］。研究史における近代と近世の問題を含む正三の「世法即仏法」

については、467〜473 頁。

22 もちろん日本仏教における「世法即仏法」の傾向は、今の通説として聖徳太子（574〜622）や最澄（687〜822）からありうる訳で、平安時代における天台本覚論の普遍化、鎌倉時代以後の宋代禅と専修念仏の庶民層への広がり、近世の寺檀仏教、近代の俗人主体の仏教運動など、通時的で大きな問題である。本論では近世に限って考える。

23 たとえば近世以前、戦国期の蓮如は門徒における王法と仏法の別を説いて、王法を守る重要さを説くけれども一体化はしていない。また現代のドイツ出身の日本曹洞宗禅僧であるネルケ無方は、ドイツと比較しつつ、現代日本人の宗教観は生活行為を宗教とするものだという（ネルケ無方［2014］、22〜32 頁）。これは狭義の禅にとどまらず、広く身体観を含みうる「生活即修行」という意識の歴史や、南アジアや東南アジアとの比較なども考えることができる興味深い指摘と思う。

24 正三の弟子の信覚恵中が 1676（延宝 4）年に書いた正三の聞書には、「修行ハ、一切世間ノ、ソレヽノ家職ノ上アリ、正三ハ此義ヲ施シテ普ク世間ヲ利セン事ヲ要トス、如是、仏法世法、融通シテ無碍ナルヲ、大乗ノ仏意トス、……殊ニ本朝ニ於テハ、武勇ヲ助ル物、妙法ナリ、……正三一世此義ヲ談セリ、其趣、武士日用に具也」（石平道人四相、210〜211 頁）とある。

25 船岡誠［1988］、142〜150 頁。正三の職分仏行説との類似については、192 頁。

26 1690（元禄 3）年、讃洲丸亀での説法。原文は「殊さら侍は、出家などよりつとめよい事がござる。……まづ不生の気になりては、主君への忠にもなりまする。仏心が万事に移る事でござる。……かようにつとめたる時は、直なる心が胸にござるゆえに、あまねく万民が喜びまする。……又一荷あきない致す者が……世わたりになんぎをいたせども、是等は出家の修行にくらべては、中々苦労が、似た事でもござらぬ」。『盤珪仏智弘済禅師御示聞書』、80〜81 頁。

27 芳澤勝弘［2005］、117、263〜266 頁など。

28 高橋敏［2014］。

29 大桑斉［1989］、6〜7 頁など。

30 大桑斉「諸教一致論の形成と展開」、大桑斉［1989］、380〜409 頁。

31 三浦雅彦［2006］など。

32 横超慧日［1979］は、中国仏教とキリスト教の関わりを総合的に論じる。両国の関わりについては、西村玲［2010］、［2012］a、［2014］c。

33 酒井忠夫［2000］。

34 中野三敏［2012］、138〜141 頁など。

35 詳細は、西村玲［2011］。

36 鈴木正三聞書、信覚恵中『石平道人四相』、215 頁。

37 三浦雅彦［2006］、73〜75 頁。

38 日本近世の仏教思想においては、釈尊復古を掲げるインド原理主義が近代化へつながった。具体的には、インド伝来と信じられた戒律を実行する律僧を主たる思想的担い手として、幕末の梵暦運動につながる須弥山論争や大乗非仏説として展開した。近世中期頃からの学僧にみられるインドの釈尊復古は、儒学における古代中国の先王の道や、国学における古代日本の大和心と同じ役割を持つ。詳細は、西村玲［2014］a。

39 王芳［2012］、127 頁。

40 肖琨［2015］。

41 田中実マルコス［2014］

140

42 中島隆博［2011］。第Ⅱ部第3章「魂を異にするものへの態度——明末の仏教とキリスト教」72〜100頁。
43 詳細は、西村玲［2012］b。
44 西村玲［2014］d、1037〜1040頁。

善書をめぐる近世仏教の交流

肖　琨

はじめに

　善書の研究としては、まず酒井忠夫氏の専著『中国善書の研究』が挙げられる。善書を「中国庶民文化の宗教社会史的要素である民衆道教の経典」と見取って、明王朝の民衆教化策や庶民社会史的事象や三教合一思想の展開等との関連の上で、総合的に研究した集大成である。[1]酒井氏は宋から明清までを主な考察対象として、善書の多様化、作成の仕組み、形式の変化などを検討するとともに、清から現代にかけての善書に関連する諸問題についても言及し、歴史学分野での善書研究の枠組みを構築した。氏の研究は中国善書を中心に、最後の章に江戸時代の日本文化に及ぼせる中国善書の影響及び流通を整理したが、江戸中・後期日本における中国善書の流通については、黄檗宗の禅僧が日本へ善書を伝えるのに貢献したと述べる。酒井の研究を踏まえて考察してみれば、近世日本において善書の受容は黄檗宗をはじめ、明清と日本の緊密な宗教交流に負うところが大きかったことが明らかになった。善書の日本的展開は、明の禅風を取り入れた仏教の「世俗化」に裏付けられるものと考え、善書研究側からしても、近世日本仏教研究側からしても、両者は互いに適切な参照対象になるだろう。

　本稿は以上のことを念頭に置いて、まず、明末仏教系の功過格『自知録』の成立から、三教合一は明末仏教にとって何を意味するのかを考え、次に黄檗宗を中心に『自知録』の日本展開とその周辺を整理した上、書物交流を考察し、最終的には、神仏信仰を基盤とする日本社会において、近世仏教はいかに三教合一の外部思想を受容し、「世俗化」とも言える勧善の倫理を展開していたのか、との問題に辿り着いてやや大きい枠組みで考えてみたい。[2]

1　仏教系善書の成立

1－1　仏教系善書が成立する思想背景―三教合一

　明末清初の善書の盛行現象をひとつの思想風潮として意識し、それを「善書運動」と定義づけたのは酒井忠夫であるが、呉震は、この思想風潮の実質は明清士大夫による「勧善運動」でもあったと強調している。[3]この時期の中国思想界、とりわけ士大夫層における善書思想盛行の源流は道教善書『太上感応編』の評述まで遡れる。十二世紀に『太上感応篇』が世に問われて以来、明清に至って、『感応篇』の注釈・評述者は数百人以上に達したと言われ、他の善書を合わせるならば、数え切れない量となる。その背景としては、明末において「三教合一」の思潮が最高峰に至るにつれて、儒・道二教は仏教の心性理論及び禅法を借用して自身の枠組みに取り入れるようになり、かえって明末仏教自身の革新に大きな刺激を与えたことが挙げられる。

　僧人でありながら儒学に通じる者が大変多くなる一方、儒学を中心として仏に傾倒して儒釈一致論を唱える者も多く見られるようになった。『感応篇』をはじめ善書の出版は明清の儒教思想界の事業であるのみならず、禅宗思想が民衆化するための要請でもあるがゆえに、僧人、士大夫や下層読書人は共に善書の注釈を手掛け、善書の編纂・出版を進行する主体となって善書運動を推進する。この中に、儒者側では、『感応篇』を仏教典籍として認識し、因果応報の仏教思想を援用して儒教の教理を補強する、いわゆる「援仏入儒」しようとするものが現れた。

　極端な例を挙げると、陽明左派の泰州学派名儒李贄（一五二七～一六〇二）の場合、「釈氏因果之説、即儒者感応之説」[4]と明言し、著書の『因果録』は仏教応報の具体的事例が書かれており、その集め方や内容から、善書に通ずるものを持っていたことが理解できる。また、『因果録』の末に革新仏教の名僧、善書作者でもある雲棲袾宏（一五三二～一六一二）の「戒殺放生文」を引用し、仏教への傾倒ぶりを一切隠さない。

問題になるのは、心学が限りなく禅宗に走るのは仏教の理論を吸収しながらも儒仏の境界線を曖昧にし、主体精神を異化する危険性を帯びていることと思われる。しかも李贄は同時に「童心説」を唱えて、人間の欲望の正当性を認め、功利を求めることを人間の天性として見る。かかる論説は朱子学から見ても仏法戒律から見ても危険な言論に違いない。万暦以降、李贄をはじめとする泰州学派が引き起こした「狂禅」の風潮は儒・佛両家共に批判の的になることはまさにそのゆえだ。

　明末仏教改革の課題の一つは、心学狂禅派が仏法にもたらした弊害を反省・匡正し、仏教本位を堅守しながら積極的に儒学を統摂することである。革新仏教代表者の袾宏の場合、陽明心学が唱える「致良知」に対して賛同を表わすものの、「良知」と仏教の「真知」との混同を断固批判する。儒は治世を主とし、仏は出世を主とする。両者はそれぞれ教化の対象を持つが、仏教の因果応報は「陰助王化之所不及」、儒教の倫理観念は「顕助仏法之所不及」、強いて両者を分別することはなく合一することもない。[5] これは袾宏の儒仏関係に対する認識であり、明末新仏教の基本スタンスとも言える。

　一方、儒・道・仏の三家を互いに整合することがすでに大勢の赴くところになり、道教側も努力を惜しまない。明末の道教は主に符籙醮儀を重んじる正一道と内丹思想を継承した全真教に分かれているが、正一道と違って朝廷のバックアップがなかった全真教の場合、民間において活動を展開し、『道徳経』『般若心経』『孝経』など三教の典籍を道士に読ませたり「清規」を取り入れたり、禅宗や儒学をより積極的に摂取し融合しようとした。特に全真教の理論体系自身は心性理論が欠落するゆえ、それを補強するため仏教の因果応報や禅宗の心性学を大量に吸収しつつあった。「性命双修」を前提とし、「明心見性」や「仙」と「仏」、「三宝」の定義、「涅槃」と「成仙」など、道教用語と仏教用語の附会に努力した。

　全真龍門派第八代伍守陽（一五七三～一六四四）は『仙仏合宗語録』において「仙仏同宗」と主張し、「練気還神」即ち仏家の「四禅定」、「練神還虚」即ち菩薩の「超出無色界之上」とする。[6]無論、内丹学は「還虚成仙」を究極の目標としているために、仏法の理念と根本的な差異を持つ。明末の仏者は仏教本位の立場から哲理上の老荘の道家思想を基本的に認めるが、宗教形式の道教教団が用いる丹薬の方術や用

144

語の混同については批判と拒否の態度が一貫する。その上、袾宏は特に僧侶が三教を混同する「外学」「雑術」を警戒し、「法門之衰相」「末法之弊」として批判し[7]、『正訛集』を著して用語の異同を厳密に分別する。

上述した儒・道二教の仏教心性理論及び禅法の借用が仏教教団内部に及ぼした影響は、仏者の著作における思想面で反撃を招来しただけではなく、かえって明末仏教自身の革新に大きな刺激を与え、仏教復興の実践をも喚起した。改めて経典勉学の提唱、戒律の再三の強調や僧団清規の見直し、さまざまな改革策が行われたわけである。

1－2　『自知録』の成立

そもそも三教合一の風潮ないし仏教改革が起こる原因として、晩明社会の秩序が動揺するうちに、仏教の影響力は一時衰え、仏林にはさまざまな「末法の世」の相が現われたことが挙げられるが、根本的に言えば、明末に衰頽していたのは仏教の教勢や仏法と言うより、社会風気──つまり人心──そのものである。ゆえに混乱した倫理秩序を再建し、乱れた社会風気を改変して信者の仏法への信心を取り戻すことが、明末仏教改革の真の課題となった。[8]

この時期に善書『陰隲（騭）文』や士大夫袁了凡の『陰隲録』は先後して成立した。とりわけ後者の場合、雲谷禅師伝功過格と連携しつつ明代に大いに流行し、以降の善書編纂活動に拍車をかけるものであったと言えよう。このような状況に直面し、袾宏は倫理秩序を再建するのに理論的闡明より実践的修行の提唱がより切実だと判断した。易曰く「積善之家必有余慶、積不善之家必有余殃」という他律論から、「自知罪福」という自律的意識活動へと目指す善書として、袾宏の『自知録』が万暦三十二（一六〇四）年に世に問われる。

『自知録』は袾宏が道教教団の用いた『太微仙君功過格』を編纂して仏教風にアレンジした「功過格」と言えるが、袾宏の道教功過格と区別したい私心から、唯一「格」の名を用いていない功過格になったのである。「旧有功過、今日善過、取周

易見善則遷、有過則改之義、善即功故」（序）。太微格の「功格」「過律」を「善門」「過門」へ改変して倍増させた。「摂入佛事、各随所宗、无相碍故、内容大同小異」であることは袾宏自らが序文に述べた。特に太微格の世俗倫理の部分を保留し、道教の金丹・薬餌・符籙・斎醮の項目を削除した上、丹術を強く排除する項目を設けた。宗教関係の部分は仏教的に潤色されて発展し、葬儀や供養など宗教との結びつきを未だ強く見せているものの、対人・対社会的項目も大量に増加した点に特徴がある。具体的な内容は善門の第一忠孝類に「事父母致敬尽孝養」とある。忠孝類と不忠孝類をそれぞれ善門と悪門の首位に置いた。忠孝という人倫の基本問題をまずもっての善悪の総合的基準としている。仏教の五戒の内容をはじめ、日常生活の具体的な行為から心念の動静まで詳しく規範し、仏教の因果応報観をもって人の自律精神を向上しようとする。

　また、道教の功過を量化する形式で人を正しい道に導き、内省・克己利人の方法で陰徳を積むことを提唱する。「在家出家一切人等、凡有所求。（略）但発心積善、或至五百、或至一千、三千、五千、乃至於万、随其所求、必満願故」（凡例）。功過格の善悪を計量・数値化して記録する方法は容易に実行できるが、その際に、打算的意識を誘発する恐れもあることは、袾宏も自覚している。序文に、善悪の行為を記録するのではなく、この書に書いた善悪基準を自らよく認識して、それに則して善悪を分別し、日々善行に励むことが重要だという袾宏の初心を示した。[9]善行を行う際に動機の純粋性を要求する項目は太微格にも見られるが、袾宏の『自知録』にさらに鮮明にあらわれる。[10]

　三教について、袾宏は仏教が「最長」「最親」「最尊」の立場は一貫するが、「是知理無二致、而深浅歴然、深浅雖殊、而同帰一理」[11]と述べる。袾宏が編纂した『自知録』はまさに道教の功過格を形式として、儒家の道徳倫理、仏教の教理を内容とし、因果応報・勧善止悪を主旨とする、仏教本位の「三教合一」の産物であり、仏教系功過格の完成型である。儒・道・仏三教は教化・勧善という点で同じ行き着く先に辿り着いた。

146

2　日本伝来

　明末清初の百年間に日本に渡来した明人の中では、福建省出身の黄檗系の僧侶が大半を占めていたことは、長崎唐寺によって招聘された隠元隆琦（一五九二～一六七三）の来日と深い関係があると考える。[12]周知の通り、隠元と言えば、袾宏の「禅浄双修」思想を継承する明僧で、自ら「臨済正伝第三十二世」を称していたものの、実際には念仏禅という明末新仏教をそのまま日本に持ち込み、日本においても禅と浄土の教えが一体となって黄檗宗を形成していた。

　『自知録』は長崎貿易時代初期（一六四〇年代前半期）にすでに日本に伝来したものと思われるが、伝来当初はその重要性は長崎以外の日本各宗に認識されなかったと推測できる。隠元等が来日した時に持参した嘉興蔵方冊大蔵経に、袾宏の「雲棲法彙」「自知録序」が収録されている。嘉興蔵方冊大蔵経による鉄眼の黄檗版の開版とその普及は、元禄以降に日本仏教界の功過格に対する認知度を次第に上げていったと考える。というのは、隠元の長崎上陸から元禄までの間、明末善書の編纂活動の状況を把握できたのは黄檗僧と直接交流を持った一部の僧侶だったからである。

　その一人として独庵玄光（一六三〇～一六九八）が挙げられる。少年時代に崇福寺に入り、黄檗宗の道者超元（一六〇二～一六六二）に師事し、後長崎の曹洞宗寺院晧台寺で住職を務めていた[13]独庵は漢籍を大量に渉猟した人物で、袾宏について「句句誠語、語語不失宗」、「真末世之薬石、予之所仰也」と、大変尊敬しており、独庵の思想は明の禅者の影響を大きく受けたと思われる。[14]功過格などの善書を注目して、著作『善哉宝訓』では『陰隲録』に収録した雲谷禅師伝功過格を推奨し、「至精至邃真至正之理」と高く評価した。[15]独庵の激賛は後浄土宗寺院による『自知録』の出版に繋がるものと考える。

2－1　『自知録』の出版

　黄檗僧は、京都開山以降に臨済宗をはじめとする禅宗系や浄土宗をはじめとする浄土系の僧侶と親交を持つ者が少なくなかったといわれている。中でも黄檗山萬福寺の独湛性瑩（一六二八～一七〇六）と浄土宗を代表する学僧忍澂上人（一六四八～一七一一）との交流はかなり緊密なものである。

独湛は承応三（一六五四）年隠元に従って来日して、天和元（一六八一）年に黄檗山の第四代住持となり、元禄五（一六九二）年獅子林院に隠退した。元禄十四（一七〇一）年、忍澂は『自知録』と袁了凡の『陰隲録』を合わせて刊行した。いわゆる元禄十四年版『功過自知録』（独湛序・忍澂跋）である

　『功過自知録』の序文をみれば、おそらく忍澂にとって、『自知録』は以前から見ていたが、元禄ころまでの日本では太微格という功過格が知られておらず、当時の明の仏教・儒教界で功過格が盛行していたことも聞いたことがなかったと言えよう。元禄五（一六九二）年に、独庵によって刊行された『善哉宝訓』に載せられていた袁黄の「積徳立命学」を読んでから忍澂は『自知録』の重要性を知った。さらに、後に独湛との交流から「立命の篇」の出典が善書『陰隲録』であることを知り、『自知録』と『陰隲録』両書ともに大変重要な功過格であると認識するようになる。両書の原本と独湛作の序文をもらい、「人間不可無此二録矣」と感嘆して浄土宗の寺院での刊行にまで至った、といった経緯となる。

　法然院には元々袾宏をはじめとする明僧の著作が大量に蔵されており、『功過自知録』開版の同じ年、『太上感応篇』『勧懲宝訓』等の善書も忍澂の手によって上梓された。それ以外に、善書関係書物『勧善書抜粋五巻』『太上感応篇俗解』『太上感応篇箋註図説』（二種）『太上感応篇和解』『太上感応篇霊験鈔（四巻）』『勧善宝訓』が見られ、それも全部寛文〜宝永年間の蔵本である。[16]浄土宗僧侶が善書を認識・刊行できるのは、黄檗宗との直接な交流が浸透していたからに他ならない。その後、『自知録』と『陰隲録』両書は一般庶民にも認識され、『功過自知録』の和解本『和語功過自知録』は後に版を重ねるようになった。管見の限り近世においては安永五年、文化十一年（白蓮社刊行）、寛政十二年（増補絵抄）、天保九年、天保十年、天保十四年と、何度も刊行され、江戸・京都・大坂の書肆を中心に広く流通して、明治以降にも出版され続けた。

２－２　『勧修作福念仏図説』

　独湛と忍澂の共同印施作業として、『勧修作福念仏図説』の開版は従来より研究の注目点の一つである。若年から袾宏に私淑していた独湛は、袾宏の著作『山房雑録』『雲棲浄土彙語』等に収録された『勧修作福念仏図説』を翻案して、念仏の勧導に盛んに用いた。宝永元（一七〇四）年から昭和初期にかけて十刷も刊行されるほど、その後も念仏教化の主要テクストとして用いられていったという。また、忍澂を師として仰ぐ雲洞（一六九三～一七四二）は、独湛と忍澂の周囲の人から念仏図説や功過格を聞いており、日本における最初の念仏図説と思われる『丈六弥陀蓮会講百万念仏図説』を自ら考案した。その以降も独湛の念仏図説の影響で多くの念仏図説が印施され、仏教教化に用いられたという。[17]

　独湛と忍澂の交流で刊行できたこの『念仏図説』は一枚摺で、現世のための作福と来世のための念仏、信仰と道徳の兼修を勧める図と説になっている。作福すれば現世の苦難なく、念仏すれば来世の成仏を約束するという内容である。記録の方法としては、図全体のまわりに付けられている〇印を、念仏千唱ごとに、青黄赤白黒の色をもって塗りつぶしていく。『自知録』善門の第一忠孝類に「事父母致敬尽孝養」とあるように、『念仏図説』は親への孝養が第一条目として挙げられている。内容は全体的に『自知録』の善行と合致しており、思想的類似性が見られる。[18]

　さらに、現存資料には柳沢吉保の側室定子が念仏修行の成果として遺した念仏図説が見られるが、宝永四（一七〇七）年、独湛の弟子、黄檗山第八代悦峯は柳沢吉保に何回も招かれて江戸に下り、柳沢吉保の幕臣だった祖徠とその頃に出会った。[19]後、祖徠は妻の三宅氏が訳した袁了凡先生功過格に序文をつけ、悦峯に託して世に公開することを望んだことが書簡でわかった。[20]こう見れば、黄檗僧と在家弟子や寺院外部の交流ネットワークにおいても、念仏図説と功過格は類似思想を有する書物として広く伝播していたことが明らかである。

　だが、留意すべきなのは、『自知録』のような善書は出家・在家弟子より、一般民衆が勧善の対象であり、善による現世利益の獲得を前面に押し出し、大衆の仏教入信の誘いとしても考えられることである。一方、念仏図説はある程度仏教信仰を持った者を主な教化対象にするため、念仏は量化されているわりに作福は具体的計量基準が特にないようである。明末清初にかけてこの両書が表裏一体のものとして流布していたことは、三教合一的風潮において互いに補うものであったが、日本の

場合、『自知録』と念仏図説が相俟って刊行されたことは、忍澂のような浄土宗学僧が、独湛を通して袾宏の「作福念仏」を取り入れ、「来報の助業」としての『自知録』の唱導を、違和感なく仏教信仰に取り入れたからである。浄土宗が黄檗僧のもたらした刺激を受けて新たに展開した布教活動の一環としての刊行と言えよう。また、その刊行活動の延長線上に近世往生伝・利益伝を置くことが可能なのではないかと考える。

2－3　往生伝・利益伝の編纂

　江戸時代に入り、仏教の布教手段の一つとして、一時、往生伝は復活されていた。初期の漢文体から和文体に変化していくのは、僧侶のみならず、一般民衆も読者層に入れていたことを示している。近世往生伝の中に独湛の念仏図説がしばしば言及されており、諸本の流布によって図説の影響力が増幅されていくのである。

　近世往生伝を編纂する意図については、まず、「無学の教養のない民衆を浄土信仰に誘っていくには、「往生論」によるものではなく、往生の事実（証拠）を具体的に示す「伝」によらなければならない」[21]とされているが、『扶桑寄帰往生伝』[22]において独湛は袾宏の『往生集』を踏襲しつつ、日本の往生者を唐土に紹介しようとする意図を明示したように、中国に向ける視点が意味深い。また、近世往生伝の言説の形式も同時期の陰隲録等の中国善書と相似しており、明清の宗教書を編纂する風潮に触発されたものとして考えることもできよう。

　内容について注目したいのは、儒教倫理の中心の「孝」は、江戸時代において、忠とともに、政治権力が人々にもっとも要求した実践道徳の一つであったことである。この時期の仏教における「孝」は、過去の先祖供養、現在の親孝行、未来の子孫繁栄と関連して理解できよう。代表的な往生伝編纂者隆円上人（一七六九～一八三四）は『円光大師尽孝説』（文政四年刊）において、「孝」を世間の孝（肉体の養い）と出世の孝（心・信仰）とにわけ、それぞれ大、中、小の区別を規定している。世間の大孝に関する一般的認識は儒教の「五倫の道」であるが、出世の大孝は菩提心で仏道の成就を願うことであり、さらに「かくて安心決定したうえは、士農工商の生業も、みな念仏の助業、孝行のもとになるもの」と、孝と生業と念仏の相互関係について、孝行も生業も念仏の助けになるので、大きな意義を有するものとして捉えている。往生伝に描かれた往生者はいずれも僧侶ではなく、在家信者が中心にな

るが、これは在家信者を強く意識しているため、現実生活に繋げて説いた言葉であろう。

　往生伝のほかに、民衆に向ける利益伝も同時期に同じ目的で編纂されている。いずれも人を念仏へと誘う布教書としての性格をもち、念仏による現証を伝えている点は往生伝と同様といえよう。編纂者の関心は念仏者の心構えと、仏が衆生にあたえる利益とを分別すべきだとするところにあるが、読者である一般民衆は念仏による現世での得益に期待することが多い。従って本来最も重要な願求往生は副次的な問題になる。なぜなら現実に人々が強く求めているものは、結局はあの世のみならず、あの世とこの世の両方の幸せだからである。利益伝は浄土宗の教義から生み出された「非本質的」なものと評価されているが、その成立はまさに民衆のかかる願望に応じたものだ。実際に江戸時代において往生伝によって浄土宗の布教が盛んに行われており、大いに効果を収めた。[23]

　いずれにせよ、往生伝や利益伝の編纂は、近世日本仏教の教化が積極的に幕府の宗教倫理と俗世倫理へ融合していたことを示し、いわゆる日本仏教の世俗化が進行していたが、これは、明清から吹き込んだ三教合一の風の影響によって進行が加速されたものでもあったと思われる。

3　和解善書とその周辺

3－1　『積善春草吟』（『善事訓』）

　宝永五(一七〇八)年『積善春草吟』が版行された。これは『作福図説』という書物から抜粋されたもので、『江戸時代女性文庫』第七集に収録された『善事訓』とほぼ同じ書物だと判断できる。『積善春草吟』（『善事訓』）の内容は『自知録』から合計四十五か条の善行の条目だけを取り上げている。前第二十七条は『作福図説』から、それ以降は補遺として『自知録』からそのまま摘出しているので、抜粋と和訳のようなものだと思われる。[24]また『自知録』との差異については丁寧に細字で記しているが、善の条目に大体日本の事情に即した説明と、通俗的な歌が付せ

られており、庶民に広く読ませる形になっている。その構成形式は仏教教訓書『善悪種蒔鏡』の形式に影響したと言われる。[25]

　『積善春草吟』（『善事訓』）においては、善行の記録方法について『念仏図説』と同じような仕方を取って記帳することにしている。善行の項目を選択する基準として、作者が日本の現実に合わせ、日本でも通用すると思われる項目を摘出したのであろうが、『善事訓』の中には『自知録』と『念仏図説』両書に見当たらない条目が幾つかある。主に人間の内面的心意行為に関する規制と見えるが、例えば、第八項は他人の代わりに苦しみを受けることで、菩薩の大慈悲心についていう「代受苦」のことであり、第九項の「他人を謗らざる」は「不自讃毀他戒・不謗三宝戒」を想起させる。そして第一〇項の「随喜」は善行を増長するという話からも、仏教信者なりの認識が一貫しているという点が注目される。

　しかし、『自知録』にある三宝法事に関連する教義や項目は基本的に削除され、日常生活に密着した項目が取り上げられることから、作者の意図は仏教教理を直接に宣揚するのではなく、仏教倫理を用いて民衆を日常の道徳実践へ導くことにあると推測できる。

　『積善春草吟』（『善事訓』）の出版実態は不明だが、『自知録』の文句に倣って「此作福図を人におしえて行わしむること一人を五十善とす」ることから見れば、善書を版行して広めること自体が「善」として記述され、善行としての施板及び印刷、つまり無料出版・配布の形態であって、いわゆる「自己再生産」という典型的な善書の流布方式を示している。

３－２　『善悪種蒔鏡』と『施行歌』

　天保飢饉の最中、『善悪種蒔鏡』が心学者松山寂庵によって天保六（一八三五）年に印施された。『善事訓』から形式をもらい、『自知録』およびその作者袾宏の三教合一的善書信仰の日本化という影響関係が見られる教訓書である。[26]

善書をめぐる近世仏教の交流

　著者は白隠慧鶴と言われ、「善因善果悪因悪果の理を説いたもので、思想的根抵は仏教にあるが、儒教や神道を取り入れている」。また、白隠の教訓書『施行歌』は『善悪種蒔鏡』と「内容においても語詞においても緊密な関係があ」り、両書の類似性について「単に広略の相違に過ぎない」とされている。[27] 施行歌は名前のとおり、飢饉の際に貧者への施行を勧めることをテーマとするもので、全文百句となっている。その性格について、『国書解題』所収『白隠和尚荒年施行歌』の項には、「饑人貧者に施与せんことを喩せる短歌数首を掲ぐ。天保八年丁酉円通翁の補刻を再版施本したるものなり」と記されている。[28]

　「富貴に大小ある事は、蒔く種大小あるゆえぞ」、「施し多ければ果報も多し」とされ、具体的な善行は『和字自知功過録』と対照すると、善門の仁慈類・雑善類と、過門の不仁慈類・雑不善類に対応項が見出され、また当該期の他の和解善書とも思想的に共通する倫理があることが認められる。

　そして、「子孫繁昌を祈る」ための施行、「親の後生の為」としての施行からは、家族共同体の存続方法に対する根本的な関心に基づいていることが読み取れる。子孫繁栄、富貴利達は善行の善果として認識され、子孫の幸福と財産の獲得のために積徳積善の実践を提唱すると同時に、獲得した財産をいかにして保持するかもまた、積徳積善の実践によって確実に保証されていると考えられる。また、「一門」「宗族」を強く意識し、個人の善を家族全体の善につなげるという道教から出発した善書的考え方は、「施行」の実践と繋げられ、近世日本の儒教・仏教の思惟方式にも深く染み込んでいたのである。というのは、施行歌が提唱している道徳実践は、仏教の基礎に基づいて三教合一的な善書思想を内化したものにほかならないからである。

　なにしろ、積善によって富・家（イエ）の繁栄が約束されることは近世日本の民衆にとっては極めて魅力的なものであり、特に、世俗的な利益が前面に押し出されていて、民衆の関心が自然に集められていたことは言うまでもない。善因善果・悪因悪果、こういった応報主義は、近世の倫理や道徳に欠かせない要件になりつつ

あった。飢饉によって多くの餓死者が出るような社会状況に際し、実践を重視する善書の善目はさらなる注目を浴び、施行に関する勧善書は何度も版行され、特に心学の教勢によって一層流布し、善書と仏教教訓書と相助けて、社会全体において現実の「救済」策が具体的に講じられていたのだ。

おわりに

　『自知録』の成立を明末新仏教改革の成果と考えれば、黄檗宗僧侶の渡来と、日本仏教界との積極的な交流を通じて、日本の仏教者はその成果をうまく取り入れたと思われる。ただし、明清の三教合一の風潮が当時の思想的主流と認識されていたとはいえ、日本仏教界が一概にそれを受け止められたわけではなかった。いわゆる「三教一致」説を批判する僧侶は道元以来、江戸後期にも絶えない。たとい白隠のような三教一致説を賛成する側でも、仏教を儒教や道教より優位とする立場で一致論を提唱するのであったため、三教合一の思想的受容は実に複雑な様相を呈していたので、一括りの分析はできない。このような状況において、三教合一の産物である善書が仏教信者に重んじられて受容されてきたことを、どう理解すべきであろうか。勿論、三教合一を批判する側がマイノリティであったのが表面的原因の一つであったが、重要なのは、「合一」は各宗派の教理や信仰上ではなく、道徳実践上の合一と認識すべきだと考える。ゆえに、善書の印施・紹介は黄檗宗・浄土宗に限られず、後に黄檗宗と競争関係を持った妙心寺側の無著道忠が享保一八（一七三三）年刊『太上感応経』のために、翌年に自筆で識語を書き加えたり、浄土真宗の信暁が弘化二（一八四五）年『山海里』において功過格の実践例と『功過格大意』を紹介したりした事象も見られる。

　また、近世仏教の場合、堕落論はともかく、民衆の罪業意識や後世救済の願望が中世に比して著しく退潮していたのは事実である。病気平癒、家内安全、商売繁盛などの日常生活における現世利益に関する教説は、当該期の庶民教化の場で前面に押し出されるようになった。黄檗をはじめとする仏者において、「善業」（作福）

の積み重ねがより重視され、『念仏図説』に示されたような「念仏＋作福→往生」という構図をもって具体的な善行を提示して布教を推進しようとしたが、作福（善の実践）はまさに善書受容の入り口になったのである。善書が提唱するのは、形式化していく懺悔や念仏で悪業を解消するのではなく、善の実践によって悪を解消していくことである。現世利益にも救済にもより能動的な姿勢が見られ、より通俗的な勧善の原理が構築されるわけである。三教合一がもたらした「世俗化」の結果、「善」は、仏教の「業」や「悪」の対立項とする概念から具現化し、現実の救済策や生活原理として成り立ったのである。

　善書の受容に当たり、近世社会における民衆の、現実の不安から逃れ、運命を向上させたい、子孫繁栄などの願望へのエネルギーが、善書の流通と善行の実践の動力になっていたという勧善の本質は、明清にも、江戸時代にも同様に見て取れる。こういった民衆のエネルギーをより具体的な実践行為へと導く機能を持つものとして考えられるのは、ほかならぬ、善書をはじめとする書物である。そして、近世を経て近代の昭和期に至って、『陰隲録』『功過格』の名が神道教学の一科目として挙げられること[29]についても、善書の思想史的位置付けの再考をしなければならない。

（暨南大学）

1　酒井忠夫『中国善書の研究』（弘文堂、1960 年）。同著『増補中国善書の研究』上・下（国書刊行会、1999〜2000 年）。

2　中央高校基本科研業務費専項資金資助（supported by "the Fundamental Research Funds for the Central Universities"）。

3　酒井忠夫「中国史上の庶民運動と善書運動」（多賀秋五郎『中世アジア教育史研究』国書刊行会、1980 年）、呉震『明末清初勧善運動思想遡源』（国立台湾大学出版中心、2009 年）。

4　『因果録』の序文に、「昔以此序、序感応篇、故今復以次序、序因果録。感応篇因果名殊理一、是故不妨重出也」とあるが、李贄は『感応篇』のために以前執筆した序文をそのまま『因果録』に用いるという（『李贄全集注』第 18 冊〈社会科学文献出版社、2010 年〉）。

5　「儒仏交非」「儒仏配合」、『竹窓二筆』福建莆田広化寺印本。

6　『道外蔵書』第五冊（成都：巴蜀書社、1994 年）690 頁。

7　「僧務外学」「僧務雑術」、『竹窓三筆』福建莆田広化寺印本。

8 詳しくは江燦騰『晩明佛教叢林改革与佛学諍辨之研究』（台北：新文豊出版公司、1990年）と『晩明佛教改革史』（桂林：広西師範大学出版社、2006年）を参照。

9 『自知録』序：「…是録也、下士得之、行且大笑、莫之能視、奚望其能書；中士得之、必勤而書之；上士得之、但自諸悪不作、衆善奉行、書可也、不書可也。何以故。善本当行、非徼福故、悪本不当作、非畏罪故。終日止悪、終日修善、外不見善悪相、内不見能止能修之心。福且不受、罪亦性空、則書将安用。（中略）雖然、天下不皆上士。即皆上士、其自知而不書、不失為君子、不自知而不書、非冥頑不霊、則剛愎自用雲爾。（略）」（『蓮池大師全集』福建莆田広化寺印本）。

10 酒井忠夫によれば、「発心積善」を強調するのは「仏教本来の心説から来るものではあるが、陽明心学の影響によって、明末の仏教界において、元来の心についての思想的宗教的教説が活発に主張されてきた一つの現れとみることができる」。同著『増補　中国善書の研究』上（国書刊行会、1999年）449頁。

11 『正訛集』、岡田武彦・荒木見悟『近世漢籍叢刊〈思想4編6〉』（中文出版社、1984年）。

12 長崎唐寺の前身は、世俗的・道教的要素の強い、海上交通の安全を祈る船神媽祖を祀る媽祖堂であった。唐人たちは自身の信仰が邪教でないことをはっきり証明するために、媽祖堂を拡張して仏殿を建てて、中国から僧侶を招いて、次第に仏寺化させたわけだ。というのは、長崎唐人の仏教信仰は元々、地域信仰と習合的・現世利益を求める功利的性格が呈している点に注目したい。このような土壌があったからこそ、感応篇や関帝真経等の善書は長崎を中心に刊行できた。

13 高橋博巳「独庵玄光小伝（一）」（『金城学院大学論集 人文科学編 』、2009年)を参照。

14 永井政之「独庵玄光と中国禅―ある日本僧の中国文化理解―」（鏡島元隆編『独庵玄光と江戸思潮』ぺりかん社、1995年)88頁。

15 また、貞享四（一六八七）年に刊行した『善悪現験報応編』に報応の明徴としてあげている計四六話は、全て中国の例をもって展開して、『迪吉録』『昨非庵日纂』『冥報記』などの中国古典を引用しており、とりわけ『迪吉録』の引用が群を抜いて多い（宮田尚『『冥報記』の継承その二：『善悪現験報応編』を中心に』、『日本文学研究 』25、梅光学院大学、1989年）。『善悪現限報応編』は『経山独庵叟護法集』に収録されるが、この著作集は荻生徂徠にも影響を与えていたという（高橋博巳「独庵玄光と荻生徂徠」、『文芸研究』98、日本文芸研究会、1981年）。

16 松永知海「『勧修作福念仏図説』の印施と影響」（『仏教大学大学院研究紀要』15、1987年）。

17 田中実マルコス『黄檗禅と浄土教―萬福寺第四祖獨湛の思想と行動』（法藏館、2014年)171～173頁。

18 松永前掲論文、田中実マルコス「黄檗獨湛の『勧修作福念仏図説』について」（『佛教大学大学院紀要』39、2011年）。図説と『自知録』の内容対照について、松永氏と田中氏の研究で大変詳しくなされているのでここでは省略させていただく。

19 当時の会談を「荻生徂徠新黄檗悦峯筆語」として記録したのは、おそらく徂徠の弟子安藤東野だと見られる。（石崎又造『近世日本における支那俗語文学史』清水弘文堂書房 、1967年。56頁）。東野は長崎で唐話を習い、享保三（一七一八）年唐通事兪直俊刊行の和解善書『和語太上感応編』（東野閑人序、西川如見敬讃）に序を寄せた儒者である。

20 「与悦峰和尚」『徂徠集』巻之二十九、平石直昭編『徂徠集 付徂徠集拾遺（近世儒家文集集成第三巻）』ぺりかん社、1985年。

21 長谷川匡俊『近世念仏集団の行動と思想－浄土宗の場合』評論社、1980年。

22 『日本往生極楽記外』浄土宗開宗八百年記念慶讃準備局、山喜房佛書林（発売）、 1974年。

23 往生伝の研究について詳しくは長谷川匡俊『近世浄土宗の信仰と教化』（北辰堂、1988年）と同著『近世念仏集団の行動と思想－浄土宗の場合』（評論社、1980年）参照。

24 内容の対照分析は拙稿「勧善倫理的構築と近世日本仏教」（張憲生編『東亜近世歴史と思想

的地平線』暨南大学出版社、2014 年）を参照されたい。

25 酒井忠夫『増補 中国善書の研究』下、国書刊行会、2000 年。

26 『善悪種蒔鏡和讃』を含む心学道話の資料と善書『太上感応編』の合訂本は文政十年・文久二年に印施されている。

27 多屋頼俊『和讃史概説』法藏館、1933 年。

28 現在、明誠舎に、茶臼山観音寺蔵板『善悪種蒔鑑』（四天王寺　浄信）のほか、文化九（一八一二）年静安舎小谷重之識の『白隠和尚施行歌』と、文政五（一八二二）年識語の『白隠和尚施行歌』が蔵されているが、国立国会図書館には、外題「善悪種蒔鏡」、本文冒頭は「白隠和尚荒年施行歌」、そして『善悪種蒔鏡』『施行勧進弁』『飢饉せざる心得書』などの合冊本（年代不明）が存在している。また早稲田大学所蔵の施行歌は『心学道歌』という外題を有することから、白隠の施行歌は、心学者たちにおいても『善悪種蒔鏡』と同じ性格のものとして認識され、講舎によって多く再版されていたことが注目に値する。

29 河野省三『宮川随筆』（神宮司庁教導部、1962 年）第十二「神宮教院の本教館学規」によれば、上等第四級修身科四月卒業の傍科に「陰隲録」「功過格拾要」が含まれている。

黄檗宗萬福寺第四祖獨湛と善書

田中実マルコス（芳道）

はじめに

　近世の中国においては、宋代以降の儒教・仏教・道教の三教調和の流れを背景に、勧善懲悪の民衆道徳を説く「善書」が数多く著わされた。一方、近世の日本においては、儒教・仏教・神道の三教調和を背景に、石田梅岩（１６８５〜１７４４）に始まる実践道徳、いわゆる「心学」が都市部・農村部・武士階級に至るまで広く普及した。このように、近世の中国と日本において、それぞれ固有の思想と歴史をもつ三教の調和を元に、人間教育の新しい道徳とその実践が出現したことは興味深い。「善書」とは勧善懲悪の民衆道徳を、それに関連する事例や説話を交えて説いた書物の総称で、宋代以降民間に流布した。[1]

　近世における中国と日本との交流の中で、特に江戸初期に来日した隠元（１５９２〜１６７３）とその一行が日本仏教や文化に与えた影響は大きい。本稿では隠元と共に来日した獨湛（１６２８〜１７０６）を中心に「善書」との関わりを考察する。

1　仏教経典にみる善悪の記録

　人間の行為を善（功）悪（過）に分類し、その善悪の数を計算して、その多少により神から禍福が下されるとする神仙思想は、道教の基本的典籍である『抱朴子』[2]に取り入れられている。近世において、善悪の行為の数を具体的かつ詳細に計算することによって積善立功を説くのが「善書」であり、「功過格」[3]とも言われている。

　善悪の行為を天や神が記録するという考えは、仏教経典の中にも見るこ

とができる。たとえば『華厳経』入法界品には、仏の清浄な智慧の眼のはたらきが、不可視的なものにも及ぶことを次のように説いている（八十巻本）。

　　如人生已。則有二天。恒相随逐。一曰同生。二曰同名。天常見人。人不見天。應知如来。亦復如是。在諸菩薩大集会中。現大神通諸大聲聞悉不能見。[4]

　つまり、人には生まれると常に二天が相い随逐する。その二天の名はそれぞれ「同生」、「同名」という。二天は常に人を見ているが、人は二天を見ることができない。如来もまた同じようであることを知るべきであると、如来の神変を語る文脈で持ち出されている。ここには未だ善悪の記録のことは出ないが、唐の玄奘（６０２〜６６４）が翻訳した『薬師琉璃光如来本願功徳経』には次のように説かれている。

　　諸有情有俱生神。随其所作若罪若福皆具書之。盡持授與琰魔法王。爾時彼王推問其人。算計所作随其罪福而處斷之。[5]

　つまり、人には生まれた時から随逐する俱生神がいて、その人がそれまで行ってきた罪悪や福徳をすべて細かに記録している。最後にはそのすべてを持って閻魔王に提出する。その時、かの王はこの人に問いただして、過去の罪福の行為を計算し、裁きを決定するという。[6]ここには入法界品にはみられなかった罪福の行為の記録のことと、それに基づく閻魔王の裁きのことがもち出されている。俱生神のことは『華厳経』六十巻本、仏駄跋陀羅（３５９〜４２９）訳にも出るが、その後の中国撰述仏典では、智顗（５３８〜５９７）の『摩訶止観』巻第八之下が正修観法十境中の第三「病患境」を説く際に、「心はこれ身の主、同名同生なり。天はこの神にしてよく人を守護す、心固ければすなわち強し、身の神もなおしかり。いわんや道場の神をや」[7]と取り上げ、新羅の璟興（７世紀中頃〜８世紀初め頃）は『無量寿経連義述文賛』巻下で「五焼」を解釈する際に、「同生右肩に在りて作す所の悪を記し、同名は左肩に在りて作す所の善を記す。故に記識と云う」[8]と五痛五悪の戒めに引用し、日本の三論宗の珍海（1091〜？）の『菩提心集』下では、閻魔王の裁きに関して、「問　たれか善悪をは細かにしるぞ　答　俱生神というもの注してかの王に授く。俱生神に二たりあり。一

りをば同名と名く。人の左の肩の上に在りて善業を注す。一りをば同生と名づく。右の肩に在りて悪業を注すと説けり」[9]と引用している。また覚禅（１１４３～？）が編纂した東密の図像集『覚禅抄』[10]巻第三、薬師法、倶生神事では、関連する経典として薬師経疏の他、浄度経、灌頂経七、大集経などを挙げている。

　ところで人の行為の善悪を天神が記録するという思惟は、西晋の葛洪（２８３～３４３年頃）が神仙思想を体系化した『抱朴子』で、不老長寿の神仙になる方法を説いた内篇第六微旨にも見られる。それは次のようなものである。

　　天地有司過之神随人所犯軽重以奪其算算減則人貧耗疾病屢逢憂患算尽
　　則人死諸応奪算者数百事不可具論。[11]

　つまり、天地に過を司る神あり、人の犯す罪の軽重に随って、その算命数を奪う。算がへると貧乏や病気になりしばしば心配事に逢う。算が尽きれば死ぬが、算が奪われるべき罪状は数百条もあり、言い尽くせないとある。このように善と悪の数の計算の結果によって寿命の長短を決定するという増寿・奪算の思想は、仏教にも影響を与えたことが像造銘文や疑経にも見られる。[12]そうした奪算の思想の恐怖や不安から人々を解放する救済の道を示した形跡が、北魏の曇鸞の『無量寿経論註』にみられるという指摘がある。[13]

2　獨湛と「善書」

長崎興福寺住持逸然（１６０１～１６６８）の度重なる懇請を受けた隠元は、獨湛ら三十名と来日した。一行には高僧のみならず、彫仏師・仏画師・仏具工・縫工・建築技師なども随伴し、明代の文化をも将来した。黄檗僧たちは日本仏教の多くの諸僧と交流した。獨湛は特に浄土宗諸僧と交流したが、その中でも江戸期の浄土宗学に大きな足跡を残した義山（１６４８～１７１７）や忍澂（１６４５～１７１１）との交流が注目される。獨湛が出家後も先祖への念いを大事にしたことは、その家系陳族の略歴をまとめた『永思祖徳録』を残していることからも知られる。獨湛は中国皇

帝に仕えた陳家の家系に生まれ、伝統的な儒道教の中で育った。[14]獨湛は自分の出家によって後継者がなくなったことを重く受け止め、生涯祖先の供養を続けた。隠元の臨終を伝える『黄檗開山隠元老和尚末後事實』には、隠元が獨湛の孝行について次のように述べている。

　　　聞テ初山獨湛瑩將ニ來テ省候セントス云ヲ復謂テ諸-子ニ曰ク此ノ子有リ孝德　　　兼ネテ謹シミ言ヲ愼シテ行ヲ爲メニ法ノ不レ倦無シ忝ルヿ一方ノ之主ニ但恐クハ老僧不レ及ニ一面ニ矣。[15]

つまり隠元は臨終の時に獨湛の来訪を聞くと、獨湛には孝の徳があり、言葉を謹み、行動を慎む人であり、仏法のために疲倦することなく精進し、一処の主として恥じることのない人である。ただ恐れるのは獨湛に会えないことである、と周囲の人に語ったという。これは隠元が臨終に際して獨湛の人柄を讃えた言葉である。

『永思祖徳録』[16]は獨湛の祖先各人の略歴を記し、次にその人徳に対して賛を付すという構成になっている。大丞相陳俊卿を始め、陳族の六十四人の略伝が収録されている。その中、下巻に獨湛の両親の伝記がある。それは次のようなものである。

陳衰明希振公[17]之子附妣黄氏係金沙兄弟進士東山公曾女孫也

　　　祖諱衰明。字翊宣。博學善書。安レ貧不レ仕。純静無為。平懐接物。不驕不謅。至信至誠。有ニ君子徳ー。有ニ古人風ー。事レ親至レ孝。調ニ養藥石ー。扶ニ掖追隨ー。從ニ游負挈ー。皆不レ辭ニ勞倦ー。年愈久慕ニ深。妣黄氏亦孝敬承順。遇ニ親病ニ甚危ー。醫治不レ効。乃禱レ天請レ代。復割股肉煮レ糜以進。病乃愈。隠レ德密行。人無レ知者。[18]

すなわち、父翊宣は善書に博学で、貧に安んじ、誰に仕えることもなかった。もの静かで人為にとらわれることなく、穏やかな気持ちで人に接していた。奢らず、諂うことなく、誠実で君子の徳があり、昔の賢人の風貌があった。親に仕えては孝を尽くした。薬を整え、親の後を追っては助け、荷物を背負っては付きそうようにし、その労を厭わなかった。そのように親に尽くすことは年とともに深まった。一方、母黄氏もまた親孝行の人で、親をよく敬い従っていた。いつしか親が重い病を患い、医師の手では助からない状態となった時、天に祈って、身代わりとなることを請い、自分の

割股の肉[19]で粥をつくり親に食べさせたところ、親の病は治った。その隠徳の密かな行いを人々は知らない。この伝記から、獨湛の両親は儒道の徳目を備え、欲に長けることなく、孝を尽くし、名誉に拘ることもなく、質実な暮らしぶりをしていたことが分かる。

　ところで日本において善書というものが知られるようになったきっかけは、浄土宗の獅ヶ谷法然院第二代忍澂が、元禄十四年（１７０１）に袁了凡の『陰隲録』[20]と雲棲袾宏（１５３５〜１６１５）の『自知録』を合冊として刊行したことにある。『自知録』は、『陰隲録』を踏まえて、人間の行為の「功」と「過」、つまり「善」と「悪」を数値化して善行を勧める功過格の手法を以て、民衆が広く道徳を実践できるように具体的にその道を示した著書である。これについて忍澂の伝記である『忍澂和尚行業記』[21]には次のようにある。

　　（元禄）十四年師ノ年シ五十七（中略）爰ニ袁了凡先生ノ陰隲録雲棲大師ノ自知録歴陳シテ因果輪回ノ之説ヲ（中略）〈獨湛禅師随喜シテ即チ製シ序引ヲ有リ乙今マ忍澂上人合シテ二録ヲ刊行ス于世ニ上人樂善ノ盛心雲棲于テ寂光中ニ必ス也點首セント上之語甲也〉。[22]

　つまり忍澂は元禄十四年に民衆道徳に関する書物である袁了凡（明代の居士、生歿不詳）の『陰隲録』と雲棲袾宏の『自知録』を合冊にして刊行した。それに獨湛が「袁了凡先生陰隲録序」[23]をよせ、忍澂は「合刻陰隲自知録跋」[24]を寄せている。この合冊の刊行によって『陰隲録』と『自知録』は一般に流布するようになったのである。その忍澂の跋文には次のようなことが記されている。

　　余曩シ未タ見太微仙君ノ功過格ヲ又未タ聞ク有ヲ震旦ノ僧儒盛ニ行フ功過格ヲ者上故ニ雖嘗テ見ルト雲棲ノ自知録ヲ而非シテ不ニハ信セ焉而未タ及行フニ焉後偶々讀テ獨庵ノ善哉實訓ニ載ル積徳立命學ヲ始テ知ル自知録ノ之不ヲ可不ハアル行ヲ因テ自思フ立命一篇ハ蓋シ袁氏己驗ノ之霊訓ニシテ而亦能ク令ルノ人ヲシテ信受セ自知録ヲ之寶券ナリ也可シヤト不ル合セ刻テ共ニ行ハ于世ニ哉然レトモ而不ル知此ノ篇出タルヲ自何レノ書ニ求レトモ之不得一日過テ獅子林ニ問フ湛老和尚ニ忻然トシテ語テ余ニ曰立命之ハ學具ニ出ニ於袁氏ノ陰隲録ニ也。[25]

要約すると、忍澂はこれまで『太微仙君功過格』[26]を見たことがなく、また中国の仏教僧侶や儒者が盛んに功過格を行っていることを聞いたことがなかった。かつて雲棲袾宏の『自知録』を見てはいた。ただ信じないということではないが、実践してみたことはなかった。たまたま獨菴の『善哉寶訓』に「積徳立命学」を載せてあるのを読んで、初めて『自知録』を実践することの重要性を知った。それで気づいたことは立命の学はそもそも袁氏自身の験証に基づく霊訓であり、また人に『自知録』を信受させるための宝訓だということである。だからその二冊を合冊にして世に出すべきである。しかし袁氏の「立命学」がどの書の中に出ているのかを知らず、手に入れることもできないでいた。ある日忍澂は、黄檗山萬福寺の隣にある萬福寺第四世獨湛の隠居寺の獅子林院を訪れた時に、獨湛にそのことを問うと、獨湛は喜んで忍澂に「立命之学」は袁了凡の『陰隲録』に出ると教えてくれた。この跋文によると忍澂が刊行した『陰隲録』『自知録』は、和刻本としては最初のものであることが知られる。

ところで忍澂の跋文に出る曹洞宗の獨庵玄光[27]（１６３０～１６９８）は、隠元の法姪で隠元より三年ほど早く渡来していた長崎崇福寺の臨済宗の道者超元（？～１６６０）に参禅している。また超元は隠元の法弟で獨湛も師事した亘信行彌（１６０３～１６８９）に師事している。このような人脈から積徳立命学が黄檗僧によって日本にもたらされたことは明らかである。

忍澂が刊行した合刻本の冒頭には次のように記されている。

明賜進士袁了凡先生陰隲録

	明經貢魁　陳　昇希振甫	
莆田後学	邑増廣生員黄幼清若水甫	較鋟[28]

「莆田」は獨湛が生まれた場所である。「陳昇希振」[29]は父方の祖父であり、「若水」は母方の祖父である。獨湛の伝記である『初山獨湛禅師行由』には、若水は獨湛の母、黄氏の父であり、獨湛はこの若水によって養育されたとある。『陰隲録』はこの二人の較鋟、つまり二人が校比して印刻したものということになる。

また合刻本『陰隲録』の最後には「佛弟子陳衷明、黄履将。信女曾氏　楊氏　黄氏　郁奇　捐金刻施」との記載がある。つまりこの『陰隲録』は陳衷明、黄履将[30]さらに曾氏、楊氏、黄氏、郁奇の寄付によって刻施されたのである。ここにでる陳衷明は獨湛の父であり、信女黄氏は獨湛の母と思われる。両親を含め六人の寄付によって刊行されたものである。したがって忍澂が刊行した『陰隲録』は獨湛が中国から将来したものが底本とされているのである。

　また「陰隲録序」の最後には、「黄檗梧山積雲禅寺獨湛瑩題」とある。母が亡くなり報恩の念を抱いて出家した積雲禅寺の名を出す意図は、獨湛が初心を忘れないことの自戒であり、また父が善書に精通していたことをも伝えている。

　次に宗教的行為の数値化ということについて触れてみたい。往生浄土を求めて念仏を多く積むためにその数量を蜂の巣のようなリング（圞）を設けて、それを塗りつぶして埋めて行くという教化方法は、宋代の天台宗山家派の志盤が書いた仏教史書『仏祖統紀』や同じく宋代の宗暁が書いた『楽邦文類』に見られる。獨湛は「念仏獨湛」と呼ばれ、日本浄土教の徳僧・学僧と交流しながら、民衆には『作福念仏図』を印施して念仏を広めた。それは阿弥陀仏の極楽浄土図の周囲に沢山の圞を配置したもので、念仏を一遍、あるいは十遍、あるいは百遍唱える毎に、その空白の圞を塗りつぶし、念仏の功徳を多く積むように工夫したものである。

　これは隠元門下でも「工夫専一」といわれた獨湛が、袾宏の『山房雑録』にでる「勧修作福念仏図説」をふまえ、功過格を参考にした念仏教化の資糧である。

　また、忍澂や獨湛より約百年後に出た江戸時代の黄表紙の作家である唐来参和の『善悪邪正大勘定』三巻（寛政七年、１７９５年刊）は、袁了凡の功過格に基づく作品で、石門心学の影響を受けた作品であると言われている。[31]この小説の内容は、天帝が倶生神に或る商人の幼少から一人前になるまでの善悪功過を帳面に記載させ、それを報告させるという話が元になっていて、あたかも商人が売り上げを記帳して決算するように、毎日自

164

分で功過高を記入し、月末に集計、さらに一年間の総決算をするよう促す内容になっている。黄檗僧によって日本にもたらされた善書の影響が、このように近世の日本仏教、道徳、文学に及んでいたことは興味深いことである。

（佛教大学）

---

1 酒井忠夫著『中国善書の研究』光洋社、1972年。

2 楠山春樹稿「道教と儒教　一、『抱朴子』の倫理思想」（福井康順・山崎宏・木村英一・酒井忠夫監集『道教』第二巻、道教の展開　所収）を参照。

3 奥崎裕司「民衆道教」四、功過格（註2の前掲書所収）を参照。

4 『大正蔵』第九巻、680c、第十巻、324a、667c。梵文には「たとえば人には、生まれつき（決まっていて）常につき従っている神がいる。その神はかの人を見ているのだが、かの人は神を見ない。丁度そのように、如来は一切智者の智の境界に住していて、菩薩の集団の大集会の中にいて、偉大なる仏の神変を示すのである」（梶山雄一監修『さとりへの遍歴　華厳経入法界品』上、54頁）とある。

5 『大正蔵』第十四巻、407b、石田瑞麿『民衆経典』（仏教経典選第12巻）では、「民衆経典」について、中国で民衆布教に用いられた経典のことで、その多くは疑経とされているとして、『弥勒上生経』、『弥勒下生経』、『地蔵経』、『高王観世音経』、『盂蘭盆経』、『父母恩重経』などと共にこの『薬師経』を挙げている。なお『ギルギット諸写本』からの梵文和訳（岩本裕訳、196頁）には次のようにある。「この衆生の倶生神がこの人の行った善事・悪事の如何に些細なことでも、そのすべてを漏れなく記載して、閻魔法王に届けます。そのとき、大王はこの人に尋ね、彼の行った善事・悪事を計算し、その善悪に従って処断するのであります」（岩本『佛教聖典選』第六巻、大乗経典［四］）。

6 その他、倶生神に関する記述は、吉蔵（549〜623）の『無量寿経義疏』、『地蔵菩薩発心因縁十王経』（日本撰述の疑経といわれている）など、中国、朝鮮、日本の仏典にみられる。倶生神の信仰をめぐる仏教文化圏における変遷については、長尾佳代子「倶生神のフダ」（『舞鶴工業高等専門学校紀要』38所収）を参照。

7 『大正蔵』第四六巻、110a。

8 『浄全』第五巻、160頁下。

9 『浄全』第十五巻、519頁上。

10 『大正蔵』図像第四巻、42a–b。

11 『抱朴子』内篇巻之六微旨については、石島快隆訳註（岩波文庫）115〜116頁及び尾崎正治・平木康平・大形徹『抱朴子・列仙伝』（鑑賞中国の古典⑨、角川書店）43頁を参照。

12 鎌田茂雄編『中国仏教史辞典』の「抱朴子」の項目を参照。

13 曇鸞の『無量寿経論註』巻下で名号の「有名即法・有名異法」（『大正蔵』第四十巻835c）を論ずる際に『抱朴子』を引用していることについては藤堂恭俊著『無量寿経論註の研究』所収「曇鸞の名号観とその背景」を参照。

14 拙著『黄檗禅と浄土教—萬福寺第四祖獨湛の思想と行動』法蔵館（佛教大学研究叢書）44頁。

15 『黄檗開山隠元老和尚末後事實』4 右（京都大学所蔵）。

16 『永思祖徳録』雲孫沙門性瑩獨湛輯　四巻（刊本）。

　　黄檗文華殿所蔵。刊記には「黄檗版其他諸経印刷発売元　京都市上京区水屋町通二条下ル　一切経　印房武兵衛」と記されている。駒澤大学図書館所蔵。延宝五年（１６７７）に獨湛が寄せた序がある。〈『獨湛全集』第四巻 261 頁〉。

　　希振（陳昇）の伝記には「丞相応求公（陳俊卿）之後」とある。

18 『永思祖徳録』下巻 21 丁〜22 丁（黄檗文華殿所蔵）〈『獨湛全集』第四巻三六四頁〜三六五頁〉。

19 『二十四孝』に「割股療親」の記述があり、自分の股の肉を割いて病の親に捧げることは親孝行であると述べている。人間の肉が薬であることは中国明時代の『本草網目』という医学の書物にも出る。

20 高雄義堅稿「明代に大成されたる功過思想」（『龍谷大学論叢』244 所収）。

21 『獅谷白蓮社忍激和尚行業記』摂州法泉寺沙門珂然謹識。（佛教大学所蔵・西谷寺文庫、『浄全』十八巻 52 頁。

22 『獅谷白蓮社忍激和尚行業記』巻下 15 丁左（佛教大学所蔵）。

23 前掲拙著 213 頁。

24 忍激の跋文の題は「合刻陰隲録自知録跋拙著」とあり、最後に「元禄辛巳二月十八日　獅子谷沙門忍激書」とある。前掲拙著 213 頁。また合刻本の最末尾には、

　　　　沙門信阿捨衣鉢資合刻
　　　　陰隲自知二篇廣布於世願我與衆生共極止悪
　　　　修善之良心同躋了生脱死之淨域者
　　　　元禄十四年二月十八日雒東獅子谷升蓮社識

という文が枠内に記されている。

25 『陰隲録自知録』（合刻）19 丁右〜20 丁右（佛教大学図書館所蔵）。

26 現在知られている功過格類の中で、『太微仙君功過格』は最古のものである。序文によると、大定１１年（１１７１）又玄子という道士が夢の中で太微仙君から功過格を授けられたと記されている。（トーマス・ハミルトン・チルダース稿「『太微仙君功過格』と『自知録』について」〈『龍谷大学仏教文化研究所所報』16、1992年〉）。

27 獨庵の著作には『儒釋筆陣』、『善悪現験報應編』などがある。独庵については『古田紹欽著作集』第二巻「禅宗史研究」所収の「独庵玄光の思想」を参照。

28 『陰隲録自知録』（合刻）１丁右（佛教大学図書館所蔵）。

29 『永思祖徳録』巻下。二一右〈獨湛全集』第四巻 363 頁）。

30 『皇明百孝傳』三七左〈『獨湛全集』第四巻 363 頁）に施刻人名の一人としてでる。

31 『日本古典文学大事典』第三巻、631 頁。長谷川強「善悪邪正大勘定」を参照。

白隠の「すたすた坊主」
―「作為」論、もう一つの系譜学に向けて―

嘉指　信雄

1　巨人・白隠

　「このつらを祖師の面と見るならば、鼠をとらぬ猫と知るべし」――

　逆説的・挑戦的な画賛を添えた、眼光鋭い達磨図、あるいは、市井を裸同然の姿で飄々と行く「すたすた坊主」など、独特な禅画で世界的にも注目されつつある臨済宗中興の祖・白隠慧鶴（1685-1768）[1]。しかし、「五百年間出」（五百年に一人しか出ない名僧）と評される白隠は、飢饉・百姓一揆などで大きく揺れる徳川中期の世にあって、激越な治世批判を果敢に試みた社会変革者でもあった。ユーモラスな「すたすた坊主」は、「上求菩提、下化衆生」をモットーに、此岸の現実に積極的な介入を試み続けた巨人・白隠、自己韜晦の図でもあったと言えよう。本稿では、「活火山」とも評されるその生涯と事績の特長を、最近の研究に依拠しつつ素描することを通じて、その現代的意義を、西田哲学や丸山の「作為」論をめぐる議論ともつなげる形で示唆してみたい[2]。

2　長く激しい「悟後の修行」

　白隠慧鶴は、貞享 2 年（1685）、駿州の原の宿（今の静岡県沼津市）で生まれている。幼名は岩次郎。生家の長澤家は、宿駅にかかわる生業を営んでいたと推察されているが、熱心な日蓮宗信者である母親のもと、「特異な宗教的環境のなかで成育」。「物心つくや母親に連れられ寺参り、・・・五歳のとき千本松原の夕映え、雲の変幻に世間無常を感じ、十一歳になると・・・

雄弁で生々しい法話の地獄の絵解きに恐怖を覚え、自焼の追体験までした」[3]。15歳で郷里の松蔭寺で出家し、19歳となった元禄16年（1703）には、雲水として本格的な行脚修行に旅立っている。貞享2年とは、五代将軍綱吉により「生類憐れみの令」が初めて出された年であり、元禄太平の世に慧鶴は修行を開始したことになる。ちなみに宝永4年（1707）には、日本史上最大級の地震として言及される宝永地震が起きている。

　宝永5年、24歳の時、越後高田英厳寺にて七昼夜こもって座禅、薄明に遠寺の鐘声を聴き豁然と"大悟"――「古人は大悟に二、三十年を費したというが、それは何と奇怪なことか。私を見よ、たった二、三年でこのとおり大悟したではないか」[4]と慢心。しかし、信州飯山の正受老人のもとを訪れた際、そんな慢心は完全に粉砕されることとなる。「いかなる見解を持っていっても許してもらえず、懊々として心楽しまざる毎日で、いつも両眼に涙を浮かべて参禅した」・・・「一睡もせずに座禅し、公案に取り組」んでも、「この穴蔵坊主めッ」と叱りとばされた[5]。

　「迷悟のままに飯山の町に托鉢に出かけ、ある家の前で、その家の老婆に帚でしたたかに殴られ、路上に失神してしまう」が、「・・・降り出した雨滴に面をたたかれ、やっと意識をとりもどすと同時に、両眼を開いた。まさに、その瞬間、・・・大悟を得た」[6]。そしてこのことは、すぐに正受老人の認めるところとなった。慧鶴25歳、正受老人のもとに来て8ヶ月目のことである。いったん慢心を徹底的に打ち砕かれたものの、その後数ヶ月にしてのことであり、やはり非凡なものを感じさせる経緯であるが、さらに特記すべきは、正受老人に「悟後の修行が何より大切」と教えられた慧鶴のその後の軌跡であろう。あまりに激しい修行に励んだ結果、慧鶴は、「禅病」に罹ってしまう。心身のバランスを失い、「深刻なノイローゼ、うつ病状態」に陥ってしまったのだ。

　こうした「禅病」の危機をようやく乗り越えることができたのは、2年後の宝永7年（1710）、京都北白川山中に隠棲する白幽仙人より内観法・丹田呼吸法を授かることによってだった[7]。慧鶴は、言葉やイメージを媒介とした身体技法を自らのものとすることにより、自らの「自然」を回復したのだ。

さらに慧鶴は廻国行脚を続け、享保 2 年（1717）、33 歳の時、故郷の松蔭寺に入寺。以降、白隠と称す。（白隠は、雪に隠れた富士を「仏性」の象徴として描き、「駿河には過ぎたるものが二つあり、富士のお山に原の白隠」と称されることとなる。実に似つかわしい道号である。）しかしながら、「大悟十八度、小悟数知らず」という言葉が伝わっているように、さらに白隠の求道は続き、42 歳となって、「菩提心とは四弘誓願の［衆生を救うための］実践に他ならない」ことを改めて悟得[8]。最晩年に書かれた自伝『壁生草』の冒頭においても、「若し人、菩提の道を成ぜんと欲せば、須べからく四弘の誓願輪に鞭うつべし。縦い你、不二門に入得するも、菩提心なければ魔道に堕つ」とある。実際に白隠は、40 年におよぶその後半生、「この現実世界で苦しんでいる多くの人々を救済し、真の仏法が行われる国土を実現し、菩提心を実践していくという遠大な目的」のために生きる[9]。

3　様々なる「工夫」

こうした激しく長い修行を通じて、白隠は、様々な「工夫」を生み出し、あるいは自らのものとし、実践してゆく。それは、白幽仙人から伝授された内観法の実践や「隻手音聲」といった公案の創出など、「修行・養生のための工夫」にとどまらず、「動中の工夫は静中に勝ること百千億倍」という言葉に集約されているように、さまざまな活動の場における自在かつ創造的な、「下化衆生」のための「伝法の工夫」の実践でもあった。

白隠は、仏教の教えを分かり易く説いた仮名法語を数多く書き残しているだけでなく、万を越えるといわれる数の禅画を描いている。白隠の禅画は、その多くに「画賛」、画の趣旨に関わる言葉が添えられており、巧みな工夫・仕掛けに満ちている。「引喩、暗示、パロディ、地口（語呂合わせ）、そして、『軸中軸』『劇中劇』などという現代的テクニックを先取りしたような仕掛け」は、いわば、「間テキスト性」を活かしたものとなっている[10]。現代人には読み解きにくいものだが、芳澤勝弘によれば、白隠禅画の多くは、浮世絵などとは違い、「不特定多数の人を対象にしたもの」ではなく、共通の「間テキスト的」地平のうえに成立していたものである。

「趙州万法帰一」(『碧巌録』)の公案を書き込んだ「メビウスの環」を掲げ持つ布袋の画や、軸中軸に「此堂にらく書きんぜい（落書きしてはいけません）」という落書きをしている西国巡礼の姿に、ご詠歌の「那智のお山にひびく瀧つせ」を画賛として添えた「落書き巡礼図」などは、そうした「間テキスト性」と斬新な「工夫」が見事に融合した例だ。矛盾に満ちた現世の有り様を対象化しつつ、慈悲の眼差しで包み込んだこうした画に見入る時、見入る者自身の中に、根本的な「視座の転換」が引き起こされるのだ[11]。

白隠の禅画は、こうした高度の意匠を凝らしたものだけでなく、誰にでも分かるユーモラスな「すたすた坊主」、あるいは、仏性の象徴である富士の姿に、「恋ひ人は雲の上なるおふじさん　はれて逢う日は雪のはだ見る」といった、禅画としては“きわどい”画賛を添えたものなど、きわめて多様・自由自在である。庶民から大名まで、相手に応じて描き分けるこうした『対機説法』は、「法を説いて人々を救済していく菩提心の発露」に外ならない[12]。とりわけ、元来は弥勒菩薩の化身とされる布袋が市井に生き、庶民に呼びかけて行く姿を描いた「すたすた坊主」は、白隠その人の化身でもあった[13]。

4　激越な政治批判と介入の試み

しかしながら、白隠の「工夫」は、修行や伝法のための工夫にとどまらず、徳川幕藩体制がようやく綻びを見せ始め、悪政に苦しむ庶民が百姓一揆に訴えざるをえない時代への積極的な批判と介入の試みともなっている。それは、「工夫」というよりは、体制変革を目指す「作為」の試みと呼ぶに適した営為であった。「江戸の社会変革者」として白隠を捉え直す必要と意義を強く唱える高橋敏は、端的に次のように述べている。

　　　白隠の見立ては、民を貪る暗君・酷吏・村長の支配体制にあったが、核心は酷吏の暗躍にあり、これを登用する暗君、同調する村長といった構図を提示して仁君の仁政に立ち帰れと提唱や著作を通してくりか

えし説いた。

　白隠は、ここで立ち止まらず、「上、王化を佐け、下、民庶を利せん」と、暗君・酷吏を糾弾して、仁政の実現を訴え、上は池田継政等の大名から下は村の名主までを在家居士に組織、糾合して俗世に介入した。・・・白隠の言説が危ういものであったのは、『辺鄙以知吾』が没後禁書とされたことからも明らかになる[14]。

　『辺鄙以知吾』とは、宝暦4年（1754）、白隠70歳の時、三代岡山藩主池田継政（1702-76）への上申書として書かれた仮名法語である。題名は、「雑草のへびいちごのように取るに足らないものだが、政務の一助となれば」といった謂いであるが、その内容は、激越な悪政・酷吏批判であり、変革への直截かつ具体的な提言となっている。現代語意訳につけられた目次から拾えば、「仁吏を登用し、酷吏は遠ざけるべし」「酷吏が一国を滅ぼす」「暗君は酷吏を重用する」「村長の専横と百姓の蜂起」「華奢を禁じ浪費をおさえよ」「側室、婢妾の数を減らすべし」「参勤交代の費用は百姓にしわよせされる」「自らを低くして仁政の使われものとなれ」といった具合いである[15]。「天下の御政道」について公に云々することは御法度の時代である[16]。暗君・酷吏、それに一揆といった表現を使っても、固有名は避けるという配慮がされていたとはいえ、白隠の覚悟のほどが伺われよう。白隠の没後三年にして禁書目録に加えられることとなる[17]。

5　もう一つの「作為」論

　白隠の「工夫」「作為」は、白隠の個人的営為としてのみでなく、松蔭寺の山号を採って白隠自ら「鵠林一門」と呼んだ教団ネットワークによる集団的活動でもあった。松蔭寺には、白隠の評判を聞いた修行者が津々浦々から集まり、盛時にはその数は百数十人にのぼったといわれる。重要な寺院の住職となる門弟が数多く輩出し[18]、武家・豪商をふくむ在家居士たちも、様々な形で白隠を支え盛り立てた。その代表が、『辺鄙以知吾』を献呈された岡山藩主池田継政であり、京都の豪商・岐阜屋八郎兵衛こと世継政

幸などであった。京都の公家・文人にサロンの場を提供していた世継政幸は、白隠の京都での活動を支えとなる一方、豪雪のため飢えと寒さに苦しむ窮民の救済のため私財を投じたりしている[19]。

　一般に仏教は、現実の社会的・政治的問題への取り組みの姿勢において弱く、とりわけ、1945年の敗戦へと至る近代日本の歴史においては、許祐盛も指摘しているように、政治制度への批判的精神、あるいは、丸山眞男が唱えたような「作為」の視点が弱く、概ね時代に追従するところとなってしまったと言わざるをえない。しかし、本稿において瞥見した白隠の思想と営為を視野に収めるならば、丸山「徂徠」論とも異なる、もう一つの、いわば未発の「作為」論の系譜が浮かび上がってくるのではないだろうか。

　周知のように、丸山「徂徠論」は、自然と作為、「公的・人為的領域としての政治」と「私的事柄としての道徳」といった二項対立図式の「近代主義的」読み込みの所産として批判の的となってきている[20]。しかし、たとえば、「仏性・真諦の象徴としての富士」と「俗諦の象徴としての参勤交代行列」を対峙させた白隠の「富士大名行列図」は、此岸の人為的制度を相対化しつつ、改善に向け積極的に介入する視点をはらんだ、いわば仏教的な「作為の精神」の見事な象徴化とも捉えられよう[21]。それは、安易に「自然と作為」を対立させることなく、人間の身体性・自然性も踏まえつつ、現世と現世を超えたものとの不即不離の緊張関係の中に「作為」を捉え直す可能性を感じさせるものである。

　またこのことは、たんに系譜学的・思想史的な可能性を意味するにとどまらない。たとえば、後期西田の思索が「作られたものから作るものへ」の標語のもとになされたこと、田辺元の「種の論理」、務台理作の社会存在論、三木清の「構想力の論理」構築の試みなども、西田のポイエーシス／プラクシス論の批判的展開としてあったこと、さらには、丸山眞男自身がこうした京都学派の営みに強い関心を抱いていたことなどを思う時[22]、白隠における様々なる「工夫・作為」とその雄勁なビジョンは、現代における「制作・作為」論に新たな展望を拓り開く一助、少なくとも新たなる問いの補助線となりうるのではないだろうか。

（神戸大学）

白隠の「すたすた坊主」

【参考文献】

今井弘道『三木清と丸山真男の間』風行社、2006 年

小林正弥編『丸山眞男論　主体的作為、ファシズム、市民社会』2003 年

子安宣邦『「事件」としての徂徠学』筑摩書房、2000 年［青土社、1990 年］

──『徂徠学講義　『弁名』を読む』岩波書店、2008 年

杉田敦編『丸山眞男セレクション』平凡社、2010 年

髙橋敏『白隠　江戸の社会変革者』岩波書店、2014 年

田中久文『丸山眞男を読みなおす』講談社、2009 年

田中浩『日本リベラリズムの系譜──福沢諭吉・長谷川如是閑・丸山真男』朝日新聞社、2000 年

遠島満宗『白隠慧鶴　般若心経毒語』風媒社、2015 年

丸山真男『戦中と戦後の間』みすず書房、1976 年

──『忠誠と反逆──展形期日本の精神的位相』筑摩書房、1998 年

村木弘昌『白隠の丹田呼吸法──『夜船閑話』の健康法を学ぶ』春秋社、2003 年

芳澤勝弘訳注『邊鄙以知吾・壁訴訟（白隠禅師法語全集　第一冊)』禅文化研究所、1999 年

──『壁生草（白隠禅師法語全集　第三冊)』禅文化研究所、1999 年

──『夜船閑話（白隠禅師法語全集　第四冊)』禅文化研究所、2000 年

──『白隠禅師の不思議な世界』ウェッジ、2008 年

──『白隠禅画をよむ──面白うてやがて身にしむその深さ』ウェッジ、2102 年

吉田紹欽『白隠　禅とその芸術』吉川弘文館、2015 年

---

[1] 2012 年 12 月から翌年 2 月末まで、東京・渋谷の BUNKAMURA で開催された『白隠展　HAKUIN　禅画に込めたメッセージ』については、動画紹介もアップしている下記サイトを参照。
http://www.bunkamura.co.jp/museum/exhibition/12_hakuin.html
[2] 2015 年 2 月 20–21 日、国際日本文化研究センターにおいて開催された国際研究集会「比較思想から見た日本仏教」の第 4 部会「日本哲学の比較思想的研究」でのエンリコ・フォンガロ氏による提題「西田の時間論と白隠の「客」」に対しては、許祐盛、冲永宜司、永井晋の三氏から詳細なコメントと質問がなされた。
　しかし、質問とは別に、国家主義や民族主義におおむね追随してしまった 20 世

紀前半の日本と韓国における仏教徒の姿勢に対する批判を、丸山眞男の「作為」論の視座から展開してくださった許氏の議論に関しては、時間的制約もあり、ほとんど議論をすることができなかった。また氏は、フォンガロ氏へのコメントにおいて、その「客」をめぐる議論が大変興味深いものと認めながらも、どうして西田哲学が、白隠の詩の一節の解釈を通じて、デリダやレヴィナスの他者論に結びつけられうるのか、あるいは、もっと端的に言えば、他者をめぐる問題を考えるにあたり、我々が向かうべき方向は仏教の「慈悲」論にこそ在るのではないか、と問うている。

　以上のような提題・指摘をセッション全体での議論の中に組み込むことができなかったことは、司会として大いに責任を感ずるところであり、遅ればせながら許氏の問いかけへ応える形で、若干の思うところを記しておきたいと思う。

3　高橋敏『白隠　江戸の社会変革者』岩波書店、2014 年、23 頁。

4　村木弘昌『白隠の丹田呼吸法――『夜船閑話』の健康法を学ぶ』春秋社、2003 年、12-13 頁。

5　芳澤勝弘訳注『壁生草（白隠禅師法語全集　第三冊）』禅文化研究所、1999 年、37-39 頁。

6　村木弘昌『白隠の丹田呼吸法――『夜船閑話』の健康法を学ぶ』春秋社、2003 年、14 頁。

7　高橋敏『白隠　江戸の社会変革者』岩波書店、2014 年、28 頁。

8　芳澤勝弘『白隠禅師の不思議な世界』ウェッジ、2008 年、172 頁。

9　芳澤勝弘『白隠禅画をよむ――面白うてやがて身にしむその深さ』ウェッジ、2012 年、13 頁。学生時代より禅寺で生活し、「衆生無辺誓願度、煩悩無尽誓願断、法門無量誓願学、仏道無上誓願成」を説く四弘誓願を毎朝唱えていた芳澤は、「とんでもない大きな誓願ではないか、こんな誓いは自分にはとてもできない、できもしないことを毎日誦むことなどできない、と思ったものでした。それなのに和尚たちは、あんな大きな声で毎日唱えているとは、どういうことだろう。正直いって、そんな気持ちでしたから、なるべく小さな声で唱えていたのでした」と書いている。

10　同上書、18 頁。

11　同上書、65-65 頁及び 142-144 頁。白隠は、「万法は一に帰す、一は何れのところにか帰す」に対する趙州の答えである「在青州作一領　布衫重七斤（（我れ青州に在って一領の布衫を作る　重きこと七斤））を紙の帯に描いているが、後半の「布衫重七斤」の部分は、「メビウスの環」をなす紙の帯の裏側に書かれているように見えるように、ひとひねりして描いている。有即無を表す「メビウスの環」に包まれた三人の童子は、衆生の象徴である。落書きで、自己言及のパラッドクスを演じている巡礼は、自己矛盾から逃れられぬ衆生の姿であり、ご詠歌は、「那智の大滝の水の音、それが観音菩薩の慈悲の表れであり、『慈眼視衆生』そのものであるぞよ」と説いている。

12　同上書、20-21 頁。

13　芳澤勝弘『白隠禅師の不思議な世界』ウェッジ、2008 年、77-81 頁。

14　高橋敏『白隠　江戸の社会変革者』岩波書店、2014 年、180 頁。

15 芳澤勝弘訳注『邊鄙以知吾・壁訴訟（白隠禅師法語全集　第一冊）』禅文化研究所、v-vi 頁。

16 『邊鄙以知吾』発刊 4 年後の宝暦 8 年、竹内式部は、「危うい世の中」と御政道を批判した廉で伊勢に追放され、政事物まで取り上げた講釈師馬場文耕は斬首となっている（高橋敏『白隠　江戸の社会変革者』岩波書店、2014 年、78-79 頁）。

17 高橋敏は、すぐに禁書扱いとならなかったのは、「書肆を介せず、自刻本として関係者間にのみ流布したからではないか」と推察している(同上書、105 頁)。

18 参照：全国各地の主要寺院の住職となった 47 名の門弟リスト(同上書、122 頁)。

19 芳澤勝弘『白隠禅師の不思議な世界』ウェッジ、2008 年、178-180 頁、及び高橋敏『白隠　江戸の社会変革者』岩波書店、2014 年、121-143 頁。

20 子安宣邦は、丸山の「近代主義的読み」の問題性を次のように述べている。「丸山は徂徠の政治的思惟の成立に読むのは、近代社会における公的政治世界と私的道徳世界とを区別する公私の意識である。このように徂徠における政治的思惟の成立に丸山は公私の区別に立つ近代的思惟の先駆的な成立を読むのである。私はここでは丸山の論理にしたがってのべている。政治を公とし、道徳を私としているのは丸山であって、徂徠ではない。・・・丸山はもっぱら徂徠の制作者＝聖人観において、作為主体を前提にした近代の作為的社会観の先駆的成立を読もうとするのである。作為的社会観とは人間社会の成立に、社会契約というような人間社会の人為的構成契機をとらえる立場である。・・・人為的社会観の解体による作為的社会観の徂徠における先駆的な成立を読んでいくのである」（子安宣邦『徂徠学講義　『弁名』を読む』岩波書店、2008 年、6-8 頁；傍点原文）。また、子安宣邦『「事件」としての徂徠学』筑摩書房、2000 年、22-52 頁参照。

21 ちなみに、荻生徂徠（1666-1728）の白隠（1685-1768）の生年には 20 年の間隔があるだけである。

22 丸山眞男は戦中すでに、務台理作著『社会存在論』(1939) に関する書評において、「純粋哲学者——もしかかる表現が許されるとせば——の関心が具体的な歴史的＝社会的存在に集中する様になつたことは西田哲学以来、近時の著しい傾向である」と評価しつつも、「現実的世界の論理とはいふものの本書の内容は社会科学の立場から見るとまだまだ超越的な、天下り的な感を免れない」、さらには、「哲学的思惟が社会科学の立場より得られた成果を飛び越して、社会科学の対象そのものに直接結びつくとき、そこに悪しき意味に於ける哲学の現実化、政治化の危険が胚胎する」との懸念を表明している（丸山真男『戦中と戦後の間』みすず書房、1976 年、43-44 頁；傍点原文）。

今井弘道は、「歴史的現実を『なる Werden』と『つくる Machen』の二元図式で見る発想を丸山が徂徠学研究において呈示したオリジナルな図式だったと理解することが、田辺や三木の仕事の忘却の上で丸山を理解することに他ならない」と指摘している（今井弘道『三木清と丸山真男の間』風行社、2006 年、168 頁）。

Ⅱ

仏教と近代思想／哲学

村上専精の比較事業

―近代日本仏教の思想形成をめぐる一断面―

オリオン・クラウタウ

はじめに――「近代仏教」の成立という問題

　太平洋戦争中、いわゆる西洋（文化）を総括する要素としての「近代modernity」を様々な方面から「超克」しようとした日本の知識人は、「敗戦」なる体験によって「近代」というものについてまた新たな側面から考えねばならなかった[1]。このような問題関心はやがて「日本仏教」を考察しようとする人間にも共有され、戦後まもなくの学界において研究の大きな推進力となった。宗教史学者の林淳が指摘するように、戦前の枠組で「明治仏教」と称された対象が今度、「近代仏教」へと改められ、そのタームの下で研究が展開されたことは、この事実の証左となるであろう[2]。
　このようなコンテキストから成立する近代仏教研究は、日本仏教の未完な「近代化」を歴史的に説明しようとして、様々な形でいわゆる「天皇制国家」と協力した「封建的」な教団を批判した。例えば、分野の開拓者である吉田久一（1915-2005）は、「幕藩仏教」が「近代仏教」へと展開する「指標点」として、「宗旨仏教から宗教としての仏教へ、教団仏教から信仰仏教へ、個人的戒律から社会的な新戒律仏教へ、あるいは……現相仏教（宗派仏教）から実相仏教（本質仏教）へ等々の変貌」を挙げている[3]。マルクス主義やヴェーバー論の影響下でも定着するこのような研究枠において、近代日本仏教史は「封建」vs.「近代」という緊張感によって促進される物語として叙述された。具体的に例えば、「20世紀初頭に信仰の近代化を成し遂げた」とされる清沢満之（1863-1903）の「精神主義」や、「社会への

関わりを担った」境野黄洋（1871-1933）の「新仏教運動」が「近代化」を支えた事業として評価され[4]、宗教社会学者の大谷栄一は、吉田のこのような研究態度を「近代仏教史パラダイム」と名付けている[5]。

　しかし、以上の成果は 21 世紀以降、大谷自身のような若手研究者によって相対化され[6]、分野としての近代仏教研究が大きく展開したことも事実である[7]。この新動向に影響したのは、特に 1990 年代から活発となった「宗教」概念をめぐる研究である。山口輝臣や磯前順一などは、言説論の視点から religion の訳語としての「宗教」という用語の成立と定着を描き、分野を大きく発展させた。近代仏教をめぐる研究テーマが多様化する中、今日の我々が認識するような「仏教 Buddhism」が如何に成立し、それは如何に「宗教 religion」として語られるようになったかが、重要な課題のひとつとして浮上した。筆者自身も長らくこの問題に取り組んできており、その成果を様々場所で発表してきたが[8]、残された課題も確かに多く存在している。

　本稿では、仏教が「宗教」として語られていく背景をより多面的に描いていくべく、近代的な「仏教」概念の成立に大きく貢献した真宗大谷派出身の僧・村上専精（1851-1929）の役割について考えてみたい。具体的には、「宗教」としての「仏教」のコンテキストを簡潔に取り上げた後、東京（帝国）大学における「印度哲学」の教員であった専精がそのポストに就くまでの来歴を紹介し、彼の初期業績を取り上げる。そして村上専精の「比較事業」はその時代の枠組で如何なる意義を有したのか、などについて検討すべく、その代表作とされる『仏教統一論』（当初全 5 編の予定、1901年刊行開始[9]）が生み出された社会的文脈をめぐって考察したい。

1　近代日本仏教思想の成立と「religion 宗教」

　ここ 20 年の日本国内外の研究成果が様々な視点から示してきたように[10]、現代日本語の「宗教」とは、ヨーロッパ諸言語の「religion」という言葉に遭遇した幕末維新期の思想家たちが、その単語を翻訳するにあたって案出した造語である。「宗教」以外にも、例えば「社会 society」、「自由 liberty」、

「銀行 bank」など、多くのいわゆる「近代漢語」も同様のコンテキストにおいて生み出されている[11]。

このような思想的・言説的な枠組で、それまでの日本列島の各宗では、自らの制度・教義・儀礼などの多くの側面を捉え直すプロセスが始まった。すなわち仏者は、religion なるものと出会うことによって、己が信念体系の再構築に迫られ、「仏教」という言葉自体の定着もその結果のひとつである。近世以前の日本列島においては、言語化された真理を示し、文字通りの「ブッダの教え」を指す「仏教」という言葉よりも[12]、その「教」という側面を包摂しつつ更に広い実践的世界も含めた表現たる「仏法」や「仏道」の方が一般的に用いられていたという[13]。しかし19世紀後半に、プロテスタント系のキリスト教を型とするような religion の言説に直面した宗門僧侶は、様々な理由で例えば、「仏道」の教義的な側面を次第に重視するようになり、「耶蘇教」よりも優れた religion としてそれまでの宗門を体系化した。つまり明治初期において僧侶は、長らくある意味で空想の他者として機能してきた「耶蘇教」に（再び）直面したのであり[14]、それは同時に「宗教」なる新たな言説との出会いを意味するものでもあった。

近代国家建設のこの時期には様々な思想的動向が見られたことは事実で、一括して語ることは当然、困難である。ただし宗教に関していえば、1875年には立憲政体の詔書が発せられ、1881年に国会の開設が宣布されると、「国家の元気」に尽くせるような「宗教」が緊急な課題のひとつとなる。この時期に至ると、日本は将来に如何なる「宗教」を導入すべきなのかという議論が白熱していく。これにおいてキリスト者は、「文明国」を目指す日本が、その資格を有するとされた欧米列強国の「宗教」たるキリスト教を採用すべきと主張したのに対し、仏教者は、現在の仏教がその本来の姿から大きく離れていると認めつつも、これを「改良」した上で日本国の「宗教」にすべきと唱えた[15]。キリスト者にせよ、仏教者にせよ、議論が展開するなかで「宗教」なる語が共通土俵となり、一般化していった。

仏教側からの論者としては、教育者・哲学者の井上円了（1858-1919）が比較的広く知られているが[16]、他に例えば同じく浄土真宗関係者の中西牛郎（1859-1930）も大きな役割を果たし[17]、仏教を可能性のある「宗教」

として語り直した。広範な地域にわたって、しかも数えきれない宗派に分かれている「仏教」の本質を如何に捉えるべきか、そして久しく「衰微」の道を歩んできた日本列島の諸宗は如何に「改良」できるか、などの問題が「religion」という新たな言説枠で議論されるなか、「Buddhism」としての「仏教」が定着していった。

　この際に、ふたつのレベルでの比較が非常に大きな役割を果たした。ひとつは、「耶蘇教」との比較であり、それは上記のとおり、仏教が「宗教」として語られるようになる上で決定的なポイントであった。他方は、その内容がバラバラであると僧侶自身によって認識された「仏教」は、如何にして統一的な「宗教」として提示できるか、という仏教各宗における教理の比較である。すなわち、哲学的・科学的な側面で、キリスト教よりも遥かに優れた「宗教」として「仏教」を語る問題とは別な次元において、内部統一が取れたものとしての「仏教」を描写する教授法のレベルの問題も一方、存在したのである。

　「日本将来の宗教如何」という論争の展開と同時期に、仏教が「印度哲学」の名義で、近代日本初の「大学 University」において講じられるようになる。その枠組で、仏教を西洋医学との関係において捉え直そうとした曹洞宗出身の原坦山（1819-1892）によって『大乗起信論』をめぐる授業が行われる一方、真宗大谷派の僧・吉谷覚寿（1843-1914）は『仏教大旨』（1886年）のような業績を発表し、それらを踏まえた講義をしつつ新時代における仏教の総合的な教育方法を試みた。1890年の後半に、吉谷と同じく大谷派出身の村上専精が「印度哲学」を担当するようになり、彼はその時点ですでに、仏教の「一貫性」を主張するような、重要な業績を世に問うていた。以下、村上の思想的な営みを中心としつつ、近代日本における「仏教」の成立および定着にまつわる一断面をめぐって考察したい。

2　村上専精──東京大学に着任するまで

　本稿の中心人物となる村上専精は、嘉永4［1851］年4月1日、丹波国の教覚寺（現・兵庫県丹波市春日町野山）に長男として生まれた[18]。幼名

は信麿、本姓は広崎。父親の宗鎧（しゅうがい）（1829-1910）に浄土三部経などの聖典について学ぶが、出身寺院は極貧のために、数え8歳で教覚寺から山を越えて、約7キロ離れた同じく大谷派の行雲寺（現・兵庫県丹波市氷上町成松）に預けられた。その住職である岡村波洲に『大学』および『中庸』の素読を教わり、晩年の回想においてこの行雲寺での経験に大きな意義を与えている。こうして漢学の基礎を修めた彼は9歳にしていったん教覚寺に戻ったが、一年後には丹波国天田郡長田村の法林寺（現・京都府福知山市）にまた、預けられることとなった。そして11歳の春頃、祖母の弟・矢野乾明（みょう）（生没年不詳）が住職であった本願寺派寺院・教念寺（現・京都府福知山市野花）に預けられ、主に農業に従事しながら『論語』や『春秋』、そして『七祖聖教』および『教行信証』の読書にも努めた。

　18歳でようやく初めて丹波を離れ、隣国播磨の大谷派寺院・本覚寺（現・兵庫県神崎郡福崎町）を経て、同年に漢学を学ぶべく姫路の善教寺（本願寺派）の住職・亮聞（号・天外、1893年没）の私塾に入った。そこで維新期を過ごすこととなる若き広崎専精は、亮聞による「旧約全書創世記」をめぐる講義も聴き、キリスト教に関する知識を深めた。1871年に姫路を離れ、今度は越後国に移り、無為信寺（大谷派、現・新潟県阿賀野市下条町）住職・武田行忠（1817-1890）の門人となって唯識を学んだ。無為信寺での学習経験も、専精が後に回想する如く、自らにとっての大きな学問的転換点となる。1874年は越後を離れて京都に赴き、当時、東本願寺の唯一の専門学校である高倉学寮に入り、幕末期から大活躍の学僧・樋口龍温（りゅうおん）（1800-1885）による『愚禿抄』の講義を聴いた。しかし、講師の学問的地位を保証せよと訴える「学寮騒動」という寮生ストライキの指導的存在となるが、教団側との交渉に失敗し、退寮に迫られる結果に至った。

　1875年、三河国の大谷派寺院・入覚寺（現・愛知県豊川市御津）住職・村上界雄（生没年不詳）の婿養子となり、改姓した。そこから約30キロ離れた同国一色村の大谷派・安休寺（現・愛知県西尾市一色町）の住職・雲英晃耀（きら）（1831-1910）に因明学を習い始め[19]、その研究に没頭しすぎたためか、自坊のことに無関心となり、それは義父の界雄および門徒との葛藤を引き起こす原因となった。1880年に、妻子を三河に残して京都へ赴き、設置さ

れて間もない東本願寺教師教校に入学した[20]。1882 年にはかつて辞めざる
を得なかった高倉学寮の教員となり、2 年後には越中教校（現・富山県高
岡市）の校長に任命された。しかし 1885 年には、曹洞宗妙厳寺（現・愛知
県豊川市豊川町）に因明学および唯識を講じるべく招かれ、越中教校を辞
した。それが縁となり、1887 年に曹洞宗大学林（駒澤大学の前身）にも招
聘された。

　東京では、雲英晃耀の紹介状を手にして、井上円了を訪ねた。当時、『仏
教活論・序論』を執筆中であった円了は、哲学館（東洋大学の前身）の設
置に向けて動いていた。その開館後、専精はそこで西洋哲学を修めながら、
仏教関連の科目を講じることとなった。その教育営為に加え、彼はこの時
期から積極的な執筆活動も開始し、例えば 1888 年には『仏教道徳新論』や
『仏学・仏教論』を世に問い、翌年には『仏教三大摘要』および『大乗起
信論・科註』も刊行した。1889 年に神田で仏教講話所を開き、かかる生活
の枠組で構想されたであろう『仏教一貫論』を 1890 年 1 月に発表した。同
年の 7 月に浅草の大谷教校に着任し、わずか二ヶ月後に、京都でのポスト
を教団に任ぜられた吉谷覚寿の後任として、東京大学文科大学で印度哲学
を担当するように招聘された。

　以上、村上専精が東京大学に着任するまでの来歴を簡潔に叙述したが、
彼は一括して語り得ないような様々な知的環境を生きてきた人物であるこ
とがわかる。幕末維新期を地方で過ごし、いわば既成教団の枠組での教育
の限界と可能性を経験した専精は、近代教育の最高権威に達した際、如何
なる「仏教」を描いていったのかは、次節以降において考えよう。

3　仏教の一貫性と歴史

　1890 年 1 月に村上専精は、井上円了によって創設された出版社「哲学書
院」から『仏教一貫論』を刊行する。反響はそれなりに大きく、1895 年と
1899 年に第二版および第三版も印刷されるにいたった（なお、その際には
『日本仏教一貫論』と改題）。当著作の目的および問題関心について、専精
自身は次のように述べている。

印度の仏教其伝播分れて二派となる、曰く南方仏教、曰く北方仏教是なり。其南方仏教と云は即ち暹羅錫崙等の国に伝播せるものを云ひ、其北方仏教と云は西蔵支那日本等に伝播せるものを云ふ。然り而して仏教元と無量の義を含蔵するかゆえ、伝播其處を殊になるに随ひ、其教系も殊なれは随て其教理も多少異なることなきを保せす。然りと雖も、余不幸にして未た外邦に伝播する所の仏教を研究せず、故に本編陳るところは啻に吾日本帝国に千有余歳間養生し来るところの仏教のみを概論して異邦伝播の仏教には及はさるものなり。蓋し伝播其處を殊にし教派其流れを分つと雖も、既に其源とを同するものなれは、余輩が本編に論する所……は啻に日本仏教のみに局らす恐くは異邦の仏教に貫通するならん[21]。

ここで着目すべきことは、仏教の「源」は唯一であるとするなら、その本質は日本において展開した諸宗にも当然ながら貫かれており、日本仏教の正確な叙述にさえ努めれば仏教全体の理解が可能となるという立場である。1880年代末は、その会長であったH. S. オルコット（1832-1907）が来日するほど人気を博した神智学協会の思想的なインパクトにより[22]、そして欧州最高学府のひとつで文献学を修めてきた南条文雄（1849-1927）のような人物の執筆活動も通して[23]、大乗そのものはブッダ「本来」の教義から逸脱したものとするヨーロッパ知識界の当時の理解が伝播してくる頃である[24]。専精の学問的営為は、以上のような趨勢を念頭に置きつつ、日本の諸宗も含まれる大乗仏教全体の正統性を示そうとするものとして捉えることもできる[25]。『仏教一貫論』において専精はさらに、「各経諸論諸宗派の仏教総部を一貫する要件」として10条を挙げている[26]。

　専精は一派に偏らず、教義面における仏教の一貫性を示しつつ自らの「宗教」の内部統一を図ろうとした。これは、「宗教」としての仏教が求められた時勢に応えての事業であり、必要な変化を加えて彼の晩年に至るまでみられるような問題関心である。ただし、専精が東京大学に着任してまもなく、その関心を様々な意味で転換させられるような出来事が起きる。それはすなわち、「歴史」なるものとの出会いである。姫路出身の国史学者・三上参次（1865-1939）は東京大学の教員控室で、政府の予算があるとして、

仏教関係の史料調査を薦めたという[27]。それに従事するようになった専精
は、1894 年に同じく哲学館系の研究者で弟子の境野黄洋および鷲尾順敬
（1868-1941）らと共に、近代日本初の仏教史専門の定期刊行物である『仏
教史林』を発表し、彼はそこに「仏教各宗発達史」を連載する[28]。すなわ
ち共通の「源」から生じたはずの諸宗諸派は、如何にしてその本質を保持
しつつ展開していったのかを考慮することによって、また別の視点から仏
教の一貫性を正当化しようとした。『仏教史林』での成果も踏まえ、1897
年に同じく境野および鷲尾と『大日本仏教史』を溯源窟から刊行し、1898
年から翌年にわたってさらに単著の『日本仏教史綱』の 2 巻を発表した。

　『日本仏教史綱』の趣旨に関して、専精は「本編の中、各宗の教義、及
び其事蹟を叙するに就き、無私公平ならんことを期す、著者の意に依り、
文字を左右するがごとき曲筆は、つとめてなすことなし、可成各宗共にそ
の長處を採摘せんことに注意せしなり」、と説明している[29]。筆者が以前に
指摘したように[30]、この時期からは専精のみならず、その周辺人物も各宗
の教理と高僧の事績を描くことで「日本仏教」の総合的叙述を試みる、と
いう立場がみられるようになる。ここで、僧侶でありつつ官学アカデミズ
ムの頂点に達した専精は「日本仏教史」の枠組において、一方は各宗を重
視した語り方によって仏教界の欲求を満たし、他方は「日本」を言説枠と
することによって、官学的な側面を満たすこともできた。以下、専精の統
一事業の時代背景をもう少し詳しく検討し、その意義を考えたい。

4　「仏教統一」の方法

　上記で示したように、仏教を統一的な「宗教」として語る事業は、単な
る個人レベルでの課題にあらず、近代国家としての大日本帝国の建設や、
既成教団の制度的再編成など、社会的な面においての大きな問題であった。
以降、専精の仏教関連の業績の一部が生み出されたコンテキストを念頭に
おき、当時の思想界との関係においてその意義を捉え直したい。

　村上専精が上梓した多くの著作の中で、『仏教統一論』は恐らく、今日
の人間によって最も広く知られているひとつであることは間違いない。そ

の主な理由として、当作品において彼は、大乗仏教が歴史的ブッダである
シャーキャムニによって（少なくとも直接）説かれたものではない旨を明
言したからである。大乗非仏説の主張は日本において決して新しいもので
もなく、専精につながる江戸時代からの伝統も指摘できるが[31]、専精の場
合は既成教団からの圧力が著しく、僧籍を離れねばならない状況にまで追
い込まれた[32]。岡田正彦が指摘するように、専精は当著作において「仏説」
と「仏意」を区別し[33]、大乗は「仏説」ではないにしても「仏意」である
と、「歴史」を通して証明しようとしたのである。

　すなわち、専精は「小乗を仮りに原始的根本仏教とすれば、大乗は開発
的仏教」であると主張して、「大乗非仏説なりと断定」しながらも、大乗を
「開発的仏教として信ずる」とも表明した[34]。つまり、歴史的には不可能
な大乗仏説論を信仰の次元において正当化し、「仏意」として「開発的仏教」
を叙述しようとする取り組みとして『仏教統一論』を理解することも、あ
るいは可能である[35]。

　ここで、専精による統一事業の具体的方法をより詳しくみよう。1901 年
の『仏教統一論 第一編』（『大綱論』）で、彼は次のように述べている。

　　社会進歩の形勢は、一にして止まず。他に又研究の必要を感ぜしむる
　　ものあり。何ぞや、曰く仏教各宗の比較研究是なり。抑近世欧州に於
　　ける比較宗教学の趨勢は、已に我国に到来しぬ。而して日本現今の仏
　　教界を見るに、其教理は四分五裂するも、誰ありて之を統一せんとす
　　る者なし。各宗は互に闘牆の状あるも、一人の此が調和を講ずる者な
　　し。故に比較宗教の潮流を聞くと共に、余をして其必要を感ぜしめた
　　るものは、仏教各宗の比較研究なりき。……歴史研究としては、社会
　　現象の事実史よりも、寧、思想発達の教理史に注意し、教理研究とし
　　ては、宗派的部分の研究よりも、寧、宗派の比較研究よりして、統一
　　的合同調和に尽瘁すること[36]。

専精は「比較宗教学」の方法をもって、仏教各宗教理の比較を試みること
でその根底に流れる共通真理を見出そうとした。ここで「思想発達」を解
明するにあたって歴史研究なるものも必要となり、同様の視座は 1890 年代
後半以降の彼の仏教史研究と直接つながっているところである。

しかし、かかる「統一的合同調和」はなぜ必要とされたのか。明治中後期は、宗門内の教育制度が再編成される時期で、各宗はむしろ自身の教学的確立に尽力していた最中である[37]。恐らくそういうところもあったからこそ、官立大学で教鞭を執る専精は「統一」を強調しようとしたが、一方では「道徳」と関連した、社会全体における「宗教」の役割をめぐる議論も動機として存在したわけである。

　すでに仏教の「一貫性」を主張していた専精が「歴史」の役割に目を向けるようになる 1890 年代中葉とちょうど重なって、日本の知識界において「比較宗教学」という学問分野が成立している。1894 年に、ハーバード大学で修士号を取得した岸本能武太（1866-1928）が帰国し、東京専門学校や早稲田大学などで宗教学の講義を行いつつ、「比較宗教学の研究に就て」（1894 年）や『宗教の比較的研究』（1895 年）なども発表していく[38]。岸本は 1896 年に、後に東京帝国大学宗教学の初代教授となった姉崎正治（1873-1949）と「比較宗教学会」を設立し、分野の確立に尽力していくのである。

　岸本自身が 1899 年に発表した『宗教研究』に窺えるように[39]、宗教学というディシプリンを確立させる文脈上の要因として、「比較」なる方法へのニーズに加え、「将来の宗教」という問題も同じ事柄の両面のように存在した。1900 年前後に、「教育と宗教」をめぐる「第二」の論争が思想界において広く行われ、これは繁田真爾が説明するように、「教育勅語公布から十年、日清日露戦闘期の資本主義の昂進や条約改正による内地雑居の開始など、内外をとりまく急速なグローバリゼーションのなかで説得力を失いつつあった教育勅語の道徳を、いかに再構成すればよいかという、国民道徳の危機を背景としていた」ものである[40]。村上専精もこのような論争に関わっており、その問題を次節で検討することにしたい。

5　「将来の宗教」なる問題

　教育勅語の最もポピュラーな解説の一つをかつて著した井上哲次郎（1856-1944）は、国民道徳の更なる確定を目指し、1899 年 12 月の『哲学

雑誌』掲載の「宗教の将来に関する意見」において、諸宗教を統一したような、新たな「倫理的宗教」の構想を案出した。これは「諸宗教の根底に於ける契合点」とされる「倫理的実在」を踏またもので、繁田もすでに指摘するように、「諸宗教の歴史的現実をほとんど無視した主張」と、当時の多くの宗教（研究）者に批判された[41]。

　村上専精もその一人であり、彼は1900年3月に同じ『哲学雑誌』において「未来二十世紀間に於ける宗教観」を発表している。その論考で、彼は次のように述べている。

　　余輩は未来二十世紀と云ふ如き年月日を待たざるも、早晩新宗教の発
　　生を見るに至るへしと云ふことを想はさるにあらず、現今の諸宗教が、
　　此儘にて未来イヅクまでも盛観を呈すへしと夢想する者にあらす、我
　　国新宗教発生の機運は、今や已に切迫せることを思はさるにあらす、
　　然れとも、また井上博士の如く、仏教も、耶蘇教も、儒教も、神道も、
　　皆其契合点あり、この契合点を執らへ来り、釈迦基督と云ふ如き歴史
　　的特殊性の宗教を打破し去りて、唯一普遍的の宗教が、之に代りて興
　　るへしと云ふことは、容易に予想し得ざる者なり[42]

このように、専精自身も20世紀における「新宗教」の必要性を唱えながら、その「発生」は井上が言うほど簡単にできるものでもないと断言している。古代インドにおけるバラモン教と仏教との関係や、日本における「伝教弘法」と「鎌倉時代」のそれぞれの「新仏教」という歴史的な事例をいくつか取り上げ、ある「新宗教」が発生したとしても、それに対する「旧宗教」が自ずと廃滅するわけでもないという[43]。

　すなわち専精は、井上が指摘したような「旧宗教」と「新宗教」の「交代」にこそ、乗り越えられないような問題を見出していたと言えよう。つまり「宗教」はそれぞれの「歴史的性質」を有している以上、「新宗教」はそもそも、その母体となるような各宗教の「旧慣を全く脱却して起ること恐らくは難からん」、ということなのであった[44]。そして「歴史」の問題について、専精はさらに、次のように述べる。

　　仏教と基督教の合同論の如きは、歴史上に於て、また旧慣持続上に就
　　て、恐くは難からん、現今の教理如何に契合点ありとするも、根本的

宗教の発足点に於て、二者相違あることは明々白々たり、即ち基督教
　　は端を人事に発し、人格的神を以て宗教の立脚地となし、仏教は源を
　　理想に汲み、理想的涅槃を以て開教の立脚地となす、根本的発足地に
　　於て、已にこの相違あるものを、合同一丸となすことは、歴史的性質
　　のものたる宗教の組織に於て、最困難たるへきなり、恐くは望むへか
　　らさることならん[45]。

それぞれの「宗教」の「歴史的性質」を尊重すること—既成宗教のひとつ
である「仏教」を掲げた専精としては、以上があるいは、この論争への当
然の回答なのかもしれない。しかしながら、その本質がそもそも異なるよ
うな「宗教」の合同は無理であるものの、仏教諸宗の場合はその統一が可
能であるのみならず、仏教の「未来」を考えれば考えるほど、不可欠な取
り組みにもなるという。

　ただし専精によれば、日本の「旧仏教」は「已に腐敗」しているために
「外形の儀式制度」を諦め、その「内容の教理」のみ合同すればよいので
ある。仏教各宗の教理を統一して、その根底に流れる真実を見出し、その
理想を踏まえた「合同的新仏教」こそ「未来二十世紀の宗教」となり得る
であろう。やや長いが、最後に、次の言葉にも注目したい。

　　余輩此に預言すらく未来二十世紀間には時勢よく人を生じ人能く新仏
　　教を興すへしと、人或は云はん、今の濁世に当りて、伝教弘法の如き、
　　栄西道元の如き、法然親鸞の如き、一世を風靡するに足るへき人を待
　　つは望外の望なり……。若夫れ時勢能く人を生じ、其人に依て新仏教
　　の興起することありとすれば、所謂新仏教は時勢の孫なり、時勢の子
　　に依て生せし時勢の孫なる新仏教は、定めし旧仏教各派の精髄を抽象
　　し来りて、一丸と為すものならん、語を換て云はゝ旧仏教の変形せし
　　ものならん、而も出世間的ならずして世間的のものならん、形式的な
　　らさる精神的のものならん、来世主義を云はんよりも寧ろ現世主義人
　　道為本と謂つへきものならん、斯の如きものならされば、未来二十世
　　紀の社会に歓迎せらるゝこと恐くは難からん[46]。

以上のように、専精は「旧仏教各派」の形式的性格を超え、その「精髄」
を顕わすものとしての「新仏教」への期待に言及しつつ、井上哲次郎との

論争に取り組んだ。彼によれば、仏教を合同するという学問的営為は、単なるアカデミックな事業でなく、仏教の今後のあり方そのものを変えるような必要不可欠な取り組みであった。かかる視点からして、方法としての「歴史」を重視するようになる世紀転換期の専精は、各宗教理のこれまでの展開をそれぞれの特質において叙述し、そこに潜む「仏意」の根本真理を救い出す営為は、来たるべき「新仏教」の構築という作業と直接つながっていたであろう。

今後の課題──まとめに代えて

　以上、筆者は村上専精とその人物にまつわる言説的・思想的な枠組を概観し、特に「比較」という方法は専精の学問的営為において如何なる意味を有したのかについて指摘した。仏教を総合的に語るという専精による本来の願望は絶えることなく、彼が出会った様々な方法によってそれは試されていった。

　そして、本考察で明らかとなったように、彼にとっての歴史叙述や思想の比較とは、仏教のあるべき姿をもたらすためのメカニズムでもあった。事実、「未来二十世紀間に於ける宗教観」が発表された数ヶ月後の 1900 年 7 月に、雑誌『新仏教』の初号が刊行された。これは、専精の学的指導を受け、彼より 20 年も若き境野黄洋が中心人物の一人となって設立した仏教清徒同志会の機関誌で、その保証金は村上専精から借用されたという[47]。そこでは、「旧仏教」の「形式的」、「厭世的」、または「迷信的」な性格に対して、新仏教徒の「健全なる信仰」が掲げられており[48]、数ヶ月前の専精の言葉を連想させるものである。当然、「旧仏教」対「新仏教」という語り方は、以前からも存在しており、専精がそれを提供したとここで述べるつもりはない。そして専精は以上のように保証金を貸したり、『新仏教』創刊号に祝辞を寄稿したりするなど、この運動との関係も明らかであるから、これもまた、新たな発見となるわけでもない。

　ただし、新仏教運動を始めとして、近代日本の青年文化と仏教をめぐる研究は近年、著しく発展したとはいえ、筆者が展開してきたような仏教概

念論の研究との接点を見出すことが稀であったことも事実であり、村上専精の以上の事業は、その二つの世界をリンクさせる上で非常に有効であると考えられる。すなわち学問史の枠を越えて、それこそ、「社会的」な事業として当時のアカデミズム仏教（史）学を捉え直すことが、あるいは可能であろう。大谷栄一や岩田文昭などの研究成果と照らし合わせながら[49]、村上専精のように、当時はもう高齢になりつつあった人間の目に映った「ユースカルチャー」の描写も、今後の課題としたい。

（Orion KLAUTAU　東北大学）

---

1 「近代の超克」論に関しては例えば、子安宣邦『「近代の超克」とは何か』（青土社、2008 年）、そして酒井直樹・磯前順一編『「近代の超克」と京都学派──近代性・帝国・普遍性』（以文社、2010 年）などをみよ。戦後社会における学界の思想的変遷については、安丸良夫・喜安朗編『戦後知の可能性──歴史・宗教・民衆』（山川出版社、2010 年）収録の諸論文も参照のこと。

2 林淳「近代仏教と国家神道」（『禅研究所紀要』第 34 号、2005 年）、87 頁。

3 吉田久一「近代仏教の形成」（『講座　近代仏教　第 1 巻・概説編』法藏館、1963 年）、63 頁。

4 大谷栄一「書評 2」（同編「書評特集　末木文美士『明治思想家論』『近代日本と仏教』を読む」『南山宗教文化研究所　研究所報』第 16 号、2006 年）、15 頁。

5 大谷「書評 2」、15 頁。

6 例えば、大谷栄一『近代仏教という視座』（ぺりかん社、2012 年）を参照。

7 分野の概観に関しては、前掲の大谷『近代仏教という視座』の I 部・第一章「「近代仏教になる」という物語──日本近代仏教史研究の新たな視座」（13-41 頁）に加え、HAYASHI Makoto, "Guest Editor's Preface" (Feature, "Buddhism and Modernity", *The Eastern Buddhist*, New Series, vol.43/1-2, 2012, pp.1-6); HAYASHI Makoto, ŌTANI

Eiichi, and Paul L. SWANSON, "Editor's Introduction: Studies on Modern Buddhism in Contemporary Japan" (In *Modern Buddhism in Japan*, edited by Hayashi, Ōtani, and Swanson. Nagoya: Nanzan Institute for Religion and Culture, 2014) なども参照。

[8] 例えば、拙著『近代日本思想としての仏教史学』（法蔵館、2012 年）、拙稿「近代日本の仏教学における仏教 Buddhism の語り方」（末木文美士・他編『ブッダの変貌——交錯する近代仏教』法蔵館、2014 年）、拙稿「宗教概念と日本——Religion との出会いと土着思想の再編成」（島薗進・他編『シリーズ日本人と宗教——近世から近代へ』第二巻、春秋社、2014 年）、拙稿「近代と〈未来預言〉——仏教の滅亡をめぐる一八八〇年代の一論争について」（東北大学日本思想史研究室＋冨樫進編『カミと人と死者』岩田書院、2015 年）を参照。

[9] 当初、全 5 冊の予定であった『仏教統一論』は、第一編の『大綱論』（1901 年）、第二編の『原理論』（1903 年）、第三編の『仏陀論』（1905 年）がいずれも金港堂から刊行され、第五編の『実践論』はかなりの歳月を経て、1927 年に東方書院から発表されるにいたった。第四編の『教系論』そのものは出版されることがなかったが、『実践論』において専精が自著の『真宗全史』（丙午出版社、 1916 年）はその位置を占めると主張しているのである（『実践論——聖人親鸞と禅師道元 上』、東方書院、1927 年、3-4 頁）。

[10] 近代日本における宗教概念論については、前掲拙著「宗教概念と日本」に加え、鈴木範久『明治宗教思潮の研究——宗教学事始』（東京大学出版会、1979 年）、羽賀祥二『明治維新と宗教』（筑摩書房、1994 年）、山口輝臣『明治国家と宗教』（東京大学出版会、1999 年）、磯前順一『近代日本の宗教言説とその系譜——宗教・国家・神道』（岩波書店、2003 年）、星野靖二『近代日本の宗教概念——宗教者の言葉と近代』（有志舎、2012 年）、Jason Ā. JOSEPHSON, *The Invention of Religion in Japan* (Chicago: University of Chicago Press, 2012), Trent E. MAXEY, *The "Greatest Problem": Religion and State formation in Meiji Japan* (Cambridge, Mass.:

Harvard University Asia Center, 2014)、そして Hans Martin KRÄMER, *Shimaji Mokurai and the Reconception of Religion and the Secular in Modern Japan* (Honolulu: University of Hawai'i Press, 2015) などを参照のこと。

[11] 明治期の翻訳文化とそれに伴った多くの認識的な問題については、齋藤毅『明治のことば――文明開化と日本語』(講談社、2005 年［初版 1977 年］)、そして Douglas HOWLAND, *Translating the West: Language and Political Reason in Nineteenth-century Japan* (Honolulu: University of Hawai'i Press, 2002) を参照されたい。

[12] 中村元「「宗教」という訳語」(『日本学士院紀要』第 46 巻・第 2 号、1992 年)、59-60 頁。

[13] 大隅和雄 (『愚管抄を読む――中世日本の歴史観』平凡社、1986 年)、137-142 頁を参照。島薗進はそれを踏まえながら、次のように指摘している。

> ……中世に「仏教」という語はすでに用いられていたが、限定された用い方だった……。もっともふつうに用いられたのは「仏法」や「仏道」の語だった。「仏法」は「仏・菩薩、教義、修行、祈禱、儀礼、僧侶、寺院など、仏教に関するすべてを包み込むことばとして、広く用いられた」……〔中世日本において〕「仏道」や「仏法」は実践に重きを置いた語だが、「仏教」は経典に書かれているような文字化された真理命題に力点がある……。明治維新以降、主に「仏教」の語が用いられるようになったということは、中世から近代に至る間に「仏」の「法」や「道」の語で理解されていたものが、「仏」の「教」として存在するものとして理解されるように変化したということを意味する (「近代日本における〈宗教〉概念の受容」島薗進・鶴岡賀雄編『宗教〈再考〉』ぺりかん社、2004 年、192-193 頁)。

[14] この問題に関しては、Kiri PARAMORE, *Ideology and Christianity in Japan* (London: Routledge, 2009) を参照されたい。

村上専精の比較事業

15 「国家の元気」および「日本将来の宗教如何」をめぐる議論に関しては、前掲
の山口『明治国家と宗教』（29-55 頁）を参照のこと。

16 例えば Jason Ā. JOSEPHSON, "When Buddhism became a 'Religion': Religion and
Superstition in the Writings of Inoue Enryō" (*Japanese Journal of Religious Studies*,
33/1, 2006) を参照。

17 星野靖二「明治中期における「仏教」と「信仰」──中西牛郎の「新仏教」論を中心
に」（『宗教学論集』第 29 輯、駒沢宗教学研究会、2010 年）などをみよ。

18 本節を作成するにあたって、村上専精『六十一年──一名赤裸々』（丙午出版社、
1914 年）および「自伝」（『実践論──聖人親鸞と禅師道元』「仏教統一論 第五
篇」下巻、東方書院、1927 年）を参照した。なお、拙著『近代日本思想として
の仏教史学』の第一部・第二章「「日本仏教」の誕生──村上専精とその学問的
営為を中心に」（83-117 頁）に加え、専精をめぐる先行研究は次のようなものが
挙げられる──赤松徹真「明治中期の仏教的〝近代〟の相剋──村上専精を中
心として」（『龍谷史壇』87 号、1986 年）、芹川博通『近代化の仏教思想』「第六
章 仏教統一論──村上専精」（大東出版、1989 年）、末木文美士『明治思想家
論』「第四章 講壇仏教学の成立──村上専精」（トランスビュー、2004 年［初
出 2000 年］）、Michel MOHR, "Murakami Senshō: In Search for the Fundamental Unity
of Buddhism", James Mark SHIELDS, "Parameters of Reform and Unification in
Modern Japanese Buddhist Thought: Murakami Senshō and Critical Buddhism" and
Ryan WARD, "Against Buddhist Unity: Murakami Senshō and his Sectarian Critics" (以
上の英語論文は全て *The Eastern Buddhist*, new series, vol.37, n.1-2, 2005 に収録）、
高山秀嗣「村上専精にとっての〈教育〉」（『九州龍谷短期大学紀要』57 号、2011
年）、田村晃祐「井上円了と村上専精──統一的仏教理解への努力」（『印度学仏
教学研究』49/2、2001 年）、岡田正彦「宗教研究のヴィジョンと近代仏教論──
「仏意」と「仏説」」『季刊日本思想史』75 号、2009 年）、江島尚俊「哲学的仏教研

究から歴史的仏教研究へ──井上円了と村上専精を例として」『大正大学大学院研究論集』34 号、2010 年）、そしてユニテリアン主義の専精への影響については Michel MOHR, *Buddhism, Unitarianism, and the Meiji Competition for Universality* (Cambridge, Mass.: Harvard University Asia Center, 2014) の pp.75-85 を見よ。なお英語文献なら、Kathleen M. STAGGS による未刊の学位論文（"In Defense of Japanese Buddhism: Essays from the Meiji Period by Inoue Enryō and Murakami Senshō", Ph.D. diss., Princeton University, 1979）、特に pp.273-331 も参照のこと。

[19] 雲英の学問については、MORO Shigeki, "Kira Kōyō's Inmyō Interpretations and Western Logic" (*Journal of Indian and Buddhist Studies*, vol.63, no. 3, March 2015) を参照されたい。

[20] 近代大谷派における教育制度の成立については、江島尚俊「明治前半期・真宗大谷派における高等教育制度」（『近代日本の「宗門系大学」における僧侶養成と学術研究に関する実証研究』、科学研究費補助金若手研究 B 研究成果報告書、課題番号 23720034、2013 年）を参照。仏教と「教育」の関係については、谷川穣『明治前期の教育・教化・仏教』（思文閣、2008 年）もみよ。

[21] 村上専精『仏教一貫論』（哲学書院、1890 年）、「緒言」2 頁。

[22] 例えば吉永進一「明治期日本の知識人と神智学」（川村邦光編『憑依の近代とポリティクス』青弓社、2007 年）を参照。

[23] 南条をめぐっては、その自伝『懐旧録──サンスクリット事始め』（平凡社、1979 年［初出 1927 年］、東洋文庫 359）を参照。なお彼を中心に、日本における仏教学の成立を考察したものとして、大西薫「日本近代仏教学の起源」（『日本佛教學會年報』第 66 号、2000 年）がある。

[24] Tomoko MASUZAWA, *The Invention of World Religions: Or, How European Universalism Was Preserved in the Language of Pluralism* (Chicago: University of Chicago Press, 2005), p.126.

25 拙著『近代日本思想としての仏教史学』、28 頁。

26 「（一）万有は横（空間的）と竪（時間的）とに無際無限なるもの也／（二）万像は因果と無常と無我の三大則を包含せるもの也／（三）万有の本体は不生不滅不増不減平等無別なるもの也／（四）仏教哲理には縁起論と実相論の二大部門あるもの也／（五）仏教中の縁起論は空間的にして時間的にあらざる也／（六）仏教中の縁起論は主観的にして客観的にあらざる也／（七）仏教には修性の二門あり中に於て修の実行を要するもの也／（八）仏教は凡ての妄執を去り煩悩を断つことを要するもの也／（九）仏教最終の目的は仏教の仏陀の地位に到達するにあるもの也／（十）仏教の最終の目的を遂んとするものにつき自力法と他力法の二大部門のあるもの也」（村上『仏教一貫論』、12-15 頁）。

27 前掲の村上「自伝」、135 頁。

28 本論は、『仏教史林』の第 3 号から第 12 号（1894 年 6 月〜1895 年 3 月）に連載された。

29 村上専精『日本仏教史綱　上巻』（金港堂、1898 年）、「凡例」、2 頁。

30 拙著『近代日本思想としての仏教史学』の第一部・第二章「「日本仏教」の誕生——村上専精とその学問的営為を中心に」（83-117 頁）を参照。

31 例えば西村玲『近世仏教思想の独創——僧侶普寂の思想と実践』（トランスビュー、2008 年）の第 5 章「教判を生きる——普寂の大乗仏説論」（144-176 頁）および西村「釈迦信仰の思想史的展開—大乗非仏説をめぐる近代化とは何か」（『東方』26、2011 年）を参照。専精の前任である吉谷覚寿に関しては例えば、註 8 前掲の拙稿「近代日本の仏教学における仏教 Buddhism の語り方」もみよ。

32 前掲註 18 の Ward, "Against Buddhist Unity" を参照。

33 この「仏意」と「仏説」という問題に関しては、註 18 前掲の岡田「宗教研究のヴィジョンと近代仏教論」における考察を是非、参照されたい。

34 村上専精『大綱論』（「仏教統一論　第一篇」、金港堂、1901 年）、460 頁。

35 前掲の岡田「宗教研究のヴィジョンと近代仏教論」に加え、村上専精の『仏教統一論』そのものについて考察した論考として、例えば、註 18 前掲の末木文美士『明治思想家論』(特に 100-109 頁)、そして柏原祐泉「近代仏教史学の成立とその課題」(『真宗史仏教史の研究Ⅲ〈近代篇〉』平楽寺書店、2000 年［初出 1989 年］) もみよ。

36 村上専精『大綱論』(「仏教統一論 第一編」金港堂、1901 年)、3-4 頁。傍点は原文の通りである (以下同)。

37 例えば James Edward KETELAAR, *Of Heretics and Martyrs in Meiji Japan* (Princeton, N.J.: Princeton University Press, 1990) 岡田正彦訳『邪教／殉教の明治』(ぺりかん社、2006 年) の第五章「歴史の創出」を参照。

38 岸本を始めとするこの時期の宗教学については、鈴木範久『明治宗教思潮の研究』(東京大学出版会、1979 年)、特に 251-310 頁をみよ。そして註 18 前掲の Mohr, *Buddhism, Unitarianism, and the Meiji Competition for Universality* (pp.86-110) も参照のこと。

39 岸本能武太『宗教研究』(警醒社、1899 年) 収録の「我国将来の宗教如何」(280-282 頁) を参照。

40 繁田真爾「一九〇〇年前後日本における国民道徳論のイデオロギー構造 (上)──井上哲次郎と二つの「教育と宗教」論争にみる」(『早稲田大学大学院文学研究科紀要』第 3 分冊、2007 年、188 頁)。この論争に関しては、繁田論文に大きな示唆を得た。

41 繁田「一九〇〇年前後日本における国民道徳論のイデオロギー構造 (上)」、188 頁。

42 村上専精「未来二十世紀間に於ける宗教観」(『哲学雑誌』157 号、1900 年 3 月)、215 頁。

43 村上「未来二十世紀間に於ける宗教観」、215-216 頁。

44 村上「未来二十世紀間に於ける宗教観」、216-217 頁。

45 村上「未来二十世紀間に於ける宗教観」、217 頁。

46 村上「未来二十世紀間に於ける宗教観」、221-222 頁。

47 吉田久一『日本近代仏教史研究』（吉川弘文館、1959 年）、369 頁。

48 「我徒の宣言」（『新仏教』第一巻・第一号、1900 年）、5 頁。

49 大谷『近代仏教という視座』（Ⅰ部・第二章「明治期の「新しい仏教」の形成と展開」、42-92 頁）、および岩田文昭『近代仏教と青年――近角常観とその時代』（岩波書店、2014 年）をみよ。碧海寿広『近代のなかの真宗』（法蔵館、2014 年）も参照のこと。

付記　本稿を作成するにあたって、ディラン・ルアーズ戸田氏、繁田真爾氏、森川多聞氏、桐原健真氏に、史料および助言を提供して頂いた。ここに記して感謝の意を表す次第である。

西田の時間論と白隠の「客」

エンリコ・フォンガロ

「子供とは何かということわからないかぎり、あなたには、
幽霊が何かということもわからず、もちろんその結果として、
知とは何かということもわからないだろう。」
（『言葉にのって』39 頁。筆者により一部改変)

はじめに

　本稿は、「客」という考えを巡るものである。「客」という概念を用いながら、初期の西田の、特に時間論の思想を解釈することを試みる。西田の著作には、私が知っている限り、「客人」に関して直接書いてあるものは見られない。本稿の「客」は、西田の言う「客」ではなく白隠禅師の『毒語心経』の中で出て来る「客」を指すことに注意していただく必要がある。西田は初期に一度だけ白隠の「客」を引用するが、自身の時間論をすすめていくうちに、徐々に白隠の言う「客」の必然性を感じていったのではないかという可能性を示唆したい。

1　初期の西田における時間論

　『善の研究』は 1911 年に出版された西田の最初の著書である。この著作で、西田は哲学的な体系を作るつもりであり、その哲学的体系の基礎概念は「純粋経験」であった。西田は、
「純粋経験を唯一の実在としてすべてを説明して見たいといふのは、余が大分前から持つて居た考であつた。」（『西田幾多郎全集』第一巻、6-7 頁)
と記している。この体系は、四つの部分に分けられている。最初は「純粋

経験」という編で、西田は純粋経験とは何かの説明を試みた。第二編は、「実在」で、西田の独自の存在論を論考している。第三編は、「善」であり、自分なりの道徳について論じている。最後の「宗教」編では、自身の宗教論を記した。

「第一編は余の思想の根柢である純粋経験の性質を明らかにしたものである<・・>。第二編は余の哲学的思想を述べたものでこの書の骨子というべきものである。第三編は前編の考を基礎として善を論じた積である<・・>。第四編は余が、かねて哲学の集結と考えて居る宗教に就いて余の考を述べたものである。」（『西田幾多郎全集』第一巻、6頁）。

そして、西田はすぐに続ける。

「この編（宗教に関する第四編）は余が病中の作で不完全の処も多いが、とにかくこれにて余が云はうと思つて居ることの終まで達したのである。」（『西田幾多郎全集』第一巻、6頁。）

この本を書いた当時の西田は、様々な困難に直面していた。西田自身が病気であっただけではなく、家族の問題、幼い子供の死さえも経験したが、不完全であっても西田の自分自身の思想に関して表現しつくしたということであった。

さて、最初の作品である『善の研究』の時から、西田の哲学は厳密に「時間」の問題と結びついているように見える。西谷啓治が言ったように「根本経験主義」である西田哲学は経験に基づくため、時間的な色合いを持っていることは当然である。西田の根本経験主義は「経験」よりも、「経験する」という実践を基にするため、このような「経験する」ことが時間内に行われることとなる。『善の研究』は純粋経験の定義ではじまる。

「経験するといふのは事実其儘に知るの意である。」（『西田幾多郎全集』第一巻、9頁。）

事実其儘に知るのは「経験する」ことで、名詞ではなく、動詞、つまり、実践であることに注意してもらいたい。実践とは、時間の中で行う行為であるため、自然と時間に関する問題をあつかうことになる。西田では、このような「経験する」ことは、意識の活用であり、いつも「現在」にある。最初から西田の時間論は「現在」を中心にしていることが次の節からもわ

かる。

「真の純粋経験は＜・・＞事実其儘の現在意識あるのみである」（『西田幾多郎全集』第一巻、9頁）。

　『善の研究』の時期から、西田の時間論の中心的問題は、どのように「現在」を考えるべきなのかということであった。『善の研究』を見ると、初期の西田哲学の中では基本的に三つの現在の考えが見られると思われる。すなわち、

a) 瞬間、刹那としての現在（個別化の原理としての時間）
b) 持続としての現在（意識の根本形式である意志の時間性）
c) 永久の今としての現在（知的直観の時間性）

である。

　a) は、まず現象のレベルでの時間である。これは、カントやショーペンハウアーの「個別化の原理」とされている空間、「時間」、因果関係である。このような「現象的時間」の現在は Jetzt-Punkt（今・点）のような「瞬間」、「刹那」となる。「点」になった現在は西田によれば、近代自然科学の時間性で、空間の中で現象の姿を固定するための「現在」となる。つまり生きた時間から最も遠い時間性であり、ベルグソンの言葉で言えば、「空間化された」現在、考えられた時間しかない。

「純粋経験の現在は、現在に就いて考ふる時、已に現在にあらずといふやうな思想上の現在ではない。意識上の事実としての現在には、いくらかの時間的継続がなければならぬ。」（『西田幾多郎全集』第一巻、11頁）。

　b) は、「意識現象が唯一の実在である」（『西田幾多郎全集』第一巻 43 頁）ため、「意志が意識の根本的形式である」（『西田幾多郎全集』第一巻、13頁）から、「本体的時間」を理解するには、意志の時間性を考えなければならない。意志は今・点の瞬間ではなく、継続、持続、注意の連続であり、実践と結びついている。「意志がいつも現在である」、「現在に於ける現在の

活動にある」（『西田幾多郎全集』第一巻、13頁）のに関わらず、その現在は過去と未来とつながっており、点ではなく、むしろ持続するものである。『善の研究』においては、ベルグソンの名前は一度も挙っていないが、西田がベルグソンの純粋持続の考えに基本的に同意していることが以下に見てとれる。

「意識現象は時時刻々に移りゆくもので、同一の意識が再び起ることはない。昨日の意識と今日の意識とはよし其内容に於いて同一なるにせよ、全然異なつた意識であるといふ考は、直接経験の立脚地より見たのではなくて、反って時間といふ者を仮定し、意識現象は其上に顕はれる者として推論した結果である。意識現象が時間という形式に由つて成立する者とすれば、時間の性質上一たび過ぎ去つた意識現象は再び還ることはできぬ。時間は唯一つの方向を有するのみである＜・・＞。併し今直接経験の本に立ち還つて見ると、此等の関係は全く反対とならねばならぬ。＜・・＞されば意識の統一作用は時間の支配を受けるのではなく、反って時間は此統一作用に由つて成立するのである。」（『西田幾多郎全集』第一巻、60頁）。

このような意味で、西田がよく書いているように、「経験は時間、空間、個人を知るが故に時間、空間、個人以上である。個人あつて経験あるのではなく、経験あつて個人あるのである。」（『西田幾多郎全集』第一巻、24頁）。「経験する」こととしての純粋経験は時間の中の一つの現象ではなく、現象の本体として持続する現在である。つまり、現在に於ける現在の「活動」を意味する。

『善の研究』がb)で終わるのであれば、意志主義的意識論で、時間論はベルグソンとほとんど変わらないものになったことであろう。しかし、意志より根本的なものはないとしたはずの西田は、後にさらに根本的なものがあると言う。それは、「知的直観」である。西田は、意志の中心に説明できない盲目的中軸があると言う。

「又或は意志は盲目であるといふので理性と区別する人もあるが、何ごとにせよ我々に直接の事実であるものは説明できぬ、理性であつても其根本である直覚的原理の説明はできぬ。説明とは一の体系の中に他を包容し得

るの謂である。統一の中軸となる者は説明できぬ、兎に角其場合は盲目である。」（『西田幾多郎全集』第一巻、33頁）。

　ここには、後で登場する「絶対無」のニュアンスも感じられるが、『場所』の前の時代の西田の著作の中では、統一の中軸は説明できないものとなっている。

　「思惟の根柢に知的直観がある様に、意志の根柢にも知的直観がある。我々が或事を意志するといふのは主客合一の状態を直覚するので、意志はこの直覚に由つて成立するのである。意志の進行とはこの直覚的統一の発展完成であつて、其根柢には始終此の直覚が働いて居る、而してその完成した所が意志の実現となるのである。我々が意志に於いて自己が活動すると思ふのはこの直覚あるの故である。自己といつて別にあるのではない。真の自己とはこの統一的直覚をいふのである。それで古人も終日なして而も行せずといつたが、若し此の直覚より見れば動中に静あり、為して而も為さずと云ふことができる。又かく知と意とを超越し、而もこの二者の根本となる直覚に於いて、知と意の合一を見出すこともできる。」（『西田幾多郎全集』第一巻、36頁）。

　『善の研究』では、意志の現在は純粋持続の現在であるが、より根本的な意識活動があるとすれば、上のような知的直観の現在はどうなるのであろうか。

　西田の答えは、「永久の今」である。最も根本的な意味での現在、真の自己の現在は、「永久の今」と言われ、この概念は晩年の西田哲学でも「永遠の今」として残った。重要なのは、『善の研究』では、西田の「永久の今」の解釈はプラトン主義的で、プラトンの「永遠」、アイオン、αἰών に近いことである。西田は「永久の今」について、アウグスティヌスを引用しながら、次のように書いている。

　「アウグスチヌスのいつた様に、時は神に由りて造られ神は時を超越するが故に神は永久の今に於いてある。」（『西田幾多郎全集』第一巻、146頁）。

　このように、西田はアウグスティヌスの『告白録』11、13 を引用するが、ここではアウグスティヌスは「永久の今」ではなく、aeternitas、つまり「永

204

遠」に関して書かれている。

「あなたは時間によって、もろもろの時間に先立っているのではありません。そうでなければ、あなたはすべての時間に先立つことにならないからです。ですからそうではなくて、あなたは常に現在である永遠の高さによってすべての過ぎ去った時間に先立ち、またすべての未来の時間を追い越します。＜・・＞あなたの年は「一日」です、またあなたの日は「毎日」ではなくて、「今日」です。というのはあなたの今日は明日に道をゆずりませんし、また昨日に続いてもいませんから。あなたの今日は永遠です。」(『告白録（下）』、226頁)

　アウグスティヌスのこのような「永遠」は、プラトン主義のアイオンと関連があり、最終的にはパルメニデスのニュン（νῦν）、つまり「今」まで、さかのぼることができると言えるだろう。パルメニデスの断片8では有の時間性を示している。

「またそれはあったことなく　あるだろうこともない。今（νῦν）あるのである、──一挙にすべて」(『ソクラテス以前哲学者断片集』第2分冊、第28章、86頁)

　このような「今」は過去もなく未来もない、非時間的な「現在」で、西洋の伝統の中では絶対者、神の存在であり、西洋の時間論の根本的な考え方の一つでもある。

　西田の「永遠の今」も、『善の研究』においては「超越せる普遍的」(『西田幾多郎全集』第一巻、60頁) な「今」であり、後の著作に出てくることばの一つを使えば、過去も未来もその中で消える「現在の平面」であると考えられる。このような「永遠の今」は西田にとっては重要な問題となり、晩年まで論考する根本的なテーマとなった。

2　『思索と体験』における時間論のモデルとしての白隠

　1915年に西田は二冊目の本を出版する。タイトルは『思索と体験』で、1911年から1914年の間に書かれた論文集である。その論文の中で、西田は『善の研究』の思想を発展させ、その批判に答えることを試みた。最後

には、いくつかの別の本のための前書きも掲載されている。例えば、ベルグソンの翻訳本のための前書きも見られる。

　ベルグソンは、『思索と体験』の中では、もっとも西田の思想に近い哲学者として紹介される。西田は、その時期に京都大学に着任し、新カント学派とベルグソンについて熱心に研究を続けた。特にベルグソンに同感していたとされ、ベルグソンの哲学とその時間論に関する三編の論文を著している。「ベルグソンの哲学的方法論」（1910 年 10 月出版）、「ベルグソンの純粋持続」（1911 年 9 月出版）、「『物質と記憶』の序文」（1914 年 2 月出版）である。

　西田によれば、ベルグソンの思想、特に「純粋持続」を中心とするベルグソンの時間論は、禅と自分の思想に非常に近く、意味深いものであった。西田は「ベルグソンの純粋持続」の中では、

「此言語思慮を絶し、禅家の所謂　心随万境転、転処実能幽　といつた様な所が赤裸々たる経験の真相である、自己の本体である、ベルグソンは之を純粋持続又は内面的持続と名けるのである。」と書いている（『西田幾多郎全集』第一巻、263 頁）。

　ベルグソンの時間論、禅の時の考え、そして初期西田の時間論の間には、密接な関係があると考えられるが、最も印象的な引用は 1914 年の「『物質と記憶』の序文」に見られる。これはベルグソンの作品の翻訳の前書きであるが、西田は白隠禅師の『毒語心経』から引用をしている。それは白隠が「時」を説明する箇所である。西田は、それを時間論の真相として紹介している。

「白隠和尚が「時」に頌して

　昨晨掃却旧年煤（昨晨掃却す、旧年の煤）

　今夜錬磨新歳餤（今夜錬磨す、新歳の餤）

　帯根松矢葉加橘（帯根の松と葉加の橘）

　還着新衣待客来（還って新衣を着し、客の来たるを待つ）

と云つた様に、真に我々に直接な世界は流る々時の世界、創造的進化の世界である。」（『西田幾多郎全集』第一巻、335 頁）。

3　白隠と西田の時間論

　西田は、白隠の「時の頌」を引用し、それをベルグソンと自分の時間論のモデルとして提示している。ここでは、『善の研究』の時間論と比較すると、どうなるかについて考えてみたい。

　まずは、最初の二つの行を見てみると、過去と将来の意味が明らかであると考えられる。重要なのは、その過去と未来が抽象的なものではなく、「昨晨」、「今夜」、「新歳」という日常的な時間であることである（これは道元の『有時』とも共通する）。さらに、このような日常的「昨日の朝」、「今日の夜」が実践と結びついていることも興味深い。つまり、「掃却」し「錬磨」することは、西田的に言うならば、「意志」の表現である。記憶、期待は、現在の意志とつながっている。
「記憶に於いても、＜・・＞過去と感ずるのも現在の感情である。」（『西田幾多郎全集』第一巻、10 頁）。そして、期待も意志とがつなかっているため、「いつも＜・・＞現在の欲望として感ずるのである」（『西田幾多郎全集』第一巻、10 頁）。

　このような過去、現在、未来の連続は、意志の時間性を表す「純粋持続」＝「純粋経験」によって可能である。そうであれば、純粋持続の現在は「流るる時間」であるから、各瞬間に新しくなるため、「新衣」を着る必要が生じる。

　しかし、ベルグソンと異なり、西田の場合にはもう一つの現在があるように見える。それは、知的直観の現在で、「永久の今」である。それは、白隠の「時の頌」のなかでおそらく仏教の「自然（じねん）」のイメージに見られる「松」（根を帯びて持久する過去面）と「橘」（葉を新たに加える未来面）のことであるように思われる。

　このような素朴な解釈の試みをある程度認めてもらえるのであれば、なぜ西田が白隠の「時の頌」をそれほどまでに評価したのかが分ってくる。それとともに、白隠と西田の時間論は、一つの点について異なっていることも見えてくる。それは、白隠の最後の行である。早期の西田の時間論に

はこの点については触れられていないが、後に重要な点となる。

　白隠の「時の頌」は、「待客来」で終わっている。前述したように、初期西田の著作には、この「来る客」を待つという概念に当てはまることが書かれていないと思われるため、この点についてさらに考察してみたい。

4　「客」の問題

　まずは、白隠の「客」とは誰であろうか。ごく普通にこの頌を理解するなら、答えは明瞭である。それは「年賀の客」である。現代では少なくなったが、正月が来ると目上や年上の人などを訪問して年賀の挨拶をすることが日本の風習であった。年賀に行かなくても特に失礼ではないから、かなり気楽な訪問である。主のほうでも、誰が年賀に来るのか、いつ来るのかは、分かっていない。とにかく誰かが来るだろうから待っている、というだけである。そして当面の連関からすれば大事なことは、「年賀の客」は、よく知っている者ばかりだということである。初対面の人や見知らぬ人や遠方の人などは、年賀には来ない。そしてよく知っているからこそ、客は決まって「旧年はお世話になりました。今年もどうかよろしく」と定型の挨拶し、御馳走になって帰っていく。「旧年」は「松」にあたり、「今年」は「橘」にあたるであろう。さて問題は、そこからである。分かりきっていることの裏に蔵される、分かっていないことを、禅はずばりと問う。よく知っている「年賀の客」とは誰なのかと。「汝は誰か」、「本来の自己とは何か」と。そこで、まずは、白隠が使う「客」は西洋の目から見た場合には、どのように考えられるのか、フランス現代哲学者らからヒントをもらって検討してみたい。

　現代フランス哲学においては、ジャック・デリダが「客」に関して晩年によく論じていた。デリダは、「客」の問題を論じるために、哲学者エマヌエル・レヴィナスの道徳的な思想と対峙しながら、フランスの言語学者エミール・バンヴェニストのインドヨーロッパ語の研究からこの問題をとりあげていた。そこで、白隠の「客」の問題に近づくために、まずバンヴェニストが「客」に関してどのように説明したかを見てみたい。有名な著作

西田の時間論と白隠の「客」

である『インド゠ヨーロッパ諸制度語彙集』第一巻の中で、バンヴェニストは「客」に関する説明を行なっている。

「客」はフランス語では hôte（イタリア語で ospite）と訳することができるが、イタリア語、フランス語における「客」は二つの意味を持っている。語源的に説明をするならば、ラテン語まで遡らなければならない。ラテン語では二つの言葉があった。hospes（ホスペス）と hostis（ホスティス）、つまり「あるじ」と「まろうど」である。

Hospes は、英語でいうホスト（host）である。バンヴェニストによると、hospes は hosti（客人歓待）の pet-s（彼、彼自身）の意味からくる。従って、hospes が「客をもてなす主人」の意味として解釈できるが、バンヴェニストによれば、それは本来の意味ではなかった。本当の意味合いは、家族集団の中における hospes は「すぐれて客人歓待を具現する者」だった。つまり、ホストとは古代の「歓待の掟」にもとづいたものである。家主は本当に自分自身＝主人になるために、来る「客」をもてなしすることができることが必要であった。客人をもてなしができる家のみが、本当な意味での「家」となった、そのときにだけあるじは「家主」と言うことができた。

Hostis は、英語でいうゲスト（guest）である。来る客は hostis、つまり「歓待の掟」を守っている「外国人」の意味であった。古代ギリシャ語でいうとクセノス（ξένος）に近いもので、ローマ人と同じ権利を有している「外国人」であった。hostis はもともと「家主の贈与を反対贈与によって埋め合わせる者」であった。このような最初の意味はだんだん変わり、hostis が平和的な意味の「外国人」から、危ない「外国人」の意味となり、そして最終的にラテン語では「敵」の意味に変わった。

白隠の引用をイタリア語で訳そうとすれば、「来る客」は hostis のような者となり、「待っている」白隠自身が hospes になる。昔の客人歓待の掟を従って、来る客をずっと待っている状態でのみ、いつでももてなしができる状態でのみ、hospes が hospes 自身、自分自身になるはずである。その意味で、「待客来」は、時間論の大事な部分であると同時に、レヴィナスの他

209

人・他者の思想を再考してバンヴェニストを解釈したデリダによって、hospes・hostis の歓待の関係はまず道徳的な意味を持つことになる。

5　「客」と「亡霊」

5－1　他人としての「客」：道徳的な解釈

　晩年のデリダは、バンヴェニストの研究からはじまり、レヴィナスの思想を再考しながら、「客」に関して次々と論考を行っている。(例えば、『歓待について』、『言葉にのって』、『アポリア』、『テレビのエコグラフィー』、『マルクスの亡霊たち』、『アデュー』など。)

　バンヴェニストから見れば、「客」が hostis、つまり「異人」、「外国人」である。そこから、現代社会の移民問題に関してデリダは論を深めたが、レヴィナスの「他人」に関する道徳的な哲学からヒントを受け、「他人」としての「客」を最初に考えた。

　つまり、hospes（host）と hostis（guest）の関係は、自己と他人の関係のモデルで、自分になるために、他人を認めることが必要と強調している。客人をずっと待つ、いつでも受け入れることは不可能であっても、それがなければ道徳が出てこない、正義の源は、他人を認めることである。他人を認めて初めて自分の家の主となり、自分がいる家・ところ・国に本当の意味で住んでいるということになる。

　それだけではなく、自分の家の玄関に来る客に「はい、どうぞ」と「答える」（ラテン語で respondere）ことで、他人に対する「責任」（英語で responsibility）がはじまる。

「問題の主題やタイトルとしての、または研究計画としての異邦人〔＝客人〕の問いに先だって、つまり異邦人が何であり、何を意味し、誰であるのかを知っていると前提してしまうより前に、それより以前に、「異邦人を宛て先とする問い」（お前は誰か、どこから来たのだ、望みは何だ、来たいのか、最終的にはどこに着きたいのだなど）があります。このことはたしかです。しかし、この問いよりもさらに以前に、異邦人から来た問いとしての異邦人の問いがあることは強調しておかなければなりません。つまり

応答と責任の問いが。」（『歓待について』、135 頁）。

　しかし、客人への最初の「はい、どうぞ」が第一のできごとではない、答えであるから、「第一の「はい」は存在せず、「はい」はすでに応答であるというものだ」（『アデュー』、39 頁））。従って、アポリアの中に投げ入れられていることを認めなければならない。つまり、「応答することから始める必要があるのだ」（『アデュー』、39 頁）。

　そうであれば、hospes・hostis の関係もアポリア的になってしまう。hospesが「客人をもてなす主人」になるには、まず客人に応答する必要が生じるので、ある意味で hospes は hostis の hostis になる必要があるとデリダは考える。

「かくして私たちは歓待の次のような無慈悲な法に呼び戻される事になるだろう。その法とは、受け入れる主人（ホスト）が、すなわち招待されたり受け入れられたりする客人（ゲスト）を迎え入れる者が、自分こそ場の所有者であると信じている迎え入れる主人が、実は自分自身の家に受け入れられる客人である、という法である。主人はみずからの提供する歓待を──自分自身の家<u>のなかで</u>受取るのであり、その歓待を受取るのは自分自身の家<u>から</u>なのだ──そしてその家は根底において主人には帰属しない。ホストとしての主人はゲストなのだ。＜・・＞迎え入れる者は、まず最初に我が家に迎え入れられている。招待する者は招待される者によって招待されている。受け入れる者は受け入れられた者なのである。」（『アデュー』、63-4頁））

　従って、レヴィナスとデリダにとっては、

「歓待は最初のものなのです。それが最初のものであるということは、まさに、私自身である前に、私がそれであるもの、自己 ipse である前に、他者の侵入が、私自身へのこのような関係を打ち立てたのでなければならないということを意味します。言い換えるならば、私は、他者の侵入が私自身の自己性に先行したかぎりでしか、私自身への、私の＜自宅＞への関係をもつことができないのです。＜・・＞私はある意味では他者の人質であって、このような、自宅に他者を迎え入れつつすでに私が他者の招待客

であるという状況、自宅において私が他者の招待客であるという状況、こうした人質の状況が、私自身の責任性を規定します。」(『言葉にのって、96-7頁』)ということとなる。

　デリダにとっては、このような論考の中で、「法律」と「正義」の関係のアポリアは解決不可となる。しかし、最終的には、レヴィナスとともにデリダも「客」の道徳的・政治的な意味を強調している。

　（このような自己・他人、主・客人のアポリア的な関係は、おそらく白隠の『毒語心経』の中で見られるのかもしれない。西田の引用ではないが、白隠は『般若心経』の「不生不滅、不垢不浄、不増不減」に対する説明として、

　　　「眼裏童子期客出

　　　　谷神不死待人呼」

と書いた。しかし、今回はここで考察をいったん終えたいと思う。）

５－２　時間論としての「待客来」

　白隠の「客」はさらに時間論と関係しているように見える。「待客来」は、禅においても道徳的な意味を持ちえるが、もっと本質的には、汝と私の本来の面目がそこで問題となっている。白隠と西田はその「客」を、時間の真相に関わるものとして捉えた。デリダも、「客」を考える際に自分の時間論と結びつけている。「来る客を待つ」ということは、まず未来の本質を表す。未だ来ていないことを待つ、可能な出来事を待つことは、時間の真相を理解するうえで大変意義深い。

「また到着する誰の、やってくる彼（女）の特異性をも指示することがありうる。彼（女）は到来する、ひとが待っていなかった所に、待望せずに待っていた所に、それを待・期せずに、何あるいは誰を待っているのか知らずに、私が何を、誰を待っているのか知らずに—それは歓待そのものであり、出来事の歓待である。」(『アポリア』、71-2頁)

　時間論だけではなく、デリダは、「客を待つ」ことに、むしろ、人間性の真相があると言わんとしている。白隠の場合にも、「新衣」を着ることが、「来る客」をもてなしするためであるように考えられる。

しかし、デリダにとって重要な点は、「客」が来るかどうか実は誰にも分らないことである。これは決定されたことではない。自分では、ずっと客が来る可能性に対して待っているが、来ないかもしれない。来なくても、自分になるために、客を待つ心が必要である。

　しかし、まだ来ていない客を待つとは、どういう意味であろうか。なぜまだ来ていない「客」を待てるのであろうか。デリダによる答えは、その「客」が、ある意味で、すでにずっと前から来ているということである。レヴィナスが書いているように、客人の訪問の痕跡は、

「継ぎ目を外し秩序を乱す。予期せぬ、望外の、恐れられた訪れの場合に起こりうるように。それは疑いなく、期待の彼方で期待された訪れである。もしかすると、メシアの訪れのことかもしれない。しかし、それは何よりもまず、その過去、主人の「過ぎ去り」が、一切の想起的な表象＝再現前化を超過するからこそ、期待の彼方で期待された訪れなのである。その訪れが、過ぎ去った現在の記憶に帰属することは絶対いない。」(『アデュー』、95頁)

　「客」が来るという出来事の可能性は、最初から存在している。より詳しく言えば、最初の「前」から「客」を待っているということである。「客が来る」という出来事は、将来、未来のことであるが、この出来事の可能性は、実は、過去の過去からあるため、未来と過去が不思議な関係でつながっている。このような関係は、文法用語で言えば、未来の中の過去を表す先立未来形のような関係である。「客」を待つ「今」において、白隠は、一瞬一瞬「新衣」を着て、来るか来ないか分からない「客」を待っている。

　もしも、過去の過去から来る可能性があることになっている客が本当に来たのならば、「来る」ことは、実は「再来する」（フランス語 revenir）こととなる。

5−3　「亡霊」としての「客」

　このような今居ないが、もうずっとここに居なくても居る、未だ来たことがないのにいつでも再び来る可能性がある「客」は、レヴィナスの「他人」のようなものだけではなくなる。デリダにとっては、居る即居ない存

在は「亡霊」のような存在となる。デリダが言う亡霊とは、「何であるか知られておらず〔もの〕、現に知られてはいない。それは、まさしく＝正しくは、何なのか知られていないものなの**であり**、それが正確には**ある**のか、存在するのか、ある名に対応するのか、ある本質に相当するのか、知られてはいないものなのである。この知られていないことは、何も無知ゆえではなく、むしろ本の非—対象、この非現在的な現前、この不在者あるいは失せたる者の現存在・・」（『マルクスの亡霊たち』、27-28頁）である。

　そして、デリダの考えでは、客が来る可能性を待つことが、亡霊が来る＝亡くなったもの、過ぎ去ったものが再来することと関連を持つ。「host あるいは guest, Gastgeber あるいは Gast としての hôte は、単に人質であるばかりではない。それはある深い必然性に従って、少なくとも精神あるいは幽霊（Geist, ghost）の形象を有するだろう。＜・・＞要するに、ghost ないし Geist ないし Gast としての hôte に差し出される歓待は、つねに不安をかきたてるような危険、奇妙に不安をかきたてるような危険、異他的なもの（unheimlich）として不安をかきたてるような危険なのだが、この歓待の危険を冒すことによって、単なる知覚の彼方で他者を受け入れる必要があるのだ。この亡霊性の争点なくして歓待はない。」（『アデュー』、167頁）

　著作の中で、デリダは「客」と「亡霊」の話を理論的につなげることを試みている。なぜなら、時間を考えるためには、「亡霊」のような「客」が必ず必要になるためである。そして、当然ながら「亡霊」の話になると、「死」に関する考えも必要となる。「亡霊」に対する考えとは、様々な要素がありえるが、「亡霊」になるためには「死ぬ」ことがまず必要となるであろう。しかし、人間性とその道徳だけではなく、時間論と存在論のためには「歓待の掟」、つまり最初の前からまだ来ていないが来る可能性がある客を待つことを守らなければならず、最初の前から来るか来ないか、居るか居ないか分らない「亡霊」のような「客」を待たなければならない。そうであれば、「亡霊」とは何かを考える必要がでてくる。「亡霊」とは確かに死んだもの、なくなったもの、過去のものではあるが、完全になくなって

はいない。居ないが、いる、いなくなっても、再び来るかもしれないものである。神話、文学の中でも「亡霊」はよくこのように考えられてきたが、「亡霊」が時間の真相であれるとは、どういうことを意味するのであろうか。

6 西洋の「亡霊」と東洋の「客」

日本語において「亡霊」を言い表すには、幽霊、神霊、死霊、霊、またはお化けなど、色々な言葉がある。変化する「お化け」以外、他の言葉は「霊」を使う言い方にまとまるように見える。西洋の言語を見ると、次の言葉がデリダの著作に出てくる。

先ず、「幽霊」は英語では ghost であり、ドイツ語の Geist、オランダ語の geest と源を同じくする。それは gheis（Duden によれば erregt sein（興奮した）、aufgebracht sein（憤慨した）、schaudern（ぞっとする））である。ドイツ語の Geist には「幽霊」の意味があるが「精神」の意味ももつ。Heiliger Geist は「聖霊」となる。英語で言うと、このような Geist は spirit となり、「聖霊」は Holy Spirit である。Spirit はラテン語 spirare、吹く、呼吸するから来る。

もう一つの言葉は、ドイツ語の Spuk、オランダ語では spook であるが、ドイツ語で最も使われるのは、Gespenst であろう。これは、古オランダ語の spanen から来ており、Duden によれば、reizen（そそる）、verlocken、überreden（誘惑する）となる。

別の語として phantom もある。これは、ギリシャ語の φαίνεσθαι, φῶς であり、光や現れることを意味する（phenomenon, fantasy を参照）。光と関連する語として、英語、フランス語の spectre がある。これはラテン語の specere, つまり観ることと関係するものである。

「亡霊」として、デリダが時間論に関して最も引用されている語はフランス語の revenant である。これは revenir つまり再来することであり、過去になってしまったものがまた帰ってくることを意味する。これらの語を見ると、西洋の言語の語源のレベルにおいては、「亡霊」や「幽霊」と「客」

は一見何の関連もなさそうに見える。しかし、デリダは「re-venant」、再び「来る」ことを強調しながら、客が「来る」という「出来事」と関連させて考えており、思想のレベルでの関連となる。

「人質から主・客人（hôte）へと、主・客人から亡霊へと移行させる（hospes, hostis, hostage, host, guest, ghost, holy ghost そして Geist の系列だ）」（『アポリア』、121 頁）。

なお、漢字の語源を調べてみると、「客」という漢字は実はもともと「霊」と厳密な関係があるとされており、興味深い。「客」という漢字は元々神霊が下降するという意味であり、客は客神の意味であった（『字統』）。白川に引用されている「客あり」は、先王朝の殷の祖霊を迎える詩であり、これは異族神を迎える儀礼であったとしている。「霊」という漢字も、雨乞いや神霊の降下を求める儀式に通じ、神霊に関わることをすべて「霊」とした（『字統』）。

　白隠に話を戻すと、待っている客を（神・亡）霊と考えれば、待っている将来の可能な出来事の意味として考えることができるであろう。そうであれば、デリダにとっては、このような幽霊的な将来にあって、前の前、過去の過去からある可能性は、実は自分の「死」を意味することにもなる。

「結局のところ、亡霊とは未来なのであり、つねに来るべきものであり、来るかもしれぬものあるいは再来するかもしれぬものとしてしかみずからを現前させることはない。」（『マルクスの亡霊たち§』、96 頁）。

　基本的に、デリダにとっては「未来は死の可能性」である（『言葉にのって』、79 頁）。デリダの著作の中では、よくハイデッガーの『Sein und Zeit』の死に関して書かれている。将来を考えると、無数の可能な出来事が想像できるが、その一つは特別な意味を持っている。それは（自分の）死の可能性である。ハイデッガーの定義では、「死は現存在の端的な不可能性の可能性」であり、ずっと前の前から存在しているものである。デリダは『アポリア』の注（165 頁）で、ブランショを引用している。「死ぬことが意味するのはこうだ。死んだ、君は既に。記憶のない過去の中で。君のでは

なかった死を。＜・・＞この不確実な、常に以前の─現在なき過去の証し
だ─死は、決して個人的なものではない。＜・・＞不可能で必然的な死＜・・
＞（『災禍のエクリチュール』）」。

それと同時に今はまだ存在していないもの、未だ来てないものでもある。
この自分の死は、前の前から後に帰ってくるものでもある。しかし、

「最も新しい朝へと向かうこの亡霊の再来を理解するためには、＜・・＞
腐敗せる種族の終末が始まりに先行するということを聴き取り、死が誕生
より以前に、「より後」が「より前」以前にやって来るということを聴き
取るためには、まさしく、時間のより根源的な本質に接近しなければなら
ない。＜・・＞もし、いかにして終末が始まりに先立って行くとおもわれ
るのかが理解されないとすれば、それは、この根源的な本質がヴェールに
覆われているからだ。われわれは未だに、時間のアリストテレス的表象の
囚になっているのだ＜・・＞」（『精神について』、147-8 頁）

7　白隠の「客」と初期の西田に隠された「亡霊」

　以上のことを含めて考えると、白隠の客の訪問は、「将来的で可能な出
来事」とも、「自分の死」とも、深く結びついていると考えられる。初期
の西田の著作にはこのような「死」についてまったく書かれていないこと
は興味深い。よく見てみると、初期の西田の著作においては、「死」一般
に関する記述すら見られない。そのような意味で、ベルグソンに同感して
いたことは納得できることである。『善の研究』の中には、「死」という
言葉さえもほとんど出てこない。唯一でてくるのは、本当の意味での純粋
経験のレベルでは死はないということを説明するためだけである。そのた
めに西田は Tennyson という詩人を引用している。
「例えば詩人テニソンの如きも次の如き経験をもておつた。氏が静に自
分の名を唱へて居ると、自己の個人的意識の深き底から、自己の個人が溶
解して無限の実在となる、而も意識は決して朦朧たるのではなく、最も明

晰確実である。此時死とは笑ふべき不可能事で、個人の死といふ事が真の生であると感ぜられるといつて居る。」（『西田幾多郎全集』第一巻、150頁）。

　しかし、死に関する考えがなければ、未来について理解ができるのであろうか。ハイデガーの言葉を借りれば、将来にある死の可能性は、最も根本的な可能性であるはずである。初期の西田の著作を読むと、むしろ、西田は死（悪、醜）を隠したい、無視したいと思っているかのような印象を受ける。これは、初期の西田においては、未来に関する話に深く入っていくことができず、「永久の今」の説明を試みた時には、アウグスティヌスのプラトン的な「永遠」の概念を扱っていることと関係があるかもしれない。初期西田が探していたのは、過去がない、将来がない、別の言葉で言うと亡霊がない、来る客を知らない、パルメニデス的な永遠の今である。パルメニデスの専門家であるイタリアの哲学者エマヌエレ・セヴェリーノが強調するように、古代ギリシャの存在論は、「ある・ない」の区別を明らかにして、亡霊のようなものを無くす試みであった(Il giogo, 60-61 頁)。デリダも、このような考えが「永遠の現在」として発展していくのならば、驚くべきことではないだろうと考えている（例えば、『マルクスの亡霊たち』、163 頁を参照）。

　亡霊がなければ、客もなくなるのではないだろうか。そうであれば、hostis がただの「敵」に変わるしかないようにも考えられる。それだけではなく、客が認められなくなると、他人も認められなくなってしまうであろう。レヴィナス的に考えると、道徳の根本概念である「responsibility」（責任）も不可能になる。時々言われているように、『善の研究』の第三編にある energetism の道徳は、自己自身のポテンシャルの発揮で終わってしまい、他人との関わりをあまり認められなくなる。すると自愛と他愛の区別が難しくなるように思える。初期西田の意識主義的な思想の中で、意識の外にある他者と出会うことがどのように可能となるのだろうか。自己の他者は昨日の自己、明日の自己にしか見えない。

　初期西田の「永久の今」は亡霊を無くす、死と人間の有限性を否定する

役割を果たすように見える。アウグスティヌスと同様に、西田は悪の存在を否定し、神の「永久の今」で、すべてが真、善、美である。

「我々の他愛とはかくの如くして起つてくる超個人的統一の要求である。故に我々は他愛に於て、自愛に於けるよりも一層大なる平安と喜悦とを感ずるのである。而して宇宙の統一なる神は実にかかる統一的活動の根本である。我々の愛の根本、喜びの根本である。神は無限の愛、無限の喜悦、平安である。」（『西田幾多郎全集』第一巻、82頁）

　従って、初期西田の哲学は、白隠の禅仏教的な思想とその点で大きく異なると考えられる。中期西田においては、この考え方は変わっていく。西田が「汝」を「私」と一緒に考えはじめた時点で、ある意味で他人としての「客人」を自分の思想の中に入れはじめたと言えるであろう。彼が「私と汝」をテーマにし始めたころから、時間論も根本的に変わりはじめ、死に関する考えも徐々に深まっていく。このような転化はプラトン主義から離れる意味もあると思われるが、今回はここで終える。

追記

　ただし、最後にもう一つのことを付け加えたいと思う。つまり、初期西田の作品の中には本当に亡霊がないかどうかである。『思索と体験』の終わりに、西田の著作の中で非常に独創的な論考がある。タイトルは「『国文学史講話』の序」で、1907年出版、高校の時から友人であった藤岡作太郎が書いた本の前書きである。国文学の専門的な話の代わりに、西田は藤岡と自分の話をし、亡霊が「再び来る」ことを語り始める。まずは、藤岡が1906年に幼い娘を亡くし、その時に西田の弟も日露戦争で亡くしたことを記す。そして、西田の亡くなった娘と姉のことも思い出し、後に久しぶりに藤岡に出会った時には、多くの死者を思い出す出会いとなった。その時に、言葉は通じず、藤岡と西田を通じさせたのは「悲哀」だけであったと言う。

　確かに、『善の研究』に見えるような「永久の今」から見ると、他人の死、

219

自分の死の意味がなくなる。「永久なる時の上から考へて見れば、何だか滑稽にも見える。＜・・＞神の前にて凡て同一の霊魂である。」（『西田幾多郎全集』第一巻、333 頁）初期西田の哲学は、プラトン的にこの立場に立っていたのではないかと思われる。ただし、1907 年当時の西田は、「死の問題を解決するといふのが人生の一大事である＜・・＞。」（『西田幾多郎全集』第一巻、332 頁）と既に書いていた。彼の後の思想とは、死者の個人性を消さない「永遠の今」を考える試みと言えるかもしれない。

（Enrico Fongaro 東北大学）

謝辞

　本研究は、科学研究費基盤 C「「現在の平面」―西田幾多郎における時間論と存在論」（研究課題番号 90457119）の成果の一部である。本論文に関して有意義なコメントをしていただいた末木文美士、嘉指信雄、許祐盛、冲永宜司、永井晋、大橋良介氏にこの場を借りて御礼申し上げます。

引用文献

アウグスティヌス『告白録』, 宮谷宣史訳, 東京, 教文館, 2007 年。

内山勝利編『ソクラテス以前哲学者断片集』（第一〜五分冊および別冊）, 東京, 岩波書店, 1996-1998 年。

白隠慧鶴『毒語心経』, 湯前武彦 編, 国立国会図書館デジタルライブラリー, http://kindai.ndl.go.jp/info:ndljp/pid/963229（2015 年 1 月 2 5 日閲覧）, 1920 年。

白川静『字統』, 東京, 平凡社, 2002 年。

西田幾多郎『西田幾多郎全集』, 竹田篤司 [ほか] 編集, 東京, 岩波書店, 2002-2009 年。

ジャック・デリダ『歓待について : パリのゼミナールの記録』, 廣瀬浩司訳, 東京, 産業図書, 1999 年。

ジャック・デリダ『言葉にのって』, 林好雄, 森本和夫, 本間邦雄訳, 東京, 筑摩書房, 2001 年。

ジャック・デリダ『アポリア : 死す-「真理の諸限界」を「で/相」待-期する』, 港道隆訳, 京都, 人文書院, 2000 年。

西田の時間論と白隠の「客」

ジャック・デリダ，ベルナール・スティグレール『テレビのエコーグラフィー：デ
　リダ「哲学」を語る』，原宏之訳，東京，NTT 出版，2005 年。

ジャック・デリダ『マルクスの亡霊たち：負債状況=国家，喪の作業，新しいイン
　ターナショナル』，　増田一夫訳・解説，東京，藤原書店，2007 年。

ジャック・デリダ『アデュー：エマニュエル・レヴィナスへ』，藤本一勇訳，東京，
　岩波書店，2004 年。

ジャック・デリダ『精神について：ハイデッガーと問い』，港道隆訳，京都，人文
　書院，1990 年。

エミール・バンヴェニスト『インド=ヨーロッパ諸制度語彙集』，蔵持不三也 [ほか]
　共訳，東京，言叢社，1986-1987 年。

Severino, Emanuele, *Il giogo*, Milano, Adelphi, 1989.

西田幾多郎、高神覚昇、松下幸之助の三者の思想の類似性

―三つの領域で展開される「働く人の哲学」―

坂本　慎一

序

　かつて西田哲学の研究者で、松下幸之助の理念に理解を持つ、ロバート・ワーゴ（Robert Joseph John Wargo）という研究者がいた。ミシガン大学で西田哲学の研究によって博士号を取得し、ＰＨＰ研究所で松下幸之助の理念を海外に紹介する業務などを担当したのち、２０１２年末に亡くなっている。ワーゴは、ＰＨＰ研究所の中では、西田哲学と松下の理念には一定の類似性があると主張し続けたことで知られている[1]。

　西田を経済に引きつける解釈は、かつて梯明秀がマルクス主義の立場から試みたものがあったが[2]、概して日本でマルクス主義が強かった時代において、経済哲学からの西田研究は少なかった。さらに冷戦構造の崩壊以降、マルクス主義が減退するに従って、日本では主にマルクス主義が担っていた経済哲学研究自体も同時に低調になった。本稿は、マルクス主義に関心は持たないが、経済哲学の重要性を強く認識し、西田哲学も経済哲学から解釈することが可能だと考えている。

　また、これまでの多くの先行研究が示す通り、西田が仏教の影響下にあったのは事実だが、それは前近代的な仏教ではなく、近代仏教としてとらえるべきである。本稿では、そのうちでも高嶋米峰を中心にした新仏教運動が重要であると考える。西田を京大に呼んだ松本文三郎、親友であった

鈴木大拙は雑誌『新仏教』に多くの寄稿がみられ[3]、西田もまた、その思想的特徴が新仏教運動と一致している。新仏教運動の特徴は様々にとらえうるが、ここではさしあたり、現世的、超宗派、キリスト教の肯定、近代資本主義における都市生活者の宗教、戒律よりも言説重視、無僧無寺院無儀式主義などの特徴を確認しておけばよいであろう。この観点から考えれば、西田は新仏教の特徴を共有している思想家である。

　新仏教の思想を昭和において引き継いだ高神覚昇は、真言宗智山派の僧侶であった。１９３５年から友松圓諦と共に真理運動を起し、都市生活者に対して経済活動を通じた生きる意味を問い続けた思想家である。大谷大学で西田に師事したほか、西田の弟子であった野崎廣義にも師事して大きな影響を受けており（高神１−238〜9）[4]、西田の直弟子の中でもっとも仏教の素養が豊富な人物であった。本稿では、西田と松下の思想を比較するに際し、この高神を加えて三者比較とし、その比較をより有意義なものにしてゆきたい。

　松下の思想は、思想史的な系譜で見れば、新仏教運動・真理運動の後裔に位置づけることが妥当だというのが、筆者によるこれまでの研究成果である[5]。また、松下は、多くの西田の弟子と接点を持った人物であった。鈴木成高、高坂正顕との交流、高山岩男との共同作業、そして従来ほとんど研究されていない三辺長治など、松下は西田の影響圏にもその触手を伸ばしていた[6]。

　西田、高神、松下の三者に共通する基本的な点は、日本において近代資本主義が始まった時代を生きたということである。より正確に言えば、経済問題に関心を持たざるをえなかったという点で共通している。西田は後述するように経済問題についても関心を持っていたことは、もっと注目されてよいように思われる。西田と松下が共に、生家が米相場に手を出して家運が没落したことも、共通した環境として指摘できる。

　しかし、ここで試みることは、こうした歴史的事実の詳細を調査することではない。ここでは三者の思想の比較を通じ、三者の「哲学」に一定の共通性を見出してゆきたい。三者は確かに、世俗でいう職業がはっきり異なっている。にもかかわらず、三者の思想はまったく相いれないものでは

なく、ある一定の共通性を持っている。またその共通性があるが故に、三者の異質性は、単なる無関係からくる異質性ではなく、より意味のある異質性として確認できるというのが、本稿の主張である。以下では、共通性についてより強く意識しながら、三者の比較を試みたい。

Ⅰ　予備的考察

1　三者の事実関係の整理

　本稿の目的に沿って、三者についてまず簡単に整理しておきたい。まず西田哲学の出発点は、そもそもアカデミックな哲学研究とは別なところにあったことは確認しておくべきであろう。「哲学の動機は『驚き』ではなくして深い人生の悲哀でなければならない」（西田 6－116）とか、「私は従来の考へ方といふものを根柢から変じて見なければ新らしい哲学の発展といふものはできない様に思はれる」（西田 18－497）と述べる西田は、「哲学の動機」において、アリストテレスとは別な出発点を選んでいる。また、次のようにも言っている。

「大学の先生といふやうな者は真に人生を知ったものかどうか疑はれて仕方がない　涙を以てパンを食うた事のない人の人生観はいか程価値のあるものであらうか」（西田 18－143）

「エラキ学者達の説を聞くよりも山間の禅僧か真実なる訓戒をきく方価値ある様に覚ゆ」（西田 18－66）

　このように述べる西田の哲学は「人生を本として学問すべし」（西田 17-94）と考えるものであり、当初は「人生の落伍者となった様に感じた」（西田 12－170）、あるいは「一生下級の教師に甘んじて厚く道を養ひ深く学を研む」（西田 17－99）つもりであったことは強調されてよい。彼はアカデミックなキャリアだけを歩んだ哲学者ではなく、むしろこれまでの哲学研究を踏まえつつも、そもそもまったく別なところから話をしようとした思想家ではなかったか。

『哲学の根本問題』以降、西田が問題としたのは、デカルトの「我思う、ゆえに我あり」であった。本稿では『哲学の根本問題』以降から『哲学論

文集　第五』までを主に取り上げたい。それ以前の西田の思想とこの時代
の西田の思想とは相違する点もあるほか、『哲学論文集　第六』で取り上げ
た「数学における場所」や、仏教における悟りを「場所」に引きつけよう
とした『哲学論文集　第七』は、本書の主題からやや離れるので、ここで
は部分的にしか取り上げない。

　高神覚昇は、真言宗智山派の僧侶であり、東大寺に留学経験があって、
密教と共に華厳の思想も修めている。１９３４年にNHKのラジオ番組『聖
典講義』に出演し、「般若心経講義」を放送して一躍注目を集めた仏教啓蒙
家であった。ラジオの反響を受けて、新仏教運動を引き継ぐべく、翌年に
友松圓諦と共に真理運動を起し、都市に住む労働者に生きる意味を見出す
ように啓蒙し続けた人物である。この放送原稿を基にした『般若心経講義』
は今日に至るまで広く読まれるロングセラーとなっている。

　また、１９４１年３月３１日に新義、古義すべての真言宗の宗派が合同
した合同真言宗が成立した[7]。高神はこの合同真言宗において、１９４２年
１２月３日に「真言文化協会」の理事長に就任している[8]。豊山派の富田斅
純が会長を務めたこの協会は、密教文化の研究、出版、映画制作、真言文
化功労者の表彰を目的としていた。真言宗の僧侶としての高神は、若くし
て戦時中の合同真言宗で頭角を現したと判断できる[9]。この啓蒙活動の一環
として、高神が１９４１年３月２５日にラジオ出演した際、松下幸之助は
その講話の内容を激賞したこともあった[10]。

　松下幸之助は、ここでは実業家ではなく、一般に大きな影響力を持った
思想家として取り上げたい。１９６８年に刊行された『道をひらく』は生
前の松下がことあるごとに感じたり考えたりしたことをつづったものであ
り、２０１４年末現在、累計部数が５１０万部を超えた。これは戦後日本
では２番目に多く売れた書であり、自らの考えを述べた書としては、戦後
日本で最も多く読まれた書と言える。この他にも生前の松下は４０冊余り
の書を世に出しており、現在まで累計部数は約１６００万部にも達してい
る。にもかかわらず、戦後日本の思想について考える際、松下が取り上げ
られることは非常にまれであった。松下を取り上げることは、戦後日本で、
広く国民に支持されながら、アカデミックな研究で看過されてきた思想を

考察することを意味している。

　松下の思想の要諦を一言で言えば、それは働く意味を見出そうとする思想である。家運の没落により9歳で親元を離れ、丁稚奉公として働き始めた松下は、自分の境遇について「泣けて泣けて仕方がなかった」と言っている[11]。その時の松下ほど過酷な状況ではないにしろ、近代資本主義下において、人は生きるためには働かざるを得ない。金銭を獲得する労働を通じてしか、人は生きることが許されないのが近代資本主義である。その労働に積極的意味を見出し、働くことこそ喜びであり、「真の幸福」だと説いたのが松下であった[12]。働かざるを得ない境遇において、人はその働きの中に積極的な意義を見出しうるのである。そして、この点において、西田、高神、松下の思想は共通している。

2　誰でも哲学者である

　西田が哲学者であることは良いとして、真言宗の僧である高神や実業家である松下を哲学者の一種と考えることに違和感を覚える人もいるであろう。しかし、西田は誰でも哲学者であると考えていた。例えば次のように言っている。

「如何なる人も生きるかぎり、一種の世界観を有って居るのである、如何なる人も哲学者である」（西田 8−365）

「哲学の問題は、我々の深い生命の自覚から起るのである……生命の自覚のある所、そこに世界観がなければならない。我々自身に固有な物の見方、考へ方がなければならない。人は世界観なくして生きるものではない」（西田 11−186〜187）

　西田の考えにしたがえば、誰でも哲学者である。誰でも訓練を受ければ哲学者になれると言っているのではなく、現に誰であっても、既に哲学者であると言っているのである。「我々自身に固有な物の見方、考へ方」がなければ、そこに「世界観」がないことになる。しかし、人は「生きる限り」必ず「世界観」を持っている。

　恐らくは、こうした西田の考えを高神は引き継いだのであろう。高神もまた、次のように言っている。

「信解とは単に見聞だけでは得られない。思惟すること、哲学することによって、即ち深く考えることによって生ずるのです。哲学の必要なのはそれです。だが哲学といえば、ひとは多く自分たちとは全く無関係な、一種特別な専門の学問でもあるように思っています。尤も現今の哲学者のうちには、ことさらそういう風に難しく説明しているものもあるが、しかし哲学本来の面目は哲学することです。哲学的態度、哲学する心が必要でないと果していいうる人がありましょうか。哲学を学ぶとは、哲学の難しい述語を学ぶことではない。哲学することを習うことであり、哲学する心を涵養することです。どんなことに対しても、あわてず騒がず、ゆっくり心を落付けて考える人でありたいものです。ものの皮相だけを見ずに、進んでそこの根本を、真髄を摑むように努力したいものです」（高神6－75～76）

　両者の考えにしたがえば、松下もまた“哲学者”の一人に数えることができよう。少なくとも松下は多くの言葉を今日に残しているので[13]、我々は彼の言葉から彼の「物の見方、考へ方」、あるいは「世界観」、すなわち彼の「哲学」を分析することが可能である。

3　経済思想としての西田哲学

　西田は経済にも関心を持った思想家であった。西田の思想は、「働く」という概念を重視していることからも明白なように、経済思想としての面を持っている。以下、西田の哲学から2点を抽出したい。

①生産と消費

　西田は、経済行動としての生産と消費についても関心を払っている。例えば以下の様に述べている。

「健全な社会といふのは、生産者が消費者であり、消費者が生産者である社会でなければならない。それが真に生きた社会である。然らざれば、それは単なる自己矛盾として亡び行く外ない。併し唯それだけでは、社会は尚創造的とは云はれない。創造的と云ふには、客観的制作、歴史的形成といふものが中心とならなければならない。生産とは歴史的形成の意義でなければならない。消費といふのは歴史的身体的消費でなければならない、

直観的でなければならない」（西田 8−447）

　ここでは、資本家＝消費者、労働者＝生産者という西洋思想が暗黙のう
ちに前提にしている構図を積極的に再構築しようとする西田の意図が見え
る。つまり古代ギリシャの世界では、支配階級は働かないまま消費だけを
しながら哲学をし、奴隷階級は生産するばかりでわずかしか消費せず、哲
学する余裕も与えられなかった。西洋哲学はこの図式を今日まで引きずっ
ている場合が多い。それゆえ、西洋における哲学は、しばしば一部の選ば
れた者だけの営みであると解釈されてしまう。哲学が「驚異」より始まる
のなら、毎日疲労困憊するまで働き、驚くだけの肉体的・精神的余裕のな
い奴隷に哲学を始めることは難しい。西田は、日本における自身の「人生」
から哲学を始めたのであるから、この図式に違和感を覚えるのは当然であ
る。「生産者が消費者であり、消費者が生産者である社会」とは、消費と生
産との矛盾的自己同一であり、階級なき社会であって、誰もが働きつつ消
費する奴隷なき社会である。西田はこれを「健全」とか「真に生きた社会」
であるとし、「創造的」な社会の必要条件と考えたのであった。

　②「経済機構」「経済組織」

　さらに西田は経済組織についても述べるところがある。西田自身は営利
企業で勤務したことはなかったが、次のように述べている。

「経済機構といふ如きも、私の所謂社会的・歴史的限定として成立するも
のでなければならない、人格的行動の意味を含んだものでなければならな
い」（西田 7−75）

「無論ジッテ（＝しきたり―引用者）とかジットリッヒカイト（＝倫理―
引用者）とかいふのも、我々の作ったものと考へることもできるであらう。
併しそれは単に個人が作ったものではない。そこには社会的・歴史的行動
といふ如きものが考へられねばならないであらう、経済組織といふ如きも
のに就いても爾云ふことができる」（西田 7−248）

「実在的には、単なる共同社会といふものもなければ、単なる利益社会と
いふものもない。社会が何処までも自己形成的に発展すればする程、矛盾
的自己同一的となるのである」（西田 9−286）

西田が考える「経済機構」「経済組織」は、個人が理性によって合理的に作ったものではない。それは「人格的」でしきたりや倫理を含むような社会的歴史的存在である。資本主義社会といえども、利益だけで構成された社会ではなく、もちろん「単なる共同社会」でもない。西田は営利企業や資本主義社会の中にも、「人格的行動の意味」を見てゆこうとするのである。

企業が利益の獲得だけを目的にしているのであれば経済学だけが必要で経営学は要らない、というのは、経営学の常套句である。実際の営利企業は、営利以外の様々なことも考え、また行動している。人が集まって共同で行動している以上、営利企業の中にも何かしらの文化やある種の宗教性が発生するのは自然なことである。営利企業が社会の中にいる以上、社会の文化や歴史とも無関係ではいられない。西田は、その様相を的確にとらえている。

以上のことから、西田の哲学は広い意味での経済思想の面も含んでおり、経済問題にも関心を持っていることが分かった。以下、この点を注視して掘り下げてきたい。

II　働くことの意味

1　「我働く、ゆえに我あり」「我行為する、ゆえに我あり」

西田が哲学の根本問題と考えたのは、「我思う、ゆえに我あり」であった。宙に浮いたような意識である「我」が考えるだけで、「我」は存在していると考えるのは、西田にはどうにも納得がいかなかったようである。この思考は少なくとも、日本人の肌感覚のような実感には合わないものである。私が存在していると確実に言えるためには、私は「思う」ないし「考える」だけでよいのか。西田は、そのために必要なことは「働く」こと、「行為」することだと考えたのであった。

ここでは西田の言う「働く」を、特に「労働」に引きつけて考えたい。西田はしばしば「働く」を「労働」と言い換えている。

「実践といふことは、制作といふことでなければならない。我々が働くといふことは、物を作るといふことでなければならない。制作を離れて実践

といふものはない。実践は労働であり、創造である」（西田 8−422）

「我々が行為する、働くと云ふことは、表現作用的に物を作ることである。而してそれは我と物とが絶対否定を通じて相媒介することである。表現作用的な歴史的世界に於て、人と物とが弁証法的に相限定するのである。故に我々が此世界に於て生きることは、労働であり、苦労である」（西田 9−33〜34）

　さらには「働く」の例として「大工が家を建てる」（西田 10−45）や「工場の仕事」（西田 9−256）を挙げていることもあるし、働いた結果作られる「物」として「芸術品から商品に至るまで」（西田 7−359）西田の考察の範囲に入っていることを明示している。また、より明白に「労働者」（西田 8−417）について考察していることもあるので、西田の言う「働く」を通常の意味の「労働」に重点を置いて解釈しても差し支えないはずである。

　働くことと自己の存在証明について、西田が述べるところは多い。たとえば以下のように言っている。

「実在界は私が働くといふことから始まるのである。単なる知的対象の世界は、要するに夢幻の世界とも考へることができる。単に我々の意識に現ずるものは夢であるかも知れない。私が考へるといふことから客観界といふものが始まるとも考へられるであらう。併しその場合、私が考へるといふことは、人格的自己の行動でなければならぬ。人格的行動の一種として思惟といふものが考へられるのである。コギド・エルゴ・スムのスムは働く自己の自己存在でなければならない」（西田 7−8）

「従来の哲学がその根柢に於て何処までも主知主義的立場を脱して居ないと考へられると共に、我々の自己といふものの考へ方が何処までも個人主義的であったと思ふ。先づ私と物とが対立する、それから汝といふものが考へられる、かういふのが従来の考へ方である。……而して斯く自己といふものが単に個人的に考へられたといふことは、行為する所に真に我々の自己があると考へなかったのによると思ふ。私が考へる故に私があるのでなく、私が行為するが故に私があるのである」（西田 7−174）

「我々の真の自己といふものは行為的でなければならない。現実に知る自己と考へられるものも、行為的自己の意味を有ったものでなければならな

い。……ギリシャ人の世界は行為の世界ではなかった。それは見られたものの世界であって、働くものの世界でなかった」（西田 7－177）[14]

西田はこれまでの西洋哲学の致命的欠点を、「働く自己」の欠如と見る。これまでの西洋哲学全般に対して、西田が不満を述べる発言はことのほか多い[15]。西洋哲学の起源であるギリシャ哲学の世界は、先にのべたように働かない支配階級の世界であった。西田は、意識だけが宙に浮いたような西洋哲学の「我」に対して、肉体を持ち、生きて働いている「我」を想定しようとする。西田の立場は「我働く、ゆえに我あり」である。

続いて、これと類似する高神と松下の言説を見てみよう。西田の言わんとすることは、次の二者の発言と同じではないかと思われる。

「働かなくても生活できるといって働かない者は、全く罪悪である。働くことほど人間を高尚にするものはない。少くとも働くことを外にして、われわれは自己の人間としての価値を保つことはできないのである。働くことこそ、人間の光栄あるつとめである。しかも働くことは、一方において身体を鍛錬することであり、それは又、他面人を作ることである。働くことによって、人間は身体が磨かれ心が鍛えられてゆくのである。仕事に悦びを以て働くことほど、愉快なことはない、仕合せなことはない。しかも疲労少くして、しかも愉快に働く秘訣は、仕事に喜びをもつことである」
（高神 6－49）

「所詮、反省によって自覚が生れ、自覚によって努力も自ずと湧いて来るのである。しかもその努力こそ、畢竟働くことに外ならないとおもう。……古人は『働く』とは、はたを楽にすることだと訓えている。たしかにそうだ。『はたらく』とはまさしく『はたを楽にすること』である。しかもはたを楽にして、始めて自分も楽になるのである」（高神 6－54～55）

「大部分は、汗水をたらして、ある程度の地位なり、仕事なりをした人の心の中には、そこで一つのまた新たなる人生観というものが生まれてくる。いわゆる社会奉仕とでもいいますか、社会とともに存在するというようなことがわかってくると思うのです。……そこに初めて、その人が社会の一員として、いわゆる一人前のものの考え方に到達するのです。ある程度の仕事も一方では持っているし、一方では社会に対して自己の存在というも

のはどういうものであるかということもわかってくる」[16]

　高神と松下の主張は明瞭で分かりやすい。働くことは、自他共に認めるような形で自己の存在を確かめる行為でもある。働くことが自己の存在証明になるという考えは、われわれ日本人の日常の感覚に合致するところであろう。青年や壮年期の人間が仕事を得ることができない場合、生活する上で金銭が不足するということだけが問題なのではなく、仕事がないことで社会における自己の存在も軽くなってしまうことになる。働けるのに働かない者は、それだけで世間から不審な目で見られたりすることもあり、肩身の狭い思いもしたりするであろう。逆に、働いて社会の一員になることによって、我々は社会における「我あり」の実感を得ることができる。西田の言う「実在界は私が働くといふことから始まる」（西田7－8）とは、まさにこの意味ではないか。

　しかし、働くということは楽しいことばかりではない。西田も言う通り、それは「労苦」の面を含んでいる。

2　初め、人生は苦である

　働くことを重視した西田ではあったが、働くことを単に楽で楽しいこととは考えていなかった。先の引用にもあった通り「我々が此世界に於て生きることは、労働であり、苦労である」（9－34）と言う。あるいは以下のように言っている。

　「此世界は労苦の世界である。……矛盾が現実の生命の事実なるが故に、我々に無限の努力があり、無限の労苦がある。無限の当為もそこから出て来るのである。矛盾は人生の事実であるのである」（西田9－9～10）

　矛盾が「人生の事実」であるが故に、我々には「無限の労苦」があるというのが西田の考えである。同様に高神は以下の様に述べている。

　「苦の認識こそ人生を知る第一歩です。苦への自覚が契機となって、ここにはじめてしっかりとした地上の生活がうち建てられてゆくのです。だから人間苦を味わないひとの人生観は、きわめて浅薄です。皮相的です。人間苦になやんだ人にしてはじめて人生がわかるのです」（高神6－180）

　これは西田と同じ主張であると言えるだろう。先にも引用した通り、「涙

を以てパンを食うた事のない人の人生観はいか程価値のあるものであらうか」（西田18－143）と西田は述べていた。人生は苦であり、その苦労を乗り越えることは生きる上での必要条件である。

　松下がこの点を特に強調したことは、必ずしも多くはない。しかし例えば次のように言っている。

「新入社員として会社に入り、それから何十年か勤務する。その過程においては、いろいろの困難にぶつかったり、煩悶したりすることも起こってくるでしょう。特に責任ある地位につき、部下をもつというような立場に立てば立つほど、そうした問題は増えてくると思います。それはお互いが仕事をしていく上で避けられないことです。ただ、問題は、そのときにどの程度悩み、どの程度苦しむかということです。その程度によっては、悩みや困難に負けてしまう人もあれば、そういうものを克服してさらに大きく成長していく人もいます」[17]

　働くことで人は「困難にぶつかったり、煩悶したりする」。しかしそれを「克服して」「大きく成長」できると松下は述べている。彼の思想は、困難の存在を指摘することよりも、それを超えて成長していくことの大切さを強調する場合が多い。人生は「労苦」の連続であることを当然のことと認めつつ、その超越の重要性を説くのである。次にこの点を見てゆきたい。

3　働きつつ見る、働きつつ学ぶ

　働くことは、自己の存在証明であり、それは一般的に言えばある種の「学び」を伴うものである。働くことを通じて、人は人生における重要な何ものかを学び取ることができる。

　西田はこれより一歩進めて、働くことが、学びそのものと考えている。彼はこの「学び」をしばしば「見る」と言い換えている。人が何か「見る」ということは、何かを認識ないし、理解していることであり、知見を広げたり堅固にしていったりしているとも言える。西田は以下のように言っている。

「主客合一の立場に於ては、知即行である、フィヒテの云った如く働くことが知ることである」（西田4－28）

「我々が現実の世界に於て働くといふ時、我々の行為は単なる運動でもなければ単なる意識でもない。我々は一歩一歩に物を見て行くのである」（西田7－343）

「見るといふことと働くといふこととが矛盾的自己同一として、形成することが見ることであり、見ることから働くと云ふことができる」（西田9－168）

「私の見ると云ふのは無作用的作用型的に働くことである」（西田10－51）

「何処までも自己自身を限定する事実として、我々の自己の存在をも事実として限定せんとする絶対現在の自己限定の尖端に於て、物と我との矛盾的自己同一的に、即ち行為的直観的に我々の自己の自覚と云ふものが成立するのである。そこには真に見ることが即働くことであり、働くことが即見ることである」（西田10－86）

「我々の自覚に於て、働くことが知ることであり、事実が事実自身を知る。……而もそれは単に内からと云ふのではなく、我々の自己は外から呼起されるものでなければならない」（西田10－375）

「我々の自己が矛盾的自己同一的世界の個物として、創造的世界の創造的要素として働く所に、我々の自己が実存するのであり、かかる矛盾的自己同一の過程を直観と云ふのである。即ち我々の自己が、矛盾的自己同一的に、物となって働き、物となって見る所に、我々の直観があるのである」（西田10－451）

　西田の場合は、働くことで何か学べるものがあると考えるよりは、人間が真に何かを「見る」あるいは「知る」ことは、働くことであると考え、真の意味で「働く」ことが「即見ること」と考える。そこに一切の働きがなければ、一切の「見る」「知る」という行為もありえない。働くことと知ることは、同じことの裏と表のように西田は見ている。これを西田は「行為的直観」と術語化している。

　働くことは一種の行動である。西田も「行為的直観」というように、「働く」を「行為」としばしば言い変えている。この言い変えが可能ならば、高神は頻繁にこの問題を取り上げている。

「知恵の眼を覆い隠す垢をとり除くようにつとめて、絶えずその仕事に努

力し、精進することが肝腎です。なんといっても智目と行足の並行です。知恵を眼とし実行を足として、絶えず努力してゆけば、必ず成功の彼岸に到達するのです。……なすことで学べ、といいます。事上磨錬といいます。人格と技術、技術と人格とをつねに合致せしめてゆくこと、それが私どもによって一番大切なことです」（高神6－43）

「元来人間は、脚なくて頭だけで歩けるものではありませんが、同様に頭なくて脚だけでも歩けるものでもありません。頭と足とによって始めてそこに正しい人間の歩みがあるというきわめて平凡なことをわれらはいま一応お互に考え直してみる必要があるかと思います」（高神6－221）

「心の垢をとりはらい、智慧の眼を覆い隠す垢をとり除いて、絶えず努力しつづける事が肝腎である。なんといっても智慧を眼とし、実行を養うことである。智目と行足である。所詮、人生の理想への道は、自覚と努力である。それより外によき方法はないのである。『なすことで学べ』、事上磨錬ということばがある。人格と技術、技術と人格の二つとを、つねに一つに合致せしめてゆくこと、それが私どもにとって一番大切なことである」（高神7－289）

　高神は「仕事に努力し、精進する」ことを「行足」や「実行」と言い換える。西田の言う「行為的直観」を「なすことで学べ」という当為の言い方で分かりやすく言い変えている。あるいは、元々真言宗の僧侶として持っていた知識を用いて、西田の哲学を斯様に解釈したのかもしれない。

　また、高神は八正道について説明する際に次のようにも言う。

「この八道のうちで最も肝腎なのは、なんといっても『正見』と『正精進』とである。正見とは正しい見方、正しい人生観世界観である。何を正しく見るか。それは仏教の根本原理である『因縁』の原理をはっきり認識することである。次に正精進とは正しい努力である。因縁の原理をあきらめて、われわれの日常の生活の上にしっかりあらわして行くことが、苦を離脱して、さとりへ赴く唯一の方法である。……何事も『知る』だけではけない。『行う』ことがなければ、ほんとうにものを活かしてゆくことはできない」（高神7‐317～318）

　八正道のうち、あえて「見る」と「精進」を強調していることから考え

ても、高神の思想は西田と方向性を同じくしていると言える。

　同様のことを、松下はより端的に述べている。

「自分の体験から申しますと、働きつつ学ぶといいますか、これがいちばんいいと思うんですね。学問をするということも結構ですけど、やはり実地の体験の場をもって、学びつつ実験をしていくということです。社会といいますか、会社といいますか、職場といいますか、そういうところはいわば道場ですから、人間形成の上に非常に役に立つんじゃないかと思うんです。

　私は学校に行っておりませんけど、それでも多少ともやってこられたのは、実社会の中で庶民生活をしていた、それがいつも道場であり、体験を重ねつつ人々からいろいろ教えてもらってきたからです。それである程度仕事もできたわけです」（松下 15－18）

　三者とも日々の仕事の中に悟りやある種の気づき、ないし学びがあることを捉えようとする。近代資本主義の労働に仏教の修行と同等の意味を認める思想は、高嶋米峰が切り開いた新仏教の思想であり、友松圓諦、高神覚昇が真理運動を起して世に広めた思想であった。高嶋が跋を書いた清泉芳巌『禅話　働きながら悟る』（大東出版社、1937 年）はその題名が、三者の共有した思想を明瞭に現している。西田はこれを「行為的直観」と呼んで現にわれわれが行っていることとし、またそれをより普遍化し、抽象度を高めようとする。高神と松下は、これを当為の主張としている。存在と当為の相違はあれ、三者の思考は同じ方向性を有している。これをやや抽象化し、一般化した思想について、次節で述べる。

4　自己が否定されることによって自己が生きる

　働くことは「労苦」ないし「困難」に直面するというのが三者の基本的な考えである。これを超越し、何かを「見る」あるいは「智慧」を得たり、学んだりすることは可能であり、また大切なことであった。これをより一般化した考えを三者はそれぞれ持っていた。

　まず西田は次のように言っている。

「自己を失ふことは自己を見出すことである」（西田 7－232）

「行為的自己としての我々は、自己自身を否定すべく生れるのである」（西田 8－65）

「自己を否定することなくして、自己を否定するものを否定することができない」（西田 8－361）

「人間が人間自身を否定する所に、真に人間の生きる途があるのである」（西田 9－56）

「自己自身の否定を条件として自己が成立する」（西田 10－498）

「私が汝を認めることによって私であり、汝が私を認めることによって汝であるといふことは、私は私自身を否定することによって私であり、汝は汝自身を否定することによって汝である、我々は互に自己否定によって我々である」（西田 7－272）

　西田は「自己」の「否定」に「人間の生きる途」や「自己が成立する」ことを見た。苦労することによって学ぶ、ということを抽象化したと考えることができる。人は働く際に、自分の時間を捨て、それを労働の時間に当てなければならない。職場の規則に合わせることで自己を「否定」し、自分の趣味嗜好も「否定」しなければならない。場合によっては、仕事を通じて他者や社会から「自己」の成果は「否定」される。しかしそこに「自己が成立する」のである。

　西田が頻繁に述べる「物となって働き、物となって見る」（西田 10－451）は、学問的野心から発案したと言うよりは、彼自身のこれまでの人生からにじみ出た実感と言うべきものであろう。「家内病気につき……何やらかやら些細の家事に心を砕かねばならぬので閉口いたし候」（西田 18－218）という家庭内の事情を抱えつつ、「馬鹿か勢力を有する時代いたし方無之候」（西田 18－39）と諦観せざるを得ない状態にあって、まさに黙々と働く生活が西田には長く続いた。こうした彼の人生と哲学は、決して無関係ではないはずである。

　高神も同様の内容を、独自の表現によって述べている。

「おのれに死んで、おのれに生きることこそ、宗教的生活の眼目です。宗教は一切の否定であると同時に一切の肯定です。大なる否定によってこそ、始めて大なる肯定が生れるのです。空即是色を悟るには、どうしても一度

は色即是空の体験を経なければなりません。空に徹することによって、始めて有を活かすことができるのです。死に徹してこそ、生を活かしうるのです。死を諦めてこそ、生を明らめることができるのです」（高神6−84）

「逆境の時には、割合に失敗は少いものです。勿論、逆境の場合は、たいていの人は意気銷沈し、元気沮喪するものですが、これとても考えようによっては、逆境必ずしも悲観するに足らぬのです。逆境これ反省の契機です。艱難こそ人生の貴い試練です。そう考えることが、人生に対するほんとうの諦めです。それが人生への正しい認識です。まことに『人間万事塞翁が馬』です。順逆二境に心を動かさず、順境に処して傲らず、逆境に処してたじろがず、順逆をものの裏表と考えて、人生に処するところにほんとうの力強い生活が生れて来るのです。しかもそこにこそ、人生の生き甲斐があるのです」（高神6−208〜209）

「退一歩こそは、進一歩である。懺悔はやがて明るい希望を生み、逞しい努力（精進—原文）となって、人間の生活を浄化してゆくのである」（高神9−33）

　松下はこれと同様の内容を、「いい意味でのあきらめ」として、次のように述べる。

「人間というものは、どんな時代に生まれあわせても、その時代に応じて活動し、自分を生かしていくことができるものです。しかし、ある特定の仕事をなすということは、やはりその仕事をなすにふさわしい時代に生まれあわせなければ、できないでしょう。人間は、一面では自分の意志で道を求めることができるけれども、反面、自分の意志以外の大きな力の作用によって動かされてもいる。それは否定できない事実です。私は、お互いにこのことをよく知ることが大切だと思います。そうすることによって、そこに非常に力強いものが生まれてくるのではないかと思うのです。

　……ですから、自分の意志で歩んでいくことは、それはそれで大事にしつつ、あわせてそれと同じように、あるいはそれ以上に、いい意味でのあきらめというか諦観をもち、与えられた環境に腹をすえて没入していく。そういう生き方をとることができれば、長い人生においてさまざまな問題に直面し、困難に出会ったようなときにも、基本的には大きく動揺せずに

すむのではないでしょうか」[18]

　松下は「いい意味での諦め」を持つことで「非常に力強いものが生まれてくる」と考える。これは高神の言う「おのれに死んで、おのれに生きる」（高神 6－84）の言い換えとも受け取れるし、西田の言う「自己を失ふことは自己を見出すことである」（西田 7－232）と同様であるとも言える。

　さらにビジネスの中における具体的な出来事を念頭に置きながら、松下は以下の様に述べることもある。

「非常に無理解というか、非常識ともいえるような先生のもとで修業した人の中からは、名人といわれる人が出る場合が多いようです。当然ほめられていいことに対してでも、めちゃくちゃに言われる。"ばかばかしい。もうやめてしまおう"と思う場合が何度もある。しかし、それでも耐えしのびつつ辛抱してやっていく。そして何ものかをみずから会得した人に、先生を超えるような名人が出てくるということでしょう。これは非常に面白い点だと思いますが、そういうこともまた人間の妙味といえるのではないでしょうか」[19]

「（お客様から）いろいろ文句言われれば、やはり文句言われるだけのどこかにそれだけの理由がある。難しいお得意、厳しいお得意、そういうお得意を持ってるメーカーは非常に仕事が困難のように見えますけれども、なおかつそれを辛抱して、その人たちをさらに満足せしめるべく努力していったならば、非常にこっちの腕が、こっちの考えが非常に進歩いたしまして、そうしてぐんぐんと力が伸びていくんです。これは個人と師匠と、弟子と師匠の場合と同じこと（であります）」[20]

　いずれもまた、自己が否定されることによって自己が生きるという思想が示されている。松下はここに「人間の妙味」を見たのであった。

　以上までをここでまとめておきたい。近代資本主義社会において、よほど裕福な人でない限り、人は労働を通じてしか生きていけない。まず、働くとは、好むと好まざるとにかかわらず、生きる上でしなければならないことである。しかしこれは生活の糧を得るためだけの辛いものだと割り切らずに、そこに仏教的な修行、報身の世界があるとしたのが新仏教の思想であった。働くことは一面苦痛であるが、そこには何かを見、学び、悟る

ものがある。「人生の目的は人生に対して真摯なる仕事（を）する（こと）によって解せられる」（西田 18-249）と考える。これを抽象化すれば、「自己自身の否定を条件として自己が成立する」（西田 10-498）と言える。西田、高神、松下の三者に共通するのは、この点である。

結論

　以上、三者の共通点を見てきた。それでも三者がそれぞれ異なる立場で、それぞれの思想を展開していた事実をどのように踏まえるべきなのか最後に考えたい。

　まず西田の哲学は、通常の「哲学者」と呼ばれる人の哲学であり、「原論的哲学」ともいうべきものである。哲学の純粋理論であり、抽象性一般性を極限まで追求しようとする。これに対して高神の「哲学」は「啓蒙的哲学」とも言うべきもので、「原論的哲学」の思いきった要約や言い換えを行ない、一般への啓蒙を強く意識した表現になっている。また時に啓蒙される大衆からの要請に積極的に応えるものであり、この点で「原論的哲学」とは著しく異なっている。松下の「哲学」は「実践的哲学」とも呼ぶべきものであり、「啓蒙的哲学」から触発を受けつつ、日々の生活に即した思考となっている。この立場の哲学は、必ずしも「原論的哲学」との接点は多くはない。むしろ「原論的哲学」と不用意に接点を持てば、日々の実践にそぐわない机上の空論に堕する可能性もある。この「実践的哲学」の要請をなるべく正確に踏まえつつ、如何に「原論的哲学」を噛み砕くかが、「啓蒙的哲学」の要諦である。

　以上を仏教風に言えば、「実践的哲学」から「原論的哲学」へ行くことが出世間であり、その逆が出々世間とも言える。「実践的哲学」はその領域にだけとどまるならば、あまり思考が広がったり深まったりせずに、堂々巡りになる可能性もある。逆に「原論的哲学」がその領域にとどまるならば、隠遁的となって、その営みは社会から理解されず、支持も失って存在すら危ぶまれることになる。大切なことはそれぞれがそれぞれの領域の大切さを念頭に置きつつ、緩やかに交流を持つことであろう。どちらの領域

も単独で存在することはできず、どちらにとってもお互いの存在は不可欠なはずである。しかし両者の使用する言語はあまりにも異なっており、この両者を結ぶ「啓蒙的哲学」が独自の領域として必要不可欠である。

　哲学は経済学や経営学などに応用されてビジネスパーソンに働きかけるのみならず、一定の抽象性を保ったまま通俗化し、実地で展開されうる。哲学が哲学者だけの営みではなく、西田が言うように誰もが既に哲学者であるゆえんである。「我々の仕事とは何か」という問いは、通常のビジネスパーソンでも意識レベルの高い人は日常的に発する問いであり、また株主や顧客など、周囲から問われることでもある。この点で言えば、ビジネスの実践現場は哲学的問いに満ちている。

　これまでにも「臨床哲学」や「応用哲学」の試みがあり、本稿もその試みに賛成を惜しまないつもりである[21]。しかし、これらは本稿で言う「啓蒙的哲学」のレベルであって、庶民の日々の生活や世界観に沿った「実践的哲学」のレベルが十分に考慮されていないように見える。通常の人にとって、生きるにはまず働かなければならず、生きている時間の中で一番頭を使い、最も神経をすり減らす時間が働いている時間なのだから、哲学的問いもまた、最初に取り上げられるべきものは働くことに対する問いではないだろうか。アカデミックな研究ではほとんど考察の対象にならないが、この問いかけは既に松下幸之助を筆頭に、日本のビジネス界で幅広く行なわれている営みである[22]。

　なお、西田は人間論として「人間は他に比して偉大なのである」（西田8－430）と述べる。時間論としては「我々の自己は、……無限なる過去を負うて此の世界に生れ、無限なる未来を有することによって生きる」（西田10－485）と説き、宇宙論として、「歴史的現実は……所謂相反するものの調和といふ如き意味に於て限定せられたものでなければならない」（西田8－377）とし、言語論としては「言語の中に実在の形がある」（西田10－228）と主張する。こうした人間観、時間観、宇宙観、言語観は、高神と松下にも類似のものをそれぞれ見出すことができる。紙数の都合でここでは論じられないが、三者の共通性は、こうした内容にも及んでいることを付記して本稿を閉じたい。

（ＰＨＰ研究所）

[1] ワーゴのこの仮説については、拙著『戦前のラジオ放送と松下幸之助―宗教系ラジオ知識人と日本の実業思想を繋ぐもの』（ＰＨＰ研究所、2011 年）302〜305 頁で取り上げた。本稿は拙著のこの部分における考察の続編という位置づけでもある。ワーゴ自身が西田と松下の思想の類似性について文章で論じたのは、ロバート・ワーゴ「松下幸之助の合理的・人間主義的経営」（ＰＨＰ総合研究所第一研究本部編・発行『松下幸之助研究』2000 年冬季号）30 頁〜35 頁のみのようである。

[2] 梯明秀『西田・田辺両哲学と私の立場』（梯明秀経済哲学著作集第 5 巻、未来社、1987 年）。

[3] 松本文三郎の寄稿は、『新仏教』第 1 巻 266〜267 頁、第 4 巻 853 頁、第 8 巻 55〜57 頁等。松本は、新仏教徒同志会発足時はベルリン滞在中であった。京都大学附属図書館所蔵の『新仏教』は「松本文三郎寄贈本」の印が押してあるものもある（第 7 巻目次 1 頁など）。鈴木大拙は初期から寄稿も多く、『新仏教』第 1 巻 198〜201 頁、同 242〜244 頁、同 255〜256 頁、292〜293 頁等。鈴木も、発足時はアメリカ滞在中であった。なお、鈴木はＰＨＰ研究所の発足時には、ＰＨＰ友の会の「本部役員」になっており（ＰＨＰ研究所内部資料『本部役員名簿』）、西田と松下の両方をよく知る人物であった。

[4] 以下、(西田 5−23)は『西田幾多郎全集』（岩波書店、1965〜1966 年）第 5 巻 23 頁、(高神 4−28)は『高神覚昇選集』（歴史図書社、1977〜1978 年）第 4 巻 28 頁、(松下 29−26) は『松下幸之助発言集』（ＰＨＰ研究所、1991〜1993 年）第 29 巻 26 頁を意味する。また、引用に際し、旧字体は新字体に直した。促音便の「つ」は「っ」に直した。

[5] 前掲『戦前のラジオ放送と松下幸之助』参照。

[6] 鈴木成高、高坂正顕と松下の交流については、例えば『ＰＨＰ』第 50 号（1951 年 9 月、ＰＨＰ研究所発行）2 頁に掲載された松下の「人間宣言」に対し、両者が批評を試みている（同第 52 号〔同年 11 月発行〕12、26 頁）。鈴木は、その後、同 162 号（1961 年 11 月発行、ＰＨＰ研究所創設 15 周年記念号）92〜93 頁に「平衡感覚」を寄稿、高坂は同 211 号（1965 年 12 月発行）18〜20 頁に、「人間に対する信頼」などを寄稿している。

高山岩男は松下幸之助が１９５２年に創始した新政治経済運動（後に松下政経塾設立につながる運動）の幹部を務めていた。新政治経済研究会『新政経ニュース』創刊号（1952 年 8 月 15 日発行）9 面に「研究参与」として高山の名がある。１９５４年２月３日、東京の日本クラブで開かれた「関東第１６回研究参与会」において、「研究の順序及び担当の決定」が行われ、高山は「教育制度改正」を担当することになった（同第 47 号〔1954 年 4 月 11 日発行〕7 面）。

三辺長治は第四高等学校時代の西田の弟子であり、後に文部次官を務めた。西田は三辺について、「どうも厄介な事（＝教学刷新評議会への参加）を仰せつかって困ってゐます　（文部）次官の三辺といふのが四高出で知って居るもの故情誼からつい断りきれませぬでした」（西田 18−551）と述べている。上田久『続 祖父 西田幾多郎』（南窓社、1983 年）177〜178 頁も参照。この三辺は、創成期の１９４６年から８年ほどＰＨＰ研究所で有償の顧問を務めていた（ＰＨＰ研究所内部資料『本部役員名簿』など）。三辺から松下へのアドバイスは、『ＰＨＰ新聞』第 12 号（1948年 4 月 15 日、ＰＨＰ友の会本部発行）4 面、三辺長治「『素直な心』を普及しよう」など。

[7] 今井幹雄『真言宗昭和の事件史』（東方出版、1991 年）17〜18 頁。この合同真言宗は、１９４５年１２月２４日に「合同崩壊・分派各立決定」となった（同書 24頁）。

[8] 同書 20 頁。

[9] 真言宗のメディアである『六大新報』は、高神が遷化した際、一般物故者欄とはいえ、高神の死を１０行も割いて報道した（『六大新報』第 2213 号〔1948 年 3 月発行〕7 面）。当時、通常の仏教者の遷化は１、２行程度の報道であり、大僧正が遷化すると、一般物故者欄とは別枠で１０行程度報道していた。

[10] 前掲『戦前のラジオ放送と松下幸之助』289〜293 頁。

[11] 松下幸之助『私の行き方考え方―わが半生の記録』（ＰＨＰ研究所、1986 年）19頁。

[12] 松下の言う「真の幸福」については、松下幸之助『ＰＨＰのことば』（ＰＨＰ研究所、1975 年）264 頁など。

[13] 生前の松下が残した講話や対談の音声は、現在ＰＨＰ研究所に約３０００本のテープで残されている。これを文字に起す作業は、現在もＰＨＰ研究所で継続されている。このうちの約２割が、前掲『松下幸之助発言集』として既刊である。

[14] その他にも、西田のこの種の発言は多い。

「我々の真の自己といふべきものは働く自己といふものであり、真の実在といふものは行動的自己の対象と考へねばならぬ」（西田 7−5）

「我々は働くことによって真の自己を見出すのである。そこに我々の真の自覚があるのである」（西田 8−54）

「個人は唯働くことによって存在するのである」（西田 8−149）

「我々が働くと云ふことは、唯、意識的に欲するとか、決心するとか云ふことでなく、我々が此の世界に於て物を作ること、我々の働きが此の世界の事件となると云ふことでなければならない。我々の真の自己は、そこに実在するのである」（西田 10−350〜351）

[15] 例えば、次のように言う。

「私は従来の哲学では、……抽象的に客観的世界の構造が考へられたと思ふのである」（西田 9−239）

「従来の哲学に於ては真に意志と云ふものが考へられてゐないと云ってよい。従って真に行為と云ふものが考へられてゐない」（西田 10−22）

「先づ考へる自己そのもの、主観そのものが、深く反省せられなければならない。これが従来の哲学に缺けて居るのである」（西田 11−74〜75）

「従来の哲学に於ては、自覚的意識の独自性、その根本性と云ふものが深く考へられてゐない」（西田 11−137）。

[16] 松下幸之助『繁栄のための考え方』（実業之日本社、1964 年）79〜80 頁。

[17] 松下幸之助『社員心得帖』（ＰＨＰ研究所、2001 年）17 頁。

[18] 松下幸之助『人生心得帖』（ＰＨＰ研究所、2001 年）89〜92 頁。

[19] 前掲『社員心得帖』30〜32 頁。

[20] 《速記録》No.0067（1958 年 4 月 4 日、「昭和３３年度大学卒入社式　社長訓話」、ＰＨＰ研究所内部資料）35〜36 頁。

21 筆者が参考にした書は鷲田清一『哲学の使い方』（岩波書店、2014 年）、戸田山和久・出口康夫編『応用哲学を学ぶ人のために』（世界思想社、2011 年）など。

22 さしあたり、ここでは月刊誌『ＰＨＰ』（ＰＨＰ研究所）や『致知』（致知出版社）、『理念と経営』（コスモ教育出版）などの直販誌の存在を指摘したい。特に後者二誌は書店では全く扱っていないこともあって、アカデミズムの研究対象になりにくいようである。日本道経会や盛和塾も、同様の活動を行なっている。

「無」をめぐるキリスト教神学
および仏教の比較考察
—西田哲学とキリスト教的ケノーシス（神の自己空無化）に焦点を当てて—

阿部　仲麻呂

概要

　本稿では、「無」について考察する。キリスト教神学における「無」は「ケノーシス」（神の自己空無化）として理解されている。とくに、神学において、神による人間に対する愛ゆえの自己空無化という視座が強調されている。一方、西田哲学においても「無」は「ケノーシス」（西田の「場所的論理と宗教的世界観」では「ケノシス」と呼ばれている）として理解されている。言わば、キリスト教神学も西田哲学も「愛ゆえの神の自己空無化」という視座を共通して重視している。このような視座は、従来の西洋における偏見に満ちた「仏教的無」への誤解を是正する可能性を秘めている。

I　宗教哲学としての京都学派思想—人間論的かつ認識論的視座の限界

1　日本近代哲学が現代におよぼした影響——前提
　明治維新期から今日に至る日本の近代化の時代における哲学的研究の動向を概観せずして、古代から現代にまで続く日本の文化そのものの意義を理解することは出来ない。なぜならば、現在の日本人が生きている生存地平は欧米の科学技術文明の影響下で近代化されたものであり、まさにその時代において日本という地域に固有の思考方式に基づいた自発的な哲学的研究運動が活況を呈したからに他ならない。

近代日本の哲学は、西欧の文物との対峙において翻訳や批判さらには東洋的要素との比較研究をとおして絶えず洗練されてきた。このような比較文化的な研究作業を重点的に展開したのが京都学派と呼ばれる哲学者たちであった。

京都帝国大学で活躍した西田幾多郎（1870－1945 年）を中心とする同大学の教員（田辺元や波多野精一）および出身者たち（西谷啓治他）、さらには志を同じくする研究者たち（九鬼周造）に共通していた哲学的関心は、あらゆる物事の正しい理解（認識論）と人間の生き方（倫理学）とを連動させる主体として在ること（存在論）による美しさ（藝術論）を体現しつつ最終的には超越的な次元を探究する道に踏み込む思索（宗教論）を体系的に構築することだった。言わば京都学派運動そのものが「宗教哲学」へと究まる巨大な運動体としての性質を備えていた。

2 信仰者の立場から京都学派思想を眺める──ひとつの問題提起

しかしながら、西田を取り巻く京都学派の研究者たちによる宗教哲学の流れは人間論的かつ認識論的視座に基づく眺めに留まり続けたという点において限界を抱えていたことは否めない。つまり彼らは、あくまでも哲学者として事物を現象に即して忠実に観察して説明する姿勢に徹しており、宗教経験の深みの次元そのものを十全に描き得たわけではない。

そこで、本稿では「彼方からの超越者の呼びかけ」を身に受けて生きる信仰者の立場（受肉論）から京都学派の宗教哲学の限界を検証しつつも、その学派の宗教哲学の長所を把握することで、さらなる展開可能性を示すことにする。

3 キリスト教神学＝彼方からの超越者の呼びかけ（啓示）を身に受けて応える信仰者の立場

その際、本稿では西田哲学を中心とする京都学派の宗教哲学の限界を補完するためのひとつの方法論として、「彼方からの超越者の呼びかけを身に受けて生きる信仰者の立場」に立って考察を進める。つまりギリシア教父の思想の中核としての受肉論および神化論を手がかりにして京都学派哲学

を理解し直す。「彼方からの超越者の呼びかけを身に受けて生きる信仰者の立場」とは「キリスト教神学」に他ならない。そして、彼方からの超越者の呼びかけとはキリスト教共同体において真摯に受けとめられた「神による啓示」を指す[1]。

4 「絶対無としての空」へのこだわり——研究の動機

それでは、なぜ、「絶対無としての空」にこだわるのだろうか。なぜならば、イエスの生き方のうちに見受けられる「相手に対する激越なる愛ゆえの、あまりにも烈しい自己空無化（ケノーシス）の突っ走り」とも重なる内実を備えているように思えるからである。つまり、自らがどうなろうとも、ただひたすら相手のことだけを真摯に考えて、相手が活きていくことだけを願って、破滅的なまでに全身全霊を捧げ尽くして滅していく姿に憧れるからである。このような「愛ゆえのケノーシス」という事態は、キリスト者の信仰感覚の基底に存する徹底的自己譲与の姿に他ならない。

これまで、哲学および神学の視点から「無」あるいは「空」を研究することで到達することのできた結論は、京都学派の宗教哲学者たちが「無」あるいは「空」という根底的な場において活かされつつ、その主客関連的（主観的な認識と客観的な視座とは一如的に連動している）で包括的な事態を「いのちの充満としての創造的力働的事態」として見究めるとともに言語を用いて表現した事実である[2]。つまり、西田を中心とする近代日本の哲学者たちにとって「絶対無としての空」は「あらゆる事象をつつみこんで成り立たせる根源的基盤としての生命力に満ちあふれた場所」を意味していたと解釈できる。京都学派の哲学者たちが一様に「場所」を存在論的根拠に据える理由は、森羅万象あらゆる事象を相互に関係づけつつ活かしめるいのちのダイナミズムの包括的な真実在性を直観していたからである[3]。

5 京都学派の宗教哲学の限界ならびに後続の神学研究者たちの限界
(1)京都学派の宗教哲学の限界——三つの基本的限界
①限界 1——人間論的かつ認識論的記述傾向

ところで、西田を起点とする京都学派の宗教哲学の潮流に参与する思索

者たちが抱える限界は、その論述上の方法論が基本的には人間論的かつ認識論的次元にとどまる点に存しており、彼らの立場に立つならば、超越者による彼方からの呼びかけをそのまま記述することができない。しかし、自らの思索上の限界を厳粛なまでにわきまえて、必要以上に宗教体験そのものの領域には踏み込まない西田の思索姿勢は誠実さに裏打ちされている[4]。

②限界2——東アジア圏域および東南アジア圏域の思想への目配せの欠如

それから、西田をはじめとして田辺や波多野の哲学書は欧米の諸思想を手がかりにして日本文化圏の生活秩序の改善を目指すための考察に重点が置かれており、韓国および中国などの東アジア圏域さらにはベトナムやタイ、フィリピンなどの東南アジア圏域への目配せが欠如している。

もちろん、あらゆる人間に普遍的な生の意味を問うためには日本という地域において日本人が突き当たっていた「西欧化の推進による近代化」および「土着的文物の死守」とのせめぎ合いを手がかりにした思索を遂行していく必要があったことは否めない。しかし、そのような自己内省の作業をつづけると同時に近隣のアジア諸地域の現状をも視野に含めなければ真の普遍的哲学を創り出すことができなかったのではあるまいか。

③限界3——ギリシア教父思想にもとづく信仰理解の深みの次元への未到達

さらに、京都学派哲学の流れにおいては、晩年の西田がベルジャーエフやドストエフスキーの作品から学んだり、九鬼がギリシア教父およびラテン教父の哲学を俯瞰する論考を執筆したことがあったものの、全般的に言ってギリシア教父思想にもとづくキリスト教信仰理解の深みの次元がほとんど無視されており、信仰理解の深奥への到達が不十分であった。もしもギリシア教父思想の知的遺産を看過してキリスト教を理解しようとすればキリスト教の本質を掴むことができず、浅薄なキリスト教信仰理解に留まることとなる。

(2)後続の神学研究者たち（小田垣雅也、小野寺功、八木誠一）の限界
——三人の研究者の場所論的聖霊論の構造論的記号論理的な傾き

なお、筆者が以前上智大学に提出して学位を得た博士論文（「日本における『神の自己無化』理解の現状と展望」2008年3月）の内容に即して言えば、京都学派哲学の思想的系譜を継承しつつ展開された日本の神学的動向もまた京都学派と同様の限界を抱えている。

従来の西欧圏域の三位一体論にもとづく聖霊のペルソナ性（主体的意志的独立自存性）への着目とは異なる視座を模索する場所論的な「神の自己空化」（ケノーシス）理解の仕方を日本において推進した小田垣雅也・小野寺功・八木誠一（以後、三人の研究者と呼ぶ）らの所説を関連づけて整理する（日本における「神の自己無化」理解の現状）と、彼らの思想的根拠が西田幾多郎および滝沢克己の宗教哲学的認識論であることがわかる[5]。言わば、三人の神学研究者は論理構造あるいは物事の骨組を整合的に明示するのだが、それだけでは無味乾燥な文法論に帰着する（主語・繋辞・述語という枠組でこの世界の諸事象を整理すること）だけで、想像力逞しい藝術的創作の豊かさがおざなりにされる。つまり、三人の研究者の思索には、①「メタファー」および②「シンボリズム」および③「イメージ」という諸要素が欠如している。

そこで、三人の研究者の場所論的聖霊論の構築の際の構造論的記号論理的な方向性への傾き（①「メタファー」および②「シンボリズム」および③「イメージ」という諸要素を犠牲にしているという意味での限界）を補うべくキリスト教信仰伝承の古層に属するニュッサのグレゴリオス（335年頃−395年頃）の聖霊理解を根拠とした感性論的視座を取り入れた解決策を提起する必要が出てくる（日本における「神の自己無化」理解の展望）。なぜならば、グレゴリオスは聖書のアレゴリー的解釈[6]に力を入れており、つまり①「メタファー」や②「シンボリズム」や③「イメージ」を最大限に活用した思考方式を洗練させていたから、京都学派哲学および後続の研究者の構造論的かつ記号論的な偏狭さの限界を乗り越えさせる糸口を提供する思索者とみなせる。

II　ギリシア教父における受肉論の立場——彼方からの呼びかけ

1　現代にまで受け継がれている「受肉の神学」

　それでは、ここで、京都学派の宗教哲学および後続のキリスト教的哲学研究者たちの解釈上の限界を乗り越えるための方途を探ろう。ギリシア教父たちがそれぞれの著述テクストのなかで最も強調したことは、とりもなおさず「受肉の神学」（ヨハネ 1・14）に他ならない[7]。「受肉の神学」とは、人間に対しての神の大接近を厳粛に受けとめて感謝と讃美を捧げつつ祈りながら、そのような真実を理解する全人的な道行きのことである[8]。

　上述の視座は決して過去のものではなく、現代においても確かに伝承されており、引き続き重視されている。たとえば、第二バチカン公会議公文書のひとつである『現代世界憲章』の第 22 項において「受肉の神学」の意義が明確に述べられている[9]。

　「神の受肉」（神による人間に対する愛[フィラントロピア]の呼びかけの体現化、身体化）にもとづいて「人間の神化の道行き」（人間による神への応答）も可能となる。「神化」とは、神のように十全な愛情に満ちた生き方を遂行できる境地に成熟することである。

2　「神からの呼びかけ」と「人間の応答」
　　　　　　　——「神の受肉」と「人間の神化」の連動性

　相手に対する深い愛のゆえに神がまず先に自らを人間に対して示しつつ大接近し[10]、人間そのものとなり（受肉＝身体化）、人間を豊かに活かすために御自身のいのちそのものを徹底的に捧げ尽くされた（神的善美という自己空無化）からこそ、私たち人間もまた神に倣うことによって神に応える（神的善美にもとづく自己空無化）と同時に隣人を支え活かす証し人として成熟していくことができる[11]。まさに、エゴイズムに満ちた自分の生き方を全人格的に転換することで、三位一体の神における「善美にもとづく自己空無化」のダイナミズムを経験する人間は根源悪の動きを徹底的に空無化する神の愛のはたらきに協力している。

　しかも、先に触れた『現代世界憲章』第 22 項でも強調されているよう

に、イエス＝キリストの登場による「神の受肉」という歴史的事態によって、すでに、あらゆる人間の可能性が確保されている。ということは、人間は人間として生まれてきているという存在様態そのものにおいてすでに神との密接な連続を生きてしまっている。そうなるとすでに万人の尊厳が確保されている。あとは、その根源的な事実を各人がどれだけ深く実感して自発的に確認しつつ生きるかが問われる。つまり、真実を意識化しつつ自己転換を遂行して生き方を深めることが各人には要請される。それは「回心への招き」とも呼べる。こうして、あらゆる人の心の底に潜む根底的な神化への胎動の力を回復することが常に課題となる。その課題は、ちょうど仏教的に言えば本覚と始覚の連動性と構造的に同一の事態でもある。

　相手を理解するとともに深く慈しむ愛のゆえに、御父なる神は受肉の秘義において徹底的に自己空無化して相手を活かす道を生き抜いたが（御子イエス＝キリストとしての生をまっとうした）、その愛のはたらきは今日も聖霊のケノーシス的ペルソナとしての無相の姿として私たちをつつみながらも導き続ける。それゆえ、三位一体的な神のはたらきのなかでもとりわけ聖霊のはたらきに焦点を当てて考察すること（聖霊論）が本稿の道筋となる。

Ⅲ　「西欧におけるペルソナ主義的視座」と「東洋における場所論的視座」（仏教的空観）の相互補完性

　これまで前節では京都学派の宗教哲学とギリシア教父の受肉論とを対比させつつ相互補完的に結びつけることで、あらゆる人に共通する真実認識の課題が浮かびあがることを見た。ここでは、さらに西欧と東洋の思索上の差異と協働の可能性に関して述べる。その際に、「人格性」および「非人格性」の相互相即的連動の事態に特に注目しておきたい[12]。

　西欧においてはペルソナ主義的な視座が哲学上の重要テーマであり、個的な実体としての自己の自律性を重点的に論じることが多かった。もちろん、あらゆるもの同士の関係性に対する関心もないわけではなかったのではあるが。一方、東洋では、あらゆるものの関係性そのものを最重要視したうえで個物がネットワーク全体のなかで意義をもたされていた。言わば、

縁起の思想が物事の根底に据えられていたのである。

1　日本における聖霊論

　日本における聖霊論は「場所論的聖霊論」（あるいは「非ペルソナ主義的聖霊論」とも呼べるだろう）として一括できる独自の動向のうちに胎動する。日本における聖霊論の研究においては、聖霊を個別のペルソナとして理解するよりは「あらゆるものを活かすいのちの場」あるいは「森羅万象の生存基盤」として、つまり「非人格的な地平」として理解する場所論的発想が重視されているからである。

　日本における聖霊論と欧米における古典的聖霊論および近年の聖霊論の研究書とを比較しつつ読み直すとき、欧米の動向が押しなべて「ペルソナ主義的聖霊論」であることが明らかとなる[13]。しかし、「ペルソナ主義的聖霊論」にせよ、「場所論的聖霊論」（非ペルソナ主義的聖霊論）にせよ、それぞれ長所と短所を兼ね備えており、ともに両者が補い合ってはじめて神の自己無化の体現としての聖霊を正当に論じることのできる神学的スタート地点に立つことが可能になると言える。その意味で、聖霊論研究をいっそう正確なものに整えていくためには、「ペルソナ主義的聖霊論」および「場所論的聖霊論」（非ペルソナ主義的聖霊論）を両立させ得る根底的地盤を究明することが急務となる。そこで、「ペルソナ主義的聖霊論」および「場所論的聖霊論」（非ペルソナ主義的聖霊論）を両立させ得る根底的地盤の淵源を思想史上において探った結果としてニュッサのグレゴリオスの神学的哲学（愛智の道行き）のダイナミズムの内に隠されていた「神的善美の自己空無化」という発想を発見するに至った。

　欧米のペルソナ主義的聖霊論は個別的実体の独立自存性のみを特に強調することによって、関係性論的協働性を十全に示すことができないという限界を抱えている。そのような限界を補うために、近年の日本における非ペルソナ主義的聖霊論（場所論的聖霊論）の動向を辿りつつペルソナ主義的－場所論的両聖霊論を根底から支えているニュッサのグレゴリオスにおける「神的善美としての自己空無化論」を再発見し、さらには我々人間の最上の生き方としての「神的善美にもとづく自己空無化のダイナミズム」の

意義をコミュニケーション論を援用しながら考察すると、まさに空無化と善美とが連動していることがわかる。

2 「神的善美としての自己空無化」（神による人間への呼びかけ）

なお、「神的善美としての自己空無化」とは、最善最美なる神が相手のために自らを徹底的に捧げ尽くして謙ること（ケノーシス＝「神の子の受肉－謙遜な生活－受難および十字架死」という一連の愛の生き様において極まる自己空無化）である。つまり、神の愛のはたらきの結晶化かつ体現であり、神の側からの啓示の領域として信じられるべき事柄であるから、西田を中心とする京都哲学の宗教哲学の立場のような哲学的な人間論的認識論的理解だけでは十全に伺い知ることのできないものであり、神学の立場において不断に考究されつづける内容となる。

3 「神的善美にもとづく自己空無化」（神に対する人間の応答）

一方、「神的善美にもとづく自己空無化」とは、神の愛のはたらきを経験した人間（全人格的に認識転換した人間＝回心経験を経た人間）が自らも神に倣って愛ゆえに相手のために徹底的に捧げ尽くして謙る生き方を選ぶことである。言わば、「神的善美にもとづく自己空無化」とは「神の愛のエネルゲイアに支えられた人間の成熟の道行き」に他ならない。つまり、神の恩恵に支えられた人間の応答姿勢のことである。そのような姿勢は、まさに信仰に満ちた積極的選択なのであり、人間の意志的なわざでありながらも、人間が決して単独で自力で成し遂げ得るような働ききなのではない。むしろ、神の愛情の見えざる働きとしての聖霊の恩恵において、ひとえに聖霊に促されてこそ為し得るものである。

4 三位一体の神と人間との応答関係

三位一体の神に対する頌栄的姿勢において救済的な礼拝実践を土台にした思索内省を積み重ねていたギリシア教父のひとりであるニュッサのグレゴリオスが描きのこしたテクストのうちに「ペルソナ主義的聖霊論」および「場所論的聖霊論」とを根底から支えつつダイナミックに徹底化して

ゆく「神的善美としてのケノーシス」という聖霊論の斬新な展開の仕方の契機が確かに存している。

「三位一体の神の愛のはたらきに促されて成熟してゆく個全連動的多様協調的人格美」を目指すことがキリスト者のみならずあらゆる人間にとっても重要な道である。なぜならば、あらゆる人が三位一体の神の愛のはたらきにおいて活かされておりながら、そのことに気づかない状態で過ごしており、そこから目覚めることが急務だからである。つまり、全人格的に自己の在り方を転換することが必要となる。なぜならば、自己転換しないままで生きてしまえば、古代から現代に至るまで歴史のなかで蠢動している根源悪の支配下において発展してきた均質美的自同体制社会の動向を決して異化することができないからである。そのような根源悪の根深い動きの前で、人間は傷つき、圧殺される。

しかし、苦しみの渦中にあっても受肉の秘義を体現しつづけたイエス＝キリストは決してひるむことなく目覚めつづけて十字架上の死という徹底的自己空無化を生き抜いた。その「苦しむしもべ」の徹底的な自己空無化の姿をニュッサのグレゴリオスは「善美」として洞察することで、従来のギリシア社会の根底において胎動していた根源悪の動きを無化する決定的な価値観としての人格美（愛のゆえに徹底的に自らの全人格そのものを捧げ尽くすケノーシスにおいて抜き出される無相のペルソナの善美的ダイナミズム）への道を備えた。

御父の愛のおもいを体現した受肉の御子の姿に背面から聴従しつつ倣うことによって聖霊のはたらきの無相の姿に満たされて、あらゆる相手へのかぎりない慈しみの道に参入することで、私たちも自己空化のダイナミズムを生き抜き、こうして根源悪を空無化する神の国の営みの一端を各個人も共同体全体も常に連動して（個全連動的に）担うこととなる。

言うまでもなく、「神的善美としての自己空無化」とは、「神からの人間に対する愛の秘義」（フィラントロピア）を言い表しているから、神の啓示の出来事の領域に属するものであり、人間には理解し尽くすことのできない深みを備えている。それに対して「神的善美にもとづく自己空無化」とは「聖霊に支えられて御子の歩みに倣って御父へと向かう人間の生き方のダイナ

ミズム」（最高のアレテーたるキリストに倣う生き方の無限漸進的成熟の道行き）であるので、人間論的な視座で眺めることも可能となり、容易に理解のための手がかりがつかめる。

IV 日本という文脈で「ケノーシス」を考える

1 「無」あるいは「空」への考察態度

信仰者が「無」あるいは「空」を考えるときに、まず何よりも「信仰経験の根本姿勢としての徹底的否定性」という観点が最初に浮かび上がってくる。そのことは、「我空」（個々人の個的実存にとっての真実の自己の現成としての空＝各自にとっての空の実現）という事態あるいは西田哲学における「絶対否定的転換」の立場（西田幾多郎『絶対矛盾的自己同一』所載）とも密接に関わる。そして、さらには、イエスの十字架上の自己空無化としての極みへと深まる神の愛の姿への筆者の烈しい想いと、古今東西の諸思潮における無のダイナミズムとが奔流のようなイメージを伴って呼応してゆく。

2 場所的なつつみこみ

それにしても、「ケノーシス」（神の自己空無化）を日本という文脈において論じる場合、当然のことながら日本近代哲学との関連において考察を進めることが不可欠である。日本という生活基盤において生きているキリスト者が神学を深めてゆく場合、やはりその生存地平において考察を積み重ねていくことが避けられないからである。その際、西田幾多郎を中心とする京都学派哲学における「場所的論理」の発想を、どうしても踏まえることが必要となる。なぜならば、西田幾多郎の哲学的営為に端を発する京都学派哲学は日本の近代化の激動期において醸成されつつ生じてきた思想動向であるから、欧米の思想・技術が日本に導入される以前の思惟感覚（東アジア漢字文化圏的思惟もしくは東洋的思惟とも言えるかもしれない）を存続させながらも、同時に欧米の思想・技術の根幹である哲学的思考方式をも積極的に取り入れて、言わば「東洋的生活伝統と西洋的科学技術文明とを同時に成り立たせる場所」を模索せざるを得なかったからである。近代日本

という生活場そのものが東洋および西洋とが連動しながら相互補完的に熟成する全一的文化的るつぼと化した。その諸文化伝統を同時に取り込んで活用する手法は明治維新前夜の近代日本に始まって今日に至るまで連綿と受け継がれているから、その端緒的哲学運動としての京都学派の動向を決して見過せない。

　今日でも京都学派哲学を評価する際には反対派と賛同派という二大動向が生じているのではあるが、京都学派哲学を否定するにせよ、肯定するにせよ、我々にはこの学派の哲学思潮を避けては通ることができない。近代日本の激動期から今現在に至る日本人の思索においては、常に「場所」が主題となる事実を決して無視することはできない。

　上述のように、日本近代の哲学には、「場所的なつつみこみ」という思考上の基本的な方向性が胚胎していた。言わば、「空間的な包容性」が日本近代哲学の思考上の特徴となる。そのことは、西田や務台の思惟形式において、「空間的な場所性」の要素が強く現れていることからも明らかである。西田の言う「場所」は、実は、空間的であると同時に空間的ではないのではあるが。むしろ西田が究明した「場所」は球体的な立場としての特質を具えており、しかも多次元的な事態でもあるので、言語を用いて説明し尽くすことができない。

　まず、「日本」と「外国」という相対立する根本要素が強烈に自覚されはじめた幕末から明治維新期に至る近代日本の思考動向があり、次第に「日本」と「外国」という二元対立的な要素を同時につつみこむような空間的で全人間的な視座（人類的な視座）の獲得が緊急課題として意識され始めたのである。しかも、「日本」の思考様式において弱い点を「外国」の思考様式で補いつつも、「外国」の思考様式で「日本」の思考様式の長所を表現し直すことによって、「全人類を豊かに理解するような包括的な思考様式」が目指されていた。

　西田幾多郎を中核とする京都学派の哲学者たちが世界史全体の流れに日本思想を正確に位置づけると同時に世界全体の思想圏域を視野に入れた文化理解を構築し始めるにあたり、哲学的思考法の主流を占めている西欧哲学思想から思想表現の方法論や概念を取り入れて思索の道筋を徹底的に

鍛えると同時に日本独自の思想的所産を西欧的概念を用いながら世界全体に通用する概念にまで表現し直す志が抱かれ始めた。その志は、とりわけ、西田幾多郎や九鬼周造および務台理作の諸論文において顕著に表明されている[14]。

3　禅仏教的な空観

　しかし、京都学派哲学は西田幾多郎をはじめとして一様に仏教における禅宗的な修行観の影響を色濃く受けているとも言える[15]。その場合、「ケノーシス」は「絶対無としての空」の概念をもって理解される比重が大きくなる。自己を空無化するということは、自己を空化することに他ならないから、必然的に仏教における「空」観的視座での思索が主流となる。そうなると、仏教における「色」観的視座の思索の要素が顧みられにくくなる場合も出てくる。すると、キリスト教信仰における「ケノーシス」（神の自己空無化）と関連してペルソナ的主体性の主要課題としての「根源悪」および「個々人の罪」の問題への思索も抜け落ちる可能性も生じてくる懸念がある。しかし、本来ならば「自己空無化」あるいは「ケノーシス」を日本において論じる際には「空即是色色即是空」という「空」観および「色」観を表裏一体として理解する発想のもとで考えてゆくことが不可欠である。「空」観および「色」観を連動させて両者を同時に考察しなければ「自己空無化」あるいは「ケノーシス」の真意を十全に理解することができない。

　ところが本稿では「自己空無化」あるいは「ケノーシス」を考察する際に、専ら京都学派哲学の「空」観に焦点を当てる。なお、何故、キリスト教神学における「神の自己空無化」を論じる際に取り立てて京都学派哲学を手がかりとするのかについては、すでに述べたので、ここでは繰り返さない。ともかく、日本の「色」観に関する諸問題に関しては、今回は扱わないこととする。なぜならば、「色」観に関する諸問題は、倫理神学や実践神学や秘跡神学が取り扱うテーマと通底する内実を擁しているから、認識論的に物事の眺め方を構造化して論じようとする本稿の立場が扱うべき場面とは異なるからである。

　もちろん、筆者は、「色」観ひいてはキリスト教神学における「根源悪」

および「個々人の罪」の諸問題を考察することが緊急を要し、決してなおざりにされてはならないと強く考える。しかし、西田にしても根源悪の問題をも究め尽くしたうえで、善悪の混在する現実の事態をありのままにつつみこむ視座での「逆対応」概念の創出によって一応の説明を心がけていたのであるから、西田哲学を研究することは、実は、色観・根源悪・個々人の罪の問題をも見据えることとも決して無縁ではないのである。

　それから、絶対他力的な要素を強調する浄土真宗的な視座やキリスト教神学との関連で言えば、興味深いことに、西田幾多郎もまた「神への祈り」の発想を強調している。いみじくも西田が指摘しているように、端的に言って、人間が真に生きることを求めていく際に、人間に出来ることというものは、ただ跪いて祈ることだけなのである。関連箇所を以下に、引用しておこう。——「我々の人格そのものが深き自己矛盾でなければならない。唯我々は自己自身を否定して現実の世界の底に絶対者の声を聞くことによってのみ生きるのである。我々から絶対者に到る途はない。神は絶対に隠された神である。我々が行為によって物を見るという方向へ、何処まで行っても神に撞着するのではない。パスカルの云う如く、内と外と結び附く、唯我々は跪いて祈るあるのみである。併し信仰は妄想や夢幻ではないと共に単なる情操でもない。それは無限の活動でなければならない。若し単に神秘的情操に耽けるならば、それは一種の自己陶酔に過ぎない」[16]。

V　キリスト教神学からみた「無」

　ところで、ここでキリスト教神学からみた「無」に関して考えておこう。「キリスト讃歌」（2・6−11）と呼ばれるフィリピ書の文脈は、物語分析の研究方法論に基づけば、大きく二つに分けられる。つまり第一の部分は「2・6−8」であり、御子イエスが行為主体となっている。そして第二の部分は「2・9−11」であり、御父なる神が行為主体となっており、御子イエスは対象化されている。

　前半部では「御子イエス＝キリストの徹底的な謙り」が描き出され、後半部では「御父による御子イエス＝キリストの高挙における栄光化」が謳

われる。前者においてパウロは「神による受肉のわざ」を明らかに認識しており、後者において「御父による御子の高挙、あらゆる人による神への讃美の信仰告白」が終局的な方向性として明示されている。

　第一の部分では、「むしろ己れ自身を空しくした」（2・7；emptied himself）という表現と「己れ自身を低くした」（2・8；humbled himself）という表現とは重なり合っており、同一の内容を示している[17]。しかも、神による「ケノーシス」（κένωσις＝kenosis）のわざが、「己れ自身を空しくした」という表現と「己れ自身を低くした」という表現という二様の言い換えを伴って繰り返し強調されている。

　そのうえ「ケノーシス」のわざは、「死に至るまでの従順」および「十字架の死」としても言い換えられて強調される。つまりパウロは「キリスト讃歌」のなかで「ケノーシス」のわざを幾度も他の言葉で言い換えることによって執拗にも強調しつづけている。とりわけ、「十字架の死」という用語は、パウロに固有な造語なのであるから[18]、パウロにとって「十字架の死」が神による「ケノーシス」のわざの徹底的な極地として認識されていることが明らかとなる。ともかく、後者の内容は前者の内容を前提としており、後者の内容は前者の終極目的となっている。イエスの自己謙卑によって御父の栄光化が実現する。イエスの謙りと高挙とは一組のものとして連続している出来事である。

　しかも、御子が人間となること（受肉）において、人間から神へと向かう道が初めて抜き出されたのであるから、「受肉のわざ」は「あらゆる人間の救いのための道筋」となっている。そして、「あらゆる人間の救いのための道筋」が整うことによって「御父の栄光」も実現する。こうして、「あらゆる人間の救いのための道筋」が「受肉のわざ」の視点と「御父の栄光の実現」の視点とをつなぐ要諦となっていることが見えてくる。

　結局のところ、「ケノーシス」という用語には、①「受肉のわざ」（フィリピ2・6−8）、②「神による人間の救済」（フィリピ2・6−11）、③「御父の栄光の実現」（フィリピ2・9−11）、という三つの意味内容が重ねあわされている。もちろん、パウロによる「キリスト讃歌」は物語分析の手法に則って大きく分けると①「受肉のわざ」および③「御父の栄光の実現」という

二つの部分から成り立っている。

　しかし①「受肉のわざ」と③「御父の栄光の実現」とは、決して切り離して独立させることができない連続性を備えている。つまり、①「受肉のわざ」と③「御父の栄光の実現」とは、ともに②「神による人間の救済」という意図において一貫している[19]。「ケノーシス」とは徹頭徹尾「神の側から人間に対して為される愛のわざ」（フィラントロピア）である。

　それでは、なぜ、いま、敢えて「ケノーシス」[20]をとりあげるのだろうか。ここで、本研究のテーマと関連する事柄について述べておこう。──「無」あるいは「空」の積極的な理解の仕方を明確にすることによって、キリスト教信仰におけるイエス＝キリストの「十字架の死」にまで極まる全生涯の「ケノーシス」（κένωσις＝kenosis；自己空無化）の出来事を東洋思想の認識姿勢（場所的論理）と呼応するかたちで解釈可能にすること（場所論的聖霊論の提示）が神学の可能性を広げる糸口となる。なぜならば、従来の西欧的な思考形態に則ったキリスト教神学の論法とは異なった表現方法を取り入れることによって、神の「ケノーシス」の極致としての「十字架の死」の出来事を眺める際に従来の認識の仕方を転換すること（認識転換）により、イエス＝キリストによる救いの真実の意味をより一層豊かに理解することができるようになるからである。

　万人に共通する認識構造を手がかりにしながら独自の宗教哲学を提示した日本近代の京都学派哲学者たちの思索姿勢が表現されて定着したものが、書き残された思想テクストとして現代の私たちの目の前に置かれている。そのようなテクストを読みながら、日本のキリスト者がイエス＝キリストの「十字架の死」の意味を再解釈すること自体が新しい神学的可能性を探る試みとなる。

　「ケノーシス」と言う場合、「まったき自己空無化」あるいは「徹底的空化」という意味合いが連想される。それゆえに「ケノーシス」と言った場合、まるで「諦念に苛まれた自己消滅」であるかのような誤解を受けることは免れない。

　しかし、「ケノーシス」とは、決して虚無的で消極的な消滅などではない。むしろ、積極的かつ力働的な創造的営為である。なぜならば、本稿の

序論でもすでに述べておいように、神による相手に対する「愛ゆえの大接近」という意志が「受肉」という出来事へと凝縮し、さらには、相手を活かそうとする「愛ゆえの徹底的な捧げ」の苛烈なるまでの愛情の極致としての「十字架の死」が歴史的に実現したからである。まさに、「ケノーシス」とは、相手を活かすがために徹底的奉仕・自己滅却をも恐れない毅然とした愛の営為である。そして、「ケノーシス」とは、何故なしに生きる姿勢である。つまり、「―のために」という発想の棄却ゆえに、理屈抜きの生き方なのである。しかも、その姿勢においては、取引・打算的態度はみじんも見受けられない。ひたすら己がすべてを捧げ尽くす愛の烈しさこそが「ケノーシス」であるからである[21]。

VI 再び、日本の文脈から「無」を考える

　これまで、新約聖書および古代教父における「ケノーシス」理解を説明してきた。ここでは、日本における「無」とか「空」とか言われている事態は、いったいどのようなものなのかを述べておこう。日本近代哲学、とりわけ京都学派の哲学者の文脈における「無」あるいは「空」という場合、大きく分けて三つの次元の内実がある。以下に列挙してみる。

　ⅰ．「人間の空虚」――西欧的ニヒリズム思潮における虚無あるいは不毛な空虚としての空ないし無。

　ⅱ．「神の空化」（ケノーシス）――キリスト教信仰における神の謙卑あるいは自己空化または自己無化としての空ないし無。

　ⅲ．「森羅万象の空性」（スニャーター）――仏教における縁起的充実としての空ないし無[22]。

　西田幾多郎・鈴木大拙・務台理作・田辺元・和辻哲郎・山内得立・西谷啓治。――これら京都学派の哲学者たちに共通している思想的特徴は、先に述べた「ⅰ．人間の空虚」と「ⅱ．神の空化」と「ⅲ．森羅万象の空性」のすべてを万遍なく自らの思索の射程にとりいれていることである。しかも、そのうえで、各々の宗教を生きている個々人の人間存在の根底にある

「認識姿勢」に照準を合わせて、どの人間にも当てはまる「認識の構造」を究明しようとしていることが共通しており、そのような営為は、まさに哲学的思索の誠実な遂行の結果として導き出されたものであったと言い得る。

　森羅万象、つまり、この世界全体を認識するということは、とりもなおさず「世界観を明らかにすること」に他ならない。すなわち、京都学派の哲学者たちが、それぞれ追究した課題は、共通して「森羅万象を認識すること」、つまり世界認識を深めることであった。その際に、万人に共通する「論理」（物の見方＝認識姿勢＝我々の思惟の方式）が発見されるのであり、発見した「論理」を記述表現するときに万人に共通する「認識の構造」が確定される。

　ここで、「場所的論理」の視座が明確化された西田の最期の論文であった「場所的論理と宗教的世界観」が目指していた研究姿勢に関して述べておこう。様々な宗教の根底にある「論理構造」（どの人間にも共通する世界認識の構造＝人間の生き方の構造＝思惟の構造）を究明しながら説明することは、宗教哲学的な研究姿勢である。

　たしかに、西田が「昭和二十年一月六日付の務台理作宛書簡」において述べている言葉は、様々な宗教の根底にある「論理構造」を究明しながら説明しようと努めていた宗教哲学的な研究姿勢を如実に示しているので、意味深長である。西田が、それぞれの宗教の立場から眺めることのできる認識上の現象把握を「世界観」として理解しており、しかも、それぞれの宗教の立場に徹底的に則ったうえで「世界観」を理解しようと努めていたこと（西田の姿勢は、まさに今日の比較神学の視点とも重なり合うものである）は、先に挙げた書簡に見られる以下の文章からも明らかである。——「私は生命といふものをかき終り〔……〕今又数学の基礎論を書いてゐますがこれがすんだら一つ浄土真宗の世界観といふものを書いて見たいと思つてゐます」[23]。

　つまり西田は、キリスト教の世界観、浄土真宗の世界観、というように、それぞれの宗教の立場から見えてくる世界観を理解しながらも、あらゆる宗教に共通している「人間としての世界認識の仕方」を説明しようとするにいたって、世界認識の仕方を「あらゆる人間に通用し得る論理」として

公準化した[24]。

　ところで、ここでは、先ほど述べた三つの「無」あるいは「空」の在り方を、とりわけ「人間の生き方」として理解しておくことにしよう。つまり、仏教学的に言えば「我空」に関して、つまり「個的実存にとっての空」（人間それぞれが理解し得る空、私にとっての空）を、ここでは論じていくこととなる。そうすると、個々人にとっての「無」あるいは「空」とは、「自分を無にする生き方」あるいは「自分を空しくする生き方」であることが明らかとなる。こうして「自分を無にする生き方」あるいは「自分を空しくする生き方」としての「無」あるいは「空」が「キリスト教信仰における『ケノーシス』の内実とも重なってくるような万人に共通する構造としての人間の生き方」であることが理解できるようになる。

　「自分を無にする生き方」あるいは「自分を空しくする生き方」とは、端的にいうと、物事に執着して自分のエゴイズム[25]だけを肥沃にしようと企む姿勢を棄てることである[26]。すなわち、このような姿勢は、「ⅰ．自分にとって都合のよい所有物を空ずること」・「ⅱ．自分にとって都合のよい人間関係を空ずること」・「ⅲ．自分にとって都合よく生きようとする意志を空ずること」である。このような空性としての三つの基本姿勢をキリスト教信仰の立場における修道奉献生活の視点で表現してみるとするならば、「ⅰ．清貧」・「ⅱ．貞潔」・「ⅲ．従順」に生きるということと対応してくることになる。

　「ⅰ．自分にとって都合のよい所有物を空ずること」・「ⅱ．自分にとって都合のよい人間関係を空ずること」・「ⅲ．自分にとって都合よく生きようとする意志を空ずること」という根源的な生き方の三要点は、人間が「エゴイズムに縛られて執着する生き方」を「開放された真の自由な生き方」へと自発的に転換させることに他ならない。これに関しては、先ほども述べたが、たとえば、キリスト教信仰の立場における修道誓願が目指す生き方の境地が例として挙げられる。まさに、各人にとっての「無化」あるいは「空化」とは「生き方そのものの根源的転換」に他ならず、あらゆるものに執着する姿勢から真の自己へと回心すること（西田の用語で言えば「絶対否定的転換」）である。それまでの自分の生き方を空じて（空無化して）真

の自己となっていくこと（自己転換＝回心）を、西田は以下のように説明している。——「我々の自己が宗教的信仰に入るには、我々の自己の立場の絶対的転換がなければならない」[27]。

西田が用いている「自己の立場の絶対的転換」という表現は、他にも彼の著作の中で頻繁に用いられている。たとえば『絶対矛盾的自己同一』という著作のなかでは、「絶対否定的転換」と表現されており、人間が生きるうえでの根本的な転換点として規定されている。しかも、「真の学問も道徳も、之（絶対否定的転換）によって成立するのである」（西田幾多郎『絶対矛盾的自己同一』）と述べられているほどであり、諸学問や倫理道徳を総合化して人間の真実の生き方を考究し尽くそうと努めた西田の全生涯の意味そのものが「絶対否定的転換」という用語に集約されていることが明白である。それゆえに、「自己の立場の絶対的転換」という表現を西田の宗教哲学の重要な鍵語として理解することができる。

そのうえ、西田は『弁証法的一般者としての世界』のなかで、「絶対の否定の肯定即ち信仰の立場」という表現を用いている[28]。ここからわかることは、西田が「絶対否定」という事態を消極的な「虚無」という事態としてではなく、むしろ積極的な「肯定」という事態として把握していると同時に、キリスト教信仰の問題[29]としても論じている（他の文脈から見ていくと、仏教の問題としても論じられている）[30]という事実である。それゆえに、西田哲学とキリスト教信仰とは決して無縁なのではなく、むしろ密接に関連づけられたうえで論じられねばならないという基本的前提が自明の理となる[31]。——「我々の自己の奥底には、どこまでも自己自身を表現するものがあるのである」[32]。

上述の西田の言葉をキリスト教信仰の立場にもとづいて説明するとするならば、「我々の目覚めた全身の状態においておのずから開き出されてくる新しい自分の心の在り方を支えている心の奥底においては、徹頭徹尾、神が主体的に御自身を表現している」と言えるであろう。つまり、このことは、パウロの言葉を用いて言うとすれば、「もはや私が生きるのではなく、イエス・キリストが生きておられる」（ガラテヤ2・20）という事態を指している。西田による「どこまでも自己自身を表現するものがある」という言

い回しは、私たちの自律的な主体性とは異なった独自の主体の自発的働きかけを指している。しかも、「積極的創造性をともなった充実の状態」が実現している。

西田哲学の現代化に努めている継承者としての鈴木亨は「空」というものが「積極的創造性に満ちた充実した状態」であることを如実に示すべく、以下のように述べる。——「人の座がとりもなおさず空の座である。人が真に人であるということは不純なる自己を徹底的に消殺することによって、徹底的に人であることすなわち本来的自己と成ることであって、そのことは同時に現実の転回点として、絶対に人ではないがまた絶対に人を離れぬ真に現実の座標軸としての空の座に他ならない。人はその現実の座に立つことによって、空の促しを受けて徹底的に自由であり活動的となり得るのである」[33]。

人となりながら人ではない超越的内在のはたらきとは逆説的な表現である。キリスト教信仰における「神であり人であるイエス」の存在とは、まさに自己空無化によって拓き出される「新しい人」としての人間の根源的な在り方のことを示唆している（ガラテヤ2・20）。

VII　日本における聖霊論の可能性

1　場所論的聖霊論

ペルソナ主義的聖霊論の立場で考えた場合、聖霊は「ケノーシス的ペルソナ」であるとも性格づけられる。言わば、聖霊は「自己空無化」を徹底的に遂行することにおいて、みずからのみずかららしさ（ペルソナ性）を相手に伝える。

それでは、自己空無化を徹底的に成し遂げることにおいて自らの個性を際立たせる聖霊に対して、御子の場合はどうか。「ケノーシス的ペルソナ」という観方を援用すれば、御子イエス＝キリストのペルソナ性の在り方は「ペルソナ的ケノーシス」を体現する点において究まるであろう。もちろんイエスは御父の愛のはたらきの体現として受肉においてこの世界に到来して人間とともに生き抜いたが、そのイエスらしさとは自分の個性（ペルソナ）を徹底的に相手に捧げ尽くして空無化することに向かった点にある。

ペルソナとしてのイエスがペルソナを空無化し尽すことで、みずからの現存性を愛ゆえに徹底的に消し去る。しかもイエスの生涯そのものが御父の御旨として遂行され尽くしたのであるから、御父と御子イエス＝キリストとの深い一致連動性において「ペルソナ的ケノーシス」は実現する。

　しかも、「ペルソナ的ケノーシス」が実現するにおよんで、そこから「ケノーシス的ペルソナ」が連続して登場してくる。つまり、御父の御旨を完遂した御子のケノーシスの果てに、そのケノーシスのはたらきが人びとの心の底にまで染み渡り、静かに神の愛のはたらきの衝撃を記憶させつつ言葉にならざる証しを成し遂げてゆくのであり、その結果として復活経験や教会共同体の形成が始まってゆくとともに、それぞれのキリスト者たちが自分の言葉をとおして物語を告げ知らせつつイエスのケノーシスにおいて実現した御父の愛のわざを証言することとなる（言わば、宣教活動が展開する）。

　こうした次第を使徒言行録は、聖霊の導きによるキリスト者たちの活躍として描き出している。聖霊は「ケノーシス的ペルソナ」としてキリスト者ひとりひとりの心においてはたらき、イエスのケノーシスの記憶を生々しく絶えず現在化させつつ共同体のまどいを形成する原動力となる。キリスト者個々人も共同体そのものも両者相俟って全人格的な認識転換を経験する。聖霊における「ケノーシス的ペルソナ」の事態は、新たな生き方を実現する神の愛のはたらきに満ちたダイナミズムとして、まさにターニングポイントである。

　この全人格的認識転換に注目してきたのが八木誠一である。それでは、八木による場所論的神学にもとづく聖霊論を眺めておこう。まさに、八木の見解が場所論的聖霊論の方向性を余すところなく物語っているからである。八木自身の説明を、以下に引用する。――「……私の立場は、神が歴史のなかでイエス・キリストにおいて語り・行為した、という人格主義的神学を排除するものではないが、その他面に場所論的神学を立て、素直にいって重心はこちらにあると考えている点で、広義の『救済史的』神学（創造から終末にいたる、人間に対する神の行為を物語る神学。中心はイエス・キリストの贖罪死と復活の出来事である）とは異なる。もっとも近いのはブルトマンの神学であり、私の立場はブルト

マンのキリスト教絶対主義（キリスト宣教絶対主義）からは離れつつ、彼の『非神話化－実存論的解釈』を推進したものだといえる。非神話化とは、元来客観化できない事柄を客観化して語る仕方であり、実存論的解釈とは、その客観化すべからざる事態を実存哲学の概念性で表現することである。それを私の概念性で言い直せばまず、キリスト教は元来自覚に現れる事柄を、客観的事態を叙述する記述言語で語ってしまった――それは新約聖書でも始まっている――から、それを批判しつつ、神学的認識を自覚という元来の場に戻して、自覚内容を表現言語で語り、概念的には『場所論的宗教哲学』で表現する、ということである。換言すれば、キリスト教は使徒的宣教への信仰を要求するが、場所論は認識可能な経験と自覚に根差すわけである。さらにいえば……宗教を教義と倫理に解消し、もって『単なる自我』（人の知性と意志）を宗教の担い手たらしめる傾向に正面から反対するものである」[34]。

しかしながら、ペルソナ主義的神学を補完する場所論的神学という対立図式を強調することで果たして解決がつくのであろうか。もちろん、八木はペルソナ主義的神学を決して否定するわけでも捨て去るわけでもないし、むしろその立場を支えるために場所論的神学を強調することで、キリスト教の初期の神理解の仕方の豊かさを取り戻そうと試みている。筆者は八木の努力を認めたうえで、ペルソナ主義的神学および場所論的神学を根底から支え活かすような、さらに別様の根源的な道があるということをニュッサのグレゴリオスの思想を検討することによって発見したのであるから、以下において説明を展開していく。

2 聖霊の徹底的自己無化の姿としての「神的善美のケノーシス」
――ペルソナ主義的聖霊論と場所論的聖霊論を連動させる根拠

さらに、聖霊論を深める際に「ペルソナ主義的聖霊論」および「場所論的聖霊論」の基底としての「神的善美のケノーシス」という根源的事態に着目することが欠かせない。本稿の論述の流れにおいて、以下の記述が鍵となる。聖霊のはたらきが徹底的な無私性に裏打ちされることにおいて、聖霊の独自の個性（ペルソナ性）が確然として見えてくる。相手を受け容れて徹底的に愛するという営為は主体的で意志的で積極的な歩み寄りの態度であるという意味で「ペルソナ的」である（相手の尊厳も自己の尊厳も尊重す

ることによって互いの関係性の深まりにおいて協働態的に人間としての品位を最大限に高めていけるという意味で)。

　一方、自己の生存のみを確保する利己的態度（＝エゴイズム）が微塵もない受容状態は徹底的に没主体的で没個性的であるがゆえに「場所的」である[35]。つまり、主体性を主張するわけではなく、背景的に後方に退くような謙虚さ、自己を徹底的に空無にするほどの控えめな存在様態において相手を活かす地盤となっているという意味で「場所的」である。

　「徹底的で積極的な歩み寄り」および「徹底的没個性的受容性」という逆方向の姿勢が決して矛盾することなく一つの在り方をなすことが「神的善美のケノーシス」という事態である。——それは、まさに「聖霊の徹底的自己空無化の姿」である。つまり、聖霊のはたらき方は、「徹底的で積極的な歩み寄り」および「徹底的没個性的受容性」という特徴を同時に実現することで成り立つ。この姿を根拠として、筆者は、「ペルソナ主義的聖霊理解」および「場所論的聖霊理解」（非ペルソナ主義的聖霊理解）の両者をひとつの動きとして捉え、聖霊論の新たな方向性を示唆してきた。聖霊において「愛ゆえの積極的歩み寄り」は「愛ゆえの徹底的没個性的受容性」でもあり、逆に「愛ゆえの徹底的没個性的受容性」は「愛ゆえの積極的歩み寄り」でもあり、つまり両要素は矛盾することなく同一の事態である。「愛ゆえの」という特質に貫かれる点に「神的善美のケノーシス」の真骨頂が存する。

　もしも、「愛ゆえの」という特質が欠如している場合には、どのような状態に転落していくのだろうか。——「愛にもとづかない積極的な歩み寄りの姿勢」は自己主張の押し付けに堕し、「愛にもとづかない徹底的没個性的受容性の姿勢」は相手の言いなりとなって自己を見失うほどの自虐的状態に成り下がる。そればかりか、「愛ゆえの」という特質が欠如している場合には、「積極的歩み寄りの姿勢」と「徹底的没個性的受容性の姿勢」との表裏一体としての連携態勢は、もろくも崩れ去り、つまり本来は決して切り離すことのできない二つの姿勢はあっけなく分裂することとなり、決して相まみえることはない。以上の考察から、「神的善美のケノーシス」という事態が「聖霊の徹底的自己空無化」の姿を示しており、その事態におい

て「ペルソナ主義的聖霊理解」および「場所論的聖霊理解」（非ペルソナ主義的聖霊理解）とが連動しつつ成立していることが看取される。

Ⅷ 西洋のペルソナ主義的聖霊論の長所と短所

1 ペルソナ主義的聖霊論の長所——歴史における救いの役割の独自性

　ここでは、まずペルソナ主義的聖霊論の長所を述べておく。ペルソナ主義的聖霊論の最大の長所とは、歴史における救いの役割の独自性を明確に示すことである。つまり、三位一体の神の各ペルソナの固有のはたらきが浮き彫りになることによって、救いの歴史におけるそれぞれの時代の必要性に応じたかたちで神がはたらくことが明らかとなり、神の御計画の段階的な実現の意図も見えてくるようになるからである。

　この歴史において神による救いのわざは三段階を経て展開している。その三段階とは、言うまでもなく、御父が重要な役割を果たす時期、御子イエス＝キリストが重要な役割を果たす時期、そして聖霊が重要な役割を果たす時期、である。では、何故、三段階という順序をとった漸進的な救いの実現が不可欠となっているのだろうか。ナジアンゾスのグレゴリオスも言うように、神の恵みはあまりにも偉大すぎるものなので、有限でみすぼらしい存在者としての人間の受容能力をはるかに凌駕しているからである。おそらく、神が神そのものを人間に対して与え尽くした場合、人間の受容能力は破綻してしまうだろう。有限なるものには無限なるものを収容するだけのゆとりがないからである。こうして、神は、ちょうど親のように子供の成長段階に応じて必要な事柄を順次配慮していくのである。こうした視座は、いわゆる、ナジアンゾスのグレゴリオスが強調している漸進的な啓示観という発想[36]において4世紀以降、定着していったのである。

　神が人間に対してはたらきかける場合に、救済史上、御父のペルソナとして対応した時期と、御子イエス・キリストとしてのペルソナとして対応した時期と、聖霊の見えざる隠れたペルソナ（人間から見れば聖霊は非ペルソナとしてしか理解されない）として対応した時期がある。ともかく、神が人間に対してその成長段階に応じて適切な配慮を示すという現実を漸進的啓

示観が伝えてくれており、そのような配慮は三位一体の神の各ペルソナの歴史的活躍の順序および個性の発揮に結びついているのである。

　なお、ここで京都学派哲学の潮流に属していた高山岩男は「呼応的同一性」という概念を提起することで二つ以上のペルソナが互いに交流しつつ呼応することにおいて同じ場を形成するという事態から場所の論理を構築したことを思い出しておこう。なぜなら、ペルソナ性が希薄で専ら場所論的に非ペルソナ主義的立場であらゆる事象を説明しがちだと批判される京都学派に在ってキリスト教のペルソナ主義的特質とも矛盾しないかたちでの場所論が成立可能であることを証ししていたのが高山岩男の哲学だったからである[37]。

2　ペルソナ主義的聖霊論の短所──三神論に向かう嫌疑

　次に、ペルソナ主義的聖霊論の短所を述べておく。ペルソナ主義的聖霊論の最大の短所とは、三神論に陥る危険性があることである。そもそも古代の教父たちが活躍する時代に登場してきた三神論とは、三位一体の神を理解する際の異端的な極論である。言わば、三つペルソナそれぞれの神が個別に活動するということを主張し、各ペルソナの独立自存性のみに固執するあまり一体性の要素を軽視するか排除してしまう立場である。

　ペルソナ主義的聖霊論が極端なペルソナ独立主義の方向性に陥った場合、聖霊を理解する際も聖霊の独自性に固執するあまり、御父および御子と聖霊との一致という要素を過少評価してしまう危険が出てくる。古代において登場してきた三神論は、残念なことに、今日においてもいつのまにか再登場し得る神学的見解なのであり、健全な聖霊理解の妨げとなり得る危険を孕んでいる。

　三位一体の神のはたらきから聖霊だけを切り離して論じたとしても、聖霊のはたらきの意義を十全に理解することは難しい[38]。そして、個への集中（特定のペルソナへの執着）は、ときとして環境つまり生存の地平を見失わせることにつながる場合がある。たとえば、人間が人間同士の付き合いに執着していると、相手の動き方に左右されることになる。自分と気が合う相手の場合も、その相手に集中し過ぎると、それだけで一日が終わるこ

とになりかねない。逆に、自分と気が合わない相手の場合も、その相手に対する憎しみが昂じてきて何も手につかなくなるばかりか、相手を怒りのうちに嫌う自分の醜さを体感して落胆することになりかねない。ひとりの人格に対してのみ向かうときに周囲を見渡すゆとりがなくなり自分に課された役割を果たすこともおろそかになり、自分の立ち位置がわからなくなるのである。神学を研究するに際しても、ひとつの対象だけに縛られると、かえってその対象の本質を見失ってしまう場合もある。ペルソナへ過度の執着による生存地平の見失いには注意を要する。

IX 場所論的聖霊論の長所と短所

1 場所論的聖霊論の長所──一致性・連動性・共通基盤の明確化

　ここでは、まず、「場所論的聖霊論」の長所を述べておく。西欧圏域で発達してきたペルソナ論的聖霊論（人格主義的聖霊論）の視座に対して、「場所論的聖霊論」（非ペルソナ主義的聖霊論）の視座は、あらゆるものを活かす愛のはたらきとしての生存根拠としてのいのちの地平の一体性の要素を補うものである。それゆえ、西欧圏域の神学には見受けられない発想上の斬新さを備えている。もちろん、キリスト教東方霊性においては、あくまでも理念としてではなく生活実践の感触としての非ペルソナ論的聖霊論の要素も見受けられる。つまり、東方のキリスト教の立場においては、ペルソナ主義的聖霊論や非ペルソナ主義的聖霊論という概念もしくは神学的理論上の区別をもとにした詮議は基本的には為されてはこなかったのであり、何よりも日常の典礼的礼拝や観想において全人格的で身体的な聖霊経験が深められてきたのであった。

　聖霊を理解するには、全身全霊を賭した祈りの味わいが不可欠なのである。言わば、キリスト者は、ひざまずいたり、頭を深く下げたりすることで、聖霊において活かされているという恵を確認しつつ敬虔な感謝の心持ちを具体的に表現することになる。身体的実践を伴った全人格的な関わりが聖霊経験の深まりには不可欠なのである。

　愛のはたらく雰囲気あるいは生存場として聖霊を経験することにおいて、

人間と聖霊との深い一致性・連動性が洗練されていき、愛において活かされている森羅万象の共通基盤が明確化する。しかも、人間は身体性に裏打ちされた礼拝行為を繰り返すことによって聖霊との一致性・連動性を実感すると同時に、あらゆるものにはたらく聖霊の導きを悟りつつ、生きとし生けるあらゆるものの共通基盤を理解してゆくこととなる。

2　場所論的聖霊論の短所
——形式的理念への頽落・非ペルソナ主義への融解そして曖昧さ

一方、「場所論的聖霊論」の欠点は、以下の三点である。

①短所1——無味乾燥な形式的理念への頽落（観念論化）

聖霊のはたらきを、或る一定の構造的図式として認識可能な普遍的表現に還元して概念化することによって無味乾燥な形式的理念に収めてしまうという危険に陥ることになる。言わば、自家撞着的自同性の状態に収束してしまい、何らの発展性もなくなるのである。ひとたび概念が完成してしまえば、あとはその概念図式ですべての事象を説明することができ、定型的な特定の世界観が固定化され静的な観念論に呪縛されることとなる。

同様の問題が、聖霊と対応するものとして小野寺功によって説明される「絶対無」を理解する場合においても起こってきていた。つまり、西田幾多郎が苦渋の思索の果てに表現した「絶対無」の内実が時代の流れとともに固定的概念に堕し、単なる観念論に成り下がったという前例がある。西田自身は「絶対無」のことを創造的ダイナミズムに満ちたいのちの躍動をもたらす絶対愛のエネルゲイアとして理解しており、固定的で静的な概念としては微塵も考えてはいなかったにせよ、西田の周辺で活躍していた京都学派の哲学者たちでさえ西田の「絶対無」を否定し、修正を迫った者がいたほどであり（田邊元や高橋里美は西田の「絶対無」を静的な観念論として批判し、動的側面や愛の側面をいっそう徹底させるように執拗に迫ったことは周知の事実である）、そのようなその後も誤解は数知れない。しかも、聖霊のはたらきを人間に理解しやすい図式に還元してしまうことは、創造的な聖霊の自由なはたらきを人間的思惟の枠内にとどめて概念化することにつながり、そのようにして出来上がった概念をあらゆる人に強制的に植え付けること

に向かう場合に人間主義的で全体主義的な画一化という極端に頽落してい
くこととなる。そこに、場所論的聖霊論の限界がある[39]。

②短所2——非ペルソナ主義への融解そして曖昧さ

　二つ目の短所は、場所論的聖霊論が聖霊の独自のはたらきとしての独立
自存性としてのペルソナ性を曖昧に解消してしまうことである。つまり、
聖霊のペルソナ性を非ペルソナ主義的図式に融解してしまう危険性がある。

　もしも、単なる「形而上学的な最高知性・最高善的な概念」や「静的な
理念としての不動の動者」としての神（哲学者にとっての神、機械仕掛けの神）
を喧伝するならば、つまりペルソナ性が欠落した神を主張するのであるな
らば、イスラエルの伝統を引き継ぐキリスト教の神観の根本的基盤そのも
のが否定され、破壊されることとなる。活ける愛の神、いのちの豊かさに
満ちた「はたらく神」のリアルな意義そのものが意味を為さなくなる。

　さらには、三位一体の神の各ペルソナの独自性を徹底的な捧げのケノー
シスの極致にまで突き進ませることによって徹底的な無の様態にまで非ペ
ルソナ化することで、まったく隠れたる無相の無にまで向かう場合、ペル
ソナ主義的な神の特質が決定的に排除されることになりかねない。たとえ
ば、V・ロースキィは、三位一体の神を説明する際に無としての神性を強
調するマイスター・エックハルトの思想を手厳しく批判している。V・ロ
ースキィは『キリスト教東方の神秘思想』（宮本久雄訳、勁草書房、1986年）
のなかで以下のように述べている。——「西洋的神中心主義は、本質にだけ注
目してゆく結果、神的深淵の神秘主義（例えばマイスター・エックハルトの神性
Gottheit）すなわち三位一体より先の神性（無）を主張する非ペルソナ的否定主義
になってしまう危険がある。このような逆の曲折を経ると、キリスト教は新プラト
ン的神秘主義に舞い戻ってしまう」[40]。

　キリスト教のペルソナ主義的要素が、非ペルソナ主義的な色合いの濃い
新プラトン主義哲学の世界観によって解消されることを怖れているロース
キィの言い分にも確かに一理ある。しかし、神の徹底的ケノーシスにおけ
る至上の愛のダイナミズムに注目する西田幾多郎・西谷啓治・小野寺功に
よるエックハルト思想への賛意にも妥当性があり、筆者もエックハルト思
想の正統的な深みに組しているばかりか、エックハルトの霊性がニュッサ

のグレゴリオス以来の至深なる神経験の道行きに連らなっていると確信している。

　ともかく、エックハルト思想は常に正統と異端の瀬戸際において個々の読者に対して真実を問い続ける試金石としての意義を備えていると言えよう。西欧において、非ペルソナ主義の方向へと向かう「無」は「虚無」として、「静止的で何ものをも生み出しえないネガティブなもの」としてのみ理解され続けてきた。それゆえ、たとえば西欧の人びとは、とりわけ非ペルソナ的発想にもとづいて成り立っている仏教の世界観をなかなか正確に理解することができず、表面的な判断の仕方のみでペシミズムの一種であると断じたり、虚無主義として極度に怖れたのである[41]。

　しかし、仏教における「空」の理解の要諦は、決して西欧において誤解されてきたような退廃的虚無などではない。「空」とは「悟りの境地」のことである。言わば、森羅万象あらゆるものを、ありのままに受容して、微塵も曇りのない状態である。仏教哲学者の清沢満之の言葉を借りることで理解が深まる。──「我空、法空、一切皆空といわれる。仏教が真理を説くとき、つねに空観をもって説く。では空観とはどういうことなのか。ほかでもない、邪念妄念が虚無空虚であることをはっきりと説くことである。われわれの迷妄と転倒がどこにあるかといえば、それは無を有とし、空なるものを現実とし、真に現実的な存在を知らないことにある」[42]。

　通常、人間は偏見や欲望によって心が曇っている状態で生きているので、森羅万象をありのままに受容できない。すなわち通常の人間は偏見や欲望というフィルター越しに森羅万象を眺めるので、曇った世界しか観ることができない。しかし、修行をとおして偏見や欲望を鎮め、絶えず偏見や欲望を棄却していく努力を積み重ねていくにつれて、偏見や欲望から離脱した状態（無あるいは空）に至り、曇りのないまなざしで森羅万象が見えてくる。

　西欧の近代から現代にかけて、言わば、仏教における「往相」の局面だけが強調されて焦点が当てられてきた。「往相」とは、現世内に撞着する視座に縛られることなく、悟りの視座での物の眺め方へと自己転換することであり、そのためにも具体的には瞑想を究めることによって心を静かな落

ち着きの状態へと向けることである。しかし、仏教は「往相」だけに終始するような宗教ではない。むしろ、仏教は「還相」の局面も重視する。とりわけ、『天台小止観』において表現されているように、現実の生活そのものへと還ってくるダイナミックな「菩薩行」は、「還相」の重要性を強調している。仏教はインドから中国に入り、中国僧たちの努力によって「還相」の要素をも備えた宗教となったのである。

　現代において『天台小止観』が意味をもつのは、「菩薩行」あるいは「還相」の大切さを説くことによる。瞑想による悟りは、それだけで完成したわけではない。常に現実の日常生活において証しされる必要がある。言わば、「瞑想」と「菩薩行」とは車の両輪であり、両方揃わないと意味をなさない。

③短所3——全体主義的自同化

　三つ目の短所として全体主義的自同化を挙げよう。場所論的聖霊論は聖霊の人格性よりも場所性に焦点を当てて究明するのだが、そのような方向性が徹底して究められていく場合、あらゆる物事を成り立たしめる静的な場が論じられるにとどまり、その場で躍動するあらゆる物事の多様な存在様態への注目の度合いが薄れる危険性が存しているのであり、全体主義的な事態が生じていく。

　ひとつの場においてあらゆる物事が自ずと同化されていく事態は個性の封殺にもつながる。西田哲学が第二次世界大戦中の日本において軍国主義的な全体主義的自同化の流れによって利用され易かったのも、場所論的思想表現の限界を抱えていたためである。

　こうして、「無」にまつわる考察をキリスト教神学および京都学派哲学とを関連させつつ試みてきた。これまでの考察から見えてきたことは、「無」は様々な文脈において理解され得るものであり、決して一面的に眺めることで定義づけられない奥深さをはらんでいるという事実である。それゆえに、我々は「無」を狭い一視角からのみ説明するような愚を断じて避けねばならない。

X　ケノーシス（神による人間に対する愛にもとづく徹底的自己空無化）の再解釈

1　「神の自己空無化」（ケノーシス）

　「神の自己空無化」とは、「神の謙り」つまり「ケノーシス」のことである。「ケノーシス」とは、受肉した神の子イエス＝キリストの全生涯において体現された救いのダイナミズムの総体を指し、究極的には「神による人間に対する愛」（フィラントロピア）のことである。「神の自己空無化」（ケノーシス）とは、神が人間に対する愛ゆえに自分の立場を棄ててまでも人間のほうへと歩み寄り、人間とともに生き、人間を極みまで大切にしつつ活かすためにいのちを捧げてまでも支える姿を指す。言わば、徹底的に自分を無にして、ひたすら相手を活かす烈しい愛のダイナミズムのことである。しかも、「神の自己空無化」は御父・御子・聖霊という三位一体の神が一致して成し遂げる歴史における愛情表現であり、人間によるあらゆる反抗も裏切りも憎悪もありのままに受けとめるほどの寛大な受動性に裏打ちされていると同時に人間に対する積極的な関わりかたとなっている。三位一体の神の愛によって包まれて生きるとき、人間は成熟していくこととなり、個々人も共同体もともに活性化されつつも、それぞれの固有性を決して失うことなく多様なままで生身の現在性において美しく栄光化されていく（個全連動的多様協調的人格美）。──その意味で、本稿は従来の神学研究の表現方法と比べて、いっそう「身体性」や「総合的全一的視座」や「個人－共同体連動性のダイナミズム」、そしてそれらをすべて含めたうえでの「感性的具体性」を強調する。

2　全人格的愛情表現の極致としての徹底的空無化による究極的人格化
(1)前提

　全人格的愛情表現の極致としての徹底的空無化は究極的な人格化の姿である。なぜならばイエスの十字架上の死の姿をとおして明らかなように、神の愛の示し方は愛ゆえの徹底的自己空無化そのものが相手に対する最も人格的な行為と化しているからである。

ギリシア文化以来、西欧近代を経て現在に至るまで根強く現世の価値観や生活実践を主導している全体主義的自同的均整美の根底に巣食う根源悪への盲目的な信従体制を無化して、三位一体の神の愛のはたらきに促されて成熟していく個全連動的多様協調的人格美（「御父の愛＝御子イエス・キリストの受肉の秘義におけるケノーシスが抜き出す善美の姿＝聖霊の無相のはたらきのダイナミズム」によって支え導かれた人間の内面から滲み出す全人格的善美）を目指す歩みを唱導することが私たちにとっては不可欠である。

　愛ゆえに全身全霊を尽くし切って生き抜いて、敵対者たちによって完膚なきまでに打ち砕かれ、仲間からも裏切られて見棄てられ、その果てに抜き出された無様な姿がすべてを映し出すという尊い現実が、確かにある。イエスの十字架上の死の姿である。「苦しむ神のしもべ」または「神の子羊」としてのイエスの徹底的な愛ゆえの消尽の生き様をとおして、あらゆる人びとに分け隔てなく自分を捧げ尽くす神の熾烈な愛の極致が現前する。――まさに、神の徹底的自己空化（ケノーシス）は、イエスの十字架上の死の姿をとおして十全に実現した。その姿が、キリスト者にとっては、神の自己空無化そのものである。

(2)西田哲学を用いてキリスト教信仰を捉え直す場所論的聖霊論

　従来、「神の自己空化」を論じる際に西欧では神による人間に対する人格的関わり（ペルソナ的な交流姿勢）に重点が置かれてきた。しかし、日本では、特に京都学派哲学の影響により「場所的論理」に則った「場所論的聖霊論」の立場での三位一体論研究あるいは聖霊論研究が隆盛を極めている。それゆえに、ペルソナにおける主体的意志的要素が極めて少なく、仏教的な空の境地あるいは絶対無をモデルにした聖霊理解が主流となっている。とりわけ西田幾多郎の場所論の場合、個々の存在よりも、まずあらゆる事物を成り立たせるいのちの基盤に着目して、言わば生の土台を確認することに哲学的思索の重点が置かれていることは言うまでもない。たしかに、キリスト教信仰の立場でも、神の愛の力としての聖霊は万物の存在根拠として見えないかたちで働いており、まさに自己を主張せずに、あらゆるものを静かに支えつづけているという点で主体的意志的なペルソナ性は

前面には出てこないので、京都学派系統の絶対無の論理を援用すれば説明が容易になる。聖霊には無私の姿勢を貫く特異性（場所性）があり、絶えざる自己空化を体現していることが明らかである。

　なお西田の言う「場所」とは、決して平面的な地平などではなく、むしろ立体的な球形の有機生命的な生存世界全体に譬えられる。場所は宇宙的な存在の総体であり、超越的な働きでありながらも、キリスト教信仰的な神とは異なる原理なので、京都学派系統の思想家たちが強調する「場所」と「聖霊」とを同一視することは慎重に避けなければならない。

(3)愛ゆえの非人格化あるいは場所化という事態

　キリスト教信仰の救済史観に則って言えば、現在の私たちは聖霊の働きの真っただ中で活かされて生きているから、我々の生存根拠場としての聖霊を理解することが神学上の最重要課題となる。活かされて生きていることの意味を問うために研究が必要となる。その際に、聖霊は、単に聖霊としてだけ独立したかたちで論じればよいものではなく、むしろ三位一体論的な視座で理解されなければならないことを忘れてはならない。それゆえに、御父－御子－聖霊という三位の連動性において躍動する神の愛の働きに着目する必要がある。三位一体の神は具体的な相手（我々一人一人も含まれている）への愛のゆえに御自身を棄ててまでも大接近するのであり、そのような捨身の愛情表現はイエスの十字架上の死の姿において歴史的に体現されている。十字架上のイエスの自己空無化は、御父による人間に対する愛ゆえの自己空化の意志を体現しており、そのような無私の自己譲与は、まさに自分というペルソナ性（主体的意志的自立存在性）を徹底的に放棄するほどに空無化されているという点で、愛ゆえの非人格化あるいは場所化という事態そのものである。

3　逆説美としてのキリスト教的善美観
(1)逆説的な美

　ところで、ニュッサのグレゴリオスによれば、人間とは神の善美に参与する者であるが、その際にとりわけイエス=キリストの十字架上の死の姿

をとおして善美を感得するという発想があることを看過してはならない。しかし、グレゴリオスの善美観は私たちが抱くような通常の美意識とは異なっている。

これまで、美は 18 世紀以降の西欧美学の立場で理解されてきた。その場合、当然のことながら理性主義的かつ人間論的な立場での美の理解が究められていくこととなり、神的な美は顧みられることが決してない。こうして議論される美の内実は、必然的に醜悪美や頽廃美を含有することとなる。

一般的な美の価値観に則って眺めた場合に、神の全き自己空無化（ケノーシス）の極致としてのイエスの十字架死の姿は忌むべき醜悪な様態として理解される。しかし、ニュッサのグレゴリオスの『雅歌講話』の場合には、イエスの十字架上の死の姿は、むしろ至上なる愛の体現として理解されており、しかも最も気高い究極の善美として称讃されている。つまり、神による至上の善美としての自己空無化（ケノーシス）を体現するイエスの十字架死は一般的な美の視座とは全く立場の異なる逆説的かつ積極的な価値を呈示している。

それでは、イエスの十字架死の姿において極まった神の愛の逆説美とは、いかなる事態なのだろうか。それは、あらゆる相手に対する親身の愛ゆえに全身全霊を尽くし切って生き抜き、敵対者たちによって完膚なきまでに打ち砕かれ、仲間からも裏切られて見棄てられ、その果てに抜き出された無様な姿そのものが無私の愛の姿を余すところなく映し出すというただ一度限りの尊い出来事のことである。「苦しむ神のしもべ」あるいは「神の子羊」としてのイエスの徹底的な愛ゆえの消尽の生き様をとおして、あらゆる人びとに分け隔てなく自らの全てを捧げ尽くす神の熾烈な愛の極致が顕現する。

まさに、神学的に言えば、神の徹底的自己空化（ケノーシス）は、イエスの十字架上の死の姿をとおして十全に実現している。その姿そのものが、キリスト者にとっては、まさに神の愛の姿そのものである。決して神話表現や哲学的議論などではない。リアルで圧倒的な愛の現実だけが、そこに在る。

(2)美の諸類型

　古代のギリシア文化以降から現代の人間中心主義的科学技術社会に至るまで、現世の価値観および生活実践の全局面を根強く主導する自同的存在論（あらゆる事物の個性を均質化することで多様なる個物の尊厳性を圧殺するような支配原理）に基づく全体主義的自同的均整美[43]への盲目的な信従体制は、いかんともし難い壁として私たちの生存を脅かしつつ厳然として立ちはだかり続ける。たとえば、この世界では、黄金比に則った体型の見事さをはじめとして、ある一定の基準に適っている者だけが認められると同時に、基準から外れる者は不格好あるいは醜い者として一方的に排除される状況が当たり前となっている。人間に優劣が設定されて、振り分けが行われ、いったん排除された人間が復権することは難しい。一定の基準に合わせて整形することで元の自分の姿を抹殺しなければ認められることはない。画一的な基準がまかりとおり、個々人の多様な在り方を抑圧している。多様性は潰されてゆく。

　そのような強制的画一的均質的な抑圧システムを徹底的に無化して、三位一体の神の愛のはたらきに促されて成熟していく個全連動的多様協調的人格美を実現することは、かなり難しいにせよ、可能である。なぜならば、すでに、イエスの生き方がそれを証ししているからである。イエスは、イスラエルの宗教指導者たちのように他者を律法規定の枠内に押し込めて均質化することが決してなかった。むしろ、イエスは相手のもとへと出向いて、ひたすらありのままの相手を受け容れたのである[44]。いかなる相手をも、分けへだてなく。いびつで多様な人々すべてはイエスの友として大切に遇されたのである。

　そればかりか、古今東西の藝術制作の迫真に満ちた表現のなかにも、類比的な意味においてではあるが、多様なる個性のありのままの肯定の幾つもの実例が見つかる。もちろん、いかに崇高で優れたいかなる藝術作品といえどもイエスの生き方そのものの徹底的自己無化において体現された神の徹底的ケノーシス（自己空無化）による十全なる愛の姿の美しさには適うべくもないのであるが。たとえば、ロンダニーニのピエタ像が挙げられる。

——ミケランジェロ最晩年の作品である。この彫像は、十字架から取り下ろされた我が子イエスを静かに抱きかかえる母マリアの悲哀に満ちた姿を捉えた作品であるが、未完成ながらも、あまりにも圧倒的な迫力を伴って、凛として愛深く屹立している。観る者に対してイエスと聖母マリアの愛ゆえの自己空無化の無相の協働態（宮本久雄による独自の造語である。その意味は、個々人が協力し合って力働的かつ真摯に協調の歩みを辿りつづける積極的創造的態勢のこと）の姿を映し出すこの作品は、徹底的な無において顕われ出る美の実相を切実なまでに伝えてくれる[45]。

　そして、たとえば、長次郎作の茶器を模した黒茶碗も引き合いに出し得る。——いびつ形の漆黒の器に緑茶が湛えられるとき、香気とともにほどよいぬくもりが、飲み手の両手によってつつみかかえられた茶器から伝わる。様々な土地の層壁や地中深くから砕き出された粘土のあらゆる色素を受けいれて灼熱した釜の中で赤く焼けただれた果てに黒く焦げて完成した器に盛られた奥深い緑の御茶のたゆたいは観る者の目を休ませ、丁寧に飲み干せば苦味と甘味の絶妙なコントラストが身体全体にゆるやかに沁み込んでいく。まさに、五感全体で体感する全宇宙のいのちの呼応世界が実現していく。砕かれ、焼かれ、焦がされ……そうしてこそ、いびつな被造物は全宇宙を宿す美しき器と化す[46]。

　いま、二つの例を提示した。ともかく、人の心を激しく揺さぶるような真実なる美は、苦難とひずみの悲惨さを真正面から受けとめる真摯なる姿として顕われてくる。均質的な人工美とは異なる在り方を基底とする逆説的美の迫力が我々に問いかけてくるメッセージの深みは、人知をはるかに超えているがゆえに超越的であり、神的である。

ⅩⅠ　環境的身体論、感性論的視座、悪をもつつみこんで転換させる地平 ——今後の展望

　いよいよ今後の展望を述べていく。京都学派の哲学の限界を乗り越えて十全なる生活的洞察を促進するためには、①「メタファー」や②「シンボリズム」や③「イメージ」を最大限に活用した思考方式を心がけることが

急務となるだろう。その際に、ギリシア教父たちの思想テクストから垣間見えてくると同時に西田哲学のテクストの根底に萌芽として潜んでいた幾つかの視座を掘り起こして説明し直してゆく作業が私たちには課せられている。

1 環境的身体論

　人間は自分だけで生きているわけではない。あらゆるものとの連携により、関係性のネットワークにおいて活かされている。つまり個々人の身体は環境的身体として存在している。このような視座は、すでに仏教における縁起論において提起されていたものであるし、ギリシア教父や西田哲学のテクストにおいても関係性論として登場していたものである。とりわけ、ギリシア教父の論法を用いれば、神の愛を味わって生きる人間が神化するときに、その人間を取り巻くあらゆる物事もまた聖化されて栄光化する、と言うことができる。つまり、愛による栄光化のダイナミズムという事態のことである。

　仏教の立場に引き寄せて考えれば、「空白の美」[47]と言うこともできる。それは、身体的全人格において体感されるものであり、神学的に言えば、「信仰感覚」の体感あるいは信仰の感受性とも結びつく事態であるだろう。もちろん、信仰感覚とはキリスト教の立場における人間とイエス＝キリストとの出会いの体感の伝承（使徒的伝承）を先達の生そのものから体得的に学ぶことによって成り立つ事態である。しかし、そのように稀有なる信仰感覚は、イエス＝キリストとキリスト者との邂逅において最も充実したかたちで実現するにせよ、あらゆる時代・場所において聖霊によって成立せしめられる真実なる体感としても理解可能な事態でもあり得るのではなかろうか。

　我が国の文脈に引き寄せて言うとすれば、とりわけ、室町時代において、日本人が「空」を体感しつつ「見立て」の藝術表現を大成したことが該当するだろう。一番顕著な例は能である。何も置かれていない六メートル四方の能舞台の上にあらゆる時代・あらゆる場所が出現する。そこに居合わせる人の心の持ちようによってあらゆる物事が見立てられていく。小さな

舞台上に現世の世界と彼岸の世界とが同時に交錯しつつ両立し、連動する。そして、能役者そのものが花と化す。自らを全く無にして大自然の美しきいのちのはたらきとして自らの新体存在を見立てることによって。

　従来の西欧的論理を補完する斬新な世界観を提示している京都学派の哲学者たちに共通している思想上の独創性は「いのちの満ちあふれそのものとしての空」観である。Fullness としての空。単に Emptiness あるいは Nothingness としての空ではなく。つまり、虚無的な空では決してない。こうして、イエス＝キリストの十字架上の死を贖罪論的解釈を用いずに「空」観を用いて説明することもできるのではなかろうか。愛ゆえに身を捧げ尽くすイエスの全き自己空無化（ケノーシス）の視点で十字架の死を眺める可能性が披けるときに、日本文化の土壌におけるキリスト理解が深まりゆくはずである。イエスの全き自己無化（ケノーシス）の姿において、いのちの満ちあふれとしての空のダイナミズムが活発に脈打っていたのであるだろうから。

　「色即是空空即是色」。——この仏教的真実探求の標語は、禅的な悟りの視座と浄土教的な現実生活的視座との相互補完性を高らかに謳ったものであるだろう[48]。この現実の生活（色）がそのまま悟りの境地（空）となり、悟りの境地（空）は現実生活（色）においてこそ深められるのであり、言わば、色と空とは、決して切り離すことができないほどに相即的に連動している。もっと突き詰めて言えば、悪・罪・弱さを抱える人間が、ありのままで「こわれえぬうつわ」であるという逆説的事態が現成している、としか言いようがない。ひとりひとりは聖霊を宿す不壊のうつわとしての尊厳を備えている。神の似像として。

2　感性論的視座

　人間は身体全体で物事を体感して生きている。知性だけが独立して働いているわけではなく、むしろあらゆる身体器官を総動員して全人格的に生きている。知性の働きだけを取り出して人間の本質を論じる方法論では人間の人格的全体性を総合的に把握することができないのであるから、感性の働きをも含めた人間理解が今日必要とされている。

本稿では一貫して西欧圏域における神学と東洋的な生活背景から醸成される日本における神学とを相互補完的に活かす全世界的規模の考察を心がけた。そして、あらゆる人間に共通する全人間的で全人格的な生身の生の視座を、神の側からの愛ゆえの自己無化の方向性から全身体的に認識し直すという意味で啓示神学および感性的神学の連動する場面における人格的全人的認識転換（超越者のがわからの愛の呼びかけに促されて実現する人間の本来的な生の理念と実践とが連動するような回心経験）として理解することとなった。

3　悪をもつつみこんで転換させる地平
(1)最悪な状況での「ゆるしの美」

　この世の中では、あらゆる場面で悪の働きが厳然として主導的な役割を果たしているように見受けられる。そのような事態を、どのように眺め直すことができるのであろうか。

　最悪の場面を考察するに際して、ここで改めて逆説美の極致としてのイエスの十字架死の姿に注目しよう。イエスの十字架の足元には、あらゆる階層のあらゆる境遇において、いかんともし難い闇を秘めた人々がごったがえしていた。そこには、イスラエルの宗教指導者もいれば、中産庶民もいた。ギリシア人の貿易商やローマ兵もいた。女性も男性も、子供も老人もいた。悪意をいだいてイエスを追い詰めた加害者もいたし、自分のいのち惜しさにイエスを拒絶し、無視した裏切り者たちもいた。イエスに対して政治的解放者としての役割を身勝手にも期待しておきながらも、実際には失望してシュプレヒコールを発した者たちもいれば、見世物としての刑死の場面を嘲笑って傍観した者たちもいた。

　逆に、最後まで忠実にイエスに従った婦人たちもいたし、我が子の行き着く先を切実に見守りつづけた母マリアもいた。つまり、あらゆるタイプの人々が蠢く様子を眺めながらイエスが考えたことは、あらゆる人を弁護してゆるすことに尽きた。——「御父よ、どうか彼らをゆるしてください。彼らは、いまは、自分たちが何をしているのかわかっていないからです」（ルカ 23・34）。上述のイエスの祈りの叫びにおいて、あらゆる悪意や憎しみを余すところ

なく受けとめて、すべてを慈愛に満ちたゆるしの想いで包み込み尽くす神の至上なる歩み寄りが実現していたと言えるのではなかろうか。相手が回心して新たな歩みをはじめるときが訪れることを信頼して待つイエスの姿勢は、まさに、放蕩息子を待ち続ける父親の慈しみとゆるしの姿勢を生き抜くことに他ならなかった。御父の慈愛はイエスの想いにおいても実現している。悪さえも包み込んで決定的に転換させる神の慈しみにおいて「ゆるしの美」が明示される。

(2)死をすら凌駕する「いのちの美」

イエスの十字架死の姿は、至上なる慈愛とゆるしに満ちた忍耐強い「待ち」の姿勢（相手の回心を待ち続ける姿勢）であり、あらゆる悪意や憎しみを徹底的に無化する力に満ちている。いかなる悪意や憎しみでさえ、イエスを抹殺し尽くすことはできない。かえって、イエスの慈愛とゆるしの圧倒的な力によって悪意や憎しみは一瞬にして無力化されていく。神の慈愛およびゆるしの前では、悪意や憎しみは徹頭徹尾無意味なものである。たしかに、悪意や憎しみは相手を抹殺し、死へと追い詰める破壊力を伴うものだが、神の慈愛とゆるしの力のほうが圧倒的に強いのであり、こうして死をも乗り越えさせ得るほどの「いのち」のはたらきが現前してくる。いわゆる「復活」と呼ばれる事態が実現する。

イエスの十字架死をとおして顕らかとなった神の自己空無化(ケノーシス)こそは、受肉の秘義の極致である。あらゆる人を慈しみゆるすイエスの生き方は、最終的に十字架の死に至るまで突っ走りきり、あらゆる相手を目覚めさせるための積極的ないのちの捧げと化す。その姿において「いのちの美」が明確化していく。いのちの美は死すらも凌駕する。

(3)讃美的汎美論に向けて

これまで、イエスの十字架死の姿を逆説美として考察してきた。ニュッサのグレゴリオスがイエスの十字架死の姿を「善美なるもの」として理解して称揚したという思想史上の事実に着目することで、キリスト教信仰の根底的な独自性がひとえに「逆説美」に存するのではないかという問いか

けをしてみた[49]。

　周囲の相手に対する慈愛とゆるしのゆえに、自らを無にしていく、徹底的に明け渡していく、打ち砕かれて抹殺されていくこと。イエスにおける愛ゆえの自己空無化（ケノーシス）。——その道行きは、均質的画一的な現世支配体制の虚偽（あるいは虚偽的虚飾美）を決定的に無化し尽くす方途に他ならないのではないか。そして自同的な存在論が終焉を迎えるとき、あの『創世記』冒頭部において描き出された世界の汎美的な在り様[50]が現に究まる。

　しかし、それは決して遠い将来に持ち越される疎遠な事態ではなく、むしろ4世紀のキリスト教の確立期においてもすでに深められていたことである。とりわけ、ギリシア教父たちによる「讃美と感謝とに満ちた三位一体の神への祈り」（神学）において[51]。その稀有なる事態を集約的に思想化するとき、おのずと「讃美的汎美論」が構築されることになるはずである。なお「讃美的汎美論」とは、大バシレイオスをはじめとしてナジアンゾスのグレゴリオスやニュッサのグレゴリオスの思想および生き方の根底に見出せる独自の傾向である。すべてのものを慈愛のまなざしで眺めつつ最良の事態として全肯定する神の慈しみの視座に感謝しつつ讃美を捧げる人間の生き方の理論化および実践のことである。

(4)まとめ

　神が、まず先に自らを人間に対して愛ゆえに大接近し、受肉を果たし、人間を豊かに活かすために御自分のいのちそのものを徹底的に捧げ尽くしたからこそ（神的善美の自己空無化）、我々人間もまた神に倣うことによって神に応える（神的善美にもとづく自己空無化）と同時に隣人を支え活かす証し人として成熟する。まさにエゴイズムに満ちた自分の生き方を全人格的に認識転換することで、三位一体の神における善美にもとづく自己空無化のダイナミズムを経験する人間は、根源悪の動きを無化する神の愛のはたらきに協力している。結局、相手を理解し、深く慈しむ愛のゆえに御父なる神は受肉の秘義において徹底的に自己空無化して相手を活かす道を生き抜いたが（御子イエス＝キリストとして）、その愛のはたらきが今日も「聖霊の

ケノーシス的ペルソナとしての無相の姿」として我々をつつみながら導き
続ける。

（上智大学）

＊本稿は筆者による博士論文「日本における『神の自己無化』理解の現状と展望―
―京都学派哲学の影響を汲む場所論的聖霊論の感性的補強の試み、あるいは三位一
体の神の愛のはたらきに促されて成熟していく個全連動的多様強調的人格美の提
起」（上智大学大学院神学研究科博士後期課程組織神学専攻、2008 年 3 月 28 日提
出、2008 年 11 月 3 日公開審査合格、2009 年 3 月 31 日神学博士号授与）の内容に
基づいたシンポジウム発題のレジュメ「京都学派の宗教哲学を受肉論の立場から検
証し直す」を土台として新たに作成した論考である（日本カトリック神学会第 21
回学術大会シンポジウム「日本の思想からキリスト教信仰へ」パネリスト；阿部仲
麻呂、宮本久雄、黒住眞／司会；岩島忠彦、上智大学 7 号館 14 階大会議室、2009
年 9 月 14 日、午前 9:30－12:00）。なお、本稿は発表者自身の手に成る「『逆説的な
美』が現代に問いかけること――讃美的汎美論序説」（『エイコーン　東方キリスト
教研究』第 37 号、東方キリスト教学会・新世社、2008 年、59－71 頁所載）の内
容を大幅に取り入れつつも、博士論文の内容とも照らし合わせて練り直したもので
あるが、随所に新たな知見を盛り込んで再構成されていることも書き添えておく。

---

1 森本あんり「神学の学問的特質をどこに尋ねるべきか」（神代真砂実他編『神学と
キリスト教学』キリスト新聞社、2009 年、134－159 頁所載）のなかから関連する
箇所を引用しておく。――「神学の根拠であり出発点であり素材であるのは、啓示
である。そして啓示は、人間における神の恵みの受領の現実態である」（前掲書、
153 頁）。「自己の啓示体験なしに神学を論ずることができない」（前掲書、153 頁）。
「伝統の拡がりを通して自己に啓示された神の現前を熟考することが神学」である
（前掲書、154 頁）。
2 参考となる記述は以下のとおり。奥村一郎『奥村一郎選集　第七巻　カルメルの
霊性』オリエンス宗教研究所、2007 年、142―143 頁。――「そもそも、『空』と
は、サンスクリット語、『シュンヤター』の中国語訳である。この重要な宗教用語
が、西欧語に翻訳されはじめてからさまざまの誤解が生じた。『空』を『無』と混
同し、『nothingness, emptiness』などと訳され、わけもわからぬことに魅力を感じ
させるような言葉の独走がはじまった。サンスクリット語『シュンヤター』の語源
は、本来、『SVI』という語根からきたといわれる。この語根は、『充満（fullness）』

を意味する。『無』や、『からっぽ』とは正反対の意である。こうした誤解が学界で指摘されたのは、比較的新しいことであるが、それから、『禅の無』についての西欧的誤解も解消しはじめた。しかし、こうした誤解は、西欧言語圏の問題だけでなく、禅の本場といわれる日本においても、同様に見られることも稀ではない」。

3 最近になって、原研哉によって『白』（中央公論新社、2008年）が刊行されたが、その本のなかでは「空」は fullness（充満）としての emptiness（いのちのエネルギーに満ちあふれて充実している空）として理解されていることとも連関してくる。原はデザイナーとしての視座にもとづいて「空」を「空白」として理解し直し、以下のように積極的に評価しつつ「空」の本義を解明してみせた。そのことは、日本文化特有の感性的視座を闡明するうえで注目に値する。――「白は時に『空白』を意味する。色彩の不在としての白の概念は、そのまま不在性そのものの象徴へと発展する。しかしこの空白は、『無』や『エネルギーの不在』ではなく、むしろ未来に充実した中身が満たされるべき『機前の可能性』として示される場合が多く、そのような白の運用はコミュニケーションに強い力を生み出す。空っぽの器には何も入っていないが、これを無価値と見ず、何かが入る『予兆』と見立てる創造性がエンプティネスに力を与える。このような『空白』あるいは『エンプティネス』のコミュニケーションにおける力と、白は強く結びついている」。

4 西田幾多郎自身は「場所的論理と宗教的世界観」の冒頭部で以下のように述べている。――「……自己が一旦極度の不幸にでも陥った場合、自己の心の奥底から、所謂宗教心なるものの湧き上がるのを感ぜないものはないであらう。宗教は心霊上の事実である。哲学者が自己の体系の上から宗教を捏造すべきではない。哲学者はこの心霊上の事実を説明せなければならない」（西田幾多郎『西田幾多郎全集』[新版]第10巻、岩波書店、2004年、295頁）。

5 西田幾多郎と滝沢克己の認識論的傾向に関して。――滝沢克己（1909－1984年）の場所的論理的神学としての「純粋神人学」に関して概観しておこう。■「第一義の接触」（神の場で生かされている人間≒仏性、本覚）から「第二義の接触」（キリスト者としての歩みを自覚して生き始める人間≒悟り、始覚）へ、という滝沢の思索において、西田哲学とキリスト教神学との関わりが深められた。後に、小田垣・小野寺・八木も滝沢神学をとおして西田哲学を取り入れてそれぞれの場所論的聖霊論を構築した。それゆえ、西田哲学と日本の聖霊論研究とを架橋する役割を果たしたのが滝沢の神学であると言うことができる。滝沢は「神人論の究明」を研究の根本主題としていた。「神人論の究明」とは、神と人間との関わりを考察することであり、神と人間との密接なつながりに関して洞察を深める思索の道行きである。もちろん、この視座は、滝沢が独自に深めたものであるが、もともとは恩師カール・バルトの「純粋神人学」という神学用語からヒントを得て成立している。滝沢はバルトの「純粋神人学」の所説を西田哲学の用語を用いて表現し直したのである。つまり、滝沢は西田哲学とバルト神学とを綜合しつつ、神と人との関わりにおける「第一義の接触」から「第二義の接触」への生の深まりを独創的見解として打ち出した。言わば、滝沢は通常の人間が信仰の立場へと全人格的に認識転換していくプロセスを概念化しようと努めたのである。「第一義の接触」とは、誰もが備えている神に向かう探究の道筋としての認識構造あるいは宗教心のことを指す。なお、八木誠一によれば、滝沢の「第一義の接触」は以下のように説明されている。――「滝沢先生が『神と人との第一義の接触』とおっしゃるのは、あらゆる人間の自己成立の根柢に全く無条件に、その人が誰であろうとあるまいと、何をしようとするまいと全く無関係に直属する、『神われらと共にいます』という原事実である」（八木誠一「滝

沢克己における宗教と哲学」滝沢克己追悼記念論文集発行委員会編『滝沢克己　人と思想』新教出版社、1986年、91－92頁）。キリスト教信仰の立場にもとづいて言えば、「第一義の接触」とは、「すでに誰もが聖霊の場において生かされてしまっているという原事実」のことである。そして、仏教の立場にもとづいて言えば、「第一義の接触」とは「すでにあらゆる人に備わっている仏性」もしくは「本覚」に当たる。一方、「第二義の接触」とは、主体的に決断して自らキリスト者としての信仰生活を追求することである。なお、八木誠一によれば、滝沢の「第二義の接触」は以下のように説明されている。――「『第二義の接触』というのは、それ以上何か新しい接触が付け加わるということではなくして、『第一義の接触』に目覚めることによって、その接触にふさわしい生き方を始めることができるわけですが、いわゆる宗教的な生き方が始まるわけです」（八木誠一前掲「滝沢克己における宗教と哲学」92頁）。この事態をキリスト教信仰の立場にもとづいて言えば、「聖霊の場における信仰生活をはっきりと自覚しつつ（目覚めて生きている）、主体的な決断をともないつつ隣人愛の実践に絶えず身を投じつづけているキリスト者の態度」のことである。そして仏教の立場にもとづいて言えば、「第二義の接触」とは「悟り」もしくは「始覚」に当たる。「第二義の接触」に踏み込むためには、回心（自己の根源に立ち帰ること）つまり意志的で主体的な決断が不可欠である。人間が「第一義の接触」から「第二義の接触」に踏み込む際に、自己の生き方そのものを或る一定の方向性へと絞り込むことになるからである。つまり、キリスト者として生きることを選び、神の慈しみに応えつづける歩みは回心経験なのであり、「第一義の接触」から「第二義の接触」へと踏み込んで転換していくことに他ならない。もちろん、回心以前と回心以後の世界の形あるいは在り方が変貌するわけではないが、回心後のものの眺め方が根本的にパラダイムチェンジしている。そのような事態を新約聖書にもとづいて説明すれば「目覚める」と言うことができ、あるいはまた文学評論的に言えば「異化の遂行」と言うことができる。滝沢の場合、物事の眺め方の認識転換は単なる知性的な意識変革というよりも、むしろ信仰経験の深まりとして全人格的な生き方そのものの転換という視座で説明が遂行されている。西田哲学の場合は、真実在の構造を説明することに重点が置かれていたのに対して、滝沢の場合は生き方の全人格的転換のプロセスを解明することに重点が置かれており、決断して新たな人生に踏み込んでいくような積極的な宗教的な実践としての行為性が見受けられる。

6　聖書の「アレゴリー解釈」とは、あるいは詩的寓意による解釈もしくは寓喩的解釈とも言える。詩的寓意とは、たとえば「矢が折れ、兜が転がり、草花は焼け焦げている」という描き方で、本当に言いたいことを暗示しつつ伝えようとすること。言わば隠喩である。「戦争があった」と語る場合に、そのような物言いは報道となってしまうが、そのようには直に物語らずに真実を示そうとする技法が寓喩あるいは隠喩である。詩的表現の奥に隠されている真実を読者自らに発見させるための技法である。

7　アタナシオス『言の受肉』などを参照のこと。*Contra Gentes and De Incarnatione.* Edited and translated by R.W. Thomson. Oxford Early Christian Texts, Oxford, 1971. アタナシオス（小高毅訳）「言の受肉」（『中世思想原典集成2　盛期ギリシア教父』平凡社、1992年、66－140頁所載）。

8　近年、教父思想に見受けられる身体性の意義受肉の原事実に立脚したキリスト教信仰に独自の身体観）を再確認する研究が数多く登場している。宮本久雄、谷隆一郎、久松英二（『祈りの心身技法――十四世紀ビザンツのアトス静寂主義』京都大

学学術出版会、2009年）らの研究を参照のこと。特に谷の見解は卓抜である。――「キリスト教および広義の修道の伝統において蔑され否定されてきたのは、身体的肉体的なものへの執着の方であって、決して身体や肉体そのものではなかった。この点、魂（=神的なるもの）を端的に善とし、肉体や物体的なものを悪とするような、往時のグノーシス主義やマニ教といった思想潮流は、教父たちにとって看過することのできない謬説であり、問題の根源に立ち帰って論駁してゆくべき対象なのであった」（谷隆一郎『人間と宇宙的神化――証聖者マクシモスにおける自然・本性のダイナミズムをめぐって』知泉書館、2009年、111頁）。他に、身体性の復権を目指した研究書は以下のものがある。――Michel Henry, *Incarnation Une philosophie de la chair,* Seuil, 2000.や Jean-Luc Nancy, *La Declosion*, Galilee, 2005.環境的身体性の発想とも通底する問題を扱う研究書として以下の文献を参照のこと。――坂本秀夫『他者としての身体――超越論的間主観性の基礎づけのために』星雲社、2009年。

9 『見えない神の像』（コロサイ1・15）であるかた自身が完全な人間であり、最初の罪以来ゆがめられていた神の似姿をアダムの子らに復旧した。人間性はキリストの中に取り上げられたのであって、消滅したのではない。このこと自体によって、人間性はわれわれにおいても崇高な品位にまで高められたのである。事実、神の子は受肉によって、ある意味で自分自身をすべての人間と一致させた。キリストは人間の手をもって働き、人間の知性をもって考え、人間の意志をもって行動し、人間の心をもって愛した。かれは処女マリアから生まれ、真実にわれわれのひとりとなり、罪を除いては、すべてにおいてわれわれと同じであった。汚れない子羊であるキリストは、自分の血を自発的に流すことによって、われわれのために生命を獲得した。キリストにおいて、神はわれわれを自分と和解させ、また、われわれの間に和解をもたらし、悪霊と罪との奴隷状態からわれわれを救い出した。その結果、われわれ各自は、使徒とともに神の子は『わたしを愛し、わたしのために自分を渡した』（ガラテア2・20）と言うことができる。キリストはわれわれのために苦しみを受けることによって、われわれがその跡を踏むよう模範を示したばかりでなく、新しい道を開いた。われわれがこの道に従うならば、生と死は聖化され、新しい意味をもつものとなる」

10 岩島忠彦「三位一体からみた神の恵み」（岩島忠彦・井上英治編『罪と恵み　神の前に立つ人間』サンパウロ、1996年、98－127頁所載）、特に106－112頁では神の恵みは「キリストにおける神の大接近」あるいは「子における父の現れ」として説明されている。岩島忠彦『説教集　みことばを生きる』教友社、2003年。――この書のなかで、岩島は「神が人となる」事態の重要性を感慨深く語りつつ強調する（同書、129－131頁を参照のこと）。

11 神の呼びかけと人間の応答を主題とした研究は谷隆一郎の前掲書を参照のこと。

12 田中裕の論文「無の場所と人格――西田哲学とキリスト教の接点」（『理想』第681号、理想社、2008年、162－173頁所載）はキリスト教におけるペルソナ概念に関して適確な把握を遂行すると同時に西谷啓治による空観および聖霊理解における「人格的非人格性」かつ「非人格的人格性」が投げかける探求意図を西田哲学のテクストの精査を通して明らかに示している。たとえば、キリスト教的ペルソナ概念の説明に関しては以下のように記述されている。引用しておく。――「中世の初めに於いて、聖ヴィクトルのリシャールは、キリスト教の内部から由来する人格概念を、『霊性を有つ通約不可能な実存』と定義している。・・・人格とは、第一義的には共通本質ではなく通約不可能な実存である。また、「霊的」という言葉も、

理性的と同義ではない。聖書の伝統では、霊的なるものは、理性だけではなく感覚的な身体を含む人間の全体を指すのであり、身体から分離された精神的な実体ではない。『通約不可能な実存』としての人格は、すぐれて個々の人間の自由と責任の問題、類的存在のような共通性に還元されぬ代替不可能な生きた全体としての人間に関わりを持つ。この考え方こそ、掛け替えのない個人の価値を第一義的に考えるキリスト教の伝統を表すものと言ってよいであろう」(田中裕、前掲論文、163－164頁参照)。

[13] 拙稿「風姿素描――『ペルソナ主義的聖霊論』および『場所論的聖霊論』の基底としての『聖霊の徹底的自己無化の姿』(神的善美のケノーシス)を求めて」(『カトリック研究』第77号、上智大学神学会、2008年、71－110頁所載)。とりわけ、81－90頁において欧米のペルソナ主義的聖霊論の研究書に関して述べておいた。

[14] 西田自身は、西洋文化と東洋文化とを根底で成り立たせるような根本的文化状態を「世界文化」あるいは「人類文化」という用語を用いて説明している。――「東洋のものがどの位のものかと云う事は今は云えない。それを研究するのは今日我々に課せられた大きな仕事である。併し東洋が発達して西洋がその内に入って了うのでも又その逆でもない。又東洋と西洋とが全く離ればなれだと云うのでもなく、謂わば一つの木の二つの枝なのである。二つに分れて居るがその根柢に於て結びつき相補うのである。一層深い根柢を見出さねば東洋と西洋とが一つになった世界文化は考えられないのである。」(西田幾多郎『西田幾多郎日本論集　エッセンシャル・ニシダ国の巻』書肆心水、2007年) 35頁。

[15] 筆者は、西田哲学そのものは禅宗の修行観の影響を直接受けていないと考えている。なぜなら、西田自身が論文の随処で言うように西田は特定の宗教的立場に立脚して哲学を展開しているわけではないからである。西田は、あくまでも目に見える世界全体の出来事を「説明すること」に全精力を賭けていた。言わば、どの事態にも共通する物事の真相の構造を解明することが彼の生涯の仕事であった。

[16] 西田幾多郎『弁証法的一般者としての世界』を参照のこと。

[17] Larry W. Hurtado, *How on Earth Did Jesus Become a God? Historical Questions about Earliest Devotion to Jesus*, Eerdmans, Cambridge, U.K., 2005, p.89.

[18]「己れ自身を低くした、死に至るまで従順になりつつ、しかも十字架の死に至るまでも」(フィリピ2・8)。――この文脈における『十字架の死』という用語の独自性に関しては、以下のような指摘がなされている。――「この行は、その『十字架』理解からして、賛美歌へのパウロの挿入であると考える研究者が多い。いずれにしても、キリストの死を『十字架の死』と表現するのは、新約中ここのみである。」(新約聖書翻訳委員会訳『新約聖書』岩波書店、2004年) 611頁。

[19] なお、オリゲネスによれば、「ケノーシス」(κένωσις＝kenosis)の要点は、二点に絞られている。――つまり、まず、第一の要点としては、①「神による人間に対する愛」(フィラントロピア)が挙げられる。次に、第二の要点としては、②「人間による神認識」が挙げられる。このようなオリゲネスの「ケノーシス」論に関しては、土井健司『愛と意志と生成の神――オリゲネスにおける「生成の論理」と「存在の論理」――』(教文館、2005年)が優れた研究成果を公にしており、非常に参考になる。

[20] 宮本久雄によれば「ケノーシス」(κένωσις)の定義は以下の七つの項目に集約される(宮本久雄「ケノーシス」、大貫隆・名取四郎・宮本久雄・百瀬文晃編『岩波

キリスト教辞典』岩波書店、2002 年、364−365 頁所載）。──①神の子の自己無化・自己放棄、②父による子の栄光化、③子のペルソナの在り方、④三位一体の三つのペルソナ共通の意志であり業、⑤人間に対する神化への招き、⑥十字架の神学の根幹・神の愛の啓示点、⑦神の謙虚さ・人間の苦悩の只中に訪れる神。これらの七項目を仔細に眺めながら新約聖書の記述を参照してみればわかることだが、「ケノーシス」とは、「神による人間に対しての愛のわざ」（フィラントロピア）である。つまり、人間の側からの自力行的努力としての自己放棄というよりは、神の側から人間に対して身をもって贈与される愛の極致としての自己譲与ないし自己奉献であることが明らかである。「神による先行的で主体的な働きかけのわざ」が「ケノーシス」という言葉が指す内実に他ならない。つまり、「ケノーシス」とは「神のわざ」であると言ってもよい（なお、聖書全体における「ケノーシス」の展開に関しては、宮本久雄『聖書と愛智──ケノーシス（無化）をめぐって』新世社、1991年を参照のこと）。以上、述べてきた「ケノーシス」における「神の愛による自己譲与」という内実を、如実に言い当てつつ強調している英国国教会の神学者アリスター・マクグラスの説明を以下に引用しておく。「『ケノーシス』論（Kenoticism）とは、キリスト論の一種で、キリストが受肉において神としてのある属性を『脇に置いた』、あるいは少なくともいくつかの神としての属性、特に全知と全能とを『無にした』ということを強調する考え方である」（マクグラス『キリスト教神学入門』教文館、2002 年、ⅴ頁。筆者が、一部の文章を改変して筋の通る内容に編纂したうえで引用した）。さらに、教父学の視点から「ケノーシス」（κένωσις）を説明している小高毅の定義づけを引用しよう。「ギリシア語動詞ケノオー（kenoo）に由来する名詞。『無化』『空しくする』の意味。神の子の受肉における自己卑下を示す神学上の用語。パウロのフィリピ書 2・6−7『キリストは、神の身分でありながら、神と等しい者であることに固執しようとは思わず、かえって自分を無にして（heauton ekenosen）、僕の身分になり、人間と同じ者になられました』に由来する。教父たちは、この句をキリストは神であり続けつつ、我々の救いのために自発的に人間となったことを述べるものと解した。したがって、ほぼ受肉と同義語として用いられる。」（小高毅「ケノーシス」『新カトリック大事典Ⅱ』研究社、1998 年、741−742 頁）。さらに八つ目の視点として、⑧創造論・救済論・終末論を一貫してつなぎ合わせる根本的決定的出来事としての「イエス・キリストを通して示された神による人間の罪の全き空無化」を加えることができる。このような視点はカール・バルトが提示したものであり、最近になって富岡幸一郎が再び強調しており、日本で紹介している考え方である（富岡幸一郎『非戦論』NTT 出版、2004 年、218−219 頁）。これまで、「神の自己無化」に関して八つの説明の仕方を概観してみた。八つの説明の仕方に共通している視点は、結局のところ「人間に対する神の側からのはたらきかけ」という要点である。つまり、「ケノーシス」とは、徹頭徹尾、「神の側から人間に対して為される愛のわざ」（フィラントロピア）なのである。どのような神学諸説においても、「ケノーシス」を理解する際に「神の側から人間に対して為される愛のわざ」（フィラントロピア）という要点を必ず押さえているという事実は、いかなる場合でさえも「ケノーシス」という出来事の解釈が決してずれることのない一貫性を備えていることを雄弁に物語っている。ゆえに「神の側から人間に対して為される愛のわざ」（フィラントロピア）としての「ケノーシス」という要点を崩せば、キリスト教信仰の原点が否定されることとなり、キリスト教神学そのものも成り立たないことになる。それゆえ、キリスト教信仰を理解するうえで「神の側から人間に対して為される愛のわざ」（フィラントロピア）としての「ケ

ノーシス」という要点は一番重要な拠り所となる。

21 パウロはコリント書において「十字架の死」という術語を用いるが、そのような用法はこの箇所のみであることから、他の聖書記者には見られないパウロの際立った神学的強調点として印象に残る。

22 清沢満之『縁起存在論』（今村仁編訳『現代語訳　清沢満之語録』岩波現代文庫、2001 年）208 頁。——「我空、法空、一切皆空といわれる。仏教が真理を説くとき、つねに空観をもって説く。では空観とはどういうことなのか。ほかでもない、邪念妄念が虚無空寂であることをはっきりと説くことである。われわれの迷妄と転倒がどこにあるかといえば、それは無を有とし、空なるものを現実とし、真に現実的な存在を知らないことにある」私見では、清沢の「空」の定義が一番適確であると思う。

23 『西田幾多郎全集』第 19 巻、374－375 頁所載。

24 なお、「浄土真宗の世界観」に関しては、西田は『場所的論理と宗教的世界観』のなかで次のように述べている。——「娑婆が浄土を映し、浄土が娑婆を映す、明鏡相照らす、これが浄土と娑婆との聯貫性或は一如性を示唆するものであると云つて居る（鈴木大拙著「浄土系思想論」140 頁）。私は此から浄土真宗的に国家と云ふものを考へ得るかと思ふ。国家とは、此土に於て浄土を映すものでなければならない。」（全集新版第十巻）367 頁。なお、全集新版第十巻、510 頁も参照のこと。

25 八木誠一は、エゴイズムを定義する際に、「『愛において神を知る』あり方の否定」という表現を用いている。——「エゴイストは神および隣人とのかかわりを喪失しているのである。すなわちエゴイストは、自分を神および隣人とのかかわりから切り離し、自分は自分であり、自分だけのものであり、自分だけで成り立つのだと考える（妄想する）。そしてそういう自分が自分のあり方と内容とを決定するのだと考える。この場合、自分だけが自分にかかわる事柄の最高の主権者として自分のあり方を決定するのであり、それだけではなく、そのような自分を立て貫くために、自分を他人に押しつけ認めさせ、その自己実現のために他人を支配し、あるいは利用しようとするのである。この際、自分というものは、神はもちろん、一緒に暮している他人とも無関係な自分、他人の自分に対する要求や期待は結局のところ無視している自分なのである。他人はどうなろうと構わない自分なのである。エゴイズムとは以上のようなものである。それは要するに『愛において神を知る』あり方の否定なのである。そしてイエスの生涯と思想とはエゴイズムの否定と克服だったのである。」（八木誠一『増補　イエスと現代』平凡社、2005 年、64－65 頁）。

26 立川武蔵『空の思想史——原始仏教から日本近代へ』講談社、2003 年、321 頁。「仏教は、近代ヨーロッパにおけるような人間中心主義の立場をとってはこなかった。人間の行為や欲望あるいは煩悩を、そのまま肯定あるいは是認するのではなくて、常にそれらを制御しながら、否定の網に通そうとしてきた。その否定の網とは、すべての行為や欲望を捨て去ることを命じているのではなく、行為や欲望を浄化するための呼びかけであった。このような否定の網をくぐる作業の行程およびその網をくぐる瞬間を、仏教の伝統は『空』と呼んできた。空の網を通り抜けて浄化された世界は縁起と呼ばれる。空の働きが縁起の世界を生むのである。ちなみに『縁起』という語は、俗なるものとしての現象世界を指すこともあり、悟りの智慧としての空性と同じ意味に使われることもある。さらにこの場合におけるように、聖化された世界をも意味する。」）。キリスト教の立場で言えば、八木誠一が『増補　イエスと現代』（平凡社、2005 年）のなかで、イエス・キリストの生き方をエゴイズ

ムの徹底的棄却として理解している。「イエスは愛の定義を与えようとしているのではない。愛の模範を呈示したのである。……イエスと現代という問題を考えるにあたって、私達は……ふたつの事柄に注目したわけである。ひとつは、エゴイズムを克服する愛ということであり、他は、そのような愛を言い表す言葉は法や倫理にはならない、ということである。」（八木誠一、前掲書、38－39頁）。

27 西田全集 11・419。

28 西田幾多郎『弁証法的一般者としての世界』。

29 西田幾多郎『弁証法的一般者としての世界』最終部；「現実が現実自身を限定するという時、現実の世界を単に知覚的物の世界と考えるならば、歴史は無意義なる闘争と考えるの外ないであろう。併し時は永遠の今の自己限定として成立するという如く、現実が現実自身を限定する世界を絶対否定の肯定として絶対弁証法的世界の自己限定と考えるならば、自己自身を限定する現実の世界の底に、我々は行為的直観を越えて、無限なる表現に対すると考えねばならぬ。それは唯何処までも我々の行為的直観を越えるもの、行為的直観によって達することのできないものと云うだけでなく、行為的直観を否定する意味を有ったものでなければならない、道徳をも否定する意味を有ったものでなければならない。それがキリスト教徒の所謂神の言葉と考えられるものである。それは聞くべくして見るべからざるものである、絶対の彼方にあるのである。キリスト教はキリストの事実によって之を信じ、大乗仏教は絶対否定によって之を自証する」。

30 西田幾多郎『弁証法的一般者としての世界』最終部において「大乗仏教の旨とする所は我々の自己の底に深い自己矛盾の不安を知ることによって、絶対の否定を通じて絶対の肯定に到ることでなければならない」と、説明される。

31 西田における「信仰」理解がキリスト教的文脈にも基づいているということは、以下の文章からも容易に理解することができる。——西田幾多郎『弁証法的一般者としての世界』「唯我々はこの世界を絶対弁証法的世界の自己限定として、絶対者の自己表現と見做すことによってのみ、我々は真に生きることができるのである。これを信仰というのである。ルターはローマ書の序言に於て、信仰とは人々が之を以て信仰だと思うような人間的な妄想や夢幻ではない、信仰は寧ろ我々の内に働く神の業である、ヨハネ伝にある如く、我々を更えて新しく神から生れさせ、古いアダムを殺し、心も、精神も、念いも、すべての力と共に我々を全く他の人となすことであると云って居る。絶対の否定の肯定に即して成立する我々の自己は、唯この世界が絶対否定の肯定として自己自身を限定するということを自覚することによってのみ生きると云うことができる。それが信仰である。故にルターの云う如く、信仰は妄想や夢幻ではなくして、我々の自己の存在理由である。そこに信仰と迷信との区別があるのである。故にこの世界が絶対弁証法的と考えられるかぎり、我々は宗教的でなければならない。この世界は絶対弁証法的として絶対の否定面即肯定面であり、現在が現在自身を限定する、我々は行為によって物を見る。そこにこの世界は絶対者の自己限定として宗教的でなければならない所以のものがあるのである。宗教的立場というのは物質と考えられるものを否定することではない。我々はいつも絶対否定に面して居るのである。却ってこの故に我々は宗教的ならざるを得ないのである。唯物論者も彼の自己を認めるかぎり、否意識を認めるかぎり、宗教的たらざるを得ないのである。意識をも認めないと云えば、社会もなければ歴史もない。絶対否定を媒介とする新しい文化は右の如き意味に於て宗教的でなければならない。

32 西田全集第 11 巻 416 頁。

33 鈴木亨『鈴木亨著作集　第四巻　響存的世界』三一書房、1996 年、297 頁。

34 八木誠一『場所論としての宗教哲学』xi.

35 宮本久雄の言う「深処のケノーシス場」に相当するだろう（『他者の原トポス』115 頁）。

36 ナジアンゾスのグレゴリオス『第五神学講話』第 25－26 項を参照のこと。邦訳は、『中世思想原典集成 2』380－413 頁所載。

37 高山岩男『呼応の原理』371－372 頁。

38 拙稿「三位一体論形成期における聖霊理解」を参照のこと。

39 同様の問題は、たとえば日本における天皇制の場合にも見受けられる。もちろん、天皇と聖霊は比較の対象とはなり得ないほったくの別物ではあるが。それに、筆者は、天皇制に対しては歴史的に存続してきた意義のある文化的象徴であると考えており、無下に批判する意図は微塵もないし、深い敬意の念を抱いていることを、ここで言い添えておく。ともかく、日本においては、特定の人間（権力者）による思想統制や権力正当化的イデオロギーの拠り代として天皇を担ぎ上げる（思うがままに活用する）という場合も現にあり得たのであり、その場合は特定の権力者が自らの権力を正当化するために捏造した何らかの概念をあらゆる人に強制的に植え付けることに向かうのであるから国民としては政情を絶えず慎重に見究めていかなければならない。もしも、国民の福祉を見守る責任ある象徴としての天皇の存在価値を特定の権力者が自らの権力を保持するためだけに利用したり、その権力の行使を正当化するために特定のイデオロギーの枠内で天皇制に関する歪曲された解釈を試みるならば、断固闘うべきであるだろう。ニュッサのグレゴリオスの思想における身体性とケノーシスに関しては、以下を参照のこと。宮本久雄『他者の甦り　アウシュヴィッツからのエクソダス』113－114 頁。

40 V・ロースキィ（宮本久雄訳）『キリスト教東方の神秘思想』勁草書房、1986 年、98 頁。

41 事の経緯は以下の書で詳しく論じられている。――Roger-Pol DROIT, Le Culte du Neant, Les Philosophes et le Bouddha, Editions du Seuil, Paris, 1997.　John Paul II, Vittorio Messori, Varcare la Soglia della Speranza, A. Mondadori, Roma, 1994.（ヨハネ・パウロ二世の『希望の扉を開く』）に描かれている仏教理解も、残念ながら「仏教は消極的で虚無的な瞑想の宗教である」という西欧的な仏理解のステレオタイプに束縛されている。なお、西洋人による「空」の誤解についてのひとつの例として、鈴木大拙による指摘を、以下に引用しておこう。――「仏教の空の教説は、不幸にして西洋では大いに誤解されている。"空っぽ""何もない"という言葉が人びとを驚かせ遠ざけているようだ。ところが、内輪でその言葉を使う時には、それに反撥することはないようである。ある種のインド思想は虚無的であると言われるのに対して、エックハルトは、例えば、"砂漠""静けさ""沈黙""無"といったような消極的な意義を帯びた言葉を手加減も加えずに用いているのに、この点で非難されたことは全くない。おそらくは、これらの言葉が西洋の思想家たちの間で使われる時は、彼らの歴史的な背景と関連して理解されるからであろう。しかし、これらの思想家たちが異国の馴染みの薄い体系や雰囲気の中に放りこまれるや、彼らはバランスを失い、それを消極主義的で無秩序な、逃避的エゴイズムに加担するものとして非難するのである。」（鈴木大拙『神秘主義』18 頁）。鈴木大拙は、西洋における「無」の理解の仕方を適確に解説してくれている。西洋の人びとにとっ

て、「無」を考える際に、自分たちの歴史的環境のなかで通用する思考枠あるいは論理に則って「仏教哲学は長い間、虚無的で何ら建設的なものの持ち合わせがない」などと誤って受け取られてきた。しかし、それを真に理解しようと努めて、破砕、無化、絶滅、破壊、停止、沈静、あるいは渇望の止息、無貪、無瞋などの言葉で、浅はかにも曲解してしまうことのない人びとは、仏陀が決して"永遠の死"の宗教を説いたのではないとは容易に分かるであろう。時として、仏教の無我の思想の帰結のように見なされてしまう"永遠の死"などというものは、何らの意味も持たぬ奇妙な考えである。」(鈴木大拙『神秘主義』70頁)。「ヨーロッパの伝統的な形而上学としての哲学は、ニーチェや現代のブルトマンも指摘しているように、古代ギリシア哲学以来のプラトン的な哲学とキリスト教という二つの柱によって支えられている。しかし、ニーチェが『神が死んだ』とか『われわれが神を殺した』と語っているように、この二大支柱は、十九世紀末までには崩壊してしまっていたと言っても過言ではないのである。なぜなら、古代ギリシア以来ニーチェに至るまでの形而上学としての哲学もキリスト教も、またその神学も共に、すべてのものをそれらの本質や実体あるいは実存からのみ理解して、これら両者の根源である絶対の無限の開けへと遡るまでには至らなかったからである。」(花岡永子『絶対無の哲学』210頁)。

42 清沢満之『縁起存在論』今村仁司編訳『現代語訳 清沢満之語録』岩波現代文庫、2001年、208頁。

43 たとえば、八頭身美人のような美のプロポーションにもとづいて彫像を制作したギリシア文化においては、ある特定の基準に則る存在のみが賞賛の的となり、規格外の存在に関しては冷ややかなまなざしが注がれるか存在価値のないものとして黙殺されるという事態が生じる。美の基準は一定のイデオロギーとしての強制力を伴ってあらゆる事物を均質化してひと括りにするから、おのずと自同的性質を帯びる。自同的性質とは、ある基準に合うものだけを選別して価値の均質化を図り、基準に収まる物事と基準に収まらない物事との峻別による排除切り捨ての発想を極限まで推し進めることである。なお、もう少し補足するれば、「自同的」とは、ある特定の権力者あるいは権威的集団が自らの権力を正当化するために集団の全構成員を同一の理念のもとで強制的に統制することで画一化し、成員個々人の自由意志の発動の機会を奪いつつ隷属化させることをも意味する。

44 「相手に近づく(＝隣人となる)イエス」に関しては、以下の論考が優れた説明を提示している。――柳澤田実「内と外／近さと遠さ：内観主義と教父哲学」(『エイコーン 東方キリスト教研究』第36号、東方キリスト教学会・新世社、53―74頁所載)。柳澤田実「イエスの〈接近＝ディスポジション〉近づくという行為・行為の伝達」(柳澤田実編『ディスポジション 配置としての世界』現代企画室、2008年、51―81頁所載)。

45 宮本久雄は前掲『他者の原トポス』のなかで、合計して三箇所(同書104頁、127頁、191頁)でロンダニーニのピエタ像に関して言及している。

46 日本をはじめとするアジア圏域における「逆説美」の研究に関しては、民族藝術学会活発な活動を展開しているが、その理念的拠りどころが、柳宗悦による「民藝運動」の思想であった。柳宗悦(1889―1961年)は宗教哲学者であり、民藝の思想を史上初めて提唱した(『工藝の道』講談社、2005年、を参照のこと)。民藝とは、無名の庶民が自然の摂理に身をまかせて製作した日用品の味わい深い美しさに着目することである。つまり、普段人々が気にも留めないような目立たぬうらぶれた茶碗などが具える逆説的な美を称揚する発想である。なお、資本主義的自同的社会

体制が多様なる個々人の尊厳ある個性を潰していくという現実を「民藝」の視点から論証することができる。柳宗悦の言葉を引用しておく。──「問　なぜ資本主義が民藝の美を殺すに至るか。／答　利が目的で作られるからである。用が二次になるからである。資本家の眼には常に利益が主眼である。健実とか、美とか、品質とかはいつも二義的である。粗製濫造はその避けがたい結果に過ぎない。利慾は用と美とを共に殺戮する。加うるに資本下にある工藝は手工を去って機械につく。これがために美はいよいよ創造をもたず、固定し凝着する。」(前掲『工藝の道』242頁)。

[47] 原研哉、前掲書、53頁が参考となる。──「空白の運用を意識的に行いはじめたその端緒を日本の歴史の中に探すと、室町中期の東山文化が眼に止まる。室町中期から桃山にかけて成立した茶の湯の美意識の発端に、空白の美が座っているのだ」。他にも、原研哉、前掲書、41頁も参考となる。──「何もないということは、何かを受け入れることで満たされる可能性を持つということである。空っぽの器を負の意味に取らず、むしろ満ちるべき潜在力と見るところに、コミュニケーションの力学が動き出す」。

[48] 色と空との密接なる相即的関連性に関しては、宮本久雄の示唆にもとづく。

[49] 西村清和『フィクションの美学』勁草書房、1993年を参照のこと。

[50] 「汎美論」とは、いわゆる「パンカリア」(pankalia)の思想のことである。「パンカリア」とは、「美しい世界」(汎美的世界)のことである。いわゆる、創世記において明らかにされているように、神があらゆるものを創造されたときに、すべてに満足されて「よし」という全肯定を吐露したことが典拠となっている。神は納得してあらゆるものを創造し、あらゆるものは神からの全肯定を受けて存在しはじめる。そのようなかけがえのない根源的事態が「より＝美しさ」(善美)という表現において如実に言い表されている。関連する論考としては、以下の文献を参照のこと。──樋笠勝士「パンカリア概念とその射程──『東方キリスト教の美学』の始点として」(『エイコーン　東方キリスト教研究』第33号、東方キリスト教学会・新世社、2006年、51─68頁所載)。樋笠勝士「プロティノスにおける pankalia の思想──『舞台としての世界』概念の原風景」(『哲学科紀要』第34号、上智大学、2007年、1─30頁所載)。以下の文献も参考になる。──John Navone, *Toward a Theology of Beauty*, The Liturgical Press, Minnesota, 1996.

[51] 詳細は拙稿「讃美的人間観の系譜──神と人間との関わりという『いのちの構造』から見えてくるもの」を参照のこと(白百合女子大学キリスト教文化研究所編『賛美に生きる人間』教友社、2008年、51─87頁所載)。他に、拙稿「信仰の風光──キリスト教神学に基づく聖霊の解明」も参照のこと(岩波講座哲学第一三巻『宗教／超越の哲学』岩波書店、2008年、189─232頁所載)。なお、解釈学的神学の立場から眺めた「美」を聖書における「たとえ」および日本文化における「見立て」とを関連づけて論じた「『たとえること』の美しさを問う──『解釈学的神学』の展望」もある(光延一郎編『キリスト教信仰と現代社会　21世紀への挑戦(2006年度上智大学神学部夏期神学講習会講演集)』サンパウロ、2008年、407─448頁所載)。

「東洋哲学」とは何か

－西田幾多郎と井筒俊彦の「東洋」概念－

永井　晋

序

　「＜東洋哲学＞とは何か」という問いはあまりにも漠然としており、「東洋」という言葉をどう理解するかによって答えは無数に想定される。以下では、地理的・歴史的（経験的）な「東洋」概念に対して、超歴史的な＜東洋＞概念を構造論的および現象学的方法によって取り出し、それによって「東洋哲学」に従来とは異なる新たな可能性を開くことにこの問いの意味を限定する。そのために、まずⅠで西田幾多郎の、＜西洋＞の対象論理に対してそれを「包み」、「形なきものの形を見る」＜東洋＞の論理を(超歴史的意味での)＜禅＞をモデルとするものとして主題的に分析し、次いでⅡで、そのモデルの欠陥もしくは欠如を補うものとしてアンリ・コルバンの＜闇の西洋＞に対する＜光の東洋＞の現象学と、それと連動させて井筒俊彦の＜精神的東洋＞の構想を、(超歴史的な)＜密教＞モデルとして導入する。それによって新たな「中間界／想像界の現象学」と、その次元での「比較哲学」の可能性が開かれるであろう。

Ⅰ　西田幾多郎の＜東洋哲学＞

1　西田の＜西洋＞と＜東洋＞

　西田幾多郎は、日本で最初の「哲学者」と言われる。彼の独自性、そして歴史的意義は「日本」の「哲学」を初めて作ったことにあるが、それは、日本が明治期を迎えて近代化するにあたって、西洋近代の論理をいかにし

て日本の伝統を保持しつつ受け入れ、それに統合するか、という時代の要請に対応するものであった。言わば、矛盾したものを、一方を他方に還元することなく結びつけること、しかもそれを哲学者として、論理の上で行うことが問題なのである。その問いに対する西田の答えを予め言っておくと、「＜東洋＞が＜自己否定＞して＜西洋＞を＜包む＞」というものである（あるいは、この＜自己否定的な包むこと＞そのことが＜東洋＞である）。

　こうして、西田の哲学は、古代から現代にまで到る西洋哲学の歴史を、それより深く、広やかな「東洋」の論理によって「包む」ものである。それは、「西洋哲学」と「東洋哲学」を二つの矛盾した原理として対立させ、後者から前者を批判するものではなく、西洋哲学の論理の中に入って、それを内側から、言わば（ハイデガー的意味で）「解体」する、というよりもむしろ（デリダの意味で）「脱構築する」[1]ものである。それは具体的作業としては、古代から現代に到る主要な哲学者（本論ではアリストテレス、フィヒテ、ベルクソンを扱う）と対決することにおいて、それらの論理の前提となっていながらそれらの論理そのものの本質的な限界によって隠蔽されている実在の体験へと遡り、そこからこれらの哲学を「乗り越え」、位置づけてゆくことである。これが「包む」と言われていることである。ここで重要なことは、この「包む」ことが、単なる方法的なものではなく、「実在そのもの」の動きだということである。西田の哲学は認識論ではなく、認識論をも「包む」実在の形而上学である。

　これは、ここで用いられている「東洋」「西洋」という概念が、地理的・歴史的（経験的）なものではないことを意味している。西田の文脈で言うなら、＜西洋＞とは、西洋哲学の根底にある（と西田が考える）「対象化・表象論理」のことであり、＜東洋＞とは、あらゆる対象化・表象の根底で、それを包んで働く「実在の論理」を指す。これに対して、近代日本の哲学の歴史において、「東洋」と「西洋」はほとんど常に地理的・歴史的意味に取られ、それゆえに不毛な論争を繰り返してきた。少なくとも西洋哲学研究においては、「東洋」もしくは「日本」は近代に対する反動的なものとして、否定的な意味で使われてきた（「日本回帰」、「東洋回帰」といった表現は、ほとんど倫理的な糾弾として使われる）。これに応じて、西田の読解に

おいても、それを「日本思想」、「東洋思想」として見るものと、あくまでも「西洋哲学」の枠の中で解釈するものの、相反する二つの方向がある。しかし、この対立も、「東洋」概念をもっぱら地理的・歴史的に理解することから生じるものであって、「西洋」「東洋」という二つの文化制度に分かれる以前の唯一の実在から思惟する西田自身に本来このような区別・対立はないはずである。にもかかわらず、西田自身が「西洋」「東洋」の、論理的・哲学的意味と地理的・歴史的意味をしばしば混同しており、そこに西田哲学に対する戦後の激しい批判が起因している[2]。しかし哲学においては本来＜東洋＞、＜西洋＞は、経験の二つの次元（実在と表象、深層と表層）を表すカテゴリーとして理解すべきものである。

　この点で、西田の＜東洋哲学＞は、現代日本を代表するもう一人の哲学者、井筒俊彦の＜精神的東洋＞の構想に、方法は異なるものの極めて近いと言える。本論では、Ⅰで主題的に西田を扱い、その後Ⅱで、それを補うものとして井筒とコルバンの＜東洋哲学＞の構想を検討する。

2　「直観」と「純粋経験」：ベルクソンとの対決

　西田は彼の最初の著書『善の研究』において、その冒頭から、彼の全哲学の出発点となり、それを貫く「純粋経験」をいかなる条件もなしに端的に提示する。それは、形而上学としての西田哲学の唯一の主題である「一なる実在そのもの」の直接の、内部からの経験である。それは次のように記述される。

「純粋経験が唯一の実在である」[3]。

「色を見、音を聞く＜刹那＞（・・・）＜未だ＞主もなく客もない」[4]。

　一見、神秘主義的体験のように見えるこの根本体験は、単なる思弁的な要請に過ぎないのではなく、西田が禅の実践によって実際に体験したものだと言われている。西田は、この、地理的な意味でも哲学的な意味でも「東洋的・日本的」な体験(すなわち、いかなる論理もなしに端的に提示された

もの）を、西洋哲学の内部に持ち込み、それをその底へと突き破りつつ、その「ずれ」において語ろうとするのである。その作業を行うために、この本来は名付け得ない体験に付けられた哲学的な名が「純粋経験」である。

　西洋哲学において「未だ主もなく客もない」主客未分(合一)を根本的な事態としてそこから出発する哲学は数多くあるが、そのうちで西田が手引きとするのは、ジェイムズの「根本経験」と、とりわけベルクソンの「純粋持続（durée pure)」およびその「直観(intuition)」の考えである。ベルクソンの持続・直観概念は複雑で一義化できないが、西田は、「一なる実在を実体なき真なる時間としての＜持続＞とし、直観によってその＜内部に入る＞」というベルクソンの主張を、実体的な一へと融即する神秘主義とは異なる、実在の哲学的な直接体験として高く評価する。

　その際、ベルクソンと比較して西田の純粋経験で特徴的かつ決定的なのは、「色を見、音を聞く＜刹那＞、＜未だ＞主もなく客もない」と言われる時の、「刹那」という（「空」のあり方を表す）仏教用語で表現されたその「主客合一」の「一」のあり方(位相・次元)であり、また、「未分」の「いまだ〜ない」の意味にある。それは、主と客、一と多が同じ平面に置かれ、それらが単に連続的に「合一」するのではない。だとすればそれは単なる非合理であって、神秘主義的体験のひとつの表現ではあっても、そのままでは哲学的に意味のある事態ではない。むしろ、合理的な哲学とは永遠に対立する事態である。

　これに対して西田の言う「刹那」が意味するのは、先ず、「絶対的分離、非連続、前後裁断(道元)」である。刹那と刹那の「間」（ということは本来は言えないが）にはそれらを連続的につなぐいかなる共通の媒介もない。刹那は他のものとの比較を内に含んだ「間」ではなく、時間の最小単位である「瞬間」ではない。「瞬間」は時間に属する形式的な概念であり、実在のあり方ではないのに対して、「刹那」はむしろ実在そのものが、前後の位相から切り離されて絶対的に唯一のものとして生起し、直接経験される様態を表すものである。

　ベルクソンの「持続」は確かにこれと同様の事態を指している。ベルクソンにとっても「瞬間」は空間化された疑似時間であり、これに対して「持

続」はそのようないかなる形式にも縛られない実在として「真の時間」であって、「本性上の差異」（différence de nature）として前後裁断に絶えず新たに立ち現れるものである。

　しかし、持続の本質をもっぱら生命の肯定性に見るベルクソンに欠けているのは「否定」であり、否定を介した「一なる実在そのものの多様化」である。否定はベルクソンにとって、もっぱら一なる実在・持続を概念によって一般化し、多へと分断して抑圧することであり、実在のあり方である前後裁断の「本性上の差異」（différence de nature）を、共通の地平に置いて「程度の差異」（différence de degré）に変質させることである。これに対して、西田の否定はまったくその身分を異にする。ベルクソンの否定が、一なる実在をその「外から」分断し、それ自身の本来のあり方から変質させる非実在化的な原理と考えられていたのに対し、西田の否定は垂直方向の「内的な」＜自己＞否定であり、ベルクソンの否定とは全く逆に、「実在が一なるまま、自己の内部で垂直に多へと自己分裂・自己展開し、それによって初めて実在が真に実在となること」、端的に言えば「真に実在すること」である。このような自己否定＝自己展開（西田はこれを「純粋経験の自発自展」と呼ぶ）は実在の不可欠な構造契機なのである。これは、仏教（とくに華厳）で「一即多」と表現される事態であるが、この「即」が、同じ平面での連続的結合ではなく、一そのものの垂直の自己否定であること、そしてこの否定が、実在そのものの自己否定であるとともに、自己（意識）の自己否定でもある点が重要であるが、これは次の段階の「自覚」において詳細に論じられる[5]。

3　「反省」と「自覚」：フィヒテの反省哲学との対決

　「純粋経験」はベルクソンの「持続の直観」を手引きとして、そこから実在のあり方である「刹那」へと遡り、それが「一即多」（「純粋経験（一）」の、無媒介の（即）創造的自発自展（多））の構造を持つことを明らかにした。

　この事態（一なる実在の内的自発自展）をさらに、今度は「直観」ではなく、近代の「自己意識」の反省理論との対決において、それを手引きとし、そこから遡行することで明らかにし、論理化するために参照される哲学が、

フィヒテの反省哲学である。フィヒテの、自己意識の理論的な反省に先だって「実践的な意志において自己が自己に留まりつつ同じ自己を振り返る」という「事行（Tathandlung）」の考えは、「同じもの(一) が同じもの(一)の内部に留まりつつ、垂直方向に自己差異化(多様化)する」という純粋経験の構造に極めて近いものである。

　また、フィヒテの事行は、デカルトからカントによって整備された近代主観性の反省理論をその根底にまで遡って基礎づけるために、「自己意識(二)」の根底をなす「存在（一）」にまで遡ってそこに自己意識の原型を探り、実在と自我の深い関係を明らかにしようとするものである。それは、西田が純粋経験に非連続的に飛躍してそこから行っている作業を、逆方向で、あくまでも自己意識の方から遡るという形で行おうとするものである。

　しかし、その見かけ上の一致にもかかわらず、純粋経験から見るなら、フィヒテの事行もなお（あるいはすでに）反省の原初形態として、自我と非我との、最小限であっても或る二元性／分裂を内にはらんでいると考えられる。自己意識からその根底に遡るだけの方法では、二から一への飛躍を論理化することができない。この考え方だと、一が二として分裂する(自己差異化する）時、厳密に一そのものが「即」二なのではなく、二は一とは異なる原理として、一の外から持ち込まれたものである。これが、(少なくとも前期知識学において)フィヒテの反省理論がなお実在の論理ではなく、対象化する表象の論理に捕らわれていることを示している[6]。

　しかし、西田の実在(純粋経験)の論理からすれば、純粋経験は事行よりもさらに深い、地平的・対象化的な二元的分離を内に含む事行や反省には決して入ってこない、厳密に一なる「実在そのもの」の自ずからなる顕現である。しかもその「一」は、いかなる分裂も入れることのない実体ではなく、「自己差異化することにおいて一である」という弁証法的構造を持っている。ただその自己分裂／自己差異化が、反省やその原型たる事行のように時間化された(或いはその方向性を持った) 地平方向で起こるのではなく、実在そのものたる純粋経験の根底に、垂直方向で起きているのである。これは、先に純粋経験に関して見たように、時間化(地平方向への分裂) される以前の「刹那」においてのみ生じる出来事であり、仏教で「一即多」

と呼ばれる事態である。西田は、この垂直の自己差異化の原出来事を、そ
れが自己意識のようにすでに対象化された次元においてではなく、逆にあ
くまでもその根底へと自己否定してゆく限りでの意識において生じること
に重点を置いて、「自覚」と表現し、その機能を「映す」ことに見てゆく。
　この事態を、西田は次のように表現する。

「①自己が②自己の＜内に＞③自己を映す」。

　ここで、三つの自己はみな「同じ」自己であり、自己の「内在」におい
てある。その「内在」が②の「自己の内に」で表現されているが、これは
地平的に(水平方向に)「外」、「超越」に対立する意識(自己意識)の内在
ではなく、それらを内に包む実在そのもののことであり、スピノザ的な「一
なる実在には外部がない」という意味での「内在」、あるいはグノーシスな
意味での「内在」なのである（以下、この意味での内在を「超内在」と表
現する）。
　それは、自己意識の内在が成立する以前に、それを垂直に突き抜けたと
ころ、西田の言葉を使えば「ノエシスの底」に開ける(或いは常にすでに開
かれている）場所である。その場所において「自己が自己を映す」とは、
「意識する自己が、それと区別された意識される自己を対象化的に構成す
る」という自己意識の表象の構造ではなく、あくまでも同じ一つの実在の
内部（②）で、その二つの契機として①「映す自己」と③「映される自己」
が、鏡に自己自身を映すように垂直に差異化することであり、それこそがま
さしく実在することに他ならない。
　このように、純粋経験の見地からすれば、実在は、「一でありつつしかも
その内部で映像として多へと自己分裂することによってのみ一なる実在」
である。これはすでに『善の研究』において「純粋経験の自発自展」とし
て語られていたことだが、それが、その自己差異化(即ち「実在すること」)
において不可欠の契機として「自己が自己を映す」こと(対象を構成する自
己意識ではなく、ひたすら映す「鏡」としての意識）に力点を置いて語ら
れたのが「自覚」である。この、実在の二への分裂の側面は、一なる実在

を端的に提示することに眼目があった「純粋経験」においては、語られてはいてもその論理が十分に明らかになっていなかった。それが、「自覚」において「映す」という論理として解明されたのである。

　このように、「自覚」は、視点の違いによって二つの側面を持つ。①実在が、自己意識による対象化、表象から解放されて、＜自ずから＞生起すること。②意識が、対象化的に表象する自己意識の状態から、「実在がそこに於いて垂直に自己差異化＝映像化する、実在の中の場所（上の引用の②「自己の内」）」として目覚めること。この二つがひとつのプロセスとなって初めて実在が自覚して真の実在となるのである。

4　「判断」と「場所」：アリストテレスとの対決

　フィヒテを手引きとして近代の自己意識の反省理論からその(ノエシスの)底へと突破し、そこで実在そのものの自覚(純粋経験の自発自展・自己内自己映像化)に到った西田は、次いで、自己意識よりもさらに根本的な、思惟の根本形式としてのアリストテレスの判断論に移行し、これを同じように脱構築する。そこでは、「実在がその自覚において実在そのものを内側から＜映す／映される＞こと」が、「階層的な複数の場所に＜於いてある＞こと」として、実在経験(純粋経験)のより精緻な論理化から捉え直される。「於いてある」ことは、「映される」ことよりもさらに実在そのものの、いかなる外的な要因にも条件付けられることのない「端的な生起」(自ずからなる／自己展開ということ）に相応しい論理である。実在は、「映される」以前に、ただ単に或る場所に「於いてある」。それによって、自覚の論理では説明できなかった経験と知識の階層性が説明されるようになる。また、それによってさらに、判断による知識の成立(認識論）を、実在そのものの生起(形而上学）から連続的に説明できるようになる。

⑴主語／基体論理から述語論理へ

　アリストテレス判断論の特徴のひとつは、それが「主語／基体論理」であることである。「主語になって述語にならない」「基体」がまず判断の基礎に実体としてあり、それが主語となって、それを種々の述語が限定して

知が成立する。これが「SはPである」という判断の基本形で表現される。

西田の純粋経験からすれば、これは「実在そのものの構造」ではなく、すでに対象化された平面に映されたものであり、実在から切り離された「表象の構造」に過ぎない。それは、近代の反省的認識論と同じように、形而上学から分離された抽象的な認識論／知の理論である。

これに対して西田は、判断を形式的判断からその底の純粋経験へと突破し、そこから「実在そのものの自覚」を判断の原形態として捉え直そうとする。それによって、形而上学と認識論はいずれも同じひとつの実在の運動として連続的に、統一的に捉えられるであろう。

この突破は、主語論理から述語論理(包摂判断)への転換によって行われる。無限定の基体／主語が、それに対して外的・偶然的な述語によって限定されるのではなく、逆に、まず「述語となって主語とならない」述語面があり、それが主語を包摂する、すなわち「包む」と考えるのである。われわれは、何かを経験する時、判断以前に、述語で表現される「性質」(赤い色や甘酸っぱい匂い)を先ず直接経験するのだが、その性質を、それを「持つ」とされる基体/主語(「りんご」)を仮定して、それに後から仮託することで判断を形成する。これによって真の直接経験は基体／主語に偶然に付随するものとして貶められる。ここから、直接経験である実在から遊離した対象化・表象化的思惟が始まるのである。

このように、主語判断においては、判断の定式は、現れているがままの質的な世界が主語を包摂した場合でも、主語を中心として「SはPである」と表現されるが、それは実在の論理としては、本来は「SがP<に於いてある>」と言われるべきである。或いは、PがSを「映す」のであり、SはPに「映される」だけで、Pの外に実体的に存在はしない。或いは、現象学的に言えば、Sはその述語的経験に還元されて、その存在／非存在はエポケー（保留）され、問題にならない。

西田は、この「主語がそこに<於いてある>述語面」を、判断の場面からより一般化して「場所」と術語化する。述語論理は「場所の論理」の一形態である。

⑵場所の階層性：形而上学と認識論の連続

　次に、この場所の論理は、実体を徹底して解体して、全てのものを「場所に於いてある」、もしくは場所に「映される」実体なき映像の戯れへと還元することで、実在(形而上学) と多様な科学知(認識論)、さらに芸術、宗教などの人間のあらゆる経験を、種々の場所の重なり合いとして連続的に捉え、さらには「一なる実在の自己限定」として「体系的」に捉えることを可能にする[7]。

　日常的な生活世界の経験から理念的な科学知まで、対象知はすべて「有(存在者) の場所」に於いてあるもの、或いはその場所の「自己限定」として説明される。したがって、ひとつのものが、多様な場所に於いてある(限定される) ことにより、例えば物理学の対象にも生物学の対象にもなり、また学以前の日常的な経験の対象にもなりうる。このように、場所の階層理論は、従来の実体的な認識論よりもはるかに柔軟な知識論を提供することができる。

　このような、対象を限定する「有(存在者) の場所」の根底には、それらの経験をすべて構成する (「映す」ひとつの様態) 主体としての「意識」、従来の(とりわけカントの) 認識論では「超越論的主観性」や「超越論的自我」と言われる統覚の機能が働いているが、これは、場所の階層からすれば、「相対無の場所」と呼ばれる。それ自体は外的対象として構成されて「有(存在者)」となる (「映される」) ことなく、あらゆる「有(存在者)」を構成して成り立たせている(「映す」) 意識ゆえに、それは「無」と言われるが、また、それはまだ実在そのものの働きではなく、なお自己意識構造を持ち、意識の内部で自己を構成するゆえに「相対」と言われるのである。

　かくして、この「相対無の場所」は、さらに底の究極の場所たる「絶対無の場所」、実在そのものの次元へと突破する。この究極の場所は、もはやそれ自身はいかなる場所にも「於いてある」ことなく、したがっていかなる根拠も持たない真の無の次元であるゆえに、「そこに於いてある」ことによって何かが何かとして限定される(述語付けられる)のではなく、端的に実在するだけ、「元始偶然的」（九鬼周造）に「在る」だけである。それはより正確には「在る(存在する)」とすら言えず、存在することにすら先だ

308

ってただ単に「生起している」、「現れている」だけであり、実体なき映像
として無の上に「映っている」だけである[8]。そしてそれは、時間的持続も
持たず、純粋経験の「刹那」と同様、「前後裁断」(道元)に、その前後の
位相に条件付けられることなく、厳密に「それ自身だけで」、「自ずから」
顕わになっている。このことは、この現象が、決して何らかの限定を受け
て停止することなく、刹那毎に絶えず自己を新たに、跳躍的に創造する無
礙な「動き」であることを意味している。これこそが、西洋哲学がその根本
的な限界(対象化的・表象的論理)ゆえに顕わにすることができなかった実
在そのものの真の姿なのである。

5 西田からコルバン／井筒へ

　以上のように、西田は「純粋経験としての唯一の実在(東洋的なもの)が、
その自発自展の一形態として、表象された世界(西洋的なもの)をその根底
から包む」という哲学的論理をもって「日本はいかに西洋近代を統合すべ
きか」という歴史的問題に一つの回答を与えたと考えた。しかし、冒頭で
も述べたように、ここには重大な、そしておそらく意図的なカテゴリーミ
ステイクがある。西田は、彼の哲学の中では本来哲学的・論理的な意味で
使われる＜東洋＞＜西洋＞の概念を安易に地理的・歴史的な「東洋」「西洋」
と混同することでこの回答を行ったのである。これは政治的に大きな危険
をはらんでおり、実際に彼の哲学が太平洋戦争で利用される原因となった。
そしてこの(意図的)誤解は、私見では、＜禅＞モデルに固有の、「絶対無の
場所」の機能、すなわちまさしく「絶対無」であるがゆえに「歴史的な次
元」と＜超歴史的な次元＞とが一分の隙もなく密着しており、それらの間
の顕現しない／目立たない次元的差異が隠蔽され、忘却されかねないとい
う性質に由来していると思われる。

　そこで、歴史的な「東洋」を哲学的な＜東洋＞へと次元を転換させ、新たな
＜東洋哲学＞を構想するために、この転換(構造化・還元)を方法的・自覚
的に行ったアンリ・コルバンの現象学的・メタ歴史的な「東洋/東方」概念
と、それと連動した井筒俊彦の構造的な「精神的東洋」の概念[9]を導入する
ことが有益であろうと思われる。後に示すように、西田の「東洋的なるも

の」の論理は、コルバンと井筒の「東洋」概念と極めて近いもの、と言うよりも同じ論理を異なる次元で語ったものと考えることができる。西田にとって「西洋的なもの」とは、以上に述べてきたように対象化・表象の論理であり、その根本は一般概念的な形相によって「見られたもの」として個体を限定することである。これに対して西田が「形なきものの形を見る」と表現する東洋の論理は、いかなる形相による限定にも先立ち、存在という限定にすら先立って、実在そのものが「一即多」として自ずから、純粋現象性として刻々非連続的に新たに立ち現れつつ連続して現れる出来事である。これは、井筒が道元やイブン=アラビー、また華厳の「理事無礙/事事無礙」に即して「元型パターン」として示した「分節化Ⅱ」としての「東洋」[10]をその体験の只中から語り出したものに他ならない。しかし、西田に決定的に欠けているのは、井筒と、とりわけコルバンにおいて決定的な役割を果たす＜中間界／想像界＞の次元であり、それを現象化する器官としての＜（創造的）想像力＞の概念である。そしてこの次元が西田に欠けていた理由は、私見では、そこから普遍的＝哲学的原理（純粋経験／自覚／場所の論理）としての＜東洋＞を導き出す歴史的意味での「東洋」的経験を－当時の多くの知識人と同様に－「禅」に（おそらくは無自覚に）制限したためである。これに対して、当時の知識人たちに敬遠された仏教の一部門としての歴史的「密教」をその一つの形態として含みつつ、しかもそれに限定されない広い意味での＜密教＞をモデルとした＜東洋哲学＞は、＜禅＞モデルより豊かな可能性を持っていると思われる。それを、次にコルバンと井筒の議論を参照しながら考えてみたい。それは、そのひとつの帰結として、新たな超歴史的比較哲学の原理を提示するであろう。

Ⅱ　コルバンと井筒の＜東洋哲学＞

1　＜禅＞から＜密教＞へ

　西田には＜中間界／想像界＞の次元が欠けており、その結果として＜東洋＞概念が貧しくなっている、と言ったが、それはどういうことか。そしてそれに代わる新たな＜東洋＞概念があるとしたら、それはいかなるもの

か。それを示すのが以下の課題となるが、それを、「禅から密教へ」の移行
として提示したい。ただし、超歴史的・超経験的な次元での＜東洋＞をも
っぱら探っている本論では、＜禅＞、＜密教＞という言葉が意味している
のは、少なくとも第一義的には、経験的な歴史に現れた仏教の二形態とし
ての「禅」、「密教」のことではなく、コルバンと井筒の言い方を用いれば
超歴史的な「東洋哲学の元型的パターン」もしくは現象学的な経験の次元
のことである。したがって、西田の＜東洋＞哲学を歴史的・経験的な意味
における禅の体験に還元するというのではない。ここでいう西田の＜禅＞
とはあくまでも＜東洋哲学＞のひとつの元型的パターンである[11]。先にＩ
で、＜東洋＞の論理を西田の「自覚」と「場所」の論理に即して「自己が
自己の内に（に於いて）自己を映す」として示したが、ここで「＜禅＞か
ら＜密教＞への移行」として問題になっているのは、この同じパターンの
中で、それを構成する三つの契機、「映す自己」、「自己の内」、そこに「映
される自己」がそれぞれ何を意味するかである。その差異が、井筒では「東
洋哲学の共時的・元型的パターン」の差異として、コルバンでは現象学的
還元の段階的深まりとして捉えられるのである。

　井筒はその晩年の代表作である『意識と本質』において、意識と本質の
捉え方の差異によって東洋の伝統思想の諸パターンを区別して提示してい
るが、その中で、禅と密教(的な思惟形態)を区別している[12]。それによれば、
禅が、＜表象的なものとして経験されている世界（分節化Ⅰ）から「上り
の道（往相）」を経て＜絶対無分節＞に到った後、＜即＞「降りの道（還相）」
を経てこの世界に戻り、この世界を＜絶対無分節の多様な現れ＞として、
すなわち一般性の束縛から開放されてその唯一の絶対的な特異性において
刻々に動きつつあるものとして（分節化Ⅱとして）経験し直すこと＞、言
い換えれば「二重の見」にあるのに対し、＜密教＞(仏教に限定された意味
ではなく、ユダヤ教カバラーやイスラーム神秘主義などのグノーシス一般
を含む)は、＜絶対無分節＞と＜この世界＞の間に、前者がその内部におい
て自己展開する場として、「元型イマージュ」からなる＜中間界＞を設定し、
それを意識の深層に位置づける。

　この自律的な現象次元こそ、西田の「＜東洋＞哲学」の構想に欠けてい

たものであり、そこに新たな可能性があるものとして以下で構造論的（静態的現象学的）および（発生的）現象学的な視点から主題にするものである。この＜中間次元＞を現象学的な＜東洋＞のフィールドとして新たに開くことによって、一方で（還元以前の自然的な）歴史的・経験的な意味での東洋から、（還元された）経験の深層次元としての＜東洋＞を、方法的自覚をもってはっきりと区別すること－禅の＜即＞がその両義性において隠蔽していたもの－が可能になるであろうし、また他方で、こうして開かれるフィールドこそ、元型的象徴からなる潜在性の深層世界という、これまでの現象学がそれに相応しい方法を持たなかったがゆえに踏み込むことのできなかった新たな、広大な現象学的探求領野となるはずである。そこでは、禅が妄想として徹底して排除したイマージュの次元が、まさしく実在を象徴的に現すものとして、＜東洋哲学＞のテーマとして再び、新たな光の下に現れてくる。そして第三に、この次元は、新たな超歴史的「比較哲学」のフィールドを提供するであろう。そこでは、東洋哲学の諸伝統が、歴史的なものとして自己同一的に固まる以前の、流動的で絶えず動きつつある元型として把握し直され、それらの比較によって、歴史的比較からは出てこない新たな意味を発見することが可能になるであろう[13]。

　この新たな次元の開示・探索とそこでの比較哲学の実践は、井筒とコルバンが、構造論的方法（もしくは静態現象学的方法）と（発生的）現象学的方法というそれぞれの方法で行ったものであるが、これら二つの方法の関係としては、発生現象学的分析が構造論的分析に次元的に先立つ。というのは、井筒が構造言語学をモデルとして方法的に設定された超歴史的平面に、地理的・歴史的意味での「東洋」の経験的諸伝統から「本質直観」によってノエマ的に掴み出された「東洋哲学の元型的諸パターン」を並置して、それらをいわば空間的に比較する[14]のに対し、（本論でかなり補足的に解釈された）コルバンの現象学は、まずこの＜東洋＞の次元そのものが、さしあたりわれわれが自然的態度でそこにいる＜西洋＞の表層的／表象的地平から垂直に深まる深層次元においていかにして開かれるのかを還元の実践をとおして明らかにし、多様な「元型的パターン」を、構造的に単に並置するのではなく、還元による深まりの段階として、経験の内奥で実証

312

してゆくものだからである[15]。言い換えれば、井筒は現象学のなかでも静態的な「本質直観」の方法を用い（したがって井筒も或る意味で現象学的還元を行っている）、コルバンは世界経験の超主観的起源[16]を辿る発生的現象学を徹底させるのである。そして、意味の発生起源を辿る後者の還元を最後まで踏破した後から見るなら、井筒の構造論的平面は、コルバンの現象学的還元が初めて開いた経験の深層（＜東洋＞）にその位置を持つことが明らかになる。言い換えれば、井筒が構造として示した＜東洋＞を、コルバンは、それが起こりつつある体験のなかで示すのである。

　以上の理由から、本論ではコルバンの現象学を中心として分析を進めるが、それに先立って、方法的迂回として、この深層の＜東洋＞次元を徹底した現象学的還元の遂行によって模範的な仕方で開いたミシェル・アンリの現象学を参照する。それによって、西田の＜禅＞モデルからコルバン／井筒の＜密教＞モデルに到る段階的深まりが見えるようになり、あり得る無用な誤解を予め防ぐことができるだろうからである。また、地理的・歴史的に「西洋」に属するアンリの現象学を超歴史的＜東洋＞として扱うことは、この現象学的方法の有効性を実証することになるであろう。

2　アンリの＜東洋＞現象学

　アンリの現象学は、彼が「存在論的一元論」、「超越」と呼ぶ表象的世界地平（西田の＜西洋的なもの＞）を全体として留保（エポケー）し、そこから垂直に、メタノエシス的な内在（＜東洋的なもの＞）に「反」還元して、この内在次元を世界地平とは次元的に区別された自律的な現象学的領野として最も明確に示したものとして高い評価に値する。西田と同じく＜西洋＞から＜東洋＞へと遡りつつ、しかも西田が禅をモデルとして最終的に両者を＜即＞で結ぶのに対し、アンリは－後期フィヒテと同じく－キリストの「受肉」を手引きとして、＜東洋＞を＜西洋＞と存在論的に異なる次元として、彼の現象学の主題領野をそこに限定するのである。

　このアンリの新たな、垂直の「内在」概念は、それが「超越」に向かうあらゆる志向的＝表象的経験のメタノエシス的な「根底」であり、もしくは地平的経験に構造的・垂直に「先立って」いる点で、西田の「絶対無の

場所」がそれらの経験を「包む=映すこと」にその機能において等しいと言えるが、両者の決定的な相違は、西田が、この「包む=映す」働きを「絶対＜無＞の場所」とし、包まれ／映された世界を変質させる働き以外の、それに固有の現象性を一切（妄想として）認めないのに対し、アンリの現象学の狙いはまさにその現象性を、原理的に＜無＞を容れない、或いは＜無＞（および存在）に先立つ、その意味でグノーシス的な一者（生）の(超)内在次元として取り出し、それを現象学の自律的な、固有の主題とする点にある。

　では、あらゆる地平的超越に先立つこの垂直の生の内在次元を、アンリはいかに現象化するのであるか。それは、もはや地平=志向性を媒介として使用できない以上、「一者（生）が一者そのものの内部（超内在）で一者として自己現象する」、西田的に言えば「自己が自己の内で自己を映す」以外ない。これこそまさに先に述べたような＜東洋＞の現象化論理であるが、それをアンリは「自己触発」およびそれを裏打ちする「自己産出」の論理で構造化し、具体的な現象としては「情感性（感情）」として記述する[17]。地平の原型である時間を超越した（或いはそこから後退した）言わば永遠の現象学的経験として、自己が自己を、自己自身との間にいかなる時間的差異もなしに全体として「受け取る」、より相応しく言えば「被る」以外にないこの経験は、「苦しみ／喜び」として記述される[18]。そしてこの論理は、西田が禅をそのモデルとしたのに対して、多分にグノーシス的傾向を持つ『ヨハネ福音書』冒頭の「御言葉の受肉」（「はじめに言葉ありき」）をそのモデルとするのである[19]。

　アンリのこの、現象学としては未曾有の分析は、一般には、①ミニマルな現象性（自己触発の情動性としての「苦しみ」、「喜び」）しか残らず、②しかもその原経験がキリスト教の教義（受肉）に制限されているとして、アンリの決定的な弱点と見なされているが、「現象学的＜東洋＞」を自律した中間的な経験領野（＜即＞に固有の現象野）として開こうとする本論の文脈ではむしろ、西田の＜東洋＞概念では封印されていた新たな、実質を持った＜東洋＞次元を開示するものとして、積極的・肯定的に評価されるべきものである。この観点から見るならば、禅的＜即＞によって一分の隙

もなく世界経験に密着した西田の絶対無の場所としての＜東洋＞の方がむしろ「ミニマル」なのであり、一者の内在平面を志向的・超越的世界とは原理的に異なる次元として開いた－つまり世界の現象に先立って「絶対無の場所」自体が自律的に現象するとする－アンリは、それよりも、新たな無限の潜在性の現象野を開いたという点で、現象学的な可能性があると考えられるということである。

　しかしアンリは、彼が開いたこの内在という自律的な次元を、ミニマルな「自己触発／自己産出」としてしか経験・記述できずに、その潜在的可能性を自ら封印してしまった。その理由は、その「受肉」モデルに、一者をその内部で自己多様化させて現象せしめる＜原媒介＞が欠けていたからである。アンリは、この点では西田と同様に、「地平的・時間化的媒介」か「無媒介」かの二者択一に捕らわれ、その＜中間＞の、「顕現しない/目立たない＜原媒介＞」の次元を見損なったのである。その＜原媒介＞こそ、中間界としての＜東洋＞を現象学的経験領野として開く「想像力」に他ならない。

3　コルバンの「創造的想像力」

　「自己が自己の内で（に於いて）自己を映す」という論理は、表象の圏域である＜西洋＞とは異なり、それに構造的に先立つ＜東洋＞の現象化論理として西田にもアンリにも共通していることが以上で分かった。西田では、禅をモデルとして、映す自己は＜絶対無の場所＞であり、映される（包まれる）自己は「映される（包まれる）ことによってあらゆる実体性（＜西洋＞）を抜かれて純粋現象（＜東洋＞＝空の現象性）に変貌した世界」である。ここでは、「絶対無の場所」と「純粋現象性としての世界」の「間」には、映す/包むのが「絶対無」である以上、何もない。端的に純粋映像としての世界が刻々新たに生起するものとして立ち現れているだけである。そしてこの＜映す／包む＞無の働きが＜即＝空＞である。また、アンリにおいては、＜映す自己＞＜映される自己＞はいずれも、＜地平的・表象的世界＝西洋＞から次元的に切れた自己の超内在において自己触発する「同じ一なる生」であり、その間にはそれを多様化するいかなる媒介もなかっ

た。

　これに対して、コルバンは、イスラーム・グノーシス、とりわけイブン＝アラビーの「創造的想像力」論とスフラワルディーの「照明哲学（＝東洋哲学）」をモデルとして、一なる神が自己の内で自己を振り返り、この自己の超内在において多なる現象として自己顕現する様を新たな＜東洋哲学＞として呈示する[20]。ここでは、「自己が自己の内部で自己を映す」＜東洋＞の現象化論理において、＜映す自己＞も＜映される自己＞も＜同じ一なる神＞であり、この点ではアンリと同様である。しかし他方で、アンリと異なって、＜映す自己＞と＜映される自己＞を媒介する超内在の＜映すこと＞が、無でも、映像化の媒介なき盲目の自己触発でもなく、＜自己＞の内なる＜鏡＞の働きなのであり、これがまさしく想像力の機能なのであるが、それは、想像力の機能を（反）還元的に転換させることによってのみ自覚されうる。言わば、＜西洋＞に留まる従来の現象学（哲学）はみな、想像力の身分を非実在を現前化する能力に切り詰め、あるいはせいぜい感性と悟性を媒介する補助能力に限定することによって、表象（＜西洋＞）の垂直の深部（＜東洋＞）で実在を顕わにする、「創造的想像力」もしくは（イマージュ形成能力として捉え直された能動知性としての）「能動的想像力」の持つ本来のグノーシス的・形而上学的能力を封印してきたのであるが、これが、＜東洋＞次元にまで還元を深化させることによって、表象の閉鎖的圏域を垂直に突き破って、まさしく「実在（自己）を実在として（自己の内で）現象化する（映す）」ものとして新たに発見されるのである。アンリや西田が一者と世界の多様性との間に原媒介を導入できず、そこに多様な純粋映像として現れる中間界を発見できなかったのは、彼らが想像力に対する古典的な一義的理解に捕られていたことがそのひとつの原因となっていると思われる。

　この深い意味での想像力、「創造的想像力」の機能は、＜神／一者＞を、外的な媒介（概念や志向性の地平）による一般化を通して多者化して現れさせる、すなわち表象するのではなく、その内側から、一者の一者性を損なうことなくしかも多様なイマージュとして映し出すことであるが、それは、「自己の内で自己を映す」における＜自己＞が、一方で神であり、それ

と同時に他方では神をその内側から映す「人間的」自己[21]である場合にのみ現象学的に意味を持つ。ここでは、神が自己を振り返ることが＜即＞、人間が創造的想像力を使ってイマージュを形成することなのである。ただしそれが、神的自己の内在と人間的自己の内在が完全に重なり合う「超内在」においてのみ起こる。かくして、ここではすべてが、同じでありつつしかも垂直方向に二重化する。これがイスラーム・グノーシスにおける（或いはそれをモデルとする）＜密教的な即＞である。＜西洋＞から＜東洋＞への還元とは、まさしくこのことを意味する。つまり、表象をこととする人間的自己の＜西洋的＞表層が、深層に深まるにつれて受動性の度合いを増していき、ついにはひたすら神をその内側から映し出すことを本質とする＜鏡＞へと変貌する。これは神秘主義で「神人合一」と呼ばれる事態であるが、その現象学的意味は、人間的主体が神の中に融即して「一」となることではなく、神の内部に入ってその＜自己＞顕現の条件もしくは原媒介（鏡、もしくは西田の言葉を使えば「場所」）に変貌することであり、神的自己はこの原媒介を通して自己を映す（一でありながら象徴として二重化する）。ここでは＜一＞とは動きのない自己に閉じた実体的な一ではなく、自己の内的映像化としての多者化を内に含んで初めて一なのである。そして、このような一者＝自己の内的自己映像化こそが、形而上学的器官としての想像力の機能なのである。

4　光の現象学と元型的比較哲学

　この、創造的想像力をその器官とする＜東洋＞現象学においては、＜西洋＞現象学のように、現象学的「還元」によって体験の実的内在(ヒュレー)にいったん戻った後、それを超越論的主観性がノエシス・ノエマの「相関アプリオリ」に従って「構成」することによって再び元の（外的）世界に戻ることはない。＜東洋＞への反／超還元は構成と相関しているのではなく、もはや何もの＜の＞現れでもない(原ヒュレーからなる)超内在的「映像化」に相関しており、それによって、もはや世界の客観性に縛られることのない超主観的な純粋現象性からなる想像界を新たに発見するのである[22]。

スフラワルディーは彼の『照明／東洋哲学』[23]において、意識の表層から深層へのこの還元の深まりを、「＜西洋＞への捕囚からの＜東洋＞への解放のグノーシス的旅」としてイマージュ化する。それは、世界の地平的閉域（相対的場所）から、どこにもない「非・場所」（絶対無の場所）への遡行（いわば「グノーシス的還元」）であり、その深層世界を創造的想像力によって元型イマージュとして探索すること（映像化・記述）であるが、それは具体的には「光の階層的流出」という元型イマージュで表現される。それは、より具体的には、プラトンのイデアの垂直的階層構造を、ゾロアスター教の光の教義とイスラーム・シーア派の天使学を導入して象徴的にイマージュ化したものである。上方にはプラトン自身によって太陽のメタファーで表される「イデアのイデア」が、太陽神アフラ・マズダーと習合して「光の光」すなわち＜東洋＞としてイメージされ、下方には太陽が沈んだ光なき闇の物質界が＜西洋＞としてイメージされて、その両極の間に、光から次第に闇に近づいて下降してゆくイデアの諸階層が天使の序列としてイメージされる。それは、それ自体は絶対無分節で不可視な一なる光が、原媒介としての鏡＝創造的想像力に映されることで内的に多様化され、それらの光線同士が交錯して天使のイマージュを結んだものである。ここでは、それぞれが区別を持ちながらしかも同じひとつの光の現れとして相互に嵌入し合い、その結果として絶えず動きつつある。

　この、シーア派天使学によってイマージュ化された、「一が鏡に映されることで内的かつ垂直に多者化して現れる光の現象化」は、象徴の潜在的多義性とそれらの相互変換可能性（井筒の言葉で言えば分節化Ⅱの潜在的流動性）に従って、少なくとも①文字と②象徴図形（まさしく元型イマージュ）という次元に変換可能である。①では、神は文字として自己顕現し、その組み合わせで神名を形成するのであり、この次元で天使学と（機能としては同じであるが現象形態としては）異なるもう一つの「光の現象学」としての「神名論」が成り立つ。さらに、文字のさらなる組み合わせは聖典テクスト（コーラン、ユダヤ教ではトーラー）を形成し、その深層解釈学（シーア派のターウィル、ユダヤ教のミドラシュ）を要請するが、この解釈学は、（シーア派のターウィル解釈学の言葉では）「ザーヒル（現れた

意味）」の奥に潜む「バーティン（隠れた意味）」を探り、新たな意味として発見することにある。これも、文字が、唯一の「光の光」が鏡に反射して多様化した形態である以上、鏡に映った光の錯綜に他ならないのであり、光の結節点としての各文字に他のあらゆる文字が潜在的に含蓄されているのであって、それゆえに無限の解釈を許すと同時にそれを要求するのである。

　②もうひとつの光の自己形態化は、ユダヤ密教のセフィロートや仏教の密教のマンダラなどに代表される象徴図形である。これは感性を媒介として見えるのではなく、感性が働く時間地平を垂直方向に突破したところで創造的想像力が映し出す図形である。したがってこれは、例えば芸術作品として対象方向に見たり鑑賞したりすべきものではなく、＜密教＞的現象として、＜一者が、その中に入り切って鏡に変貌した脱人間化的自己の創造的想像力を通して多様化し、自己顕現させたもの＞である。

　井筒の＜精神的東洋＞とその＜比較哲学＞はまさにこの超内在平面において成り立つ。＜東洋＞の光の現象性を構成する二つの面、①相互浸透の面と②絶えざる変容／動きの面を、井筒はエラノス会議で二回にわたって行ったその模範的分析において、それぞれ①「理事無礙／事事無礙」、②「創造不断（新創造）」として、華厳、道元、イブン・アラビーを構造的に比較しつつ、超歴史的＝深層意識的な＜東洋哲学の元型パターン＞として取り出している[24]が、まさしくこの、還元によって開かれる「創造的に動きつつある元型イマージュ」の次元にこそ、歴史の地平（＜西洋＞）の中で顕在化し、閉鎖的自己同一性へと凝固して動きを止め、互いに区別された思想同士の外的な比較ではなく、それに次元的に先立つ地平以前のアモルフな潜在性（＜東洋＞）において無礙に「比較」を行うことで新たな発見を可能にする「比較哲学」の可能性があると思われる。そしてそれもまた新たな＜東洋哲学＞の一形態であろう。

結論

　以上で、⑴①＜西洋＞②＜東洋＞、⑵①＜禅＞②＜密教＞という四つの

「超歴史的」概念(次元、元型パターン)を通して「＜東洋哲学＞とは何か」
という問いに私なりの答えを出してきた。最後にこれら四つの関係を改め
て整理しつつ、本論の狙いを確認しておく。

(1)第一水準の区別：

①＜西洋＞：対象的・表象的思惟(西田)／地平的超越世界(アンリ)／闇＝物
質(コルバン)／意識の表層次元＝分節化Ⅰ(井筒)

②＜東洋＞：自己否定的に包むこと＝垂直の自己否定(西田)／生の内在的
自己触発・自己産出(アンリ)／光の光＝非物質(コルバン)／意識の深層次元
＝分節化Ⅱ(井筒)

(2)第二水準の＝＜東洋＞の内部での区別：

①＜禅＞：絶対無の場所＝絶対無分節が＜即＞、いかなる差異もなしにそ
のまま世界を包む／映す。

②＜密教＞：神／一者／絶対無分節が自己の超内在において、そこに入り
きって鏡に変貌した人間的自己の想像力を通して自己自身を中間的・想像
的象徴世界として映し出す。

私としては、この(2)②に現象学の新たな、最も豊かな可能性を見るのであ
る。その可能性は、＜密教＞的なものを手引きとした現象学的分析の実践
によって実現されるであろう。

（東洋大学）

＊本論Ⅰの「西田幾多郎の＜東洋哲学＞」は、2013年11月5日にテヘランのIran
Academy Science において行った発表「西田幾多郎と近代日本の哲学」を元にして
いる。

---

1 デリダの脱構築は、私見ではハイデガーの解体が依拠する「存在(論的差異)」よ
りもさらに深い次元から、「存在(論的差異)」すらもかわして、より広やかな現象次
元を開くものである。西田の言葉を使うなら、それは自己否定して存在すらも「包
む」のである。

2 その典型的な例は、西田最後の著作である『日本文化の問題』である。ここで彼
は、実在の根本構造を表すものとして彼の哲学の最終原理となる、本来超歴史的で
あるはずの「絶対無の場所」を歴史上の「皇室」と同一視した。

3 西田幾多郎『善の研究』(岩波文庫版、1950年／1980年)、第一編第二章

「実在」を参照。

[4] 同上、１３頁。第一編第一章「純粋経験」全体を参照。

[5] アンリ・コルバンの言葉を使ってこの事態を説明するなら、実在の垂直の自己否定/自己差異化(一の多様化、一即多)が、(ベルクソンの否定のように)誤って地平方向で誤解され、対象化され、表象された時、言い換えれば一と多を内的に結ぶ「即」が忘却された時、一方で「一に執する偶像崇拝」が、他方で「多に執する偶像崇拝」が発生する。後述するように、コルバンはこの仮象をスフラワルディーの「天使学」によって解決するが、それは西田で言えば「一なる実在の垂直の自己否定/自己差異化」、一が一に留まりつつ内的に自己多様化することである。Cf.Nécessité de l'angélologie, in : Henry Corbin : *Le paradoxe du monothéisme*, L'Herne, 1981.

[6] これは、まさしくフィヒテが、彼が「現象学」と呼ぶ後期知識学において、「受肉」をモデルとして解決しようとした問題であり、そこまで視野に入れてより詳細に検討する必要があるが、極めて錯綜した議論であり、ここでは立ち入らない。この点に関して、新田義弘の仕事が重要である。なお、後述のミシェル・アンリも、後期の受肉の現象学において「受肉」を手がかりとして後期フィヒテと並行した作業を行っており、この二人の比較分析も検討すべき課題である。

[7] ここでは、もちろんヘーゲルの体系が意識されている。西田はそれを実在の直接経験から脱構築するのである。したがって、ここで問題なのは概念の運動としての弁証法ではなく、それを非実在的な表象(=＜西洋＞)としてその垂直の底に突き破った実在(=＜東洋＞)即ち純粋経験の自己展開としての弁証法である。

[8] これが、注(1)で、西田の「包む」という事態がハイデガーの「解体」よりもデリダの「脱構築」に近いと言った理由である。

[9] とりわけ『意識と本質』(岩波文庫、１９９１年)において。

[10] 「事事無礙・理理無礙」、『井筒俊彦著作集９東洋哲学』(中央公論新社、１９９２年)。

[11] 以下で(本論を通じて)多用する＜＞は、歴史的な次元ではなく超歴史的な次元で使用されていること、言い換えれば現象学的に還元されていることを表す。

[12] ＜禅＞に関しては『意識と本質』(上掲)VI，VII、＜密教＞に関しては同書VIII～XIを参照。

[13] これは、コルバンや井筒がイスラーム・シーア派のターウィル解釈学やカバラーのミドラシュ解釈学をモデルとして東洋哲学の諸テクストを読解する際に行っていることである。

[14] 主に『意識と本質』(上掲)において。

[15] とりわけ Henry Corbin : *L'imagination créatrice dans le soufisme de Ibn Arabî* (Aubier, Paris, 1958/1993) において。

[16] 以下本論では、「超主観性」という表現は、フッサールの「超主観性主観性」に対置して使用する。後者がフッサールの還元によって開かれる志向性によって構造化された主観的経験の内在領野であるのに対し、前者は志向性を垂直に突き破った意識の深層に開けてくる中間／想像界を指す。後出の「超内在」も同様である。

[17] cf. Michel Henry:*L'essence de la manifestation* (PUF, Paris, 1963/1999), Section 4.

[18] 「苦しみ／喜び」の情感性は、「受肉」のキリストの受難経験をモデルとしている。次の注を参照。

[19] cf. Michel Henry: *C'est moi la vérité* (Seuil, 1996).

[20] 注(15)と同様、とりわけ Henry Corbin : *L'imagination créatrice dans le soufisme de Ibn Arabî* (Aubier, Paris, 1958/1993)において。

[21] ここで「人間的」自己というのは、フィンクの言葉を使ってより正確に言えば、「人間」が「超内在」(神の内部)への徹底した還元の遂行によって「脱人間化」し、神の自己顕現の一契機へと変貌した自己である。それが再び世界に戻って「再人間化」する。

[22] 禅においても「元の世界」に「戻る」が、それは「構成」ではなく、(西田の言葉を使うなら)「自覚」と呼ぶべきものである。

[23] Sohravardi: *Le livre de la sagesse orientale* (traduit par Henry Corbin, Verdier, Paris, 1986).

[24] 注(10)を参照。

創発主義的生命論と場所論的生命論

冲永　宜司

はじめに

　生命科学の発達した今日でも、生命は物質に還元されるのか、それとも独自の存在性格を持つのかという問いが投げかけられることがある。生命を物質とするのが物理主義だとすれば、それに対して霊魂論、生気論などは、生命が物質以外の何かから成るという、思想史上の立場であった。現代において、これらの立場が時代錯誤的だとして一笑に付されるとしても、決定論的で内面のない物質の集積が、自発性と感覚を伴う生命になることには、不可思議の念がぬぐいきれないのも確かである。

　本論では、この物質と生命との間を、まず「創発」(emergence)の立場から、次に中立一元論としての「場所」の立場から考察し、それぞれの長所と問題点を吟味する。この二つの立場は、物理主義でも二元論的断絶でもない。その意味で物理主義と霊魂論の両極端から距離を置いた慎重な立場として、検討に値すると考えられる。

　「創発」説は生命を、物質から生じながら物質に還元されない性質と見なす。これは、物質にはない本質的に新たな「性質」(property)であり、またそこに「創発」の不可思議が集中する。このような「創発」は、世界の基本的存在を物質としながらも、生命や意識を物質とは別の「性質」と見なすことで、両者の断絶の領域を古典的二元論とは違った仕方でブラックボックスにするものである。現に物理主義からすれば、生命や意識も物質の一様態である限り、それらの発生メカニズムは物理的に説明されなくてはならず、こうした創発の思想は無知の産物として映る。

　この創発説に、本論では中立一元論を対置させる。この立場は、物質で

も精神でもない一元的な実在を根本に据える。そこでは物質も精神もこの一元的実在に含まれるため、それまでなかったものが創発する必要はない。そしてこの実在においては、物質と精神との断絶も生じないことになる。しかし他方で、この一元的実在とは一体何かという問題も生じる。

　さらに、この実在からすると事物の始原、時間の始原はどうなるのか、という問いも生じる。創発説は、基本的な実在を物質と見なす限り、因果律を基本前提にした上で、時間を直線的に捉える。しかし中立一元論は物質を実在としない限り、創発説とは異なり因果律を前提にしないのか、つまりこの実在の分化から因果と時間さえもが生じてきたのかという問題である。本論ではこの一元論の事例として、ベルクソンの純粋持続と西田の「場所的論理」とを取り上げる。

1　創発とはどのようなことか

　まず創発という概念を明確にしたい。つまり、創発とは何であり、何ではないのか。まず創発説には、「依存」と「区別」という一般的特徴があるという[1]。「依存」とは、創発するものは下部の階層の「存在」(being)に基づき、そこに「依存」していることである。たとえば生命体はその身体を分解すれば分子や原子になる点で、下部の階層である物質に「依存」している。他方、生命体は自発的な傾向性や自己複製、感覚や意識といった、物質にはない「性質」を「創発」している点で、その階層から「区別」される。

　次に創発は、「物理主義」ではなく、反対に「二元論」や「霊魂論」でもない。「物理主義」だと、創発される事柄は結局、「存在」においても「性質」においても物質と「区別」されない。生命独自の性質と考えられているものは、結局物理的に説明され得るからである。反対に「二元論」だと、生命は最初から「物」から独立しており、「物」への「依存」がない。生命の本質となる精神は、原子のような物質の複合としての「存在」ではなく、したがって物質の「性質」とも異なる。

　だが創発説では、「存在」が物質であるなら、物質と異なる「性質」が

なぜ生じるのかが大きな問題となる。ひとつは、システム構成物の共同効果、つまり「共同性」によって新たな「性質」が「創発」されるという。「共同性」による創発は、物質にはない精神性などの「性質」を生み出す。そしてこの新たな「性質」に、物質である下部階層にない「新しさ」、下部構造への「還元不可能性」、物質の相互作用からの「予測不可能性」などを見出す。ここで疑問になるのは、創発される「新しさ」が原理的に「非因果的」なのか、それとも下部階層から実際上予測不能であるという非原理的な「新しさ」にすぎないのかである。確かに創発説では、「干渉」という共同効果による新たな「性質」の出現や、化学物質からの生命発生を可能にする進化の経過としての「歴史性」などが主張される。しかしこれらを物質の因果的決定性を破るような「新しさ」と見なせるのか。これを見なす側は「強い創発説」、否定派は「弱い創発説」と呼ばれるが、それぞれについては検討が必要である。

　ではこうした創発説の哲学的意義は何か。まず、もし物理的一元論が支配し、創発がないとすれば、「新しさ」は存在しない。そこには一元性が支配し、根源的に何かが変わるという意味での改善はない。決定論が行き渡るため、努力や変化の意義は存在しない。何か死んだ機械的なものに還元される世界である。反対に、もし真の創発があるとすれば、それは一元的に還元されない「性質」のある世界になり、新しさ、多元性、改善、努力や変化が意義を持つことになる。努力や変化によって、決定性を破ることに生命の意義があるとすれば、決定性を破る「下方因果」を認める創発ではそれが保証される。

　この生命の意義に関して、生物学、生理学の知見を踏まえ 20 世紀半ばに活躍した創発論者マイケル・ポランニは、下方因果を容認する立場にある。彼は、たとえば中枢神経系から放出される神経伝達が、脳の物理構造が行う神経伝達よりトップダウン的である点に固有の意味を見出す。さらに生物進化のシステムについても、物理的、機械的なシステムにはない「生きているメカニズム」の性質を見る[2]。そしてアリストテレスの完全現実態 (entelechy)の概念を導入し、未だ存在しない目的が、現在のシステムを先導する役割を認める[3]。この目的論的思想は、ポランニ流の「生気論」

(vitalism)とも見なされる。なぜならこの目的という概念は、あくまで物理的「存在」が、複合によって新たな「性質」を生むのではなく、物理的ではない何かの因果的作用を認めるからである。これはポランニがベルクソンの「生命の跳躍」を容認したことにも通じている。当然これは、現代の生物学や、自然選択の基本路線を堅持するネオ・ダーウィニズムなどと鋭く衝突した[4]。

　しかしこのような物理主義と生気論との狭間に立つ創発説の意義は、20世紀後半になって、心の哲学や脳神経科学における神経生理的システムからの心の創発という形で再び注目されることになる[5]。たとえばD・デイビッドソンにおける、物質と心は存在として同一だが、それらを支配する法則が異なるという非法則的一元論、H・パトナムにおける、物質的に相異なった状態から同じ心の状態が生じ得るという心的事象の多重実現可能性、ポパーやエックルスにおける、物理的作用としての脳作用と自我作用との区別など、さまざまな議論が展開されている。それらに大枠で共通するのは、物理的「存在」を前提にしつつも意識や心が物質の中でどこまで独自の働きをなすのか、という問題意識である。これは物理的「存在」を前提にしつつも、生命の「性質」が「存在」を超えるぎりぎりの領域に迫る、創発説の問題意識と共通する。

2　創発概念とその問題：下方因果について

2－1　「下方因果」の根拠

　創発される「性質」は物理的「存在」を超え出るのか否か。そもそも「性質」と「存在」とは区別されるのか。そしてもし「性質」を超え出て、「存在」まで作り変える創発現象があるとすれば、それはどういった事態なのか。これらは創発説が「下方因果」(downward causation)を認めるか否かの議論で集中する。宇宙のすべてのものは物質の基本単位の集積なのに、なぜそれらの運動の合成による「上方因果」とは別の因果性が生じ得るのか。この合成で尽くされるなら、人間の自由意志と思われることも、実は決定されているのではないか。これが「下方因果」否定派の要点である。

では「強い創発説」は、下方因果をどのように肯定するのか。もちろん、物質とは異なった「生気」の類を最初から肯定すればそれは可能だろう。だがここでは、生気を退けかつ下方因果を肯定する「強い創発説」の例として、フィリップ・クレイトンの主張を見てみたい。これは物質の基本単位が「存在」であることを認めつつ、物質の上方因果の決定性に支配されない、意志の自発性をも容認する思想のひとつとして吟味に値するからである。クレイトンが示す下方因果の具体的根拠には、以下のようなものがある。

①　全体としての秩序。原子論的な部分の合成とは異なる。

これは、原子という単位同士の単純な力学的合成と、原子が複合してできたシステムを司る秩序とは異なるという主張である。そこでは、「ある先行状態についての完全な知識が与えられたとしても」[6]、複雑な物理現象から生じる創発は予測不能と言われる。これは反決定論的、反ラプラス的な主張であり、どんなに複雑な現象でも単位粒子の運動の複合として解明される、という理念と正面から衝突する。クレイトンはこの予測不可能性の具体例として、個別分子同士の相互作用の範囲より長い距離まで一瞬にしてつながるまとまりを挙げる。「システムの構造的特徴 —それはシステムそのものの創発的特徴であり、いかなる部分に関係した性質でもない— が、そのシステムのあらゆるところの状態を決定し、それゆえその結果として、そのシステム内部の個々の粒子のふるまいを決定する。」[7]　この原理的予測不可能性は、部分の合成とシステムの特徴とを区別することで成り立つ。

②　心的因果。物質同士の因果とは異なる因果。

この「心的因果」とは、心的出来事同士の間で生じる原因と結果の関係であり、それは物質同士を司る因果とは別物と見なされている。それをクレイトンは、脳内シナプス状態の集積にも還元されない「強い創発」を示す因果と考える。志向性や主観的状態は、客観的にはシナプスの状態の複合として記述されるとしても、主観的には独自の因果的効力があるという考えがここに見て取れる。これは R・チザムの「行為者因果」にも類似した立場である。しかし行為者因果は、結局物理的因果に還元されるという意見も根強い。それに対してクレイトンは、「因果的効力のない心的出来事

の進化は、進化の歴史の内部に、受け入れ不可能な異常を示すだろう。ク
オリアや経験される質を生み出す、生物の測定可能な資質は、それらが行
う因果的な役割を何も持たないのに、なぜ発達したのか」[8]と言う。志向性
や主観性に因果的効力がないなら、進化においてそれらが滅びず、反対に
発達してきた理由を説明できない、という自然選択を逆手に取った議論を
行うのである。

2－2　下方因果は機械的因果に還元可能か

　心的因果のような下方因果が機械的因果に還元可能だと見なす考えは、
次のような喩で考えられる。気体の「圧力」は一見、それぞれの気体分子
自身が持ってはいない、化学上の事態だと思われる。しかし、「圧力」とは
一定の空間内に存在する分子の数と、その分子運動が引き起こす物理的な
運動としても記述可能である。このとき、化学上の文脈は物理的文脈に置
き換えられる。同じように、「心的因果」は、脳内の物理的状態に還元可能
ではないか。

　この疑問に対する反論としてクレイトンがまず挙げるのは、量子レベル
のランダム性である。これは上から下方向ではなく、下から上方向への非
機械的因果という特徴がある。ここからすると、線形的な原子運動の因果
性の方が創発された「性質」であり、基本的「存在」ではあり得ない[9]。ま
た同じく物理学者で、クレイトンと共に近年の創発をめぐる論文集である
『創発の再登場』[10]を共編したポール・デイビスも、宇宙に「原因のない
出来事」を容認せざるを得ない状況において、線形因果の否定を「無料の
昼食」[11]という言葉で容認する。線形的因果性の未成立を仮定しなくては、
宇宙創造の説明がつかないからである。しかも、これが哲学的に重要なの
は、因果法則自体が作られた可能性を導く点である。物理法則がどのよう
なものであるかは物理学の課題であるが、この法則を創出するものは、そ
の法則ではありえない。したがってそうした法則自身の始原をどう考える
かというのは、哲学の課題になる[12]。

　このように、線形因果とは異なった量子レベルの性質についての議論は、
様々行われている。これらがマクロレベルでも保証されるには、量子レベ

ルのランダム性が、マクロなレベルで相殺されないことが条件となる。これについてはさらなる実証的な検討が要求される。反対に、もし決定論が正しいならば、まず線形的な因果が基本的な「存在」である証明が必要なはずである。この証明がないと決定論は論点先取になるはずだが、現時点でその証明はない[13]。

　このように、基本的「存在」と、階層的分節化が創発という思想の前提であったが、ここで基本的「存在」の方は、量子的ランダム性によって、再考を迫られる。また、この「存在」のさらなる起源を片方の極とすれば、未だ出現しない創発段階はどうなるのか、という問題が別の極として呈示され得る。生命の有機的状態、さらに人間の心は創発の終点とは限らない。宇宙は将来的に、今の宇宙の物事から予測のつかない何を創りだし得るか、ということである。これも創発説が出発点を設けたがゆえに発生した問題である。

3　階層的世界と分化発展する世界—創発する世界と一元的実在から分化する世界

3−1　ふたつの世界構造

　次に創発説の階層構造とはまったく異なった世界、つまり単純な存在物から、生命、意識現象への階層的発展とは反対に、無限定な全体から物質や生命へと分化する世界を考えてみたい。創発説では、階層的に創発した性質は単純物にはなかった。これに対するのが、無限定な実在が分化することで世界が作られると考える中立一元論である。この考えは特異なものではなく、古代から近現代までの様々な思想家がその系列に入る。アナクシマンドロスの「無限定なるもの」、シャンカラの梵我一如、スピノザの汎神論、ヘーゲルの絶対的観念論、W・ジェイムズの純粋経験、ベルクソンの純粋持続、T・ネーゲルの「どこでもないところ」などもそこに含まれる。それらに共通するのは、世界は根源的にひとつの未分化な実在から成り、物質と生命、主観と客観などはこの実在の分化によって区別されているにすぎず、しかも分化によって生じた性質は、何らかの仕方でその実在

にあったという考えである。これは、創発によって本質的に新たな「性質」が生じるという考えとは異なる。

3－2　基本的「存在」だけは創発されないのか：創発説の前提の問題

　ここで、中立一元論から見た創発説の問題点について確認したい。まず、創発現象において各階層の「性質」が創発されるなら、原子のような基本的「存在」だけは創発されないのはおかしいという点である。創発を徹底させるなら、創発説が前提とする「存在」さえ、不変ではあり得ない。これは創発説自身の自己矛盾である。

　この基本的「存在」は、宇宙の誕生理由においても問題化する。基本的粒子を創発されない「存在」として前提にする限り、宇宙誕生においてこの「存在」が創られることはあり得なくなるからである。つまりここで、基本的「存在」も創られたという考えにならざるを得ない。

　これは物理法則についてもあてはまる。物理法則は普遍的であると考えられ、すべての因果的関係はその法則の中で成立する。しかし、宇宙の創造においては、この法則の普遍性自体も創られたはずである。すると、法則自体を創る法則とは何かが問題化し、結局どこかですべての法則が無意味化する地点に逢着せざるを得ない。つまり法則に関しても、基本的「存在」と言えるようなものがない地点が剥きだしになるのである。

　反対に中立一元論は、現在様々に展開している法則や性質は、原初の一元的実在に含まれていたと見なす。この場合、法則や性質は最初から明確化していないにすぎず、それらは一元的実在の中に潜在的に含まれなくてはならない。その意味で、無いところからなぜ有るものが生じてきたか、という謎は免れている。ではそこで始原の問題はどのように扱われるのか。この一元論では、直線的時間や因果形式さえも、実在の「分化」によって生じたと見なすことになり、この実在では因果的連関を遡ったところに始原があるという構図さえ成立していない。つまり、始原の謎を生じさせる因果的連関も、限定された実在を説明するために後から出来たのである。

　始原の謎へのひとつの答え方として、創発説からは、基本的な「存在」と基本法則とは原初からあり、それ以前についての問いは無意味だと見な

す仕方がある。これだと創造に関する謎を最初から拒絶することになる。それに対して中立一元論は、一元的実在の中に形式や法則が潜在的にあったと考えるが、この形成理由やその過程について、本質的に観察不能であることになる。法則は法則自身の形成について、自己観察できないからである。この意味で、創発説は創造の問題については議論から除外し、中立一元論はそれを観察不能な、一見非合理なものとして自らの体系に含むことになる。そこでは素材を認識するための形式や法則が、素材の様相に合わせて生じると見なすしかない。したがってふたつの立場はそれぞれの仕方で、創造を問題として抱えている。

だが、ふたつの立場がより顕著に異なってくるのは、宇宙内部での創発現象における存在の断絶に対する見解である。たとえば物質から精神がなぜ生じるかは、物質のどのような性質から精神の性質が生じるかという探求方法では永久に解決されない。それは精神と特定の物質との対応関係を調べることを超え出ないからである。創発説はこの二者の断絶を「創発」として、言わばブラックボックスとして見る。物理主義が創発説を無知の産物と見なすのはこのためである。それに対して中立一元論では、「物質」と「精神」という対立は、一元的実在に対してあとから付加された枠組みの問題と見なす。ここでは二者の対立を前提としてそれらの関係を考えるのではなく、対立そのものは最初からなくむしろこちら側の問題であると考える。そのためブラックボックスは存在しない。

3－3　ふたつの立場の近さと隔たり

しかしこうした一元論に対しては、創発説からの批判もある。クレイトンも言うように、まずこの一元論は「精神的側面と物理的側面とが、どのように、なぜ関係づけられるか表明することがない」と言う。さらに、「心を因果的な意味で、物理的世界や自然史へと実際に関係づけることがない」、つまり自然史における心の役割とその存在理由を説明できないという点である[14]。創発説が心を、自然史や進化における必要から創発してきたと見なすのに対して、中立一元論はその必要性を説明できないという主張である。もとから心があるなら、生物による環境への反応の複雑化に応じてそ

こに心が複雑化する必要を説明できず、この点で中立一元論には進化的視点が欠如していることになる。

これに対して一元論の側からは、第一に「心」の範囲は非常に広く、「心」には自覚的意識だけではなく、原始的な志向性、感じ、広い意味での経験までがそこに含まれれば、進化史と中立一元論とは矛盾しないという反論が考えられる。反対に心が創発すると見なすと、物質から心への断絶は、合理的な架橋はできない。現に創発説の立場からは、「宇宙を理解することのできる心を持った生物を生み出す宇宙の能力は、それ自身何らかの、宇宙の根本的な特徴である」[15]と言われているが、これは無から心が生じた理由を説明できないことの表明である。つまり創発説では、心が無いところから心が創られる断絶が謎となり、中立一元論は原初から心を含む宇宙を設定することで、宇宙の内部にはこの謎が生じないようにしたのである。

また中立一元論は、物質もしくは精神を、実在の側面であって実在そのものではないと考える。したがって物質から精神が生じるのは、現象としてそのように見えるだけであって、実在としては連続していると考える。そこからすると創発説では、物質と精神との間が実在として断絶している。中立一元論からすると、この断絶は現象と実在との混同によって生じたことになる。

現に物質と精神との断絶に関しては、創発説の立場にあるサミュエル・アレクサンダーも、結果的に汎神論に肯定的な見解を表明するに到っている。彼は、私たちが物質と見なしているものは「神」の「身体」にすぎず、この「身体」だけを見ている限り、永久に「神」を見ることはないとする。しかし「身体」が「神」の一側面にすぎず、「精神」がこの「身体」と不可分にあると気づくならば、創発されたように見える「精神」は、「身体」同様、無限定な「神」からの分化にすぎない。「神」は物質から断絶しているのでも、宇宙の外にあるのでもない。私たちの物理主義的前提を取り払うだけで、「神」はすでにここにある。彼が「宇宙は神の身体であり、その外部に身体はない。」[16]と言うのはそのためである。

このように、創発説は中立一元論と対立する点もある一方、物心断絶の問題に関して歩み寄る点もある。では物質からの断絶的飛躍として精神を

見る立場は、無限定な全体からの限定として物心を位置づける一見正反対の立場と、どのように折り合い得るのか。次に私たちは、この問題意識から中立一元論としての西田の「限定」という考え、つまり実在にあとから付け加えられた枠組みとして精神と物質とを位置づける考えの特徴と問題点を、創発説との対比において確認していきたい。

4　西田の「自然」

4－1　「自然」についての『善の研究』における記述

　ここで中立一元論的な思想のひとつとして西田に着目したい。そこでまず彼がこの立場を選択した動機について確認する。

　「…自然を純物質的に考えれば動物、植物、生物の区別もなく、凡て同一なる機械力の作用というの外なく、自然現象は何らの特殊なる性質および意義を有せぬものとなる。人間も土塊も何の異なる所もない。」[17]

　生物も無生物も、原子とその運動の集積と見なせば同じである。しかし、この見なし方が、実在を捉えたことになるのかが、西田の問題意識であった。

　「然るに我々が実際に経験する真の自然は決して右にいったような抽象的概念でなく、従って単に同一なる機械力の作用でもない。」[18]

　「原子とその運動」として見るならば、「人間」と「土塊」は何の違いもない。しかしこの見方を「抽象的概念」によるとするのが西田の特徴であり、問題点でもある。「生命」はその枠組みの中には見出されないからである。この「抽象」に対して、西田は直接的な経験を実在とする方法を探求していく。

　「…統一的自己があって、而して後自然に目的あり、意義あり、甫めて生きた自然となるのである。斯の如き自然の生命である統一力は単に我々の思惟に由りて作為せる抽象的概念ではなく、かえって我々の直覚の上に現じ来る事実である」[19]

　「生命」と「物質」とを隔てているのは「統一力」の有無であることがわかる。この「統一力」は「物質」の枠組みの中には現れない[20]。それは

客観的に観察されるのではなく、経験の直接性において、内的にしか見出されない。つまり「統一力」とは、物質や客観より経験に実在性を認めたとき、はじめて見出される何かでしかない。

　この『善の研究』の時期の西田に、まだ実在の「限定」という考えはない。しかし、目的、意義のある「直覚」が物質的な自然より実在的であり、反対に「純物質的」なものは「直覚」の抽象にすぎないという思想がこの時期ですでに明確になっている。

　では『善の研究』の時期と「場所」論文の時期とでの違いは何か。両者において「直覚」は重んじられるが、「統一」という言葉は「場所」の時期にはほとんど用いられない。むしろ「統一」は「働き」の中に取り込まれ、これに対して「只見る」ことが究極の位置に来る。そこで「統一」や「働き」と、「只見る」との違いが問題化する。

　『善の研究』での「統一力」は、ベルクソンの「持続」が、内的にしか経験されない生成する生命であり、その限りでひとつの統一した力動であるのと近い。そこにはどこか新たなところへ向かう意志的な方向性がある。それに対し、西田中期での「場所」において「見るもの」は、そうした意志的な方向性をも超越している。「意志」さえ、何か新たな存在者への方向であるのに対して、「場所」では存在者へという方向性も超越している。こうして意志の超越によって真に無限定的な根源に到るため、この根源としての「場所」は「無の場所」と呼ばれるのである[21]。この「無の場所」から「見」られた「自然」こそが、「物質」などのフィルターで枠づけられる以前の、無限定な「自然」なのである。

４－２　「限定」の意味

　物質がまずあって、そこから精神が生じるのが「創発」であった。それに対して、物質も精神も、「場所」の「限定」として見なすのが場所的論理である。したがってこの「限定」の意味が、場所的論理では要点になってくる。物質的世界は「限定」された世界であり、それを外すという手順が、「只見る」ことへと導く。その具体的手順が問題である。

　この「限定」の「外し」に類似した記述は、ベルクソンが知覚の成立に

ついて説明した箇所にも見られる。それについて『物質と記憶』から引用してみたい。

「それゆえ、あなたが説明しなければならないことは、知覚がどのように生じるのかではなく、どのように知覚が制限されるのかである。」[22]

この記述の背後にあるのは、物質という量から、知覚という質が生じる仕方は説明できないという考えである。反対に、量と質とがともに含まれている所から、それぞれが「制限」されるならば説明がつく。そして物質や精神と言われるものは、この「制限」されたものに相当する。

「あなたが物質を等質的な運動に還元するならば、そうするとどこから質が生じるのだろうか。とりわけ、事物とイマージュとのつながり、物質と思考とのつながりをどのように考えると言うのか。これらふたつの語の各々は、それらの定義において、他方に欠如しているものしか所持していないのだから。」[23]

ベルクソンの基本的な考えでは、実在としての「直接的なもの」が、私たちにとって「有用なもの」として見られるとき、「物質」や「意識」となる。同じく、原初的なものとしての「イマージュ」が緊張すると「精神」となり、弛緩すると「物質」になる。ここで「直接的なもの」や「イマージュ」は、ともに与えられた全体である。そこからすると「等質的な運動」はすでに全体を「制限」したものにすぎず、この複合からは生命の生きた「質」は出てこない。確かに第一性質的な運動を原初的実在と見なすと、なぜそこから第二性質的な感覚が生じるのか、人知を超えた「創発」を持ち出す以外、説明するのは難しい。

西田の「場所」も、それが限定されることで、物質や精神が生じる点で共通する。しかもイマージュの限定として知覚が成立するというベルクソンの主張がまだ認識論的であるとすれば、西田では「場所」の限定が物質や精神になるという意味で、より存在論的である。さらに「場所」では、「直接的なもの」や「イマージュ」というものさえ、「限定」の産物だろう。その意味で「場所」は未規定性を徹底化しており、それゆえ「無」と呼ばれる。ベルクソンの「直接的なもの」がいまだに「有」であって、相対的な無を許さないのに対して、「場所」は徹底的に無限定という意味で、絶対

的な「無」なのである。

4−3　知識と生命—ふたつの存在様式

　知識は三人称的で分節的であり、生命の直接経験は一人称的で未分化である点が異なると言われる。ここでは前者が後者とは本質的に異なる点について、別の角度から見直してみたい。それは、知識とは知識自体のためではなく、根本的には役立つために自然や物事について説明し、それが物事同士の関係の説明になっていることである。しかも役立つためには、それ以上を必要としない。脳と精神についての知識も同じで、精神を操作するために脳の神経細胞の興奮状態を解明するとき、脳と精神との対応関係以上への踏みこみを必要としない。つまり、この説明には必ず、「そうなっているから」という未説明の部分が残され続ける。

　この限りで、脳による精神についての説明では、精神の原理的な領域には到れない。脳と精神との間に「未知のエネルギー」のような何かの媒介を仮定したとしても、今度はそのエネルギーと精神との関係が問題になり、構造的には同じことの繰り返しになる。この知識の構造は、いわゆる実用的知識に限らない。知識一般の本質構造がこれなのである。脳と精神とが対応関係でしかないことは、知識の構造から見てある意味当然であり、知識においてこれを超えることは不可能である。

　そして、この知識の本質構造とは異なった事物把握の仕方として特徴づけられるのが、直接的な経験である。知識では、脳と精神とを分けた上でそれを接続することが試みられるが、直接経験にはこの手順の前提がないからである。そして知識は有用性である限り何かの手段であるのに対して、直接経験では経験がそのまま目的であり、目的と手段とが未分離である。この意味で直接経験は、知識の対象となる次元とは別の、ひとつの存在論的な次元である。ベルクソンの「持続」はこの存在論的な次元のひとつだが、それを客観的に指示することは不可能でありながら、あるとしか言えない何かである。つまり客観的知識の自己否定を通じて、その限界面において直接に接し得る何かである。

　知識の実用性とは、知識が世界を一定の目的や関心の下に把握すること

から免れない性質を意味する。これは世界を特定の形式で切り取ることであり、それが「限定」となる。そしてこの限定された世界を実在と取り違えることで、その形式に由来して生じた問題を、実在自身に由来する問題と取り違えることになる。心身問題、物質から生命の発生、無から有が生じるといった形而上学的な問題は、この形式によって実在を区分し、その区分を実在の姿と見なしたために生じたと考えられる。形而上学的な問題は、実用性のための実在の「限定」に起因するのであれば、この「限定」の消去が問題解決の道となる。実際西田の「矛盾の自己同一」は、この「限定」以前、実用的知以前に戻ることによる、問題の出所の消去として理解できる。それは事物同士の対応関係についての知から、直接経験によって実在と接することへの転換によって、矛盾を生じせしめていた形式を消去することに相当する。

5 矛盾と生命

実在を形式の中に入れ込むと、実用的に役立ち、また対象的に把握可能になる。「物質」のみならず、「精神」や「生命」という概念でさえこの形式によって意味を持つ。しかしこれらは、この形式によって「物質」と和解不能な対立関係にも入る。「矛盾」として把握される事態のひとつはこれである。ここでは、この「矛盾」がどのように成立し、西田の中でどのように解消されるかを見る。それは形而上学的問題の出所の究明である。

5-1 時間論としての「不連続の連続」

西田における「矛盾」の代表的な例に、時間の「不連続」と「連続」との対立がある。これは優れて時間的な対立概念である。今ここで、「不連続」を経験における非決定論的世界、「連続」を物質が機械的に運動する決定論的世界という観点から見直してみたい。

「連続」は、時間的な前後の客観的区別として読み替えられる。過去、現在、未来の区別は、それらが一連の時間軸の中で前後のつながりの関係に入ることで可能となる[24]。これは事物同士の外的接続関係の成立であり、

事物同士の因果的関係もこれによって生じる。この因果的関係は決定論を導き、この関係が一度確立されると本質的な新しさはなくなる。

　こうした因果関係による世界の説明は、世界内での有用性には優れている。しかし宇宙全体の「始まり以前」や「終わり以後」という謎を作り出したのもこの因果性である。因果は、宇宙の全体という考えにその原因を要求するが、この問いに答えはないからである。この解答不可能性は同時に、宇宙全体の有に対する無という、相対無の出所にもなる。

　それに対して「不連続」は、存在するのはこの現在であるという立場、換言すれば過去と未来とに接続する現在という区別が滅しており、因果的前後関係の位置づけの未成立の立場である。決定論は因果的前後関係によって生じるが、「不連続」はこの因果性に対する非因果性ではなく、両者が分化していない状態である。これが決定対自由、機械論対目的論という対立以前の自由であり、無限の過去から決定されるのでも、無限の未来の定点へと向かうのでもなく、そのつどの創造と新しさがそのまま肯定される状態である。ここからすると、「始まり以前」「終わり以後」を考えるのは無意味である。因果性は現在が構成した形式であり、始まりや終わりも、この形式の内部と外部との境界として生じるにすぎないからである。因果性以前とは、この内外の区別さえ生じていないのである。また「不連続」では、世界は客観的に分節されてもいない。客観的分節化を有用性のために要求し、実在に値するものと見なすことが成立していないからである。つまりそこでは、実在は客観であるという見解が未成立である。

　しかし西田は「不連続の連続」という仕方で、二者が相即していると言う。これはどういうことなのか。ここに、無時間的な不連続を根源に見ながらも、連続にも実在性を認める西田の立場が見て取れる。両者は矛盾しながらともに成立、つまり「矛盾の自己同一」として「不連続の連続」が考えられていることになる。これはどういった事態なのか。まず類似した例を挙げながら、そこへ接近していきたい。次の道元の事例は、導きの糸となる。

　「たき木、はひとなる、さらにかへりてたき木となるべきにあらず。し
　かあるを、灰はのち、薪はさきと見取すべからず。しるべし、薪は薪の

法位に住して、さきありのちあり。前後ありといへども、前後際断せり。」[25]

　ここには「たき木」と「はひ」との時間的区別（連続）に対して、「灰はのち、薪はさきと見取すべからず」（無時間的不連続）とがまず対置される。しかし、「前後ありといへども、前後際断せり」、つまり連続でありながら不連続なのである。これは時間的前後の区別と無時間的絶対との相即であり、時間に関する「矛盾の自己同一」である。

　問題は「連続」において時間の終わりと考えられていたものが、この「不連続の連続」によってどうなるのかである。つまり死はどうなるのか。

　　「人のしぬるのち、さらに生とならず。しかあるを、生の死になるといはざるは、仏法のさだまれるならひなり。このゆゑに不生といふ。」[26]

　ここでは生から死への移行という、連続的な時間的区別をそのまま認めつつ、なおもその移行は仏法の真理の次元において超越されることが示されている。死に対する概念として生が位置することは否定されず、かつそれが実は真実の姿ではない、という二重性である。これは時間的な「前後あり」と無時間的「前後際断」との相即であり、「死即生」である。

　そして「前後あり」の連続的時間直線においては、生の「始まり以前」と「終わり以後」とが生じ、そしてそれらが出生の謎、死後の謎となる。しかし、不連続で時間直線の未成立においては、出生以前、死以後の存在領域がない。ここで、この謎の消滅と、連続的時間直線の消滅とは相即している。

　さて、西田において連続の世界と不連続の世界とは、どちらがより根源的なのか。これは「相即」という言葉だけからは導けない。それでも西田は、不連続の方に重心を置いている。これは、客観世界の中に主観があるのではなく、主観的世界から客観が形成されるという見方になる。この見方は、世界内での有用性という観点からは転倒かもしれない。しかしこの一見転倒した見方が、私たちが始原の謎や終末以後の問題に突き当たったときどのように有効になるのか、検討が必要である。

5－2　「直線的」宇宙と「円環的」宇宙との自己同一

　西田の言葉づかいを見ていきたい。「直線的」宇宙は、何かから何かへ向かうという一方向的な展開であり、「ノエマ的」と言われる。これは、客観的で対象論理に従うという意味であり、5-1 の区分では「連続」に相当する。過去、現在、未来が等質という意味で中心がない一方で、中心がない直線がどこから始まるのかという謎を持ってしまう。「創発」との関係では、単純な存在物から複雑なものが「創発」していく中で、最初の「存在」だけが創発されない例外となるのは、この「創発」の階梯が「直線的」宇宙を前提とし、その結果始まりの端を生じてしまうことに相当する。

　それに対するのが「円環的」宇宙である。これは客観化以前の主観的構成に関わるという意味で「ノエシス的」であり、「不連続」である。客観化以前であるため、直線的な時間的位置が成立せず、そのため始めと終わりとが生じていない。この比喩のひとつが「無限円」であるが、この円は無限ゆえに果てが見えず、いたるところが中心であり、かつ中心ではないと言われる。しかし、始原の問題で重要なのは、この無限円には始まりも終わりも成立しておらず、いたるところが現在であって現在ではないことである[27]。これは純粋に円環的、ノエシス的な事柄が、究極的には「私」という中心点をも消滅させることであり、「私」はどこにもおらず、あらゆるところにいることになる。これが「場所」における、述語による限定の不可能な領域に広がる「ノエシス的超越」領域でもある。「私」もなく、過去から未来への過程の中に位置づけられる「現在」もないところでは、始原や終末という概念も無意味となる。そしてここには、「創発」の出発点としての不変の「存在」もない。

　「生命」は、本来的には「円環的」と言えるが、その実際の活動は「直線」「円環」の両面を持ち、とくに知的活動は「直線的」なものといえる。この限りで、「生命」は架橋できない矛盾を抱えることになる。矛盾する二者の架橋は、その二者を統合する概念枠を設定するしかないが、「直線」と「円環」とはそれぞれ各々で宇宙の全体であり、二者を包摂する上位概念がなく、概念的統合が不可能である。これが絶対的に矛盾する関係である。この限りで「直線」と「円環」とは、西田の「絶対矛盾的自己同一」の課

340

題になる。絶対的に矛盾する項同士は、上位概念によってではなく、そもそも矛盾関係を成立させている基本的述語の枠組の解体によって二者の対立を無効にするしかない。「絶対矛盾的自己同一」は神秘的直観だと揶揄されることもある。しかし矛盾する項同士を包括する、より外側の述語がない限り、各々の項の述語枠が解体されねばならず、したがってその結果直観性を余儀なくされるのである。そしてこの解体を極限まで推し進めたところに、「無」の意義がある。

5－3　無に関する見解

　西田の「円環」的時間で不可解なのは、ではこの時間がどこで始まったのか、という問いが生じ得ることである。それは「円環」も「無」から生じた「有」であることを免れないという疑念が残るからである。「円環」は「いつ」始まったのか、それともこの問い自体が誤りなのか。

　ベルクソンは『創造的進化』において、「無」は有用性の要求にもとづく「あるべきもの」が、「ない」という形式から生じた概念にすぎないと見なした[28]。それに対して純粋持続における生の連続性には、無が介入する余地がない。この持続は実用上の要求に応じて有無に分節されておらず、徹底的に有のままだからである。これはなぜ無から有が生じるのかという形而上学的問いへの、ひとつの答えである。これは「持続」と「連続」という絶対的な有の立場から、無を疑似概念とすることで、無から有、有から無への移行の謎を消去する立場である。ここからすると、「持続がいつ始まったか」という問いは、持続を空間化、客観化させて初めて成り立つ形式を使って、その形式の元の出所である持続の形態について問うという錯誤であることになる。形式は持続を抽象化させた結果にすぎないからである。

　それに対して西田では、「有」とは正反対に、あらゆる規定や概念枠以前の無限定の徹底という意味で、「無」が主張される。もともと「無」なのだから、無から有への本質的な移行はない、という考えがここから読み取れる。ではなぜ西田は、ベルクソン的な「連続」や「跳躍」という「有」とは異なって「無」を唱える必要があったのか。西田の思考を推測するな

らば、「無からなぜ有が生じたか」という謎は、この「連続」「生成」では解決されないと彼が見ていたからだと考えられる。「無」から「有」が生じるというのは、絶対的な矛盾であり、「死」と「生」も絶対的な矛盾である。こうした「無即有」「死即生」の可能性が「矛盾的自己同一」の究極問題であるが、それを西田は、「もとから有る」のではなく、「もとから無」である「場所」という、形而上学的問題を作る条件が無い次元を見出すことで解決しようとしたと言える。どんな概念でも包摂不可能な「絶対」矛盾は、「無」によってしか「同一」化できないと西田は考えるからである。この働きにおいて、「無」は積極性でもある。ベルクソンに言わせれば、これらの矛盾は無を持ち出さなくても、持続において解決すると言うだろう。しかし生を有とすると、未生や死後も有であるというのは理解できない。むしろ、生の有という前提を覆す方が解決を導くかもしれない。実際、西田も用いる禅の言葉である「不生」とは、「無」の側から生死の謎を消滅させる考えである[29]。

　ベルクソンが無を疑似概念と見なし、持続は徹底的に有と考えても、その有はどこから来たかが問題化する、と西田は見なすだろう[30]。この有無の区別をも超越することに、西田の絶対無の意味がある。だが、事物一般がその原因を持つなら、絶対無だけは原因を持たないのか、つまり絶対無だけは因果性の系列外なのか、という疑問も残るかもしれない。これは、絶対無としての場所と因果性との相克問題になる。「創造の原因」は一般的に形而上学の謎であったが、絶対無はこれを例外的に払拭できるのか。それとも西田は、絶対無という規定不可能な概念を持ち出すことで、創造の問題に関して論点先取をしているのか。

　ベルクソンは物質の機械的展開によっても、宇宙全体の目的という強い意味での目的論によっても、生命の進化については説明不能と見なした[31]。この進化の規定不可能性は、純粋持続にもつながるものだった。こうなると、純粋持続には機械的原因も究極目的もないので、「純粋持続の原因は何か」という問いは無意味になってくる。持続からすれば、機械論も目的論も後から派生した形而上学的観念だからである。私たちは持続が因果的形式の乗り越えになるのか疑問を残す。しかし持続からすれば、この疑問自

体が「人間の行動の諸形式」[32]に縛られているがゆえに生じたものにすぎない。

　他方、西田は原因と目的という問題意識から遡及して場所に到ったのではなく、最初からすべてを包むものとしての「無の場所」という一元的根源を設定する傾向が強い。根源であるがゆえに、絶対無の場所では「生死の対立」や「有無の対立」も成立せず、それゆえ存在者同士に生じる原因と結果との関係も未成立である。では場所はどこから来たかという問いに対しては、因果性は場所から生じた形式であるゆえに、その形式を用いて場所を問うのは錯誤である、というのが西田からの回答として考えられる。確かにもともと何もないという無の思想は、因果形式のみが超時間的に存在することを否定する。これは時間をアプリオリな形式と見なす立場とは異なるからである。そして特定の法則の中では、その法則内に見出される存在者の原因は問われるが、その法則を用いてその法則自身の原因を問うことはできない。何か存在者の原因は、その存在者を包む、その存在者以外のものにあてはめられて、はじめて問われ得る。しかし「場所」を、それ以上包むものは考えられない。「場所」の原因は何なのか、という問いが無意味だとすれば、それはこうした原因への問いが可能になる条件を満たさないからである。形式自身の生成は、無から有が生じたとも言えない。有や無がその形式にあてはめられてはじめて成立するからである。その意味で「場所」は、有か無かという区別において捉えることが不可能である。

おわりに

　創発とは、存在者同士の断絶を埋め合わせる概念として考えられた。物質から生命が生じ、高分子からは意識が生じる。これらは一見埋め合わせのできない断絶であり、そこを創発という概念で補った。つまり創発とは無知を埋めるための装置と考えられた。それに対して場所論は、ここで言う物質、生命、意識などの側、つまり概念化される存在者のすべてが後から作られたものであり、本来の実在ではないと考えた。そして実在ではなく、こちらの便宜や妥当性によって作られた存在者同士が断絶しているの

は当たり前であった。この場所論的立場からすると、創発はこちらで作られた存在者を、そのまま実在と見なすことで生じた存在者同士の断絶を埋め合わせる装置であった。場所論からすれば、創発が埋め合わせを行う断絶は、すでに実在の限定を受けた存在者を、実在そのものと取り違えることによって生じたことになる。こうして死から生、生から死への移行の謎も、生や死をそれぞれ概念的存在者ではなく、実在と見なすことによって起った。もしこれが起こらなければ、死後は何か、生まれる前は何か、という問題も意味を失う。さらに、「以前は何か」という仕方の謎の発生は、突き詰めれば宇宙が生じる以前の謎にも通じるのであった。

　これらは物質か精神か、決定か自由か、死か生かという選択のどちらかに立つのではない。それぞれの区別をもたらしている枠組みの手前に戻ることが、この場所論的立場の特徴であった。そして、こうした枠組み以前に戻ったところで直接的に経験されるのが、場所論的な生命の特徴であり、これは機械論的な物質に対立するのではなく、むしろ唯物論も、それと対立する唯心論的立場の両者をも、ともに包含する位置にあった。

　ベルクソンの「持続」も、この枠組みを「実践上の関心」から生み出されたにすぎないものと見なした上で、この「関心」以前の直接性への帰還に相当するものである。これも間接的な対象知が生み出す形而上学的な問題を消去する性質を持っていた。しかしベルクソンと西田とで異なるのは「無」の位置づけであった。ベルクソンにおいて「無」は「あるべきものがない状態」として、実践上の欠如が形式化されることで成立する、疑似概念にすぎなかった。また、「持続」は意志的でもあった。それに対して「場所」は「意志」や「働き」ではなく、ただ「見る」ことであり、すでに意志でさえなかった。ここでは「あるべきもの」という対象希求はなく、したがって対象の欠如もない。したがってここに否定的無は生じ得ず、したがって否定的無に対する有もない。

　問題は、こうした否定的無のない状態が、時間的始原や終末の問題に対して何を言い得るかであった。ベルクソンからすると因果概念も、「実践上の関心」から生み出されたことになる。またこの因果によって、時間的前後も生じた。しかし「持続」はこうした「実践上の関心」より論理的に先

立つため、因果性にも先立つはずであった。西田でも因果性は対象知の産物である限り、絶対無の場所は因果に先立つことになった。これは一見奇妙に思えるかもしれない。しかし、たとえば生命の誕生の瞬間とそれ以前、死の瞬間とそれ以後は、時間的に定められた位置を持つように見えながら、翻って生命の主観的経験に即すならば、誕生の地点も、死の地点も体験できない。つまり生と死とを、同一形式上で境界分けすることができない。誕生以前と死以後の時間は、因果形式の生み出した客観的時間形式上で初めて成り立つからである。

　こうした生死一如の時間は、始原と終末とが表わされた時間に対して、それらが消滅した時間へと敷衍できる。つまり生以前と死以後の問題は、宇宙の創造以前と宇宙消滅の後とが、なぜ謎なのかという存在一般の問題につながる。ベルクソンの「持続」は、生命の生死の問題には触れるが、宇宙的な存在一般については主題的ではない。それに対して西田の「絶対無の場所」に意義があるとすれば、有無の超越によって、この存在一般の問題をも消去することであった。この問題が、直線と円環、不連続と連続などの「矛盾の自己同一」によってどう処理されるのか、さらに具体的な検討が必要である。

（帝京大学）

---

[1] Crane, Tim, "The Significance of Emergence", in; *Physicalism and its Discontents*, Carl Gillett and Barry Loewer (eds.), Cambridge: Cambridge U.P., 2001, p.208.

[2] Polanyi, Michael, *Knowing and Being: Essays by Michael Polanyi*, ed. Marjorie Crene, London: Routledge & Kegan Paul, 1969, pp.226-7.

[3] Polanyi, Michael, *The Tacit Dimension*, Garden City, NY: Doubleday Anchor Books, 1967, p.44.

[4] これは、ポランニなどの 20 世紀の「生気論」が進化の動因を、単にダーウィニズムの自然選択に反する意味での、個体の努力や個体の意志と見なしていたことでもない。現に彼らの「生気論」が参照したベルクソンの「生命の跳躍」は、進化の動因をダーウィニズム的な偶然の産物でも、ラマルク的な自発的努力でもない、個体

でも環境でもない「はるかにより深い何か」（Bergson, Henri, *L' Évoltion Créatrice*, Paris; Félix Alcan, 1908, p.185. / アンリ・ベルクソン『創造的進化』合田正人、松井久訳、ちくま学芸文庫、2011 年、218 頁）として見ており、そこからすると前二者はともに、そこへの後追いによって概念化されたものにすぎなかった。さらにこの、ベルクソンが「進化の運動の実在的本性」と言ったものは、初めから機械的に決定されたものでもなく、世界全体の目的へと導かれたものでもない。この本性に関する生命の哲学は、「機械論と目的論を一度に乗り越えることを主張する」（Ibid., p.54 / 76 頁）ものであり、この把握しがたい性質は、この進化運動の動因が本質的に概念的把握からこぼれる何かであることを示している。

5 20 世紀後半において創発説は、特に複雑系システム科学の分野でも注目された。複雑系では単純な物理的相互作用から予測のつかない現象がしばしば見られる。たとえばセリウムイオンの酸化還元を伴う化学反応系での、Belousov-Zhavotinsky 反応は、一般の化学反応系から予測できない挙動として取り上げられる。こうした複雑系科学は、カオス理論などへと発展していくが、それらにおいて注目されるのは、それまでなかった対象の相（すがた）が突然見えるようになる、「相転移」と呼ばれる現象であり、これが創発に相当するか否かが問われるのである。（クリストフ・マラテール『生命起源論の科学哲学』みすず書房、2013 年、116 頁）。

6 Clayton, Philip, *Mind & Emergence: from quantum to consciousness*, Oxford UP, 2004, p.66.

7 Ibid., p.75

8 Ibid., p.101

9 量子論的レベルでの線形因果を否定し、量子レベルにおける心的性質を唱えるものとしてクレイトンが引用する物理学上の立場に、たとえば心と脳との関係に、「量子ゼノン効果」と言われる量子の自発的役割を認めるものもある。(Henry P. Stapp, *Mind, Matter and Quantum Mechanics*, Springer, 3rd ed., 2009. pp.261-73, etc.)

10 Clayton, Philip and Davies, Paul (ed.), *The Re-Emergence of Emergence,* Oxford U.P., 2006.

11 Davies, Paul, *God & the New Physics*, Simon & Schuster Paperbacks, 1983, pp.214-7.

12 「原因のない出来事」についてはデイビスなどの他に、日本においても、電子一

個が通るチューブに個々の電子を規則正しい間隔で通した際、それらの電子が形作っていく粗密の密度波の現象に着目し、それを電子の「意志」と呼ぶ山田廣成などがいる。他の電子と衝突しない個々の電子の運動は、自分自身以外の原因がないにもかかわらず、互いに秩序的な振舞いを形成していくことの機械論的説明がつかないからである。（山田廣成『量子力学が明らかにする存在、意志、生命の意味』光子研出版、2011 年、21-3 頁など）

[13] クレイトンの議論を敷衍すると、「下方因果」としての心的因果は、主観的状態が客観に還元不能なことを理由にして保証される。この還元不可能性のひとつは、主観による自己予測の不可能である。線形的な因果を前提とした場合でも、客観的状態とは違い、主観が自らの将来の状態を予測することはできない。つまり、量子的なランダム性を導入しなくても、宇宙は宇宙自身を予測できないことになる。反対に予測可能な線形的世界は必ず、その世界から因果的影響を受けない外部の視点を必要とする。

[14] Clayton, *Mind & Emergence*, p.158

[15] Ibid., p.177

[16] Ibid., p.168

[17] 西田幾多郎『善の研究』岩波文庫、改版 2012 年、112 頁。

[18] 同所。

[19] 同書 115 頁。

[20] いわゆる有機体の哲学においても、自らを他と関係しつつ他から区別し、自らの目的を実現していく「統一力」の働きが、生命の中心に置かれる。しかも生物体のみならず、万物にこれを見出そうとするのが有機体の哲学の考えである。しかしこの「統一力」は物理主義の文脈で説明されることはできない。客観化ができないからである。また有機体の哲学の側でも「統一力」は内的に前提とされるのであって、実証的に観察されるものではない。

[21] ベルクソンの「純粋持続」は、客観的実用的知識の性質ゆえに生じていた形而上学的な問題が、その客観的道具立ての解体によって解消される次元である。そしてこの「純粋持続」は目的へ向かう方向性を持った連続であるが、ベルクソンではこの方向性をも包括する次元は設定されない。それに対して西田の「場所」は、「働

き」という方向性をも包括している点で、「純粋持続」よりも無限定である。そしてこの「純粋持続」と「場所」との違いは、ベルクソンが持続において「無」を疑似概念として扱ったのに対して、「場所」はあくまで「無の場所」であることの違いにも表れている。「純粋持続といい得るものはなお時を離れたものとはいえない、更にかかる連続をも越えたものでなければならぬ。それは永遠に現在なる世界、真の無の場所における有である。」（西田幾多郎「場所」『西田幾多郎哲学論集 I』上田閑照編、岩波文庫、1987年、107頁）。ここに「場所」は「純粋性質」として、「持続」の連続性をも越えた不連続、「無」であることが明示されている。これは「統一力」を究極とする『善の研究』での「純粋経験」が、「無」ではなく「実在」であったのに対して、すでに「統一」の必要もなくなった「場所」が、あくまで「無」であることの違いにも相応している。

[22] Bergson, Henri, *Matière et Mémoire: essai sur la relation du corps a l'esprit*, Paris; Presses Universitaires de France, 1953, p.38. ベルクソン『物質と記憶』岡部聰夫訳、駿河台出版社、1995年、42頁、強調原典。

[23] Ibid., pp.37-8 / 43頁。

[24] これとは反対に、「連続」を純粋経験の主客未分の流れにあてはめることもできるかもしれない。しかし純粋経験は、要素に還元不可能という意味では「連続」的に見えるが、時間的には客観的前後関係や因果を絶している点で無時間的、つまり「不連続」と言える。それに対して本論では、「連続」を時間的前後の客観的つながりの成立として扱う。

[25] 道元『正法眼蔵（一）』「現成公案」、水野弥穂子校注、岩波文庫、1990年、55頁。

[26] 同書56頁。

[27] 「無限円」に過去から未来へという時間形式があてはまらないならば、それは目的論と機械論とに対してどういった位置にあるか。古典的目的論は、最終目的が将来の宇宙に設定されるため「直線的」であり、その最終目的は神の意志に任せられる。そこにもし神がいないのであれば、創造以前も、最終目的後も謎となるだろう。同様に機械論的決定論も、宇宙は未来へ向かっては自動展開するが、最初に与えられる運動がいかに生じたかを説明しない。つまり目的論も機械論も、客観的宇宙が所持する謎と同じタイプの謎を内包している。始原と現在、終末とが直線的、客観

的に位置づけられるからである。それらに対して「無限円」は客観的に規定された中心がないため、現在に対する始原や終末の位置を定めることができない。言わば、あらゆる時間的位置が現在だからである。したがって、始原以前や終末以後の謎が生じる条件に欠いている。

[28] Bergson, *L'Évoltion Créatrice*, p.322, etc. / 『創造的進化』合田正人・松井久訳 377頁など。このように、ベルクソンはすべてを「有」と見なすことで、「無」の概念によって生じる謎を疑似問題とする。しかし、「有」全体の始原の謎や終末の謎を主題的には扱っていない。

[29] ベルクソンではすべてが有なので、無から有へという変化はあり得ない。しかし西田からすると、ベルクソンが認めなかった無は相対無でしかないことになろう。その理由は、無が「有用性の不在」の結果生じたと見なすだけでは、その有用性の希求自体の誕生を支えるところ、さらにこの有用性が生じる以前が不明になるからということになろう。確かにベルクソンは、「もし物質が絶え間ない流れとして現れるなら、私たちの行動のいかなるところにも終わりは割り当てられない」(Ibid., p.324 / 380頁)と言う。しかしこれは世界内に無があり得ないことの議論であり、始原以前、終末以後に相当する、世界や時間の外の「無」とは別次元だと考えられる。そこに絶対無の意義があるとも言える。

[30] 一方ベルクソンによれば、「無」は「〈全体〉の観念と同じくらい包括的で充満したものでもある」(Ibid., p.320. / 三七六頁)であると言う。そこから、「無」はこの「〈全体〉の観念」には対立しないことが導かれる。「有」「無」の対立は、二者によってひとつの〈全体〉の部分を形作ることで初めて生じる。どちらか一方がそれだけで〈全体〉を成すならば、両者は対立し得ない。この〈全体〉を「有」としての純粋持続だとすれば、「無」は「有」そして純粋持続には対立しないことになる。これは「無」がないことを、「有」が徹底的な全体であることを根拠にして導く立場である。つまり「有」の側から〈全体〉を徹底させ、その外部を無効にするのがベルクソンである。それに対して西田は、「無」の側から〈全体〉を徹底させ、有無の対立、つまり区別を無効化させたと言える。

[31] Ibid., p.54 / 76頁。

[32] Ibid., p.321. / 377頁。

和辻哲郎の「空の倫理学」と
比較思想的仏教論

セビリア・アントン

はじめに

　和辻哲郎の体系的倫理学は日本においてのみならず、海外にも広く知られ、人間関係、政治、国際関係、建築、環境などの諸問題にも適用されている。さらに、和辻のいくつかの著作が英語、フランス語、ドイツ語などにも翻訳されている。これは彼の理論の適切さと意義を証するだろう。しかし、この適用可能性の高い倫理学的理論の背景に仏教哲学の諸宗派（原始仏教、中観派、禅仏教など）から引き出した「空」の概念が潜んでいる。和辻は仏教に如何なる影響を受けたか。さらに、以上のような「適用」は空と如何に関連するか。仏教と体系的倫理学の関係は決して単純ではないであろう。

　本稿で、私は和辻哲郎の「空の倫理学」について英語で書いた博士論文を紹介したい。まず、本研究の目的・範囲・方法を説明したい。次に、その研究の位置づけを解明し、そして、その研究のキーポイントをまとめていきたい。和辻の社会的政治的倫理学とその仏教論はこれまで別々に研究されてきているが、以下の議論の過程で明確になるのは、その二つのテーマには密接な関係があるということである。そこで、最後に、この密接な関係にもう少し言及し、私の博士論文を如何にして「比較思想から見た仏教」において位置づけるか、検討を加えたい。

和辻哲郎の「空の倫理学」と比較思想的仏教論

1　研究の目的・範囲・方法

　博士論文の題目は、『空の倫理学を世界の場へ—和辻哲郎の体系的倫理学の応用・限界・可能性』（*Exporting the Ethics of Emptiness: Applications, Limitations, and Possibilities of Watsuji Tetsurô's Ethical System*, 2015）とした。この題目が示すとおり、本論の目的は、和辻の体系的倫理学に関する検討を行い、その受容や、現代グローバル社会の諸問題への適用のあり方、また、そうした適用の可能性と限界について考察することである。和辻哲郎は、ご存知の通り、1889 年から 1960 年まで生きた日本の代表的な倫理学者だが、実存主義、仏教思想、倫理思想史、美学など、多くの分野にわたって活動した思想家でもある。それらの中で、本論は和辻の体系的倫理学に焦点を当てた。この体系的倫理学とは、主として『倫理学』の三巻（1937 年、1942 年／46 年、1949 年）、および 1930年代と 1940 年代に書かれた補助的な著作からなるものを指す。本論は、まず、それらの著作が国外、または他分野においていかに受容されてきたかということを検討した。

2　先行研究と本研究の位置づけ

　英語圏において、和辻研究は大きく二つの流れに分かれる。一方は和辻を高く評価しつつ、その理論を様々な問題に適用することに力点を置く立場であり、他方は、和辻思想の危険性を強く警告しようとする立場である。前者の立場としては、マッカーシー、マラルド、ジョーンズ、ラフルールなどの研究者が挙げられる。後者の立場の者については、多くの研究者がいる中でも、ベラー、酒井直樹、ブリービオらに特に注目すべきと思われる。両方の立場の見解から重要な示唆を得ることができるが、グローバル社会の今日的な問題をふまえると特に前者の立場が果たす役割は大きいと考えられる。ただし、彼らの研究は、たいてい、和辻の哲学の限られた範囲に焦点を当てたにすぎず、体系的倫理学の全体を十分に考察したものではないと考えられる。そこで、本論では、その研究者たちが示した見解の

351

根拠を日本語原文の中で綿密に調べ上げ、必要に応じてその批判や補完を行うことで、その適用のポテンシャルを最大限引き出すことを試みた。同時に、後者の否定的な立場の指摘も考慮に入れ、和辻の制約や問題を子細に調べて、和辻の評価と批判のバランスを保つようにした。ところで、日本における和辻研究も同様に二つの立場に分かれている。すなわち、マルクス主義・文献学・社会哲学にもとづく和辻批判をおこなう立場、また、肯定的な態度を表明する立場、これら二つの立場を指す。本論では、湯浅泰雄と西谷敬のように、和辻研究の中道を探り、和辻の欠点を明らかにし、それらを修正しながら和辻の強みを見極め、より良い方向へと発展させるよう努力した。さらに、日本においてはこれまであまり行われてこなかったアプローチだが、酒井と森村修が試みたように、和辻を日本思想史の中だけで捉えるのではなく、和辻の海外における受容や適用可能性などについても積極的に検討するようにした。

　日本と海外における和辻研究に対して、本論がどのような貢献をすることができるかといえば、それは次の点であると思われる。すなわち、和辻の受容（特に海外における受容）、また和辻の適用・応用可能性の整理・分析・補完を行ったうえで、和辻の洞察を結びつける統一構成を探り、その概念、すなわち、「空」が如何にして和辻倫理学の適用を基礎づけたか、また、さらに、和辻の問題や限界にどのように対応できるか、などを明らかにしたことである。「空の倫理学」を洗練し、それをもって和辻の弱点に応対し、現代の諸問題に一つの答えを出そうとしたところに、本論の特色があるといいかえることができると思う。

3　構成と各章の概要

　本論は次の四つの理論的ジレンマを分析した。そのジレンマとは、１．単独性（singularity）vs 関係性、２．リベラリズム対コミュニタリアニズム、３．道徳的普遍主義 vs 相対主義、４．超越性 vs 日常性、を指す。和辻のテクストの読解を、これら四つのジレンマの検討と対応させながらす

すめることにより、和辻の倫理学的理解の全体をより明確にするようにした。

　以上の四つのジレンマの検討を念頭に置き、本論においては、序章／終章に加えて六つの章を設けることにした。各章の概要は以下のとおりである。

　序章では、問題の所在や方法論、また本研究の範囲を明確なものとした。また、この倫理学の背後に存在した和辻自身の人物像を鮮明にするため、和辻の人生と研究活動についても言及した。そして、国外における和辻倫理学の受容の歴史を詳しく説明するとともに、国内の和辻の研究史や、いくつかのアプローチに対して検討を加えた。

　第一章「『倫理学』の体系的統一性」では、和辻の一連の倫理学的な取り組みがどのように展開されたかということを分析した。まずは『風土─人間学的考察』（1935 年）、『人間の学としての倫理学』（1934 年）に取りかかり、次いで上・中・下巻からなる総合的見解を示した『倫理学』の分析へと進んだ。『風土』と『人間の学』において、和辻は人間存在の二重構造と倫理学の方法論を紹介した。『倫理学』上巻においては、否定的二重構造、空の原理、空間性、時間性、信頼の倫理学などが論じられた。また中巻において、私的存在と公的存在の弁証法、人倫組織の諸段階、そしてその具体的な媒介された構造が述べられた。最後、下巻においては、風土性、歴史性、そして世界史におけるグローバル倫理が展開された。以上の和辻の論点をふまえ、本章では、この時期のいくつかの主要な著作をつうじて発展した概念を広く分析し、和辻の体系的倫理学の四つの学術的貢献を強調した。すなわち、１．二重性を通じた人間存在の理解、２．共同体の倫理的意義の提唱、３．間柄の性質の明確化、４．有限的・具体的な全体における倫理の所属性（situatedness）の理解、これらを挙げることができる。[1]

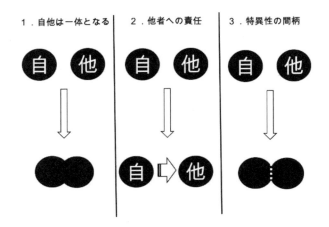

　第二章「間柄と単独性」では、まず和辻の間柄論の詳細な検討を行い、間柄の多面性について考えた。その上で、マッカーシーの肯定的な和辻論（ケア倫理とフェミニスト倫理との比較研究）の検討[2]に取りかかり、和辻の理論において人間存在が根本的に間柄的なものであること、また、倫理が「間人的」なものであることなどを把握しつつ、和辻による貢献の重要性を確認した。マッカーシーは和辻倫理学をケア倫理学のみかたとして解釈したが、ケア倫理学は「間柄」を出発点としながら、各個人の「単独性」を維持しようとする。一方、和辻倫理学にはこのような「単独性」の維持がみられるだろうか。和辻は「他者性」（ポスト近代・ポスト構造主義的な概念）をめぐって奇妙なスタンスを示しており、間柄論の「全体主義的な固定化」の傾向があると考えられる。それはなぜかと言うと、『倫理学』における夫婦関係・言語・死へ赴く存在に関する和辻の考え方を考察すると、和辻は単独的な個人とその他者性を軽視するきらいがあるということが分かった。ただし、和辻倫理学においては単独性がまったく承認されていないかと言うとそうでもない。むしろ、「単独性」の観念を保持しようと試みたと言えるところが三つある。和辻のあまり強調されていない点を分析すると、上巻における「全体性の否定」の考え、中巻における「文化変容論」、そして、下巻における「預言者」において、和辻は単独性を維持しようとしたことが分かった。その三つのところに、個人単独者

として「空」に直面すると論じられた。こうした検討をふまえ、和辻をケア倫理学者として読もうとする試みは一部分の解釈としては可能であると結論づけた。その解釈は、共同体を実体化してしまう傾向を迂回しており、空の非実在性を単独的に自覚する個人を強調した。

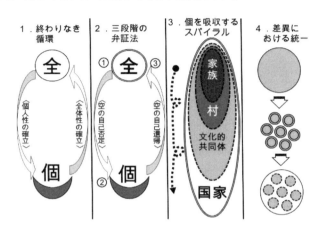

　第三章「個別性と全体性のバランス」においては、『倫理学』三巻の非統一性、特に市民と国家の関係に見られる個別性と全体性の二重構造について議論した。戦前、戦中、戦後にわたって、二重構造の解釈がいかに変化してきたかを分析した。上巻では、二重否定は両義性をはらんでおり、それは、個別性と全体性のバランスを保つ終わりなき循環、または全体性に優先順位を与える三段階の弁証法という、矛盾したものとして説明された。加えて、社会変動に対しても視野が狭いといえる。中巻では、個人は主に有限的・排他的な全体に包含され、社会変動は文化の中で制限されるものと考えられたが、下巻においては、全体のあるべき形を自覚するのは個人の役割であるために、個別性は社会変動を主導する契機として認められた。さらに、二重否定は「差異における統一」に向かうものとして、再定義された。本章では、以上の二重構造の解釈の変化について検討した上で、第二次世界大戦という歴史的コンテクストを踏まえ、そのズレを理解した。そこで明らかになったことは、和辻の一番リベラルな考え方が、日本軍国主義の絶頂期には覆い隠され、敗戦後に公にされるようになってい

たということである。このズレにも関わらず、マラルドとドルシー[3]は和辻に、リベラリズムとコミュニタリアニズムの二項対立を超える潜在力を見いだした。この政治哲学に可能性はあるにせよ、この解釈はまた断片的なものであり、個人が全体に吸収されてしまう傾向を軽視したものであると考えられる。

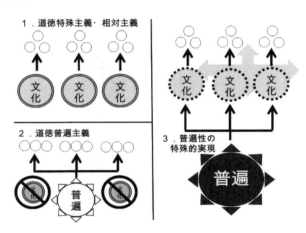

　第四章「グローバル倫理学における普遍性と特殊性」では、より高い次元において循環する二重構造、つまり個々の国民国家の歴史と国家間の空間の歴史との関係性を取り上げた。グローバル倫理学は、歴史的・文化的特殊性にかかわらず、直接的に個々人をつなぐ普遍的な規範の問題だろうか。或いは、相対的かつ特定国家の道徳の問題だろうか。『風土』において和辻は倫理学の風土的・歴史的な特殊性、または、所属性に焦点をあてた。この「相対主義」のように見える構えが『倫理学』下巻にも見られる。しかし、「国民道徳論」に対する和辻のレスポンス[4]を考察すると、彼が道徳相対主義に対して批判的であったことが明確である。相対主義は歴史的な道徳の表現を普遍的倫理的な根本から切り離されたものとして把握する傾向がある。しかし、そうならば、その特殊な生活のありかたを如何にして「よい」と言えるだろうか。こういう考え方において、和辻の道徳普遍主義が見られる。それが特に『倫理学』上巻に明解に表れている。そこでは、信頼関係の多様性があるにせよ、信頼と真実自体が普遍的な倫理学

であると論じられた。これを個別性と全体性の関係に言い換えれば、個別
性と全体性の確立の仕方は特殊的だが、個別性と全体性の相互否定、いわ
ゆる「否定の運動としての「空」」は普遍的だと考えられる。ただし、同
時に、和辻はコスモポリタン普遍主義に対して批判的だった。そのような
道徳普遍主義は個人を直接、絶対者・絶対性（神、ロゴス、或いは合理性）
に結びつけ、有限的共同体を迂回するきらいがある。以上の道徳的特殊主
義と普遍主義の「二重否定」は次のような見方から生じている。すなわち、
普遍的な人間性は、風土的歴史的に特殊な人倫組織においてのみ実現され、
従って、普遍道徳は、特殊な生活様態にのみ具現され、その生活様態も普
遍原理に基礎づけられるという見方である。このように、和辻はあらゆる
有限的な道徳的共同体を評価し、おのおのを遮断されたものにするような
ことはしなかった。この考え方は和辻のグローバル倫理学の構造として具
体化され、そこで、和辻は各国民の唯一性と独立性を尊重しながら、グロ
ーバルな相互習得・相互貢献の必要性を唱えた。その見方をとると、和辻
に多文化的、かつ道徳的な国際コミュニティーを可能にする理論を作るこ
ともできるかも知れない。しかし、戸坂潤と酒井[5]は次のような危険性を
指摘した。和辻はこの普遍的な倫理学を具体的に論じようとした過程にお
いて、「日本的なもの」を暗黙に普遍的な構造に入れてしまった。民主主
義と有神論に対して、和辻は軽蔑的であったことが具体例として挙げられ
る。以上のことを踏まえて、次の二つをよく見分ける必要があると論じた。
第一に、自分の文化と時代の特殊性から普遍性へ超えようとする「超越の
うごき」。第二に、超越の場を完全に得たかのように、普遍性を語る「超
越の傲慢」である。ジョーンズやマーフィー[6]が望んでいるような和辻の
グローバル倫理学を可能にするためには、後者を避け、前者の立場に立つ
必要があると結論づけた。

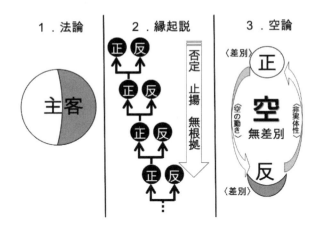

　第一章から第四章においては、単独性と間柄性、リベラリズムとコミュニタリアニズム、普遍道徳と相対主義、などの間に見られた論争において、和辻の「空」の概念がどのように有効性を発揮するかということを検討してきた。これらをもとにして、第五章「空の倫理学の仏教的根源」では、その中心概念である「空」についての直接的検討に取りかかった。この概念は、どこに起源を求めることができるだろうか。そこで、和辻の「仏教哲学における「法」と空の弁証法」（1931年）と『仏教倫理思想史』（1963年）[7]を分析し、和辻の法論、縁起説、そして原始仏教及び大乗仏教における「空」を詳しく解析した。その上で、その仏教論が如何にして和辻の体系的倫理学につながるのかを示した。「法」の概念において、現象学的方法の中の「不一不二」（二重構造）の起源が見られる。「縁起」の概念において否定・止揚・無根拠性の考え方がある。そして、「空」の概念において、和辻哲学の礎石になる空の非実体性、および差別と無差別の弁証法的統がある。その一方、一貫していない点も指摘した。第一には空を個別性と全体性に当てはめる方法の曖昧さが挙げられる。個人を共同体へ「空じられるべき」か、個別性も全体性もともに空じられるべきか、不明確だった。第二の点としては、和辻が、日常性を強く批判する「存在と当為の不一不二」の立場から、日常性を肯定しているかのように見える純粋な解釈学に転じたことが挙げられる。

和辻哲郎の「空の倫理学」と比較思想的仏教論

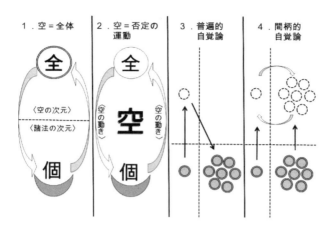

　第六章「仏教的解釈学的倫理学における超越性と日常性」では、和辻の仏教倫理学と解釈学的倫理学の間にあるギャップに着目し、それを自覚することの学問的・政治的な意義を追究した。それ以上に、そのギャップを埋め合わせることについても考えることにし、そのための方法を検討した。その方法の第一に、「欠如態」の概念により、解釈学の中に批判性を生かすようにした。第二に、和辻の解釈学は中立な記述ではなく、理想的な共同体を記述しているように理解できる。この理想は特に、文化的共同体において見られ、そこで、個別性と全体性の相互否定がもっともあらわになった。本章では、このジンテーゼを引きだしつつ、二つのアプローチの利点を組み合わせた「仏教的解釈学的モデル」の構築を試みた。このモデルは個人主義的な自覚論を超えており、間柄的存在における苦と解脱を考慮する。しかし、日常的存在は、個人と全体の「空性」が意識的に、そして行為的に自覚されていない「欠如態」として批判される。従って、このモデルは＜空を意識し、空を自由な二重否定を通じて生きる共同存在（個人と全体）＞の実現を倫理的な目的とする。最後に、特にアイブスやシールズ[8]による、日本仏教と社会倫理をめぐる現代の論争を検討した上で、和辻が、仏教と社会倫理における超越性と日常性の重要な問題に対して自覚論をつうじて貢献しうることを論じた。ここで言及した「自覚論」とは、「普遍的な自覚」ではなく、有限的な全体における自覚でなければ

ならない。このような自覚論は、スピリチュアルな解放と社会的政治的構造における解放の同時性を念頭に置いたものであるといえる。

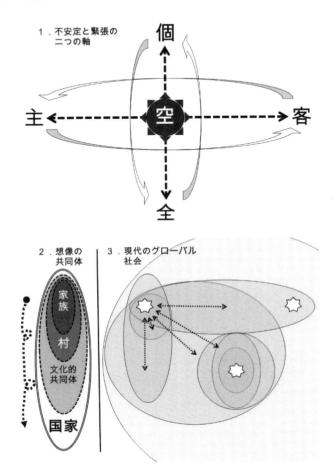

　最後に、終章では、和辻が体系的倫理学の中で試みてきたことや、グローバル社会における今日的議論への和辻の貢献、また将来における適用可能性、そしてアプローチの限界などについて要点をまとめ、本論の結論を述べた。以上で述べてきたように、和辻は倫理学・社会政治哲学・グローバル倫理・仏教社会倫理などの分野に貢献できる理論が多いと思われる。しかし、和辻の哲学は両義的であり、共同的生活の（特に日本の）無批判

的な肯定に陥りがちなところには問題も見出される。それでは、如何にして、現代のグローバル問題に対して、和辻の論を有意義に扱うことができるだろうか。本論は、現代の様々な論争に対する和辻の貢献が、一つの一貫したアプローチを通じてなされうる仕方を明示した。このアプローチは、不安定な状態、かつ、緊張状態としての「空」の概念を強調するものである。その概念が二つの軸に機能している：主体と客体、また個人と全体の軸である。「空」から生じる「実践的行為的連関」を現代の重複・複雑化する諸関係に適用すれば、流動性とグローバル化の時代における信頼の倫理学を再検討する手がかりが得られるのではなかろうか。この「空の倫理学」は、体系的な方法で和辻の強みを統合することが可能である。さらに、和辻倫理学の中に存在する限界を乗り越えるための方法を指し示してくれるものであると考えられる。

おわりに―日本仏教の比較思想的研究

　以上見てきたように、和辻倫理学は現代のグローバル社会の諸問題に対して、様々なヒントを与えられると言えるだろう。そしてその学術的貢献は、他の思想――ポスト構造主義、ケア倫理、反リベラルな思想など――との対話（比較）において一層明らかになる。その貢献の背後にあったのは仏教から影響を受けた「空」の概念である。それを如何にして「比較思想から見た日本仏教」の課題において位置づけられるだろうか。

　このテーマのいくつかの課題において、和辻は特に二つの部分に関連する（末木文美士「序章」参照）。一つは日本哲学と特にその中の京都学派である。和辻が西田幾多郎に大きく影響されたことはよく知られている。また、田辺元、高坂正顕、高山岩男、西谷啓治らの思想を比較考察すると、和辻の倫理学との類似性が否定できない。さらに、和辻の「空」は京都学派の「無の哲学」の伝統の中に位置づけることもでき、日本の伝統に立って西洋哲学に答えるという方法論を共通にしている。もう一つの関連は、近代仏教という観点である。和辻は道元研究が甦るために大きな役割を果たし、仏教倫理の哲学的研究にも貢献した。

しかし、この共同研究のテーマと最近の仏教学の発展から見れば、和辻はやや時代遅れに見えるかも知れない。他の近代仏教者と同様に、和辻は仏教の合理的・哲学的な部分を強調したあまり、実際の日本仏教の流れとあり方から遊離してしまう傾向があった。末木は『近代日本と仏教』[9]において和辻を批判し、一例をあげれば、和辻は仏教を「非神話化」して、因習性を突破したが、結局実際の人間の苦から離れた「純粋な」哲学に至ったと論じている。末木の『仏教 vs. 倫理』[10]のなかでこの批判はもっと図式的な形をとった。人間の領域（倫理、「顕」の世界）と他者の領域（超倫理、「冥」の世界）の区別から見れば、和辻は妥当な社会倫理を提供しているにせよ、その倫理学は人間の領域に制限され、他者（特に死者）と接触できず、応答できない構造をもっている。

　ただし、私の博士論文を踏まえて考察すれば、和辻に対する判断はもっと両義的にならざるを得ない。確かに、末木の和辻批判は妥当である。しかし、以上、「仏教的解釈学的な空の倫理学」をもって論じようとしたのは、和辻の仏教的な「空」を強調すれば、強い不安定性に直面する。空の概念によって、各個人への単独者として空を自覚する要求、共同体の構成員がもつ他者性、社会の秩序に還元できない他者の批判的創造力などが全面に出る。換言すれば、和辻は仏教を強調することによって、人間の領域に還元できない要素、近代・合理的な倫理学からはみでる要素があらわれ、「倫理」から「超倫理」へ超越する道が開かれる。

この要素は「時代遅れ」では決してない。むしろ、現在の人類の危機に答えようとするグローバルな対話に貢献できるところが多いのではなかろうか。しかし、現段階では、この要素についての考察がまだ足りない。最近の日本仏教の理解の発展により明らかにされた「冥と顕」の世界観、密教と葬式仏教に見られる非合理性等、このような要素は和辻における超合理的な要素と生産的に比較できると考えられる。この比較は仏教と哲学の理解に貢献するのみならず、現代社会のグローバル化と間文化的関係の諸問題（ルーベン・アビト論文参照）に適用できるものと期待したい。和辻もこのような応用的な実際問題に真摯に答えようとした。彼の近代の哲学を

現代にもたらすことを、私のこれからの課題としたい。

（Anton Luis Sevilla　九州大学）

---

[1] 『和辻哲郎全集第九、十、十一巻』岩波書店、1962 年

[2] McCarthy, Erin. *Ethics Embodied: Rethinking Selfhood through Continental, Japanese, and Feminist Philosophies*. Lanham: Lexington Books, 2010.

[3] Maraldo, John. "Watsuji Tetsurô's Ethics: Totalitarian or Communitarian?" In *Komparative Ethik: Das gute Leben zwischen den Kulturen*, 179-193. Köln: Académie du Midi, 2002.

Dorsey, Luke. "A Japanese Ethics of Double Negation: Watsuji Tetsurô's Contribution to the Liberal-Communitarian Debate." *Otherwise: A Journal of Student Philosophy* (2007). http://otherwise.philosophystudentassociation.com/wp-content/uploads/2011/06/Dorsey_luke.pdf

[4] 『和辻哲郎全集第二十三巻』岩波書店、1991 年

[5] 酒井直樹『日本思想という問題：翻訳と主体』岩波書店、1997 年

[6] Jones, Christopher. "Interman and the 'Inter' in International Relations: Watsuji Tetsurô and the Ethics of the Inbetween." *Global Society* 17.2 (2003): 135-150.

Murphy, Michael. "The Critical Cosmpolitanism of Watsuji Tetsurô." *European Journal of Social Theory*. (未出版)

[7] 『和辻哲郎全集第五、九、十九巻』岩波書店、1962－1963 年

[8] Ives, Christopher. *Zen Awakening and Society*. Houndmills: Macmillan, 1992.

Shields, James Mark. "A Blueprint for Buddhist Revolution: The Radical Buddhism of Seno'o Girô (1889-1961) and the Youth League for Revitalizing Buddhism." *Japanese Journal for Religious Studies* 39.2 (2012): 335-351.

Shields, James Mark. "Liberation as Revolutionary Practice: Rethinking Buddhist Materialism." *Journal of Buddhist Ethics* 20 (2013): 461-499.

[9] 末木文美士『近代日本と仏教』トランスビュー、2004 年

[10] 末木文美士『反・仏教学—仏教 vs.倫理』筑摩書房、2013 年

日本の宗教的思考における神秘

―鈴木大拙と井筒俊彦をめぐって―

中島　隆博

> おお、ほんとにほんとにほんとに、こんな
> 不思議つたらありやしないわ？　けれども
> ほんとに不思議よ、どうもかうも言ひやう
> のないほど不思議よ！
> （ウィリアム・シェイクスピア『お気に召
> すまま』、坪内逍遙訳、１０９頁）

1　妙という神秘の探求

　２０１２年の盛夏に金沢の鈴木大拙館に遊んだときに、一枚の絵葉書を手に入れた。そこには、大拙の筆によって、シェイクスピアの『お気に召すまま』第三幕第二場一節が書かれていた。

> O wonderful,
> wonderful,
> and most wonderful wonderful!
> and yet again wonderful
> …　　　　　　　　　　　Daisetz

これは恋に落ちたロザリンドが恋の相手であるオーランドの名前をどうしても口にしようとしないのに対して、女友達のシーリアが投げかけた言葉である。
　このシェイクスピアの墨書は大拙の『東洋的な見方』に採録されていて、どうやら

日本の宗教的思考における神秘

　１９６６年に軸装されたようである（鈴木大拙『東洋的な見方』、１０７頁）。そして
その掛け軸の解説には、「大拙この言葉に「妙」を見る」（同上）とある。シェイクス
ピアの手になる恋に落ちた女の描写に、大拙はその宗教的に重要な概念である「妙」
を重ねていたのだ。
　１９６４年に大拙は「妙」と題した短文を記している。

　　近頃「妙」　という字が面白くなって来た。老子は「玄之又玄、衆妙之門」　と
　いっておるが、この「妙」を欧洲語ことに英語に訳しようと思って、昔から勉め
　て見たが、どうもぴたりとこない。語学の知識が不足のせいかも知れぬ。とにか
　く、シナ字の「妙」が一番気に入る。英語で wonderful, mysterious, magical, beyond
　thinking などといっても、どうも積極的に「妙」に相応せぬ。近頃バイブルを見
　ていて、ふと左の句に突き当たった。
　　　　　"And God saw everything that he had made, and, behold, it was very good"

　　　　　　　　　　　　　　　　　　　　　　　　　　（創世記、第一章）
　　この平凡な very good が「妙」である。このグッドは善悪の善でもなく、好
　醜の好でもない。すべての対峙をはなれた絶対無比、それ自身においてある姿そ
　のものなのである。「妙」はこれに外ならぬ。雲門のいわゆる「日日是好日」の
　好である。またエクハルトの "Every morning is good morning" の good である。ま
　たこれを「平常心是道」ともいう。この最も平常なところに、最も「妙」　なる
　ものがあるではないか。（同、１０５〜１０６頁）

ここからわかるように、大拙が考える「妙」は、日常に徹した中に、いわば微分的に
見出される神秘なのである。シェイクスピアが描く恋もまた、最も日常的な人間の姿
でありながら、恋に落ちた人には一種の神秘がつきまとう。また、引用の中にある『創
世記』第一章の一節は、神が天地を創造し、植物・動物そして人間を創造した後に、
その創造を振り返って「とてもよい」と述べた箇所である。これまた、眼前の事物が
それ自身においてあることが、その背後に創造の神秘を有している二重性を示してい
るのである。
　こうした日常との微分的もしくは二重的な構造において見出される神秘を、大拙は
より中国や日本の宗教的遺産の中に見出そうとしている。しかし、シェイクスピアや

旧約聖書さらにはマイスター・エクハルトの例が示すように、この神秘の構造は洋の東西を越えて普遍的であるはずである。忘れてはならないが、鈴木大拙はあくまでも近代の思想家であって、近代的な宗教性の可能性を探究する中で、伝統的な仏教や東洋思想を再構造化したのである。したがって、「妙」に象徴される神秘への関心は、単に神秘主義を鼓吹したのでもなければ、反近代的な態度を取ったわけでもない。そうではなく、神秘という次元を近代的に探求する中で、中国や日本の宗教的な可能性が見出されていったのである。

2 妙好人と霊性の構造

大拙にとって、「妙」もしくは「好」が日常性と微分的もしくは二重的な構造をなしているということは、神秘は天上的な宗教性だけでは不十分で、地上的な宗教性につながれていなければならないということである。『日本的霊性』において大拙は次のように述べていた。

> 天に対する宗教意識は、ただ天だけでは生れてこない。天が大地におりて来るとき、人間はその手に触れることができる。天の暖かさを人間が知るのは、事実その手に触れてからである。大地の耕される可能性は、天の光が地に落ちてくるということがあるからである。それゆえ宗教は、親しく大地の上に起臥する人間——即ち農民の中から出るときに、最も真実性をもつ。(鈴木大拙『日本的霊性』、45頁)

農民に具現する宗教性とは、妙好人において顕現する日本的霊性にほかならない[1]。大拙は島根県邇摩郡大浜村大字小浜に住んでいた浅原才一こと才市妙好人について生き生きと描写しているが、その要点は、妙好人である才市は、凡夫にすぎないのに、いや凡夫であるからこそ、同時に阿弥陀仏であるということにある。とはいえ、才市と阿弥陀仏の関係はやや複雑である。

> わしが阿弥陀になるじゃない、
> 阿弥陀の方からわしになる。

なむあみだぶつ。

この才市の言葉は一篇の詩である。神秘はたとえ語り得ないにしても、一人の人間を通して詩に結晶化することがあるのだ。この言葉を大拙は次のように論じる。

　　名号は阿弥陀の方から来て才市に「あたる」と、才市は才市で変りはないが、しかしもはやもとの才市ではない、彼は「なむあみだぶつ」である。そしてこの「なむあみだぶつ」から見ると、一面は弥陀であり、一面は才市であって、しかもまたそれ自身たることを失わぬ。（同、２２０頁）

才市が才市でありながらも、同時に阿弥陀仏である。これは単なる自己同一性ではなく、「才市と仏が矛盾でしかも自己同一性である」（同、２２１頁）ということなのだ。あるいは、「弥陀と才市との自己同一は、空間的即時間的というべき立場で看取しなければならぬ」（同上）と述べて、「才市は弥陀のなかで動き、弥陀は才市のなかで動くのである」（同上）とする。

　大拙はこの神秘の二重性もしくは微分構造を、より抽象的な概念で論じる場合もある。

　　感覚や感情も、それから思慮分別も、もともと霊性のはたらきに根ざしているのであるが、霊性そのものに突き当たらない限り、根なし草のようで、今日は此の岸、明日は彼の岸という浮動的境涯の外に出るわけにいかない。これは個己の生活である。個己の源底にある超個の人（にん）にまだお目通りが済んでいない。こういうと甚だ神秘的に響き、また物の外に心の世界を作り出すようにも考えられようが、ここに明らかな認識がないと困る。普通には個己の世界だけしか、人々は見ていない。全体主義とか何とか言っても、それはなお個己を離れていない。その繋縛を完全に受けている。超個の人は、既に超個であるから個己の世界にはいない。それゆえ、人と言ってもそれは個己の上に動く人ではない。さればと言って万象を撥って、そこに残る人でもない。こんな人はまだ個己の人である。超個の人は、個己と縁のない人だということではない。人は大いに個己と縁がある、実に離れられない縁がある。彼は個己を離れて存在し得ないと言ってよい。それ

367

かと言って、個己が彼だとは言われぬ。超個の人は、そんな不思議と言えば不思議な一物である、「一無位の真人」である、「万象之中独露身」である。（同、８５～８６頁）

個別的なものとそれを超えたものが、繋縛を断ち切りながらしかし繋がっているという霊性を、大拙は何とか論じようとしている。別の箇所では親鸞に言及しながら、「個己の一人一人が超個己の一人に触れて、前者の一人一人が「親鸞一人のため」の一人になるのである」（同、１１８頁）という「妙機」について論じてもいる。

　大拙は、こうした神秘の構造が、日本的霊性においてより明らかになりえたと述べるとともに、それはあくまでも普遍的であると考えていた。そして、それを明らかにすることは、全体主義を批判する根拠を求めるためでもあったのである。

3　鈴木大拙と井筒俊彦の同型性（1）――「一無位の真人」

　井筒俊彦は、鈴木大拙に関して興味深いエピソードを残している。それは、アンリ・コルバンから聞いた話で、スイスのエラノス会議にユングが大拙を招待した際（１９５３年もしくは１９５４年）のものである。

　　誰かが尋ねた、「我々が神というところを、あなたは無という。無が神なのか」と。深い眉毛の奥で大拙の目がキラッと光り、彼は食卓のスプーンを取り上げて、いきなり前に突き出すと、ただ一言、「これだ。わかるかね」と言ったそうな。（井筒俊彦「第一級の国際人」、井筒俊彦『読むと書く　井筒俊彦エッセイ集』、４３９頁）

ここにもあるように、大拙はこの個物を離れて神秘を考えることをしない。個物とそれを超えるものが繋がる神秘の構造は、このエピソードを紹介した井筒にも継承されている。大拙が「超個の人」として「一無位の真人」を挙げていることは、先ほどの引用で紹介した。「一無位の真人」は『臨済録』に「赤肉団上に一無位の真人有り　常に汝等諸人の面門より出入す　未だ証拠せざる者は、看よ、看よ」と述べられるものである。この「一無位の真人」を、井筒は１９６９年のエラスムス会議での講演「禅

368

仏教における自己の構造」で詳細に論じている。

　　私たちが今読んだくだりにあった〈真人〉のイメージ、いわばいかなる瞬間に
　でも、肉体を通じて出入りする〈誰か〉のイメージは、実のところ、修辞的な装
　置である。本当には、一人の人間へと統一化される二人の人物について語ること
　すら間違いである。私たちの分析的知性が一方と他方を区別し、修辞的装置が、
　一、赤い肉体の分厚い塊と、二、あらゆる時間的・空間的限定を超越している〈真
　人〉として提示する二人の人物は、実のところ絶対的に同一の人物なのである。
　臨済の理解での〈真人〉は、感覚的なものと超感覚的なものとの二分化にさえ先
　立つ絶対的統一における感覚的かつ超感覚的人物なのである。（井筒俊彦『禅仏
　教の哲学に向けて』、８３頁）

この井筒の議論が大拙のそれと同型であることは容易にわかるだろう。臨済が提示す
る〈人〉について井筒は、「個的な人が行うことは何でも、普遍的人物によって行わ
れているのだ。例えば、個的な人が歩く時、実際に歩いているのは普遍的人物である。
普遍的人物は、ただ個的人物の手足を通じてのみ、行動する。臨済が、決して飽くこ
となく、弟子たちに彼ら自身によって、彼ら自身を通じて分からせようとしたことは、
この人格の二重構造なのである」（同、８１頁）と述べるのも同様である。

4　鈴木大拙と井筒俊彦の同型性（2）——「妙」

　大拙と井筒の神秘の構造に関する同型性に関して、もう一つの例を挙げておこう。
井筒はそれとは名指すことはないが、大拙の即非の論理（「Ａは非Ａである」したが
って「ＡはＡである」）を示した後に（同、４４～４５頁）、大拙と同様に、「妙」に
ついて次のように述べる。

　　中国語の妙、その字義は「繊細な［subtle］」「並外れた［extraordinary］」「奇跡的
　によい［miraculously good］」だが、それが指し示そうとしているのは、リアリテ
　ィがここでは格別に高められた次元で見られている、あるいは体験されているの
　だということであり、表面上、経験的体験の限定的側面に拘束された普通の人間

の眼を通じて見られており、何ら特別なところのない同じく元の私たちの世界で
あるにもかかわらず、その世界は私たちの相対的知性の弁別的活動で把握される
ものとしての〈存在〉世界ではないということである。というのもそれは、〈無〉
の深淵の中に一度消滅し、それから再び現象的形態の中に起き上がった平凡な通
常の世界であるからだ。（同、４５〜４６頁）

「妙」が開く神秘の二重構造を、井筒もまた正確に示している。大拙が把握したのと
同様に、井筒においても、神秘は現実を超えたところに暗く潜むのではなく、現実の
根底において働き、現実のただ中に立ち現れているのだ。
　井筒の主著の一つである『神秘哲学』は、後で論じる胡適・大拙論争と同じ年（１
９４９年）に書かれている。この書に寄せた文章において、納富信留は、神秘が現実
のただ中に立ち現れるのは、個別の人においてであることに加えて、詩の経験である
と述べた。

　　神秘主義の体験は言葉を越える。だが、言葉を消し去るその涯に、体験そのもの
　　の結晶として一つの言葉が発せられる。詩である。詞がこぼれおちる玉のように
　　弾け輝きながら、神の音声と韻律をなす。それは「意味」そのものの誕生の瞬間
　　である。神秘道の沈黙のなかで、詩は音声でその闇を割き、豊穣な言葉を鳴り響
　　かせる。（納富信留「神秘を歩む言葉――井筒俊彦の暗夜」、１６４頁）

納富はここで、スペインの抒情詩人グスタボ・アドルフォ・ベッケルの詩を、十字架
のヨハネの「信仰の神秘」に連なるように井筒が意訳したことを注意深く指摘してい
る（同、１６１〜１６２頁）。それはともかく、大拙も才市の歌に見たように、井筒
もまたベッケルの詩に、神秘が人格の二重構造のみならず、言語の二重構造、すなわ
ち平凡な言葉が詩に転じることに現れることを見たのである。
　井筒が『神秘哲学』において「神秘道」について次のように述べていたことはよく
知られている。

　　神秘道 Via Mystica とは、かくて成立した実存緊張をその極限にまで逐いつめて
　　行こうとする霊魂の道にほかならぬ。併し、此の体験は明らかに人間の体験であ

370

るにも拘わらず、決して純粋に人間的なる体験ではない。寧ろ人間の霊魂をかりて、或る人間以上の事柄が行われるのである。魂の最もひそやかな堂奥に於て人間のあらゆる智慧を超絶した或る不思議な秘事が成就するのである。（井筒俊彦『神秘哲学』、２２９頁）

井筒はギリシアの哲学とりわけプラトンの哲学は、この「神秘道」を体現していたと考える。そして、「神秘道は向上道と向下道の二面をそなえてはじめて完成する。それは常に「往って還る」ものでなければならぬ。往って還らぬものは完全な意味に於いての神秘道ではない。ただ往くだけで、もはや絶対に還って来ることがなければ、神秘主義は有害無益な独善主義にすぎないであろう」（同、３００頁）と述べて、善のイデアを見た人が洞窟に再び戻ったことが、プラトンの「神秘道」における「往って還る」向下道だと強調したのである。言うまでもなく、この「往って還る」あり方は、浄土の教えにある「往相回向」と「還相回向」を念頭に置いたもので、井筒の神秘に対する捉え方が、実に仏教的であることがあらためてよくわかる。

5　胡適・大拙論争──歴史か宗教か

　以上のように、鈴木大拙と井筒俊彦の思想において、神秘の二重構造もしくは微分構造がどのように論じられているのかについて見てきた。もしその理解が間違っていないとすれば、胡適と鈴木大拙が１９４９年にハワイ大学の第二回東西哲学者会議で行った論争の意義について、やや異なった捉え方ができるのではないだろうか。

　この論争は、１９５３年に *Philosophy East and West, vol. 3 No.1* に掲載された、胡適「中国における禅──その歴史と方法論」と鈴木大拙「禅──胡適博士に答ふ」の論文に採録された。Wing-Tsit Chan は「胡適と中国哲学」のなかでこの論争に触れてこう述べた。

　　要するに、鈴木によれば、禅は単なる知性的分析によっては説明できない。禅を歴史的に取り扱うことは、他のいわゆる歴史的要素との客観的関係に置く以上にはならない。禅は内側から把握されるべきであり、「胡適はこのことを見落としている」。

371

胡適と鈴木大拙の違いは、歴史家と宗教家の違いである。哲学という点では、
　　　胡適は自分は哲学者ではなく歴史家だと述べている。禅の研究だけでなく、中国
　　　哲学研究すべてにおいて、胡適が最も貢献したのは歴史家としてである。
　　　（Wing-Tsit Chan, Hu Shih and Chinese Philosophy, p.12）

同様に、柳田聖山もまた、禅の歴史的事実を明らかにしようとする歴史主義者として
の胡適と、宗教経験を重視して歴史の背後にいる禅の主演者に迫ろうとする大拙とい
う対比を行っていた。

　　　こうして、鈴木は禅そのものを追求して歴史的扱いをその中におさめようとし、
　　　胡適は、歴史的事実の究明によって、禅にせまろうとする。（柳田聖山「禅の歴
　　　史と語録」、２４頁）

こうした二項対立的な把握は、胡適と大拙の文章を一読する限り、無理のないもので
はある。胡適論文の冒頭には、「その失望の最たるものは、鈴木とその弟子たちが、
禅を非論理的・非理性的で、それゆえわれわれの知的理解を超えたものだとする点に
ある」（胡適「中国における禅──その歴史と方法論」、８３頁）とあり、また大拙論
文の冒頭には、「胡適氏は禅の歴史に関しては非常に多くの知識を有しておられるが、
その歴史の背後に在って主役を演じている者に関しては何も御存じない」（鈴木大拙
「禅──胡適博士に答ふ」、１５８頁）とあるのに基づけば、歴史家である胡適と宗
教家である大拙という対立は容易に想像ができる。
　しかし、こうした理解を宮川敬之は厳しく退ける。

　　　「禅と歴史」という二項対立を安易に建てることは避けなければならない。実
　　　際にはそれは、「歴史叙述」どうしの対立の転用だからだ。必要なのは、それぞ
　　　れの「歴史叙述」が語りだされる前に見え隠れする問題を思考することである。
　　　だが、それは、胡適と鈴木大拙の解釈をも裏切り、彼らが考えられなかった問い
　　　を問おうとする試みであるだろう。（宮川敬之「胡適・鈴木大拙「論争」　要約
　　　および解説」、９８頁）

その上で、宮川は「わかること」の「正しさ」こそが真の問いであると述べるが（同、
９８〜１１６頁）、ここではそれを神秘の二重構造において考え直してみたい。

6　胡適と大拙の問い——歴史と宗教

　胡適にしても、禅の歴史的把握を強調したのは、初期禅宗の文献が含まれた敦煌文
書の発見によるもので、禅宗の系譜学が書き換えられることで、中国の禅の内容が変
わるはずだという確信があったからである。なにも歴史家による客観的な禅宗史の叙
述を問題にしていたわけではない。それは、中国の禅に潜む、偶像破壊的で、革命的
な側面をえぐり出し、西洋哲学に匹敵する哲学的重要性を見出すためであった（胡適
「中国における禅——その歴史と方法論」、９４〜９５頁）。言い換えれば、護教的な
禅理解は依然として禅の枠内にあるが、胡適は、中国の禅は「もはやまったく禅でも
何でもないものになっていた」（同、９５頁）ことを見ようとしたのである。

　もう一つ付け加えるなら、胡適は宗教的な次元にもきわめて敏感であった。それは、
迷信とは区別された近代的な宗教性であって、すでに五四新文化運動の時から、永
遠不朽の「大我」を戴いた「わたしの宗教」（「不朽——わたしの宗教」（１９１９年）
を主張していたし、第一次世界大戦後には、「新宗教」という名のもと、宗教の非合
理的な部分を排除し、それを社会化・道徳化することで宗教を再肯定しようとしてい
たのである[2]。

　では、大拙はどうであるのか。実は大拙は歴史的な取り扱いをまるごと否定してい
るわけではない。

　　　私の論点は二つに分かれる。（１）禅は単なる知的分析によっては説明しえられ
　　ない。知性というものが言葉や概念に停まるかぎりは、知性は決して禅に到達し
　　えない。（２）禅が歴史的に取り扱われるにしても、氏［胡適］の扱い方、即ち
　　歴史的な装置の上に組み立てるというのは正しくない。（鈴木大拙「禅——胡適
　　博士に答ふ」、１６０頁）

ここに明らかに示されているように、大拙は、胡適とは異なる仕方で、禅の知的把握
と歴史的な取り扱いを構想していたのである[3]。つまり、「知識 knowledge」ではない、

373

「般若直観 prajna-intuition」という知と、それに基づいた「歴史的領解」であれば、禅に迫ることができると述べたのである（同、１６２頁）。そして、まさにここにおいて、大拙は「妙」という神秘に言及していた。

> 私の「歴史的領解」に従えば、［定と慧が］一つのものであるということが先づ初めにしっかり把握されると、ここから自然に頓悟が出てくるのである。神会は神秀の弟子たちの強い反対があったところから、頓悟を強調せねばならぬ事情があったのであろう。神会の立場は宗密の神会解説によると一層明らかとなる。即ち宗密は神会の教説を特徴づけるものとして「知の一字は衆妙の門」ということをいっている。ここでいう知とは般若直観であって普通の意味における「知識knowledge」ではない。この知を胡適氏のように「知識」に置き換えてしまうと何もかも失われてしまう。神会・慧能ばかりではなく、禅そのものが失われてしまうのである。（中略）この等一［慧能そして神会の定慧等一説］から、馬祖の有名な一句が出てくる。「平常心是道」。（同、１６２〜１６３頁）

大拙は宗密が神会の教説を特徴づけた「知の一字は衆妙の門」を、少し後で、この「知」は「あらゆる神秘（又は秘密）に通ずる関門」（同、１６９頁）であると語っている。馬祖の「平常心是道」は本稿の冒頭に引用した「妙」に関する例の中でも触れられていた。

　要するに、胡適の「歴史的な装置」（井筒の言う「修辞的な装置」）によっては、禅の神秘を捉えることはできないが、神秘が二重構造を有している以上、何らかの「歴史的領解」が必要だと述べているのである。それは、胡適が明らかにするような禅の系譜とは異なり、神会と馬祖を繋ぐような領解となってもかまわないということなのだ。

　したがって、胡適と大拙は実はそれほど離れたところにいるわけではない。両者とも近代的な宗教性を前提にした上で、東アジアの現実のただ中に神秘の次元を見出そうとしていたのである。

7　肯定道

日本の宗教的思考における神秘

ここで、井筒俊彦がプラトンの神秘思想に三つの道を認めていたことを思い出しても
よいだろう。すなわち、ロゴスを通じた「弁証法の道」と、パトスを通じた「肯定道」
としての「愛の道」と「否定道」としての「死の道」である。

　　全ての人間にとって最も端的で最も本源的な直接所与性の世界をなす感性界の
　　意義を認め、これを積極的に活用する点に於いて、プラトンの愛の道は、後世西
　　洋神秘主義に根本的色彩を与えるであろう「否定道」via negativa にたいし、断固
　　として積極的な「肯定道」を確立したものと考えることができる。もとより、後
　　に論述するとおり、愛の道は死の道の反面であり、プラトン的愛は死を伴うこと
　　なくしては成就せず、肯定と否定とは表裏相伴って分ち難いのが事の真相ではあ
　　るが、それにもかかわらず、いずれの側面を強調するかによって「道」は著しい
　　性格の差違を示すのである。この意味からすれば、愛の道はまことに典型的にギ
　　リシア的な神秘道であって、このような積極性をもつ超越的主体道がギリシア人
　　中のギリシア人というべきプラトンによって、はじめて樹立されたこともけっし
　　てたんなる偶然の戯れではないであろう。(井筒俊彦『神秘哲学』、３５１～３５
　　２頁)

もし井筒の区別に従うのであれば、胡適と大拙を「弁証法の道」と「否定道」に振り
分けて、神秘の二重構造をそれぞれ別の道を通って摑み取ろうとしたと言うこともで
きるかもしれない。しかし、どちらも「感性界の意義を認め、これを積極的に活用す
る」以上は、「肯定道」を歩んだと言った方がよいように思われる。「愛の道はまこと
に典型的にギリシア的な神秘道であって」と井筒は述べるが、それはおそらくは近代
的な神秘道でもあって、胡適や大拙もそれに与っていたのである。
　最後に、大拙の「肯定道」を引用しておく。

　　人間の自然主義は動物のそれと全く同一ではない。我々は腹がへっている。が、
　　時には食わぬと決めもする。又時には、飢えて死ぬも敢えて辞さぬ覚悟さえもつ
　　のだ。ここにも亦人間の自然主義がある。これは非自然主義とよばれるかもしれ
　　ぬ。
　　　然し、こうした自然主義的肯定・非自然主義的否定のすべてを通じて、そこに

375

何か、我々をして超越的「肯定 yes」の態度又は心の在り方に導いて行くものが、我々一人一人の心の中にあるものだ。この態度は、禅匠が、「そうだ」、「そのとおり」、「それでよろしい」などと断ずる時に見ることができる。（鈴木大拙「禅──胡適博士に答ふ」、１６５頁）

井筒の言う「超越的主体道」と大拙の「超越的「肯定」」が響き合うのは偶然ではないのだろう。それは、単なる現状肯定に堕してしまった日本的全体主義とは異なる、「日本的霊性」の方位を示すものであるだろう。いや、ここでギリシア思想、仏教が出会っている以上、「日本的」を取り除いた「霊性」だと言った方がよいのかもしれない。

（東京大学）

＊　本稿の一部は中国語にて、台湾政治大学における「東亞哲學視角下的宗教與現代性」ワークショップで２０１５年１月１１日に発表されたものである。

【参考文献】

ウィリアム・シェイクスピア『お気に召すまま』、坪内逍遙訳、早稲田大学出版部、１９２０年

Chan. Wing-Tsit Chan. 1956. Hu Shih and Chinese Philosophy. In *Philosophy East and West*, vol. 6 No.1. Honolulu: University of Hawai'i Press

鈴木大拙「禅──胡適博士に答ふ」、『鈴木大拙全集』第１２巻、岩波書店、１９６９年

鈴木大拙『日本的霊性』、岩波文庫、１９７２年

柳田聖山「禅の歴史と語録」、柳田聖山編『禅語録』、中央公論社、１９７４年

柳田聖山「胡適博士と中国初期禅宗史の研究」、柳田聖山主編『胡適禅学案』、中文出版社、１９７５年

鈴木大拙『東洋的な見方』、上田閑照編、岩波文庫、１９９７年

胡適「中国における禅──その歴史と方法論」、小川隆訳、駒沢大学禅研究所『駒沢大学禅研究所年報』第11号、２０００年

宮川敬之「胡適・鈴木大拙「論争」　要約および解説」、東京大学中国哲学研究会『中国哲学研究』第１７号、２００２年

井筒俊彦『読むと書く　井筒俊彦エッセイ集』、慶應義塾大学出版会、２００９年

中島隆博「啓蒙と中国——胡適の新宗教について」、堀池信夫編『知のユーラシア』、明治書院、２０１１年

井筒俊彦『神秘哲学』、『井筒俊彦全集』第二巻、慶應義塾大学出版会、２０１３年

井筒俊彦『禅仏教の哲学に向けて』、野中宗弘訳、ぷねうま舎、２０１４年

納富信留「神秘を歩む言葉――井筒俊彦の暗夜」、三田文学会『三田文学』第９３巻第１１７号、２０１４年５月

---

1 ただし、すぐさま注意しなければならないのだが、大拙は日本的霊性を特権化しようとしているわけではなく、霊性の日本における顕現に特徴的なものがあると考えていた。したがって、次のように述べる。

霊性は、それ故に普遍性をもっていて、どこの民族に限られたというわけのものではないことがわかる。漢民族の霊性もヨーロッパ諸民族の霊性も日本民族の霊性も、霊性である限り、変ったものであってはならぬ。しかし霊性の目覚めから、それが精神活動の諸事象の上に現われる様式には、各民族に相異するものがある、即ち日本的霊性なるものが話され得るのである。（鈴木大拙『日本的霊性』、２０頁）

ところがここに明白に了解しておきたいことは、日本的霊性と言っても、そこにはなんら政治的意味を含ませているのでないということである。日本的霊性はただ「日本的」ということで、それが政治的にどうだとか、また他の特性をもった霊性よりも優れているとか、更にそれ故に彼らを征服して、自分らのものの如くならしめなくては、祖先に対してすまぬとかなんとかいうことではないのである。（同、１１３頁）

2 中島隆博「啓蒙と中国——胡適の新宗教について」を参照のこと。

3 鈴木大拙が『敦煌出土少室逸書』（１９３５年）そして『校刊少室逸書及解説』（１９３６年）によって、歴史的観点から初期禅宗史をはじめて本格的に研究したことに注意をしておきたい。柳田聖山「胡適博士と中国初期禅宗史の研究」を参照のこと。

井筒俊彦の「分節」と「無分節」

ー華厳思想の「事」と「理」ー

西平　直

　井筒俊彦が構想した壮大なスケールの「東洋哲学」。その根底に「分節 articulation」という鍵概念がある。さしあたり「区切り」と理解してみれば、「区切りがある（分節）」と「区切りがない（無分節）」という、きわめてシンプルな枠組み。その枠組みをもって井筒は古今東西の思想を重ね合わせ、誰の眼にもわかる仕方で解きほぐしてみせた。

　小論は華厳思想を見る。「分節ー無分節」という理論枠組みの下に、華厳哲学の一断面を禅哲学と重ね合わせることによって、問題の所在を浮き彫りにする試みである。

1　「事」と「理」ー井筒による入門的解説・山を見るに祇だ是れ山

　井筒は禅哲学を論じる際にたびたび中国・宋代の禅師、青原惟信（Ch'ing Yuan Wei Hsin）の言葉を引用した。

　　　　三十年前、未だ参禅せざる時、山を見ると山に見え、川を見ると川に見えた（「山を見るに是れ山、水を見るに是れ水なりき」）。
　　　　ところが、優れた師にめぐり遇い、その指導のもとに修行して、いささか悟るところがあると、山を見るとそれは山ではなく、川を見るとそれは川ではなかった（「山を見るに是れ山にあらず、水を見るに是れ水にあらず）。
　　　　ところが、いよいよ悟りが深まり、安心の境地に落ち着くことができた今では、また最初と同じく、山を見るとただ山であり、川を見るとただ川である（「山を見るに祇だ是れ山、水を見るに祇だ是れ水

なり」)。(『意識と本質』岩波書店 149 頁、中央公論社版著作集 6、
122 頁、以下、岩波版は「岩」、著作集は「著」と略記）[1]

「山は山である」―「山は山でない」―「山は山である」。しかし二回目
の「山は山である」は特殊な二重性を秘めている。

まず、第一段階「山を見るに是れ山」は、区別が明確である。山は山、
川は川。それぞれ別々の実体として独立している。私たちの普通の経験で
ある。日常生活では、その区別がつかないと「混乱・異常」と診断される。

また〈見ている私〉と〈山〉との区別も明確である。〈見ている私＝主観〉
はこちら側にあり、〈世界＝対象＝客体〉はあちら側にある。その区別がつ
かないとますます「異常」となる。この段階においては「区別をつけるこ
と（分節）」が重要なのである。

第二段階「山を見るに是れ山にあらず」では、その区別が消える。山と
川の区別がないから、山はもはや山でなく、川ももはや川ではない。禅師
が長い修行の末に悟りに至ってみると、そうした「区別のない世界」が現
れて来た。世界には実は区別がなかった。区別は人間が後から貼り付けた
区切りに過ぎなかったというのである（唯識の「遍計所執性」）。

また〈見ている私〉と〈山〉との区別も消える。〈見ている私〉も存在せ
ず、〈山〉も独立には存在しない。そして〈見ている私〉と〈山〉との区別
が消えているのであれば、こちら側にいる〈見ている私＝主観〉が、あち
ら側に存在している〈山＝対象＝客体〉を〈見るという出来事〉は、もは
や成り立たない。

第三段階「山を見るに祇だ是れ山」では、再び、区切りが戻る。山は山、
川は川。しかし「祇だ just 」という言葉が付いている。井筒によれば、こ
の山や川には、区切りは戻るが「固定した実体」は戻っていない。山と川
は、区別されるが、互いの関係を豊かに残している。区切りは固定されな
い。後に見るように「自性」に縛られない。この段階の事物は「無自性」
である（華厳が「事事無礙」「縁起」と語ることは後述）。

この段階では「見る私」も戻ってくる。しかし「無自性」である。山や
川とのつながりを残している。「山と一体である自分」でありつつ同時に「見

る」。無意識ではない。「山と一体となった自分自身」を鮮明に意識している。特殊な仕方で「気がついている」。

　　　＊英語版は illuminate itself　と表現し、ドイツ語版は　, von sich selbst' oder , in sich selbst'　erleuchtet と表現する。特殊な二重性を秘めた「気づき」。その特殊な二重性を、青原惟信禅師は「祗だ」という言葉に込めたことになる。

・「事」と「理」

　さて井筒は、この同じ「分節」の枠組みをもって、華厳の「四法界」を解き明かす。「事法界」、「理法界」、「理事無礙法界」、「事事無礙法界」。むろん相互に関連し合った四つの位相である。[2]

　まず「事法界」は「分節」の原理である。個々の「事」は自立している。各々の本質によって固定され、互いに明確な境界線を持っている。それぞれ己れの分限を守り、他と混同されることを拒否する。互いに「礙げ合う」。井筒は「事物相互間を分別する存在論的境界線」という（論文「事事無礙・理理無礙－存在解体のあと」、以下「事事無礙」と略記）[3]。存在論的境界線によって互いに区別された個物、華厳は「事」と呼ぶ。英語版は the sensible things と説明する（論文　„The Nuxus of Ontological Events: A Buddhist view of Reality"、以下 Nexus と略）。[4]

　ところが、華厳はこの「境界線」を「取りはずして事物を見る」。華厳だけではない。井筒によれば、広く東洋の伝統はこの「境界線」を取り外して見ることができる。「それが東洋的思惟形態の一つの重要な特徴」である。

　「理法界」は区切りが消えてしまった状態（先の禅師の「第二段階」に当たる）。境界線が消え、個物と個物の境がなくなってしまう。したがって、個々の事物として成り立たない。あらゆる分節が消え、あらゆる事物相互の差別が消え去った「無分節」の位相。その位相を華厳は「理」と呼ぶ。英語版は the absolute metaphysical Reality と説明する。

　ところが井筒によれば、「東洋的哲人の場合」、そこで終わることなく、またもとの差別の世界に戻ってくる。つまり「一度はずした枠をまたはめ直してみる」。この「はずして見る、はめて見る」という「二重の見」を通

じて実在の真相が初めて明らかになると考えるのである（先の「第三段階」
に対応する）。井筒はこうした「特殊な二重性を秘めた気づき」についてこ
んなことを言う。

　「この二重操作的「見」の存在論的「自由」こそ、東洋の哲人たちをし
て、真に東洋的たらしめるもの（少なくともその一つ）であります」（「事
事無礙・理理無礙－存在解体のあと」131頁、以下「事事無礙」と略し『著
作集』の頁数のみ記す）。

　しかしすぐに注意を促す。実は二重操作といっても、これら二つの操作
が二つの段階に分かれて実行されるわけではない。「完成した東洋的哲人に
あっては、両方が同時に起こるのでなければならないのです。境界線をは
ずして見る、それからまた、はめて見る、のではなくて、はずして見なが
らはめて見る、はめて見ながらはずして見る」（132頁）

　二段階ではない。同時である。「はずして見る」ことと「はめて見る」こ
とが同時に生じる。＜区切りがない＞と＜区切りがある＞を同時に見る。

　この出来事を華厳は「理事無礙」と呼ぶ。境界線のない「理」と境界線
のある「事」とが、互いに「礙げ合わない（無礙である）」。英語版は the
interpenetration of *li* and *shin* という。

　さらに、その先に「事事無礙」が語られる。先の禅師における「第三段
階」の特別な「分節」である。区切りは戻るが「固定した実体」は戻らな
い。山と川は区別されるが、互いの関係を残している。その光景を華厳は
「事事無礙」と呼ぶ。

　以上を整理すればこういうことになる。

　「事」は第一段階の「分節」に対応する。第三段階の「分節」と区別す
るために井筒は（井筒にしては珍しく無粋な表現なのだが）「分節I」と表
記する。境界線によって明確に分節された世界。

　「理」は第二段階の「無分節」に対応する。境界線が消えた分節のない
世界。

　「理事無礙」は第二段階と第三段階との関連、あるいは、第三段階に向
かう出来事に対応する。無分節から新たに分節が生じてくる。「理」が「事」
として顕現する出来事[5]。華厳は「性起」と呼ぶ。そしてその先に、実は「理

＝無分節」と「事＝分節」が「無礙」であるという。「理」と「事」は区別
されるが、しかし互いに「礙げ合わない（無礙である）」。この事態を井筒
は「無分節エネルギーが、全体を挙げて、時々刻々、事物を構成する」と
解き明かすことになる（後述）。

　そして「事事無礙」は第三段階における特殊な「分節（分節Ⅱ）」に対応
する。区切りは戻るが本質は戻らない、個々の事物が相互に豊かにつなが
っている世界。華厳は「縁起」と呼ぶ。[6]

2 「分節Ⅱ」──分節は戻るが本質は戻らない

　さて、以上の理解において、とりわけ注目されるのは、禅師の語った「第
三段階」である。正確には、1）禅哲学における「第二段階から第三段階へ
と向かう出来事」と華厳哲学の「理事無礙」の関連、2）禅哲学における「第
三段階」の光景と華厳哲学の「事事無礙」の関連である。

・分節は戻るが本質は戻らない

　あらためて「第三段階」を確認しておく。この段階には「分節（分節Ⅱ）」
がある。一度分節がなくなった後に、あらためて生じてきた。ところが本
質は戻らない。「分節Ⅱ」の「分節」には「本質」がない。「分節Ⅰ」が「本
質の裏付けをもった分節」であったのに対して、「分節Ⅱ」は「本質ぬき」
である。

　この「本質」という言葉が『意識と本質』における鍵概念であり、いわ
ば「分析概念」の務めを果たしていることは周知の通りである。井筒は仏
教思想の「自性」を「本質」という西洋哲学の用語を分節概念として解き
明かすと同時に、この分析概念をもって、儒教思想、イスラーム思想、ユ
ダヤ思想を解きほぐしてみせる。『意識と本質』の全体構図で言えば、「本
質」という分析概念の下に、東洋の伝統的な思想を横並びにして、「共時的
思考の次元に移し、そこで新たに構造化しなおしてみたい」というのであ
る（『意識と本質』岩4頁、著9頁）。

　この「本質」は、最も単純に理解すれば「凝縮・凝固」である。本質に

よって事物は凝縮する。したがって「実体」「自体性」「固定性」などという用語とも重なりあう。逆に「凝固点のない存在は流動する」。無分節には分節も本質もない。

「分節Ⅰ」は、まさにそうした本質によって固定されている。したがって安定しているが、逆に言えば、本質によって縛られる（繋縛されている）。「分節Ⅰ」は分節されていると同時に、本質によって縛り付けられている。

それに対して、「分節Ⅱ」は、分節されているが、しかし本質によって縛られない。本質という凝固点がない。「分節Ⅱ」は流動的である。安定していないかわりに流動的な広がりがある。井筒は「詩の言葉」のゆるやかなイメージと重ねることもある。「分節Ⅰ」を「概念」に対応させ、「分節Ⅱ」を「詩の言葉」に対応させる。「詩の言葉」は「概念」のように一義的に固定せず、そのつどその広がりを変えてゆく。ゆるやかに他のイメージと重なり合う。「分節Ⅱ」は流動的なのである。

　　＊図は井筒の図（『意識と本質』岩 147 頁、著 120 頁）を変更したものである（上下逆転）。井筒の図が無分節を頂点としたのに対して、この図は上下が逆（逆三角形）である。「分節Ⅰ」から、井筒の図では上昇するのに対して、この図では下降する。興味深いことに、同じく井筒の「分節化理論」を論じた永井晋もやはり無分節を下にした（逆三角形の）図を描いている[7]。「イマジナルの現象学」を構想する永井にとっても、無分節へと降りてゆき（意識の深層へと下降し）、そこからあらためて現象が再構成される（意識の地平に顕れる）という構図の方が、自然であったことになる。この点は、「元型」が論じられた『意識と本質』「第Ⅸ章」の図（『意識と本質』岩 222、著 178 頁）との関連も含めて今後の課題とする。なお、「分節Ⅰ」以前の「点線」は西平による加筆。本稿では言及する機会がないが、「分節Ⅰ」以前を考慮する時、この分節理論は「人間形成」の問題と接続する。[8]

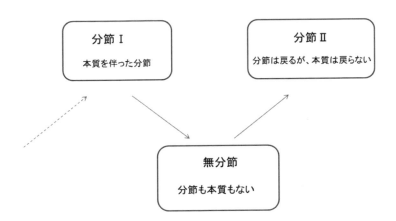

・鳥のごとし、花のごとし

　さて今度は「無分節」との対比を見る。「無分節」では分節が消え去り「個」と「個」の区切りがない。ところがそこに新たな分節が生じる。個々の事物が戻ってくる。しかし本質に縛られない。個々の事物は戻ってくるが固定した実体ではない。分節された一つの姿（事物）に縛られることなく、事物相互が重なり合い、すべての事物が溶け合っている。

　井筒は「個々の事物が互いに浸透し合う」という。花は花として「独自の区切り」を持ち、山とは明確に区別されながら、しかしその「花」は「山」と重なり合い溶け合っている。「独自の区切り」を持ちながら、しかしこの「花」は本質に縛られることなく、固定した実体でもない。

> さまざまな事物がもう一度返ってくる。無化された花がまた花として蘇る。だが、また花としてといっても、花の「本質」を取り戻して、という意味ではない。あくまで無「本質」的に、である。だから、新しく秩序付けられたこの世界に於て、すべての事物は互いに区別されつつも、しかも「本質」的に固定されず、互いに透明である。「花」は「花」でありながら「鳥」に融入し、「鳥」は「鳥」でありながら「花」に融入する。まさに華厳哲学にいわゆる事事無礙法界の風光、道元禅師の言う「水清くして地に徹す、

井筒俊彦の「分節」と「無分節」

魚行きて魚に似たり。空闊くして天に透る、鳥飛んで鳥のごとし」
（「坐禅箴」）の世界。」（『意識と本質』岩121頁、著100‐101頁）

　相互に融入し合う事物の存在論的位相。華厳は「事事無礙」と表現し、道元は「花のごとし」という。井筒は何度も道元を引く。道元の「ごとし」という謎めいた表記が、まさにこの第三段階の流動的な事態を言い当てているというのである。

　　　鳥が鳥である、のではなくて、鳥のごとし、という。しかもその
　　　「鳥のごとし」が無限に遠く空を飛ぶ。鳥としての「本質」が措
　　　定されていないからである。この鳥は鳥という「本質」に縛られ
　　　ていない（同、122頁）。

　鳥は鳥として分節され、魚は魚として分節され、相互に区別されながら、しかし「この魚とこの鳥の間には不思議な存在相通があり、存在融和がある。つまり、分節されているのに、その分節線が全然働いていないのだ、まるで分節されていないかのように」（同）。
　分節されていないかのように見える。分節線が引かれているのに、分節線が働いていない。そこで相互に「相通」し「融和」する。「花のごとし」の花は、花として存在しながら、他の一切に対して自らを開いている。のみならず、あらゆる存在者が互いに透明になっている。その出来事を道元は「花のごとし」と呼ぶ。あるいは、分節されている「に似たり」。分節されている「かのごとし」。道元は、存在の究極的な真相をそのように見た。はない、という点である。井筒は「究極の現実 "Tathatā"」という言葉を使いながら、「無分節」がそのまま "Tathatā" ではないという。確かに「分節」によって「究極の現実」を捉えることはできない。しかし「無分節」によっても捉えることはできない。むしろ「究極の現実の真相」は、無分節でありながら同時に分節されている。区切りがないわけではないが、しかしその区切りは固く閉じているわけでもない。区切りがあるのだが、あたかも区切りがないかのように透明である。相互に無礙であるのだが、しかし

分節されている「に似たり」。分節されている「かのごとし」。

・事事無礙－縁起

　井筒はこの事態を華厳の「事事無礙」と見る。「事事無礙」においては、「物」に「自性」がない。しかし物と物とのあいだに区別はある。分節（区別）は戻るが本質（自性）は戻らない。AとBは区別されるが、しかしAもBも本質に縛られない。「Aは無「自性」的にAであり、Bは無「自性」的にBであり、同時に他の一切のものが、それぞれ無「自性」的にそのものである」（「事事無礙」153頁）

　すべてのものが無「自性」であり相互の間に差異がない。ということは、すべてのものがつながっていることになる。すべてのものが全体的関連においてのみ存在している。AもBも相互関連的にしか存在しえない。AがAだけで存在することはできず、BもBだけで存在することはできない。「すべてがすべてと関連し合う、そういう全体的関連性の網が先ずあって、その関係的全体構造のなかで、はじめてAはAであり、BはBであり、AとBとは個的に関係し合うということが起る。」

　まず流動する存在エネルギーの錯綜する方向性がある。関係だけがある。個々の事物はまだない。個々の事物（ABCD…）は、その関係の交叉点にできる「仮の結び目」である。したがって、個々の事物が、実はそれ自体において、相互関連性そのものである。すべてがすべてと関わり合っている。その全体的関連性が、一つの「もの」の中に集約されている。

　この全体的関連性の「網」を、英語で表現する場合、井筒は the nexus of ontological relations という。正確には a tightly structured nexus of multifariously and manifoldly interrelated ontological events、あるいは「縁起」と重ね、縁起の原語（プラティートヤ・サムットパーダ）に立ち戻って this dynamic, simultaneaus and interdependent emergence and existence of all things とも説明する(Nexus,178)。

　「「理」が「事」に自己分節するというのは、物が突然そこに出現することではなくて、第一次的には、無数の存在エネルギーの遊動的方向線が現れて、そこに複雑な相互関連の網が成立することだったのです。」（「事事無

礙」153‐154頁）

　「Aの内的構造そのもののなかに、他の一切のものが、隠れた形で、残りなく含まれている」、あるいは、「ただ一つのものの存在にも、全宇宙が参与する」と井筒は解き明かす。

　こう語る時、井筒の念頭には、一つの光景が広がっている。「路傍に一輪の花開く時、天下は春爛漫。「華開世界起の時節、すなわち春到なり」（『正法眼蔵』「梅華」）」（「事事無礙」155頁）。あるいは、風穴延沼が詠う「江南三月」の春景色。「とこしなえに憶う、江南三月のうち、しゃこ（鷓鴣、キジ科の鳥の総称）啼くところ、百花香し」。鳥の声の内に花が香りたつ。「憶う意識」も香りの中に溶け込んでいる（『意識と本質』岩172頁、著140頁））。一輪の花の中に全宇宙の春が参与し、鳥の声がそれ自身において全宇宙の春を体現する。

　「ある一物の現起は、すなわち、一切万法の現起。ある特定のものが、それだけで個的に現起するということは、絶対にあり得ない。常にすべての物が、同時に、全体的に現起する」（「事事無礙」155頁）。

　つまり「すべてのものが、互いに依りかかり、依りかかられつつ、全部が一挙に現成する」。「縁起」と呼ばれる存在の実相である。[9]

　　　＊「縁起」を臨済義玄は「人境倶不奪」の境地とした[10]。井筒も臨済の「四料簡」についてたびたび言及しているから、人境倶不奪を接点として、「四料簡」に関する井筒の考察と「事事無礙」に関する井筒の考察を重ね合わせることが可能になる。例えば、人境倶不奪は、他の三つの境位と違って、表面的には日常的な認識と同じであり、それを表現する言語も表面的にはそのまま意味が通る。しかしそれだからこそ実はかえって分りにくい。禅的言語特有の分節は日常言語の分節と混同されやすい（「禅的意識のフィールド構造」『井筒俊彦著作集9』、307頁）。

3　特殊な二重性　——「覚者の眼」

　ところで井筒はこうした事態を「覚者の眼」に映った世界としても語り

直す。いわば、認識論的視点から解きほぐすということである。「東洋の哲人（覚者）」は世界を「無分節」のまま体験する。世界は、覚者の眼には、「分節」されることなく、まして「本質」に縛られることなく、「無分節」のまま映る。

しかし覚者はそこに留まらない。その点を井筒は強調する。覚者は、同時に、世界を新たな「分節」の下に体験する。今まさにこの場で生じている「新たな分節（分節II）」。あるいは、新たな分節が生じつつある出来事。覚者は、「本質」を措定することなしに、新たな分節を創り出している。

その出来事が「特殊な二重性」として語られる。「分節」と「無分節」の二重性。覚者は、一方で「無分節」の位相において世界を見ながら、他方では「分節」の位相において世界を見る。「区切りのない位相」と「区切りのある世界」という互いに矛盾した二つの位相を同時に体験している。

この場合、「同時に」という点が強調されると「矛盾」が際立つ。互いに決して相容れることのない二つの位相。井筒は「複眼的」とも語る[11]。矛盾したことを、しかし特殊な「二重の眼」の下に、同時に体験する（後期西田哲学の「絶対矛盾的自己同一」を思い出すが、この点は後述）。

しかし井筒は、講演などの場合（例えばエラノス会議をはじめとした西洋知識人を念頭に語る場面においては）、この出来事を（便宜的に）二段階に分けて語る。例えば、覚者が「水」を見るという場面。覚者の眼には、リアリティ（無分節）が「水」という新たな分節（分節II）の姿で現われている。その出来事はこう語られる。

「覚者の眼には、リアリティは、自らを一瞬「水」へと分節し、次の瞬間、本来の無分節の状態へと戻ってゆくように見える」。[12]

リアリティが一瞬「水」へと分節する。ところが「次の瞬間」、ということは「同時に」ではなく、「次の瞬間、本来の無分節の状態へと戻ってゆく」。分節と無分節を「同時に」と言えば矛盾が際立つのに対して、「一瞬…分節し、次の瞬間…無分節に戻る」という二段階で解きほぐしてみせるのである。

むろん正確には、時間的に前後した二段階の出来事と理解されてはならないことは先にも見た通りなのだが、しかしそれを承知で、こうした場面

では、理解を助けるために、二段階に分けて解き明かしてみせるのである。

　したがって、正確を期す場面では、話は複雑になる。覚者の目に映る「花」という分節（分節Ⅱ）を語る場面は次のようになる。

> 　分節されたもの（例えば花）が、その場で無分節に帰入し、また次の瞬間に無分節のエネルギーが全体を挙げて花を分節し出す。この存在の次元転換は瞬間的出来事であるゆえに、現実には無分節と分節とが二重写しに重なって見える。それがすなわち「花のごとし」といわれるものなのである。（『意識と本質』岩177頁、著143頁）

　ここでは「次元転換」という言葉が使われる。分節と無分節という二つの次元が入れ替わる。ところがその転換は「瞬間的出来事」であるために、「現実には無分節と分節とが二重写しに重なって見える」。その事態を道元は「花のごとし」と語った。井筒はそう解き明かすのである。

　さて、このように井筒は、理解を助けるために、「認識論的側面」と「存在論的側面」を区別して語った。認識論的側面においては、人間が世界を分節する。人間が世界を分節することによって、個々の事物は「分節（独立した存在者）」として姿を現わす。そして覚者の分節（分節Ⅱ）は、凡人の通常の分節（分節Ⅰ）とは異なる。

　それに対して、存在論的側面においては、無分節が自己を分節する。人間が分節するのではない。無分節が自らを分節してゆく。無分節（区切りなきもの）が自らを或るもの（区切られたもの）へと分節する。「形なきもの」が「形」になる。無分節という「形なきもの」が「形」という分節されたものとなって自らを顕わす。無分節が「自己を分節する」ことによって、個々の事物を成立させる。

　このように井筒は二つの側面を区別しながら語る。正確には、「認識論的側面」から入り、その先に「存在論的側面」を語り、両者を語った後に、実は前者は後者の一場面であり、後者（存在論的側面）の方がより根底であると説き明かしたことになる（論文「The philosophical problem of articulation」はその典型である）。[13]

4　無分節が自らを分節してゆく―「挙体性起」

　無分節が自己を分節し個々の事物が成立する。「理」が「事」として顕現する。華厳が「性起」と呼ぶこの出来事について井筒は特に二つの点に注意を促している。一つは「無分節」の肯定的側面について、もう一つは「挙体性起」という点である。

・無分節の肯定的性格
　まず「無分節」の理解について。ここでも図を参考にする。無分節へと向かう「消え去り消滅してゆく」プロセス（A）においては、無分節はそのプロセスの終着点である。いわば否定の極み。ところが「消え去って」終わりではない。「分節Ⅱ」へと向かうプロセス（B）においては、無分節は、個々の事物が生じてゆく出発点である。無分節は、あらゆる事物を生じさせてゆく生成のエネルギーなのである。[14]

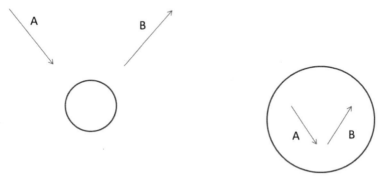

　井筒はこの点を何度も強調する。
　「絶対無分節は自己分節するからこそ絶対無分節なのである。分節に向かってダイナミックに動いていかない無分節はただの無であり、一つの死物にすぎない」（163 頁）。

井筒俊彦の「分節」と「無分節」

　分節を消去した末の「無分節」。もしそこで終わるなら「ただの無であり、一つの死物にすぎない」。そうではなくて、分節が消え去ったその時点において、新たな分節に向かってダイナミックに動いてゆく。「無分節」それ自身が既に、自己を分節し、個々の事物を成立させてゆくダイナミックなエネルギーである。

　　　　　＊栄西はこの二つのベクトルのダイナミズムを「真空妙有」という一語で言い当てる。前半「真空」は完全な否定、後半「妙有」は新たに生じる有の側面を表し、しかもその両者が切り離れずに一語のうちに表現される。「真空は妙有に転成する、というより、転成せざるを得ない。（略）　分節に向かってダイナミックに動いていない無分節はただの無であり、一つの死物に過ぎない。」（『意識と本質』岩 162‐163 頁、著 132‐133 頁）

　しかし肯定的側面を発揮するために、その前段階として否定的側面があるわけではない。プロセス A はプロセス B のための助走ではない。どちらも同じだけ重要である。一方向だけでは足りない。逆方向に向かう二つのプロセスのダイナミックな出来事全体が重要である。

　華厳の「理事無礙」は無分節の肯定的側面（プロセス B）を強調する。「理」が「事」として顕現する（性起する）。無分節が（理）が、自己を分節して、個々の事物（事）を生じさせてゆく。

　禅は（両方向を視野に入れつつ）、華厳と比べてみればプロセス A を語ることが多く、無分節の否定的性格を強調した。日常的に経験される「事」の世界からいかに身を引き剥がすか、そしていかにして「理」の位相に目覚めるか、その困難を語ったことになる。逆に、華厳は（むろん両方向を視野に入れつつ）、しかし禅と比べてみればプロセス B に光を当て、プロセス A の困難はあまり強調しなかった。むしろ目覚めた覚者の目に映る荘厳な世界を描き出すことを本務としたのである。[15]

・全体を挙げて

391

ところで、もう一点、重要なのは、分節された個々の事物が、無分節と直結しているという点である。井筒は「無分節者の全体を挙げての自己分節」という。

「事物一つ一つが、それぞれ無分節者の全体を挙げての自己分節である。「無」の全体がそのまま花となり鳥となる」(『意識と本質』)岩175頁、著142頁』。

では「全体を挙げて」とはどういうことか。しかもなぜ「直結」なのか。

井筒は「自己分節」を「自己分割」から区別する。「自己分割」においては、無分節が複数の部分に分かれ、個々の部分がそれぞれ別々のものになる。それに対して、「自己分節」においては、無分節のエネルギーが、そのつど全体を挙げて、個々のものに顕れる。個々の事物がすべて無分節それ自体の顕れ（『意識と本質』岩417頁、著330頁）。

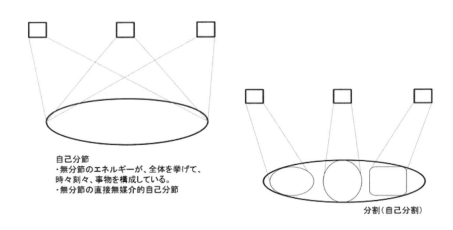

井筒は「直接無媒介的自己提示」と呼ぶ。無分節エネルギーが、何にも媒介されることなく直接的に、そのつど全体を挙げて、個々の事物の中に顕れている。ということは、この世界におけるすべての事物は、実はそのまま、無分節エネルギーそのものである。しかもその一部ではなく、この事物にも、あの事物にも、無分節エネルギーがそのつど全体として顕れて

いる。

　そこで井筒は、「私が山を見る」という出来事を例にして、こう解き明かす。「見る私」も無分節エネルギーの全体を挙げての顕れであり、「山」も同じく無分節エネルギーの全体を挙げての顕れである。ということは、この境位においては、「私が山を見る」とは、「無分節」が「無分節」自身を見る出来事ということになる。

　正確には、この場面では、「無分節」は「一者」と言い換えられ、「一者」が「一者」自身を見るという。「「一者」が自らを自らの鏡に映してみるという形而上学的事件」。「だがそれでもやはり経験的あるいは現象的には私は私であり、山は山であります」とも言い添える（同上）

　まさしく「理事無礙」の出来事である。井筒は「理」が、全体を挙げて、直接無媒介的に「事」となっている点を強調したのである。

・挙体性起
　この「直接無媒介的自己分節」の出来事を井筒は「挙体性起」と表現する。「理」が「事」として顕現する。この場合、最も重要なのは、「理」が挙体的にのみ「性起」するという点である。そしてこのように解き明かす。

　　　　およそ我々の経験世界にあるといわれる一切の事物、そのひとつ一つが「理」をそっくりそのまま体現している、ということになります。どんな小さなもの、それがたとえ野に咲く一輪の花であっても、いや、空中に浮遊する一微塵であっても、「理」の存在エネルギーの全投入である、と考える。これが華厳哲学の特徴的な考え方であります。（「事事無礙」148頁）

　「事」の中に「理」がそっくりそのまま体現している。あるいは、個々の「事」が、そのつど、「理」の存在エネルギーの全投入である。「理」はいかなる場合でも、常に必ず、その全体を挙げて「事」的に顕現する。「理」は何の障礙もなしに「事」のなかに透入して、結局は「事」そのものであり、反対に「事」はなんの障礙もなしに「理」を体現し、結局は「理」そ

のものである。（同、149 頁）

　こうした「理事無礙」の事態を、井筒は、覚者の眼を通して語り直している。

> 　一度、存在懐胎を体験し、「空」を識った人 [覚者] は、一切の現象的差別のかげに無差別を見る。二重の「見」を行使する「複眼の士」は、「事」を見ていながら、それを透き通して、そのまま「理」を見ている。というよりも、むしろ「空」的主体にとっては、同じものが「事」であって「理」である、「理」でありながら「事」である、と言ったほうがいいでしょう。（同、150 頁）

　複眼の士。「事」を見ながら、、それを透き通してそのまま「理」を見る。見るのではない、同じものが「事」であり同時に「理」である。「事」の存在分節は、常に必ず、無分節を伴う。伴うのではなく、むしろ「分節」と「無分節」が同時に現成する。「理事無礙」を井筒はそうした存在論的事態として解き明かすのである。

5　絶対無分節と経験的分節との同時現成

　さて、井筒はある場面で、問題の所在を確認するように、互いに矛盾する二つの命題を並べている[16]。要約すれば、以下のようになる。

　（命題Ⅰ）「無分節は、いかなる分節態とも入れ替わることはできない。いかなる分節態によっても捉えることはできない。」

　（命題Ⅱ）「無分節は、あらゆる分節態となりうる。無分節は、いかなる分節態の内にも、自らを全体として顕現させている。」

　前者は、いかなる存在者（分節態）も無分節の代わりを務めることはできない。後者は、あらゆる存在者（分節態）の内にも無分節は自ら顕現する。[17]

　華厳で言えば、「事」と「理」は区別されるが、しかし両者は「無礙」である。一方では、「事法界」と「理法界」を区別し両者の違いを強調しなが

ら、しかし他方では、「事」の中に「理」がそのまま顕れているという。覚者の眼には「事」であり同時に「理」である。

　何度も見てきたとおり、井筒は初学者の理解を助けるために、この出来事を二つの段階に振り分けて説明した。命題Ⅰを「分節Ⅰ」に振り分け、命題Ⅱを「分節Ⅱ」の地平に振り分ける。

　分節Ⅰにおける「分節」は本質に縛られている。本質に縛られた分節（個々の事物）は無分節とは相容れない。無分節においては本質も分節も消え去っているからである。

　それに対して、分節Ⅱにおける「分節」は本質に縛られない。この地平の「事物」は無分節と直結している。個々の事物がそれぞれ無分節エネルギーの全体を挙げての顕れである。分節と無分節という互いに矛盾した二つの位相が同時に成り立つ。「絶対無分節と経験的分節との同時現成」である。

　こうした二段階に振り分けることによって、井筒は、東洋哲学的発想に馴染みがない聴き手のために、理解の手掛かりを残したのである。

　しかし正確には、このように二つの段階に分けることはできない。時間上の前後の関係ではないからである。先にも見た重要な「但し書き」。

　　　　ただ、二重の「見」とか二重操作とか申しましても、これら二つの操作が次々に行われるのでは、窮極的な「自由」ではない。禅定修行の段階としては、実際上、それも止むを得ないかもしれませんけれど、完成した東洋的哲人にあっては、両方が同時に起こるのでなければならないのです。境界線をはずして見る、それからまた、はめて見る、のではなくて、はずして見ながらはめて見る、はめて見ながらはずして見る。（「事事無礙」132頁）

　しかもそれは華厳に限らないと、井筒はイスラームの例を紹介する。スーフィーズムでも「拡散」「収斂」「収斂の後の拡散」と三つの段階をいう。しかしこの三番目の「収斂の後の拡散」は「修行上の段階を考えてのこと」である。本当は「収斂・即・拡散」の意味でなければならない。この「即」

で繋がれた同時の境位が最高位に達したスーフィーの本来的なあり方であるとされるというのである。

「収斂・即・拡散」。しかし井筒は「即」という言葉を多用しない。むしろ様々に言い換える。例えば、「複眼」。「拡散」と「収斂」とを同時に体験する「二重写し」。

あるいは「次元転換」。分節の次元と無分節の次元が瞬時に入れ替わる。「電光のごとく迅速な、無分節と分節との間のこの次元転換。それが不断に繰り返されていく。繰り返しではあるが、そのたびごとに新しい。これが存在というものだ」(『意識と本質』岩 176 頁、著 143 頁)。[18]

あるいは、「直接無媒介的自己分節」。「理」が何らの媒介もなく、直接的に「事」になる(「理」即「事」)。しかも「理」の全体が、一つ一つの「事」の中に、そのつど顕れている(「事」即「理」)。

むろんこの場合、理が「空」であるから「即」が可能になる。「直接無媒介的自己分節」も「挙体性起」も、理が「空」でなければ成り立たない。理が何らか「実体」であったならば成り立たない。理は「空」である。その否定的側面と肯定的側面が表裏一体となった「空」である。[19]

さて、井筒の論文(「事事無礙・理理無礙」)は、この後に「理理無礙」を語る。イスラーム哲学(イブヌ・ル・アラビーの「存在一性論」)に即して「理理無礙」の位相を語る。「理」が「事」になる「性起」以前に、構造的に先行する仕方で、「神自体の内部で」、自己顕現が生じている。つまり「理」の中で既に「(第一次)性起」が生じている。華厳哲学で言えば「理」の内に、「無分節的な理(絶対的一性・神名アッラー)」と「分節的な理(個別的な理・存在深層における「元型」・多様な神の名)」という二つのレベルの階層構造が想定され、前者から後者が自己分節的に現成するというのである[20]。しかし前者から生じた後者(個々別々の「理」)は前者と無礙であるゆえに「理理無礙」ということになる。[21]

むろんこうした議論にこれ以上立ち入って見る余裕はない。ここで確認したいのは、井筒が「分節−無分節」の理論枠組みの下に、華厳哲学とイスラーム哲学を重ね合わせているという事実である。

井筒俊彦の「分節」と「無分節」

　のみならず『意識と本質』の全体構図で言えば、禅も儒学も道教もユダヤの思想も、この同じ「分節－無分節」の理論枠組みの下に解きほぐされる。むろんすべて同じなのではない。むしろ共通の枠組みの下に位置づけられることによって、はじめて微妙な違いを「対比」することが可能になる。文字も言葉も伝統も違う異なる多様な思想体系を、共通の理論枠組みの下に「共時的に」構造化することによって、初めて「対話」が可能になる。そうした対話を可能にする座標軸を井筒は設定してみせたことになる。正確には、多様に異なる東洋思想を「共時的に」構造化するための最もふさわしい座標軸として、「分節－無分節」という理論枠組みを提示してみせたということである。

　こうした壮大な遺産を前に為すべき課題は無数に広がってゆくのだが、さしあたり課題となるのは、西田哲学である。西田哲学を井筒の「分節－無分節」の理論枠組みによって解きほぐす試み。井筒が華厳思想をこの座標軸によって整理してみせたように、西田哲学を「分節－無分節」の座標軸によって整理し直す。

　例えば、後期西田哲学の「絶対矛盾的自己同一」は「分節－無分節」の理論枠組みではどう理解されるのか。もし「絶対矛盾的自己同一」をこの枠組みで理解することができれば、この共有された枠組みに基づいて、華厳の叡知と「重ね合わせる」ことが可能になる[22]。

　西田哲学と華厳哲学を直接的に（任意に）重ねるのではない。「分節－無分節」を共通の座標軸として整えた上で、二つの異なる思想体系を慎重に重ね合わせる。例えば、「絶対矛盾的自己同一」と語られた出来事が、この座標軸の下で「二重写し」「次元転換」「即」「直接無媒介的顕現」と理解されるならば、見てきたように、それらは「事事無礙」「理事無礙」「理理無礙」と重なる。のみならず「十玄門」「主伴の論理」「六相説」といった華厳の叡知と重ねて理解することが可能になる。「絶対矛盾的自己同一」と華厳を直接的につなぐのではない。「分節－無分節」の理論枠組みを共通の座標軸として整えたうえで、慎重に重ね合わせる試み。本稿はその作業のための下準備である。

（京都大学）

[1] 井筒俊彦『意識と本質』（岩波書店、1983 年、岩波文庫、2001 年）、『井筒俊彦著作集 6 』（中央公論社、1992 年）。ドイツ語版、Izutsu, *Bewusstsein und Wesen*, München: Iudicium, 2006。

[2] 井筒は「四法界」を意識の深みと関連させて説明する。実在は、意識の深みに応じて、それぞれ四通りの異なる姿をもって現れるという理解である（Nexus,175）。

[3] 井筒俊彦「事事無礙・理理無礙－存在解体のあと」（『コスモスとアンチコスモス－東洋哲学のために』岩波書店、1989、『井筒俊彦著作集 9 』中央公論社、1992）、著作集 130 頁。

[4] Toshihiko Izutsu, „The Nuxus of Ontological Events: A Buddhist view of Reality", in; Toshihiko Izutsu, *The Structure of Oriental Philosophy: Collected Papers of the Eranos Conferenca, Vol II,* Keio University Press, 2008.

[5] 井筒はこの発想を「東洋哲学の多様な学派に共有されている元型的思考パターン」として、ヴェーダンタ、老子、イスラーム形而上学の例を紹介する（Nexus,p181）。

[6] 性起と縁起の関係は、「性起が縁起に展開する」と語られ、すべてのものがそのつど同時に生じる（性起する）からこそ縁起の関係性になると説明される（Nexus,p181）。あるいは、「同じ一つの存在論的事態を、性起は「理事無礙」的側面から、縁起は「事事無礙」的側面から眺めるというだけの違い」とも語られる（156 頁）。縁起と性起については、例えば、井上克人「縁起と性起－華厳教学の比較思想論的究明」（『〈時〉と〈鏡〉超越的覆蔵性の哲学』関西大学出版部、2015）から多くのことを学んだが本稿では言及することができなかった。

[7] 永井晋「イマジナルの現象学」（『思想』「現象学と東洋哲学」No.968、2004 年12 月）29 頁。

[8] 詳細は前掲拙著『世阿弥の稽古哲学』など。より直接的には、未発表ながら、講演原稿 'Bewusstsein ohne Bewusstsein' (Mushin): Eine Betrachtung von Bildungsprozessen aus Sicht der Zen-Philosophie.(Vortrag und Seminar, Dortmunder Gambrinus Fellowship, Technische Universität　Dortmund, 2014)

[9] 「縁起 the interdependent originaton」と「空」が同義であることも含め、その丁寧な解きほぐしについては、Nexus, p164ff.

[10] 鎌田茂雄「華厳思想の特質」『講座東洋思想 6 』（東京大学出版会、1967 年）215 頁。

井筒俊彦の「分節」と「無分節」

[11] ドイツ語論文の中では「いわゆる二重の眼 „sozusagen ein Doppelfokus-Auge"」と語られた。Toshihiko Izutsu, ‚Die Entdinglichung und Wiederverdinglichung der „Dinge"im Zen-Buddhismus', in: Japanische Beitrage zur Phänomenologie, Herausgabe von Y. Nitta, Verlag Karl Alber Freiburg/München, 1984, S.35

[12] "The philosophical problem of articulation ", *Toward a Philosophy of Zen Buddhism*, Prajuna Press, 1977, p141

[13] 論文 The philosophical problem of articulation は、「認識論的側面」「存在論的側面」の先に「言語論的側面」を語り、その中で道元の「水、水を見る」に言及している。この興味深い考察については、拙論「道元「水、水を見る」―井筒俊彦の『正法眼蔵』理解の一断面」（天野文雄監修『禅から見た日本中世の文化と社会』ぺりかん社、予定）。

[14] 「空」の両義性（否定的意味と同時に肯定的意味）の発生、すなわち「śūnyatā」が「空」と漢訳された際に生じた意味的変容について、井筒は「如来蔵 Tathāgata-garbha」思想からの影響と説明する（Nexus,168ff.）。

[15] むろん歴史的に見れば華厳思想が先行する。禅は華厳の思想を実践的に展開し、「理」の「空」的性格をその否定的側面において強調したことになる。なお井筒の禅理解において、この「空」の否定的側面が弱いという批判については、鈴木大拙の禅理解の問題を重ねる仕方で、今後の課題とする。

[16] 前掲 The philosophical problem of Articulation, p135

[17] 言葉の問題として言えば、一方は、いかなる言葉によっても無分節は捉えることはできないと言い、他方は、あらゆる言葉の内にも無分節は自らを顕現させていると言っていることになる。

[18] 言葉についてこんな語り方もある。「禅的言語は必ず聖諦から発する。聖諦から発出した言葉は、一瞬俗諦の地平の暗闇にキラッと光って、またそのまま聖諦にかえる。この決定的な一瞬の光閃裡に禅的言語の有意味性が成立する。」（「禅における言語的意味の問題」『意識と本質』岩 389 頁、著 308 頁）

[19] 同時に「事」も「空」である。しかし「理」の空的性格と「事」の空的性格はどう違うのか。今後の課題である。

[20] 後期西田哲学における「逆対応」も、人間と絶対者との関係に先立って、まず絶対者それ自身の内で理解される。絶対者自身の内に「逆対応」があり、絶対者自身

が自己の中に自己否定をもつ故に、人間との関係において「逆対応」が成り立つことになる。

[21] 華厳思想における「理理無礙」については、例えば、義湘の説を中心に議論がある（石井公成『華厳思想の研究』春秋社、1996年、「3‐4、理理相即説の形成」など）。

[22] 西田哲学と華厳哲学との「比較思想論的考察」については、上山春平「華厳－三界唯心の思想」『上山春平著作集7』（法蔵館, 1995年）、竹村牧男「「事事無礙法界」と「場所」－『五教章』「十玄門」の理路を辿って」（『場所』第四号、2005年）などがあるが、とりわけ、末木剛博『西田幾多郎－その哲学体系Ⅳ』（春秋社、1988年、441頁以下）が貴重である。その考察を当面の着地点と見定めながら、井筒の理論枠組みによって西田哲学を解きほぐす作業を行ってゆく予定である（さしあたり、拙論「西田哲学と「事事無礙」－井筒俊彦の華厳哲学理解を介して」『思想（特集、西田哲学研究の現在)』2015年、11月号）。

Maruyama's Challenge to Buddhist Communities, Lay and Clerical, in Japan and Korea:

Focusing on the Notion of Invention [作爲]

Woo Sung HUH

I Maruyama's Invention

1 The Recovery of the Subject In the Politicized Age

Karube Tadashi [苅部直], in his work on Maruyama Masao(1914-96), pointed out the self-awareness of the nineteen-year-old Maruyama in terms of a question as if it were Maruyama's own:

> How can I create within myself an autonomous subject[主体性] capable of maintaining dignity and calm no matter what kind of external hardships are inflicted upon it? (Karube, *Maruyama Masao and the Fate of Liberalism in the Twentieth-Century Japan,* Tr., by David Noble, 2008, p. 43; 『丸山眞男: リベラリストの肖像』 岩波新書, 2006 [2014 9 刷 p. 51)

According to Karube's observation, this question was the beginning of the genuine self-awareness[自我の目覺め] of the young Maruyama while he was confronted with a self filled with anxiety and fear in the face of authoritarian repression. The anxiety and fear were part of Maruyama's experience of police detention in 1933 and the repression was the direct result of the politicized age, an age in which the political was not content with merely seizing physical control but was deeply penetrating people's minds.

This paper centers around the following two questions: Did and do Japanese [and Korean] Buddhist communities provide any teachings on the basis of which a man is able to establish himself as an autonomous and independent subject in the politicized age? Or do we have to look to Western sources to become autonomous and independent?

2 Individual Autonomy vs. the 'Tenno' system

Just like Maruyama Masao, let us call the 'Tenno' system anything related to the social and political life which systematically stifles the spirit of individual autonomy. In war time Japan, the Tenno system and Kokutai were certainly, as many Japanese scholars have pointed out, the best examples of the institutions that repressed or suffocated many of the free and autonomous spirits in Japan. In the contemporary South Korea, strong sentiments of nationalism [in this case translated as 民族主義] likewise appear to threaten or substantially weaken the free exercise of individual autonomy. Prior to say anything further, the writer, as a Korean, has no intention whatsoever of criticizing the Tenno system itself as long as it does not hamper the growth of individual autonomy, which is, many of us believe, the basis of democracy.

Today, as was the case in pre-war and inter-war Japan, the means of stifling are various, from the political system, to mass communications, and to ordinary citizens themselves. The fact that the 'Tenno' system had powerfully exercised its force throughout Maruyama's life and had influenced and seized his mind was well documented in his reminiscence occasioned by the death of Emperor Shōwa in 1989.

After the defeat, and as a result of half a year of agonized thought, I had finally reached the conclusion that the emperor system was a fatal obstruction to the free development of the individual personality among

Japanese — to the development of a personality type embodying behavior antithetical to childlike dependence (*amae*), a personality capable of judging and acting in accordance with its own conscience and accepting responsibility for the outcome. As I was writing that essay, I had to keep telling myself, "This is a scholarly article. You don't have to use any special terms of respect when you mention the emperor or the imperial house." Later, this essay may have seemed to other people to be a natural outgrowth of my "thought," but for me, every line of it was a desperate argument with my former self. (*Shū*, 15: 35, English translation from Karube, 2008, p. 112)

For Maruyama, the question was not whether Japan's institutions should include a hereditary monarchy. "[T]he more fundamental issue" was the fostering of a spirit of genuine autonomy and independence [本当の自主独立の精神]," so that whatever the institutional framework, the people could grow into "robust citizens fully capable of building their own nation."(*Zadan*, Iwanami (1998) 3: 297)

3 The Subjective Invention

Uno Shigeki [宇野重規] wrote an essay on Maruyama's notion of subjective invention [主體的作爲]. According to Uno, Maruyama admits that human beings are determined by the socio-economic basis, but there is something which cannot be reducible to this basis. Maruyama calls it 'subjectivity' [主体性] (Uno, In Masaya Kobayashi, ed. 『丸山眞男論-主體的作爲,ファシズム, 市民社會』, The University of Tokyo, 2003, p. 44). Uno continues to argue that the subject is, for Maruyama, neither the subject of philosophical solipsism nor that of psychological desire. The subject is determined by the socio-economic environment. While the subject is aware of its own determined nature, it is the agent of praxis, changing the given environments. (Uno, In Kobayashi, 2003, p. 45)

In the last paragraph of the paper he wrote as a student, "The Concept of the

State in Political Science"(1936), Maruyama rejected "the fascist concept of the state" and argued that "an individual is able to achieve a concrete establishment only through the state, but this individual should so relate himself to the state so that it constantly preserves the negative independence [否定的獨立] from the state." (*Shū*, 1: 31) According Karube's observation, this inchoate realization of Maruyama would evolve into the principle that the "negative autonomy" of the individual is indispensable for the state to truly exist as a nation state. " (Karube, p.73, Jap, p. 88-9)

The most significant activity for this independent subject is called by Maruyama 'invention' [作爲]. According to Sekiya Noboru's observation, the logic of invention started from his early days and remained consistent even in his later years (関谷昇, In Kobayashi, p. 76).

In the monograph "Kinsei Nihon Jukaku shisō no okeru 'shizen' to 'sakui'-seidokan no tairitsu toshite" ("Nature" and "invention" in early modern Confucian thought - As conflicting institutional visions, 1941-42), Maruyama emphasized Sorai's assertion that the Way was not a principle that things adhere to, nor the natural way of heaven and earth, but a way that was founded by the Sages —thus basing the social order upon human "invention." Then the Sages are understood as the inventor [制作者] of The Way *(Shū* 2: 22). Once Maruyama perceived the logic of invention in the social order, then later as Way, he did not hesitate longer to argue for the Western notion of the social contract, in which all of the people were regarded as agents in the invention of the political order. Maruyama believed that, confronted with the reality of immense powers that threaten to crush the individual, people must appeal to the ideals of liberty and civil rights, illusory though they may be. For him, the modernity [近代] with these ideals is not simply the matter of this specific concept, but it became a sense of devotion [歸依の感情] so strong that, in Maruyama' s own words, it "was an almost physical presence inside me." (*Zadan*, 7: 108; Quoted from Karube, Eng., p. 85)

In a very short article "Order and Human beings in Fukuzawa" published in

1943, Maruyama discussed one of the most important duties of a modern state: that is to make citizens realize their independent, active status. After he pointed out that these citizens had known only "passive submission", he stated that "in order for Japan to be developed into a normal modern state, Japan should make citizens realize their independent active status [主體的能動的地位] as a member of a state."(*Shū*, 2: 220) In Maruyama's view, it was Fukuzawa, as one of leading thinkers in Japan, who did his utmost effort in order to take national or political matters from external environments and to take them into inner consciousness of individuals.(*Shū*, 2: 220)

4 The Need for Free Associations in Democracy

In the early postwar period Maruyama had high hopes for workers' and farmers' associations, and especially labor unions. Following Alexis De Tocqueville he strongly believed that participation with others in the creation of an organization and its management would foster genuinely independent and autonomous individual [獨立, 自律] personalities *(Zadan*, 1: 236, Karube, p. 107).

Emphasizing the importance of independent associations for democracy, Maruyama wrote in *The World of Politics*: "For democracy to be actually possible, . . . there should be a space where people discuss more about political and social problems in their ordinary lives. . . . It is far more important for voluntary organization of the common people to act lively and let people's intentions take many different routes."(1952, *Shū*, 5: 189)

When Maruyama dealt with Hōnen and Shinran, he recognized the independent spirit shown in their Buddhist community: "Their task was the religious independence from secular power, thus it was natural that the positive thought toward politics was rare in them. But when they alienated themselves from the tradition of protecting the nation, and took an absolutely non-political attitude, it sufficiently aroused endless suspicion amongst the secular power and institutional order. . . . In this manner, the religious reformation started by

Jōdo-shū did not act positively in politics but was negatively related to politics through the persecution carried out by political power."(*Kōgiroku*, 4: 245)

5 Nishida's Philosophy of History without the Moment of Negation

In his later philosophy of history, Nishida Kitaro(1870-1945) used a few terms referring to human activity. Let us read the following passage.

Those who consider historical constitution [歴史的構成], taking acting intuition [行爲的直觀] as its foundation, do not claim that the aim of life resides in "intuitive equanimity" (*chokkanteki seishi*). Our aim absolutely resides in historical constitution. In other words, human existence resides in historical making (*rekishiteki seisaku*, 歴史的 制作).(*Zenshū* 2003, 8: 222)

It is not clear what is meant by intuitive equanimity. But it is arguable that this comes very close to "the separation from the world" and "the self's absorption into things." Intuitive equanimity, absorption, and ecstasy are all very near what he called gedatsu in the philosophy of self-consciousness.

In another essay, Nishida argues for a close affinity between Mahāyāna Buddhism and Rankean thought. In "*Yoteichōwa o tebiki toshite shūkyōtetsugaku e*" (Towards the Religious Philosophy through Pre-established Harmony), he states: "From this standpoint of present's determining present itself, each moment is the beginning and end of the world. Even historians think each point in the historical world is a beginning (Ranke)" (*Zenshū* 2004, 10: 105). But he laments, "Unfortunately, today's Buddhists forget this kind of authentic meaning of Mahāyāna." Therefore, "eastern culture must revive itself on this standpoint and give new light to the world culture."(*Zenshū*, 2004, 10: 105) Nishida then immediately asserts the following in both a religious and political manner: "The national polity (*kokutai*) of our nation as the self-determination of absolute present is the standard of historical activity (*rekishiteki kōi*) in this respect. This sort of true spirit of the Mahāyāna is kept alive only in Japan in the

406

East."(*Zenshū*, 2004, 10: 105)

Maruyama did not seem to have any chance to discuss Nishida's philosophy of history, but he would have been greatly bothered by Nishida's assertion that the national polity was deemed as the self-determination of the absolute present. The absoluteness of the national polity coming from what Nishida calls the absolute present, would not seem to give a Japanese the necessary moment of negation which was prerequisite for Maruyama's invention. The best Nishida as a philosophical-historical agent [歴史的制作者] could do was to face or accept *Kokutai* and give a self-absorbed philosophical interpretation of it, as many intellectuals did in that era.

In *Zen at War*, Brian A. Victoria provided plenty of examples to show the failure to preserve individual autonomy from the "Tenno." In the foreword in *Zen at War* he explained his findings through twenty-five-year research for what is and what should be the relationship of the Zen Buddhist priest to society and to the state, and to politics:

> The ideas and people I encountered in this subterranean realm of Buddhism were the exact inverse of those on the surface. Down below, warfare and killing were described as manifestations of Buddhist compassion. The "selflessness" [無我] of Zen meant absolute and unquestioning submission to the will and dictates of the emperor. And the purpose of religion was to preserve the state and punish any country or person who dared interfere with its right of self-aggrandizement. p. x. Brian, *Zen at War* (New York, Weatherhill, Inc., 1997).

It may be the case that the selflessness, as it were, became a vacuum for political propaganda to penetrate Zen Buddhist priests' minds, as this selflessness did not negatively relates them to the political.

II The Problem of Korean Nationalism [民族主義]

1 Manhae's Critique of Nationalism [國家主義]

Under the Japanese colonial rule in 1910-1945, many Korean nationalists had similarly painful experiences as did Maruyama in Japan. One conspicuous example may be found in Manhae (萬海, his Birth name: Han Yong-un, 1879-1944). He has been considered as one of the mainsprings of modern day nationalism [民族主義] in South Korea. Let us see how his sense of the age is revealed in the essay, "Chosôn tongnip-ŭi sô" (Writing on Korean Independence) which Manhae composed in prison in 1920, and submitted to a Japanese prosecutor.

> For better or for worse, nationalism [國家主義] has been spreading across the entire globe since the eighteenth century. Within this turmoil, imperialism has reared its head, and given birth to militarism, and the so-called theory of survival of the fittest and the law of the jungle have come to be regarded as perennial truths. Thus, a day doesn't pass when wars of death and usurpation do not take place among nations and peoples. It has reached the point that there is probably nowhere in this world where nations, boasting thousands of years of history, are not reduced to a pile of ashes and thousands of lives are not sacrificed. The representative militaristic nations are Germany in the West, and Japan in the East. (Han Jeonjip, *Collected Works of Han Yong-un*. Seoul: Shin Gu Publishing Co. 1980 1: 346)

Manhae states that nationalism [國家主義] and imperialism have become prominent after the eighteenth century, and that militarism evolved as a result of imperialism. Manhae does not embrace these ideologies. In the same essay, when discussing the allies' victory over the Germans in World War I, he describes it as "the victory of righteousness (正義) and humanity (人道)," and "the failure of militarism." (348) But he does not call it as the allies' victory per se, because the allies have also employed "war ships and cannons," that is, tools of killing, thus

Maruyama's Challenge to Buddhist Communities, Lay and Clerical, in Japan and Korea

they are half-militaristic.(347)

Mind, True Suchness and Buddhahood: The Basis for Criticizing Imperialism and Militarism

In *On Revitalizing Korean Buddhism*, Manhae criticized imperialism and militarism on the basis of such Buddhist notions as Mind[心], True Suchness [眞如], and Buddhahood [佛性], which he believed were what the Buddha taught.(Han 1980 2: 37, 40, 43) Then, he goes on to argue two isms of Buddhism:

Sentient beings are confused by unequal and false phenomena, and not enlightened; thus our Lord Buddha, out of compassion, showed and taught the truth of equality. Thus a sūtra says that all sentient beings are the same, not different from each other in mind and body; another sūtra says that both beings with Buddhahood, and beings without Buddhahood, realize the Buddha's way alike. This sermon is very deep and wide in the truth of equality, and penetrates everything without remainder. How ultimately different it is from an unequal viewpoint! We may say that from this truth of equality, in fact, modern liberalism and cosmopolitanism come.(Han 1980 2: 44)

It is needless to say that success, life, and strength are totally different phenomena from failure, death, and weakness; but they are all the same from the perspective of ultimate truth, as Manhae understands it. According to him, the reason why the Buddha preached the truth of equality was to overthrow the inequality of phenomena, and the prejudice which supported that inequality. Achieving equality and living by such a principle is more relevant to us than questions of success and failure, strength and weakness.

Manhae seems to think that when the truth of equality is applied to an individual, it becomes liberalism; when it is applied to a group or a people, it becomes cosmopolitanism. Each and every human is the same and equal; when

409

one's freedom infringes others' freedom, then it will violate the truth of equality.(Han 2: 44-45)

Manhae explains cosmopolitanism in terms of one family and brotherhood: "If there is no talk of my nation and the other's nation, this state and that state, this race and that race, and if we are all seen as one family [一家], and as brothers, there would be no competitiveness and no invasions. Governing the world would be like governing a household."(2: 45) Manhae read history as showing that when nations compete with one another, the stronger one wins, and pillages the weaker; then, the first one becomes an imperialist, and takes itself as the center of the world. But Manhae's 'one family' has no center. Simply put, the ultimate bases for his criticism of imperialism— and his advocacy of egalitarianism, liberalism, and cosmopolitanism —are Mind, True Suchness, and Buddhahood. Here he is appealing to the universality of these Buddhist teachings.

Even after independence in 1945, many Koreans in South Korea, living under the military regime during 1960s-80s, fought hard for democracy and had to suffer coercion, intimidation, terror, arrest, and torture. They exercised their subjectivity against a nondemocratic rule, and finally established democracy.

2 The Problem of Nationalism [民族主義]

We may see these activities of subjects as some sort of *sakui* [invention], although they looked inchoate or incomplete. That incompleteness may be exemplified in the current nationalistic/ exclusivistic sentiments, which make some Koreans, including Buddhists, less than autonomous and free subjects; the subjectivity is weakened and sometimes stifled not only by the political power, but also by mass communications such as TV, newspapers, movies of national heroes, and many types of SNS.

It is quite interesting to admit the fact that Japanese nationalism [國家主義] was fought hard against by Manhae on the basis of Buddhist principles, but his action and thought has become one of the best sources for current nationalistic [民族主義的] sentiments. This sentiment disturbingly seems to be often

Maruyama's Challenge to Buddhist Communities, Lay and Clerical, in Japan and Korea

strengthened and bequeathed to the next generation. Thus I feel that the logic of *sakui* is required to resist strongly the divisive, tribal, jingoistic and aggressive sentiments.

III Is Universalism often the Tactic of the Weaker?: Fukuzawa and Itō

1 Fukuzawa's View on Religion

In the final chapter of *An Outline of a Theory of Civilization*, "A Discussion of Our National Independence" Fukuzawa Yukichi states as follows:

> War is the art of extending the rights of independent governments, and trade is a sign that one country radiates its lights to others. [. . . . . .] Accordingly, it is clear the ethics of impartial and universal brotherhood [一視同仁の大義] is not compatible with the ethic of patriotism and establishment of national independence [報國盡忠建國獨立の大義].
>
> Hence the theory that we can establish the basis of national independence by propagating a religion and extending it to the political realm should be branded a mistake. Religion pertains only to private virtue[一身の私德], and its goals differ from those of the spirit of national independence. (Fukuzawa, *Bunmeiron no gairyaku*, Tokyo, 2004[2002], pp. 306-7, Trans. by D. A. Dilworth and G. Cameron Hurst III, *An Outline of a Theory of Civilization*, New York: Columbia University Press, 2008, p. 235)

In this paragraph, Fukuzawa claims that the ethics of impartial and universal brotherhood is not compatible with the ethics of patriotism and the establishment of national independence. In his eyes, religion which teaches universal ethics was simply private virtue.

2 Itō's Abandonment of Usual Principles of Justice and Welcoming of "Civilization"

Itō Hirobumi (1841-1909) was well aware that in his time of competition for survival, the usual principles of justice [普通の正理], something like universal ethics, should give the way to national profit. The following passage is a part of Itō's memorandum written in August 1871, a few months before the Iwakura Mission sailed for San Francisco. There is nowhere better to observe how Itō intentionally chose "national profit" and "civilization," abandoning what he called the usual principles of justice.

Unless domestic products are cheaper than foreign products one's own people will not buy them, so one increases import tariffs in order to put up the price of foreign goods . . . such a tariff is called a defensive tax . . . Countries like our own that have not yet attained full development will delay that arrival of civilization if they do not apply this method. For example, we should keep the tax low on domestic goods such as books and machinery and make it high on goods such as silk textiles, alcohol and tobacco, thus helping to stimulate our own production. A country such as America, by using solely this method in relation to alcohol and tobacco has already reached a stage where people have greatly increased production . . . . From this point view of morality [人理] this favoring of one's own [country] looks like seeking one's own profit and one's own advantage and abandoning the usual principles of justice [普通の正理]. But for enriching one's country, making one's country prosperous, it is in fact an indispensable means . . . use of the protective tariff is how Britain reached its present prosperity and came to dominate the world's manufacture.(*Itō Hirobumi den*, vol. 1,Tokyo, 1940, pp. 593-4. English Translation quoted from M. B. Jansen *The Making of Modern Japan*, Cambridge, Massachusetts, The Belknap Press of Harvard University Press, 2000, p. 375)

Itō's intentional abandonment of the usual principles of justice may lead us to ask the following question: Was the Manhae's type of ethical universalism based on

412

Buddhist teachings a ready, but the ineffectual tactic of the weaker?

IV Key Questions Regarding Inventing a New Reality, or a New Civilization

While still an undergraduate student, Maruyama read Otto Wel's speech which vehemently opposed to the rise of Chancellor Adolf Hitler in 1933 and in a later roundtable discussion asked, "Is it possible for an individual to continue to stand firmly in opposition to the activities of those around him without a commitment to something that transcends human history?"(*Zadan*, 7: 257, Karube, Eng.,p. 125) The response Maruyama himself offered was an affirmation of faith in "the ideals of freedom, peace, and justice."(*Zadan*, 7: 257)

When the historical reality such as right-wing politics and nationalistic sentiments threaten these ideals, can Japanese and Korean Buddhist communities, or scholars be motivated by virtue of such teachings as Selflessness, True Suchness and Buddhahood, to criticize the current historical reality, and invent a new one? This was once attempted by Manhae in the 1930s in Korea. Didn't Yanagi Muneyoshi or Miyazawa Kenji belong to the same category of thinkers and show a similar attempt?

If we truly believe as Maruyama did once that most of traditional Buddhist sects in Japan are lacking in displaying negative independence from the political power, do we have to look to Western traditions in search of the fountain of invention? Regardless, democracy has been imported from the West. Itō once chose to abandon universal ethics for national profit and the arrival of civilization. Can we find any Buddhist teachings which are applicable to transform this self-interested civilization? Then, is one of the aims of comparative philosophy to identify complementary roles of the East and the West and to let them as twins work together in order to invent a better form of civilization? If it is, does comparative philosophy help us differentiate the main role from the helping role? How would Maruyama (or Fukuzawa) respond to these questions?

(Kyunghee University)

III

仏教の未来へ向けて

仏教がケアと関わることの意義

—曽我量深の慈悲の思想—

坂井　祐円

はじめに

　近年、仏教者によるケアの活動が、少しずつ注目されてきている。医療や福祉の現場に仏教者が関与する活動としては、「ビハーラ運動[1]」がすでに知られている。この運動は、キリスト教文化圏から起こったホスピス運動の仏教版であり、もっぱらターミナルケア（終末期医療・死の看取り）に関わるものであったが、ここから高齢者福祉や司法福祉などへの広がりもわずかながら見せている。また、ビハーラ運動と並行して、仏教精神に基づくカウンセリングのあり方である「仏教カウンセリング[2]」も提唱されている。

　東日本大震災では、被災地の復興支援という現場に多くの宗教者が関与したことが話題になった。これは宗教とケアとの新たな出会いであった。自然災害の多い日本列島では、以前から宗教者が災害被害に対する人道支援に関わることは幾度となくあったが、今回の大震災は、災害の規模の甚大さに加えて、東北地方という独特の宗教的風土も影響して、宗教者の支援活動にスポットが当てられたと考えられる。

　この震災ケアを契機として、東北大学に「臨床宗教師」の養成講座[3]が開設され、宗教者がケアの現場に積極的に参与していくための資格整備に動き出したことは、日本における宗教とケアとの関係を考えるうえで、特筆すべきことであろう。臨床宗教師は、キリスト教文化圏におけるチャプレンをモデルに構想されたものである。こうした制度のもとで、たとえば仏

417

教の僧侶が病院や福祉施設などに常駐してケアの活動に従事するようになれば、日本人のケアに対するイメージ、ひいては宗教に対するイメージも随分と変わってくることだろう。臨床宗教師の提唱は、今日の日本の精神風土における宗教性の復権への願いも込められている。

　仏教の思想的コンテクストからすれば、これらの動きは大きく「社会参画仏教（Engaged Buddhism）[4]」の流れに位置づけられるものであり、言わば、仏教者が世俗社会とどのようにコミットするのか、という古くて新しい課題である。

　とはいえ、仏教者が世俗社会において「ケア」という具体的な社会実践を志すからには、その行動原理において、仏教思想に基づく然るべき精神的基盤に立脚しなければならないであろう。その精神的基盤とは、果たしてどのようなものであろうか。

　それは、端的に言えば、「慈悲」の思想にほかならない。ただし、一口に「慈悲」と言っても、決して一筋縄でいくような思想ではない。まずもって、慈悲の心を起こすのは人間であるとは言い切れない。この点について、とりわけ興味深い考察を示しているのは浄土教である。「慈悲に聖道、浄土のかわりめあり」（『歎異抄』第四条）という一句に代表されるように、浄土教では、慈悲を「聖道の慈悲」と「浄土の慈悲」とに分けている。

　「聖道の慈悲」とは、自力によって、苦しんでいる人々を憐れみ、悲しみ、苦しみから解放されるように導こうとするあり方を指す。もともとは仏道修行者の態度を扱ったものであるが、広義に解釈すれば、人間が自ら慈悲の心を起こして、他の人間に救済の手を差し伸べようとすることであり、つまりはヒューマニズムに基づく慈悲のあり方である。

　一方、「浄土の慈悲」とは、阿弥陀仏の本願力に身を任せることで、他力によって苦しみから救われてゆくあり方を指している。このとき、慈悲の心を起こすのは阿弥陀仏であって、人間ではない。阿弥陀仏の慈悲は無限であるが、人間の力で起こす慈悲には限界がある。それゆえ浄土教では、本来の純粋な慈悲は、浄土の慈悲としての「如来の大悲心」であると結論づけている。

　浄土真宗（その中でも真宗大谷派・東本願寺）の近代教学は、清沢満之

仏教がケアと関わることの意義

（1863~1903）が提唱した「精神主義」の影響によって、個人の信仰を何よりも重視する傾向をもっている[5]。自己の内面を深く見つめ直すことで信仰主体を確立するという展開は、個人主義に立つ近代宗教の典型とも言えるが、同時にこのことは他者の問題を曖昧にするという難点を露呈している[6]。近代教学からすれば、他者が苦しみから解放されるかどうかは、「如来の大悲心」に任せるほかなく、自己の及ばない出来事である。また、ケアの活動のように、困難な状況にある人々を積極的に援助しようとすることは、「聖道の慈悲」にほかならず、自己に対する洞察が浅く、他力信仰が徹底されていないと見なされるか、もしくは、教学的には何ら関係のない問題として処理されてしまうのである。

　こうした近代教学の陥穽を象徴するようなエピソードがある。東日本大震災の被災地でボランティア活動に従事していた真宗大谷派の一人の若い僧侶が、筆者に語っていた話である。その僧侶は、地元を出発する際に、自坊の住職をしている父親から「僧侶としての仕事をしてこい」と言われた。彼はその言葉に引っかかり、「僧侶として一体何ができるのだろうか」と考え込みながら被災地に入った。ところが、被災地のあまりに過酷な状況を見て唖然とした彼は、自分が僧侶であることなどどうでもよくなった。「私は、僧侶である前に、一人の人間なんだ。同じ人間として被災者をなんとか助けてあげたい」と、考えるようになった、というのである。

　結局、この若い僧侶を被災地の支援へと駆り立てたのは、他力信仰ではなく、ヒューマニズムによるものであった。近代教学は、このような僧侶たちのケアの活動に対する関心に何の根拠づけも与えることができないでいる。むしろ、批判の対象である「聖道の慈悲」に立ってケアの活動をなすべきだ、と開き直ったほうが良いようにすら感じられる。

　しかしながら、実際には、「浄土の慈悲」の思想こそ、ケアの本質を掘り起こし、ケアの営みを深く根拠づけるものなのである。精神主義の影響を受けつつ浄土真宗の近代教学の礎を築いた曽我量深（1875~1971）は、その直観的思索の集大成である「法蔵菩薩＝阿頼耶識」論を通して、実存的苦悩を自覚的に生きる人にこそ、その深層に法蔵菩薩が顕現して慈悲心を発動し悲しみを共にする、という慈悲の思想を表した。ここには仏教がケア

の本質へと結びゆく糸口を見出すことができる。曽我の思想をケアの観点から捉え直すことによって、仏教がケアと関わることの意義について改めて考えてみたい。

1　ケアと慈悲

仏教者が「ケア」の現場に実践的に関わるうえで、「慈悲」の思想が精神的基盤となる。そのように主唱するためには、「ケア」と「慈悲」とがどのように結びつくのかを、最初に整理しておく必要があるだろう。

まずは、「ケア」という言葉について。これは、言うまでもなく、英語のcare に由来する。care は、語源的には、関心、注意、気遣い、気配り、苦労、苦悩、といった〈対象に向けられた共感的な態度〉を表す言葉である。ここから、世話、手入れ、保護、といった意味が派生し、看護、介護、治療、援助、といった〈対象を受容し扶助する行為〉を表す言葉として用いられるようになった[7]。今日では、医療や福祉などの高度に専門化され制度化された職業的行為を指して、ケアと総称することが一般的になっている。

とはいえ、ケアはもちろん専門的な行為のみを指すわけではない。素朴に考えれば、日常生活における人と人との交わりの一つのあり方を示している。身近にいる人が困っていたので、注意を向け、声をかけ、手を差し伸べた、といった一連の動き。ここにすでにケアが生じている。その点で、ケアはごく日常的な出来事である。

次に、「慈悲」という言葉について。この言葉は、一つの単語ではなく、「慈」と「悲」の合成語である。「慈（maitrī）」とは、親しき友（mitra）に由来する言葉で、友愛、真実の友情、純粋な親愛の情などを意味し、端的には「いつくしみ」を表す。「悲（karuṇā）」とは、呻きを原意とする言葉で、憐憫、同情、やさしさ、思いやりなどを意味し、端的には「あわれみ」を表す。また、いつ頃からか（おそらくは大乗仏教以前に）、「慈」が「他者に利益と安楽をもたらすこと（与楽）」を指し、「悲」が「他者の不利益と苦を除去すること（抜苦）」を指すという解釈が生まれており、ここにおいて、「慈悲」は「利他」の行為と同じ意味合いで用いられている[8]。

慈悲もまた、語源的には〈対象に向けられた共感的な態度〉を基礎としており、そこから、他者の苦しみを取り除き、安楽を与える行為の意味へと展開している。この点で、慈悲は、構造的に、ケアとの類似性が高い言葉であると言えるだろう。

ところが、いったん語源から離れて、日本語として用いられるケアという言葉と慈悲という言葉の関係を、その用語法から比べてみると、慈悲が精神的な作用を表すのに対して、ケアは関与や行為を表している場合が多いことがわかる。「慈悲の心をもって患者をケアする」という言い回しに違和感がないように、「慈悲」が精神的基盤となり「ケア」という行為を成立させる、すなわち、〈慈悲→ケア〉という関係（結びつき）が見出されるのだ。

さらに、ケアと慈悲との関係を整理するためには、もう一つ「利他」という仏教語に考慮しなければならないだろう。利他とは、大乗菩薩の理想的なあり方を指し、自身が修行した功徳を他者に回向して救済に導くことである。ここから、利他は、一般的な用語として、他者の幸福のために自分を犠牲にしようとする精神とそこから起こされる行動、という精神的な意味と行為的な意味との両方を併せ持った言葉として用いられる。また、利他は、釈尊の前生譚である『ジャータカ物語』にしばしば出てくる「捨身供養」のテーマが原点になっている。この点で、利他もまた、その精神的基盤としては、慈悲の思想が背景となっており、慈悲の具体的な発展形態として捉えることができるだろう。

このようにみると、「ケア」「慈悲」「利他」の三つの言葉は、意味を重複しつつ相互に関係をしていることがわかる。とりわけ「ケア」は、「慈悲」や「利他」などの仏教語のニュアンスを含んだ広い概念であり、また、具体的な社会実践の活動に直接結びついている。慈悲も利他もともに、ケアという営みを行ってゆく上での精神的基盤として捉えることができるが、慈悲と利他とを比べると、慈悲のほうがより根源的な基盤であり、利他は、慈悲の精神とケアの行為とを媒介する作用であると考えることができるだろう。

2　慈悲が起こってくる根拠

2—1　仏教教理の観点から　—根拠1：相互依存性—

　前節では、慈悲がケアの営みにとって重要な精神的基盤であることを確認したが、それでは、慈悲そのものは、一体どこから起こってくるのであろうか。

　このような問いは、慈悲に関わる思想史的な変遷に起因している。仏伝によれば、菩提樹の下で悟りを開いた釈尊は、自らが発見した悟りの内容が欲望や妄執の中で生きる人々に理解されることはないとして、人々に説法することを躊躇した、というエピソードを伝えている。結果的には、梵天勧請を通して、釈尊が慈悲の心を起こし説法を決意したことで、仏教は人類の歴史に出現するのであるが、このエピソードが示唆するのは、初期仏教では、悟りの智慧と衆生済度の慈悲とは、必ずしも結びついてはいなかったことである[9]。けれども、その後の大乗仏教では、般若の智慧によって衆生済度の慈悲が顕れると説明され、智慧と慈悲とは不可分の関係として位置づけられるのである。

　果たして、この智慧と慈悲の関係についての初期仏教と大乗仏教との矛盾をどのように考えればよいのだろうか。さしあたり、悟りを開いて智慧を得ることが、なぜ衆生を救済しようとする慈悲へとつながるのか、その原理がはっきりしていないことが問題であろう。大乗菩薩の信念は、他者を救済することが暗黙の前提となってしまっている。

　大乗仏教の思想では、「智慧」と「慈悲」とを結びつける有力な理論的根拠として、「縁起」の思想が挙げられる。ここでの縁起とは、「すべての事物は相互につながりあい依拠しあっている」という「相互依存性」の思想を指している。

　縁起＝相互依存性の思想は、生きとし生けるものはみな、他者の行為の影響を受けずには生きていけないのであるから、自分を含めた世界のあらゆる現象に対して何らかの責任を負っている、ということを教えている。ここから、人々の苦しみは自分の苦しみでもある、とする慈悲の精神が生まれ、自らの苦しみを解放するために他者の救済へと行動しなければなら

ない、という利他の行動原理が引き出されることになる[10]。

　悟りの智慧がこうした縁起の思想を内容とするのであれば、衆生済度の慈悲と結びつくというのも、理屈としては分からないではない。とはいえ、実際のところ、この世界の成り立ちが縁起的であり、相互依存的であることに気づいたからといって、すぐさま他者の苦しみが自分の苦しみであると感じることができるのだろうか。ましてやそうした感覚から他者を救済しようと行動を起こすことには飛躍があるようにも感じられる。

　他者をケアしようとする行動原理（利他）、およびその精神的基盤（慈悲）は、理性的に起こってくるものではなく、もっと生命の本質に関わるような、根源的なものから引き起こされるのではないだろうか。

　ここで少し仏教のコンテクストから離れ、慈悲の精神や利他の行動を生命の本質に関わる問題と捉えて、生物学的な観点、および人間学的な観点から考えてみたいと思う。

２－２　生物学的な観点から　―根拠２：本能―

　そもそも利他の行動は、人間だけがもっている特別なものではない。生物学の成果によれば、同種間による互恵的な行動は、集団生活によって種が成り立っている場合に、しばしば見られるものである。これは、種の保存・維持という遺伝子の戦略を、共同繁殖という形によって選択したからだと考えられている。とりわけサルやチンパンジーなどの霊長類はこの傾向が顕著であり、したがって、人間が利他行動を起こすのは、進化の過程で獲得されてきた遺伝的形質、すなわち本能であるとする見方を可能にする。つまり、生物種としての人間は、同族的な集団を形成し、社会的に生活することを基盤としているがゆえに、本能的に他者からケアされ、他者をケアする、という互恵的な関係を作り出すというのである[11]。

　人間にとって、ケアすることはごく自然なことであり、本能的なものであるとすると、それでは、なぜケアすることに疲労や苦痛を感じてしまうことがあるのだろうか。自然主義に立つ現代のケア論[12]によれば、それはケアされる経験から生じる快感がケアする原動力になっているからだと説明されている。人間は生まれたときから誰か（主には母親）にケアされる

ことによって、成長・発達がスタートする。ケアされる経験には、愛情が伴っており、それゆえに喜びが生じる。やがて、ケアされることに喜びを感じて育った人は、第三者が困っていたり苦しんでいたりすれば、自然にケアしようとする気持ちが起こってくる。誰かをケアすることで感謝されたり信頼されたりすれば自己肯定感が満たされ、ケアする喜びはますます増幅することになるだろう。ところが、喜び＝快感に基づいてケアが行われるということは、逆に言えば、快感が得られないとき（たとえば、ケアをしても見返りがないときなど）には、ケアという営み自体が苦痛となり疲労の原因になってしまうという危険性を同時に抱え込むことになるのである[13]。

　生物学的な観点からすれば、人間が慈悲の心を起こし、利他の行動をとるのは、共同体に依拠して生きる生物種として遺伝的に組み込まれた性質に由来するものであり、そもそも人間は慈悲や利他へと向かう存在であると言うことができる。ただし、利他の行動は、快感によって基礎づけられており、快感が得られなければ反転し滞ってしまうような限定されたものである。この観点に立つ限り、慈悲は人間の情念に左右されており、仏教が説くような一切衆生の救済に及ぶことがない。言わば、相手の条件や態度によっては、慈悲を起こしても無駄骨であると感じられる者も出てくることになる。

２－３　人間学的な観点から　—根拠３：究極的な尊厳性—

　ところが、実際には、慈悲というのは、人間の情念を超えて発動するときがある。このことを今度は人間学的な観点から考えてみたいと思う。取り上げるのは、フランスの哲学者ドゥルーズが問題提起する「一つの生」（une vie）という考え方である[14]。ドゥルーズは、ディケンズの小説（『われらが共通の友』（"Our Mutual Friend"））に描かれる次のような場面を引用して、独自の考察を加えている。

　　一人の極悪人が、溺れて仮死状態で病院にかつぎこまれてきた。介抱する人たちは、この男が極悪人であることをよく知っている。そして誰一人この男に好意を抱いてはいない。にもかかわらず、彼らはこの

男のほんのわずかな命の兆しを必死になって守ろうとした。この男は、介抱されている間、朦朧とした意識の中で、何か優しいものが自分の中に入ってくることを感じた。その優しさに包まれて、これまで取り憑いていた卑屈さから解放されていった。しかし、この男が回復に向かうと、これまで必死に介抱していた人たちはみな、この極悪人から遠ざかりはじめた。男もまた、生気を取り戻すとともに、純粋な生としての自身を失っていった。

この場面では、介抱する人たちも、介抱される男も、ともに個体的でかつ非人称的である「一つの生」（une vie）を見出している、とドゥルーズは述べる。それは「生きているだけでかけがえがないと感じられるような生の了解」である。「一つの生は、そこに内的かつ外的な生におけるもろもろの付随的な出来事から、つまり到来する付随的な主体性と客体性から解放された、純粋な出来事を明示している。」

純粋な出来事とは、「個人的な（individual）生」を問題にするのではなく、あくまで「個体的な（singulier）生」を問題にしている。「個人的な生」は社会的な名称・尺度・基準によって他者から区別されるものであり、代替可能である。一方、一人の人間に内在する「個体的な生」は、いかなる社会的な名称・尺度・基準によっても区別されないものであり、代替不可能である。

つまり、ここで示唆されているのは、人間の心に、誰かを助けたい、苦しみから解放されてほしいという思い（つまりは慈悲の心）が起こるのは、他者に内在している代替不可能なかけがえのない「一つの生」＝究極的な尊厳性を見出したときに（同時にそれは他者と出会うことによって自己の内においても見出すことになる）、はじめて可能となる、ということであろう。このエピソードはフィクションではあるが、実際のケアの場面においても十分に通用する視座である。むしろ慈悲が起こってくる根拠を考える上では、生物学的（自然主義的）な説明以上に説得力のあるものではないだろうか。

ドゥルーズのいう「一つの生」に触れるという出来事は、人間の情念に関係なく、人間の心に訴えかけてくるはたらきであると言ってよいだろう。

その点で、この出来事は、すでに人間の領域を超えている。ただし、ディケンズの小説でも描かれていたように、「一つの生」は、社会的に制約された場面に戻ると、すぐさま「個人的な生」に回収され、人間の情念のもとで扱われる存在に変わってしまう。「一つの生」は、いつでもどこでも偏在的に立ち現れている純粋性をもっているにもかかわらず、人間が直にこれに触れるのは特殊な機会に限られており、しかも持続性がない。さらには、これに触れたからと言って何らかの精神変容が起こるわけでもない。

　存在（個体性）のもつかけがえのなさ、究極的な尊厳性は、人間学的に考えるときには、限定的なものとして捉えられてしまう。これは実質的には、宗教的な根拠を必要とする。慈悲は人間の領域のもとで位置づけられるのではなく、宗教的にすなわち人間を超えた次元から根拠づけられてこそ、本来的な意義を見出すことができるのではなかろうか。

２－４　信仰の観点から　—根拠４：超越性の顕現—

　そこで、ここからは、再び仏教のコンテクストに戻ることにしよう。仏教史を辿ってみれば、古くから仏教者はケアに関わる活動に従事していたことがわかる[15]。すでにインド仏教において、祇園精舎の一角に、病人や死を迎える人などを世話するための施設である無常院が建立されていたことが伝えられている。日本仏教では、飛鳥時代に四天王寺の中に四箇院（敬田院、施薬院、悲田院、療病院）が設置されていたという伝承があり、また奈良時代に国家の制度として興福寺の中に施薬院が設置されている。こうした伝承の中で興味を引くのは、鎌倉時代に非人（ハンセン病者や障害者など）の救済事業を展開した忍性（1217~1303）の教団が、その活動の根拠としていた文殊信仰についてである[16]。

　古代・中世の日本では、仏教者による貧民救済の活動は文殊信仰と結びついて理解されていた。その所依の経典である『文殊師利般涅槃経』には、次のように説かれている[17]。

　　①文殊の名を聞き、礼拝することによって、文殊の守護を得て、生死
　　　の罪過を滅することができる。

　　②文殊が貧窮・孤独の非人の姿となって現れ、慈悲心をもって福業を

なそうとする者か否かをためす。

　この経文に基づき、忍性の教団では、非人たちを「①前世からの悪業によって仏罰を受けた罪深き衆生」であると同時に、「②文殊菩薩の化身」であるという、二重性を備えた存在として理解していたと考えられる。つまり、表面上は、①を根拠として、非人たちを文殊信仰に導いて滅罪を実現するために救済活動を展開しているのであるが、実質的には、②を根拠として、非人たちのために尽くすことが文殊菩薩の化身に尽くすことになる、という聖性への信念から利他の福業がなされていたのである。

　ここで重要なことは、慈悲が起こってくる根拠が、「化身」の考え方と結びついている点である。「化身」とは、仏教思想における仏身論の一つで、純粋な真如法性としての法身が人間の感覚に合わせて顕現した姿のことを意味し、応化身もしくは変化身とも呼ばれる。具体的には、衆生済度のためにこの世に出現した歴史上のブッダの身体のことを指している。文殊信仰では、顕現する主体は、法身ではなく文殊菩薩となっているが、これは法身が文殊菩薩に仮託され象徴的・神話的に表現されたものであると言えるだろう。『大乗涅槃経』には、菩薩の理想像として、衆生を教化し救済したいという慈悲心から、誓願を起こして涅槃に入らずにあえて悪趣（苦しみの世界）にとどまる菩薩のあり方が描かれている。そうした慈悲心をもった菩薩が衆生を媒介として顕現したものに、「大悲闡提」と呼ばれる存在がある。菩薩が、衆生済度のために、貧窮・孤独・病気・障害などの苦しみをもった人々にあえて化身しているとする見方は、大悲闡提の思想に通じるものがあるだろう。

　化身の思想からすれば、人間が慈悲の心を起こし利他の行動に及ぶことができるのは、苦しみの渦中を生きる他者が、菩薩の化身＝超越性の顕現として自身の前に立ち現われ、自身を救済しようと願っている尊厳的な姿として感受されたときである。それはつまり、苦悩を抱える他者も、その他者を気遣って助けようとする自己も、ともに超越の慈悲のはたらきに包まれて在る、という世界の現成を示唆している。

　以上、慈悲が起こってくる根拠について、仏教思想とその他の立場を含めた四つの観点からの考察を示した。それぞれの根拠を列挙すれば、１：

相互依存性、2：本能、3：究極的な尊厳性、4：超越性の顕現、にまとめられる。これらは実質的には同一の根拠性を四つの角度から捉えているのであり、最終的には第四の観点に収斂してゆく。これから考察しようとする曽我量深の慈悲の思想は、これら四つの観点、四つの根拠性を含みつつ、独自の思想展開を行っている。次節以降では、その展開を辿ることを通して、仏教がケアの営みに関わることの意義を探っていきたいと思う。

3 曽我量深とは誰か

曽我量深という名前を聞いて、どのような人物であり、どのような思想をもっていたのかをすぐさま思い浮かぶことができる人はごく僅かであろう。曽我の生涯を辿ってみれば、彼はどこまでも真宗大谷派という浄土真宗の一宗派内の宗門人であり、教学者であった。それゆえ、ひとたび宗門の外を出れば、彼を知る者は皆無と言っても過言ではない。

少し前に、フランス思想を中心とした現代思想の研究者で社会哲学者でもあった今村仁司（1942~2007）によって、真宗大谷派の宗門の中に埋もれていた清沢満之が発掘され、近代日本思想史の重要な思想家として再評価されるという動きがあった（ちなみに、曽我は、20歳代の後半に、清沢が主宰していた「浩々洞」という真宗学徒たちの私塾に参入しており、その感化を直接に受けている）。今村は、清沢を紹介するうえで、「宗門内ではウルトラ有名人、宗門外ではほとんど忘れられた思想家[18]」という印象的なフレーズを用いていたが、曽我の場合には、清沢以上にこのフレーズが当てはまるのである。

まずもって、曽我の思想を詳しく考証していくと、真宗教学の専門的知識がなければ理解できない内容が多く、近寄り難いところがある。また、曽我自身は、清沢とは異なり、欧米の哲学・思想からの影響がほとんどなく、もっぱら仏教思想の内部でのみ思索を展開している。しかも仏教思想と言っても、依拠しているのは漢文で書かれた仏教文献に終始しており、江戸期まで行われていた宗学（真宗の教学）と余乗（他宗の教学）の研鑽という宗門の学問伝統を方法論的に引き継いでいる。こうした点で、曽我

の思想はその独創性が見えにくく、近代日本思想史からすれば扱いが難しいとも言えるだろう。たとえ曽我量深の名前が思想史上に登場したとしても、清沢満之の精神主義の影響を受けた宗門学者の一人として列挙されるに留まるし、その思想の具体的な内容にまで踏み込んで書かれることは、目下のところあり得ないだろう。

しかしながら、曽我は、同時代人の思想家たち、とりわけ京都学派の系譜に属する思想家たちが浄土教思想を理解しようとする上で、最も手がかりとされ信頼を寄せられた教学者であった。言わば、彼らは、曽我の浄土教解釈というレンズを通して、祖師たちの思想に触れていたのである。そうした思想家の一人に、田辺元（1885~1962）がいる。田辺は、その晩年に、戦争協力への罪責感と哲学の無力感から『懺悔道としての哲学』を執筆し、敗戦から戦後への混乱の中を生き抜く人々の苦悩や葛藤を代弁したのであるが、この懺悔道の思索を展開するうえで、浄土真宗・親鸞の教えが田辺の胸中を深く突き動かしたのである。

田辺は述べる。親鸞の著作である『教行信証』は、全体が懺悔である。それは懺悔について語った書ではなく、懺悔に依って救われた立場における仏の賛美の書である。とはいえ、『教行信証』を仏教の懺悔道的展開として領解することは、一般の真宗解釈として認められているとは言えない。またその中心に懺悔の概念が見出されることもない、と。

こうした『教行信証』の解釈をめぐる思想状況を考察する文脈の中で、曽我量深の名前が唐突に出てくるのである。

> もっとも、曽我量深氏の如きすぐれた宗門学者にして懺悔の基調を捉え、これに重きを置いた人はあるにはある。私は氏の解釈に啓発せられたこと多大であり、深くこれに感謝するものである[19]。

この一文からは、ごく短いながらも、田辺晩年の思索の基層において曽我量深の影響力がいかに強烈であったのかを窺い知れる。昭和45年（1970年）に刊行された『曽我量深選集』第五巻の月報には、田辺のエッセイ（執筆自体は昭和33年（1958年）12月）が掲載されているが、その中でも曽我量深の影響力について縷々述べている。

> 先生〔註：曽我量深〕の寿を祝ひその教を感謝するのは、先生の門下

として直接に教を受けた人々に限らないであろう。先生の数多き著書から教へられたものは全国に幾万を算へることと思ふ。かくいふ私もまたその一人である。今から三十五年前、先生の論集第一巻『救済と自証』を読んで大きな感激を覚えてから先生を尊敬すること深く、その後に出た先生の著書の殆ど残す所なく拝見して教を感謝し来った[20]。

曽我量深は、現代でこそ宗門の中に埋もれた思想家であるとはいえ、彼が生きた時代（大正から昭和、戦後にかけて）からすれば、仏教に精神的な救いを切実に求める多くの日本人にとって、これほど宗教的感性を刺激し深く魅了した僧侶も稀有であった。何よりも、曽我の後半生は、ほとんど執筆と講演に明け暮れており、また齢90歳を越えて大谷大学の学長に就任するなど、最晩年に至るまで倦むことを知らず精力的に教化活動に取り組んでいる[21]。次節より曽我量深の慈悲の思想について具体的に考察していくが、実のところ、曽我量深こそまさしく生ける慈悲の体現者であり、慈悲の実践者にほかならなかったのである。

4　曽我量深の慈悲の思想

4－1　無縁の慈悲についての解釈

曽我量深の慈悲の思想を考察するうえで、改めて確認しておかなければならないことがある。それは、曽我にとっての慈悲は、あくまで如来からの慈悲であって、人間が起こす慈悲ではない、ということである。つまり、慈悲は、まず前提として、超越の側から開かれているのである。とはいえ、この超越の慈悲は、ただ一方的に人間にはたらいているわけではない。

人間は生きていく中で、とりわけ困難な問題にぶつかったときには、実存的な苦悩、生きることそれ自体を根本的に問われるような苦悩が、襲ってくることがある。そうした苦悩を抱えた者は、絶望の淵に立たされ、先が見えずどうにも動けなくなってしまう。このようなときこそ、人間は本質的なケアを必要とする。ただし、それはもはや人間によるケアではない。本質的なケアとは、超越の慈悲によってのみ遂行されるケアであると言える。実存的苦悩と超越の慈悲とが交叉することによって、人間は初めてそ

の苦悩から解放され、新たな自己としての歩みを始めることができる。曽我が見据えていた慈悲観を理解するためには、こうした自己の根本変革のダイナミズムをおさえておかなければならない。

　教学的に説明すれば、この自己の根本変革のダイナミズムは、「二種深信」の問題として位置づけられる。これは「機の深信」と「法の深信」とが交叉したとき、真実の信心が生じるということである。曽我は何よりも「機の深信」を重視した。『教行信証』によれば、「機の深信」とは、「自身は現にこれ罪悪生死の凡夫、曠劫より已来、常に没し常に流転して、出離の縁あることなし」と信じることだと書かれている。真宗教学の伝統では、「深信（深く信じること）」という点から、この一文は人間が「自身が凡夫であることを自覚する」事態を指すと解釈されている。しかし、文面を見るかぎり、これは実存的苦悩による絶望の状況を描いている。そして、だからこそ、超越の慈悲（「法の深信」）がはたらき出すのである。「法の深信」とは、「かの阿弥陀仏の四十八願は衆生を摂受して、疑いなく慮りなくかの願力に乗じて、定んで往生を得る」と信じることである。これもまた、人間が信じる内容というより、超越の慈悲がはたらき出すことで自己の根本変革が起こる、という状況を捉えていると言えるだろう。この場合、「往生」とは、実存的苦悩が反転して新たな自己として甦ることを示唆している[22]。

　曽我は、こうした「二種深信」の構造を踏まえて、浄土教の慈悲観の源流である「無縁の慈悲」について全く独自の解釈を行っている。『大智度論』には、慈悲を三つに分類した「三縁の慈悲」、すなわち「衆生縁の慈悲」「法縁の慈悲」「無縁の慈悲」が説かれている[23]。この中、三つめの「無縁の慈悲」の考え方が、「浄土の慈悲」の源流である。原典からすると、ここでの縁は、縁起の縁（pratyaya）ではなく、能縁所縁の縁（ālambana）であり、「対象」という意味である[24]。直訳すれば「対象をもたない慈悲」となるが、逆説的に「すべてが対象となる慈悲」を指しており、無限にはたらき続ける超越の慈悲を意味している。この「無縁の慈悲」について、曽我は次のように解釈する。

　　しからば無縁の大悲といふことは何かといふと、私は無有出離之縁の

大悲だと思ひます。出離の縁のない大悲であります。こんなことを云つてこじつけんでもよささうなものだ、かういうふ人があるかも知れません。けれども私は言葉の約束から云つても、どうしてもさういふ工合に考へなければならんと思ふのであります。無縁の慈悲といふのは、縁無き衆生を救はうといふ慈悲だ、こんなふうにも解釈出来ます。或は無縁の慈悲といふことは、助かる縁手懸りのつきはてた、さういふものを憐れむのが無縁の慈悲だ、即ち助かる方便のつきはてたものを憐れんで、さういふ人のために自分は犠牲になろう。一切衆生を救ふために自分は身を犠牲にして、永遠に浮ぶ瀬のない者を憐れむのを無縁の大悲といふのであります[25]。

　曽我は、文献学的な考証よりも、直観的な洞察を重視する。明らかに飛躍的な解釈であるが、にもかかわらず、「無縁の慈悲」を「機の深信」に結びつけることによって、実存的苦悩と超越の慈悲との交叉において、初めて一個の人間の救済が具現化することを、見事に描き出すのである。ここで、超越の側にある仏が、あえて身を犠牲にして、一個の人間に寄り添い、彼を憐れんで救おうとする、という構図に着目したい。曽我はこのように語ったあと、続けて大悲の「悲」とは、「あわれみ」であるが、更に深くその奥にある因を求めるならば、文字通り「かなしみ」であると述べている[26]。それはつまり、仏は苦悩する人と共に悲しむ、ということであり、苦悩する人が嗚咽して悲しんでいるときにこそ、仏はそこに居て一緒に悲しみを共有しているのである。

　苦悩の渦中を彷徨している人は、超越の慈悲のはたらきと共に在るのであり、さらには、超越の慈悲のはたらきに包まれて在る、とも言えるだろう。その存在のあり方は、「究極的な尊厳性」そのものである。そして、だからこそ、私たちは、苦悩する人と向き合ったときには、その人を包み込む超越の慈悲（このはたらきこそが「究極的な尊厳性」であろう）にはからずも触れてしまうのであり、その「共に悲しむ」というはたらきに促されて、その人をケアしようとする思いが生じるのではないだろうか。

4－2　法蔵菩薩は阿頼耶識なり

　実存的苦悩と超越の慈悲との交叉という問題は、曽我の独創的な思想である「法蔵菩薩＝阿頼耶識」論へと昇華する。

　法蔵菩薩とは、浄土教の代表的な経典である『大無量寿経』の説話に登場する菩薩の名前であり、阿頼耶識とは、法相唯識学の根本聖典である『成唯識論』に説かれる第八識の名称である。両者を同一視するということは、真宗教学の学問伝統からすれば、他力浄土門と自力聖道門との混同にほかならず、宗祖の信心に違反する学説である。曽我は、「法蔵菩薩＝阿頼耶識」論を唱えたために、一時期、宗門から異安心（宗義違反）との烙印を押され、大谷大学の教授職を辞任している（1930年）。

　しかし、今日の真宗学者たちの理解では、曽我の独創的な解釈は、近代真宗教学の成立という観点から、近代聖書学研究を代表するルドルフ・ブルトマン（1884~1976）の提唱した「非神話化（Entmythologisierung）」になぞらえて、経典に説かれる古典的な物語が示唆する意味内容を人間の宗教的実存に照らして再構築した試みと捉えられている[27]。

　さて、曽我の「法蔵菩薩＝阿頼耶識」論を理解するためには、まずは『大無量寿経』に説かれる法蔵菩薩の物語を知る必要がある。それは次のような内容である。永劫の昔、一人の国王が、「世自在王仏」という覚者に出会い、その説法を聞いて菩提心を起こした。修行者となった彼は、「法蔵菩薩」と名乗り、五劫という長大な時間をかけて思惟し、衆生救済のために、四十八の誓願（本願）を立てた。法蔵菩薩は、この本願を成就して「阿弥陀仏」となったことで、西方十万億土のかなたに「極楽」という名の仏国土＝浄土を建立し、今現在に至るまで人々の救済のために説法している。

　曽我は、この法蔵菩薩の物語について、「『大無量寿経』だけを一寸見るといふと、法蔵菩薩といふものは、如何にも昔噺、神話を読むようである」と述べた上で、これがなぜ唯識学の説く阿頼耶識と結びつくのかについては、実に簡潔な理由を述べている。それはつまり、「自分は愚直であるものだからして、其の法蔵菩薩といふものゝ正態を、どうしても自分の意識に求めて行かないといふと満足出来ない」という理由である[28]。

　曽我は、清沢満之の精神主義の実践方法である「内観」にしたがって思

索を展開した宗教者である。内観とは「自己とは何かを徹底的に問う方法であり、どこまでも有限な生を生きる自己の存在の意味を求めていく道である[29]」とされる。言うなれば、曽我は、自己意識の内奥に沈潜することによって、その根底に法蔵菩薩を発見したのであり、それがつまり、自己意識の深層としての阿頼耶識ということになる。

ところが、このような内観の仏道に基づくのであれば、法蔵菩薩とは、阿頼耶識と捉えるよりは、むしろ如来蔵＝仏性と言うほうが適切であろう。法相唯識の教学からすれば、阿頼耶識とは虚妄であって、否定され転換されるべき凡夫の迷いの世界を表す。法蔵菩薩は、阿弥陀仏の因位であり、菩提心の顕現であるから、虚妄ではない。法蔵菩薩が迷いの世界に現成するというのであれば、むしろそれは『起信論』に説く真妄和合の阿梨耶識と言うべきであり、如来蔵縁起として解釈されるべきである。

こうした批判は、仏教学者の平川彰（1915～2002）によって提出されている[30]。文献学的に考えれば、この指摘は納得のいくものである。一方で、曽我の教学を擁護する松原祐善（1906～1991）は、曽我が文献学的方法ではなく宗教的実存に立って唯識を了解していると述べた上で、「『唯識論』の阿頼耶識にこそ自力無効の機の自覚が信知せしめられ、その宗教的信念の根源的主体者として生きた法蔵菩薩に出会わしめられる[31]」と反論している。

とはいえ、両者の見解は、実はどちらも正しいのではなかろうか。このことは、曽我の次のような語りを考えてみるとよくわかる。

　　一切衆生を救はうなんといふ、そんな上の方から人を見下したやうな心が法蔵菩薩の心ではありません。法蔵菩薩は一切衆生の中に自分の身を投げ込んで、仏が現実の衆生として自覚した、つまり衆生の上に自分を見出した。仏自身が衆生の上に自分を見出したところが願往生といふのであります。衆生の中に自分を見出す時に当つて、本当に一切衆生の救はれるためには自分は永遠に救はれない。もう衆生全体の罪を自分が荷ふ。（...中略...）全人類の罪といふ罪全体を自分一人に荷うてどうもかうもならぬ。それを荷う限りは自分は永遠に救はれない。その広大無辺な自覚が機の深信といひ罪悪の自覚と名づくべきも

のでなからうかと自分は思ふのであります[32]。

一切衆生の中に自分の身を投げ込んでその罪全体をすべて荷う、一切衆生が救われるまでは永遠に救われない。それが法蔵菩薩の大悲の精神である。ここに見出されるのは、衆生救済のために菩薩があえて仏にならずに一闡提として生きるという「大悲闡提」の思想であり、ひいては、仏菩薩が苦悩する衆生の実際の姿となって慈悲を発動するという「化身」の思想なのである。それゆえ、法蔵菩薩が自分の身を投げ込むのは、虚妄であり迷いの世界を生み出している阿頼耶識でなければならないのだ。大悲としての法蔵菩薩が虚妄の阿頼耶識になることによって、虚偽の自己が否定され、真実の自己へと転換して、苦悩を乗り越えるべく導かれるのである。

このような「法蔵菩薩＝阿頼耶識」論の構造は、正統な法相教学とは異なり、広い意味で如来蔵縁起説に属すると言えるだろう。ただし、法蔵菩薩が化身するのは、『起信論』の説くような真妄和合の阿梨耶識であってはならないのである。『成唯識論』の説く阿頼耶識のように、徹底して虚妄の心であるからこそ、そこに法蔵菩薩の大悲が発動してくるからである。こうした曽我の唯識解釈の根底には、浄土教の他力思想がもつ「還相回向」の問題がある。還相回向とは、超越の側からの慈悲のはたらきを表現したもので、濁世を離れて浄土に往生したいという衆生の根本的な願いを引き出す往相回向に呼応している。これは二種深信の構造を超越者と人間との関係に即して捉え直したものであり、親鸞の『教行信証』の基調となっている思想でもある。還相回向においては、超越が「内在的な他者」として捉えられるのが特徴であり、ここから、苦悩する自己としての阿頼耶識と救済する他者としての法蔵菩薩とが交叉することで同一化する、という矛盾的自己同一の構図が見出される。つまり、「法蔵菩薩は阿頼耶識である」とは、「法蔵菩薩が阿頼耶識となる」ということを意味しているのである。（ちなみに、曽我は、初期の論文（1913 年）において、「如来は我なり、されど我は如来に非ず」と述べつつ、「如来、我となりて我を救ひ給ふ」とも述べている[33]。）

4－3　宿業とは本能なり

法蔵菩薩が阿頼耶識となるのは、機の深信が起こるときであり、我が身は罪悪深重の凡夫である、という自覚においてである。そして、この機の深信による自覚の深まりを通して、宗教的人格が成熟していく。曽我の思想は、内観の実践を通して感得した事実に基づくものであり、徹底して自己の問題に終始している。それゆえ、外在する他者との関わりをどのように考えるのかについては、ここから引き出すことが難しい。

　とはいえ、法蔵菩薩は一切衆生、人類全体の罪を荷うという大悲の顕現であるのだから、苦悩する人の深層には、つねに法蔵菩薩が阿頼耶識となって、共に悲しみ、苦しんでいるのである。機の深信による自覚は、自己の深層に法蔵菩薩を発見するのみならず、他者の深層においても法蔵菩薩の大悲を見出すことであろう。そして、そのときこそ、この宗教的人格は、慈悲の体現者としてのケアする人を生み出すのではなかろうか。

　こうした他者への慈悲のまなざし、ケアへの原動力は、どのようにして可能なのだろうか。曽我の思想的文脈からあえてその原理を引き出すとすれば、それは「宿業」によって可能となると言うことができるであろう。

　真宗教学の伝統によれば、宿業とは、機の深信の具体的な内容を指している。機の深信とは、「罪悪深重の凡夫であり、常に流転を繰り返してきた我が身には、出離の縁が全く見出せない」という実存的苦悩としての絶望であったが、ここで罪を作りつつ流転していく我が身を生み出している根本要因が、宿業なのである。このことはむしろ、唯識思想から説明したほうが分かりやすい。阿頼耶識は、生命の存在基盤としての深層意識であるが、同時に輪廻転生を成立させる根本原理でもある。構造としては、「種子」と「現行」による円環的縁起を通して、経験を「業」として蓄積していき、流転を引き起こすのである。したがって、我が身を通して宿業を自覚するというのは、すなわち阿頼耶識に基づく三世因果の業報輪廻を実感として了解することを意味するのである。

　さて、それでは、曽我は、この宿業をどのように理解するのであろうか。曽我は、真宗教義としての宿業が、三世因果、業報輪廻を生み出す根源であると教わってきたが、そのような教義によって、自分の生活、自分の行動を解釈することには納得がいかず、数十年来、疑問を持ち続けてきた、

と前置きしたうえで、次のように語っている。

　　然るに、自分は昭和十一年の十一月、或る所に於て何かを話して居り
　　ます間に、突然として自分に一つの感じが生まれて来た。「宿業とは
　　本能なり」、かういふ叫び声を聞いたのである。こゝに至って私の数
　　十年の疑問といふものは一朝にして解決した[34]。

　曽我は、ある時、宿業とは「本能」であると直観したという。そして、
このように解釈することによって、古びてもはや誰も信じなくなった三世
因果の教義としての宿業という専門用語が、新たに現代でも通じる生きた
言葉として蘇ることになった、と述べている。しかしながら、ここで聴衆
者から一つの疑問が提示された。「本能というのは、一般的な通念からする
と、動物的なものであり、無自覚なもの、知性や理性に反する快楽的な欲
動だと考えられている。宿業を本能と同一視してしまうと、誤解を与えて
しまうのではないか[35]」。この疑問を承けて、曽我は次のように応答してい
る。

　　…然らば本能といふはどういふものといふと、私は近頃、本能といふ
　　ものをハッキリ知らされたやうに思ふ。つまり感応道交する力、それ
　　が本能であると私は了解して居るのである。明治以来の学問では、本
　　能は理性に対するもので、本能は動物と共通の無自覚のものだと考へ
　　る。それは科学的な本能でありまして、吾々仏道を修行する人の本能
　　といふものはさういふものではありません。吾々の本能といふのは感
　　応道交する。吾々は生まれた時から感応道交の力を与へられて居るん
　　であります[36]。

　ならば、感応道交とはどういうことか。端的に言えば、それは自己を感
じ、他者を感じ、天地万物を感じ、神や仏、菩薩を感ずる力であると、曽
我は述べる。

　　…我々は自分が生まれるときに自己と共に山河大地全体を感ずる。業
　　の世界では各人々々関係してゐて自分だけ孤立するといふことはな
　　い。凡ゆる有情、有情のみならず世界全体が互に感応してゐる。宿業
　　の世界は感応道交の世界である。(…中略…) 宿業といふと真暗なやう
　　に思つてゐるが、さうでなく、宿業に眼を開けば十方世界は互に胸を

開き、山河大地もみな胸を開いて同じ仲間である[37]。

　法蔵菩薩が慈悲として顕現してくる阿頼耶識とは、宿業本能の世界であり、その内実は感応道交の世界である。したがって、自己の自覚において法蔵菩薩の大悲を感得したときには、そこから感応道交して、外在する他者や世界に対しても、その根底に流れる法蔵菩薩の大悲を感得しうるのである。

　私たちは、阿頼耶識＝宿業本能の次元において、互いに感応道交することで、自己と他者、さらには人間と万物世界との本来的な関係性、すなわち存在の真実の交わりが実現できると言えるだろう。そして、それゆえに、そうした関係性の実現は、現実生活の具体的なあり方として、ケアの営みへと結晶するのである。曽我量深の思想を通して導かれるケアの本質についての原理は、このように開かれているのである。

おわりに

　曽我量深は、その生涯の終わりまで、慈悲の実践者としてあり続けた。その熱意に満ち溢れた説教を聴聞し、感化され、信仰へと促された人々は、数多くいたのである。一方で、曽我は、言うまでもなく、医療や福祉などのケアの現場で、ケアの活動を行ったことなどなかった。また、災害ケアなどの人道支援に参加したことなどもなかったであろう（そもそも曽我が活動していた時代には、ケアという概念自体が成立していない）。曽我の思想の根幹にあるのは、「信仰的主体をいかにして確立するのか」という問題である。「法蔵菩薩＝阿頼耶識」論も、やはりこの問題に帰結するために打ち立てられている。したがって、曽我の説いた慈悲の思想を、ケアの本質に触れるための糸口として考察するという本稿の試みは、一見すると曽我の精神から逸脱した、見当違いな論考と受け取られるかもしれない。

　しかし、今日のように仏教者が積極的に社会運動やケアの現場に関与していく（ことが要請されている）時代にあっては、信仰（宗教性）と社会実践とがどのように結びつくのか、その理論的な根拠を、歴史的な思想の水脈の中から掘り起こさなければ、思想それ自体が枯渇してしまうであろ

仏教がケアと関わることの意義

う。曽我量深は、同時代を生きる人々の真の宗教性を求める姿勢に共鳴され、多大な影響を与えたにもかかわらず、現代においては見る影もなく、宗門の外で論じられることもほとんどなくなってしまった。結局のところ、曽我の思想は、過ぎ去った時代の一つの流行にすぎず、普遍性をもたないのか。現代社会の中で憔悴し葛藤を続け、本質的なケアを必要とする私たちに、何らのメッセージ性も見出せないのだろうか。

とはいえ、一度でも実際にケアの現場を経験してみれば、なぜ仏教者たちが苦しむ人々に寄り添おうとする思いに駆られるのかが見えてくる。仏教者たちは、自身の信仰とは関係なくケアの現場に関わっているわけではない。過酷な現状を目の当たりにし、実際にケアする人として関わりをもったときには、聖道の慈悲のみでケアを行うことに限界があることを身に染みて感じ取る。そこでは、自身もまた、何か大いなるものにケアされ、支えられていることに気づくのである。曽我が生涯にわたり問い続けた「法蔵菩薩」は、彼が見出したように、神話の中に埋もれた存在ではなく、やはり私たちの〈今・ここに〉共に生きているのである。

（南山宗教文化研究所）

---

[1] 田宮仁「佛教を背景としたホスピス／ビハーラの開設を願って」『ライフサイエンス』第13巻1号・1986年。田宮仁『「ビハーラ」の提唱と展開』学文社・2007年。
[2] 西光義敞編著『援助的人間関係』永田文昌堂・1988年。西光義敞「仏教とカウンセリング」（恩田彰編著『東洋の智慧と心理学』大日本図書所収）・1995年。
[3] 東北大学大学院文学研究科実践宗教学寄付講座
http://www.sal.tohoku.ac.jp/p-religion/
[4] Engaged Buddhism は、ベトナムの僧侶ティク・ナット・ハン（Thick Nhat Hanh）によって1960年代に提唱されたもので、その実情は近代キリスト教の「解放の神学」の仏教版の意味合いが強い。しかし、日本の場合は、上田紀行（『がんばれ仏教！』NHKブックス・2004年）によって紹介されたような市民社会における僧侶による生活支援の活動やヒューマン・ケアに関わる活動などを指す傾向がある。
[5] 大谷栄一「近代仏教の形成と展開」（『近代国家と仏教』佼正出版社・2011年）、85頁～89頁。
[6] 末木文美士「内への沈潜は他者へ向かいうるか―明治後期仏教思想の提起する問題―」（『近代日本と仏教』トランスビュー・2004年）。
[7] ケアの語源や意味については、W.T.Reich (ed.), "*Encyclopedia of Bioethics*," 3rd ed., Macmillan Reference, 2004.にある、'CARE' の項目に詳しい。
[8] 中村元『慈悲』講談社学術文庫・2010年（原版：『サーラ叢書1 慈悲』平楽寺書店・1956年）。慈悲の概念規定については、第二章「慈悲の語義」（32頁～41頁）

を参照。

9 末木文美士『仏教 vs.倫理』ちくま新書・2006 年、42 頁。

10 サリー・キング（高橋原訳）「社会参加仏教」（『ブッダの変貌』法蔵館・2014 年）によれば、社会参加仏教（Engaged Buddhism）の活動家たちが、その思想的根拠とした社会原理が、縁起（相互依存性）の思想であったという（248 頁〜249 頁）。

11 利他行動の生物学的根拠については、次の著書を参照した。小田亮『利他学』新潮社・2011 年。柳沢嘉一郎『利他的遺伝子』筑摩書房・2011 年。

12 現代のケア論の主流は、「ケアリング Caring」の考え方に代表される。主に次のような文献がある。Milton Mayeroff, *"On Caring"*, Harper & Row, New York,1971.（田村真・向野宣之訳『ケアの本質―生きることの意味』ゆみる出版・1987 年）。Nel Noddings, *"Caring: A Feminine Approach to Ethics and Moral Education"*, University of California Press,1984.（立山善康他訳『ケアリング―倫理と道徳の教育　女性の視点から』晃洋書房・1997 年）。Helga Kuhse, *"Caring: Nurses,Women and Ethics"*, Blackwell Publishers Limited,1997.（竹内徹・村上弥生訳『ケアリング―看護婦・女性・倫理』メディカ出版・2000 年）。

13 快感に基づくケアがもたらす危険性については、「感情労働」に関する研究によって指摘されている。Arlie R. Hochschild, *"The Managed Heart: Commercialization of Human Feeling"*, University of California Press,1983.（石川准・室伏亜希訳『管理される心―感情が商品になるとき』世界思想社・2000 年）。武井麻子『感情と看護―人とのかかわりを職業とすることの意味』医学書院・2001 年。

14 この考察は、田中智志「ケアリングの経験―ドゥルーズの「一つの生」」『経験の意味世界をひらく ： 教育にとって経験とは何か』東信堂・2003 年に基づいている。この問題とジル・ドゥルーズの哲学との関連に関しては、今後の課題としたい。

15 吉田久一・長谷川匡俊『日本仏教福祉思想史』法蔵館・2001 年

16 松尾剛次『救済の思想―叡尊教団と鎌倉新仏教』角川選書・1996 年。松尾剛次『忍性―慈悲ニ過ギタ』ミネルヴァ書房・2004 年。松尾剛次編『持戒の聖者 叡尊・忍性』吉川弘文堂・2004 年。

17 『大正蔵』第 14 巻、480 頁下〜481 頁上

18 今村仁司『現代語訳　清沢満之語録』〈岩波現代文庫〉岩波書店・2001 年、490 頁。

19 『田邊元全集　第 9 巻』筑摩書房・1963 年、6 頁。

20 田辺元「『神を開く』の頌」『曽我量深選集月報 1』彌生書房・1970 年、6 頁。『田邊元全集　第 14 巻』筑摩書房・1964 年、440 頁。

21 曽我量深の伝記については、次の論文が詳しい。伊東慧明「曽我量深―真智の人―」（『浄土仏教の思想 15』講談社、1993 年。

22 石田瑞麿『親鸞全集第 1 巻「教行信証・上」』春秋社・1995 年、131 頁。

23 三縁の慈悲は、主に『大智度論』において説かれているが、他に『大般涅槃経』、『大方等大集経』、『仏地経論』などにも説かれている。たとえば、『大智度論』第 40 巻（大正蔵 25 巻、350 頁中）、『仏地経論』第 5 巻（大正蔵 26 巻、314 頁中－下）。

24 小川一乗『大乗仏教の根本思想』法蔵館・1995 年、438 頁〜440 頁。

25 『曽我量深選集　第 5 巻』彌生書房・1970 年、「本願の仏地」第 4 講、320 頁。

26 『曽我量深選集　第 5 巻』彌生書房・1970 年、「本願の仏地」第 4 講、321 頁。

27 小野連明「如来我となる・法蔵菩薩」『親鸞教学』第 51・52 号、1988 年。

28 『曽我量深選集　第 5 巻』彌生書房・1970 年、「如来表現の範疇としての三心観」

第 1 講、158 頁。

29 加来雄之「真宗近代教学における唯識学研究」、『真宗総合研究所紀要』第 9 号、1991 年。

30 平川彰「如来蔵としての法蔵菩薩」（佛教大学編『浄土教の思想と文化 : 恵谷隆戒先生古稀記念』所収）・1972 年。

31 松原祐善「法蔵菩薩と阿弥陀仏」『講座 親鸞の思想 2』教育新潮社・1977 年、110 頁。

32 『曽我量深選集 第 5 巻』彌生書房・1970 年、「本願の仏地」第 4 講、323 頁。

33 『曽我量深選集 第 2 巻』彌生書房・1971 年、「地上の救主」、412 頁。『曽我量深選集 第 4 巻』彌生書房・1971 年、「暴風駛雨」、340 頁~341 頁。なお、この考察は、明治 44 年（1911 年）10 月発刊の『精神界』に掲載した一文に初出している。

34 『曽我量深選集 第 11 巻』彌生書房・1972 年、「感応道交」、78 頁。

35 『曽我量深選集 第 11 巻』彌生書房・1972 年、「感応道交」、79 頁。

36 『曽我量深講義集 第 1 巻』彌生書房・1977 年、「仏教文化」、17 頁。

37 『曽我量深選集 第 6 巻』彌生書房・1971 年、「歎異抄聴記」第 11 講、157 頁。

空海と山水

―「いのち」を治む―

岡本　貴久子

　本稿では山という観点から弘法大師空海を取り上げる。筆者は仏教や宗教を専門とするものではなく、末木文美士教授の論集への寄稿には全く力不足を感ぜずにはいられないが、僭越ながら今回は空海と高野山の自然思想について自由に論じてみることにした。そのため専門家からすれば知識不足や理解不足の箇所が多々見られるであろうが、その点はご了承願うとして、ご助言を頂ければ幸いである。

はじめに

　筆者の研究テーマの一つである「記念植樹」の文化、いわば何か特別なことを機縁として「念じて木を植える」という文化的行為は、宗教施設においても尊重される。つまり「祈り」の記念植樹である。

　例としては真言密教の聖地、高野山金剛峯寺や当山派修験道場の京都醍醐寺の活動があり、今日において植樹活動を尊重する宗教施設として知られる。いずれも密教系寺院であり弘法大師空海及びその正嫡法流である理源大師聖宝という二人の高僧は、山林修行によって密教を極めたというところに共通点が認められる。加えて両者ともに国家安穏、五穀豊穣、子孫繁栄を加持祈祷する宗教者であったと同時に、山水を治めた実践家であったと伝えられる。加持とは「如来の大悲と衆生の信心」[1]とを表し、「加」は日の光のような仏の力が人びとの心の水に現れることを示し、「持」は修行者の心の水が仏の光をよく感じとることを指す。この理趣を観念することにより、三密相応してさとりの世界がひらかれるという。特に山岳信仰

の修験道については「実修実証」を理念として、いわば「祈りと実践」を以て社会との結びつきを具現化することを目的とする信仰といわれる[2]。

さて、本稿では真言密教の総本山である高野山における森づくりに注目する。高野山は和歌山県伊都郡に位置する霊山で、当地では金剛峯寺山林部を中心に「いのちの始まりは植樹から、未来のために今できること」[3]をテーマに、献木をはじめとする植樹事業が営まれている。そこでアプローチとして、まず空海の足跡を拠り所に前近代の高野山の歴史や伝説の諸相に触れ、空海の言葉を綴った『三教指帰』[4]や『性霊集』[5]を参照し、彼の自然に対する語りについて検討する。そこから今に受け継がれる空海の山林の思想と植林事業の接点を探究すべく、「祈りと実践」、即ち「儀礼性と実用性」を論点に、宗教の場における記念に木を植えるという具体例について考察する。高野山の森づくりには如何なる祈りが込められているのであろうか。

1　高野山の歴史概観

1-1　高野山と空海　－伝説と事跡の諸相－

空海は山林を修禅・入定の地に選んだ。高野山の宗教都市としての発展は弘仁7（816）年、嵯峨天皇より当地を下賜された空海が金剛峯寺建立を志したところに始まる。それ以前にも高野山には山麓の人々による山中他界思想や神奈備信仰、狩人の山神信仰や水源を拝する水分信仰など山岳信仰の素地があったと伝えられる[6]。

空海が高野の地を選んだのは、私度僧時代の経験から山林修行の場を弟子たちにも与えたいという教育上の理念に基づくものであったと思われる。『高野山千百年史』が述べるところの「高雄山寺の都近くして俗事多く、為に幽静を破らるゝ事の往々なるを厭はせたまひたるのみにあらず、…堅固なる信仰を永遠に維持し、また貴き教へを天下に弘通せしめんには俗塵遠く離れたる霊地を撰ばざるべからず、殊に幾千百の學徒を教育せんには華奢風流を夢にだも見ぬ閑地を求めざるべからず、役の小角は大峰山に攀ぢ、越中の泰澄は立山を開き、下野の勝道は日光山を創めたり」[7]というよ

うに、若い後進を育てるにはまず邪念を払うべく静寂な訓練の場が必要だったのであろう。

　空海が山林に籠った頃は「僧尼制」による厳格な身分制度があり、官許を得ていない私度僧の山林修行は一切認められていなかった[8]。伝えるところによれば大学を辞め山中で虚空蔵求聞持法を修めた空海だが、しかしこうした厳しい取締りにも拘らず山から受けた恩恵は多大であり、官の庇護のもとで後進を育てるべく高野開山を決したのであろう。而して事教二相を以て不二とする空海の真言密教は、実践教育の場としての高野山と教理教育の場としての東寺によって展開する。

　ところで空海を高野に導いたのは狩人に化身した高野明神であるとか、高野の松に掛かっていた恵果阿闍梨所縁の三鈷杵に由来するなど種々語られているが、ここで伝説の真贋は問うまい。聖人君子が伝説に包まれる傾向は弘法大師に纏わる数多の伝説同様、「その人物の高邁なる、その事業の雄渾なる、殆ど人界を絶する」[9]思いにより生ずるものである。とはいえ事実考証という客観的検証は極めて必要なことであり、伝説が仏教者空海の姿を歪めてしまうといった懸念は常につきまとう[10]。一方、「不確実なる資料の底に流るゝ脈々たる生命を感得する方がもっと重大な場合がある」[11]ともいわれる。「人は傳説を得てその大を成す。千百年間、大師の概念の構成要素をなせる神秘と傳説とは、畢竟するに、國民の大師に對する尊崇敬慕の至情の表現であって、その間から直接に大師を認識することが出来ないとするも、却って能く日本國民を発見し得るのである」[12]という見解である。事実はもとより、伝説に流れる生命感を得ることが肝心であるとする説は、価値あるからこそ、あたかも「生」あるかの如く伝説は生き生きと語り継がれるということであろう。即ち、万能者としての空海を尊敬する気持ちが高まるばかりに、それが数々の霊験譚や口碑伝承を生んできたといえる。「お大師さん」をして空海の側面が語られる所以はここにある。

　翻って庶民の中に生きる「お大師さん」には人間味あふれる側面もある。例えば各地に見られる「石芋（食わず芋）」伝説は、芋が与えられなかったことに立腹した空海が呪術で芋を石にするという話だが、南方熊楠が面白く評価したその姿は「腹黒い疳癖張い芋好き」[13]のお大師さんであった。

仏教者空海は同時に庶民信仰の中に生き続けるお大師さんであり[14]、いずれも日本人にとっての空海であることに変わりはない。

　不可視な力である霊の世界を対象とする宗教の場においては不可思議な伝承は付き物といえようが、空海が山林を修禅の地として開いたのも神変不思議な法力や呪力を感得するためであり、これらが複合して空海をより神秘化させ、高野の地をより神聖化させたといえよう。いずれにせよ、高野の地に入る時はそこが人々の「心」の拠り所として、見えない世界を扱う霊域であることを忘れてはならない。聖地では伝説も大事な信仰の一種なのである。

1-2　霊山を開く　－開創から入定まで－

　開創から千二百年が経過する高野の山地は、当初より杉、檜、高野槇を主林木として、その間に松や栂、樅など高野六木と呼ばれる樹種を以て覆われていた。金剛峯寺山林部によれば豊富な樹木によって森厳さが保たれてきた霊峰は、全く先徳の植林撫育のお陰であるという。

　空海が下賜された頃の高野の地は、弘仁7年の太政官符に「伊都郡の南」と記され、どの山にも属さない僻地、或いは原野と見なされた荒地であったといわれる[15]。その場所は海抜200〜1100メートル級の峰に囲まれた紀伊山地の一帯約3,000ヘクタールにあり、ここに七里結界の浄域が定められたのである。八葉蓮華の中台にたとえられた山上は、壇上の大塔を中心に内外八葉の山々が連なっている。東は丹生川上の峰、南は當川、西は應神山の谷、北は吉野川に達するという立地で、密教修練に相応しい幽藪な山岳や清い谷川が見られた。中でも當川、つまり有田川の南横峰には「有田の法水」と呼ばれる名水が滾滾と湧いていた。山々に降り注ぐ雨水と森林によって、盆地状の高野町には豊かな水が確保される[16]。山は急峻だが多くの谷間は平坦地で、地質は輝緑凝灰岩、粘板岩、硬砂岩、角岩を含有し、土壌は肥沃な植質壌土で森づくりにも適した環境であったと見られる。

　開山に際し、空海は伽藍建設に實慧と泰範の二人の弟子を監督する。そこに圓明律師が加わって高野の山は開かれたと伝えられる。開拓時代は、「…この地を賜ひ、荻の上風身に入みて、蛇柳[17]の一葉こぼるゝ秋の初め

より木を伐り、藪を拓き、地を坦して、只管に工事を急がせたまひたるも、冬は寒さに閉ぢられて雪いと深ければ、春の景色の梅に調ふ頃を待ち、都より番匠数多登らせ、先づ修禪の堂宇、僧坊などを造營させ、閏四月、若葉隠れに杜鵑の落文する聲を聞きつゝ、七間四面の講堂を建立したまふ」[18]という様子であった。空海の土木監督といえば満濃池や益田池の整備が挙げられようが、修繕作業と違い、先ず以て木を伐り倒し、藪を拓き、地面を均すことから始められた。実地検分の後、草庵を結ぶ工事が進行する。

　最初に取り組んだのは、同地を支配していた地主神に許しを乞い、高野明神、丹生明神を勧請して伽藍内に鎮守社を奉ることであった。神仏習合思想をはじめ、日本古来の信仰とどこかで折り合う部分を見ない限り如何なる外来思想も成長発達しないといわれる[19]。このことは日本の伝統的な神々に対する空海の敬神思想の現れであり、空海にとっては崇仏の念と敬神の心が一体であったと解せられよう。

　根本大塔の建立には配慮があった。大塔用の心材を求めて弘仁10（819）年6月朔日、杣人に南谷虎ヶ峰の木を伐採させ、壇上まで曳き運び、これを以て造営を進めた。建立に先立ち、経軸を転軸山に、霊剣と輪壺を御影堂の下に埋蔵したと伝わる[20]。だが人里離れた山岳地帯での伽藍完成には相当の年月が要せられ、勧進にも苦心し、大塔も西塔も空海の生前には落成を見なかったという[21]。

　一方、山を好んだという空海が根本道場の高野山に入ると、今度は京都において玉體加持の祈祷に不都合が生じる。

　弘仁14（823）年1月、空海は国家の寺院である東寺を賜り、永生真言の道場として、或いは師々相伝の場として、春秋二回の結縁灌頂を修める灌頂院を建て、同寺を真言宗長者の住地と定めた。境内の塔幢を建立するための材木は「東山に得たり」[22]とある。ここでいう東山は後の世では伏見稲荷の伝承と結び付けられたが[23]、先の心木と同様、京都守護を目的とする堂宇建立用の材木選びは慎重になされた。しかしながらこの大塔の落慶も空海が見ることはなかった。

　京都では請雨経法も勤修された[24]。天長元年春のこと、實慧、眞雅、眞済、眞紹、堅慧、眞然等を随えて宮中神泉苑に赴いた空海は、惠果阿闍梨

空海と山水

秘伝の法を修め、霊験灼かであったと伝えられる。結願の日、雷鳴轟くなか草木を潤す甘露の雨がもたらされ池泉には水が湧いた。天皇は空海を少僧都に任命した。律師を経ずして四位に昇格することを快しとせず辞退を申し出るが許可されなかった。天長 4（827）年、中夏の雨請においては願文の「山魅に祷るに山魅髪焦る」[25]に見る如く、山神の髪も焦がれるほどの旱天が続いていた。大極清涼両殿で百の僧のもとに般若を転読、東寺仏舎利内裡にて礼拝するうちに黒雲立ち込め乾いた地面が豪雨で浸された。天皇は空海を大僧都に任命、この辞退も許されなかったという。

　また玉體護持を念ずる最も重要な儀礼として、承和 2（835）年 1 月、前年に新設された宮中真言院にて、永生の国式として後七日御修法が修められた[26]。この大法は明治の廃仏毀釈期に一時廃止となるが後に東寺にて継承される。

　以上のように真言密教では宗教的な儀式や儀礼を行法や修法と称して重んずるところが特徴的だが、こうした華麗荘厳な仏教儀式を日本に移入し、これを組織化したのが空海であったといわれる[27]。即ち、「心」の教義のみならず、儀式という「形」が融和して事教二相が説かれるのである。

　而して入定の時期を悟った空海は京都を離れ、高野の森に帰った。愛弟子たちに教戒を示し、東寺を實慧に、高野山を眞然に、眞雅に東大寺真言院を譲り、奥之院にて 3 月 21 日に入定する[28]。

　簡略に高野山と空海の概要を述べてみたが、空海の事跡とは山と水を以て始まるように思える。名山大池の開拓や、石炭、温泉の発掘等の社会事業[29]をはじめとして、仏国土としての高野山開山という大事業を成し遂げた空海は、数多の伝説伝承も含めて、玉體安穏と五穀豊穣の基盤となる山水を治める功績が称えられたといえるのではないだろうか。加持とは仏の光と衆生と行者の心の水を相応させることに喩えられていたが、実際においても、天の水を治める治山治水は国づくり、山づくりの根本に位置づけられる。深秘な教義を説くのみならず、実践が伴うところに空海の教えが、いわば「活きたる宗教」として具現化するのである。

2 空海の自然思想と山林

　記念に木を植えるという行為は、何か特別なことを機縁として、自然の「いのち」を念じて植えることを意図するものである。金剛峯寺においても植樹活動が尊重され、森づくりの一環として、或いは山づくりという実践事業として今日、営まれている。そこで高野山における植樹に係る理念を考察すべく、その根底に流れているとみられる空海の自然に対する思想について探ってみる。

　本題に入る前にまず「自然」の観念について一例を述べておく。自然について論ずる際には大きく分けて二つの見方があるといわれる。一つは自然という世界を意味し、自然と人間、自然の風景、自然破壊、天地自然というように対人間としての自然である。もう一つは人間を含む自然である。「おのずから然り」というように人間を包括する、人間の側からの技巧を拒否する自然で「人間の自覚態にかかわる観念」であり、いわば「あるがままの自然」を意味していよう。日本仏教思想は第一の自然観念を背景に、第二の「おのずから然り」という自然観念に展開したというが、その出発点が空海にあるという[30]。

2-1　空海にみる自然の思想　－優婆塞と山林修行－

　『性霊集』には山紫水明の自然を賛美する空海の言葉が溢れている。そこでは対人間としての自然が表現されている。「錦霞は山に煽れる幄、雲幕は天に満てる帳」[31]とあるように、錦の如く光り輝く朝霞や天幕のような白雲など、目前に広がる大自然を賞美する言葉である。そしてその先に展開するのが、この自然と一体であることを自覚すること、即ち「おのずから然り」の内に入ることである。それは空海が達成した六大（地水火風空識）ともに在ること、即ちこの身のまま仏になる「即身成仏」にある。

　では空海は如何にしてこの自然を体感したのであろうか。先の通り入唐前の空海は一介の私度僧に過ぎなかった。私度僧とは官許を得ていない、僧になる資格を持たない修行者を指す。「僧尼令」によって私度僧が厳重な取締まりを受けたのは、課役免除を目当てに僧になる者が増え、課役を負

448

担する人民の減少が案じられたことに由来する。そこで正規の僧として認められるには指導者の下で戒壇を受け、具足戒を授かるという正式な手続が必要であった。その前段階として私度僧はまず好きな経文を暗誦して優婆塞・優婆夷の資格を得ることが求められた。官許を得た優婆塞かそうでない私度僧との違いは教えを授ける師主の有無による[32]。こうして行者ははじめて山野跋渉することが認められたのである。

　さて空海は一人の沙門から虚空蔵求聞持法を修得したと伝えられる。一説では空海の剃髪の師と言われる勤操とも伝えられるが確証がなく詳らかではない[33]。求聞持法とは百万遍の真言を七遍修めるという荒行で、結願の際には一切の教法を暗誦することが可能となる「自然智恵」が授かる神変不可思議な秘法であり、満願せず中止の暁には悶絶するとまで言われた命がけの大法である。

　具体的には月輪中に虚空蔵菩薩を描いた白い絹地をたらし、護身法、結界法等を奉じ、真言を唱える。真言が絹地の月輪に表出し、金色に輝いたうえで自己の頭頂に入ってゆき、それが口から出て再び菩薩のもとに帰する様子を繰返し観念することによって入我我入の境地に至る。修行期間の開白、中日、結願も日月蝕の満月の日に限られ、香華や塗香、供具の準備も必要なことから決して一人の力では成し得ず、行者と指導者が心身ともに一致協力して厳修することが要せられるという[34]。

　こうして空海は一念発起して阿波大瀧ヶ嶽、土佐室戸崎、石鎚山、金峯山にて修行に没頭、念慮に勤めた結果、「谷響きを惜しまず、明星来影」[35]し、遂に結願を果たした。求聞持法を成満した高僧には空海のほかに新義真言宗の祖とされる覚鑁がある。山はこうして空海に神変不可思議な力を与えたのである。「おのずから然り」というあるがままの自然と一体化する力であり、この身のままで自然の本性を体現する力である。

2-2　空海が語る山の魅力　－生と死と－

　空海が語る山の魅力とは如何なるものであろうか。空海は何故それほど強く山に惹かれたか。ここでは『性霊集』の言葉をたよりにその自然観について考えてみる。

山に入る興

問ふ、師、何の意あってか深寒に入る。深嶽崎嶇として太だ安からず。

上るにも苦しび、下る時にも難む。山神木魅、是をいへとす。[36]

師よ、なぜ山に入るのか、山の神や木の精が潜む峻厳な山岳は登る時も下る時も難儀するというのに、と友人の良岑安世が問う。

君見ずや、君見ずや、九州八嶋無量の人を。古より今來無常の身なり。

…貴き人も賤しき人も惣べて死して去る。死して去っては灰塵となる。

…君知るやいなや、君知るやいなや、人此の如し、汝何ぞ長からむ。

…南山の松石は看れども厭かず。南嶽の淸流は憐ぶこと已まず。浮華の名利の毒に慢ること莫れ。三界火宅の裏に燒くこと莫れ。斗藪して早く法身の里に入れ。[37]

あなたは見なかったか、貴賎問わず人はいずれ死んで灰になるということを。あなたは知らないのか、これに対し高野の松や岩の織りなす風光が見飽きることのないことを、さやかな谷の流れが慰めてくれることを。名誉や利欲に毒されないように、煩悩に溢れたこの世の苦に焼かれてしまわないように、さあ早く、穢れた俗世を去って悟りの世界に入りたまえ、と空海は答える。

詩句にみる、人はいずれ焼かれて灰になるというメメント・モリのイメージについては、『性霊集』には「九想詩」と題して死の様相が9段階に描写されている。それは小野小町の死相を描いたという「九相図」を思わせるが、ここにおいて空海は「生」の儚さを嘆くとともに自然の永遠の営みを即身成仏に託して観想する。

白骨連の相　第七

…松柏良陰をなし　荒茨濕席を蓋ふ　風雲に恆に曝されて　霜露更に自から瀝る　日來れば日に隨って枯れぬ　年去れば年を逐って白し青柳の根を殖うと雖も　豈能く扁鵲を招かむや

成灰の相　第九

山川は長くして萬世なり　人事は短くして百年なり　髏膝已に盡く滅して　棺槨猶し塵と成りぬ　魂尸は依る所無し　神魄豈墳を守らむや　碑の上に聊かに名を題す　隴底に寧ろ君を斂む

空海と山水

日月に黄白の土なり　終に黒風の山に帰す　唯三乗の寶のみ有り修せざれば八苦の人なり　六識今何にか在る　四大劣にして名を餘す　寒苔は壌を縁って緑なり　夏の草は墳を鑽りて生る　囊の中に糧尚在り　松下に髪猶青し　蒼蒼たる隴雲合ふ　瑟瑟たる夜の松の聲あり　諸行無常。[38]（傍線筆者）

この詩を読み下すと次のようになろう。墓のまわりに植えられた松が陰をつくり、茨が生い茂っている、しゃれこうべは風雨にさらされ露を滴らせる。これらの樹々も日が経てばやがて枯れる。どんな法力を使っても朽ち果てたものを蘇らすことは出来ない。だが、それに比べて山川のなんと悠久永遠なることよ、人の世のことは百年と持たないではないか、しゃれこうべも膝の骨も悉く滅し、棺も塵となって消え失せるというのに。

魂は天上に登ったか地獄へ落ちたかして墓にはいない。故人の名を刻んで丘の土に葬れば、骨はやがて黄土となって、風に乗って山の土に帰するであろう。菩薩の教えを説かねば衆生は八種に苦しめられる。死んでしまえば六識を感ずることもなく、身体を成す四大もみな壊滅してしまう。残るはただ名前のみである。それでも自然を見渡せば、冬には墓に生えた苔が青々として、夏には草がしっかりと根を張って生い茂る。松の下に葬られた袋には供物が残り、髪もまだ黒いままかもしれないが、次第に土に帰ってゆく。緑の草木が繁り、空には白雲がたなびいている、夜になれば松風がさびしく音をたてる。諸行無常、一切の万物は移ろいゆく。

傍線を引いた箇所の「人の世のことは百年と持たないではないか」という言葉には、ローマ古典の「トルマルキオの饗宴」にみる死生観を想起させるが[39]、トルマルキオが人生の儚さを100年物の葡萄酒と比したことに対し、空海はそれを山川の悠久さと比較した。

「死」の表象については、『三教指帰』においても強烈な描写があらわれる。下巻「假名乞兒論」に収録された「無常の賦」と題する詩文においては、『遊仙窟』にみる不老不死を願う神仙思想が否定され、「美のはかなさ」を通して、何人も逃れることの出来ない死の有り様が詠まれている。

傾城の花の眼は忽爾として緑苔の浮べる澤となり、珠を垂れたる麗耳は倏然として松風の通へる壑となる。朱を施せる紅の瞼は卒に青蠅の

蹴蹴たり、丹に染めたる赤き唇、化して烏鳥の哺宍となる。百の媚の巧なる笑は枯れ曝せる骨の中に更に値ふべきこと難し。…無常の暴風は神仙を論ぜず、精を奪ふ猛鬼は貴賤をも嫌はず。財を以て贖ふこと能くせず、勢を以ても留むること得ず。壽を延ぶる神丹千兩を服すと雖も、魂を返す奇香、百斛盡く燃くとも、何ぞ片時を留めむ、誰か三泉を脱れむ。[40]（傍線筆者）

　大要は次のようになろうか。花のような佳人の瞳は苔生した澤に流れ、珠飾りを着けた美しい耳は谷の松風となる。紅の瞼にたかる無数の青蠅、烏鳥が赤き唇の肉を啄ばむ。なまめかしく媚びた姿態はもはや枯れ果て、曝された骸骨に艶やかな面影はない。無常なる生に逆らうことなど一体誰が出来ようか。貴賤を問わず死は平等に訪れる、財力も権力も死の前には無力である。不老不死の妙薬を飲んでも「魂を返す」仙香をもくもくと焚いても、地の底の死の世界から一体誰が免れようか。

　自然界には「生」が存在すると同時に避けることの叶わない「死」が存在する。先の『性霊集』では、この世の生の営みを終えた「いのち」は風となり山に向かって土に帰すと語られていた。山の大地には春の訪れとともに新たな生命が芽生え、「生」の営みはくり返される。そこで空海は「反魂の樹木」の汁を煎じて練った「魂返し」の妙薬や仙香など必要ないと、不老不死を乞う神仙思想を否定する。つまり空海はただ大自然と一体であることを覚ることによって、いのちは繰り返され「生」が甦ると説くのである。要するにこれが空海の即身成仏の思想であり、生に対する肯定的な自然観の現れであると理解できよう。

　この「生」に対する肯定的な姿勢は、先の「假名乞兒論」にみる「いのち」を「壽」と表現した所にもうかがえる[41]。山野の自然の中で「五大に皆響きあり」と感得したと伝えられ、求聞持法を体得した空海ならでは自信に満ちあふれた力強い生命観である。

　例えば鎌倉新仏教の諸宗では、前時代に現れた末法の世や武士の時代の到来という死を前提とする思想的背景から人間の生の否定に始まり、この世を捨てた後の往生における成仏が説かれたが、密教では死も生も否定されることなく両者は不二の関係を以て示される。即ち、何も捨てることな

くこの世のこの身のままで仏になる、これが「即身成仏」である。生と死は円融的に結ばれ、本来備わる「いのち」の根源が活かされるである。

　具体的には応化身である釈迦如来の教えを説く顕教では、現世における成仏を不可能と見ることから人間が成仏するには長い時間を要するといわれるが、宇宙の根源を現す法身仏である大日如来の教えを説く密教では、森羅万象と人間が即一つになってこの身のままの成仏を実現させることが可能であるとする[42]。顕教においては現世や身体性など「生」に対する否定観念が根幹にあるが、これに対して真言密教では「此の臓血の出る肉身、飲食を與へて養ふ肉血のかたまりに功徳具足無上尊の佛を顕す」故に、「大日如来を禮し、釋迦如来を禮するも外に向って求むるに非ず。此の身このまゝ直に仏となるべし萬善具足の法なり」となる[43]。現世に対する否定精神を否定する、それが密教の精神であるといわれる[44]。

　森羅万象を構成する六大は色法（物質）と心法（精神）の二つから成るものであり、真言密教においては衆生の色心二法と仏の色心二法は同一、不二平等とみなすことから、修行を積めば誰しも肉体を捨てずとも仏座に上がることが出来ると説く。これが凡聖不二の根本原理であり、ここから出発する故に即身成仏が可能になるというのである[45]。

　だが衆生はそうした大日の自覚が本来備わっていることに気付かず、生を活かそうとしない。自らを愚なるもの悪なるもの穢れたるものとみなし、外に成仏を求めるばかりで尊重すべき自己に与えられた「いのち」の根源を全うしようとしない。

　ここで空海の詩文に戻ってみると、衆生に「仏法を説かねばならない」という言葉は、彼らに本来的に備わっている仏性を活かすために、「生」あるうちにこのことに気付かせ、仏性を現出させることを意図するものと考えられる。だからこそ空海は森羅万象とともにあるという「即身成仏」を唱え、本有本覚の理想を実践的修法によって自覚させ、「生」を実現させることを説くのであろう。

　されば空海の感得した自然というのはどのように素晴らしいのであろうか。良岑安世は続けて、山の中に一体何の楽しみがある、徒に飢え死にするのが関の山ではないか、と問う。

…摩竭の鷲峯は釋迦の居。支那の台嶽は曼殊の盧なり。…澗水一抔朝に命を支へ、山霞一咽夕に神を谷ふ。懸蘿細草、體を覆ふに堪へたり。荊葉杉皮、是れ我が茵なり。意有る天公、紺の幕を垂れたり。龍王篤信にして白き帳陳ねたり。山鳥時に來つて歌一たび奏す。山猿輕く跳つて、伎、倫に絶へたり。春の花、秋の菊、咲つて我に向へり。暁の月、朝の風、情塵を洗ふ。一身の三密は塵滴に過ぎたり。十方法界の身に奉獻す。[46]

マガダの霊鷲山は釋迦の住まい、中国の五台山は文殊菩薩が住むというではないか。一杯の谷川の水が朝の命となり、夕にひと飲みする山霞が気力を養う。蔓や草や杉の皮は寝床になる。天は情け深く夜空に幕を張り、竜神は白雲をもたらす。山鳥が時にやってきて歌を囀り、山猿が面白く飛び跳ね興に入る。春には鮮やかな花々が、秋には菊が微笑みかける。明け方の月、朝の爽やかな風がその日のうちに心のけがれを取り去ってくれる。この身に備わる身・口・意の三密はこの山の世界にこそ遍満している。この身が一切の世界、即ち六大とともに円融無礙に結ばれる。悟りの世界が広がっているのである、と空海は山の自然を絶賛する。『即身成仏義』にみる「六大無碍にして常に瑜伽なり 四種曼荼羅 各 離れず」[47]ということである。

　大自然と渾然一体であることを自覚することで「いのち」を全うするという姿勢は、鳥獣の声から谷川の流れや生い茂る緑の草木、松を揺らす風の音といった自然界における「いのち」の営みの諸現象によって育まれる。友人に語った先の「早く悟りの道に入れ」、即ち「自然に帰れ」という言葉はこれを意味すると思われる。つまりここにおいて対人間という自然が人間を包括するあるがままの自然となるのである。

　このように賛美崇敬する大自然の根源である大日如来と自己を同一のものであると自覚することは、即ち自己、或いは「我」を肯定することであり、密教ではこれを「大我」と呼ぶ。それは個人我としての自己を打破して、大きい自己、つまり無我の大我の生活に生きる道であり、真実の信仰生活に値するという[48]。「佛の外に凡夫なく、凡夫の外に佛はない」[49]というように、自己と仏は同一であると考えることから、「身・口・意」の三密

空海と山水

修行は従って、仏の体を以て行い、仏の心で考え、仏の言葉で語ることを意味する[50]。要するに「その人一切如来の心より生じ、仏口より生じ、仏法より生じ、法化より生じて、仏の法財を得」るということである[51]。上記で空海のいう「一身の三密は塵滴に過ぎたり。十方法界の身に奉献す」とは、仏と同じ働きをする自然界のあらゆる存在が、互いにその理を教え合う存在であることを表す言葉であると思われる。

　以上のように空海の自然に対する姿勢というのは、死の思想、即ちメメント・モリに始まり、森羅万象の「いのち」とともに互いに活かしあうことを意味するといえるのではないだろうか。

2-3　一切衆生悉有仏性 —ともに活きる—

　一切の生命が活かされるという空海の自然観は、あらゆる生命に悟りの道が開かれていることを前提とする。なかには法相宗のように仏性を認めない存在を説く宗派もあるが、空海は一切衆生悉有仏性を示す[52]。例えば次の願文をみてみよう。

　　無明の他、忽ちに自明に帰し、本覺の自、乍ちに他身を奪はむ、無盡の莊嚴、大日の惠光を放つて、刹塵の智印、朗月の定照を發せむ。六大の遍する所、五智の含する攸、虚を排ひ地に沈み、水を流し、林に遊ぶもの、摠べて是れ我が四恩なり、同じく共に一覺に入らむ。[53]

月の光が常に明るいように、大日如来は智恵の光を放って一切の衆生を無知の迷いから目覚めさせ、自己の本体に気付かせ即身成仏に導く。五智[54]の仏は、地水火風空識の六大から成る衆生から鳥類、昆虫、魚、獣に至るまでこれらと等しく一体であり悟りに至らせる、という。

　或いは、「牙劍角矛羽裳鱗衣、夢郷の幻士、影縣の編戸同じく長眠を覺して共に一味の甘露を嘗めむ」[55]という願文では、この世の人間、牙、角、鱗のある総ての生類、三界六道に輪廻する魂もみな平等に悟りを得るとされる。また、「五大の所造、一心の所遍、鱗角羽毛の郷、飛沈走躍の縣、同じく四生の愛輪を破して共に一眞の覺殿に入らむ」[56]との願文においては、五大で構成される物質的世界と意識を伴う精神的世界に生きるもの、胎生、卵生、湿生、化生を以て生命の営みを続けるものは皆、迷いを破って悟り

にいたると説かれている。「毛鱗角冠、蹄履尾裙、有情非情、動物植物、同じく平等の佛性を鑒みて忽ちに不二の大衍を證せむ」[57]という願文でも同様に、非情も有情も存在するものは必ず仏性を有するという。そして、「天長地久ならむ。鱗衫羽袍 蹄鳥角冠、誰か佛性無からむ。早く實相を見さむ」[58]との願文にみるように、天地が永遠であるように誰か仏性の無いものがあろうかと論じられるのである。例えば「高野建立の初の結界の時の啓白文」においても、

> 沙門遍照金剛、敬つて十方諸佛、兩部の大曼荼羅海會の衆、五類の諸天及び國中の天神地祇、並に此の山の中の地・水・火・風・空の諸鬼等に白さく。夫れ形有り識有るものは必ず佛性を具す。佛性法性法界に遍して不二なり。自身他身一如と與にして平等なり。之を覺る者は常に五智の臺に遊び、之に迷ふ者は毎に三界の泥に沈む。是の故に大悲大日如來獨り三昧耶の妙趣を鑒みて六趣の塗炭を悲歎したまふ。[59]

とあるように、かたちあるもの、こころあるもの、これらはみな仏性を備えており、大日の悟りの境地において皆一つであると唱えられるのである。

このように、空海の自然に対する思想とは、端的に言えばあらゆる「いのちを活かす」ことにあると思われる。教義の言語や曼荼羅、複雑な儀式の諸形態を見る限りでは、空海の密教とは難解な教えのように思えるが、実はとてもシンプルな思想を根源としていると言えるかもしれない。六道を流転する衆生を無明の苦しみから救うために、さればこそ、「斗藪して早く法身の里に入れ」、つまり自然に帰れと空海は念ずるのである。

ちなみに仏教学者のランバート・シュミットハウゼン氏は、自然と人間の調和的な共生に関連して、植物の有情非情を次のように語っている。「こうした感情の分かち合いというのは不可能ではなかろうが、難しいことだ。植物の有情というのは、確かにある意味、人間や高等動物のそれと同じではない。だが植物がまったく非情というわけでもなく、現に植物は生きているのである。要するに植物それ自体が生存（植生）したり、傷つけられたり或いは生命を奪われたりすることをどう感じているかは、我々には計り知れないのである」（筆者訳）[60]。

つまり植物の世界というのは知られざる神秘の世界であって、有情非情

を判断するのは困難であるというのだが、この点から考えると植物の有情非情というのは、目の前の植物の有り様に何かを感ずるものもいれば、何も感じないものもいる、或いは何かを考えるものもいれば、何も考えないものもいる、という人間側の感性に由来すると理解できよう。

　さればこそ、自身の「生」あるうちに、森羅万象の「いのち」の響きを感じ得るために、「早く法身の里に入れ」と空海は呼びかけるのである。

2-4　活かしあう「いのち」の念　－禽獣卉木皆是法音－

　山に入ればそこには生も死も含めた「いのち」の教えが豊富にある。「念ずる」という、行者に最も要される精神力を養うには山は格好の場所であった。山における修禅の暮らしを空海は次のように綴っている。齢40を数える彼が心の思うままに詠んだ詩である。

　　…法佛は本より我が心に具せり、二諦の眞俗は倶に是れ常住なり。禽獣卉木は皆是れ法音なり。安樂觀史は本來胸の中なり。時に悲収忽ちに過ぎて日月云に陳す。雲雨彩を含むで或は灑き、或は霽る。風葉絲を調べて乍ちに吟じ、乍ちに寂かなり。瀧水礐鼓のごとし、伐木祝敔す。誣貝長く諷じて鐘磬間に響く。懸蘿袖を投げて、枝の猿足を頓つ。曲れる根褥とし、松柏餚饍なり。茶湯一塊逍遙に也足むぬ。咨、許由山藪に啄み、惠遠林泉に飲む。其の天稟に任せて晝夜安樂するは誠に堯日の力なり。其の功、岳を負ひ、其の徳、海よりも淵し。斗藪の客、遂に歸ることを忘る。逸遊の士、曷ぞ懷を濶くせざらむ。此の景物に對つて誰か手足に耐へむ。乃ち志を寫して曰く、

　　　黃葉山野に索きぬ。蒼蒼として豈始終あらむや　嗟　余五八の歳
　　長夜圓融に念ず　浮雲は何れの處にか出でたる　本は是れ浄虚空なり　一心の趣を談ぜむと欲ふに　三曜天中に朗かなり。[61]

　空海は語る。悟りの念の中に常住する法身仏は本来、心の中に備わっている。仏教の真理と世間一般の真理もまた同時にこの内に常住している。これを気付かせてくれる自然界の禽獣や草木は、みな互いに仏の真理を教えあい活かしあう存在である。安楽浄土の世界もまた心のうちにあるもので他所にあるのではない。無常を感ずる秋も幾度となく過ごすうちに時が

経ち、今や我も40を迎えた。雲の色も移りゆき天の気は定まることを知らない。木の葉を揺らす風が何かを吟じたかと思えば、また静かになる。流れ落ちる瀧水や山野に木霊する伐採の響きは太鼓のリズムのようだ。経典を長く暗誦すれば、絶え間なく鳴らされる鐘や鈴の音もまた奏楽に聞こえてくる。蔦や蔓の舞衣をまとい、山猿が樹々の間で舞楽を演ずる。これほど楽しげな舞台はない。曲がりくねった大樹の根元に身を休め、松柏が饗応の膳となる。一杯の茶湯で森の逍遥はさらに満たされる。ああ、なんと愉快なことか。

　時に、堯帝の世の高士らはただ飲水用の瓢箪を携えて山中に隠れ林泉を友として仏道修行に励んだという。山野を仏国土として、天の意のまま、昼夜修行を重ねられたのはまさに堯帝の力によるもので、その功徳は山よりも高く海よりも深い。僧慧遠はこうして山で暮らした。僧許由は山の大自然に抱かれながら感極まってその心の内をこう詠じたという、「秋の山野は紅葉し、空は天高く澄みわたっている。ああ、四十を数える我、今や秋の夜長に念ずれば、あらゆる存在がみな円満融通として現出する。雲のように漂っていた根本無知は何処にか流れ、消え失せる。これもみな元は法性の内のもの、浄らかな虚空にあったものである。一心を以て全宇宙を念ずれば、三密をして天の日、月、星の光が一つに瞬き、大自然と一体となった我は活き活きと、この身のうちに生かされるのである」。

　以上のように、空海は山の大自然のあらゆる現象が「法音」であると唱え、どんな物音も風の動きも空の色も水の流れも教えの源であると説く。「五大に皆響きあり」。法音と自らの「識」が相応して、本来備わっている仏性を引き出させるのである。言い換えれば誰もが有する「いのち」の源を生き生きと活性化させることである。それは万物の「生」というものが万物の「死」によって支えられたものであるからこそ、「いのち」を最大限に生かすことが、即ち覚りであると理解し得るのである。

　この「いのち」を活かすという点について、先の友人の「徒に飢え死にするのではないか」と案ずる言葉を考慮すると、生を肯定するということは、つまりは「よりよく生きる」ということであり、そこには心身の健康も求められる。殊に山岳修行では荒行を修める故に強靭な肉体と精神力は

不可欠であり、健康管理は必須であった。謡曲「谷行」にみるように、峰入の途中で病になれば社中を脱退せざるを得ず、それは石子詰めのようなかたちで生命を断たれることもあったという。言うまでもなく山林には恐ろしい毒蛇や猛獣の類も生息する。従って衆生に代わって加持祈祷する行者はまず自らの病や怪我を防ぐために、空の動きを読み、水の流れを観察し、風の音に耳を澄まして六感を鍛え、対処する力を養うことが要されたのである。空海もまた病の弟子に薬湯を処方するなど、本草学の知識をある程度備えていたことが『三教指帰』にうかがえる[62]。

　空海の諡号である「遍照金剛」の如く、密教行者は「金剛」と呼ばれた。金剛とは強い力を意味する[63]。殊に肉体性、或いは「いのち」の繁栄、活性という点に関して、真言密教で最も尊重されるという「般若理趣経」は生命の営み、いわば「和合」の原点を教える経典として名高い。慢心や愛欲も包括した菩提心を金剛薩埵の精神内容として表したその説教は、花の色も鳥の声も、外界の色声香味など如何なる境遇も仏の慈光として働かないものはないと教えるものである[64]。

　山林に籠もるということは世を厭うて隠遁することのみを言うのではない[65]。衆生のために「念ずる」行者にとって健康な心身を養うことは仏道修行の実践の第一歩であり、この世に存在する自らに備わる「いのち」の根源を生き生きと活性化させるために山に入るのである。

3　祈りと実践の山づくり　―高野山の文化史―

　空海と高野山について、山という修禅の聖地の有り様を背景として、空海の言葉をたよりにその自然観について検討を重ねてきた。空海は祈りの宗教者であったとともに、山水を治めた実践家であったといわれる。

　そこで本節では空海の自然思想を踏まえたうえで、もう一方の治山治水という実践的側面について考察する。論点となるのは山づくりに係る儀礼性と実用性である。この二つを視座として、高野山の植樹事業に係る自然思想とその意義について考えてみたい。これまで論じてきたように高野山は即身成仏を可能にする密厳浄土であり、その礎には自然界におけるあら

ゆる「いのち」の教えを活かしあう、空海の自然に対する思いが備わっている。こうした空海の山に対する観念は、高野の地において如何に反映され、どのように活かされるのであろうか。

3-1　高野山の老樹名木

　山づくりとは伐採と植樹、換言すれば自然の「いのち」を頂くとともにこれを植え育む持続的活動といえようが、まず「山林佛教禮讃」（『高野山時報』大正 13 年）と題する次の文章から、高野山における山林に対する理念を探ってみる。

　　山林は自然又は天然といふ観念の具体化といふやうにも解せられるものである。自然又は天然の語は、生物が子を産むといふ意味を含んで居って、生産せられたるもの、創造せられたるものといふ義を有してゐる。即ち宇宙の森羅萬象を生産創造する力は、自然又は天然の有する所なのである。山林は自然又は天然の處女的姿態である。屹立せる秀麗なる山岳の顔、霧の衣に包まれた森林の姿、共に自然美の表現である。我等は此の山林の創造的生命力を呼吸して、自然法爾に随従する自然の子として活ける宗教を体験せねばならぬ。[66]（傍線筆者）

　文言から空海の自然思想が反映された内容と判断し得るが、文中にみる「活ける宗教」といえば、空海は教理のみならず実践を重んじ数々の社会事業に携わることで済世利民を説いた宗教者として評価される。こうした側面が語り継がれる高野山においては、古くより森林を守り育てる植林事業が営まれてきた。

　その支柱となる樹木を敬う心を表すものとして、高野山には老樹名木に纏わる伝承・伝説も数多く存在する。『紀伊続風土記』を紐解けば、よく知られる「三鈷の松」を筆頭に、嵯峨天皇由来の「棺掛桜」[67]や加持力で杖を杉にしたという「明遍杉」[68]、「鳴子松」[69]の逸話が並ぶ。大師のお手植え伝承としては「千本槙」[70]や三里山奥の供花用の「八葉の樒」[71]もある。

　伝承の扱いについては冒頭で述べた通りだが、「霊木化現仏」を論じた井上正氏は、研究において伝承は不純物であるという見解を退け、「片々たる伝承も大切なものとなる。数多くの伝承は、宗教的な潤色に彩られながら

も、そこに真実性を含んでいることが多い」[72]という姿勢をとられた。五来重氏も、山岳宗教、特に修験道では文献化される面が少なく、相承は主に口伝によって行われる故に伝承や縁起の資料的価値は決して小さくないと言われる[73]。

古来、畏敬の対象となる樹木というのは、「生きたる記念碑」[74]であるかの如く、その伝説の真贋を問わず、地域の人々に大抵大切にされるものである。こうした樹木や森に纏わる伝承もまた少なからず、高野の森を守り続ける役目を果たしてきたものに価値づけられるのではないだろうか。

3-2 記念樹の植栽をめぐる一考 ―真言密教を中心に―

次に高野山における実際の植樹活動の取り組みについて検討する。

まず寺院における植樹事業で推測されるのは、特に高野山の法脈である真言密教系寺院において植樹式が尊ばれる傾向にあるのではないかということである。例えば高野山に登拝すれば、壇上伽藍に悠仁親王ご誕生記念として植栽されたお印の高野槇[75]が育っている。『高野山時報』を辿れば、大正 4（1915）年 8 月に朝香宮鳩彦王、同妃充子内親王が壇上伽藍の大師教会本部前庭にそれぞれ松樹と金松（高野槇）を御手植えとの記事がある[76]。大正 12（1923）年 5 月には秩父宮雍仁親王が参詣、「山の宮様」[77]と呼ばれ登山に熱心であった親王は、峻険な山道を杖も用いず山の風景を楽しみながら跋渉したと伝えられる。山上で歴代皇族の御尊牌を拝し寺内を一巡、霊宝館を訪れた親王は境内に高野槇を植樹した[78]。同霊宝館では大正 15（1926）年 10 月、スウェーデン皇太子夫妻による高野槇の記念植樹も営まれている[79]。大日本山林会総裁を務めた梨本宮守正王もまた昭和 3（1928）年 4 月に金剛峯寺にて槇のお手植えを行った経緯がある[80]。

一方、山を降りて京都にむかえば、今日の東寺境内に天皇皇后両陛下の行幸行啓記念の松、皇太子殿下の行啓記念の松が育っている[81]。嵯峨山の大本山大覚寺では五大堂前に両陛下行幸行啓記念の黒松が育ち、宸殿前には東宮殿下（昭和天皇）のお手植えという稚松の継承樹と石碑があり、心経殿を囲む中庭には三笠宮、常陸宮、高松宮、秩父宮、久邇宮、北白川宮など、各宮家のお手植えの黒松や赤松が生長を続けている[82]。御室桜で知

461

られる総本山仁和寺境内には、同じく両陛下行幸行啓記念の桜樹をはじめ、皇太子殿下ご参拝記念の桜が生長する。なかにはドイツ・ケルン市寄贈の国際交流記念の松などもある[83]。

　また空海の生誕地である香川県善通寺においては、大正11（1922）年11月、四国における特別大演習で県下を訪れた摂政宮裕仁親王によって同寺の御影堂と車寄せの間に稚松の記念植樹が行われ、翌年5月には皇后となる久邇宮良子女王によって同じく稚松が植栽されたという記録がある[84]。二本の記念樹は善通寺玄関前に大きく育っている[85]。

　こうした記念植樹を尊重する傾向は空海の直系法流である理源大師聖宝開創の醍醐寺についても同様である。上記寺院と醍醐寺との違いは一般の方の記念樹が多いことにあろう。

　ちなみに他の宗派はどうかといえば、例えば「田村」ゆかりの北法相宗清水寺の音羽山も多くの桜の記念樹に彩られている。また禅宗については、臨済宗大本山東福寺仏殿前には、献茶木の記念植栽や管長晋山による記念樹などがある。しかし記念樹やお手植え樹の数の多さから察すると、真言密教系がその先頭にあるように見受けられる。この点については各宗派の教義や自然に対する思想も含めて更なる検討を要する。

　以上のような儀式としての植樹式については枚挙に遑がないためそれぞれの紹介はこの辺にしておくが、そもそも密教系寺院において植樹式が尊ばれる理由としては、空海が祈祷としての宗教的儀式や儀礼を重んじたところにゆかりがあるとも考えられるのではないだろうか。顕教と密教の違いの一つは、この祈祷性にあるといわれる。

　木を伐り、木を植え育むという山づくりは自然の「いのち」を活かしあう行為であり、高野山という修禅の地を整えるという実践的な意味においても植樹や植林といった活動は必要事業であったと思われる。そこに祈祷的、儀礼的要素が取り入れられることによって、大日如来をあらわす山はますます神さぶり、その深秘性が発揮されるのである。ここに国家安穏、五穀豊穣、子孫繁栄を祈念した空海の自然に対する思いが息づいているといえよう。

462

空海と山水

3-3　高野山と日本近代の山林政策

　日本近代における「植樹祭」という活動は、農商務省をはじめ大日本山林会や各府県山林会が奨励した記念植樹日などにその源流が認められる。高野山においても他府県と同様、木材需要の増加と林政の進展に従って、御聖徳や御大典、或いは御遠忌や御開創といった各記念事業に併せて植樹活動が展開する。そこで本節では同時代の林学林政の動向と照合しながら、高野山における事業展開についてそのプロセスを辿ってみる。

　金剛峯寺山林部によると、高野山における植樹祭が成立したのは明治31年である[86]。契機としては明治30（1897）年4月に公布された保安林制度を規定する「森林法」や、社寺宝物の保護保存から愛郷心の育成を目指す「古社寺保存法」（後の文化財保護法）の制定が考えられる。前者は山林を中心とする国土整備の観点、後者は国民教化を念頭においた聖蹟調査や行幸をめぐる名所旧跡のインフラ整備に由来するものであり、いずれも近代国家建設に向けた、いわば山づくり、国づくり、人づくりを目指す法令であったと考えられる。次いで同年5月28日には文部省普通・専門両学務局長から地方庁あてに「小学校等に於ける樹栽の為官有地の貸下払下方」[87]が通達されるなど、全国で学校植林等の活動を促す基盤が整えられてゆく。

　こうした動きの一環として、明治38（1905）年8月、同時代の森林学を構築した林学者本多静六が紀伊教育委員会主催の夏期講習に招かれ、和歌山県立田邊中学校で林学に係る講話を行った経緯がある。本多は明治32年当時、文部次官牧野伸顕の委嘱を受け、『学校樹栽造林法』というテクストで「修学の記念標」を理念とする学校記念植樹の方法論を講じていた[88]。

　講話の冒頭で本多はまず、「諸君！凡そ木が二本立てば林となり、一本加はれば森となります」と呼びかけた。人間文化と樹木との付合いは一生である故に、百年の長計という森づくりでは眼前の利益を追うことなく、その実りは後世に譲るといった倫理的姿勢を以て、幾星霜を経て自然の大なる利益と美観を育成させることが望まれる。そこで本多は山の自然美の保護を前提として、殖産や防火防災、健康増進や風致衛生、風景の開放といった観点から植林や並木造成、公園や登山ケーブルの設置を説いた[89]。近代社会で人間が文化的な生活を送るには、植生環境の保護手入れを含め、

463

自然にある程度、人工の手を加えることは致し方ないという本多の意見で
あった。

　このようなドイツ近代林学を基盤とする本多造林学は、彼の論考「社寺
風致林論」[90]に見る通り、原生自然に配慮したうえで取組まれる造林事業
であり、精神性と実用性を伴った、いわば伝統的自然観と近代的自然観が
融和したところに構築された近代科学といえようが、その理念と方法論は
本多の生家折原家に伝わる富士山信仰に依拠する、山を敬うという姿勢に
も由来していよう[91]。

　而して明治37（1904）年9月、農商務省山林局長によって高野山国有林
の巡視が行われた。同年11月、学校樹栽活動として湯川尋常小学校は日露
戦争を機に1500本の針葉樹を植栽し、12月には西細川尋常小学校が基本
財産貯蓄を目指して植林を実施した。翌年3月には富貴村会によって富貴
尋常高等小学校に10町歩の学校林を設置することが決議され、11月には
高根尋常小学校が南のヌタノ尾に植林を行った。植林活動が促進される背
景下では、国有林において伐採作業が進められ、高野山から九度山にかけ
て高野林道が開通する。加えて和歌山水力電気株式会社の開業に伴い、高
野の地においてもやがて電灯、電力、電車の主力事業が発展する[92]。

　戦捷記念に限らず、修学の記念標としての活動は明治39（1906）年に湯
川尋常小学校児童が卒業記念に杉苗400本を植樹したという記録から、時
代は下って大正4（1915）年の即位の御大典記念には和歌山県各郡で植樹、
造林や公園改良計画が立てられるなど[93]、記念事業の全国的傾向に従い植
樹活動が盛んになる様子が顕著である。また高野山における最大の記念と
いえば御遠忌事業が挙げられようが、例えば昭和9（1934）年の一千百年
御遠忌大法会にあわせてケーブル登山沿道に記念の桜樹が植栽された。『高
野山時報』はこれを「山上彼方此方に植えられた記念の櫻はやがて全山に
春を告げ参者の眼を喜ばせるのも近い」と報じている[94]。昭和9年といえ
ば後述する愛林日記念植樹が開始される年でもある。

　ちなみに「紀念植樹という美名の下で」[95]木を植える活動が南方熊楠の
癪に障ったことは拙稿で述べた通りである。

　さて、内務省をはじめ文部省、農商務省による植樹奨励に基づき同活動

の気運が高まる中、さらに事業を促進させるべく和歌山県においては明治39年、「山野植林費補助規則」（和歌山県告示第268号、明治40年1月1日施行）が制定される[96]。具体的には針葉樹なら杉樹百本につき35銭以内、檜で40銭以内、松で30銭以内、濶葉樹なら楠百本につき50銭以内、欅、櫟、栗等で80銭以内といった具合である。国庫による民有林に対する奨励助成事業の開始は明治40年のことであり、この動きに沿った措置といえる。

　明治から大正にかけては、林業の振興と治山治水によって国富の増殖と国土の安寧をはかることを目的に帝国森林会が創立され[97]、大日本山林会のバックアップとともに各地における森林業の充実がはかられる。

　特に高野の山林については、明治22年当時より申請されていた保管林の設定が大正7（1918）年10月28日に許可（六務第3030号指令）され、11月3日に高野小林区署から金剛峯寺に高野山国有林実測面積2599町7反5畝12歩が返還されたことが大きく作用するところとなる[98]。明治初年の社寺上地に伴い金剛峯寺所有の山林も奉還となり国有林となっていた。一部下げ戻し等の措置を経た後、保管林制度が施行される。社寺上地は開創以来の出来事としてどの寺社も打撃を被ったというが、金剛峯寺では粘り強く返還交渉に当っていたという。

　保管林の設定が通知されるや、大正8年3月16日、金剛峯寺では保管林設定奉告式[99]を厳修、青年会や消防団、在郷軍人会の合同で慶賀の祝典が開かれた。山上では寺院運営における財源確保や利益はともかく、「高祖大師の威厳が弘仁八年の昔ながらに働いて居らるゝから、再び國の冨から高祖大師の荘厳に戻るといふ喜び」に湧き、用材の価値はもとより、「森々として暗く神秘の手が働いて居る」ところに感謝の念が込められた[100]。

　この過程においては、大正7年9月、大師教会本部で和歌山県山林大会が開催され林業功労者の表彰式が行われた経緯もある。表彰式は林業従事者の生業に対する精神的な励みになったといわれ、その家族子弟の教育用に高野小林区署が私立学校形式の官行教育場を開設したことなども[101]、木の国としての和歌山の林業発展に大きく寄与するところとなった。次いで大正9（1920）年、明治神宮竣工鎮座祭の年には公有林野官行造林法公布（7月）によって植林事業が奨励され、金剛峯寺においても別置として山

林課が設けられることになる[102]。

このように近代化に伴う林学林政の発展に伴い、高野山においても山づくりが重点的に展開してゆく様子が確認できよう。特に修禅の聖地としての祖師空海の森が金剛峯寺に返されたことは、山上一帯に大師以来の「山を守る」という思いをより強めたものと思われる。思想普及のみならず、実践を重んじた空海の社会事業への志がこうして高野の森を育ててきたのである。

3-4　金剛峯寺山林部の植樹祭と大日本山林会の愛林日

続いて昭和の移行期に係る高野山をみてみよう。まず保管林については、昭和3（1928）年5月27日、金剛峯寺山林課及び高野営林署主催のもとで「山神祝賀祭」が盛大に奉じられる。この年は保管林設置10周年、山林伐採後25年目に値した。

ここでいう「山神祭」とは山に入る者の安全と森の繁栄を祈願する祭事に位置づけられるが、そもそも空海は開山時にまず地主神を奉り、外来宗教の布教の許しを乞うたことが思い出されよう。金剛峯寺の山神祭は大正8年の保管林設定を機に恒例となった式典と見られるが、当日は奥之院苗圃において山神祭法楽が捧げられ、春日座において祝賀の儀、野手和歌山県知事をはじめ西田高野村長、金剛峯寺執行部が列席し、高野の森の保護と発展が祈念されたと記録にある[103]。

同時期には大日本山林会を中心に各府県山林会や自治体によって「植樹日」や「植樹デー」の設定が進められたが、それぞれに営まれていた植樹行事は、昭和9（1934）年4月2、3、4日の3日間を以て全国統一的な「愛林日（愛林デー）」に改められる。先の通り明治期より「植樹祭」を修めていた高野山だが、例えば昭和10年の愛林日記念植樹は次のように行われた。「四月二日から三日間全國的に愛林デーを行ふたが、全國随一の保管林を有する高野山で、この間、愛林思想並に防火思想普及及び宣伝を行ったが、四日には午前十一時より金剛峯寺釋執行長、水原、笠谷両執行を初め、金剛峯寺関係者五十余名、十七区山林に参集し、読経の後、須田山林課主任の愛林講話、釋執行長、畠中九度山営林署長の感想談ありて、一同衣の袖

を捲り上げ、各自に手にゝ鍬を取り、一斉に植樹を行ひ、野宴を催し、愛林日を祝福した」[104]

　各地方や団体において種々の趣向を凝らして企画された愛林日や樹栽日は、東京市がその源流において「水神祭」として、また都市美協会が「献木奉告祭」として神式に奉じたように[105]、高野山においては仏式に、或いは神仏式を以て奉じられたとみえる。その後、金剛峯寺の植樹祭は4月半ばの設定となる。

　また宮家による植樹式では、大日本山林会総裁梨本宮守正王の例がある。前述の昭和3年の御手植については参拝記念といえようが、本事例は森づくりの垂範[106]としての意味も込められよう。

　昭和18（1943）年6月10日、高野山上で大日本山林会第50回大会ならびに第2回挙国造林実践大会の合同大会が参会者約800名のもとで開会する。植栽地である奥之院では、まず紀伊国に鎮座する植樹の祖神「五十猛命」の神霊を迎えて祭典が奉じられ、梨本宮総裁の御親植に続いて参会者もまた記念植樹を行った[107]。

　注目すべきは五十猛命の祭事と記念植樹の法要が同時に修められたことである。真言密教の聖地に植樹の神である五十猛命の神霊を招くという式典は、先の「山神祭」然り、神仏習合思想の現れである。同時代に記念植樹活動を推進した本多静六が、「神も仏も木を植えるものを助け、幸福を与えるのである」と呼びかけたように、念じて自然の「いのち」を植えるという行為は、その儀式の内容や形式に違いはあるにせよ、「祈る」という姿勢に思想、信仰の別は問われないといえよう。ここに自然を敬うという信仰のおおらかさが生きてくるのである。

　高野山における植樹活動は、このように空海の自然観が尊重されたところに展開していることがわかる。その礎において、植林の神五十猛命が鎮座し、紀伊国と称される名木の産地であることも植樹活動を牽引する要となっている。この点からも記念事業としての植林活動というのは、単に木を植え付けるという行為に留まらず、実践性と祈祷性が相乗して、念じて「いのち」を植栽する行為であることが理解されるのである。

4 高野山の現代と記念植樹 －祖師空海の森をまもる－

　明治から大正、昭和戦前を中心に高野山の近代における植栽事業を見てきたが、儀式や祈祷を主体とする記念樹の植栽式も、森林運営としての実践的な植林事業も、どちらを欠くことなく精力的に営まれ、高野の森を育んできたという歴史的背景が明らかとなった。真言密教の教えに従えば、不二の思想に基づく「いのち」を尊ぶ植樹活動と解せられよう。

4-1 高野山の植樹祭 ―儀式と実践―

　昭和9年に全国行事となった愛林日記念植樹は戦争の激化により一時中断を余儀なくされるが、戦後間もなくGHQの支援のもとで昭和22（1947）年に再開され、現代では「全国植樹祭」として国民的な文化的行事に発展し、今に継続する。高野山においても同様に、明治以来の毎年の恒例行事である「植樹祭」（資料1）をはじめとして、祖師空海の志を守るが如く、なにか特別な機縁や機会を以て記念に木を植えるという行為が根付いているように思われる。金剛峯寺山林部並びに寺領森林組合に伺ったところ、実際、高野町では植樹祭を例に、各寺院や学校でも植樹活動が奨励されているという[108]。

資料1　高野山の植樹祭（『金剛峯寺山林部50年の歩み』金剛峯寺山林部、2001年）
　　　左「中の橋守所前（石楠花）1995年」右「奥の院裏（杉・檜）1960年」

　そこで現代における植樹祭が如何に営まれているかという具体的な側面について、植樹祭の式次第からその趣旨を考えてみる。例えば昭和56（1981）年4月20日の植樹祭は次のように行われた。

空海と山水

　まず本山正門前境内浄域に祭壇が設けられ、午前 10 時に開会すると、森座主導師のもとに阿部野宗務総長をはじめ山内寺院住職、営林署、山内官公庁等から約 100 名の参列者が集まった。御法楽が捧げられた後、関係者の挨拶が続く。そして山林部主任から植樹に関する諸注意があり、メインの植樹式に移る。森座主の石楠花の記念植樹にはじまり、参列者はそれぞれスコップやトンガを手にして石楠花 250 本を植樹した。苗木は愛知県の篤信者からの寄贈によるもので、奥之院御廟周辺にも 100 本が植えられた。同じく寄贈された一位（アララギ）3000 本も各塔頭に配分され植栽された。

　植樹式に際して営林署長から次のような挨拶があった。「和歌山県は木の国であり、立派な森林に恵まれている。…弘法大師も山を大切にされたのは日本人の精神を守ることであると思う、宗団が山を大切にすることを聞き、私共も心あらたに取り組みたい」[109]。徳富高野町長は、「本山山林はほとんど植林されており、本年は趣向を変えて境内地に石楠花を植樹されるが、境内色とりどりの花を咲かせ美をそえることであろう。現今の山林経営は難しい局面を迎えており、国土保全の大切な時期である。本山山林は模範的であり、山林施行について学び、町としても積極的に取り組んでいきたい」[110]と語った。困難な時代こそ「百年の長計」である持続可能な森づくりが求められるということである。

　なお、ここで石楠花[111]が高野山を彩る代表的な草木として扱われている点だが、石楠花については修験道の祖とされる神変大菩薩が金峯山上で湧出した蔵王権現を彫り出した由緒ある花木という伝承や、桜や椿と並んで依代として神聖視される性格などがその所以として関連づけられよう[112]。

　昭和 63（1988）年 4 月 14 日の例では、伽藍中門跡東側の蓮池において中島に祭祀される善女龍王祠の前に祭壇が設けられ、蓮池の修築記念と併せて植樹の法会が修められた。阿部野座主からは「この池は開創法会（筆者註　開創千百五十年）の時に整備されたものであるが、長年の侵食により再び整備された。これからは祖山の名所の一つとしたい」[113]との言葉があった。

　阿部野座主がスコップで石楠花を記念植樹、参列者も続いて樹齢 10〜20 年の石楠花 160 本を池の周囲に植樹した。この機に先がけて中島にかかる

タイコ橋左側に紅、右側に白の花蓮 200 本が植えられた。蓮池は旱魃に見舞われた明和年間、瑞相院慈光和尚が甘雨普潤五穀成熟を祈念して善女龍王を祀ったという、空海の雨請祈祷を思わせる由緒があるが、同時に防火用水池という実用的役割も果たしている。

　御遠忌に係る記念事業の例では、平成 2（1990）年 4 月 18 日の植樹祭に併せて、高野山第二世「傳燈国師眞然大徳千百年御遠忌大法会」の記念として登山ケーブル沿線（全長約 800m）にて植栽式が挙行された。

　徳富義孝執行長導師による御法楽が奉じられ、出席者が各々鍬を手にして石楠花や躑躅、桂などの高山植物 250 本を丁寧に植樹したとの記述がある[114]。眞然大徳千百年御遠忌は 9 月の開催だが、高野町ではこれに先がけ「ふるさと創生事業」として同沿線に 5,000 本の石楠花、山吹、紫陽花を植栽した。「ふるさと創生事業」といえば各自治体によって種々の企画が練られたことが想起されるが、年間約 100 万人が登拝するという高野山では、来訪者の目を楽しませる四季折々の草木花々を植樹する計画が採択されたとみえる。先の昭和 9 年の御遠忌記念と同様の趣旨である。

　平成 9（1997）年の植樹祭は 4 月 15 日に高野山大門で奉じられ、稲葉座主導師の記念植樹に続いて、参列者約 100 名が石楠花 30 本、雪柳 130 本、紫陽花 150 本、萼紫陽花 150 本を植栽した。西田正弘高野町長は「森林は動植物を護っている。高野山に木が無ければこれほど栄えていない。毎年植林されて今日の森林があるので山林関係者に敬意を表する」と述べた。金剛峯寺側もまた、「高野山に木が無いと尊厳が守れなくなるので、将来も山林を護持し育てねばならない。毎年植樹祭をして皆様にお願いしている」と伝えている。「山林の保護なくして祖山はない」[115]とは、まさに祖師の森を守り続けるという言葉である。

　空海は森羅万象に息づくあらゆる生命を活かしあうことを「禽獣卉木皆是法音」という言葉で表したが、その自然思想は高野山をめぐる人々の間に着実に根付いている。宗教者と町の人々が一体となって高野の森づくりに励む姿がここに顕現しているのである。

4-2 「いのち」をいただく ―斧入れのご法会―

「いのち」を植え育む記念植樹という行為とともに、その「いのち」を有り難く頂くための伐採の「斧入れ式」(資料2)もまた高野山においては重要な法会として厳修されている。

資料2「高野山の御霊木伐採斧入法要　1988年11月」
　　　(『金剛峯寺山林部50年の歩み』金剛峯寺山林部、2001年)

例えば昭和36(1961)年、高野山開創記念事業に際し、奥之院燈籠堂の移転及び新築工事のため、付近の霊木9本と杉の小木30本(約450石)を伐採することになり、10月30日に山口法印導師のもとで斧入れの法要が修められた[116]。伐採については、『高野町史近現代年表』の大正2年の欄に、高野山の霊木天狗杉(灯明杉)を職人が8人がかりで伐採したところ、因果関係は不詳だがそのうちの7人までが大正7年までに次々と亡くなったという痛ましい記述が見られる[117]。

古来、杣人は木を伐る際には精進潔斎して山入りしたといわれる。樹木の霊性を敬う風習儀礼は、林業を司る杣人による山神信仰の「鳥総立」にうかがえる。ここでいう「鳥総立」とは伐採した切り株に小枝を立て、新たな「いのち」の芽吹きと森の繁栄を祈念する民間信仰に由来する。従って高野山における霊木斧入れ式は、山の民俗的儀礼に樹木の「いのち」を供養する仏教思想が融和した法要と考えられる。主に日本で展開した草木国土悉皆成仏という本覚思想について、北條勝貴氏は国家事業や寺社建立に大量の林木が必要とされた平安時代、悲鳴のような轟音を立てて倒れゆく巨木を前に殺生に対する後ろめたさが一層に意識され、樹木の成仏を願わずにはいられなかったのだろうとその背景を論じている[118]。

こうした斧入れの法要が「山神祭」に等しく奉じられていることは、高野山には自然を敬い「いのち」を活かすという思想が、植樹活動の実用性、儀礼性の両側面において、古くより根付いていることの証といえよう。

むすびにかえて　記念植樹の森　―「生かせいのち」―

　祖師空海が入定した奥之院裏山には、「記念植樹の森」（金剛峯寺所有地：広谷地区）と名づけられた森林がある。高野三山と呼ばれる摩尼山、転軸山、楊柳山に囲まれたその森は、昭和52（1977）年、和歌山県で開催された全国植樹祭にあわせて、高野山の伝統的林業技術（ブリ縄）の天覧が行われた三本杉が佇む場所の奥に位置する。昭和50年代当時は無味乾燥な杉林だったそうだが、今では国土緑化推進機構認定の森林セラピーが実施される、表情豊かな広葉樹の森に生長したという[119]。現地には各寺院のプレートの傍に若々しい記念樹がたくさん育っていた。

　以上のように「植樹祭」然り、「山神祭」然り、「斧入れ式」然り、「記念植樹の森」然り、或いはまた「いのちの始まりは植樹から」[120]を根本に取り組まれる「献木」然り、高野の森を後世に残すべく、この山には地元の神々を祀る敬神思想とともに空海の自然思想が行き渡っている。思想と実践を重んじた空海の森づくりは、今日こうして運営されているのである。単に木を植え付けるのみならず、儀礼性を伴って「念じて」植栽された樹木の「いのち」は、森の環境や社会に循環されることによって生き生きと活かされるのである。祖師空海の「いのち」が繁栄されるが如く、真言密教の霊地に相応しい森づくりがまさに念じて「いのち」を伐り、念じて「いのち」を植えるという行為によって育まれているのである。

　山の中で空海が感得した「禽人卉木皆是法音」という、人間と自然が一体となって「いのち」を活かしあう、「生」に対する肯定的な思想がここに生きている。この自然思想のもとに、密厳浄土としての森づくりが今日も継承されているのである。

（総合研究大学院大学修了）

空海と山水

※本稿執筆につき現地調査及び史料閲覧に際しましては、醍醐寺執行総務部長仲田順英様、東寺総務部長砂原秀輝様、大覚寺奥村俊子様、仁和寺朝川美幸様、善通寺宝物館松原潔様、高野町教育委員会飯野尚子様、金剛峯寺山林部並びに金剛峯寺寺領森林組合の皆様より多大なご協力を賜りました。心より感謝申し上げます。

---

1 「即身成仏義」弘法大師空海全集編輯委員会『弘法大師空海全集第二巻』筑摩書房、1983年、244〜246頁。

2 醍醐寺の記念植樹の活動に関して筆者が仲田順英師にお話を伺った際、実修実証の意味をご教示頂く。2012年8月10日醍醐寺三宝院にて。山田廣圓・高井善證『修験大綱』神変社、1933年、92頁。

3 総本山金剛峯寺「世界遺産高野山 高野山の豊かな森を後世に」リーフレット。

4 空海が延暦16年12月に24歳で著した処女作で、三教は儒教・道教・仏教を指し、弁証法を用いて段階的に仏教を最高の真理と位置づける思想批判の書。渡邊照宏・宮坂宥勝校注『三教指帰 性霊集 日本古典文学大系71』岩波書店、1965年、13頁。

5 『遍照発輝性霊集』は空海の漢詩文集で編者は眞済。現存の10巻本には延暦23年10月3日、空海31歳の時に大唐福州で起草した「為大使与福州観察使書」から承和元年11月61歳の「宮中眞言院正月御修法奏状」に至る113篇（空海の自作は108編とされる）が収録されている。『三教指帰 性霊集』（前掲）、14頁。

6 關榮覺編『高野山千百年史』金剛峯寺、1942年、18〜19頁。高野町史編纂委員会『高野町史 民俗編』高野町、2012年、5頁、320頁。五来重「高野山の山岳信仰」『高野山と真言密教の研究』山岳宗教史研究叢書3、名著出版、1983年、28〜35頁。

7 『高野山千百年史』（前掲）、15〜17頁。

8 櫛田良洪『空海の研究』山喜房仏書林、1981年、112〜113頁。

9 中村孝也『弘法大師傳』弘法大師千百年御遠忌記念會、1934年、2頁。

10 宮崎忍勝「空海をめぐる伝説と民間行事」『空海の人生と思想 講座密教3』春秋社、1976年、243〜244頁。

11 中村孝也（前掲）、4頁。

12 同前、4〜5頁。

13 南方熊楠「紀州俗傳 石芋」（『郷土研究』1巻11号、1914年）『南方熊楠全集第五巻』乾元社、1952年、265頁。

14 宮崎忍勝（前掲）、243〜244頁。

15 金剛峯寺山林部「誇りある伝統を守り山林経営を充実し後世へ」『山林』大日本山林会、1365号、1998年2月、16〜17頁。

16 内八葉は伝法院山（東）・持明院山（東南）・中門前山（南）・薬師院山（西南）・御社山（西）・正智院山（西北）・真言堂後山（北）・勝蓮花院山（東北）、外八葉は大門山（西）・嶽山（西北）・鉢覆山（北）・転軸山（東北）・楊柳山（東）・摩尼山（東南）・姑射山（南）・宝珠山（西南）だが諸説ある。山本智教『高野山』小学館、1976年、22〜24頁。

17 「蛇柳」とは開山当初、大師が加持力で毒蛇を大滝村の淵に閉じ込めたという伝承で、毒蛇がいた地に生えていた柳を指す。この柳の下は中古以来の刑場であったという。日野西真定「高野山の山岳伝承」五来重編『修験道の伝承文化 山岳宗教史研究叢書16』名著出版、1986年、357〜358頁。

18 『高野山千百年史』（前掲）、22 頁。

19 中村孝也（前掲）、95 頁。

20 道範の口説では地面を掘った時に輪壷が鍬に触れたという。『高野山千百年史』（前掲）、26 頁。佐和隆研「高野山の開創」『空海の軌跡』毎日新聞社、1973 年、164〜175 頁。

21 櫛田良洪（前掲）、139 頁。渡辺照宏・宮坂宥勝『沙門空海』筑摩書房、2007 年、166〜172 頁。

22 「東寺の塔を造り奉る材木を曳き運ぶ勧進の表」『三教指帰 性霊集』（前掲）、392〜393 頁。

23 東寺と伏見稲荷の宗教的関連性については次を参照。大森惠子「弘法大師と稲荷明神」日野西真定『弘法大師信仰 民衆宗教史叢書 14』雄山閣出版、1997 年。

24 『三教指帰 性霊集』（前掲）、248〜249 頁。『高野山千百年史』（前掲）、32〜37頁。

25 「天長皇帝大極殿にして百僧を屈するあまごひの願文」『三教指帰 性霊集』（前掲）、292 頁。

26 「宮中の眞言院の正月の御修法の奏状」『三教指帰 性霊集』（前掲）、386 頁。

27 宮坂宥勝「秘密の世界」宮坂宥勝・梅原猛『生命の海＜空海＞仏教の思想 9』、角川学芸出版、2008 年、154 頁。

28 十大弟子（實慧・眞済・眞雅・泰範・智泉・眞如・道雄・圓明・呆隣・忠延）眞のつく弟子が空海のもとで得度した者。實慧・道雄・智泉・眞雅・眞然は空海の肉親または佐伯氏の一門。『沙門空海』（前掲）、198〜199 頁。

29 松永有見「弘法大師と高野山」『密教研究特輯號 弘法大師研究』1934 年 3 月、309頁。

30 玉城康四郎「空海の自然観念」『密教学研究』日本密教学会、6 号、1974 年 3 月、31〜32 頁。

31 「山に遊むで仙に慕ふ詩」『三教指帰 性霊集』（前掲）、161 頁。

32 櫛田良洪（前掲）、108〜116 頁。

33 「三教指帰 巻の上」『三教指帰 性霊集』（前掲）、84〜85 頁。佐和隆研（前掲）、70〜75 頁。『沙門空海』（前掲）、46〜54 頁。川崎庸之校注『空海 日本思想大系 5』岩波書店、1975 年、407〜408 頁。五来重「高野山の山岳信仰」（前掲）、18〜19 頁。

34 修験道修行大系編纂委員会編『修験道修行大系』国書刊行会、1994 年、21 頁。櫛田良洪（前掲）、124〜125 頁。

35 『三教指帰 性霊集』（前掲）、84 頁。

36 同前、172〜173 頁。

37 同前、172〜173 頁。

38 同前、466〜468 頁。

39 銀色の骸骨の人形を手にした主人が饗宴の客人に向かって、人生とは百年物の葡萄酒よりも短いと嘆き、グラスを傾けながら、されば短い人生を大いに楽しもう、という人生観を語る。ペトロニウス作『サテュリコン』から「トルマルキオの饗宴」。

40 「三教指帰 巻の下 假名乞兒論」『三教指帰 性霊集』（前掲）、132〜134 頁。

41 假名乞兒論には「風に翔る假の命（いのち）」という表記もあり、この点については更なる検討を要する。同前、132 頁。

42 「顕教と密教」顕教は釈迦の説、密教は即ち大日の説なり。劣を捨て勝を得るは皆是れ遮情の分斉、平等にして坦然たるは即ち是れ表徳の義門、不二にして二、二にして不二、表徳の故に一塵も捨てず、皆毘慮遮那の妙徳なり。遮情は顕乗に通ず、

空海と山水

表徳は密乗に局る。凝然大徳『八宗綱要』鎌田茂雄全訳註、講談社、2009 年、428
〜431 頁。

43 牛窪弘善「修験道概説」『神變』264 号、1931 年 4 月号、11〜12 頁。

44 梅原猛「空海の哲学」『空海の人生と哲学 講座密教 3』春秋社、1976 年、33〜34
頁。

45 服部如實「眞言宗の安心は何か」『神變』267 号、1931 年 7 月号、16〜19 頁。

46 『三教指帰 性霊集』（前掲）174〜175 頁。

47 「即身成仏頌」『弘法大師空海全集第二巻』（前掲）、225 頁。

48 高野山大師教会本部長久保観雅「不二の妙旨に就いて」『高野山時報』405 号、1926
年 4 月 25 日、4 頁。梅原猛「空海の哲学」（前掲）、68〜70 頁。

49 「不二の妙旨に就いて」（前掲）、3 頁。

50 佐伯惠眼「密教の修行」『神變』322 号、1936 年 1 月号、3〜4 頁。

51 「即身成仏義」『弘法大師空海全集第二巻』（前掲）、242〜243 頁。

52 草木（非情）の成仏は、中国において天台と華厳の間で議論となり、天台では法
華経の統一的真理に基づき総合的な世界観が確立され、色心、有情非情を一体とし
て非情も有情と同様に仏性を有して成仏するとされた。華厳では華厳経の統一的真
理に基づき理想的世界観の実現が強調され、実践的で主体的な心、人格智が重視さ
れた。そこから非情と有情が区別され、人格智的な仏性は有情に備わり、非情につ
いては法性が備わるとした。それが日本においては自然順応という日本的思考が手
伝い、非情ないし草木成仏説が抵抗なく受け入れられたという。天台本覚論では事
常性の立場から草木成仏が強調され、草木は草木ながら常住ということで、そのま
ま仏であるとして成仏ということさえないともいわれた。「草木成仏の事」多田厚
隆・大久保良順・田村芳朗・浅井円道校注『天台本覚論 日本思想大系 9』岩波書店、
1973 年、166〜167 頁、458〜459 頁。

53 「高野山萬燈會の願文」『三教指帰 性霊集』（前掲）、381〜382 頁。

54 法界体性智（大日）・大円鏡智（阿閦）・平等性智（宝生）・妙観察智（無量寿）・
成所作智（不空成就）の五智。

55 「播州の和判官が攘災の願文」『三教指帰 性霊集』（前掲）、344 頁。

56 「大夫笠左衛佐、亡室の為に大日の楨像を造る願文」同前、340 頁。

57 「式部笠丞が為の願文」同前、302 頁。

58 「藤大使亡兒の為の願文」同前、304〜305 頁。

59 「高野建立の初の結界の時の啓白文」同前、408 頁。

60 Lambert Schmithausen, Buddhism and Natures, *The Lecture delivered on the Occasion
of the EXPO 1990 an Enlarged Version with Notes*, The International Institute for Buddhist
Studies, Tokyo, Japan, 1991, p.26.

61 「中壽感興詩」『三教指帰 性霊集』（前掲）、214〜217 頁。

62 「三教指帰 巻の中」『三教指帰 性霊集』（前掲）、110 頁。櫛田良洪（前掲）、129
〜132 頁。

63 梅原猛「空海の哲学」（前掲）、74 頁。

64 吉祥眞雄「今回の法要について」『神變』252 号、1930 年 4 月、72〜73 頁。

65 宮城信雅「修験道の山岳観」『修験』98 号、1939 年 9 月、15 頁。

66 虚空洞「山林佛教禮讃」『高野山時報』353 号、1924 年 11 月 15 日、1 頁。

67 「棺掛桜」嵯峨天皇の棺を嵯峨野の桜に置いたところ五色雲たなびき八衆ととも
に御棺が飛来したという話。嵯峨野の桜を当地に移植したと伝わる。「高野山之部
巻之八」『紀伊続風土記』、159 頁。

68 「明遍杉」蓮華三昧院開祖の明遍上人が大師の加持力にて杖を青翠の杉にしたという話。『高野山千百年史』（前掲）、108 頁。『紀伊続風土記』（前掲）、168 頁。

69 「鳴子松」食事時に鳴子を懸けて大衆に告知したという北室院旧蹟の伝承。『紀伊続風土記』（前掲）、103 頁。

70 「千本槙」奥院山の南蓮花谷五大堂より七八町北の尾に広がる槙の森という。『紀伊続風土記』（前掲）、186 頁。小川由一『高野山の植物』高野山大学出版部、1940年、4～5 頁。

71 五来重「高野聖のおこり」五来重『高野山と真言密教の研究』（前掲）、117 頁。

72 井上正「霊木化現仏への道」『藝術新潮』新潮社、1991 年 1 月号、80 頁。

73 五来重編『修験道の伝承文化』（前掲）、1 頁。

74 本多静六「天然記念物特に名木の保護」『大日本山林會報』344 号、1911 年、3頁。

75 2006 年 9 月 21 日、高野町役場前で後藤町長がお印の高野槙を記念植樹。「丈夫で健やかに 町の木「高野槙」が「お印」に選ばれました」『高野町広報』高野町、217号、2006 年 10 月 13 日、表紙。10 月 25 日、壇上伽藍蓮池で悠仁親王御誕生記念に資延敏雄座主が高野槙を記念植樹、ヤマブキやアジサイ 200 株も植樹。「金剛峯寺高野槙を記念植樹」毎日新聞（和歌山）、2006 年 10 月 26 日付。

76 「朝香宮殿下御登山」『高野山時報』50 号、1915 年 9 月 5 日、21 頁。皇族の旅行記録については次を参考にした。『宗秩寮 皇族旅行録 大正四年』（識別番号 25642）「第一一五号 鳩彦王、同妃両殿下高野山へ御旅行の件（八月）」、宮内庁書陵部宮内公文書館所蔵。

77 「秩父宮殿下の登山趣味 曩くも修験の信條に契合す」『修験』聖護院門跡内修験社、30 号、1928 年 5 月 1 日、2 頁。

78 「秩父宮殿下新緑の高野山へ」『六大新報』1016 号、1923 年 6 月 3 日、13 頁。「秩父宮殿下御登山記念」『高野山時報』302 号、1923 年 6 月 15 日、写真頁。『高野山時報』301 号、1923 年 6 月 5 日、12 頁。秩父宮家『雍仁親王実紀』吉川弘文館、1972年、270～271 頁。

79 「高野山参拝の瑞典皇太子」『高野山時報』422 号、1926 年 10 月 15 日、写真頁。「高野の寺々御巡拝 瑞典皇太子同妃両殿下」『六大新報』1187 号、1926 年 10 月 10日、18 頁。

80 「梨本宮両殿下奉迎謹記」『高野山時報』476 号、1928 年 4 月 15 日、3 頁。『宗秩寮 皇族旅行録 昭和三年』（識別番号 25648）「第四号 守正王、同妃両殿下 大阪府下及奈良、和歌山、兵庫三縣下へ御旅行の件」、宮内庁書陵部宮内公文書館所蔵。

81 「天皇陛下東寺行幸記念樹」・「皇后陛下東寺行啓記念樹」（1991 年 5 月 28 日）、「浩宮徳仁親王殿下東寺行啓記念樹」（1970 年 11 月 9 日）。東寺にて筆者がご教示を頂く（2015 年 7 月 24 日）。

82 「天皇陛下皇后陛下行幸啓記念樹」（1997 年 8 月 19 日）、東宮殿下御手植という稚松（1913 年 4 月 2 日）は 2013 年に植替えが行われた。大覚寺にて筆者がご教示を頂く（2015 年 7 月 24 日）。宮内庁『昭和天皇実録第一』東京書籍、2015 年、648～649 頁。草繁全宜『嵯峨誌特輯第二号』旧嵯峨御所大覚寺、1969 年、50 頁。

83 「天皇皇后両陛下行幸行啓記念樹」（1999 年 11 月 18 日）、「浩宮殿下参拝記念樹」（1980 年 3 月 18 日）。仁和寺にて筆者がご教示を頂く（2015 年 7 月 24 日）。

84 善通寺訪問は大正 11 年 11 月 19 日という記録がある。善通寺住職佐伯宥粲謹話「摂政宮殿下の行啓を仰ぎて」『六大新報』993 号、1922 年 12 月 10 日、6 頁。「摂政宮善通寺へ行啓」『高野山時報』286 号、1923 年 1 月 5 日、67 頁。善通寺市教育

空海と山水

委員会市史編さん室『善通寺市史 第三巻』善通寺市、1994 年、965 頁。蓮生観善『善通寺史』総本山善通寺編集局、1972 年（1932 年 9 月）、38〜39 頁、144 頁。龍田宥量編『大本山善通寺案内』大本山善通寺御遠忌事務局、1934 年、19〜20 頁。「久邇宮殿下善通寺へ」『六大新報』1015 号、1923 年 5 月 27 日、14 頁。『官報』3232 号、1923 年 5 月 11 日、312 頁。行啓の記録については次を参考にした。『大正十一年 幸啓録六』（識別番号 7840-2）、善通寺以外でも県下の各学校等で御手植が行われた記録がある。『東宮職 行啓録十九 南海道ノ部 大正十一年』（識別番号 29927-192）、いずれも宮内庁書陵部宮内公文書館所蔵。

[85] 善通寺にて宝物館学芸員松原潔様のご案内により見学させて頂く（2013 年 8 月 22 日）。

[86] 金剛峯寺山林部『総本山金剛峯寺山林部 50 年の歩み』2001 年、69 頁。

[87] 『国土緑化運動五十年史』国土緑化推進機構、2000 年、328 頁。

[88] 岡本貴久子「明治期日本文化史における記念植樹の理念と方法 －本多静六『学校樹栽造林法』の分析を中心に」『総研大文化科学研究』10 号、2014 年。

[89] 本多静六「林学一班」『夏期講演集 田邊之巻』(牟婁新報社員筆記)牟婁新報社、1910 年 10 月、1 頁、38〜45 頁。

[90] 本多静六「社寺風致林論」『大日本山林會報』356 号、1912 年。

[91] 岡本貴久子「富士山信仰と近代日本の森づくり」『BIOSTORY』生き物文化誌学会、22 号、2014 年。

[92] 『高野町史近現代年表』（前掲）、28〜30 頁。

[93] 本多静六が取組んだ和歌山公園改良計画（『本多静六通信』13 号）をはじめ各地で記念植樹が営まれた。「御大典と各紀念事業」紀伊毎日新聞、1915 年 4 月 8 日付。「御即位紀念事業」紀伊毎日新聞、1915 年 4 月 15 日付。

[94] 「大遠忌總曲」『高野山時報』692 号、1934 年 4 月 10 日、2 頁。

[95] 南方熊楠「熊野三山と闘鶏社 附、紀念植樹に就て」『南方熊楠全集第五巻』（前掲）、145〜146 頁。末木文美士・岡本貴久子「近代日本の自然観 記念樹をめぐる思想とその背景」秋道智彌編『日本の環境思想の基層』岩波書店、2012 年、83〜116 頁。

[96] 明治 37 年 6 月告示第 162 号「和歌山県公有山林造林費補助規定」はこれに伴い廃止。和歌山県史編さん委員会『和歌山県史 近現代史料五』和歌山県、1979 年、220〜223 頁。

[97] 大正 8 年創立、初代会長武井守正、副会長本多静六。『大日本農會・大日本山林會・大日本水産會創立七拾五年記念』大日本農會・大日本山林會・大日本水産會、1955 年、42 頁。

[98] 『総本山金剛峯寺山林部 50 年の歩み』（前掲）、69 頁。『高野町史近現代年表』（前掲）、43 頁。

[99] 「高野山保管林設定奉告式」『高野山時報』149 号、1919 年 3 月 15 日、1 頁。『高野町史近現代年表』（前掲）、44 頁。

[100] 「山林會の後で」『高野山時報』133 号、1918 年 10 月 5 日、9〜11 頁。

[101] 小学校令第 2 条による官行教育場を設置。担当専任教師 1 名、補修科裁縫教員 1 名、就学者 20 名。『高野町史近現代年表』（前掲）、43 頁。

[102] 「山林局を別置せよ（金剛峯寺當局に）」『高野山時報』145 号、1919 年 2 月 5 日、18 頁。

[103] 「山神祭祝賀会擧行」『高野山時報』481 号、1928 年 6 月 5 日、18 頁。

[104] 「愛林デーに」『高野山時報』729 号、1935 年 4 月 15 日、16 頁。

105 岡本貴久子「帝都復興期の都市美運動における儀礼性に関する考察 −「植樹デー」の活動分析を中心に」『文化資源學』文化資源学会、13 号、2015 年 6 月。
106 「御手づから御植樹 造林へ御垂範 愛林日伊豆記念林の感激」朝日新聞、1943年 4 月 6 日付。
107 『大日本農會・大日本山林會・大日本水産會創立七拾五年記念』（前掲）、109 頁。
108 2011 年 8 月 9 日、金剛峯寺山林部及び寺領森林組合のご案内で、筆者が金剛峯寺境内の記念植樹地と奥之院裏山の「記念植樹の森」を訪れた際にご教示を頂く。
109 「総本山金剛峯寺 本年度植樹祭執行 本山境内に石楠花植える」『高野山時報』2271 号、1981 年 5 月 1 日、2 頁。
110 同前。
111 高野町の花（石楠花）、高野町の木（高野槙）、1987 年 4 月 1 日選定。
112 牛窪弘善「神變大菩薩傳」『修驗』53 号、1932 年 3 月 1 日、22 頁。佐々木宏幹・宮田登・山折哲雄監修『日本民俗宗教辞典』東京堂出版、1998 年、223 頁。
113 「高野山金剛峯寺蓮池竣工式執行 植樹祭も合せて」『高野山時報』2496 号、1988年 5 月 1 日、8 頁。
114 「総本山金剛峯寺ケーブル沿線に植樹 眞然御遠忌を記念して」『高野山時報』2561号、1990 年 5 月 21 日、1 頁。
115 「金剛峯寺 大門で植樹祭」『高野山時報』2782 号、1997 年 4 月 21 日、1 頁。
116 「廟辺霊木伐採斧入式」『高野山時報』1624 号、1961 年 11 月 11 日、7 頁。
117 『高野町史近現代年表』（前掲）、39 頁。
118 北條勝貴「草木成仏論と他者表象の力 −自然環境と日本古代仏教をめぐる一断面」長町裕司・永井敦子・高山貞美『人間の尊厳を問い直す』上智大学出版、2011年、172 頁。
119 西田安則「植樹祭」『山林』大日本山林会、1379 号、1999 年 4 月、扉。
120 『総本山金剛峯寺山林部 50 年の歩み』（前掲）、58 頁。

日本仏教と平和主義
―その実践と課題―

ランジャナ・ムコパディヤーヤ

はじめに

　仏教が平和主義を唱える宗教であるといわれている。仏教の慈悲や不殺生戒のような教えが仏教徒を平和的思想や行動に導き出しているとされている。仏教による社会運動としてもっとも知られているのは非暴力主義平和運動です。世界各地で活躍している仏教リーダーと彼らが率いる社会運動が共通する一つの特徴とは平和主義的精神に基づく社会参加である。ダライ・ラマを中心とするチベット仏教徒の非暴力主義的対抗運動、ベトナムやカンボジアの僧侶らによる反戦運動、スリランカのサルボダヤ運動、また日本の仏教による世界平和活動などの事例は仏教が平和的思想及び行動を標榜する宗教であることを主張する。しかし、日本をはじめ、アジア諸国における仏教の歴史を通観すれば、仏教者の思想や行動が必ずしも非暴力主義的平和主義的であったということはいい難い。

　上述した仏教リーダーらは、平和主義者であるということとともに彼らが戦争を体験したことや国家・政治権力と対抗したことが彼らの平和主義的社会運動の起点であるということも共通している。　しかし、仏教者による世界平和運動や反戦運動または仏教の教えに基づく平和思想の登場は歴史的に最近のことであり、20世紀後半以降の現象であるといえる。とりわけ、第二次世界大戦後には仏教による平和運動が目立っている。世界規模の戦争による悲惨な結果を人類が目当たりした一方、第二次世界大戦後、世界が脱植民化時代に突入すると、それまで植民地だった地域は次々に独立

を果たした。日本の場合も仏教による平和運動は主に戦争後の現象である。そして、アジアの植民地だった国々では、独立運動や反植民地運動においては、帝国主義への対抗として伝統的文化や宗教思想がその運動の活動理念として採用された。例えば、インドの独立運動の父と呼ばれるガンジーの非暴力主義に基づくイギリス帝国主義への抵抗運動は、仏教とヒンドゥーの「アヒンサー」つまり不殺生の教えに導かれたものであった。このように 20 世紀の反殖民運動そして反戦運動において仏教の教えが導入されたことによって仏教的平和思想が現れたといえる。

それで、仏教が如何なる経緯で平和主義や非暴力主義をを標榜する宗教になったのかということを理解する必要がある。本論では、日本仏教による平和運動を取り上げて、仏教的平和主義が如何に形成されてきたのか、そして戦後の日本仏教における平和主義の意義について考えてみたい。

1　日本仏教の戦争体験と平和運動

日本仏教の戦争体験には世界唯一の被爆国家の国民という被害者的な体験がある一方、戦時中の仏教教団が日本国家の植民地支配そしてアジアでの侵略戦争に加担してしたという加害者的な意識を内包した体験がある。そのため、日本仏教の平和活動やその理念にもこの両面性が現れています。終戦後の各宗派による戦争協力に対して反省や「懺悔」が日本仏教の戦後における平和主義的展開への一歩であった。そして、日本仏教が平和運動の一環として取り組んできた諸活動、例えば反核や反原発運動、平和憲法改正への反対、諸宗教間対話やアジアでの人道支援事業などがこうした戦争体験から生じた行動である。

2　日本仏教の戦争責任、懺悔と平和主義

戦後に各仏教宗派が発表した「懺悔・反省文」には戦争に対する「懺悔」と全世界に向けての「反戦」が表明されている。1947 年 5 月 5 日と 6 日の二日間に東京の築地本願寺で日本宗教連盟（元・大日本戦時宗教報国会）、

「仏教連合会」と他の宗教（神道、キリスト教）、宗教文化協会などの共催で全日本宗教平和会議が開催された。当会議では、宗教界共同の次のような「懺悔の声明」が採択された。「全日本宗教平和会議の開催に際し、われら宗教人はここに衷心から痛恨と懺悔の意を表明する。いずれの宗教も平和を本領とせざるものなきに拘らず、われらは昭和六年九月満州事変以来の軍国主義的風潮を阻止することができず、悲惨なる今次戦争の渦中に巻きこまれたことは、神佛に対し、祖国に対し、かつは世界の全人類に対し、慚愧に堪えないところである。今にして静かに思えば、われわれはかかる凄惨なる戦争の勃発する以前に、身命を賭しても、平和護持の運動を起し、宗教の本領発揮に努むべきであった（中略）新憲法は世界に向って戦争放棄を誓約したが、この人類史上類いなき　なる理想の実現は、人間精神の改造による宗教的気相に立ちてのみ可能なのである。（後略）」[1]

　要するに、日本の宗教団体らが戦争を止めず、むしろ日本国家のアジア侵略と残酷な戦争に加担してまったことへの反省そして今後は、宗教者として世界平和の実践のために努めていくという意思を表明した。

　その後、仏教宗派による個別な戦争責任の告白・懺悔もあった。1987 年4 月2 日、真宗大谷派宗務総長による真宗大谷派戦争責任告白「全戦没者追弔法会にあたって」には「同朋社会の顕現」のよって平和国家の実現と戦争放棄が主張されていた。また、曹洞宗の「懺謝文」（1992 年 12 月 20 日、曹洞宗宗務総長により）に日本国家の植民地支配によってアジアの人々の文化を蔑視し、人権を侵害したことを謝罪した。そこには、曹洞宗が 1980 年に出版した「曹洞宗海外開教伝道史」では曹洞宗のアジア伝道活動を賛嘆したことに対するも陳謝があった。また、後述のとおり、平和主義を推進するために神道、仏教、キリスト教などの様々な宗教によって設立された日本宗教者平和協議会が 1994 年に『宗教者の戦争責任　懺悔・告白資料集』[2]を刊行した。

　しかし、教団によるこうした戦争責任の告白・懺悔には戦争協力について、戦前や戦時中の教団のあり方や教学の内容まで踏み込んで反省した教団が殆どなかった。また、日本仏教の戦争責任が宗教者個人の問題であるのか、又は組織（教団）の問題であるのかも議論されていない。そのため

に、朝鮮戦争をきっかけとして、仏教界において平和認識の浅さと解釈の違いが表面化し、平和運動への取り組みも違いをみせることになったのである。さらに、戦争への反省と平和の希求のなか、宗派の「革新」への取り組み（例えば、宗派界より戦犯的旧指導者の自発的退陣を勧告する運動）があったが、旧体制の革新の成果が不十分で、戦後の教団改革も挫折した。

また、仏教研究においても終戦から約 30 年の後、仏教の戦争責任が議論されるようになった。その切口となったのは、市川白弦による仏教者、主に禅宗の戦争責任に関する研究である。『仏教者の戦争責任』では、市川が仏教者の戦争責任の問題をいつかのレベルで追及している[3]。まず、仏教者個人の戦前、戦中、敗戦時また戦後における思想と行動に対する批判である。そして、各宗派が天皇制や国家に迎合してしまったことを教団のありかたや教学の内容にまで踏み込んで反省している。大乗仏教の思想にある体制維持や現状肯定の理念が結果として仏教教団の戦争協力や仏教者による植民地支配を支持した行動や思想を促したと論じている。

その後、海外の研究者も禅宗の戦争責任を考察しており、主な作業としてブライアン・ヴィクトリア（Brian Victoria）やクリストファ・イーヴス（Christopher Ives）の研究があげられる[4]。戦前・戦時中のアジアでの布教活動における仏教の戦争責任を問う研究としては、浄土真宗の東アジア伝道と当教団の戦争責任について菱木政晴や阿満利麿[5]の研究があり、曹洞宗の植民地布教における戦争協力について近年の研究としては一戸彰晃の『曹洞宗の戦争—海外布教師中泉智法の雑誌寄稿を中心に』と『曹洞宗は朝鮮で何をしたのか』[6]があげられる。また、アジアに対する日本の戦争責任を問う民衆法廷準備会は、敗戦五〇年の 1995 年 12 月の「大法廷」開催へ向けて、同年の 9 月から 12 回にわたって連続「小法廷」を開催したが、そこでは、日本の仏教と神道の植民地布教における戦争協力の問題も取り上げられた。[7]

3　戦後における仏教の平和運動と組織結成

終戦後、日本の仏教団体による戦争協力に関する懺悔・反省の表明につ

れて、「世界平和」の実現が仏教界の重要なミッションとなった。そのために、平和主義的思想の普及そして仏教徒による平和活動を推進するために様々な仏教集団が結成された。例えば、戦前から反戦主義であった仏教社会主義者の姓尾義朗(日蓮宗)、壬生照順（天台宗）などの「新興仏教青年同盟」のメンバが中心になって1946年7月に仏教社会主義同盟（1948年4月、仏教社同盟と改称）を設立し、国際主義をあげて平和運動と仏教改革運動に取り組んだ。また、1949年4月に平和主義の普及と教団旧体制の改革を目指した全国仏教革新連盟が結成された。

1950年以来、朝鮮戦争の勃発と全面的講和運動によって平和への関心が高まり、仏教徒による平和活動・反戦運動も活発化する。1950年4月に京都で、京都文化人懇談会に参加していた仏教者によって宗教人懇談会（宗懇）が結成され、綱領には、「平和の徹底的擁護、教団の反動化防止、ファッショ的教学の打破、民衆の生活を守る宗教の確立」ということが明記されていた。また、1951年2月24日に東京で不殺生戒を標榜する仏教徒によって仏教者平和懇談会が結成され、戦争犠牲者追悼・平和祈願と国際的平和運動への展開を目標に立てた。

そして、1951年6月22日に東京で日蓮宗系の教団である日本山妙法寺（後述）、仏教者平和懇談会とキリスト教系の日本友和会が中心になって結成「宗教者平和運動協議会」を結成し、「平和宣言」を採択した。当会議が「宗教的良心に基づき非暴力の精神と実践により平和理想を貫き戦争を防止すること」を目的とした。同年の10月に京都宗教者平和運動協議会が設立された。その後、大阪と広島でも当会議の支部が結成された。また、宗教者と総評との連帯によって1951年7月に日本平和推進国民会議も結成された。

通仏教組織として重要な団体は「全日本仏教会」である。全日本仏教会は、1954年に「仏教連合会」が「世界仏教徒連盟」の日本支部「世界仏教徒日本連盟」（W.F.B日本センター）と合同して結成された。当会の主な活動には仏教徒による界平和運動の推進であり、そのために世界各地の仏教団体と連帯している。

日本における宗教者による平和運動においてもう一つの主な超宗派平

和団体は 1962 年 4 月に東京で設立された日本宗教者平和協議会（宗平協）である。「宗教者の良心に基づき世界の平和と人類の幸福に寄与する」を目的とし、神道、仏教、キリスト教、新宗教などの様々な宗教の代表者そしてアジア仏教徒平和会議、日本キリスト者平和の会、真宗平和の会などの宗教団体も構成会員である。当議会は「信教の自由と政教分離の確立」、「核兵器の完全禁止と廃絶」、「（自衛隊及び在日米軍）軍事基地の撤去と軍事条約（日米同盟）の撤廃」、「日本国憲法の擁護と平和・民主条項の実現」、「人権の擁護と民主主義の発展」、「環境の保全と回復」、「宗教者の国際連帯の強化」を掲げている。総理大臣の靖国神社公式参拝には、日本による侵略戦争を肯定し政教分離に反するとして、反対している。[8]

　京都には各宗派の本山また多くの仏教系大学及び仏教関係の出版社が所在しているから京都市が超宗派的仏教組織そして仏教徒による平和運動の一つの拠点でもある。宗懇の呼びかけで、1954 年に京都仏教徒会議が結成され、そのメンバーには、京都の各仏教宗派の管長クラスの僧侶、仏教系大学の学長や教員、仏教系出版社の社主、議員や政府関係者などがある。また、1961 年 4 月に京都宗教者平和協議会が結成され、第 1 回世界宗教者平和会議が 1961 年 7 月に京都での開催され、16 ヶ国から 47 名の外国人代表者そして 228 名の日本代表者が参加した。

4　日本山妙法寺の事例

　日本仏教の戦前の戦争体験と戦後の平和主義的展開との関連性を理解するために日本山妙法という日蓮宗の仏教団体の事例を取り上げてみよう。[9]

　日本山妙法寺は、藤井日達（1885 年-1985 年）という日蓮宗の僧侶によって設立された仏教教団である。藤井は、「西天開教」、つまり仏法が必ず西天（インド）に帰るという日蓮の予言の実現を目標にしてインドを目指して海外布教に乗り出し、1918 年 10 月に満州の遼陽に最初の日本山妙法寺を建立した。その後、藤井がインドにわたり、1933 年にインド独立の父マハトマ・ガンジーと会った。今、日本山妙法寺は、絶対的非暴力主義・

平和主義を標榜する仏教団体として知られてあり、第二次世界戦争後における日本の仏教者による世界平和への積極的な取り組みの代表的事例である。しかし、戦前における藤井とその弟子たちの活動は必ずしも平和主義や非暴力主義に導かれたものであったとはいいがたい。藤井自身が従軍僧として軍人布教にかかわっていた。また、彼の弟子たちが満州事変とインパール作戦に関与し、インドやビルマで諜報員の役割を担うなどの戦前日本の植民地支配とアジアでの侵略戦争に加担した活動を行っていたことも事実である。

藤井の「西天開教」つまり、インドでの布教活動の目標は仏法が必ず西天（インド）に帰るという日蓮の予言を実現するためであった。これは藤井がインド開教の前、1930年に東京日本橋で行った「辻説法」からも明らかである。

「日本国の大和民族の中に生れ出でたる三国無比の妙宗と申しました未だかつて天竺にも広まらず中国にも広まらず、朝鮮にも興らずして我が日本国に初めて唱え出だされたこの南無妙法蓮華経のお題目は朝日が東海より出でて西山に行くこの瑞相をもって弘まり行く姿を表示されました。」[10]

また、藤井とガンジーとの交流は絶対的非暴力主義を信奉するアジアの二人の平和思想家との出会いとして伝われている。しかし、二人が交わした手紙からインドにおける仏教復興、日本のアジア侵略などについて意見の隔たりがあったことが明らかである。

昭和8年10月4日付の最初の書簡「ガンジー翁に与ふるの文」には藤井は「仏教に依て育てられた日本民族、日本民族に依て持たれた仏教、其仏教国の仏弟子が、今日荒廃せる仏蹟の印度を荘厳せんが為に、仏陀の教法に副へて捧げんと欲する一輪の花を、仏教を産みし印度の人々に受取て貰ひ度い」とインドでの仏教復興の目的を明らかにし、日本による「満州問題」への取り組みが軍事力や経済力の拡大のためではなく「仏陀の滅後二千を過ぎて世界に仏法の真実の福音を宣伝するが為」、「世界に日本民族精神の光を以て織り出したる日本仏法を伝へんが為」、「全世界を転変して清浄安楽平の国土となさんが為」であるとして日本軍の中国侵略を正当

化し、「私は、仏典の中で見た印度の正体を聖ガンディー翁に就て見出そうと期待して居ります。」とガンジーへの信頼そして藤井らの活動に対する理解を求めた内容のものであった。[11]

同書簡には「宗教の信仰心なくしては其の国家に対する愛国心は有り得ない」というガンジーの言葉を引用し「日本国の強いのは国民が皆燃ゆるが如くに国を愛する心に充たされて居るからであります。日本の軍備は愛国心が姿を取ってあらはれたものに過ぎませぬ」そして「日本民族の愛国心は一面宗教的信念となりました。」[12]というように日本の愛国心また軍国主義を一種の宗教心として考えている。

南京大虐殺事件、日中戦争開戦そして日本軍のアジア侵略に対してインド国内の反日感情をみて、ガンジーに送った書簡（1937 年 12 月 11 日付）には「中国を声援することが果たして東洋平和の建設になるか、日本を排斥することが果たしてインド民族覚醒であろうか」、「中国事変は日本民族の理想国家実現の信念以外のものではない。剣は握って居るけれども近く云えば国家民族の救済の信念を実践し、遠く云えば娑婆を開顕して浄土を建立する菩薩行である」[13]というように日本に非協力的であるインドを批判し、仏教者の立場から日中戦争に正当性を与えようとしている。

ガンジーとの交流が敗戦後の日達・日本山に思想的・実践的転回を果たすための糸口となった。日達は、非暴力主義・世界平和に献身した仏教者として名を残し、またその弟子たちは国内外で平和のシンボルとしてピース・パゴダ、つまり平和塔（仏舎利塔）の建立、世界各地でピース・ワーク・平和行脚（団扇太鼓を撃ち題目を唱えながら歩く）を中心とする反争・平和運動に積極的に取り組んでいることで知られている。藤井の『自伝』を編んだ山折哲雄が戦後における藤井の平和運動の思想的原点は「昭和八年のガンジーとの出会い」[14]にあると主張し、そして藤井の「情熱的な行動の根底には、秀徹した法華経―日蓮振興と並んでガンジー流の非暴力の信念が横たわっていた。」[15]と指摘する。日本山のピース・ワーク・平和進行は日蓮宗の行脚の伝統に基づくものであるが、ガンジーのサティヤーグラハ運動、つまり非暴力的・平和的対抗運動の性格ももっている。

仏教学者の戸頃重基また丸山照雄は日本山の戦前の戦争協力と戦後の

平和運動を厳しく批判している。彼らによれば、戦後には日本山が戦争責任を棚上げにしたまま「世界平和」を語っている。その平和思想は時代に揃った恣意的的な仏教解釈であり、仏教の平和運動は空疎なものだと主張している。

しかし、戦後の日本山は真剣に平和活動に取り組んでおり、非暴力主義的な対抗運動を通じて国内外での反戦運動・平和運動に大きく貢献してきたことも事実である。世界平和運動への貢献としては、世界各地で平和行進を行っていることのほかに、インドの「サルボダヤ運動」とカンボジアの名僧であったマーハー・ゴーサーナンダが率いていた「ダンマヤトラ」（「法の行進」）への支援である。日本国内の平和運動への関与としては、1957年頃の砂川米軍基地の反対闘争と 60 年代の成田新空港建設への反対闘争（三里塚闘争）に積極的に参加したことがある。その後、沖縄米軍基地への反対、ベトナム戦争反対デモ、その他の各種の反戦運動、武装解除運動や平和運動の先頭に立ってきた。そして、後述のとおり、2005 年に発足した「宗教者九条の和」に日本山僧侶が中心的役割を担っている。また、2011年の東日本大震災後の反原発運動にも積極的に取り組んでいる。

5 戦後日本仏教の平和運動における 2 つの課題
——①平和憲法の擁護 ②「核」の問題

日本山の事例からも明らかであるが、戦後における日本仏教の平和運動には主に 2 つの課題が中心にある。それが、平和憲法の擁護と「核」の問題である。

①憲法第九条と「恒久平和」の実践

憲法第九条は仏教が説く慈悲や不殺生の精神にかなっているという考え方が仏教界には強く存在している。そのために、仏教界では教義を挙げて憲法改正反対や戦争放棄による平和主義の堅持を訴える教団が多い。各宗派が出している憲法改正への反対の声明には、その反対の理由としては戦争で多くの命を犠牲にしたくないという一般的な理由とともに、過去の

戦争協力への反省そして戦前戦中の日本のように信仰の自由と政教分離の面でも問題が生じかねないという宗教者の立場から危惧する教団も少なくない。

　ここでは、憲法九条改正反対や戦争放棄について主な仏教団体の見解を紹介してみよう。

　真宗大谷派は「釈尊の「兵戈無用」の言葉を忘れ、戦争協力した宗門の過去への反省から恒久平和を願う憲法を守りたい」という立場である。同様に、曹洞宗は「仏陀の「不殺生」と「不害覚」を尊守し、宗教者として、戦争放棄と戦力不保持、交戦権の否認を護り、不戦を誓う」と主張している。

　世界平和運動に積極的に取り組んでいる仏教系新宗教団体は当然憲法改正に反対している。例えば、立正佼成会は、「仏教では「不殺性」「非暴力」を平和第一義とする」そして現憲法を国際社会に伝えるべきであると訴えている。

　一方、創価学会は、憲法改正を目指す安倍政権の連立与党である公明党の母体であるが、最近、創価学会の一般会員、主に婦人や学生会員らが公明党の憲法改正や安全保障関連法案に対する立場に反対して、創価学会名誉会長池田大作の平和思想、とりわけ憲法九条に関して名誉会長著作「新人間革命」――「日本国憲法の前文と第九条には、平和主義と国際協調主義の理念が明確に謳われている。このうち、第九条の一項では、国権の発動たる戦争の放棄を宣言し、国家主権を、いわば自ら制限しているのである。」[16]などの引用を取り上げて平和憲法の擁護を訴えている。

　平和憲法の擁護のために仏教者による実践的な行動としては、2005年5月に設立された「宗教者九条の和」の発足と推進には多くの仏教教団が参加しており、講演会、国会前のデモ一抗議などを行っています。浄土真宗本願寺派の僧侶らによって結成された「念仏者九条の会」は「共生」（ともいき）の理念をあげて、全国にある真宗のお寺と僧侶と信者のネットワークを活用して憲法改正に反対活動を展開している。その他に、日蓮宗の「お題目九条の会」及び「真宗大谷派九条の会」もある。もう一つの事例としては憲法改正への動きが進む中、憲法前文の思想をあらためて味わってほ

488

しいと、愛媛県東温市の臨済宗妙心寺派・安国寺住職の浅野泰巌が、憲法前文の"写経"用紙を考案・製作した。また、「日本国憲法』前文を世界に広める会」の準備会も発足させ、運動への参加を呼び掛けている。

②仏教界の反核・反原発運動

　1954 年のビキニ環礁の水爆実験での被爆する事件がきっかけで仏教者による原水爆禁止運動への取り組みが始まって以来、国内外での反核運動へ積極的に参加してきた。日本山妙法寺、仏教者平和懇談会、全日本仏教会などによって 1958 年 1 月 21 日、東京の学士会館で「原水爆禁止宗教者懇話会」が結成された。同年 3 月に国際的平和運動として核兵器全面禁止運動や原水禁世界大会が開催され、日本仏教の代表者による参加もあった。核兵器の禁止について仏教界の意見が統一性を示しているが、原発問題、つまり「核の平和利用」について宗派によってその意見の相違が明らかである。2011 年の福島第一原子力発電所事故の前、教団内でも原発問題についてあまり議論がなされてない。むしろ宗派によって黙認したこともあった。

　東日本大震災以降、各宗派のホームページで掲載されていた原発問題についての声明を分析すれば、殆どの場合、原子力の問題を現代人の生き方の問題として捉えていることが明らかである。例えば、東本願寺は、2011年 7 月 7 日に「『原子力に依存する現代生活』を問い直す姿勢を表明」[17]において、安原晃宗務総長が原子力に依存する現代生活」の問題は「人間の方向」の問題であると述べ、「放射能飛散と被ばくのいたましい現実から『原発』の誤謬性を思い知らされることであり、したがって極力、丁寧な議論が必要な最重要課題であります」と主張している。

　全日本仏教会が発表した河野太通会長の会長談話「原子力発電所事故から思うこと」（2011 年 8 月 25 日）[18]には原発の利便性ゆえに便利な生活を享受してきた反面、事故による放射能汚染、廃棄物の処理について見通しがつかないという現状があることに言及した上で、「私ども仏教徒は、仏陀の教えに連なるひとりとして、今を生きるひとりの人間として、また大切な地球の中に生きる者として利便性と経済的効果のみを追求せず、自らの

足、実地を踏む良き道を選び、歩んでまいりたいと思います」という。また、2011 年 12 月 1 日に河野会長より「原子力発電によらない生き方を求めて」[19]の声明には「いのちを脅かす原子力発電への依存を減らし、原子力発電に依らない持続可能なエネルギーによる社会の実現を目指します。誰かの犠牲の上に成り立つ豊かさを願うのではなく、個人の幸福が人類の福祉と調和する道を選ばなければなりません」という反原発の立場を表明している。

　同様な見方は、臨済宗妙心寺派「宣言（原子力発電に依存しない社会の実現）」（2011 年 9 月 29 日、臨済宗妙心寺派宗議会）においても示されている。原子力発電の平和利用も人類に制御できない危険なものであることが今判明したので「一刻も早く原発依存から脱却し、これに代わる安全なエネルギーへの転換に向け社会に働きかけなければいけない」とした上で、「私たち仏教徒は、利便性や経済性のみを追求せず、仏教で説く「知足（足るを知る）」を実践し、持続可能な共生社会を作るために努力することをここに決意し、宣言します」[20]としている。

　そして、真宗大谷派も 2011 年末に政府に対して「原子力発電に依存しない社会の実現を目指す」要望書を提出している。さらに、2012 年 4 月 24 日に真宗大谷派解放運動推進本部長林治による「原子力発電所の再稼働に対する真宗大谷派の見解」[21]には「生きとし生けるもののいのちを脅かすことなく、さらに未来を生きる子どもたちのためにも、一刻も早く原子力発電に依存しない社会の実現」を求め、「すべての原発の運転停止と廃炉を通して、原子力に依存しない、共に生きあえる社会」へと歩みたいといい、「私たちは、すべてのいのちを摂めとって捨てない仏の本願を仰いで生きんとする念仏者として、仏智によって照らし出される無明の闇と、事故の厳しい現実から目をそらしてはならないと思っています」と表明している。

　こうした脱原発の立場に対して曹洞宗は 2011 年 11 月 11 日に発表した「原子力発電に対する曹洞宗の見解について」[22]では「現状において即時に全ての原子力発電を停止し、再生可能エネルギーに転換することは不可能」であり、火力や水力も CO_2 増加や環境への負荷がかかることや電力不足で経済が混乱するなどの問題があることを指摘し、原発を速やかに停止

して再生可能エネルギーへと移行することが望ましいとしながらも「現時点で原子力発電の是非について述べることは非常に難しいのではないでしょうか」という見解を示している。その他の宗派の声明からも明確であるが原発問題について仏教界の見解は一枚岩ではない。

6　平和運動の国際化

　戦後における日本仏教の平和運動において国際平和運動への参加そして海外でのボランティア活動・支援事業が重要な側面である。戦前仏教の海外布教活動は、日本のアジア植民地政策と絡み合って行われていた。そのため、戦後においては、仏教団体が国際的平和運動への参加やアジアでの支援事業への貢献を通じてその戦前の日本仏教のイメージを変えようとしているのである。

　日本仏教者による世界平和運動や国際的宗教者会議への参加を促すために全日本仏教会（1954年設立）、全日本仏教青年会同盟（1955年設立）、国際仏教興隆協会（1968年設立）などの超宗派的仏教組織が設立された。日本仏教の平和運動において仏教系新宗教団体による海外での平和活動が重要な位置を占めている。その活動内容としては諸宗教協力運動、反戦争運動、国際開発支援事業などがある。例えば、立正佼成会は、国内での「新日本宗教団体連合会」（新宗連）の設立、国際レベルでの宗教協力活動としては「国際自由宗教連盟」（IARF）、「世界宗教者平和会議」（WCRP）、アジア宗教者平和会議（ACRP）などの結成に積極的に関わっており、これらの団体を通じて様々な平和活動を推進してきた。また、2006年にも立正佼成会をはじめ、日本の様々な仏教教団の働きかけで再びWCRP大会が京都で開催された。[23]

　そして、1952年9月には東京で第二回「世界仏教徒会議」が開催され、仏教精神に基づく平和運動の展開、戦争被災者の救済などが取り上げられた。さらに、1978年に当会議の第12回大会も日本で開かれ、核兵器廃絶、環境問題などが論議された。1970年に仏教系新宗教団体、特に立正佼成会の努力で第一回世界宗教者平和会議（WCRP）が京都で開催され、世界平

和のために諸宗教の協力が強調され、核非武装、人権問題、環境問題など
が討議された。

　日本仏教の国際ボランティア活動、とりわけアジアでの支援事業は、敗
戦後から復興しつつあったが、高度経済成長期を経て 70 年代以来本格化し
てきた。しかし、日本仏教の国際ボランティアが活発化する大きなきっか
けとなったのは、1979 年のインドシナ難民の大量発生とその難民救援への
日本仏教の取り組みである。インドシナ難民の大多数は仏教徒であったこ
とは日本仏教徒に衝撃を与え、同情を集めたのである。曹洞宗のシャンテ
ィーボランティア会（以前、曹洞宗国際ボランティア会）、臨済宗の臨済ア
ジアセンター神戸（現在、アジアの友を支援する RACK）、蓮華院国際協
力協会、臨済宗妙心寺派の花園会などがインドシナ難民救援をきっかけと
して結成された仏教系のボランティア団体である。難民救援活動には、日
本の既成と新宗教系の仏教団体が関わり、海外での救援活動として食料、
衣料、医療の援助を行い、国内では募金活動、難民受入れと難民施設の建
設等がある。

7　仏教の平和運動の「帰郷」

　戦後における日本仏教の平和運動は国際協力、外国の仏教者との交流、
国際平和運動への参加などに焦点を当てきたので、その関心が主に海外に
向けられていた。しかし、90 年代後半以来は日本仏教の平和運動の「帰郷」
がはじまったといえる。そのきっかけになったのは、1995 年の阪神淡路大
震災の際、日本仏教団体による活発な災害支援活動であった。それ以来、
バブル崩壊後の日本社会に出現した様々な社会問題（自殺、少子高齢化、
虐待など）に仏教団体や僧侶らが関わるようになった。そして、2011 年の
東日本大震災以降は、仏教団体による災害支援を契機として様々な社会問
題への取り組みがより本格化してきた。

　近年、仏教による国内での平和運動に拍車をかけているのは、憲法改正
への反対運動である。上述したように、終戦後から一貫して日本仏教の平
和運動において平和憲法の擁護が中心的な課題である。とりわけ、2015 年

日本仏教と平和主義

7月15日に集団的自衛権の行使容認を含む安全保障関連法案が衆院で可決されて以来、各宗派の僧侶や在家者、日本山妙法寺、立正佼成会などの仏教教団、そして各宗派によって結成された平和団体、例えば、「宗教者九条の和」、「念仏者九条の会」、「お題目九条の会」、「立正平和の会」、「日本宗教者平和協議会」、「戦争法案に反対する宗教者の会」「非戦平和を願う真宗門徒の会」、「平和をつくり出す宗教者ネット」等らが一般の民衆とともに国会前での抗議行動をはじめ全国各地で反対デモ、集会などで当法案に対する反対運動を繰り広げている。

　さらに、仏教界から当法案への反対した声明も出されている。真宗大谷派は、国会に提出された安全保障関連法案に対し、2015 年 5 月 21 日に宗務総長名による宗派声明を発表した。戦時中の真宗の戦争協力を反省して「私は、仏の智慧に聞く真宗仏教者として、その人々の深い悲しみと大いなる願いの中から生み出された日本国憲法の立憲の精神を蹂躙する行為を、絶対に認めるわけにはまいりません。これまで平和憲法の精神を貫いてきた日本の代表者には、国、人種、民族、文化、宗教などの差異を超えて、人と人が水平に出あい、互いに尊重しあえる「真の平和」を、武力に頼るのではなく、積極的な対話によって実現することを世界の人々に強く提唱されるよう、求めます。」と。また、7 月に法案が衆院で可決されたあと、当教団は「このたびの安全保障関連法案の採決は、未来を踏みにじり、人のいのちを奪い取っていくことに直結する行為です。　このことは同時に、戦時下に生きた人々の声、無数の死者を背景に制定された日本国憲法の平和の誓いを空文化させるものです。過去の歴史に学び、未来を開くとに逆行する安全保障関連法案の即時撤回を、「悲しみ」をもって強く求めます。」というように当法案をへの強く反対の意を表明した。[24]

　さらに、公明党の支持によって当法案が衆院を通過したにもかかわらず、創価学会系の創価大学と創価女子短期大学の教員及び学生らが「安全保障関連法案に反対する創価大学・創価女子短期大学関係者有志の会」を結成して「私たち関係者有志は、創立者・池田大作先生の理念を我が人生の根幹に捉え、安全保障関連法案への「反対」を表明します。」[25]という声明を発表している。

493

そして、様々な宗教系平和団体のネットワーク組織である「戦争法案に反対する宗教者の会」は「私たち宗教者がすべきことは、再び戦死者の儀礼（慰霊）を司ることではない。今私たちがなすべきことは、新たな戦死者を生み出さない国を求めることであろう。」といい、当法案は宗教者たちが「真理とする教えに全く背くものである。」[26]と批判している。

終わりに

　日本山の事例からも明らかであるが、、敗戦後の日本仏教が再出発を図るために世界平和運動への参加が重要な役割を果たした。戦後の日本仏教は「世界平和」の実践というような目標を立てて海外での支援事業や国際平和運動に力を注いてきた。しかし、ここで考えなければならないことは、なぜ日本仏教が戦後になってから積極的に平和活動に取り組むようになったのか。それは、「平和国」として国際社会に復帰を図ろうという戦後の日本国家の方針と合致したからのではないでしょうか。つまり、日本仏教は平和主義を標榜するようになったことは、戦争放棄や国際協力を重視するようになった日本の「平和国家」政策に合った社会活動を仏教界が推進するようになったからである。そのために、戦前・戦時中に教団をあげて戦争に協力していた仏教界が、戦後に戦争責任のことを真剣に反省せず、ただその看板を「平和主義」に付け替えたという戦後における日本仏教の平和主義に対する批判がある。

　しかし、日本仏教が平和運動の一翼を担ったことが戦後日本の「平和国家」としてのイメージ作りに確かに貢献している。さらに、仏教による平和運動の超宗派と超国家的様相が評価するべきである。また、仏教の平和活動は国内の根の草の平和運動を世界平和運動とつなぐ役割も果たしている。

　仏教の究極目的は人間の「心の平和」つまり内面的平和を達成することである。しかし、「世界平和」の実現のために仏教徒による行動が社会的平和そして外交的平和とも関係するものである。今、日本仏教の平和運動において取り上げられている諸課題、例えば安全保障関連法案への反対、憲

法九条改正反対または仏教者による国際協力事業への参加などがいわゆる国家・政治的領域に取り上げるべき課題であり、宗教的活動の範囲を超えているともいえる。つまり、仏教の平和運動は、公共空間における宗教的参加の問題としても捉えるのである。しかし、現代における仏教の平和主義が人間の心の平静のためだけではなく、国家の安全保障そして地球全体の安定と発展を目指すものになりつつある。

ダライ・ラマは、日頃から「普遍的責任」(universal responsibility)という言葉をよく使う。ダライ・ラマによれば、全ての存在が相互に依存し合い、関係し合っている以上、何らかの行動をすれば、その影響は全てのものに及ぶ。そのように意識して行動することを「普遍的責任」と呼んでいる。日本仏教が抱えている平和に関する課題は、当国の歴史的政治的事情から生じた問題であっても、そのための行為とその影響は地球上の全てに及んでいく。従って、日本の仏教者は「普遍的責任」の自覚をもって平和運動に望むべきである。

（Ranjana Mukhopadhyaya　デリー大学）

【参考文献】

日本宗教者平和協議会編『宗教者の戦争責任　懺悔・告白資料集—再び戦争を起こさせないために—』百石書店、1994年。

市川白弦『仏教の戦争責任』市川白弦著作集、第3巻、法藏館、1993。

アジアに対する日本の戦争責任を問う民衆法廷準備会編『連続〈小法廷〉の記録10　宗教の戦争責任』樹花社、1996年。

森下徹「戦後宗教者平和運動の出発」『立命館大学人文科学研究所紀要』No.82, 立命館大学人文科学研究所、2003年。

大谷栄一「1950年代の京都における宗教者平和運動の展開」『佛教大学社会学部論集　第54号、2012年3月。

ランジャナ・ムコパィヤーヤ『日本の社会参加仏教—法音寺と立正佼成会の社会活動と社会倫理』東信堂、2005年。

＿＿＿＿＿「藤井日達「西天〈インド〉開教」の体験」小川原正道（編）『近代日本の仏教者—アジア体験と思想の変容』慶應義塾大学出版会、2010年。

＿＿＿＿＿「藤井日達と日本山妙法寺の海外布教－「西天開教」から世界平和運動へ」

西山茂(編集)『近現代の法華運動と在家教団』 (シリーズ日蓮4)2014年。

---

[1] 森下徹「戦後宗教者平和運動の出発」『立命館大学人文科学研究所紀要』No.82, 立命館大学人文科学研究所、2003年、137頁。

[2] 日本宗教者平和協議会編『宗教者の戦争責任　懺悔・告白資料集―再び戦争を起こさせないために―』百石書店、1994年。

[3] 市川白弦『仏教の戦争責任』市川白弦著作集、第3巻、法藏館、1993。同『日本ファシズム下の宗教』市川白弦著作集、第4巻、法藏館、1993。

[4] Brian Victoria, *Zen at War*, Weatherhill, New York 1997. Brian Victoria, *Zen War Stories*, Taylor and Francis Books Ltd., London, UK, 2002. Christopher Ives, "Protect the Dharma, Protect the Country: Buddhist War Responsibility and Social Ethics", *The Eastern Buddhist*, ibid., pp. 15-34.

[5] 菱木政晴『浄土真宗の戦争責任』、岩波書店、1993年。Ama Toshimaro, "Towards a Shin Buddhist Social Ethics" *The Eastern Buddhist*, Vol.33, No.2, 2001. pp.35-53.

[6] 一戸彰晃『曹洞宗の戦争―海外布教師中泉智法の雑誌寄稿を中心に』皓星社、2010年。同『曹洞宗は朝鮮で何をしたのか』皓星社、2012年。

[7] アジアに対する日本の戦争責任を問う民衆法廷準備会編『連続〈小法廷〉の記録10　宗教の戦争責任』樹花社、1996年。

[8] 宗平協のホームページ http://www.n-syuhei.com/

[9] ランジャナ・ムコパィヤーヤ「藤井日達「西天〈インド〉開教」の体験」小川原正道（編）『近代日本の仏教者―アジア体験と思想の変容』慶應義塾大学出版会、2010年。同「藤井日達と日本山妙法寺の海外布教―「西天開教」から世界平和運動へ」西山茂(編集)『近現代の法華運動と在家教団』 （シリーズ日蓮4)2014年。藤井日達『藤井日達全集』（以下『全集』）隆文館、1994－1999年を参照。

[10] 「辻説法」(1930年2月4日)『全集』　第1巻、66頁。

[11] 「藁田日記」『全集』第5巻132－140頁。

[12] 前掲「ガンジー翁に与ふるの文」「藁田日記」『全集』第5巻135頁。

[13] 「書簡1」『全集』第9巻、28頁。

[14] 藤井日達、山折哲雄（編）『我が非暴力』春秋社、1972年、273頁。

[15] 同上

[16] 『新人間革命』第12巻、聖教新聞社、2004年、277頁。

[17] http://higashihonganji.or.jp/info/news/detail.php?id=337

[18] http://www.jbf.ne.jp/2011/08/post_206.html

[19] http://www.jbf.ne.jp/2011/12/post_214.html

[20] http://www.myoshinji.or.jp/about/post_9.html

[21] http://higashihonganji.or.jp/info/news/detail.php?id=391

[22] http://jiin.sotozen-net.or.jp/wp-content/uploads/2011/11/20111101aboutapg.pdf

[23] ランジャナ・ムコパィヤーヤ『日本の社会参加仏教―法音寺と立正佼成会の社会活動と社会倫理』東信堂, 2005年。188-200頁。

[24] http://www.higashihonganji.or.jp/news/declaration/

[25] http://sokauniv-nowar.strikingly.com/

[26] http://antisecuritylow.blogspot.jp/2015/

バチカンから見たアジア、仏教

上野　景文

1　（バチカンにおける）アジアへの関心

　「バチカンから見た仏教」につき話す前に、「バチカンから見たアジア」につき、ひと言述べる。端的に言えば、バチカンにとり、アジアは、「遠い」存在であり、「関心は低く」、「理解も不足」している。

　その背景として、3点指摘しておく。

　先ず、バチカンに根強い「欧州中心主義」がある。欧州言語優先主義、欧州偏重の人事、欧州の大学に偏った学歴主義から、カテキズム中心主義に至るまで、欧州中心思想の事例はいくらでもある。このような「文化」のもとで、アジアへの関心が育まれることは考え難い。

　次に、「バチカン中心主義」がある。たとえば、16世紀に日本に布教のために来たイエズス会の宣教師A.バリニアーノは、日本のような高度な文化の国に対しては、「現地の文化を媒介とした宣教（incultulation)」が必要だと主張し、それまでのローマ中心主義に風穴が開けられる可能性を感じさせた。すなわち、この思想は、その後、マテオ・リッチ、デノビリなどの「後輩」に影響を与え、加えて、ローマが一定の理解を示したことから、かれらの中国、インドでの宣教活動のベースとなったが、バリニアーノ、マテオ・リッチ、デノビリ亡き後、incultulationの発想はローマから斥けられて、カトリック教会の運営は、その後今日に至るまで、ローマ（バチカン）中心主義が貫かれている。たとえば、典礼を例にとれば、教理省の指導の下、現行の典礼は、世界各地の地域差や生活様式の多様性が捨象される形で、見事に「統一」されている。

　第3に、「キリスト教中心主義」がある。キリスト教布教前のインドを例にとろう。そこには（仏教、ヒンズー教のような）一流の宗教が既に存在

していたところ、イエズス会士 J. デプュイ師は、そのような宗教に一定の普遍性があることを認めるべきだ（「宗教的多元主義のキリスト教神学」）として、法王庁保守派と論争になった。が、今日までのところ、バチカンが、デプュイ師的アプローチにお墨付きを与えたことはない。

　以上のような幾つかの背景もあり、バチカンとアジアの間の「心理的距離」〔故浜尾枢機卿は、「道徳的距離」と形容[1]〕は依然「隔たり」があり、バチカンのアジアへの関心は低い[2]。

2　（バチカンの）仏教観̶̶依然理解に苦慮

（1）公会議以前

　第2バチカン公会議（以下、ＶＣⅡ）以前は、仏教は「邪教」視されていた。写真①、②を見て頂きたい。ローマのとある伽藍にある女神像（写真②）であるが、彼女が踏みつけている「蛇」は、「カミ、ホトケ、アミダ、シャカ」の化身であり、その4語が、かつては、明確に刻まれていた（写真①）[3]。

写真①

写真②

（２）公会議以降

　が、ＶＣⅡを境に、バチカンの仏教に対する見方は改善し、それを受け、上記伽藍の女神像から、邪教を意味する４語は、いつの間にか消失、今日ではその痕跡は感じられない。

　とは言え、1965年のＶＣⅡ以降、直ちに仏教の位置づけが劇的に改善した訳ではない。むしろ、1990年代までは、依然混乱気味であり、バチカンが仏教の位置づけにつき苦慮していたことは、幾つかの公文書で、まちまちな見方が提示されたことからも窺われる[4]。

○（仏教は）「（精神の）究極の自由に至る道を示す」（1965、VCⅡ公会議文書）
○（仏教は）「無神論的」（1994、バチカン文書）

（３）神学者の見方

　以上のような事情を反映し、ローマで会った神学者が私に語った仏教の位置づけは、まちまちであった。或る学者は、「超ソフトなバージョンの汎神論」であると言い、別の人は、「万有在神論（panentheism）」と言い、また別の人は、「（キリスト教のように）知性主義、合理主義に陥らず、肉体を含めたトータルなアプローチをする（ところが、参考になる）」と語っていた[5]。

(4)イエズス会 A.ニコラス総会長の見方

　ローマからイエズス会全体を指導されるニコラス総会長は、在日経験30年の知日派である。或る時、「自分の（キリスト教）信仰は、日本で仏教家と出会う中で深まった」旨述懐しておられたが、毎日新聞紙上、仏教に関し、次のように述べておられる[6]。
○「『我を棄てるために祈る』という表現が好きだ」
○「（仏教で、ひとつ尊敬しているのは）神について話すことは出来ないと言うこと」・・・仏教では、『仏に会えば仏を殺せ』と言う」

　以上４点紹介したが、バチカンにおける仏教の位置づけは依然「低い」と言わざるを得ない。これは、多分に、国際社会全体の姿を投影するものであろう。

3　両宗教間の接点を探る

　神学的な視点はさておき、仏教もカトリック教会も、共に、平和、貧困、環境などのテーマにつき、つとに発言し、実践活動を行っていることから言って、今後、対話や共同行動を講ずることを探って貰いたい。

（１）「対話」の実践性

　対話について云えば、①「平和と戦争」、②「格差問題」、③「環境、気候変動」の３点に特にフォーカスすることが期待される。

（２）「仏教経済学」と法王の「社会ドクトリン」

ローマ法王の社会ドクトリン（２００９）が示す法王庁の思想や理念（市場中心主義への懐疑、経済モラリズム提唱、消費社会への批判、質素倹約の奨め、環境重視など）[7]は、仏教経済学が提示する理念や思想（「知足」、もったいない運動、３Ｒ運動など）と、驚くほど親和性、共通性が高い[8]。そこで、今後、特にこれらの面で対話が深められることが望まれる。

4 国際社会と仏教

（１）過小評価

バチカンを含めた国際社会の、仏教に対する過小評価は、機会あるごとにただされるべきであり、特に、日本の仏教関係者の奮闘が期待される。中には、日本全体を代表する仏教がないとの理由で、対外発信を躊躇している向きがあるようであるが、日本的仏教を語れる立場にある碩学には、日本の仏教にほぼ共通して見られる要素（最大公約数）を踏まえ、独断的で構わないから、思いのたけを対外発信して頂きたいものである。

（２）今日の状況：「正義（イデオロギー）の乱立　＋　暴力の横行」

上記（１）との関連で、特に憂慮すべきは、今日の国際社会の忌むべき状況だ。すなわち、正義やイデオロギーが乱立し、（それらの間で妥協が図られないことから）暴力が横行している今日、仏教者を含めた宗教者の役割が改めて問われるべきと考える[9]。

（３）三つの方向

この「無政府状態」に対処するに当たって、重要な眼目は三点ある。それは、（i）「正義」の管理、（ii）「暴力」の管理、　(iii)「正義」の相対化、の各点だ。

このうち、（i）は国際機構が、（ii）は関係国政府間連携により、対処すればよい。此処で強調したいのは、（iii）こそは、仏教の知恵が役立つ課題

であり、まさに、仏教の出番と心得たい。

　すなわち、「ほどほど」を説き、「絶対」と言う発想を戒める仏教の「相対主義」こそが、いまや世界標準として活用されるべきものと確信する[10,11]。真の意味で控えめであるが、それ故に建設的な思想を国際社会に提供できる人は、仏教徒以外になかろう。仏教関係者には、それこそが自分達の使命だと自覚して、積極的に行動して欲しい。

（杏林大学）

---

[1] 浜尾枢機卿は、他にも色々指摘していた：
　「（アジアでの布教に当たっては）核心を突くようなことは、徐々に出せばよい。一気に出しては駄目だ。」、「カテキズムは、欧州的神学ではあっても、東洋的神学とは言い難い。・・・・知性主義、論理主義が過多だ。」、「アジア、アフリカの司祭を、もっとバチカン幹部に登用し、枢機卿にせよ。」、「アジアは（バチカンから見て）遠い。地理的にと言うのではなく、道徳的にそうなのだ。」

[2] "All Roads Lead to Rome. Even from Asia" by Sandro Magister (chiesa.espressoonline.it,2009.5.22)　（ローマでの筆者の講演を紹介）

[3] 拙著「バチカンの聖と俗：日本大使の一四〇〇日」(かまくら春秋社)　pp.173-175。

[4] 同上　pp.173-175。

[5] 同上　pp.175。

[6] 毎日新聞（夕刊）2008.4.28。

[7] 拙著「バチカンの聖と俗：日本大使の一四〇〇日」(かまくら春秋社)　pp.99-103。

[8] 同上　pp.104-105。

[9] 拙論 「『混沌の時代』に思う」(霞ヶ関会ＨＰ、2014.12.26.)
　　⇒⇒　http://www.kasumigasekikai.or.jp/cn3/rondan.html

[10] 同上

[11] 拙論 「『表現の自由』と『宗教たたき』」(讀賣新聞(夕刊)2015.2.02)。

仏教とキリスト教の邂逅の道

―キリシタン時代から続く対話の霊性を求めて―

髙橋　勝幸

はじめに

　本論考が目的とするものは「仏教とキリスト教」間の対話から、ジョン・B・カブが『対話を超えて〜キリスト教と仏教の相互変革の展望〜』（延原時行訳　行路社 1985 年）の序文にあるように、仏教とキリスト教間の相乗効果を通してのものがあって、真の自己・根源的いのちに到る邂逅の道を探求するものである。一休宗純禅師の道歌とされる「分け登る　麓の道は多けれど　同じ高嶺の　月を見るかな」と歌があるが、これには真理の頂きに近づき、心の奥底へ深まるほどに（西田哲学の無底＝底なき底へ向かって）、お互いに重層性・類似性が開かれてくることが歌われている。この歌によって宗教間対話の道筋が示され、多くの示唆が与えられるであろう。

　キリシタン時代のイエズス会日本巡察師ヴァリニャーノ（1539〜1606）は「適応主義布教方針」を打ち出した[1]。「適応主義」は 380 年の時を経て第二ヴァチカン公会議（1962〜65）で追認され、「キリスト教以外の諸宗教に対する教会の態度についての宣言[2]」の中に生かされ、今日の宗教間対話がはじまったと言える。それまでの教会は、「教会の外に救いはない」と主張して排他的であったが、その意味で諸宗教間対話の宣言は１８０度の方針転換となった。

　諸宗教間対話は順風満帆に進んでいるように思えたが、公会議から５０年を経た２０１２年、ヴァチカン教理省を中心とする守旧的な超保守派による揺り戻し傾向があり、頻発する諸禁止令、東洋的なものを危険視して公会議教令の見直し論まで出てきて、宗教間対話にも暗雲が立ち込めるよ

うになった[3]。本論考はヴァリニャーノの取った適応主義の立場に立ち、宗教間対話の糸口を、東西の思想対立を超えた西田・西谷を始めとする京都学派の思想に求めようとするものである。

まず「西田幾多郎のキリスト教観」を論究し、西田の批判するキリスト教は幕末・維新期に入ってきた知識・論理中心、信仰・聖書中心のプロテスタント神学であり、「祈り（瞑想）」のあるキリスト教ではなかったことを論述する。

西田の著作中に「キリシタン」の文字がなく、ヨーロッパも含めて大航海時代・キリシタン時代の思想的背景となるヴァリニャーノの「適応主義」も日本キリシタン史の霊的支柱であるイグナチウス・デ・ロヨラ（1491〜1556）（以降イグナチと記す）の『霊操』の記述も見当たらず、パリ・ミッション会のアマートス・ヴィリオン神父（1843〜1932）によって、ザビエルが布教の拠点とした大道寺跡発見のニュースで賑わう山口に西田は３年間赴任したが、キリシタンには全く関心を示していない。当時の列強のプロテスタント宣教師がキリシタン時代（１６世紀中頃から１７世紀前半の百年間）を敵対する対抗宗教改革のイエズス会の活動であったことから認識の対象外としており、西田もその影響を受けていたと見ることが出来る。

西田の学んだ西洋思想・キリスト教は、東京帝国大学選科生時代のフェノロサの講義に基づくのみで、「祈り（瞑想）」のあるキリスト教には接していなかったことになる。このため、対話の基本となる「行（瞑想）」をキリスト教の中に認識していなかったことがキリスト教思想を論理的、二項対立的に見て誤解と批判につながったものであろう。西田は中世キリスト教や神秘主義のマイスター・エックハルト（1260〜1328頃）には触れているが、スペイン神秘主義の十字架のヨハネ（1542〜91）やアヴィラのテレジア（1515〜82）とその影響を受けたイグナチオ等はその認識の中になかった。従って、「祈り（瞑想）」のあるキリスト教には接していなかったことになる[4]。

西田自身の禅体験に近いものが、イグナチオの『霊操』の中にあることが認識されておれば、キリスト教を誤解して批判することはなかったであろう。むしろ、西田の宗教論に近いものが「祈り（瞑想）」のあるキリスト教の中に感じ取れることが出来たであろう。西田晩年の「場所的論理と宗

教的世界観」では、このイグナチオの『霊操』の精神を思わせるものがあるように思える。しかし、残念ながら西田は最後まで「祈り（瞑想）」のあるキリスト教に接する機会がなかったようである。

　「行（瞑想）」を中心にした共通項を基底に置くなら、西田の「場所論」の階層性を要石として、キリスト教の「聖霊論」の重層性と仏教的・日本的な「顕と冥の世界観」の階層性を重ねあわせることが出来る。そうすることによって、両者に相互の類似性が捉えられ、仏教とキリスト教・東洋思想と西洋思想の邂逅の道の可能性が開かれてくるにちがいない。この邂逅の道を探求することが本論考の目的となる。

1　東西思想の対立を超えた哲学の模索

　これまで宗教間対話を基軸として論究してきたつもりであったが、キリシタン時代の研究から西田幾多郎のキリスト教観と続くと、何を言わんとしているのか主旨がはっきりせず、よく解らないという批判が寄せられていた[5]。私的なことであるが、南米パラグアイの Reducciones del Paraguay のイエズス会遺跡に近隣する移住地で育った筆者は、当然のこととして日本のイエズス会特にキリシタン時代との比較・類似性を考える。拙論の前提となる異文化経験の説明不足がよく伝わらず理解されない面があったようである。上記の既発表の拙論を参照されたい 。

1－1　「西田幾多郎のキリスト教観」～宗教間対話の可能性～

　西田の宗教観の核心は対キリスト教観にあると言っても過言ではない。西田二七歳の時の友人山本良吉宛書簡に「君も御存知の如くバイブルは實に吾人か心を慰むるものなり、余はどうしても論語の上にありと思うか貴説はいかゝ」とある。宣教師の元を訪れていた山本にマタイ伝によって「少しく心を安んじるなり」と報告している。この時期の西田は金沢四高講師を辞職させられ、妻壽美は父得登との不仲で実家に帰される等、精神的に非常に不安定な情況にあった。

　西田には、人生の悲哀から「聖書」に救いを求めていた時期がある。他方で参禅への関心も高まり、雪門他四禅師を歴訪して頻繁に参禅し、妙心

寺の大接心にも参加していた。西田の接したキリスト教は聖書と宣教師によって形成されたプロテスタント神学であり、それは「行（瞑想）」を入れた「祈りの宗教」ではなかった。その不満が晩年の鈴木大拙宛書簡にあらわれている。昭和20年5月11日付鈴木大拙宛書簡に「私はキリスト教に対して、仏教を哲学的に勝れた点があり却って将来に貢献するものがあるでないかと思ふ　キリスト教は論理的に言語的論理　対象論理だといふ　神を対象的方向の極に見ているのである」とある。西田には観想修道院内等に残る「行（瞑想）による祈り」のキリスト教には接していなかったことが見えてくる。

　西田の西洋思想に関する基礎知識は、東大選科生時代に加えて、それ以降は直接取寄せた原書に由っていた。このことは、西田の著作の中に「キリシタン」の記述がないこととも関連してくる。即ちレコンキスタ、キリシタン時代、大航海時代等を通してのイエズス会等の活動が全く認識の外にあったことになる。西田は禅仏教の体験とキリスト教の論理構造とを対立関係にあるものと見ていたようである。つまり、明治期になっても残る排耶蘇の風潮の影響もあって西田の関心の中になかったようである。

　今日の「宗教間対話」に最も必要とされる東西の思想対立を超えた「行」に基づく認識は西田の思想の中に既にあったが、十分に生かされていなかった。すなわち『場所的論理と宗教的世界観』で西田は「絶対矛盾的自己同一論」によって、西洋キリスト教的有神論、仏教的無・空の対立を乗り越え、絶対無の場所からさらに「万有在神論[6]」と云うべき世界を確立している。これは「万物（世界）が神に於いてある」ということであり、「世界が神の場所」なのではなく、「神が世界の場所」なのである。「絶対無」は絶対の悪にまで下りうる神的無として、「死」によってのみ逆対応的に接する絶対の有として捉えられる。西田がキリスト教の「行」に接する機会がなかったことは残念ではあったが、西田の思想は「純粋経験の真実在」「絶対矛盾的自己同一論」によって、その後に続く研究者によって十分に「二十一世紀に相応しい宗教観」に発展する可能性を秘めていた。

　これまで批判を繰り返してきた諸学説を西田哲学は包み込み、その深みから東西を超えた世界観を示している。西田哲学の「絶対無の場所」の理論から、第二ヴァチカン公会議の教令「キリスト教以外の諸宗教に対する

教会の態度についての宣言」を進めることができる。その意味で西田哲学は「二十一世紀の哲学」とすることができる。この西田哲学に一縷の望みを託して東西思想の対立を克服する研究途上において、突然の教皇ベネディクト１６世の退位表明になった。保守的なヴァチカンに対して説得できる思想は、西田・西谷を措いて他にないことを旨として取り組んで来ただけに意外であったが、新たな「二十一世紀の哲学」としての可能性が大きく開けてきたと言える。フランシスコ教皇は、「第二ヴァチカン公会議を尊重する」ことを公言し、宗教間対話も推進すると発言していることから、その期待は膨らんでいる。

１−２　西洋思想も東洋思想も超えた西田哲学

　何ものにも偏らず、固執せず、捉われず、西洋思想も東洋思想をも超えて、「絶対無の場所」から主客の対立を超えた「純粋経験」によって「真実在」を追求して行く西田哲学の「絶対矛盾的自己同一論」や、（西田後の西谷啓治を始めとする）京都学派の哲学のうちにのみ東洋・西洋思想、仏教とキリスト教の垣根を超えた対話の解決の糸口があると言える。

　初期西田哲学の『善の研究』段階では汎神論的との批判もあったが、晩年の『場所的論理と宗教的世界観』では「万有在神論」と言われるように「一即多」「多即一」すなわち、二つのものは二つでありながら一つの所に立っている「神の神性と一体となること」（エックハルトに比肩）とされる。現実には矛盾であることを西田は「絶対矛盾的自己同一論」で説明する。場所の論理において東西思想の対立を超えた西田の思想の深淵を見ることが出来る。

　京都学派の哲学に軸足を置いて見ると、東西の対立以前の、あるいはそれを超えたものが探求できる。「形なきものの形を見、聲なきものの聲を聞くという東洋文化の根柢にあるものに、哲学的根拠を与えたい」（全集１巻33・34頁）とし、西田は苦闘しながら「場所」の論理に辿り着いた。東洋思想も西洋思想も超えた世界の模索であった。西洋的な「有（存在）」と東洋的な「無」を超えて、「論理的に宇宙全体の統一性（統一作用）」の中に世界があり、ここから「絶対無の場所」を捉えられるなら、神の息吹が根柢から開かれてくることを感じ取れるであろう。西田は「場所」によって、

独創的な哲学を確立したと言える。

「行（瞑想）」によって、その方法を誤らなければ深奥まで何ものにも捉われることなく万人共通の真理に達することが出来る。曇り一つない「鏡」をたとえに出されることがあるが、何かに捉われ、影（色）が残れば、鏡に真実は映し出されない。西田哲学の「純粋経験」「真実在」は、このような「主客未分」の何にも偏らない、どの色にも染まらない曇り一つない磨かれた鏡のようなものを言っている。この曇り一つなき鏡のようになることは、「行（瞑想）」による他はない。イグナチオの『霊操』に基づく「黙想」も「不偏心」に自分の心を近づけ、映し出される「神の意志」を捉えることにおいて類似していると言える。

京都学派の哲学は、言葉に表す以前の「純粋経験」、「真実在」を捉えようとするところから出発し、これを哲学的に表現しようとする。この東西を超えた共通項を極めたところからなら、保守化傾向の強まるヴァチカンにおいても、仏教者においても、共に対話の出来る共通の土俵を提供することが出来ると考えられる。

1－3　西田幾多郎の中のキリスト教理解と比較

西田の宗教観について、浅見洋の『西田幾多郎とキリスト教の対話』（教文社 2000 年）と門脇佳吉・田中裕を始めとする上智大学・東洋宗教研究所系の諸論文との解釈の違いを比較する目的で探求しようと進めてきたが、両者共に西田のキリスト教観の引用箇所においては大差がなかった。ただ、その中で立場上からの解釈の違いが出てくる。

浅見は上記著作で、細かく西田の宗教観（キリスト教観）をあげている。しかし、K・バルト(1886～1968)神学と滝沢克己（1909～84）の解説の立場からのもので、「行」的見方には踏み込んでいない。「西田の宗教経験は、あくまで日本的な大乗仏教、禅仏教の枠内で動いている」（96 頁）として、西田哲学を東洋的な思想の一面からのみ見ているように思えた。これでは東洋をも西洋をも超えた西田哲学の理解にはならない。あと、明治期のキリスト教改宗者には、内村鑑三等を始めとして儒教精神を学んだ下級武士出身者が多く、この方面の背景も見落とせないものがある。

キリスト教にも「行＝瞑想」がある。その祈り（瞑想）体験がないと、

その同質性の把握は出来ないのではないか。西田哲学の中に息付いている、東西の対立を超えた神性、深みのある底なき底（無底）等の思想の中にあるキリスト教と禅仏教の同質性を浅見は読み取っていないのではないか。また、これを補うために滝澤克巳の「不可分」「不可動」「不可逆」の問題や「インマヌエルの神学」も手掛けているが、晩年の西田が鈴木大拙宛書簡で批判する知識・論理中心のバルト神学の範疇の枠内ではないかという疑問が残る[7]。

これに対して上智系の田中裕は、同じキリスト教の立場でも、西田の禅的立場等の背景を十分汲み取った形で見ており、「行」の経験を中心に据えた上で西田のキリスト教観をより忠実に理解しようと努めている。H・デュモリン（1905〜95）、門脇佳吉（1926〜）、K・リーゼンフーバー（1938〜）等の上智大学・東洋宗教研究所の流れの中から東西思想・宗教間対話に造詣が深い伝統の中から出ていると言える。田中は、愛宮真備ラサール神父（1898〜1990）が１９４６年、戦後のローマで開かれたイエズス会総会議に日本布教長の資格で出席した際に、教皇ピオ十二世に特別謁見し、広島に平和記念聖堂建立を要請すると共に禅の修行法の優れていることを進言し、教皇に高く評価され、世界に広めるようになって以来の同じ伝統の中にある。欧米では「行」の方法が失われ、論理・知識中心になって衰退していくキリスト教を超えた包括したものを田中はプロセス神学として探求している。

門脇佳吉、小野寺功や花岡永子の「禅とキリスト教」の対話と同質性を求めるものは、既述の内容と大差はない。小田垣雅也（1929〜）はプロテスタントの立場から、花園大学（臨済系）の西村恵信（1933〜）、清水大介等は禅仏教の立場から、禅とキリスト教の類似性・同質性を論じていた。H・デュモリン著西村恵信訳『仏教とキリスト教の邂逅』（春秋社 1965 年）はその嚆矢的なものであろう。

西田哲学から東西の対立を超えた思想を導き出すには、従来の神学にある人格的交りの「三位一体の神と人間の関係」を超えたところにあるものの探求が不可欠になってくる。正にパウロのいう「私パウロは既に死んだ。今生きているパウロはキリストと共に生きるパウロである」（全集第十一巻428 頁＝ガラテア書 2 章 19・20 節）と西田も引用しているもので、古い先

入見に死んで今示される「神の意志」に従うものでなければならない。禅宗も同じように「大死一番絶後再蘇[8]」とあるように、一度死に切らなければ新たなものは開かれてこないことを示す。真の自己・真実の生き方を探求する必要があろう。つまりはパラダイムの転換が必要なのである。この生き方は、「わたしは、道であり、真理であり、命です」（ヨハネ１４章６節）の中にある。

　古い皮袋（ルカ５章36・38節）のままでは、せっかくの神の示す真実の言葉は破れて保てない。その新しい皮袋が必要であることを西田・西谷を始めとする京都学派の哲学は示唆している。聖書にも「わたしが来たのは律法や預言者を廃止するためだと思ってはならない。廃止するためではなく、完成するためである」（マタイ５章17節）、また「まことに、まことにあなたがたに告げます。一粒の麦がもし地に落ちて死ななければそれは一粒のままです。しかし、もし死ねば多くの実を結びます。」（ヨハネ 12 章 24 節）とあるように、伝統の破壊ではなく、さらなる発展を言っている。古い殻に死んだときに始めて真実が現れてくる。ファリサイ人、律法学士のように古くなった戒律に固執するようでは、真理を語るキリストを十字架に架けたと同じに真理を探究しようとする者を処罰してしまうのではないかと危惧する。官僚主義に陥り、原理主義に走る今日の宗教状況に西田は警告を発していたように思える。

　西田の示すものは、東西の思想を超えたところにある「絶対無の場所」から導き出されるものであろう。それは「三位一体の神」をも包含した神性の場であり、無底と言われる「底なき底」でもある。一切の物事に捉われない「無」の場所（「於いてある場所」）において初めて「神の意志」に触れ、（キリスト教的には聖霊の）「働き」「開かれ」て来るものであろう。西田は、この「場所」を「絶対無の場所」（場所論における最奥）と考えている。「行」という共通項なしには得られない真実である。「万有在神論」によって晩年の西田は汎神論を克服したとされる。それは伝統の破壊ではなく、更なる深まりであり発展であることの認識が必要となるであろう[9]。

１－４　西田は、祈り（瞑想）のあるキリスト教に接していなかった

　イグナチオの『霊操』に基づく「黙想」も禅の「接心」との同質性・類

似性があると言える。『霊操』では、瞑想の中で「何ものにも偏らない心（不偏心）」を追求して行く。何ものにも捉われない白紙の心（tabula rasa）になって始めて「神の意志（御旨）」が映し出され、これを読み取り選定（「霊動弁別」）によって神の意志を確認する[10]。こうして得られた「（神の）開け」「働き」（十牛図の第八円相）を確実に神からのものかどうかを読み取るための「選定」（霊動弁別→霊操の規則 169〜189）の方法でもって再確認して行くことが『霊操』に基づく「黙想」の基本であり、真実を捉えて行くことにおいては坐禅に於ける修行法と変らず、「開け」「働き」は類似したものがあると言える[11]。この禅とキリスト教の同質性を認めることによって、「対話」と「相互交流」が可能になってくる。お互いの宗教のアイデンティティは尊重しながら、さらに深いものが得られ、豊潤になる道が開かれるであろう[12]。

　ただ残念なことは、西洋においてはマイスター・エックハルト(1260〜1328 頃)以降、神秘思想が異端視されてきたため、確実な瞑想の姿勢などの方法が伝っておらず、各修道会によって祈り（瞑想）の方法は異なり、また指導者によってもそのやり方は異なる。坐禅のような定められた姿勢や方法がないために欧米人が坐禅に憧れる意味も理解できる[13]。

　十六世紀の神秘家、スペインの観想修道会・カルメル会の改革者、十字架のヨハネやアヴィラのテレジア等は、霊的読書などで魂・心を「集中」させる方法を『霊魂の城』、『カルメル山登攀』などで色々な経験から解説しているが、残念ながらその方法は残って居らず、人によって解釈等は様々である。東方教会に、その伝統が残っているとの指摘もあったが、この方面の研究者も少なく、取り扱うまでには至らなかった。

　禅仏教とキリスト教には、「行（瞑想）」という共通項はあるが、ギリシア・ローマのヘレニズム文化の影響を受けた知識中心の欧米キリスト教の神概念では神を否定する者、信じない者が現れてきてもおかしくはない。ヴァチカンは、この神から離れ、世俗化された人間中心の近代思想、神の存在を否定する「無神論」を最大の敵と見なしている。晩年の西田の鈴木大拙宛書簡にもあるように「行」からではなく、知識中心のキリスト教を批判するが、キリスト教においても東洋的な「無」の世界を「虚無（何もない）」と解して、「信仰の妨げになる」と危険視する場合もある。

推論であるが、西田がイグナチオの『霊操』に接して居れば、キリスト教への見方は大きく変っていたことであろう。霊的に「行」に打ち込む道がキリスト教の中にもあったことが分っておれば、当然にこの方面にも興味を持ったにちがいない。しかし、残念ながら西田にはその機会がなかった。この『霊操』の方法が分かれば、禅の修行方法との同質性も見えてきて、キリスト教を東洋思想の対立軸として批判することなく、東西を超えた思想が西田の当初から展開されたことであろう。

　西田に限らずキリスト教批判の大半は、観想を旨とする人里離れた所にある修道院などは全く問題となっておらず、ヴァチカンの政治・官僚体制の批判に走ったことが挙げられていたが、西田の認識したキリスト教も観想・祈りを欠く論理中心のものであったと言える。

　東西の宗教交流[14]をさらに推進するためには、自ずと対話によって、対話を超えて相互に相乗効果があって、根柢（絶対無の場所）において真理の光が見えて来なければならない。こうして得られた真理の光を示せるなら、保守化色の強い神学者であっても十分に説得出来るものがあると確信している。

　西田のキリスト教理解の中でパウロの「ガラテア人への手紙」を引用「パウロが既にわれ生けるにあらず　基督我　にありて生けるなりといつた様に、肉的生命の凡てを十字架に釘付け了りて独り　神に由りて生きんとするの情である」（全集 1 : 169 頁）としている。
このことは禅における「大死一番絶後再蘇る」に匹敵する。他には「山上の垂訓」（マタイ 5 ～ 7 章)や「アガペーの愛」(全集 6 巻 319・427 頁 11 巻 404・5 頁)にもとづき、絶対矛盾的自己同一論からキリスト教の本質に迫っている[15]。しかし西田は、宗教・キリスト教について非常に詳しく述べながらも、最後のところで行き詰まり、「場所論」に辿り着くまでの十数年は苦闘の連続のようであった[16]。

2　西田の「場所論」に学び、邂逅の道の可能性に迫る

2－1　門脇佳吉の「場所論」理解

　『「西田の場所はキリスト教哲学・神学を変革する」〜場所だけが聖霊の

活(ハタラ)きを解明し得る〜』と門脇佳吉の講演にあった。さらに「キリスト教の二千年の歴史において聖霊の活きを解明できる哲学がなかった。上田閑照氏の西田研究によって、私（門脇）は西田の場所が聖霊の活きを解明し得る唯一の哲学であることに開眼した」とする[17]。

さらに門脇は『パウロの「聖霊による聖書解釈」』の中で、世界宗教史家ミルチア・エリアーデの知見に基づいて「西洋哲学・神学は普遍的ではなく、西洋という地域に属する地方的（Provincial）な哲学・神学である[18]」とする。すなわち、ヨーロッパの哲学・神学を間違いとするのではなく、（衰退を前提としながらも）これまでの２千年の哲学・神学の成果を尊重しつつも、それは普遍的なものではなくヨーロッパという一地方の神学・哲学であったとする。

こうして、アジア・アフリカ、オセアニア，南北アメリカの原住民のその原初的な生きた宗教性を取り上げる。門脇は、このエリアーデの『宗教史学と「民衆」文化』の中の「宇宙的キリスト教」を引用しつつ、西田の「場所論」から、「この開眼はキリスト教にただ思想的変革をもたらすだけでなく、衰退しつつある西洋キリスト教（ヨーロッパの哲学・神学）を活性化する原動力になるように思う」としている。後述するが、晩年の西田はこの「場所論」の最奥の「絶対無の場所」を「神」と表現している。

門脇は、西田の「場所論」を中心にして、今日求められている「宗教間対話」のあるべき姿を明言しているといえる。西田の「場所論」の解明が、西洋思想と東洋思想（キリスト教と仏教）の同質性・重層部分を結ぶ唯一の可能性をもっていると言える。

西田の場所は、「形なきものの形を見、声なきものの声を聞くという東洋文化の根柢にあるものに、哲学的根拠を与えたい」（全集第1巻 33・34 頁）とするものである。西田に場所の動機は驚きではなく「悲哀」であり、「有」から「有るものが何かに於いてある」[場所]への大転換である。「限られた場所」が重々に重なり合い関連し合い「無限の開け（絶対無の場所）」に至る重層構造がある。

「述語となって主語とならないもの」絶対無に接して真の個物になる。意識の根柢には「絶対無」あるのみとなる。門脇は、この西田の場所における「階層構造」を「聖霊の重層構造＝聖霊の賜物」との類似性を挙げて

いる[19]。仏教における「顕と冥の世界観」においても「冥」の世界は隠されたものであり、階層性・重層性が挙げられる。その極限に「述語になって主語にならぬもの」（＝意識の発見）、その極限に、もはや「述語づけられないもの」（＝絶対無）の場所の理論が生まれてくる 。

意識の重層構造：理性・意志・感情・知覚・想像力・記憶力は一つ、その根柢にある場所がこれらを統一する。「無にして有を包むもの」＝対立的無の場所に於いてすべてを知り得る。「行」によって「自己を無にする」ことは西田の場所への開眼のための鍵である。

従って「絶対無の場所」は、「有」でもなく、「無」でもない。それらを超えたさらに深いもの（無底）があることになる。西田哲学は「場所論」からキリスト教の「聖霊論」、日本的・仏教的な「顕と冥の世界観」等諸学派を包み込み、その深みから東西を超えた世界観を示し、「二十一世紀の哲学」に相応しい対話の出来る哲学とされる所以である。

2－2　西田の場所と聖霊の活きの同一性

A）　創世記の創造論：聖霊（「無限の開き」＝場所）の活きによる創造[20]。

西田は有るではなく、有るものの「於いてある場所」が原初的実在であることを洞察し、すべてを場所から見た。最近の聖書学には、神が「天地を創造した」のではなく、聖霊（いのちの息吹）がカオス・闇・死の世界を包み、それをコスモス・光・生命の世界に大転換することだと解釈するようになった。

創世記が編集された「生活の座」は、ユダヤ民族がバビロンの捕囚によって「悲哀」のドン底にあったときであった。聖霊による天地創造説は「悲哀」を動機として生まれた。

西田哲学の動機も同じ「悲哀」からであった。西田の場所と聖霊の活きの同一性＝絶対無の場所こそ、場所なる聖霊をさす。『働くものから見るものへ』（全集4巻6頁）「幾千年来我等祖先を育み来った東洋文化の根柢には、形なきものの形を見、聲なきものの声を聞くと云った様なものが潜んでいるのではなかろうか。我々の心は此の如きものを求めて已まない、私はかかる要求に哲学的根拠を與えて見たいと思ふのである。」

この西田の言葉は「場所の思想」を直接し、場所の思想発見の端緒にな

ったと思われる。禅の修行の途上で、無明を完全に滅却し、全く「自己な
し」となったとき、自分が坐っているのではなく、主語面に主語がなくな
り、「坐るものなくして坐る」ようになる。

　（西田は）ここで初めて「場所」に気付いた。そして、このような境涯
に達するなら、日常生活で花を見、山を見、空を見るとき、「見るものなく
して見る」ようになる。これが「本来の自己」のあり方であり、本来のも
のの見方なのです[21]。

　西田は、このような事態を哲学的に反省し、西洋哲学のような「私があ
る」「私が考える」ということが第一の現実ではなく、すべての物は「無限
の開け」である「場所においてあること」こそが第一原初的な現実である
ことを自覚したのです。完全に「自己なし」になるのですから、「私が見る」
ではない。主語がなくなり、「場所」のみとなる。西田は、論文「場所」の
始めに「有るものは何かに於いてなければならぬ、然らざれば有るという
ことと無いということと区別できない」（全集6巻223頁）とする。

　西田は、（西洋の哲学のような）存在が原初的な事実ではなく、「有る」
以前に「有るものは何かにおいてある」「場所においてある」が原初的な事
実であることを洞察する。

B）イエスとニコデモとの対話。「聖霊論」と「絶対無の場所」を結びつけ
る）

　「風は吹きたいところに吹き、あなた方はその音を聞く、しかし、それ
が何処からきてどこに往くかはわからない。霊から生まれている人も皆こ
のようである」（ヨハネ3章8節）。

　西田の用語で言えば、主語面（我）で「自己が無になれば」、述語面こそ
聖霊の活きの場所になり、そこに聖霊自身が自己を映す、この活きに感応
道交して、私たちが「自己なしになって」聖霊の活きの場所と一つになり、
そこに「映された」聖霊の活きを知るようになる。「絶対無の場所」は無限
の開けがあり、「聖霊」は神の意志が働く場所でもある。

　当然のことであるが、既に見て来たイグナチオの『霊操』に基づく「黙
想」も禅に於ける「接心」も相互にその「行」を極めて行くなら、更なる
深まり・真理を体験出来ることは云うまでもないことである。その深まり、

真理こそが宗教の極意に達する道であり、疑うことのない神の道、仏の道に達することが出来ることを繰り返して述べたい。

2－3　「場所論」と「聖霊論」、「顕と冥の世界観」の階層性と重層構造

A）西田は、実在論的観点から場所を三つの階層に大別する。

（上田閑照著『西田幾多郎を読む』（岩波書店　1991年）に依拠した「場所論」）。

ⅰ）有の場所：現実の世界は個物の世界である。この石、天竜川、富士山、この桜の木この菜の花、この犬、この虎、このひと・この先生・この生徒。これらの個物は、その他のすべての個物とともに「有の場所に於いてある」のです。

ⅱ）顕れない有の場所：相対的対立的無の場所の深い層にある意志に於いて「無から生ずる」場所があり、それが「顕れた有が顕れない有に於いてある場所」だと思います。このような意志の背後にあるものは創造的無です。西田はこの創造的無は、スコートス・エウゲニオの「創造して創造されぬ神」であると考えます。創造する神のさらに奥に「創造もせず、創造もされぬ神」がいるとします。「顕れない有」はこのような深い層にある意志の背後にある「創造的無」を指すでしょう。東洋文化の根柢に潜んでいる「形なきものの形を見、音なきものの音を聞く」ことの「形なきもの・音なきもの」は「顕れない有」ですから、創造的無を指します。「形・音」は「顕れた有」、「自ら無にして自己の中に自己を映すものの影」です。

ⅲ）真の無（絶対無）の場所：意志そのものも否定され、絶対の自由となるのは、この「絶対無の場所に於いてのみです。真の無、絶対無は後に絶対的唯一者（神）を指すようになります。意識から見れば、絶対無は「有るもの働くものすべてを、自ら無にして自己の中に自己を映す」ものです。直覚は知覚がその絶対無の場所に直貫通することです。それに対して直観は絶対無の場所が相対無の場所である意識に自らを映すことです。

B）『霊操』に基づく「聖霊」の三重層構造の「観想」

（門脇佳吉訳編著『霊操』（岩波文庫）№101～9参照）。

様々な場所が並存し合い、又重々無尽に重なり合っています。このよう

な重なり合いは場所の並存性と重層性を意味します。『霊操』の中にも種々の重層的な場所が現れてきます。

その内の一つ「御受胎（告知）」の観想を取り上げます。

ⅰ）一番低い場所：色々な風俗の違った民族が地上に住んでいるのを見ます。平和・戦争、幸・不幸、健康な人・病気の人、生老病死の歴史的世界を見る。（歴史的世界）

ⅱ）天使が聖母に遣わされた場所：天使が聖母に挨拶するお告げの場所を見る。

ⅲ）三位の神のいる場所：三位の玉座「神聖な威厳に満ちた方」の場所を考察する。神が玉座から全地球（宇宙）の表面と周囲を一望のもとにおさめ、無明の中を彷徨う全民族が、遂に死んで地獄に沈みゆく様をどのように見て居られるかを考察（観想）する。最上階は西田の絶対無の場所と同質となる。

これらの三層はすべて、「聖霊の活き」によって現実に実行されます。これらの三層は、「絶対無」の救済の意志（聖霊の活き）によって貫かれ、互いに関係し合いながら重々に重なっています。

門脇は「西田の場所」と「聖霊の活き」の類似性を詳しく記し、キリスト教との共通項の重なりを示している。

C）「顕」と「冥」の世界観]の三層構造（日本的・仏教的世界観）

（末木文美士著『反・仏教学　佛教 vs 倫理』（ちくま学芸文庫　2013 年）264〜271 頁。

「顕」＝合理的に解明される倫理の領域。

「冥」＝合理性を逸脱し、解明できない不可解な世界。

この「顕と冥の世界観」を日本宗教に基づく世界観の基本的枠組みとして三層に分けて説明される。

　第一層は、生きている他人という他者。他者のうちでは了解可能な倫理の領域にもっとも近く、誰もが必ずぶつからざるをえない。他人は了解可能の倫理の領域と了解不可能の他者の領域にまたがっている。

　第二層の他者は死者である。死者は、かつて生きていて接触可能であっ

たのに、いまは　直接的な関係を結ぶことが不可能になっている。死者は顕の領域にはいることがない、まったき他者である。

　第三層、即ち死者よりもさらに深い他者（冥）の次元に、神仏などが位置する。

第一層、第二層、第三層と深まっていくにつれて、次第に個体性が薄れ、直接的な接触は困難になっていく。神・仏は死者以上に存在するか否かを問うことができない。

　この「顕と冥の世界観」の第三層を、西田哲学の用語を使うなら、最奥は「無底（底無き底）」、「絶対無の場所」となる。また「聖霊論」からは「聖霊の活き、開け」のある（三位の神のいる）場所となる。このキリスト教側の「聖霊論」、日本的・仏教側の「顕と冥の世界観」を繋ぎ合せる形で西田の「場所論」が要石としてあると言えよう。この三者の重なり（共通の土俵）こそが「邂逅の道」であり、「宗教間対話」の可能性を大きく広げるものとすることが出来ると言える。

終りに

　多くの研究者が、この西田の「絶対無の場所」の真実に迫ろうと努力してきたことは疑いのない事実であり、東西思想の交流から、東西を超えた更なる深まりのある新しい真理の道が、西田の「場所論」から開かれて来るように思える。

　西田の「現今の宗教」（全集十三巻81・84頁）の中のキリスト教宣教師への批判も、晩年の鈴木大拙宛書簡にあるキリスト教批判も、同じく「行（瞑想）」の不足で何か物足りなさを感じたものであろう。明治期に西田が接したキリスト教は、この「行」を欠いた欧米の神学であったことが「キリシタン」の記述のないことから見えてきた。東洋にも、西洋にも偏ることなく、それらの東西対立を超えた「真実在」「純粋経験」から得られる「場所的論理」を西田は示しているように思う。

　上記の西田の「場所論」を契機として、門脇はキリスト教・聖書に記される「聖霊論」を重ねて、その類似性を挙げている。エリアーデの言葉を例に揚げているが、ヨーロッパのこれまでの哲学・神学では「聖霊」は解

明されていないとする。この西田の「場所論」のみが「聖霊」の活きを解明し得るとされ、「衰退しつつあるヨーロッパ・キリスト教を活性化する原動力になるように思う」としている[22]。

　この西田の「場所論」を「要石」として、ここに末木文美士の日本的・仏教的な「顕と冥の世界観」を合せると、「絶対無の場所」、「隠れた神」、「冥の世界」が相互に重なり「仏教とキリスト教の邂逅の道」が開かれて来るように思う。ジョン・B・カブが『対話を超えて』（行路社 1985 年）の序文で示すように、「宗教間対話」は相乗効果があって、互いに豊潤になってくるであろう。

　東西の思想対立を超え、さらにその深みから導き出される西田の独創的な哲学、その跡を継いだ西谷の哲学による「場所論（絶対無の場所）」が二十一世紀に相応しい哲学になってくると確信出来る。「新しい皮袋」（マタイ 9 章 17 節）」が必要になっていることを「西田哲学」の考究から教えられる[23]。

（南山宗教文化研究所）

【参考文献】

1．上田閑照『西田幾多郎を読む』岩波書店　1991 年

2．H・デュモリン著西村恵信訳『仏教とキリスト教の邂逅』春愁社　昭 50 年

3．門脇佳吉『パウロの「聖霊による聖書解釈」―身読的聖書解釈―』知泉書院 2010

4．浅見洋『西田幾多郎とキリスト教の対話』朝文社　2000 年

5．門脇佳吉『カトリックと禅』お茶の水書房　1986 年

6．門脇佳吉『禅仏教とキリスト教神秘主義』岩波書店　1991 年

7．門脇佳吉『道の形而上学』岩波書店　1990 年

8．花岡永子『「自己と世界」の問題～絶対無の視点から～』　現代図書　2005 年

9．小野寺功『絶対無と神～京都学派の哲学～』春風社　2002 年

10．末木文美士『 反・仏教学―仏教 vs 倫理』 筑摩書房 2013 年

11．池見澄隆編『冥顕論―日本人の精神史―』 法蔵館 2012 年

---

[1] 拙稿「ペドロ・ゴメス著『イエズス会日本コレジョの講義要綱』にみる A・ヴァ

リニャーノの指針」（『人間学紀要』40 上智大学　2010 年）及び「「根源的いのちの霊性を求めて」～キリシタン時代から続く霊性～」（『　同上　』41　2011 年）参照。

[2] 南山大学監修『公会議公文書全集』Ⅶ別巻、中央出版社　1969 年　351 頁～。

[3] 拙稿「教会の保守化傾向を考える～諸宗教間対話は進んでいるか～」（『アジア・キリスト教多元性研究会々報電子ジャーナル』11、2013 年）参照。61・74・75 頁「アントニー・デ・メロ神父への出版停止令」参照。及び「ヴィリギス・イェーガー神父への活動停止令」も扱う。1998 年四月に開かれた「アジアシノドス」に関する 11 月のヨハネ・パウロ 2 世教皇の使徒的勧告」カトリック新聞 99―11―14 付、第 3548 号「唯一の救い主布告を」参照。キリスト教がアジアでは少数派であるにも拘らず、その地域の実情に合せた適応を認めなかった一例。

[4] 西田の捉え方にも関わらず、この十字架のヨハネやアヴィラのテレジアなどキリシタン時代と同時代のスペイン神秘主義については、今日のプロテスタント系の『日本キリスト教歴史大事典』（教文館発行）にも記載されて居らず、関心の低さは今日においても西田の時代と変っていない。「行」を軽んじているために気付かないものであろう。

[5] 上記の拙稿に加えて『人間学紀要』43（上智大学 2013 年）53 頁～「西田幾多郎のキリスト教観～宗教間対話の可能性～」及び『　同上　』44（2014 年）「西田の場所論を基軸とした東西宗教邂逅の道～二十一世紀に相応しい人類共通のたましいの元型～」等を参照。

[6] 西田全集十一巻『場所的論理と宗教的世界観』397・8、405 頁。「万有在神論」「絶対矛盾的自己同一のダイナミズム」参照。

[7] 西田のキリスト教批判。全集十九巻「鈴木大拙宛書簡」書簡二一九五　昭和 20 年 5 月 11 日付。全集十一巻　427 頁「バルト」について。プロテスタント神学では、「信仰のみ」「聖書のみ」となるために、西田の批判する「知識・論理中心」の西洋の思想・宗教（キリスト教）になる。根本的な欠陥は、まさに西田の言わんとする「行（瞑想）」に疎いことではないだろうか。全てが「神の意志」において決められているなら人間の努力は不要となるし、自然災害の説明も出来なくなる。聖書解釈も知識・論理中心であれば、西田の「行じながら哲学する」方法と異なるので、これまでの聖書学の解釈も根本から問い直す必要があるように思う。従って、知識・論理中心のこれまでの方法では、西田の「場所論」は理解出来なくなってくる。

[8] 「大死一番絶後再蘇」出典『碧眼録』第四十一則。「須是らく大死一番して、却って活して始めて得し」（宗教的真理に到達する道を言い表した表現）。聖書にも「一粒の麦が死ねば豊かな実を結ぶ」（ヨハネ十二章 24 節）とある。

[9] 西谷啓治は『宗教とは何か』53 頁～「宗教における人格性と非人格性」でキリスト教の「聖霊論」を論述しながら、ユングの元型論の「島々」を彷彿させる記述がある。さらに 135 頁～「空の立場」において、実体論のコペルニクス的転回の必要性を論述する。西田の思想を解りやすくさらに発展させようとするものであろう。

[10] 拙稿『アジア・キリスト教・多元性研究会電子ジャーナル 10 号』37 頁～「ヴァリニャーノの根本思想となるイグナチウス・デ・ロヨラの『霊操』」の項参照。

[11] ロヨラのイグナチオの『霊操』の「霊動弁別」については、拙稿『アジア・キリスト教・多元性研究会電子ジャーナル』9、42・43・49 頁参照。

[12] ジョン・B・カブ編延原時行訳『対話を超えて～キリスト教と仏教の相互変革の展望』（行路社 1985 年）の序文で「豊潤」を語る。このことは、一休宗純禅師の作と伝えられる道歌に「分け登る　麓の道は多けれど　同じ高値の月をこそ見れ」とあるが、宗教の入り口は色々と違っていても、最終的に到達する所（真理の頂きは）

は同じであることを説いている。夫々の宗教の主体性を失うことなくお互いの教理、儀式に参加することによって深められ、相乗効果があって、より豊潤になることで、宗教間対話の可能性を示している。

13 清水大介著『波即海〜イェーガー虚雲の神秘思想と禅』東西霊性文庫２（ノンブル社 2007 年）45 頁〜「３キリスト教神秘主義と禅の同質性」参照。「根源的いのち」については『アジア・キリスト教・多元性研究会電子ジャーナル』10、拙稿「根源的いのちの霊性を求めて〜」48・49 頁。

14 前掲『　同　ジャーナル第 10 号』　48〜50 頁参照。

15 「アガペーの愛」について、秋月龍珉も『白隠禅師』（講談社現代新書 790 昭和 60 年）で 14 頁〜「大地に根ざす白隠禅」として扱う。また『初めに大悲あり〜人間を生かす禅〜』（講談社昭和 45 年）の中では p11〜「鈴木大拙の禅の秘密」として大悲を扱い、139 頁〜「白隠禅の本質〜大地性、菩薩の闡堤の思想〜」を揚げている。

16 西田の「絶対無の場所」は、禅で言えば「不立文字、教外別伝」のところで言葉に表わせるものではない。西田も引用しているパウロの「私パウロはすでに死んだ、今生きているのはキリストと共にあるパウロである」と言われるように（禅では「大死一番」）、全てを滅却して無となって始めて「開かれてくるもの」「働くもの」が自覚できるとされる。西田哲学（京都学派）の出発点となる「純粋経験を唯一の実在としてすべてを説明して見たい」（『善の研究』序文）から始まり、「幾千年来我等祖先を育み来った東洋文化の根柢には、形なきものの形を見、聲なきものの聲を聞くと云った様なものが潜んで居るのではなかろうか。我々の心は此の如きものを求めて已まない。私はかゝる要求に哲學的根拠を興えて見たいと思ふのである」（『働くものから見るものへ』序文）とあるように、言葉以前のものを、言葉で表す「矛盾的自己同一論」で貫かれていると言える。

17 2013 年度「西田哲学会　第十一回年次大会」での基調講演。「西田の場所はキリスト教哲学・神学を変革する〜場所だけが聖霊の活きを解明し得る〜」による。門脇はここでガダマーの「解釈学的方法」を論じ、「伝承された文献解釈は最初期の伝承者の解釈を重んじる」ことから、「聖書学」に於いても最初期の「聖霊」の光を受けた聖書記者の最初期に帰った聖書解釈の必要性を説くと共に、上田先生が「行じながら哲学する」西田に近付くことによって「場所の論理」を解明したことを取り上げる。裏返して言えば、ガダマーの解釈学的方法は「そのものに成り切る」禅の極意を言っているようにも思える。西田の「場所論」も、最初期の西田の境涯に身を置いて「西田に成り切って」思索して、始めて見えて来るものと言える。

18 門脇はこの引用を『エリアーデ日記上』（未来社 1984 年）の知見からとするが、類似の文章は見当たらない。「ヨーロッパ哲学の運動との一致を協調してはいない。いつか私の理論的仕事を西欧思想の現代的危機と結びつける秘密の糸を示す必要があろう」（日記上 260 頁）とするエリアーデの論を自らの著『道の形而上学』（岩波書店 1990 年）の序文 3・4 頁。検索の結果、日本語に訳されていないエリアーデの論文がシカゴ（大学）ジャーナルにあった。題名は「宗教史学と『民衆』文化」"History of Religion and "Popular" Cultures." で、その 25 頁目に関連する文章があった。次に参考のために拙訳を載せる。　「キリスト教世界（農民の「宇宙キリスト教」）の全歴史はその場所を所持すべきです。なぜならば、それは新しい型の宗教的創造性を意味します。一例をあげると村落民の間で（特に東南ヨーロッパで）キリストの受肉、死、復活は、単に人間の贖いとしてのみならず、従って自然の贖いとして解釈された。こうして、自然〜生と豊穣性〜を神聖にしました。かくして、

旧約聖書の遺産とギリシア形而上学に関して構成される様々なキリスト教の神学と平行して、民衆は新石器時代のものから東洋とヘレニズムの宗教まで、多くの古い始原的な伝統を同化して人気のある神学もセットして「キリスト教化」したものである。このようにして、キリスト教下のヨーロッパ宗教史は脱＜辺境＝偏狭＞化し、その普遍的価値がより明らかになるであろう。ヨーロッパの科学的才能と技術的創作力が人類の歴史で独特な業績を意味するならば、ヨーロッパの宗教的な作品（彼らの全体でとられる）は連続性を少なくとも新石器時代の遺産で例示します。そして、この新石器時代の遺産がまだ地方のアジア、アフリカと南アメリカで生きていることを、我々は常に心にとめておかなければなりません」

[19] 西田の場所と聖霊の活（ハタラ）きの類似性

① 第一の類似性：神の霊はもともと音のないものですが、その声を聞く、と言れています。この点で西田の場所の思想の根柢にあった「聲のないものの聲を聞く」と同じです。両者はこの点で類似しています。それに哲学的根拠をあたえたものが場所の論理です。西田の場所の根柢にあるものと聖書の霊とは類似している。

② 第二の類似性：聖霊は「形なきもの」であり、「聲なきもの」であり、三位一体の中でも父なる神や御子イエス・キリストよりは、聖霊はどんな言葉でも表現できず、西田の用語「絶対無」が最もよく当てはまるということが出来る。「絶対無の場所」こそ場所なる聖霊を指すと言ってよい。

③ 第三の類似性：西洋哲学は「有る（存在する）」から始めますが、西田は存在が原初的な事実ではなく、「有る」以前に「有るものは何かに於いてある」（「場所に於いてある」）が原初的な事実であることを洞察します。「於いてある場所」とこの場所に「於いてあるもの」が対になっています。「見るものなくして見る」という経験が、キリスト教の経験にもあるということ。パウロがガラテア書2章20節に「生きているのはもはや私ではなく、キリストこそ私の中に生きておられる」とある。西田はこの経験哲学的に反省することによって、場所の論理を発見したのですから、キリスト者はキリスト者の実存の根本的現実を哲学的に反省し場所の論理で解明することが出来るようになる。

④ 第四の類似性：聖霊による三層構造は、最上階は三位の神の玉座「絶対無の場所」。第二階は「お告げの場所」。第一階は諸民族が住む世界「歴史的世界」。これらの三層は「絶対無」の救済の意志（聖霊の活き）によって貫かれ、互いに関係し合いながら重々に重なっています。

⑤ 第五の類似性：西田は「自己を無にして（自己が無になった所に）自己を見る」、「無にして自己自身を見る」という。『聖霊による聖書解釈』によれば、自分が「塵」（吹けば飛んでなくなるもの）であることを自覚すると、「いのちの息吹」（聖霊）に息吹かれて「生ける者」になったことを自覚するようになります。西田の言葉で言えば「自己なし」と同じです。しかし、人間は自分が「塵」であることを忘れているために、聖霊の無限の開けに自己を開かないために、「自己閉鎖的な自己」に変質して生きています。この自己閉鎖性を打ち破って、聖霊の無限の開きである「絶対無の場所」に自己を開き、「絶対無の場所に於いて有るもの」になり、真の自己になるのです。「いのちの息吹」は聖霊のことです。

[20] キリスト教において「聖霊」の扱いは注意を要する。10世紀以降、「カタリ派」の異端問題から警戒されてきた経緯がある。従って「哲学」として扱う場合は、その（西田の「場所論」とキリスト教の「聖霊論」のように）同質性から問題ないとされるが、神学的立場では「聖霊解釈」に疑義が出てくる。事実「隠れた神」の世界であり「聖霊」の解釈を間違うと大きな問題が起る。伝統的には、公式の解釈以

外は認められておらず、「キリスト論」「聖書学」が必要となる。言葉以前の「純粋経験」「真実在」から「絶対無の場所」に到る西田の「場所論」では、絶対的なものさしとなるキリストの事跡が背景にないので危険思想とされてしまう。門脇は『霊操』の「選定＝霊動弁別」によって神のものと判断している。

21 西村恵信著『己事究明の思想と方法』（法蔵館　平成五年）の書き出しに己事は「キリスト教の真の自己」すなわちエックハルトの神（神性）としている。

22 既出、「西田哲学会　第十一回年次大会」基調講演。

23 前掲『人間学紀要』44 参照。本論稿では紙数の関係で省略したが、ユングの元型論を入れて西田の場所論と唯識の阿摩羅識・仏性＝如来蔵との関係にも触れている。

地球社会と日本仏教

―展望と期待―

ルーベン・アビト

故海野大徹師にささぐ[1]

　「地球社会」(global society)という概念が世界の人々の認識に上りはじめたのが、一九六〇年代以後のことである。その由来は、アメリカ合衆国と元ソビエト連合国の宇宙飛行士たちが宇宙から撮られた「青い地球」の写真が広く報道され、その結果われわれ人間（人類）が共に住むこの地球という惑星を初めてそのような全体的な視野をもって捉えることができた、ということであると言われる。それと関連して、文化、社会、経済、政治、宗教的諸要素がさまざまに影響しあって、われわれ人間が共同に営むこの地球社会とそこにあるすべての生き物や無生物が,相互に係わり合って存在しつつある、ということがより深く認識されるようになってきた。そういった地球的、つまりグローバルなレベルから見て、われわれ人間は皆、どこの国どこの場に置かれていても、お互いに依存しあって生き続けている、さらに、お互いによって生かされている、という認識が、特に現代の経済・政治・社会の営みにおいて当然のものとして方々強調されるようになるものである。

　さて、この地球社会の現在の状況を観るに、主として次のような事柄が避けられずに眼にあがるものとなる。それは、第一に、いろいろな場で今でも行われる、それぞれの歴史的・文化的・宗教的・言語的な要因が絡み合って背景づけられた武装暴力やさまざまな形での暴力が毎日のように新聞や他のマスメディアに大きく報道される。第二に、世界中多くの人々が

置かれる非人間的な貧困状態の継続またはその悪化と同時に貧富の格差の拡大しつつある世界のきわめて不平等な経済的現状がある。そして第三に、以上あげられたことにも関連し合って、われわれ人間の生存そのものを脅かしつつある大幅な気功変更(climate change)ならびに地球環境破壊の悪化する状態がある。

　このような現状を背後に、この地球に住む多くの人々、特に若い世代が、ますます心の深いところから何らかの不安を抱き、将来の展望が見えにくくなってきたという現実にわれわれは直面させられている。以上のことをまとめていうならば、われわれのこの共同なる住まいである「地球社会」とはその生存に関わる危機的状況にあり、その地球社会の営みに責任をもつわれわれ一人一人が膨大な課題を抱えているといわなければならない、ということである。

　この地球社会が置かれている危機的状況を念頭に置きながら、「日本仏教」と名づけられるものがいかなる位置づけ、役割、影響などを持つことができるかを検討するのが本稿の課題としたい。それは、日本という島国を超えて国際社会に登場してきた「日本仏教」の諸様相に焦点を当て、それらが国際舞台の中で世界の諸宗教との係わり合いと積極的対話の中でいかなる役割を果たし、またいかなる貢献を提供することができるかをここで検討してみたい。

　こんな莫大な課題をこんなに大胆にとりあげようとすることじたいにはもともと無理があり、大まかなことしか言えず、氷山の一角を遠くから眺めるようなものにすぎず、不完全で断片的なことしか提供できない、ということを承知の上で、あえてこの課題と取り組んでみたい。イギリス人で著名な知識人であるギルバート・チェスタートン (G.K.Chesterton)の言葉を借りていうなら、「為すに値する事柄なら、ごく下手でも為すに値するものとなる」（If something is worth doing, it's worth doing (even) badly.)

　さて国際舞台に現代活躍する「日本仏教」と言えば、主として親鸞の宗教思想を担う浄土真宗、日蓮の法華仏教を原動力とする新宗教諸運動、そして道元の宗教的修行法とヴィジョンに背景づけられる禅宗に焦点をあげ

る。最後のところで世界思想として認められるに値する「京都学派」についても言及してから、総合的なことをもってまとめたい。

1　国際社会における浄土真宗

　浄土真宗が日本から他国に移植されるようになったことは、十九世紀末から二十世紀の初めにかけて、ハワイ、北アメリカやブラジルなどに日本から移民した浄土真宗の信徒たちが、東西本願寺にそれぞれその移住先に僧侶を派遣するようと求め、それがきっかけとなったとは周知の通りである。それから百数年後の現在、南北アメリカのほかにヨーロッパ、アフリカ、オーストラリアなどにおいても基盤をもつようになり、宗教的社会的営みを維持している。多くても二-三万人を超えないと思われる浄土真宗の海外に在住する信徒数がそれほど増加したとは言えないが、特に欧米諸国においてその社会的思想的位置づけや影響力が確実なものであると言える。[2]

　これについては、カリフォルニア州バークレー市、カリフォルニア大学バークレー神学共同大学院 (UC Berkeley Graduate Theological Union＝GTU)に加入している仏教学研究所(Institute of Buddhist Studies＝IBS)の仏教教育的ないし学問的成果の役割は多きと認められる。バークレー神学大学院連合とは、ユダヤ教系、キリスト教系、そして最近よりイスラーム教系の大学院レベルの諸神学院が、それぞれの宗教的リーダー、牧師、教師、知識人などを養成する教育施設として世界的に知られ、高く評価される。１９３０年代、浄土真宗の布教師・教師を養成し、英語教育をすえるために設立されたこの仏教学研究所は、１９８５年にこのバークレー神学大学院連合に公式に加入して以来、浄土真宗や一般仏教の信徒に限らず、そのバークレー大学院連合加入の他の諸神学院の大学院生のためにも、そこで仏教関係の講演会や講義と研修会を行いつつ、現在に至る。

　そのような教育的学問的環境に置かれているだけに、IBS は、特に一九八〇年代の後半から、浄土真宗教学に限らず、一般仏教教育・仏教研究を営むセンターとしてその基盤を固め、国際的な評判をもつようになった。

一例として、一九八七年の夏に、カリフォルニア大学バークレー・キャンパスがその会場となって「仏教・キリスト教対話国際会議」が開催され、世界各国から七百人の参加者が集まったが、その際、仏教学研究所（IBS）が大きな役割を果たした。これは、一九八六年その所長となった世界著名な仏教研究者・浄土真宗専門家のアルフレッド・ブルーム博士 (Dr. Alfred Bloom)、そしてそのあとを次いだリチャード・ペイン博士(Dr. Richard Payne)のもとで、IBS が主催または共催する学問的会議・研究会、一般向きのセミナーや講座などを通じてその世界的評判がますます固まるようになった。[3]

仏教学研究所（IBS）の出版活動はまたその影響範囲をより広く拡大しつつあると言える。単行本のほかに、英語機関誌やニュースレターもあり、それらをここで一々並べる必要はないが、その多くは現代における浄土真宗教学の諸問題に関わるテーマを取り上げるものである。

本稿の出発問題である地球社会の危機的状況に関わる事柄についていうならば、IBS は「仏教と環境問題」をテーマとしたシンポジウムを共催して、それに基づいたものとして出版物を公開したが、それには消費社会批判、人間環境問題をめぐる諸要素が取り上げられ、課題取り組みに一石を投ずるものとなっている。[4]　要するに、IBS が積極的姿勢をもって企画する種々なものは、浄土真宗の信徒たち向けのもの以上に、世界諸宗教の信奉者、または学者・教育者、そして社会一般の方々にむけられたものとして、いわば真宗の外向けの姿勢の一側面であり、仏教一般、そして真宗教学がいかに現代の諸問題に照らしをもたらしうるかという課題をかかげてその活躍をつづけている。

同様な路線をとるもう一つの浄土真宗関係の機関として、いわゆる「国際真宗学会」(International Association of Shin Buddhist Studies)がある。おおよそ三百人以上の会員が参加するこの学会は毎年、世界各地から指定される都市で行われ、浄土真宗史におけるさまざまな側面をめぐる研究、そして現代における真宗教学の諸問題を検討する研究者・教学者の討論また研究成果の発表の場でもある。その英語年間誌である The Pure Land（浄土）を概観してみると、教学的研究のほかに、その真宗教学の立場からみ

た戦争と平和の問題、仏教と社会変革の問題、現代社会に置ける倫理的課題などのようなテーマもとりあげられる。

「信心」から溢れ出る「唱名念仏」の行を根幹とする親鸞の宗教思想を担う浄土真宗の信徒たち個々人が、それぞれの生き方と言行、そしてその浄土真宗の精神に基づいて立てられた教育施設や研究機関を通じて、世界諸宗教・思想との対話を行う中で、この現代世界の抱える諸大問題にいかなる照らしをもたらしうるかを視野に置きながら、親鸞のこころを生かそうとするものである。

2 日蓮系仏教の世界的活躍

現代国際社会の舞台に活躍する「日本仏教」の一流として、日蓮の宗教思想とその宗教的実践を基盤とする 三団体をとりあげることにしたい。それは日本山妙法寺、次に立正佼成会、そして創価学会インタナショナルのことである が、日本国内におけるこれらの由来、歴史的展開ならびにその現状等はさておいて、ここではそれらの国際的様相を中心に概観してみたい。これらを通じて日本仏教の大きな流れである日蓮系仏教がこの現代世界に対していかなる貢献をもちうるかということについて要約してみたい。

日本山妙法寺の開祖である藤井日達師は第二次世界大戦以前から北中国（旧満州）、インドなどへ渡り、日蓮の蓮華仏教思想を掲げて平和運動に携わったが、大戦後はその平和運動の国際的範囲をさらに大きく広げたものである。一九八五年のその死去後も、その後継者たちが太鼓を叩きながらの平和活動を進め、アジア諸国の他に、イギリス、オーストラリア、イタリア、アメリカにも日本山妙法寺系の寺院を建立し、僧侶と信徒を含む一五〇〇人足らずといわれる少数でありながらも、日蓮の蓮華仏教思想を基盤しながら、平和を求める世界の一般市民や他の諸宗教の信奉者たちと肩を並べて、 世界平和をめざして活動し続ける。

世界平和運動に携わる日本仏教のもう一つの日蓮系団体として、世界宗教者平和会議（World Conference of Religions for Peace = WCRP）の設立

に備えて、世界諸宗教の指導者・代表者三百人が参加したその第一回世界大会を一九七〇年、京都市で主催した立正佼成会の重要な役割が高く評価される。宗教者同士の出会いと相互対話を促進し、平和のための宗教協力の原点を確立するというビジョンを掲げて、ニューヨーク市の国連ビル内でその国際事務所を設立し、京都のその第一回集会につづいて定期的に世界宗教者平和会議の大会を開催することがその主なる活動である。設立時点でのビジョンがさらに展開して、1）戦争を阻止する、2）共同体作りに励む、3）貧困の終了をめざす、4）地球環境を護る、という四項目に分けられる[5]。これら4項目それぞれの枠内で具体的な企画が述べられ、全世界の宗教者たちに呼びかけてネットワークづくりに励むのである。

　立正佼成会インタナショナルは南北アメリカ、ヨーロッパ、アジア諸国にそれぞれの基点をもち、宗教活動ならびに平和活動に力を入れるが、英語の単行本、月刊雑誌、機関誌等を含むその出版活動も以上のビジョンをもって幅広く影響を及ぼす。これらは主として法華経の宗教思想に基づいた教訓や庭野日敬開祖ならびに現会長庭野日鑛師の著作の英訳であるが、特に国際的な評判を呼んだものの一つは、各月に出版される英語誌Dharma World　がある。これには、法華経思想に基づいた個人的宗教的生活に関わるもののほかに、WCRP の掲げるビジョンに沿ったテーマがとりあげられ、立正佼成会内部の著者に限らず、幅広く世界の諸宗教のリーダー、研究者、活動家などの視点もしばしば掲載されることがある。

　次に、日蓮の法華仏教思想を同様に担うという点でそのビジョンには共通点が多いにも関わらず、皮肉にも上述の立正佼成会とは友好的な協力関係にあるとは見えない創価学会インタナショナル(SGI)も、それとしての世界的影響力をもつ。SGI は一九七五年設立されたが、それ以来、現在は世界中の一九二カ国に場をもち、千二百万人の会員を誇る大団体となってきた。「世界平和促進」を設立のその第一目的とする SGI はこれに沿って、世界諸国に草の根活動を進めて、反核・非武装運動、地球自然界の破戒を防ぐための持続可能な社会(sustainable society)への運動に携わり,また人権教育、文化交換などのようなさまざまな人道的活動を促進する。この地球社会の平和のためこそ、SGI の会員たちはなによりも唱題目という宗

教的行に励み、それを通じて地球社会の平和の前提とならなければならない人間個々人の心の平和への道を開くことをめざすものである。

　SGI は母体の日本の創価学会に支えられ、その目的実現のために教育施設、研究機関、学問的活動も重視していると見られる。　カリフォルニア州にあるソーカ大学（Soka University）とは、学部レベル学位から大学院レベルの修士学位をも授与することができ、一九八七年設立以来の短い間に、アメリカ諸大学のランキングに比較的に早速に昇格したということがその誇りの一つとなる。また、研究・教育・出版活動を中心としてボストン市にあるイケダ・センター（Ikeda Center for Peace, Learning and Development)は一九九三年設立以来、平和、人権、エコロジー思想、教育、倫理思想、諸宗教間対話などをテーマとした多くの研修会、セミナー、講演会などを開催し、それらのテーマをとりあげた多くの出版物も出している。さらに、季刊誌 SGI Quarterly が同様なテーマと関連した一般向きの記事や報告を含み、広く普及されている。

　日蓮系の日本仏教を代表する以上の諸団体の人々が、妙法蓮華経の題目を唱題する行を自ら実践して世界の人々を相手にその修行法を促進するが、娑婆世界つまりわれわれ人間が生き続けるこの地上の現実社会において「蓮華国」（釈尊の領土）を建立せんとすることに励みながら、世界諸宗教やこころある一般の人々と手を組んで力を合わせて平和で健全な地球社会をめざして活躍しつづけることを期待される。

3　世界の中の禅

　日本を訪れたことのない世界諸国の人々の大多数にとっては、「日本」と言えば、おそらく思い浮かぶのは、「sushi, Toyota, Sony」などのようなものがあり、その路線に「Zen」も出てくると言えよう。「禅」が欧米の人々の興味を引くようになったのが二十世紀の半ば頃であり、特に一九六〇年代のいわゆる反文化運動(counter-culture movement)にのせられて、欧米の人々の「東洋的なものへのあこがれ」がそれを煽り立てたとも言えよう[6]。　ちょうどその頃出版され始めた D.T.スズキ（鈴木大拙博士）や

アラン・ワッツ師（Alan Watts）の「禅」をテーマとした著作の普及もその要因の一つであろう。このような流行的傾向の中で、Zen and the Art of Motorcycle Maintenance 「禅とオートバイ修理技術」なる本が爆発的にベストセラーとなったが[7]、読んでみればその内容がオートバイ修理でも禅でもなく、巧みに書かれたヌアンスに富む哲学書であることが解るが、そのタイトルだけが走り出して、Zen ということばを見事に適用して The Zen of Golf, Zen Driving, Zen Cooking, さらに最近 Zen and the Art of Internet など多様なタイトルが次から次へと出るような風景となった。

　何はさておいて、日本禅が本格的にアメリカ大陸に到着し、やがて根付いて展開してきたということの歴史的背景と登場人物に関しては,Rick Fields 著、How the Swans Came to the Lake: A Narrative History of Buddhism in America[8] に詳細に明かされている。現在、英語圏だけに限定しても、禅をテーマとした本が爆発的に多く、ここでそれらを一括してまとめることがもともと無理なことで、本稿の趣旨に関連するごく一部だけについて言及する。

　南北アメリカ、ヨーロッパ諸国、そして日本以外のアジア諸国（シンガポール、フィリピン、オーストラリアなど）において修行道場をもち、当地の人々が「日本禅」とは、曹洞宗、臨済宗、そして両方の要素を取り入れながら独自の禅の様式を開いた「原田・安谷系統」(Harada-Yasutani Lineage)の三系統である。北アメリカ大陸に限定していうならば、どこの州の大都市か小都市にでも、インターネットの探究を行うとどこかその周辺に禅の道場が見つかる、といっても過言ではないといえよう。[9]

　さて、これら国々の歴史、文化、社会生活様式などにはユダヤ教、そしてキリスト教の影響が浸透しているということはいうまでもなく、その角度から言って、「禅」なるものとは必ず「ユダヤ教」または「キリスト教」の邂逅することになる。そこでこの「邂逅」というのは、一方こちら側が「ユダヤ教徒」または「キリスト教徒」、他方あちら側が「禅修行者」というものではなく、むしろ、禅修行者一個人の中にある「ユダヤ教」や「キリスト教」なるものが「禅」と出会うものとなる[10]。このように個人内部に行われる「禅とユダヤ教」または「禅とキリスト教」との出会いに

531

よっていかなる成果が生まれてくるかは未来の展望の一つとなるが、この
ことを探究するものとしていくつかの出版物をあげることができる。[11]

　日本禅と欧米社会との出会いをめぐる注目に値するもう一つの側面とは、
いわゆる西洋式 Engaged Buddhism に関するものである。[12] それは一
九七〇年代、著名な詩人で禅の修行者でもあったゲリー・スナイダーが、
三宝教団禅（改名、三宝禅）の師家であったロバート・エイトケン師、や
がてその後継者となるネルソン・フォスター師などと組んで仏教平和友好
会 Buddhist Peace Fellowship を設立したのが歴史的なきっかけであるが、
以来この仏教平和友好会とは現在に至って仏教者たちがあらゆる意味での
社会的改善・変革運動に関わろうとする旗を掲げて活動をしつづける。そ
の趣旨とは要するに禅の修行者が「ただ座布に坐っていればそれが禅だ」
ということでなく、その禅の修行によって修行者の心身において培われて
養われる慈悲心に動かされて、周りの人々の苦しみを自らのそれと感じ取
って、その治癒のために身を捧げる、とう姿勢を意味する者である。

4　京都学派の世界思想たる意義

　日本仏教と深い関わりをもった哲学思想・思考法で言及すべきものとし
て、いわゆる京都学派があげられる。これについては、今回のシンポジウ
ムの中では高橋勝幸論文に詳しくそして洞察深くとりあげられているので、
ここで省略するが、同（高橋）論文から借りてその世界思想的意義をまと
めていうならば、それは京都学派（特に西田哲学）が「東西の思想対立を
超えた＜行＞に基づいた認識」[13]への道を開くものであるが故に注目に値
するものである。

　ちなみに、京都学派を国際社会に紹介し、世界思想としてのその意義に
注目を呼んだことにいくつかの書物をあげることができるが、それらの出
版ならびに促進に大きな働きをなしたのが、南山大学宗教文化研究所の教
員・研究員の方々であることをここで高く評価するに値するものである。
[14]

最後に——地球社会からの日本仏教への期待

　地球社会において現在さまざまなありかたをもって活躍する「日本仏教」の諸流とは、「念仏行」を中心とする親鸞の教えの担い手となる浄土真宗、「唱題目」の行を中心とする日蓮系の宗教・運動団体、そして「坐禅」という行を中心とする日本禅由来の修行共同体のそれぞれである。それらの諸様相を本稿で断片的に叙述したにすぎないが、それで出発点とした問題提起に照らして本稿をまとめてみたい。

　「念仏行」とは「往生浄土」と結びついてなされるものであり、一種の「来世信仰」となっていることは否めないことであろう。なお宗教一般に関して言っても来世信仰そのものはわれわれ人間にとって死後への恐怖や不安を癒す機能を果たし、それとしての価値があるかもしれない。しかし「来世中心」の考えかたや生き方とは、この掛け替えのないこの一回限りの地上の人生をあまりにも軽視し、ないがしろにする傾向と結びつくといえよう。このような考え方生き方では、最初に述べた地球社会の諸問題に関わろうとする興味や動機を引き出すことは無理であろう。それどころか、そのような狭い意味で捉えられた「宗教心」とは、逃避心や世界否定と結びついたものとなり、地球社会の改善に貢献できるようなものとは考えられない。

　そこで念仏行を中心とする親鸞の宗教的思想が果たして来世信仰に尽き、来世中心の生き方を勧めているかを改めて究明する必要があろう。これがいわば親鸞教学の従来の問題の一つでもあると言えるが、これは特に国際社会に活躍浄土真宗にとって、世界諸宗教との対話を行う中で、自らの根本立場を明らかにすることからも促される重要な課題であるといわなければならない。[15]

　日蓮系諸団体の促進する唱題目なる行とは、「来世信仰」と対照的な「現世利益信仰」と結びついて見られるものである。現世利益それじたいには無論それなりの説得力があり、唱題目を自ら行じた多くの人々の証言がこのことを物語る。[16]　しかし、この娑婆世界に蓮華国を建立し、地上の生き物のための利益めざす唱題目の行であるにも関わらず、それを行ず

る人にとって、その行によってめざす現世利益が自己中心的なものとなっては、宗教を人間の自ら立てた目的に合わせてその真の意義を喪失するという落とし穴がある。すなわち宗教そのものが「究極的関心事」に関わるものとして捉えるならば、それを自己中心的な目的を獲得するための手段だけになっては、その本来の宗教としての機能を見失ってしまうことになる。それから、自己中心的生き方・ありかたを乗り越えて慈悲心を開こうとする、もう一つの宗教の重要な機能が逆転されてしまうことになる。これらの落とし穴に注意して唱題目の行をいかに日常の生き方にいかに具現化するかということは日蓮教学の課題でもるが、そのような教学的なとりくみとは、世界の諸宗教との対話の中で日蓮宗教思想の原典に立ち返ろうとすることを意味するといえよう。[17]

つぎに「坐禅」という修行そのものが自己変革的な力を秘蔵していると言えるが、それが個人レベルに限らず社会的経済的政治的生活においても原動力となるということが 必ずしも保証されない。このことは、個人の宗教的行がその全体の生活へいかなる照らしをもたらすかの従来の問題であり、宗教一般でも取り組むべき重要な課題である。日本禅を担う人々や修行共同体が、世界諸宗教の実践者の人々と交流して対話を行う中でこのこと取り組むことを期待されるといえよう。[18]

京都学派に関して以上述べたひとことをふりかえることとなるが、本シンポジウムの高橋勝幸氏の論文にあるように、京都学派の思想が世界的意義をもつということは、それが「行に基づいた認識」への道を開くものだからであるという。以上検討したように、地球社会に活躍する浄土真宗、日蓮系仏教団体や運動、そして禅仏教はそれぞれ、「行に基づいたもの」であり、それとしての認識を開くものであることは明らかである。これらが促進する「行」がそれぞれ、その宗教的原動力とヴィシンに背景づけられて、個人的レベルの宗教的安心（あんじん）獲得にとどまらず、自他対立を乗り越えた慈悲心を開発（かいほつ）することができるかどうかはそれら担い手たちが抱える課題とみられる。

日本仏教が地球社会のさまざまな「傷」に対してなんらかの「癒し」となるためには、三条件があるといえよう。まず第一に、それらが促進する

534

特定の「行」（唱名念仏、唱題目、坐禅）とそこから生まれる「認識」が、現代地球社会の人々が抱く生と死の問題、この人生の究極的意義などのような実存的な問題に照らしをもたらすものでなければならない。これがすなわちその「宗教たるゆえん」を満たすことにほかならない。第二に、それが今のいわゆるポストモダーン時代の人々の知識的、社会文化的、歴史的状況に応じているものでなければならない。これはすなわち以上でも述べたように個々人の宗教的行が修行者の世界史的認識と社会認識に密接につながるものでなければならない。[19]

　第三に、それがその宗教的な立場から、戦争と平和の問題、ますます広がる貧富の格差の問題、気候変更や自然環境破壊など現代世界が抱える諸大問題に対して関心を持ち、それらへの何かの具体的な方針を提供できるものでなければならない[20]。その三条件を満たすことによって、国際社会に活躍する日本仏教が以上述べたこの傷だらけの地球社会に対してなんらかの「癒し」をもたらすことを期待されるであろう。

（Ruben Habito　南メソディスト大学）

---

[1] 親鸞のこころとその宗教的実践を現代国際世界に生かした者として、地球社会に活躍する日本仏教の代表として高く幅広く人々の尊敬を呼んだ故海野大徹師(Prof. Taitetsu Unno,1929-2014)を追悼し、師へ感謝の意を表しながら本稿を捧げたい。海野師はその生き方ににじみ出てくる広い心をもち、その著作や講演・講義や個人的付き合いを通じて多くの人々を信心の道に導き、現代地球社会に生きる「宗教者のありかた」を具現した偉大なる人物であった。

[2] 浄土真宗の海外における活躍をめぐる事柄などについて、田中ケネス教授（Prof. Kenneth Tanaka)より貴重な教えをいただき、ここで感謝の意を表したい。

[3] http://www.shin-ibs.edu/　を参照。

[4] Richard K. Payne, *How Much is Enough?---Buddhism, Consumerism, and the Human Environment.* Boston: Wisdom Publications, 2010.

[5] そのウェブページ（http://www.religionsforpeace.org/）を参照。

[6] Harvey Cox, *Turning East: Why Americans Look toward the Orient for Spirituality, and What that can mean for the West,* New York: Simon and Schuster, 1977 参照。

[7] Robert M. Pirsig, 1974年 (Bantam Books 版 1975年): *Zen and the Art of Motorcycle Maintenance --An Inquiry into Values.* New York: Bantam Books, 373 pp. 日本語版:ロバート・M・パーシグ著、五十嵐美克, 兒玉 光弘 訳 (1990年)『禅とオートバイ修理技術:価値の探求』めるくまーる, 692 pp. そのタイトルの背後に、一九四八年にドイツ語で出版された *Zen in the Art of Archery* (Zen in der Kunst der Bogenschiessens)が見られる。

[8] Rick Fields, *How the Swans Came to the Lake: A Narrative History of Buddhism in America*, Boston: Shambala, 1992.

[9] アメリカ大陸ベースの曹洞宗についてはそのウェブページ参照 www.sbza.org; 国際社会の臨済宗系道場については www.rinzaiji.org/affiliated-centers/; 三宝禅については www.sanbo-zen.org をそれぞれ参照。

[10] このよう一個人の内部で行われる宗教的「出会い」とは、「宗教間対話」inter-religious dialogue と区別されて、intra-religious dialogue という。Raimundo Panikkar, *Intrareligious Dialogue*, Mahwah, NJ: Paulist Press, 1978.

[11] Harold Kasimow, John P. Keenan, Linda Kleppinger Keenan, eds., *Beside Still Waters: Jews, Christians, and the Way of the Buddha.* Boston: Wisdom, 2003 参照。また、William Johnston, *Christian Zen: A Way of Meditation,* New York: Fordham University Press, 1997 ; David Louis Bader, *Zen Judaism: For You, A Little Enlightenment*, New York: Harmony, 2002; Alan Lew, *One God Clapping: The Spiritual Path of a Zen Rabbi*, Jewish Lights, 2001; 日本語では佐藤研著「禅キリスト教の誕生」東京:岩波書店二〇〇七年など、多くのものがあげられる。

[12] Engaged Buddhism なる用語は一九六〇年代当たりベトナム反戦運動をかかげて欧米へ渡ったベトナム出身の僧侶であるチック・ナット・ハン(Thich Nhat Hanh)が使用したもので、以来、平和、社会変革、環境保護などのような運動に関わろうとする仏教的立場を意味して幅広く用いられるようになった。しかし、このように仏教者がなんらかの社会改善を目的とした社会運動に携わるということが、アジアにおける仏教の長い歴史の中でも多くの例を見出すことが既に指摘されて

いる。Christopher Queen, *Engaged Buddhism in Asia*, Albany, NY: SUNY Press, 1996 ; Sallie King, *Socially Engaged Buddhism: Dimensions of Spirituality in Asia*, Honolulu: University of Hawaii Press, 2009　参照。この使用法をさらに拡大してさまざまな側面からの仏教者の「社会参加」を検討したのがランジャナ・ムコパドヤヤ博士の「日本の社会参加仏教——法音寺と立正佼成会」の社会活動と社会倫理」東京、東信堂二〇〇五／六年。

[13] 高橋勝幸、「仏教とキリスト教の邂逅の道〜キリシタン時代から続く対話の霊性を求めて〜」 3頁参照。

[14] 京都学派と欧米思想との邂逅をめぐる主な文献の紹介だけにとどめておくが、James Heisig, *Philosophers of Nothingness: An Essay on the Kyoto School*, Nanzan Library of Religion and Culture Series, Honolulu: University of Hawaii Press, 2002 は最も総括的で幅広くそして深く京都学派を英語圏の読者・学者に紹介する。西谷啓示の思想の心髄をあらわす「宗教とは何か」を英語圏の読者に見事に訳したものは Keiji Nishitani, *Religion and Nothingness*, tr. Jan van Bragt. Berkeley: Asian Humanities Press, 1983.ちなみに、ハイッシッグ博士が以前所長であった南山大学宗教文化研究所が多くの出版物を既に企画し、特に日本の宗教思想・哲学思想の原典の英訳のほかに、Taitetsu Unno and James Heisig, eds., *The Religious Philosophy of Tanabe Hajime*. Berkeley: Asian Humanities Press, 1990; Taitetsu Unno, ed., *The Religious Philosophy of Nishitani Keiji: Encounter with Emptiness*. Berkeley: Asian Humanities Press, 1990 等がある。

[15] これに関連して、海野大徹師が貴重な指針を提している。Taitetsu Unno, "Constructive Buddhist Theology: A Response," in Roger Jackson and John Makransky,*Buddhist Theology: Critical Reflections by Contemporary Buddhist Scholars,* London and New York: Routledge, 1999, pp. 386-406.

[16] Bryan Wilson and Karel Dobbelaere, *A Time to Chant: Soka Gakkai Buddhists in Britain,* New York: Oxford University Press, 1994; Philip Hammond and David Machacek, *Soka Gakkai in America: Accommodation and Conversion*, New York: Oxford University Press,　参照。

[17] ボストン市にあるイケダ・センター主催や共催の諸出版物はこの関連で参考となる。そのうち、David Hansen, ed., *Ethical Visions of Education: Philosophies in Practice,* Teachers College Press, 2007; David Chappell, ed., *Buddhist Peacework: Creating Cultures of Peace*, Boston: Wisdom Publications,1999; Paul Knitter and Chandra Muzaffar, eds., *Subverting Greed: Religious Perspectives on the Global Economy,* Maryknoll: Orbis Books, 2002　を特に注目するに値する。

[18] Christopher Ives, *Zen and Social Ethics*, Honolulu: University of Hawaii Press, 1992, 参照。また、このことについて特に仏教平和交友会(Buddhist Peace Fellowship)の季刊誌 *Turning Wheel: The Journal of Engaged Buddhism*　が大いに参考となる。

[19] 宗教的立場と「世界史的認識」について、歴史学者、そして日蓮信奉者であった上原専禄【一八九九−−一九七五年】の『死者・生者—日蓮認識への発想と視点』（評論社）その他の諸著作を参照。

[20] これら「三条件」について、Taitetsu Unno, "Constructive Buddhist Theology: A Response," 上掲ノート１３、参照。

終章

対話・等価性・虚無の天空

稲賀　繁美

　本論文集にまとめられた国際研究集会の討論で司会を拝命した門外漢として、若干の感想めいた備忘録を記し、もってあとがきに替えたい。いずれも、研究会や国際研究集会を通じて得た貴重な教訓である。記して、研究代表者、共同研究員の皆様に御礼申し上げる。

「文化間宗教対話」の桎梏

　まず、文化間の対話、とりわけ宗教間の対話について。一般にここには多くの問題が含まれている。その必要が喧伝される一方、不毛な結果を招くのは、なぜなのだろうか。

　①　対話といいながら、実際には護教論同士の論争となり、互いに自派の優位を主張するばかりで、dialog とはなり難い。教理上の学殖の蓄積の競い合い、あるいはどちらがより弁舌が立ち、聴衆を唸らせるかの国際競技になる。優劣を争い、勝敗を決することと、襟を開き、他者に耳傾けるのとは別のはずだが、容易にそうはならない。両陣営の見解の違いを浮き彫りにし、かえって自己主張に固執する結果を招く。論敵を論破すれば意気揚々と増長するし、反対に論破されると、そのことを根にもって捻くれる。雄弁なる論戦の前では、弁舌による議論を拒絶する頑なな沈黙が、意外な効力を発揮したりもする。対話は dialog である以上、相手方にも logic

を要求するが、宗教とは logic を超越した世界である。

②ここには使用言語、土俵となる文化圏が関係する。欧米語と日本語あるいは中国語、韓国語等、どれを作業言語に選ぶかによって、議論の様相は著しく異なる。沈黙すれば存在を無視される文化もあれば、「巧言令色すくなし仁」という価値観もある。母語の学会の流儀が外国でも通用するとは思わないほうがよい。通用した幻想に浸るのは、招聘された賓客扱いの大先生ばかり。無論、外国語で議論や喧嘩ができる手練れも存在する。だが仏教にも通じた神父様・牧師様には、神様という無敵の後ろ盾が付いて居る。祭壇からの聖書のお説教が、布教先の現地語習得には無上の手段。逆に自己を疑う輩は、相手側の作法に洗脳される。先方向けの「良心の呵責」表明は、母語圏の学会では白眼視される。寝返りあるいは無節操として。両刀使いも稀には存在するが、ウチとソトとで別人格に変態したりする。しかも擬態や二重人格の自覚がない。ために事態はさらに紛糾する。時折、舌を巻くほど優秀な通訳に救われもする。だが有能すぎる通訳や情報提供者は、定義からして double cross。得てして二枚舌を疑われ、二重スパイの嫌疑を受ける。少々の誤訳は決裂回避のための必要悪。利害を異にする外交交渉は double dealer でなければ務まらない。下手は承知で相手側からお手合わせを許される程度が、誠実と不誠実との border line。だがこれも若輩では経験不足の足下を掬われ、馬齢を重ねると老耄の馬脚を晒すこととなる。

③哲学や宗教が話題となると、これにさらに原理的な困難が加わる。そもそも西洋で発達した哲学が東洋あるいは非西洋の「他者」に求めるのは、ヘブライ・ギリシアそしてローマ以来の「自分たちの伝統」には欠如した「未知の発見」。ところが西洋の伝統に類似物が見つからないとなると、即これは「哲学」ではない、と範疇論的に除外される。その結果、東洋に見つかる材料は、「西洋の亜流」か、さもなければ西洋の哲学では議論の対象

として扱えない「規格外品」かに二分される。それでも規格外品を学術的に扱おうとする専門家が出現する。東洋学者という貴重な人材である。だが東洋学者は、一般には哲学者の仲間には迎え入れられない。宗教学者の場合にも、キリスト教神学者、ユダヤ教研究者と、仏教や儒教その他の研究者とでは、①に循環逆戻りして、教義論争・面従腹背となる。

④それに加えて、ここで次の方法論上の問題も発生する。すなわち、イスラームも含め、「非西洋の宗教」といった乱暴な区分けが可能だとして、それらを研究する場合の方法論としては、文献研究ならば、厳密な西洋文献学の手法を踏まえることが至上命令となる。アリストテレス論理学、三段論法からの逸脱は、il-logical や paralogique と糾弾される。文化人類学的なアプローチならば、西洋の理論的枠組みにそった調査が要求される。どちらも、この原則を遵守しなければ、宗教実践や布教活動との区別が曖昧になり、学術的営為としての独立性が侵犯されかねない、との危惧ゆえだろうか。仏教の場合も、教学と学術研究との境界設定はむつかしい。これは酒井直樹たちの弁じた humanitas と anthropos の区分である。理論的枠組みを設定する権限は欧米側の学会に内属する学者の占有物であり、非西洋圏には、欧米学会に人類学的な素材を提供する権利しか与えられない。それが非西欧側出身者の僻みに過ぎなかったにせよ、逆に欧米側の学会から見れば、この公準が守れない研究者は、欧米出自の人物でも、俗に言う gone native で、相手にされなくなる。この反動ゆえだろうか、旧植民地出身者が旧宗主国の価値観の代弁者となったり、反対に、植民地為政者側で自ら drop out の生涯を選ぶ「落伍者」が出現したりする。だがそもそも人格変容すら伴わない比較思想・宗教研究とは、ご当人の人生にとって何なのだろうか？

翻訳問題と「等価性」Equivalenz

Karl Löwith に、日本社会の二階建てという有名な地口があった。東北帝国大学で教鞭をとったこのドイツ出身のユダヤ系哲学者の眼には、日本の学生が奇異に映った。かれらはたしかに昼間は二階の教場でプラトンからハイデガーまでを学んでいる。だがかれらは、夕方になると一階という純然たる日本の社会に降りていってしまう。亜流 vs.規格外。レーヴィットには両者を繋ぐ階段が見当たらなかった。これには下村寅太郎に代表される感情的反論も知られるが、今は措こう。思うにこの二階を繋ぐ階段とは翻訳ではなかったか。

翻訳には等価性に関する議論がある。だがこれは突き詰めると妙なことになる。発信側と受信側とでは異なった言語媒体が用いられるが、意味内容には等価性が要求される。規約として或る概念の原語には翻訳では云々の訳語を与えると決定したとしよう。構文上の論理においても等価性が保障されるなら、原語から翻訳語へと等価性のある架橋がなされる理屈となる。だがそもそもこの規約とは、A に A ならざるものを充てると規定したうえで、この A は非 A と同一であると宣言するに等しい。翻訳は定義からして排中律に反している。またこの定式は、統辞法や範列において異質な言語間であっても、意味作用において等価な情報交換が保障される、との無理な前提に立っている。つまり語彙形態や論理形式が異なっていて、相互に共約性がない集合同士に等価性が成り立つとする議論である。

この前提にそった遣り取りの末に支障が発現しなかった場合には、等価性が成立したと事後的に承認することはできようか。とすれば「等価性」は、支障が発覚して初めて「欠如」として認識されるに過ぎず、「等価」であることの立証は、定義からして不可能となる。形態や論理においてもはや同一でない生産物のあいだの「等価性」とは、従って、それが市場で消費された場合に、「等価」の効果を発揮することへの「期待」価値である。

これはもはや事実確認の次元の問題ではなく、認知・認証という承認の批准を含む判断となる。

なぜこうした事態となったのか。理由は比較的簡単であり、西洋世界でその起源は聖書の七十人訳などに求められるようである。一般的に宗教的言説にあっては、聖典や啓示の内容や意味作用が翻訳の結果変質を来しては、布教活動に支障をきたす。信仰共同体が分裂・崩壊するからである。翻訳を通しても原典が忠実に維持されていなければならない、という格率がここで要請される。ヘブライ語からギリシア語への置き換えで、何ら教義上、変質が発生してはならなかった。だが原語に忠実すぎると、翻訳は読解不能となる。逆に読解容易な翻訳は、原典の裏切りとなる。冒頭に見た Traduttore traditoire であって、米原万里はこれを『不実な美女か貞淑な醜女(ブス)か』と巧みに翻訳した。Lawrence Venuti の「手なづけ翻訳」domestication と「異化翻訳」foreignization の対も、この焼き直しに過ぎまい。いずれにせよ翻訳等価性の要請は、元来、こうした宗教上の必要を反映した教条であり、「忠実さ」と「逸脱」、「自然」と「不自然」のあいだを永遠に動揺し続ける「妥協形成」の産物でしかない。カトリックとプロテスタントの聖書解釈学上の論争をみてもお分かりの通り、「忠実さ」そのものの基準も、受容共同体の価値観によって左右される。

一神教の伝統では、創造主である絶対神の啓示をいかに忠実に伝達するかが、死命を制した。「バベルの塔」を巡る逸話にも幾多の解釈が知られる。Jacques Derrida は有名な論文で、神の啓示は諸言語に翻訳されるべき使命を背負っているが、それは実際の翻訳不可能性と背中合わせだと述べている。この裏腹の関係を象徴するのが、無限なる神の高みを目指しながら、それゆえに完成がままならない塔だが、ここで「塔」はわざと複数に複製・増殖されている。各国語という塔の群れは、いずれも未完成であり、欠陥品であることを運命づけられているが、その欠陥、不完全さを便に、それ

らは上空に臨まれる到達不可能にして不在なる「神」を讃仰することとなる。そこに Walter Benjamin のいう「翻訳者の使命」がある、というわけだ。Boris Groys はこうした思考に、始原における啓示を喪失したユダヤ教と、救世主の再臨を待ち望むキリスト教と、換言すれば原点復帰を祈願する神学と、実現を未来に引き伸ばす哲学との葛藤を見出している。ここで「等価性」とは、失われた起源と未完たるほかない達成との間に漂う「欠如態」、不在の空隙、つまりは「虚無」となる。

無・空・天

　ケノーシス κένωσις, kénōsis というギリシア語がある。英語では普通 emptiness と訳す。カトリック的な解釈であれば、イエズス・クリストが自らの神性を放棄して現世に降臨する自己犠牲により、世界の罪を贖う行為を指す。プロテスタント的な解釈ならば、己を空しくして神の意思に従う恭順の態度という解釈がより強調されようか。ドイツ語では Gelassenheit の訳語が与えられ、Meister Eckhart や Jacob Böhme の文脈で検討されてきた。近代哲学では Martin Heidegger もエックハルトとの関連で扱っているのは周知のとおり。そしてこのハイデガー経由の Gelassenheit は近代日本で、禅語を受けて「放下」とも訳された。この概念をめぐる「宗教間対話」の実地演習は、本論文集でも読みどころのひとつだろう。ここでそれには直接関わらず、その前・後に残された論点を取り上げたい。

　まず κένωσις＝Gelassenheit＝「放下」という等号が妥当するか否か、互いに等価性があるか否かの議論には立ち入らない。その理由は前述のとおり。むしろ教義論争や宗教間対話に通弊の紛糾を伴いつつも、この概念が翻訳を通じて世界を旅したその「渡り」migration の事実が貴重だろう。次に、どうしてこの語が注目を浴びたのかにも留意したい。そもそも二十世紀前半の極東でなぜマイスター・エックハルトがあれほどまでに流行した

のか。その神秘思想に、禅を齧った東亜の若い知識人たちは、なにか親しいものを感じたのではなかったか。傍証だが、大正年間に明末清初の南画の雄、石濤の再評価が日・中両国で進む。そこではエックハルトの説教と石濤の『画語録』との近さが注目を惹いた形跡が濃厚である。のちに『源氏物語』の訳者となる豊子愷は、エックハルトの言葉を Paul Cézanne の言葉と意図的に混同・置換し、西洋神秘主義と中国の禅思想との「等価」を根拠に、一九三〇年代の上海で、中国美学優位論を展開する。そもそも絵画表現を介した自然と精神との「等価性」という議論自体、舶来流行のセザンヌ美学を、「胸中山水」という「等価物」へと再翻訳したものだった。

Κένωσις と「空」との「等価性」とは言わぬまでも、類縁性は否定しがたい。だが中国語の「空」はまた、仏教の漢訳ではサンスクリット語の「シューニャター」śūnyatā　शून्यता を受けたものだった。形容詞の「膨れ上がって、中は空っぽ」に由来する。一方、名詞の「空」に該当するアーカーシャ（サンスクリット語: आकाश, ākāśa,漢音では「阿迦奢」）は「地水火風空」の五輪塔の「空」に相当するが、サンスクリットの原語では「シューニャター」と「アーカーシャ」とには、見てのとおり、概念上なんら繋がりはない。漢語表記でも、もちろん文脈によって経典のうえで両者は厳密に区別できる。だが「空っぽな」と「天空」という、サンスクリット語では相容れないふたつの概念が、漢語の「空」のうちに重合したことは否定できまい。その背景には、用言と体言をそれとしては区別しないという漢字の特性も控えている。こうして漢訳のなかで「空」はサンスクリット原典にはなかった語義の拡がりを獲得した。さらに「空」は概念上、文脈によって「無」とも互換性を持つ。晩年の西谷啓治は、それまで西田幾多郎経由で用いてきた「無」を意図的に「空」に置き換えることで、臆せずして自らの哲学の可能性を拡げる実験を敢行している。

Κένωσις＝Gelassenheit＝「放下」の連鎖は、空無と充足、無と有とが相補

的、裏表の関係にあることも仮託された翻訳実践だった。B. Pascal の断片に Le silence éternel de ces espaces infinies m'effaire という有名な語句がある。無限の空間の永遠の沈黙に畏怖を感じるという文句だが、ここには無であり無限である神への畏怖が極小の「我」m'のうちに表現されている。我 me は「無」に通じる。無限 infini つまり Unendlichkeit とは「限定の無いこと」Endlosigkeit に等しい。これはヘーゲルの術語を援用して九鬼修造がフランス語の講演で述べた事態でもある。漢語では無と無限とは、造語のうえでも融通する。晩年の田辺元には「絶対無即愛」という定式化が知られるが、これも以上の議論を経由すれば、無理なく納得されるだろう。己を「空」ずることがキリストの愛の奥義であり、そこで得られる「無」は無限の器となりえたのだから。たしかに「メメント・モリ」にしても「禅源私解」にしても(ともに一九五八年)、妻を失ったあとの田辺晩年の「死の哲学」は、キリスト教神学を「生の哲学」と捉えて「菩薩道」と対置し、否定神学をも慧能禅との差異において扱おうとする傾向が強い。このため、キリスト教教理に田辺が認める「絶対無即愛」にも、さらなる掘り下げはなされていない。実存主義の時代を生きた田辺のこうした比較思想の対決姿勢にも、本稿冒頭で触れた「宗教対話」の性癖と、時代の制約とが如実に感知される。だが比較考察のうえで差異を強調する議論は、その出発点に等価への欲動を隠している。

　「無」=「空」=「天」といった概念の融通無碍な文化間の流通から、いかなる教訓を汲むべきなのか。一方で「宗教間対話」の欺瞞の轍を避け、他方では翻訳を通じた「等価性」の認知的要請を避けるような「比較思想」は、我々をどこに導くのか。ここでいわゆる「典礼」論争を取り上げよう。儒教の「天」はキリスト教の創造主と「等価」なのかという、有名な教義論争である。その詳細には今踏み込まない。西郷隆盛の言葉として知られる「敬天愛人」の受容に議論を限定する。王陽明に由来するとも言われる

対話・等価性・虚無の天空

この四文字熟語は、隣国の韓国ではキリスト教の教えに変貌した。大統領を務めた金大中の場合が典型だが、「神を敬い、隣人を愛する」という意味で解釈されたからである。さてバチカンの法王庁は、十八世紀以来、儒教の天をキリスト教の天国と「等価」とみる解釈を異端としてきた。だが一九三九年に至って、教皇 Pius XII 世は、カトリック信者が儒教の典礼に参列することを容認した。しかしこの教書の「寛容」は、かえって面倒な問題を惹き起こす。

はたしてこの条件のもとで、敬虔なるカトリック教徒が棄教して儒教に帰依することはできようか。儒教の「天」がキリスト教の天国と「等価」であるならば、この棄教は不可能という理屈になる。ただ密かに心内に棄教の意思を留める場合のみ、その人はカトリックの教えから離脱できる。なぜなら基督教の heaven や God と儒教の「天」とは違うという彼の人の「異端」な解釈は、それを公然と告知したり告解したりはせずに、私秘に保つ限りにおいてのみ許される「信仰の自由」だからである。これだけなら罪のない「机上の水練」だろう。だが実際の信仰が社会倫理に結びつくと、もはや笑い話では済まされまい。場合によっては流血の惨事を招く。

比較思想から宗教を論ずることには、油断ならない「パンドラの箱」が隠されている。仏教を話題とする本論集から、こうした罠に囚われぬ叡智への途が拓かれることを祈りたい。韓国の国民詩人、尹東柱の絶唱「序詩」冒頭には「死ぬる日まで天をあふぎ」（小倉紀蔵訳）とある。はたしてこの「天」（ハヌル）は、儒教にも、キリスト教にも、韓国の天空神（ハムニム）、そして仏教の「空」にも開かれた、虚空への讃仰、詩人が「一点の恥ずかしさもない」「希望」を託す「無の場所」だったのだろうか。

二〇一五年八月二十日

（国際日本文化研究センター）

編者紹介

末木 文美士（すえき・ふみひこ）

1949年、山梨県生まれ。東京大学大学院人文科学研究科
博士課程単位取得。博士（文学）。東京大学・国際日本文
化研究センター・総合研究大学院大学名誉教授。
専攻、仏教学・日本思想史・比較思想。

比較思想から見た日本仏教

平成 27 年 12 月 28 日　初版発行

編　者	末　木　文美士
発行者	浅　地　康　平
印刷者	小　林　裕　生

発行所　株式会社　山喜房佛書林
東京都文京区本郷五丁目二十八番五号
電話 03-3811-5361　振替東京 00100-0-1900

ⓒ Fumihiko SUEKI 2015　ISBN978-4-7963-0260-9　C 3015